全國高等院校古籍整理研究工作委員會規劃重點項目
二〇一一——二〇二〇年國家古籍整理出版規劃項目
國家古籍整理出版專項經費資助項目

目録

前言

清季著名學者俞樾所著之《俞樓雜纂》（五十卷），成書於光緒六年（一八八〇年）九月。其在序言中曰：「光緒戊寅之歲（一八七八），門下諸君子爲余築樓於孤山之麓，名曰『俞樓』。……明年春，余與内子偕往同住俞樓，句留四十餘日而返。是年夏，即抱騎省之戚。福禍災生，斯之謂歟？余亦意興頽唐，衰病交作，迴憶春日湖樓風景，殊有一生幾兩屐之歎。因於《曲園雜纂》後，又成《俞樓雜纂》五十卷，或藉著述流傳，使海内知有此樓，庶不負諸君子之雅意乎。」序中概述了著書緣起、著書目的，以及是書命名之由。書成之後，即彙刻於《春在堂全書》。早稻田大學所藏據同治十年刊的光緒八年《春在堂全書》六十四册重定本，《俞樓雜纂》已增補其中。曲園的諸多著作，如《諸子平議》《古書疑義舉例》《右台仙館筆記》《春在堂隨筆》等，大多已由後人整理標點出版，但《俞樓雜纂》一書，管見所及，尚未見到完整的整理點校本。曲園先生乃晚清大儒，《俞樓雜纂》一書，所涉範圍頗廣，經史子集叢五部皆具，所言淵源有自，引徵考述先秦至晚清諸家之説者包羅宏富。緣此，囿於學識所限，不但點校董理時艱辛備嘗，完稿付梓時更覺誠惶誠恐，惟冀識者正焉。

一、主要内容

一九七一年臺灣中華書局初版的曾昭旭《俞曲園學記》（頁四八—七〇）一書，對俞樾著作進行了較爲明確的歸類：「今謹重爲編次，以考據、義理、詞章、雜著爲綱，每條之下，其不能望名知義者，則繫數言，以明其旨，而各書之關係異同，間亦附焉。」兹就《俞樓雜纂》五十卷之内容，參酌曾氏之説，并下己意，概括如下：

（一）考據之部（計二十七卷）

一是訓詁校勘類（計九卷）：《群經賸義》（卷二十），亦《群經平議》之餘緒；《讀〈文子〉》《讀〈公孫龍子〉》《讀〈山海經〉》《讀〈楚辭〉》《讀漢碑》《讀〈昌黎先生集〉》（卷二十一—卷二十六）、《著書餘料》（卷三十四），以上皆可謂《諸子平議》之餘緒；《〈金剛經〉訂義》（卷四十七），乃曲園以詁經之法讀佛經也。

二是考證類（計七卷）：《〈周易〉互體徵》（卷二）；《卦氣續考》（卷四）；《九族考》（卷

九)；《〈玉佩考〉》(卷十)，考古君子佩玉之制；《〈莊子〉人名考》(卷二十九)；《〈楚辭〉人名考》(卷三十)，《〈莊子〉人名考》以音義爲主，此則分類考之，體例不同；《説俞》(卷四十九)，考俞字之本義、假借義及秦漢以上人名地名與夫俞氏得姓之由。

三是編輯類(計四卷)：《〈禮記〉鄭讀考》(卷六)，輯鄭注《禮記》讀爲、讀若之例而疏證之；《〈禮記〉異文箋》(卷七)，輯鄭注《禮記》中異文而箋之，以存小戴之古文古義；《鄭(康成)君駁正三禮考》(卷八)，輯鄭注三禮中之駁《禮經》誤者，間爲疏通糾正；《〈論語〉鄭義》(卷十三)，輯鄭君《詩》箋《禮》注中之有及《論語》者。

四是訂補類(計七卷)：《〈詩〉名物證古》(卷五)，就朱子《集傳》中詮釋名物有異於古者，各以注疏舊説訂之；《〈論語〉古注擇從》(卷十五)，據古注家所注訂朱注之誤；《〈孟子〉古注擇從》(卷十六)，擇趙注之是者以訂朱注之非；《〈四書辨疑〉辨》(卷十九)，元陳天祥之《四書辨疑》，不墨守紫陽，曲園復訂其未是者；《讀王觀國〈學林〉》(卷二十七)；《讀王氏〈稗疏〉》(卷二十八)，曲園謂船山長於史學，而説經則有未盡精密者，因爲辨證其失；《〈廣雅·釋詁〉疏證拾遺》(卷三十三)，王念孫作《廣雅疏證》，曲園嘗有志補其闕漏，惜未成書，而僅得《〈釋詁〉疏證拾遺》一卷。

（二）義理之部（計五卷）

《〈易〉窮通變化論》（卷一），蓋以盧氏之旁通，行荀氏之升降也；《八卦方位説》（卷三），承《玩易篇》八卦成列之説而論其方位；《喪服私論》（卷十一），論後世喪服既多有加隆於古，則其他亦當與之俱隆，以相敵配；《〈孟子〉纘義内外篇》（卷十八），推論養氣與仁者無敵之義；《廢醫論》（卷四十五），鍼世人之過浧醫術，反賊天年，論稍偏激。

（三）文學之部（計十卷）

《〈左傳〉連珠》（卷十二）；《駢隸》（卷三十一），撮拾漢碑中之兩字相儷者；《漢隸輯詞》（卷三十二），輯録漢隸中形況之詞，以爲修辭之助；《佚文》（卷三十五）；《佚詩》（卷三十六）；《銘篇》（卷三十七），主講詁經精舍，以程諸生者；《玉堂舊課》（卷三十八），曲園新入翰林時所作功課；《百哀篇》（卷四十一），悼其室姚夫人而作，凡絶句一百首，名取元微之「貧賤夫妻百事哀」之義；《詠物（詩）廿一首》（卷四十二），亦爲思姚夫人而作；《俞樓經始》（卷五十），記俞樓修築之緣起。

（四）雜著之部（計五卷）

《廣楊園〈近鑑〉》（卷三十九），時人楊園取近事之可戒者録之，爲《近鑑》一卷，曲園廣之，并及其可法者，以勸懲世俗；《壺東漫録》（卷四十），亦雜考小事之作；《五五》（四十三），刺取諸家記載之可喜可愕者，分五異、五奇、五愚、五逸、五悲五類，合二十五事，因名《五五》；《枕上三字訣》（卷四十四），蓋曲園之安眠術也；《一笑》（卷四十八），記朋友詼諧之語。

（五）附録（計一卷）

《九宫衍數》（卷四十六），爲曲園外舅姚平泉所著，原名《衍疇》。

曾氏於《俞樓雜纂》尚有兩卷未及言之，《續〈論語駢枝〉》（卷十四）、《〈孟子〉高氏學》（卷十七）。按照曾氏之説，前者似可歸入「考據之部・訂補類」，後者當可歸入「考據之部・編輯類」。又曾書將「弟一樓叢書」之三的《論語小言》誤作《俞樓雜纂》卷十八的《〈孟子〉纘義内外篇》，上文中已糾正其訛。

二、整理現狀

《俞樓雜纂》成書之後，其部分内容曾被收録進其他一些叢書之中。如光緒十四年（一八八八年）王先謙輯《皇清經解續編》（江陰南菁書院本），計有《〈周易〉互體論》《〈詩〉名物證古》《〈禮記〉鄭讀考》《〈禮記〉異文箋》《鄭君駁正三禮考》《九族考》《玉佩考》《〈論語〉鄭義》《續〈論語駢枝〉》等九卷歸入其中。李天根於民國十一年（一九二二）輯録《讀〈文子〉》《讀〈公孫龍子〉》《讀〈山海經〉》《讀〈楚辭〉》以及《著書餘料》中的《鬻子》《鄧析子》《孫子》等成《諸子平議補録》二十卷中的七卷。上海古籍出版社於二〇〇二年完成出版的《續修四庫全書》中，據復旦大學圖書館所藏光緒二十五年本《春在堂全書》，收録了《〈周易〉互體徵》《〈禮記〉鄭讀考》《〈四書辨疑〉辨》等三卷。

《俞樓雜纂》問世後，對其中部分内容的整理研究，可以從以下三個方面做一簡單考察：

（一）曲園著述的自我完善

《俞樓雜纂・壺東漫録》（卷四十）中《李栩事存疑》一文曰：「惜未考李精白爲何縣人，一決此疑也。」而在曲園稍後所著《右台仙館筆記》（卷十六）中，已就李精白其人行狀作出了詳細考釋：萬曆癸丑科三甲九十五名進士，直隸潁州人。

對學術問題在自己的著述中不斷思考、反復申説、發展完善，乃曲園治學之一大特色。如對「毋以嬖御士疾莊士大夫卿士」（《禮記・緇衣》）一語，曲園曾三次發揮其説：先在同治三年的《群經平議・禮記四》中引鄭注、孔疏之説，復引《周書》爲旁證，説明注文「大夫卿士」誤入正文。再在同治十年的《古書疑義舉例》中得出古書致誤規律之一：涉注文而誤。最後在光緒六年的《俞樓雜纂·禮記異文箋》中從異文角度再次强調其致誤之由。

（二）後來學者之補充論述

一是有對曲園之説提供佐證者。《俞樓雜纂·讀〈文子〉》（卷二十一）之《十守》篇：「是内樂外，不以外樂内。」愚按：「是」乃「以」字之誤。以内樂外，不以外樂内，兩「以」字相應成文。

戴慶鈺、涂小馬校點《文子》校勘記引俞樾之説，并云：「今檢《纘義》七卷本、宋本，『是内樂外』皆作『是以内樂外』。」[一]

謹按：兹再舉數例以資旁證。《淮南子·原道訓》：「是何則？不以内樂外，而以外樂内；樂作而喜，曲終而悲；悲喜轉而相生，精神亂營，不得須臾平。」又《嵇中散集·答難養生論》：「借外物以樂之，外物雖豐，哀亦備矣。有主於中，以内樂外，雖無鐘鼓，樂已具矣。」并可證。

二是有對曲園存疑之處提出不同見解者。《俞樓雜纂·著書餘料》（卷三十四）之《鬻子》

[一] 戴慶鈺、涂小馬校點《文子》，《列子　文子》，遼寧教育出版社一九九八年版，第七五頁。謹按：引文中標點、文字疏誤徑改，下同。

下「杖能側焉，忠信飾焉」條：「此杖字亦材字之誤，側字未詳。《賈子新書·大政》篇作『技能輸焉』，恐亦未是。」

潘銘基《〈鬻子〉與賈誼〈新書〉互文考》先引清錢熙祚《逢行珪鬻子注校勘記》云：「此句費解，當依賈誼《新書》作『技能輸焉』。『技』與『杖』，『輸』與『側』，皆形似而誤。逢注乃以『恃能矜智所至危僻』釋之，甚爲荒謬。然可見逢氏之前，此書流傳已久，展轉傳寫，故有此誤。書有顯然之誤而不可擅改者，此類是也。」再引曲園之文相較，進而申説之曰：「相較二説，大抵錢説近是。前文『賢人』『不肖』對舉，此處『忠臣』亦當與『技能』對舉。《新書》作『輸』者於義較明，有灌輸教育之意，蓋指賢人施教，使百姓有辨事之能。」〔二〕

謹按：錢氏言「側」爲「輸」形似而誤，似有所牽强，而潘氏對「輸」字之釋義，亦僅備一説而已。曲園存疑之處，尚待更具説服力的解説。

（三）部分標點、校讀存在的問題

《俞樓雜纂》中的一些内容，被當今學者在相關著作中引述得很多，遺憾的是出現了較多

〔二〕 潘銘基《〈鬻子〉與賈誼〈新書〉互文考》，《古籍整理研究學刊》二〇一〇年第二期。

的標點、校讀失誤。兹舉數例，析其致誤之由以正之。

一 是標點失誤

第一，有不明文義而割裂語詞者。楊天宇《鄭玄校〈禮記〉據文意以決不從或本異文考辨》：「故俞樾云：『宧字鄭訓爲仕，若與御連文，則不當訓仕宧也。』」〔一〕謹按：引文出自《〈禮記〉異文箋》，曲園原文如下：「宧字鄭訓仕，若與御連文，則不當訓仕。宧也、御也，皆以卑幼事尊長之名。」此處楊文「仕宧」連文，語頗不倫。

第二，有將曲園之語誤作古籍原著之文者。高尚榘《論語歧解輯録》(下)：「《傳》曰：『名以出義，義以制禮。古聖人未有不以此爲先者。』」〔二〕謹按：引文出自《〈論語〉古注擇從》，高氏誤將曲園之文「古聖人未有不以此爲先者」視作《傳》文。

第三，有將古籍原著之文誤作曲園之語者。《論語歧解輯録》(下)：「《曲禮》曰『毋剿説』，鄭注『剿猶擥也』，謂取人之説以爲己説。」〔三〕謹按：引文出自《〈論語〉古注擇從》，高氏將

〔一〕鄭州大學歷史學院編《高敏先生八十華誕紀念文集》，綫裝書局二〇〇六年版，第六二二頁。
〔二〕高尚榘主編《論語歧解輯録》(下)，中華書局二〇一一年版，第七〇八頁。
〔三〕高尚榘主編《論語歧解輯録》(下)，第九三五頁。

同屬鄭注的「謂取人之説以爲己説」放在引號外，誤作曲園之語，謬甚！

第四，有誤讀文字而致誤者。田瑞娟點校《學林》：「《尚書》序，伊陟贊于巫咸，作咸。又四篇《釋文》引馬注曰：『巫，男巫也，名咸，殷之巫也。』」〔一〕謹按：引文出自《讀王觀國〈學林〉》，正確的標點當爲：「《尚書序》：『伊陟贊于巫咸，作《咸乂》四篇。』《釋文》引馬注曰：『巫，男巫也，名咸，殷之巫也。』」田氏未能讀懂《尚書序》之原文，關鍵的是將《咸乂》四篇中的「乂」字誤作「又」字，這不僅僅是對文字的誤讀，更反映出對古籍的生疏。該點校本附録中對《讀王觀國〈學林〉》之標點可謂錯訛頻出。

因誤讀文字而致誤的例子較爲普遍，謹再舉一例説明如次：賈植芳《中國近代散文精粹類編》：「每至荒洲孤嶼，繫墻柯焉。」謹按：引文出自《五五・五奇》之「髯艄公」篇，「墻柯」不辭，當爲「牂柯」之誤。而該書更爲之注曰：「繫墻柯焉：把船繫在樹上。墻：通『檣』，桅杆，借指船隻。柯，草木的枝莖。」〔二〕其實「牂柯」一詞，亦作「牂牁」，謂船隻停泊時用以繫纜繩的木

〔一〕（清）俞樾撰《讀王觀國學林》，（宋）王觀國撰，田瑞娟點校《學林》附録，中華書局一九八八年版，第三八二頁。
〔二〕賈植芳主編《中國近代散文精粹類編》（上），上海文藝出版社二〇〇〇年版，第九三二頁。

椿，該詞早見於晉常璩《華陽國志·南中志》，爲古漢語中習見用語。

第五，有不明古代典章制度而誤者。田瑞娟點校《學林》：「疏引《禮圖》云，六彝爲上受，三斗六尊爲中受，五斗六罍爲下受。一斛而斝爲玉爵，爵之制，則受一升而已。」〔二〕謹按：引文出自《讀王觀國〈學林〉》，正確標點當爲：「疏引《禮圖》云：『六彝爲上，受三斗；六尊爲中，受五斗；六罍爲下，受一斛。』而斝爲玉爵，爵之制，則受一升而已。」田氏於故制無解，謬之甚矣。

第六，有不明詞律而誤者。政協杭州市委員會文史委編《杭垣舊事》「曲園叟又爲《哨編詞》寄門下諸子曰：『講舍數楹，高據聖湖，緊傍孤山趾。登小樓一望，衆峰低揲，簾旌無邊，蒼翠柳乍。稊吾來縱尋春色，沙隄十里，垂楊裏，俄菊徑添黄，桐陰減緑，秋光清麗如此。喜故人三兩，共尊罍直坐到南屏暮鐘催，便算秋來雅集，俞樓遂成韵事。噫君試思之，此樓於我蘧廬耳。天地吾逆旅，樓中人更如寄，任李趙張王、殷翁柳老，推排遞向樓頭，倚吾坐擁，皋比於兹十載，行雲流水而已。仿庾樓姓氏，此留題，又只恐徒貽後人嗤啓，争端謝墩何異。平生空

〔二〕（清）俞樾撰《讀王觀國學林》，（宋）王觀國撰，田瑞娟點校《學林》附録，第三七五頁。

洞無物，萬事皆游戲，即如吴下荒園一曲，亦與郵亭等視。刻舟求劍，豈非癡到秋風，且來同醉。』」[一]謹按：引文出自《俞樓經始》，詞爲曲園之《哨徧》一首，編者誤爲《哨編》，且完全没有遵循《哨徧》詞牌所規定的字數、句數及其叶韵來標點，不忍卒讀！正確的標點如下：「講舍數楹，高據聖湖，緊傍孤山趾。登小樓，一望衆峰低。撲簾旌無邊蒼翠。柳乍稊，吾來縱尋春色，沙隄十里垂楊裏。俄菊徑添黄，桐陰減緑，秋光清麗如此！喜故人三兩共尊罍，直坐到南屏暮鐘催。便算秋來，雅集俞樓，遂成韵事。　噫！君試思之，此樓於我蘧廬耳。天地吾逆旅，樓中人更如寄。任李趙張王，殷翁柳老，推排遞向樓頭倚。吾坐擁皋比，於兹十載，行雲流水而已！仿庾樓姓氏此留題，又只恐徒貽後人嗤。啓争端、謝墩何異？平生空洞無物，萬事皆游戲。即如吴下荒園一曲，亦與郵亭等視。刻舟求劍豈非癡？到秋風，且來同醉。」

二是失校致誤

第一，有對曲園引文訛誤失校者。《論語歧解輯録》（下）：「《傳》曰：『名以出義，義以制禮。古聖人未有不以此爲先者。』」[二]引文出自《〈論語〉古注擇從》，謹按：「名以出義，義以制

[一] 政協杭州市委員會文史委編《杭垣舊事》，《杭州文史資料》第二十五輯，第一五五頁。

[二] 高尚榘主編：《論語歧解輯録（下）》，七〇八頁。

禮」，當校爲「名以制義，義以出禮」，出《左傳·桓公二年》。

第二，有對曲園行文訛誤失校者。《船山全書》第十六册「雜録之部」中《讀王氏稗疏》「得妄以其子」條：「《復》上九曰：以其國君凶。」[一] 謹按：「上九」，當爲「上六」之誤。復卦(䷗)震下坤上，有「上六」而無「上九」。整理者未能校正這一錯誤。

第三，有未改正曲園原文中避諱之處者。吴楓《中華思想寶庫》：「有一不善則殊其井疆以愧之，又使鄉之人不與之齒且加以元冠縞武之服。」[二] 謹按：引文出自《佚文》，存在兩個問題。其一，標點欠妥。當標作：「有一不善，則殊其井疆以愧之，又使鄉之人不與之齒，且加以元冠縞武之服。」於文意更順。其二，於避諱處未出校。「元冠」不辭，當作「玄冠」，「玄」作「元」，乃避清帝玄燁諱。

上述種種問題，更加凸顯出全面整理、點校《俞樓雜纂》的緊迫性、必要性。

[一] （明）王夫之著，船山全書編輯委員會編校《船山全書》（第十六册），岳麓書社一九九六年版，第六三一頁。
[二] 吴楓主編《中華思想寶庫》九《論君道篇》，吉林人民出版社一九九〇年版，第八三一頁。

三、點校體例

本書體例，總體按照《俞樾全集》點校原則，現結合《俞樓雜纂》，略述如次。

（一）版本情況

點校本的工作底本爲二〇一〇年鳳凰出版社據南京博物院光緒末增訂重刊本《春在堂全書》。由於工作底本是較爲後出的本子，所以我們選擇較早收録《俞樓雜纂》的清華大學圖書館（原爲北平木齋圖書館藏書）所藏同治十年曾國藩署檢、光緒九年重定本《春在堂全書》作爲參校本。點校過程中，我們發現有工作底本誤而參校本不誤的例子：「《廣韵・十八尤》有犰字，《五旨》有犰字，注語略同，於是經字始歧矣。然《九魚》狳字下明引《山海經》云：『餘我之山，有獸如兔，鳥喙，鴟目，蛇尾，遇人則眠，名曰犰狳，見則有螽蝗爲害也。』其字作犰，不作犰。則雖《尤》《旨》兩韵犰、犰兼收，而《魚》韵狳下言犰狳，不言犰狳，準三古從二之例，自當從犰。」（《讀〈山海經〉》）謹按：「三古從二之例」，當作「三占從二之例」。《尚書・洪範》曰：「三人占，從二人之言。」光緒九年本《春在堂全書》正作「三占」。

此外，我們還參校了光緒十四年南菁書院本《皇清經解續編》等叢書，發現也有能對校勘工作提供幫助的地方：「何休解《公羊·文二年傳》『練主用栗』引『夏后氏以松』三句，則以爲廟主，與鄭義。」（《〈論語〉鄭義》）謹按：「與鄭義」三字顯有闕文。蔡啓盛（臞客）《春在堂全書校勘記》改「與」作「異」，南菁書院本作「與鄭義異」。雖兩説皆通，然南菁書院本更符合古書行文常例。

（二）標點原則

具體標點原則按照《俞樾全集》的相關規定，由於曲園在《俞樓雜纂》中所引古籍繁多，所以我們僅對點校過程中引文的處理，擇其要者説明如下。

所引古書語句不全，但自成獨立片段的，也加引號。如：「然鼽嚏二字本於《月令》：『季秋行夏令，民多鼽嚏。』」（《〈詩〉名物證古》）謹按：《月令》原文爲：「季秋行夏令，則其國大水，冬藏殃敗，民多鼽嚏。」

僅對原文的義引則不加引號。如：「據《考工記·廬人》注：矛者刺兵也，非句兵也。」（《〈詩〉名物證古》）謹按：鄭注原文爲：「句兵，戈戟屬；刺兵，矛屬。」

對原文改動較大者，不加引號。如：「《禮器》篇：『有放而不致也。』《釋文》：致，本作至。」（《〈禮記〉異文箋》）謹按：《經典釋文》原文爲：「不致，本或作不至。」

對古書的標點，看似簡單，其實經常會遇到一些棘手的問題，兹舉一例討論之：此雖不引《論語》義，而實則《論語》義也。「《〈論語〉釋文》云：『問社，如字，鄭本作主，云田主謂社。』」(《〈論語〉鄭義》)謹按：所謂「論語釋文」者，乃《經典釋文》對《論語》之注釋。對此有不同的標點方式：有作「《論語釋文》」的，有作「《論語・釋文》」的，也有作「《論語》釋文」的。我們認爲這幾種標點方式都欠妥當。我們把它標爲「《〈論語〉釋文》」，首先明確它是《經典釋文》的簡稱——《釋文》，然後用「〈論語〉」標示出該段文字爲《經典釋文》對《論語》一書的注釋。

（三）出校範圍

全書共出校記約兩百條，涉及以下幾個方面的内容。

一是蔡啓盛（臞客）《春在堂全書校勘記》

蔡氏爲《俞樓雜纂》出校五十四條，另有《補遺》三條。因爲《校勘記》及《補遺》作於光緒十一年夏，所以光緒末年工作底本或有據其而改正者。如：《〈楚辭〉人名考》「宓妃」條下有「雒嬪」一詞。《校勘記》曰：「雒」當作「雒」。檢光緒九年本作「雒」，而底本作「雒」不誤。然《駢隸》「擿雒」條「鉤河擿雒」之「雒」，《校勘記》未出校，故光緒末年本和光緒九年本同誤作「雒」。

此外，蔡氏爲異體字出校之處，據《俞樾全集》點校體例，一律不出校。如：《壺東漫録・

明懿安后之死》："京師陷"之"陷"，蔡《校》爲"陥"，兩字爲異體字。又《百哀篇》"古人半部安天下，小用猶堪郤病魔"之"郤"，蔡《校》爲"卻"，兩字亦爲異體字。

最終吸納入點校本的蔡《校》及《補遺》共計四十九條。

二是有關異文的出校原則

《俞樓雜纂》所涉典籍極多，且對曲園引文所據底本也不可能逐一考證辨析，故異文大多不出校，僅限下列兩種情況出校：

其一，曲園引文無礙文義，然曲園所引與今通行各本不同，且今通行各本行文一致者（僅限於筆者所能檢索到的文獻）。如："然後爇蕭合羶薌。"（《〈禮記〉鄭讀考》）謹按：今《禮記》各本"爇"字作"焫"，"爇""焫"義通，於文義無礙。

其二，曲園引文有礙文義，而它本異文於文義較勝者。如："而恒民畜民也。"（《〈廣雅·釋詁〉疏證拾遺》）謹按：該句上下文今《莊子》各本作"今丘告我以大城衆民，是欲規我以利，而恒民畜我也，安可久長也。"據此，則作"畜我"於文義爲勝。

以上兩種情況，有些或許是曲園引文失誤而非異文，然因檢索手段有限，不敢妄下斷語，故暫作異文處理。

三是曲園行文有訛誤者

有文義不當者。如《〈周易〉互體徵》：「自二至三互震。」謹按：當作「自二至四互震」。因爲蒙卦（䷃）二至四爻方能成單卦震（☳）。

有文字錯訛者。如《〈禮記〉異文箋》：「《説文》簠從甫聲，或作医，則從夫聲。」謹按：「簠」字當爲「簋」字之誤。《説文》無「簠」字。《説文・竹部》：「簋，從竹、從皿，甫聲。医，古文簋。」

有引文錯誤者。如《鄭君駁正三禮考》：「子男堂上十四，西夾東夾各四。」謹按：上文言「子男十八」，而此處言「西夾東夾各四」，則堂上當爲「十」，作「十四」誤，「四」字衍，當删。今《周禮》各本正作「十」。

其他尚有所引書名、所引著者名錯誤者，有漏引而致文義不通者，等等。

四是避聖人名諱、清帝諱者

避孔子人名諱的，將「丘」字作「㐀」「邱」者。避清帝玄燁諱的，將「玄」字作「元」「 」者，將「泫」字作「浤」者，將「曄」字作「瞱」者。避清帝旻寧諱的，將「寧」字作「寍」「甯」者。避清帝胤禛諱的，將「胤」字作「胤」「允」者。避清帝弘曆諱的，將「弘」字作「宏」者。

校點過程中也遇到一些無法給出明確答案的疑難之處。如《著書餘料》最後列出詞條「忼慨」，但曲園却没給出任何文字説明，疑有闕文，只能付之闕如而待考。

最後，特别感謝復旦大學出土文獻與古文字研究中心汪少華教授、東南大學古籍所王華寶教授對本書點校工作給予的關心和幫助！

甲午冬日倪永明謹識

壬寅秋日改定於京口

俞樓雜纂序

光緒戊寅之歲，門下諸君子爲余築樓於孤山之麓，名曰「俞樓」。彭雪琴侍郎又爲廓而大之，其事詳見余所撰《俞樓經始》。是樓倚山而面湖，六一泉在左，西泠橋在右。廣栽花木，小有泉石，屋雖不多，而布置殊勝。余以章句陋儒，竊據湖山勝地，顔滋赧矣。明年春，余與内子偕往同住俞樓，句留四十餘日而返。是年夏，即抱騎省之戚。福過災生，斯之謂歟？余亦意興頽唐，衰病交作，迴憶春日湖樓風景，殊有一生幾兩屐之歎。因於《曲園雜纂》後，又成《俞樓雜纂》五十卷，或藉著述流傳，使海内知有此樓，庶不負諸君子之雅意乎？余所著書已二百五十卷，自《俞樓雜纂》成，恐此後亦將輟筆矣。俞樾記。

《易》窮通變化論　俞樓雜纂弟一

《易》之大義，歸於既濟定而已。六十四卦爲三百八十四爻。初九、九三、九五、六二、六四、上六，陰陽得正者一百九十二爻；九二、九四、上九、初六、六三、六五，陰陽失正者一百九十二爻。得正則定矣，所謂既濟定也。失正則宜化不正爲正，然後可以定，故於旁通之卦，彼此互易。如以此卦之二易彼卦之五，則即以彼之五爻爲此之二爻。如以此卦之五易彼卦之二，則即以彼之二爻爲此之五爻。初與四、三與上亦然。然此一百九十二爻中，陰遇陽、陽遇陰，可得而易者九十六；陽遇陽、陰遇陰，不可得而易者亦九十六。可得而易斯謂之通，不可得而易斯謂之窮。《繫辭傳》曰：「往來不窮謂之通。」然則往來不通謂之窮矣。以三百八十四爻觀之，定者半，不定者半。以不定之一百九十二爻觀之，通者半，窮者半。

䷀乾　二通　四通　上通

䷁坤　五通　初通　三通

䷲震　五通　四通　三通

䷸巽　二通　初通　上通

䷜坎　二通　初通　三通

䷝離　五通　四通　上通

䷳艮　五通　初通　上通

䷹兑　二通　三通　四通

䷌同人〔一〕　四通　上通

䷆師　二窮　五窮　初通　三通

䷇比　初通　三通

䷍大有　二窮　五窮　四通　上通

䷐隨　四通　三通

䷑蠱　二窮　五窮　初通　上通

〔一〕　同人卦卦畫爲䷌，初爻爲陽爻，原作陰爻誤。

漸　初通　上通

歸妹　二窮　五窮　三通　四通

屯　三通

鼎　二窮　五窮　初窮　四窮　上通

家人　上通

解　二窮　五窮　初窮　四窮　三通

革　四通

蒙　二窮　五窮　初通　三窮　上窮

蹇　初通

睽　二窮　五窮　四通　三窮　上窮

小畜　二通　上通

豫　五通　初窮　四窮　三通

復　五通　三通

姤　二通　初窮　四窮　上通

䷪夬　二通　四通

䷖剥　五通　初通　三窮　上窮

䷎謙　五通　初通

䷉履　二通　四通　上窮　三窮

䷻節　二通　三通

䷷旅　五通　初窮　四窮　上通

䷕賁　五通　上通

䷮困　二通　初窮　四窮　三通

䷶豐　五通　四通

䷺渙　二通　初通　三窮　上窮

䷯井　二通　初通

䷔噬嗑　五通　四通　三窮　上窮

䷒臨　二窮　五窮　三通

䷠遯　初窮　四窮　上通

䷭升　二窮　五窮　初通

䷘无妄　四通　三窮　上窮

䷙大畜　二窮　五窮　上通

䷬萃　初窮　四窮　三通

䷡大壯　二窮　五窮　四通

䷓觀　初通　三窮　上窮

䷄需　二通

䷢晉　五通　初窮　四窮　三窮　上窮

䷣明夷　五通

䷅訟　二通　初窮　四窮　三窮　上窮

䷊泰　二窮　五窮

䷋否　初窮　四窮　三窮　上窮

䷨損　二窮　五窮　三窮　上窮

䷞咸　初窮　四窮

䷟恒　二窮　五窮　初窮　四窮

䷩益　三窮　上窮

䷼中孚　二通　三窮　上窮

䷽小過　五通　初窮　四窮

䷛大過　二通　初窮　四窮

䷚頤　五通　三窮　上窮

䷾既濟

䷿未濟　二窮　五窮　初窮　四窮　三窮　上窮

夫物不可以終窮也，於是有變而通之之法。所謂窮則變，變則通也。所謂變而通之以盡利也。何謂變？謂變其陰陽也。變則化矣，化不正以爲正者。所謂「化而裁之存乎變」也〔一〕。二爻窮者二變而化，四爻窮者四變而化，六爻窮者六變而化。

師　初、三通同人成泰，二變成明夷，五變成既濟。

〔一〕裁，原作「栽」，據蔡啓盛《校勘記》改。

大有　四、上通比成泰，二變成明夷，五變成既濟。

蠱　初、上通隨成泰，二變成明夷，五變成既濟。

歸妹　三、四通漸成泰，二變成明夷，五變成既濟。

豫　五、三通小畜成咸，初變成革，四變成既濟。

姤　二、上通復成咸，初變成革，四變成既濟。

剥　五、初通夬成益，三變成家人，上變成既濟。

履　二、四通謙成益，三變成家人，上變成既濟。

旅　五、上通節成咸，初變成革，四變成既濟。

困　二、三通賁成咸，初變成革，四變成既濟。

涣　二、初通豐成益，三變成家人，上變成既濟。

噬嗑　五、四通井成益，三變成家人，上變成既濟。

臨　三通遯成泰，二變成明夷，五變成既濟。

遯　上通臨成咸，初變成革，四變成既濟。

升　初通无妄成泰，二變成明夷，五變成既濟。

无妄　四通升成益，三變成家人，上變成既濟。

大畜　上通萃成泰，二變成明夷，五變成既濟。

萃　三通大畜成咸，初變成革，四變成既濟。

大壯　四通觀成泰，二變成明夷，五變成既濟。

觀　初通大壯成益，三變成家人，上變成既濟。

泰　二變成明夷，五變成既濟。

咸　初變成革，四變成既濟。

益　三變成家人，上變成既濟。

中孚　二通小過成益，三變成家人，上變成既濟。

小過　五通中孚成咸，初變成革，四變成既濟。

大過　二通頤成咸，初變成革，四變成既濟。

頤　五通大過成益，三變成家人，上變成既濟。

鼎　上通屯成恒，五變成大過，二變成咸，初變成革，四變成既濟。

解　三通家人成恒，五變成大過，二變成咸，初變成革，四變成既濟。

蒙　初通革成損，五變成中孚，二變成益，三變成家人，上變成既濟。

睽　四通蹇成損，五變成中孚，二變成益，三變成家人，上變成既濟。

晉　五通需成否，初變成无妄，四變成益，三變成家人，上變成既濟。

訟　二通明夷成否，初變成无妄，四變成益，三變成家人，上變成既濟。

否　初變成无妄，四變成益，三變成家人，上變成既濟。

損　二變成頤，五變成益，三變成家人，上變成既濟。

恒　二變成小過，五變成咸，初變成革，四變成既濟。

未濟　二變成晉，五變成否，初變成无妄，四變成益，三變成家人，上變成既濟。

變也者，聖人之所不得已也。其已定之爻，無所用吾變也；未定之爻而有可通，則亦不必用吾變也。窮而無所通，乃不得已而變以求通。此聖人所上以贊天地之化育，而下以左右民也。學者不知窮通之故，安足與言變化之道哉？然而欲知窮通，必先知升降。荀慈明謂：「坤五之乾二成離，乾二之坤五成坎。」又謂：「乾二居坤五爲含，坤五居乾二爲宏。坤初居乾四爲光，乾四居坤初爲大。」此升降之説也。欲知升降，宜先知旁通。虞氏謂：「比與大有旁通，小畜與豫旁通，履與謙旁通，同人與師旁通。」此旁通之説也。然非旁通何所施其升降？荀氏升降之説，實已具旁通之説。近儒焦氏循專用此以説《易》，其説曰：「《傳》云：『六爻發揮，旁通情也。』凡爻之已定者不動，其未定者在本卦初與四易，二與五易，三與上易。本卦無可易則旁通於他卦，亦初通於四，二通於五，三通於上。成己所以成物，故此爻動而之正，則彼爻亦動而之正，未有無所之，自正不正人者也。枉己未能正人，故彼此易而各正，未有變已正之爻爲不正，以受彼爻之不正者也。虞仲翔三變受上之説，其悖道甚矣。初必之四，二必之五，三必之上，各有偶也。虞仲翔謂『過以相與』爲初與五應，二與上應，無是義矣。」

按：焦氏説《易》，獨闢畦町，以虞氏之旁通行荀氏之升降，爲自來説《易》者所莫及，然愚猶病其知通而不知窮也。《傳》曰：「未濟，男之窮也。」説者以爲三陽失位。夫乾之九二、九四、上九亦皆失位，然乾可與坤易，故不窮而通。未濟不能與既濟易，故不通而窮。如焦氏之説，未濟五之二，二之五，初之四，四之初，三之上，上之三，則未濟不窮矣。其誤由於先以本卦相易，本卦無可易，乃始旁通於他卦。夫陰陽之往來，猶男女之嫁娶也。男女辨姓，故男必娶於他姓之女，女必嫁於他姓之男。荀氏之言升降也，乾二之坤五，坤五之乾二，乾四之坤初，坤初之乾四，譬猶男居女室，女歸男家，夫婦之道，嫁娶之禮也。《白虎通·號》篇云：「伏羲仰觀象於天，俯察法於地，因夫婦，正五行，始定人道，畫八卦以治天下。」蓋伏羲始畫八卦，亦始制嫁娶儷皮之禮，由伏羲氏始也。既定嫁娶之禮，必別男女之姓。然則畫八卦以定人道，其必首嚴乎此矣。故愚謂非旁通之卦，無所施其升降；荀氏升降之説實已具旁通之説。焦氏不務求之旁通之卦，而先於本卦相易，則是先於一家之中，兄弟姊妹自爲配也。至本卦無可易，然後旁通於他卦，是必兄弟姊妹無可配，然後求之他族也。於人道不大悖歟？夫既得與本卦之爻相易，又得與旁通之卦之爻相易，則無不可易之爻，故曰「未有無所之」者。而知有通，不知有窮矣。夫有通而無窮，則何所施其變？而聖人通變宜民之道不見矣。愚故本荀、虞兩家之説，參用焦氏之例。其通者半，焦氏所知也；其窮者半，焦氏所不知也。爲之説曰：通於他卦謂之通，不通於他卦謂之窮，窮於他卦而自變其陰陽，化不正以爲正，謂之變化。

《周易》互體徵　俞樓雜纂弟二[一]

《易》有互體，乃古法也。《春秋·莊二十二年·左傳》載陳侯之筮遇觀之否曰：「風爲天於土上，山也。」注曰：「自二至四有艮象，艮爲山。」是在孔子未贊《周易》之前，已有互體之説，其可廢而不用乎？余觀爻象多有取之互體者，因即其明白可據者著於篇。

屯六二：女子貞，不字。

按：自二至四互坤，坤道成女，故稱女子。居坤之初，故不字。

蒙六三：勿用娶女，見金夫不有躬。

按：自三至五互坤，坤道成女，故稱女。其曰「金夫」者，自二至三互震[二]，震爲夫，虞翻説

[一] 二，原闕，今徑補。

[二] 自二至三互震，當作「自二至四互震」。蒙卦(䷃)二至四爻方能成單卦震(䷲)。

也。惟虞氏必「謂二」。初發成兑，故三稱女」，則恐不然。虞又云「坤身稱躬」，今順經文讀之，「不有躬」，即謂女不有其躬。躬爲坤象，則女亦坤象明矣，何必以兑言乎？

師六四：師左次，无咎。

按：自二至四互震，震東方之卦也，故左次，无咎。

小畜九三：夫妻反目。

按：自三至五互離，離爲目，故有目象。

履六三：眇能視，跛能履。

按：自二至四互離，自三至五互巽。離爲目，故能視；巽爲股，故能履。其下卦兑也，兑爲毁折，故眇且跛。

泰九二：用馮河。

按：自二至四互兑，兑爲澤；自三至五互震，震爲足。震足在兑澤之上，故有馮河之象。

六五：帝乙歸妹。

按：自三至五互震，帝出乎震，故稱帝。自二至四互兑，兑爲少女，故稱妹。歸妹六五辭與此同。蓋泰卦自二至五，兑下震上，即歸妹也。觀此而不信互體，其亦不足與言《易》矣。

否九四：有命无咎。

按：自三至五互巽，重巽以申命，故有命。

同人九三：伏戎于莽，升其高陵。

按：同人下體離也，離爲戈兵，故稱戎。離在下，故曰「伏戎于莽」。自二至四互巽，巽爲高，故「升其高陵」也。

謙九三：勞謙君子。

按：自三至五互坎[一]，坎勞卦也，故曰「勞謙」。

豫六二：介于石。

按：自二至四互艮，艮爲小石，故曰「介于石」。

六五：貞疾，恒不死。

按：自三至五互坎，坎爲心病，爲耳痛，故有疾象。自二至四互艮，艮止也，疾止，故不死也。

[一] 自三至五互坎，當作「自二至四互坎」。謙卦(䷎)二至四爻方能成單卦坎(☵)。

隨六二：係小子，失丈夫。

按：隨下體震，震長男也，故稱丈夫。自二至四互艮，艮少男也，故稱小子。六三爻之丈夫、小子亦然，但所係、所失不同，則各視其位也。

觀六二：闚觀。

按：自二至四互艮〔一〕，艮爲門闕，故有闚觀之象。

噬嗑上九：何校滅耳。

按：自三至五互坎，坎爲耳。上九一爻居坎耳之上，故有滅耳之象。

又按：六二：噬膚滅鼻。〔二〕虞云「艮爲鼻」，是也。蓋艮爲臭，鼻之於臭，義本相通，爲臭，則亦得爲鼻矣。以經無明文，故姑闕之。

賁六四：白馬翰如。

按：自三至五互震，震於馬爲的顙，故有白馬之象。《爾雅·釋畜》：「的顙，白顛。」《舍

〔一〕自二至四互艮，當作「自三至五互艮」。觀卦(䷓)三至五爻方能成單卦艮(☶)。

〔二〕據曲園是書體例，此處似當有「自二至四互艮」一句。

人》曰：「的，白也；顙，額也。」郭璞曰：「戴星馬也。」然則《易》言白馬，其即《詩》所云「有馬白顛」乎？

咸九三：咸其股。

按：自二至四互巽，巽爲股，故有咸其股之象。

遯九三：係遯。

按：自二至四互巽，巽爲繩直，故有係遯之象。

大壯九三：羝羊觸藩。

按：自三至五互兑，兑爲羊，故有羊象。六五、上六言羊，並兑象也。

九四：藩決不羸。

按：決亦以兑言，兑爲附決也。九三居兑初爻，有九四一陽在其上，故有觸藩之象。九四之上則陰爻矣，故藩決而不羸也。上六亦云「羝羊觸藩」，則以應在三，故仍以三言。

晉九四：晉如碩鼠。

按：自二至四互艮，艮爲鼠，故有碩鼠之象。

明夷六二：用拯馬壯吉。

按：自二至四互坎，坎於馬爲美脊，故有馬壯之吉。

六四：入于左腹。

按：明夷上體坤也。坤爲腹，故有腹象。自三至五互震，震東方之卦也，故爲左腹。

睽六三：見輿曳。

按：自三至五互坎，坎爲輿、爲曳，故有見輿曳之象。愚疑《說卦傳》本作「其於輿也爲曳」，説詳《群經平議》。

上九：見豕負塗。

按：自三至五互坎，坎爲豕，故上九有見豕之象。上體離也，離爲目；下體兑也，兑爲澤。以離目視坎，豕在兑澤中，是爲見豕負塗。

載鬼一車。

按：自三至五互坎，坎有輿象，故爲車。何謂鬼？虞氏以乾神坤鬼説之，義未盡也。以乾坤言則乾神而坤鬼，以坎離言則坎神而離鬼。睽上體離，自二至四又互離，而互體之坎正當其中，故有載鬼一車之象。説詳《易貫》。

先張之弧。

按：自三至五互坎，坎爲弓輪，故有弧象。

萃初六：一握爲笑。

按：自二至四互艮，艮爲手，故初六有一握之象。

革九四：有孚改命吉。

按：自二至四互巽，重巽以申命，處革之時，故改命吉。

震六二：躋於九陵。

按：自二至四互艮，艮爲山，故有陵象。

九四：震遂泥。

按：自三至五互坎，坎爲水，故有泥象。

漸初六：鴻漸于干。

按：水畔曰干。自二至四互坎，坎爲水，故初六有干象也。

九三：婦孕不育。

按：自三至五互離，離爲大腹，故有婦孕之象。九五「婦三歲不孕」，亦取離象。九三居内卦艮體，艮止也，故不育。九五居外卦巽體，巽爲不果，故不孕矣。

歸妹九二：眇能視。

按：自二至四互離，離爲目，故能視。其下體兑也，兑爲毁折，離目毁，故眇也。與履六三同。

又按：履六三「眇能視、跛能履」連文，此則「跛能履」在初九，「眇能視」在九二，然取象實同。惟履六三「跛能履」以互體巽言，此則以上體震言。上震下兑，震足毁折，故跛也，與互體無關。然亦不可不知其義，故附及之。

豐九三：折其右肱。

按：《釋文》曰：「肱，姚作股。」當從之。自二至四互巽，巽爲股。自三至五互兑，兑爲毁折，故曰「折其股」。兑又西方之卦也，故爲右矣。

巽九二：用史巫，紛若。

按：自二至四互兑，兑爲巫，故有巫象。

涣六四：涣有丘〔一〕**。**

〔一〕 丘，原作「⿰丘」，避聖人孔子諱，徑改，以下不再出校。

按：自三至五互艮，艮爲山，故有丘象。賁、頤並言丘，其上體皆艮也。渙無艮而亦言丘，非取之互體而何？此可爲不信互體者告矣。

節初九：不出户庭。

按：自三至五互艮，艮爲門闕，故初九言户庭，九二言門庭，皆取艮象也。初在内，故言户；二在外，故言門。初、二兩爻皆未至艮體，故曰「不出」。然初不出可也，二不出則凶矣，此位之異也。

中孚九二：鳴鶴在陰。

按：自二至四互震，震於馬也爲善鳴。二爻言鳴，四爻言馬，並震象也。

小過六五：自我西郊。

按：自三至五互兑，兑西方之卦也，故爲西郊。此與小畜卦辭同，小畜互體亦有兑也。余此卷專説爻辭，故小畜卦辭附説於此。

八卦方位説　俞樓雜纂弟三

余舊時著《玩易篇》，有八卦成列圖，刻入《弟一樓叢書》，已推得震兑坎離艮巽乾坤八卦之序矣。湖樓無事，又取而玩之，知八卦方位即出於此，故復有是説。

帝出乎震，齊乎巽，相見乎離，致役乎坤，説言乎兑，戰乎乾，勞乎坎，成言乎艮。此蓋自古相傳之説，而孔子述之，非孔子之言也。帝者孰謂？謂伏羲也。伏羲氏以木德王，故曰「帝出乎震」。於是位震於正東，位巽於東南，位離於正南，位坤於西南，位兑於正西，位乾於西北，位坎於正北，位艮於東北，而八卦之方位定矣。嘗怪朱子作《周易本義》於《帝出乎震》一章云：「此章所推卦位之説多未詳者。」夫八卦方位，蓋《易》義之至淺者也，此而未詳，何以説《易》哉？乃若其所詳者，則有之矣。乾南、坤北、離東、坎西、兑居東南、震居東北、巽居西南、艮居西北，夫若此者非伏羲氏之八卦，乃邵子之八卦也。然則朱子所治者邵子之《易》，非伏羲氏之《易》也。邵子所推八卦之序與其方位，非《易》本意。近世諸儒若毛氏大可、胡氏朏明辨之詳矣。然伏羲八卦之方位，自漢以來，實亦未有能確言其理者。嗟夫！卦位之不知而與言《易》，愚未見其有得也。今欲推八卦之位，先列四正、四隅之次弟如左。

正東	一
正西	二
正北	三
正南	四
東北	五
東南	六
西北	七
西南	八

右四正、四隅之次弟如此。蓋以東西言，則東爲上，故宗廟之位左昭而右穆；以南北言，則北爲上，故朝廷之位君北而臣南。東一西二北三南四，此不易之序也。四隅猶四正也。東必先乎西，北必先乎南。東北五，東南六，西北七，西南八，亦不易之序也。四正、四隅之次弟既定，乃可以議八卦之次弟。

震　一
兌　二
坎　三
離　四
艮　五
巽　六
乾　七
坤　八

右八卦之次弟如此。嗟乎，難言之矣！夫邵《易》之不足以言伏羲之《易》也固也，孰知夫執《周易》以言伏羲之《易》亦猶未得乎？蓋《周易》首乾坤，故以乾坤爲父母而生六子，而有震長男、巽長女、坎中男、離中女、艮少男、兌少女之説，然陰陽之理實不如此。陰自上而降者也，陽自下而升者也。兌一陰生於二陽之上，象夏至之日一陰自天而生也。震一陽生於二陰之下，象冬至之日一陽自地而生也。由是而爲離、坎，則兌之一陰降而在二陽之中、震之一陽升而在二陰之中矣。又由是而爲巽、艮，則離之一陰又降而在二陽之下，坎之一陽又升而在二陰之上矣。是故陰始見於兑，至巽而伏；陽始起於震，至艮而止。《雜卦傳》所以有「兑見巽伏」「震起艮止」之説也。是伏羲以來相承之説，非猶是《周易》之義也。由是以震、坎、艮之三陽積而爲乾，以兑、離、巽之三陰積而爲坤，而八卦備矣，八卦之序亦定矣。震一兑二，陰陽之始也；坎三離四，陰陽之中也；艮五巽六〔一〕，陰陽之終也。積而爲乾坤，故乾七而坤八焉，純陰純陽也。以八卦之次弟合之四正、四隅之次弟，此卦位所由定也。

〔一〕六，原作「八」，據上下文義改。

震兑，陰陽之始也，而位乎東西，所謂大明生於東，月生於西也。坎離，陰陽之中也，而位乎北南，此陰陽之極盛，其居中而用事者乎？坎，陽也，君道也；離，陰也，臣道也。《禮》曰：「君之南嚮，答陽之義也；臣之北面，答君也。」君臣交而德業成，猶坎離交而水火濟也。艮巽爲陰陽之終，則功成者退矣，故退艮於東北，退巽於東南也。乾純陽，是爲神；坤純陰，是爲鬼，殆非可以人事言之矣。故乾西北而坤西南，於次弟爲最後焉。此伏羲氏之《易》也。《周易》興而尊乾坤爲父母，故伏羲之《易》以乾坤終，而周人之《易》以乾坤始，此其異矣。孔子所贊者《周易》也。然乾稱父、坤稱母，則以乾坤居六子之前。乾以君之，坤以藏之，則又以乾坤居諸卦之後，蓋古義固附見矣。邵子於數千年後創爲異論，其依附太極、兩儀、四象、八卦而定乾兑離震巽坎艮坤之序，雖有巧思，其布而爲乾南坤北之圖，則不免有安排之迹。一家之學，無足深論者也。

卦氣續考　俞樓雜纂弟四

余著《卦氣直日考》，已刻入《曲園雜纂》矣。湖樓静坐，研究其義，則前考固有未盡者。蓋於四正卦分直四時，既不能正舊説之誤，而四正卦外六十卦之次弟亦不能推闡其故，則仍覺其雜亂無章，未足見古人所取之精也，於是復有此説云。

四正卦

《易緯稽覽圖》曰：「坎、震、離、兑四正卦爲四象。」又曰：「冬至日在坎，春分日在震，夏至日在離，秋分日在兑。」

按：此但言冬至在坎，春分在震，夏至在離，秋分在兑，未嘗言冬至在坎初爻、春分在震初爻、夏至在離初爻、秋分在兑初爻也。《乾元序制記》乃曰：「坎初六冬至，九二小寒，六三大寒，六四立春，九五雨水，上六驚蟄。震初九春分，六二清明，六三穀雨，九四立夏，六五小滿，上六芒種。離初九夏至，六二小暑，九三大暑，九四立秋，六五處暑，上九白露。兑初九秋分，九二寒露，六三霜降，九四立冬，九五小雪，上六大雪。」如其説則四正卦皆跨歷兩時，不得其正矣。後世卦氣起中孚之説由此而來，愚未敢信。《後漢書・樊英傳》注舉「七緯」之名，無《乾元序制記》之目，蓋其書乃後人於各緯書掇拾而成，未足據也。今依《稽覽圖》定四正卦所直之節氣如左。

坎，正北方之卦，直亥子丑三月。

初六　立冬

九二　小雪

六三　大雪

六四　冬至

九五　小寒

上六　大寒

震，正東方之卦，直寅卯辰三月。

初九　立春

六二　雨水

六三　驚蟄

九四　春分

六五　清明

上六　穀雨

離，正南方之卦，直巳午未三月。

初九　立夏

六二　小滿

九三　芒種

九四　夏至

六五　小暑

上九　大暑

兑，正西方之卦，直申酉戌三月。

初九　立秋

九二　處暑

六三　白露

九四　秋分

九五　寒露

上六　霜降

六十卦

《易緯稽覽圖》曰：「小過、蒙、益、漸、泰。寅。需、隨、晉、解、大壯。卯。豫、訟、蠱、革、夬。辰。旅、師、比、小畜、乾。巳。大有、家人、井、咸、姤。午。鼎、豐、涣、履、遯。未。恒、節、同人、損、否。申。巽、萃、大畜、賁、觀。酉。歸妹、无妄、明夷、困、剥。戌。艮、既濟、噬嗑、大過、坤。亥。未濟、蹇、頤、中孚、復。子。屯、謙、睽、升、臨。丑。」

按：以六十卦分直三百六十五日四分日之一，其次弟如此，自來莫有能詳其義者。楊子

《太玄》八十一首始中終養〔一〕，以準《周易》之始中孚終頤，次弟悉與此合。然楊子八十一首必託始於中，蓋泥乎卦氣始中孚之説。夫謂卦氣始中孚，可也；因卦氣始中孚而謂坎卦之直月即始乎是，不可也。余既定四正卦所直之節氣，於是此六十卦之義始有可言矣。

坎直亥子丑三月，每月五卦直日。

亥　䷳艮䷾既濟䷔噬嗑䷛大過䷁坤

子　䷿未濟䷦蹇䷚頤䷼中孚䷗復

丑　䷂屯䷎謙䷥睽䷭升䷒臨

震直寅卯辰三月，每月五卦直日。

寅　䷽小過䷃蒙䷩益䷴漸䷊泰

卯　䷄需䷐隨䷢晉䷧解䷡大壯

辰　䷏豫䷅訟䷑蠱䷰革䷪夬

離直巳午未三月，每月五卦直日。

〔一〕玄，原作「元」，避清帝玄燁諱，徑改，以下不再出校。

巳　旅　師　比　小畜　乾

午　大有　家人　井　咸　姤

未　鼎　豐　渙　履　遯

申　恒　節　同人　損　否

酉　巽　萃　大畜　賁　觀

戌　歸妹　无妄　明夷　困　剥

兑直申酉戌三月，每月五卦直日。

右六十卦以最下一列觀之，即十二辟卦也。其上諸卦，非有他義，直取陽爻陰爻之數，以寓陰陽消長之象，而爲寒暑往來之候耳。坎所屬十五卦，陰爻多於陽爻者二十，離所屬十五卦，陽爻多於陰爻者二十，故爲冬、夏至。震、兑所屬各十五卦，陰陽爻適等，故爲春、秋分。

坎所屬十五卦：

艮	既濟	噬嗑	大過	坤	陽爻十二	陰爻十八
未濟	蹇	頤	中孚	復	陽爻十二	陰爻十八

屯　謙　睽　升　臨　陽爻十一　陰爻十九

右十五卦陽爻三十五，陰爻五十五，陰爻多於陽爻二十。

震所屬十五卦：

小過　蒙　益　漸　泰　陽爻十三　陰爻十七

需　隨　晉　解　大壯　陽爻十五　陰爻十五

豫　訟　蠱　革　夬　陽爻十七　陰爻十三

右十五卦陽爻四十五，陰爻四十五，陰陽相等。

離所屬十五卦：

旅　師　比　小畜　乾　陽爻十六　陰爻十四

大有　家人　井　咸　姤　陽爻二十　陰爻一十

鼎　豐　渙　履　遯　陽爻十九　陰爻十一

右十五卦陽爻五十五，陰爻三十五，陽爻多於陰爻二十。

兑所屬十五卦：

恒　節　同人　損　否　陽爻十七　陰爻十三

巽　萃　大畜　賁　觀　陽爻十五　陰爻十五

歸妹　无妄　明夷　困　剥　陽爻十三　陰爻十七

右十五卦陽爻四十五，陰爻四十五，陰陽相等。

《詩》名物證古　俞樓雜纂弟五

自漢以來，説《詩》者言人人殊，未知誰得詩人之旨。或如見仁見知，各有合也。至於名物，宜有一定，而亦古今異説。何哉？余就朱子《集傳》中詮釋名物有異於古者，各以注疏舊説訂之。朱傳爲學者所宗，余亦不敢輒有辯論，然既列古今之異，則學者可以知所擇矣。《詩》之大義，概不之及，閒及訓詁，亦十之一二耳。蓋以名物爲主也。

關關雎鳩

朱傳：「狀類鳧鷖。」按：傳、箋、孔疏均無「狀類鳧鷖」之説。

琴瑟友之　鐘鼓樂之

朱傳：「琴五弦或七弦，瑟二十五弦，皆絲屬，樂之小者也。鐘金屬，鼓革屬，樂之大者也。」按：以琴瑟爲小，鐘鼓爲大，未詳其説。鄭箋則云：「琴瑟在堂，鐘鼓在庭。」

黄鳥于飛

朱傳：「黄鳥，鸝也。」按：毛傳：「黄鳥，搏黍也。」疏則博考異名，有黄離留、黄鸝留、黄栗留、黄鸎、倉庚、商庚、鵹黄、楚雀諸名，無單言鸝者。

我姑酌彼兕觥

朱傳：「兕，野牛，一角，青色，重千斤。觥，爵也，以兕角爲爵也。」按：毛傳但云：「兕，觥；角，爵也。」疏則引《釋獸》云：「兕似牛。」郭璞曰：「一角，青色，重千斤。」即朱傳所本。然《爾雅》云：「兕似牛。」不以爲野牛也。《説文》云：「兕如野牛。」是古以兕與野牛爲二。

螽斯羽

朱傳：「能以股相切作聲，一生九十九子。」按：疏引陸機疏作「以兩股相切作聲」，至「一生九十九子」，則疏無此説。

采采芣苢

朱傳：「大葉、長穗，好生道旁。」按：疏引陸機疏云：「馬舄，一名車前，一名當道，喜在牛跡中生，故曰車前、當道也。」然則古説是生當道，非生道旁。

南有喬木

朱傳：「上竦無枝曰喬。」按：毛傳「喬，上竦也」，不云「無枝」。《爾雅・釋木》：「上句曰喬。」又曰：「小枝上繚爲喬，木無枝爲檄。」朱傳合喬、檄爲一。

言刈其楚

朱傳：「楚，木名，荆屬。」按：疏引《學記》注以楚爲荆。考《説文・草部》：「荆，楚木也。」《林部》：「楚，叢木，一名荆也。」則楚即是荆，古不分爲二。

言刈其蔞

朱傳：「青白色。」按：疏引陸機疏云：「其葉似艾，白色。」又云：「正月根牙生，旁莖正白。生食之，香而脆美。」皆言白不言青。

魴魚赬尾

朱傳：「魴尾本白而今赤，則勞甚矣。」按：疏云：「魴魚尾本不赤，赤故爲勞也。」但言不赤，不言其白。

麟之趾

朱傳：「麕身、牛尾、馬蹄。」按：此本《禮記・禮運》篇疏引京房《易傳》之文，至陸機疏則云：「麕身、牛尾、馬足、黄色、員蹄。」以後凡如此之類，苟於古有徵，即不復出。

維鵲有巢，維鳩居之

朱傳：「鳩性拙不能爲巢，或有居鵲之成巢者。」按：傳、箋並無性拙之説，疏以爲「天性如此」，亦不言其拙也。

被之僮僮

朱傳：「被，首飾也，編髮爲之。」按：「被，首飾也」，本鄭箋文。鄭又引《禮記》「主婦髲鬄」，是鄭意被者髲之叚字。疏引《少牢》注「被裼，讀爲髲鬄」以證之，是也。據《周官·追師》：「掌王后之首服，爲副、編、次。」鄭注曰：「編，編列髮爲之，其遺象若今假紒矣，服之以桑也。次，次第髮長短爲之，所謂髲鬄，服之以見王。」然則編髮與次第髮有别。既從鄭義，則被爲髲鬄，乃次第髮爲之，而非編髮爲之者。

言采其薇

朱傳：「薇，似蕨而差大，有芒而味苦，山閒人食之，謂之迷蕨。」按：此不依舊説爲説。

于以采藻

朱傳：「藻，聚藻也，生水底，莖如釵股，葉如蓬蒿。」按：疏引陸機云：「藻，水草也，生水底，有二種。其一種葉如雞蘇，莖大如箸[一]，長四五尺；其一種莖大如釵股，葉如蓬蒿，謂之聚藻。」是陸氏以此二種皆爲聚藻，朱則專舉其一種言之。

三五在東

朱傳：「三五，言其稀。」按：毛傳云：「三心五噣。」箋云：「衆無名之星，隨心、噣在天，猶諸妾隨夫人以次序進御於君也。」是朱意三五即承小星而言，傳、箋舊説則小星喻衆妾，三五喻夫人。三五非小星，猶下章參昴亦非小星也。

野有死麕

朱傳：「麕，獐也，鹿屬。」按：《説文》云：「麞，麇屬。」

壹發五豝

朱傳：「豝，牡豕也。」按：毛傳：「豕牝曰豝。」朱作牡豕，或傳刻誤也。據《説文》：牡豕謂之豭。

[一] 箸，原作「著」，據蔡啓盛《校勘記》改。

願言則嚏

朱傳：「嚏，鼽嚏也。」按：鄭箋：「嚏，讀當爲不敢嚏咳之嚏。」朱説從鄭也。然鼽嚏二字本於《月令》：「季秋行夏令，民多鼽嚏。」據《説文·鼻部》：「鼽，病寒鼻窒也。」《口部》：「嚏，悟解氣也。」則二字判然爲二義。《月令》雖鼽嚏連文，非一病也。又據《吕覽》《淮南》並作鼽窒，則《月令》嚏字或亦窒之叚字矣。

睍睆黄鳥

朱傳：「睍睆，清和圓轉之意。」按：毛傳：「睍睆，好貌。」

濟有深涉。深則厲，淺則揭

朱傳：「行渡水曰涉，以衣而涉曰厲，褰衣而涉曰揭。」按：毛傳：「由膝以上爲涉。以衣涉水爲厲，謂由帶以上也。揭，褰衣也。」據《爾雅》引此經而釋之曰：「揭者，揭衣也。以衣涉水爲厲，繇膝以下爲揭，繇膝以上爲涉，繇帶以上爲厲。」是毛義本《爾雅》，朱亦同之，惟「涉」字爲異。

雝雝鳴鴈

朱傳：「鴈，鳥名，似鵝。」按：《説文·隹部》：「雁，鳥也。」此鴻雁之雁也。《鳥部》：「鴈，鵝也。」此即今之鵝也。而古書每以鴈爲雁，混淆無别，朱傳所以有似鵝之説與？

毋逝我梁

朱傳：「梁，堰石障水。」按：疏引《有狐》傳：「石絶水曰梁。」《鴛鴦》箋：「石絶水之梁。」又引《㪅人》鄭司農注：「梁，水堰。」而云：「堰則以土，皆云石者，蓋因山石之處亦爲梁，以取魚也。」

毋發我笱

朱傳：「以竹爲器。」按：《周禮·㪅人》疏云：「葦薄。」

山有榛

朱傳：「榛，似栗而小。」按：疏引陸機云：「栗屬，其子小似杼子。」則所謂小者，謂其子小也。

隰有苓

朱傳：「苓，一名大苦，葉似地黄，即今甘草也。」按：疏引孫炎曰：「『蘦，今甘草』是也。蔓延生，葉似荷，青黄，其莖赤，有節，節有枝相當。或云：蘦似地黄。」所謂似地黄者，非止葉之似而已，以葉而論，則似荷也。

載脂載舝

朱傳：「脂，以脂膏塗其舝。」按：疏云：「既脂其車，又設其舝。」則載脂爲一事，載舝爲一事。

傳又云：「舝，車軸也。」按：《釋文》云：「舝，車軸頭金也。」

俟我於城隅

朱傳：「城隅，幽僻之處。」按：毛傳：「城隅以言高而不可踰。」疏云：「周禮，王城高七雉，隅九雉。是高於常處也。」

髧彼兩髦

朱傳：「兩髦者，翦髮夾囟，子事父母之飾。」按：毛傳云：「髦者，髮至眉，子事父母之飾。」朱義似本毛傳，然易其文曰「翦髮夾囟」。此在幼小時則然，及長大成人，未必仍翦髮夾囟也。《既夕禮》：「既殯，主人脱髦。」注云：「兒生三月，翦髮爲鬌，男角女羈，否則男左女右，長大猶爲之飾，存之謂之髦。髦之形象未聞。」又《内則》注云：「髦者用髮爲之，象幼時鬌，其制未聞。」毛公生六國時，尚能言其大略，故云「髮至眉」，此髮即所謂「用髮爲之」者，故爲可脱之物。若翦髮夾囟，則不可脱矣。

其之翟也

朱傳：「翟衣，祭服，刻繒爲翟雉之形，而采畫之以爲飾也。」按：依《周禮·内司服》鄭注，則刻而兼畫者褘衣、揄翟也，闕翟則刻而不畫。

蝃蝀在東

朱傳：「日與雨交，倏然成質，似有血氣之類。」按：《月令》疏云：「虹是陰陽交會之氣，純陰、純陽則虹不見。若雲薄漏日，日照雨滴，則虹生。」朱傳謂「日與雨交」，豈本此與。

素絲紕之

朱傳：「紕，織組也，蓋以素絲織組而維之也。」按：毛傳：「紕，所以織組也。總比於此，成文於彼，願以素絲紕組之法御四馬也。」箋云：「素絲者以爲縷，以縫紕旌旗之旒縿，或以維持之。」是此詩傳、箋異義。傳則以「紕之」合下兩章「組之」「祝之」爲義，此句屬下良馬，不屬上干旄。鄭則「紕之」「組之」「祝之」各自爲義，此句屬上干旄，不屬下良馬。朱傳「織組」之説從毛，「維之」之説從鄭，似合毛、鄭而一之。

言采其蝱

朱傳：「蝱，貝母也，主療鬱結之疾。」按：毛傳：「采其蝱者，將以療疾。」不言何疾。

緑竹猗猗

朱傳：「緑，色也。淇上多竹，漢世猶然。」按：毛傳：「緑，王芻也；竹，萹竹也。」

如切如磋，如琢如磨

朱傳：「治骨角者，既切以刀斧，而復磋以鑢錫。治玉石者，既琢以椎鑿，而復磨以沙石。」按：毛傳：「治骨曰切，象曰磋，玉曰琢，石曰磨。」義本《爾雅》，每一字爲一事。朱則謂治骨角者切而復磋，治玉石者琢而復磨，合二字爲一事，與古義異。

膚如凝脂

朱傳：「凝脂，脂寒而凝者。」按：《内則》：「脂用蔥，膏用韰。」鄭注曰：「脂肥凝者，釋者曰膏。」蓋自有凝、釋之分，非以寒故。若寒而凝，熱而釋，則脂、膏一也，何以有用蔥、用韰之分乎？

于嗟鳩兮

朱傳：「似山雀而小。」按：疏引郭璞《爾雅注》：「似山鵲而小。」

雖則佩觿

朱傳：「觿，錐也。」按：疏引《内則》注云：「觿貌似錐。」

左執簧

朱傳：「竽十六簧〔一〕。」按：《周禮·笙師》鄭司農注：「竽三十六簧。」

抑縱送忌

朱傳：「舍拔曰縱，覆𥼶曰送。」按：毛傳：「發矢曰縱，從禽曰送。」

二矛重英

朱傳：「英，以朱羽爲矛飾也。」按：毛傳但云：「矛有英飾。」疏引《魯頌》「朱英」，謂「以朱染爲英飾」。又《魯頌》疏云：「二矛飾之，以朱染。」並不言羽。鄭下箋有「縣毛羽」之説，疏云：「經傳不言矛有毛羽，鄭以時事言之，猶今之鵜毛矟。」然亦不以爲即朱英也。

二矛重喬

朱傳：「矛之上句曰喬，所以縣英也。」按：鄭箋：「喬，矛矜近上及室題，所以縣毛羽。」朱義似本之鄭，然鄭以「矛矜」言。矜者，矛柄也。朱謂矛之上句，則未知其在何處。據《考工記·廬人》注：矛者刺兵也，非句兵也。似不得有句。

〔一〕竽十六簧，四庫本《詩集傳》及它本朱子《詩集傳》皆作「竽三十六簧」。

雜佩以贈之

朱傳：「雜佩者，左右珮玉也。上横曰珩，下繫三組貫以蠙蛛。中組之半貫一大珠，曰瑀。末懸一玉，兩端皆鋭，曰衝牙。兩旁組半各懸一玉，長博而方，曰琚。其末各懸一玉，如半璧而内向，曰璜。又以兩組貫珠，上繫珩兩端，下交貫於瑀，而下繫於兩璜，行則衝牙觸璜而有聲也。」按：毛傳云：「雜佩者，珩、璜、琚、瑀、衝牙之類。」《有女同車》傳亦云：「佩有琚、瑀，所以納閒。」朱傳因毛義而詳説其制，洵善矣。然佩玉之制，經傳無明文，略見於《大戴禮・保傅》篇及《周官・玉府》注所引《韓詩》説，固未易質言也。《續漢・輿服志》孝明皇帝「爲大佩、衝牙、雙瑀璜〔一〕，皆以白玉」。漢人近古，當有所據。知瑀必以玉爲之，且有雙瑀。朱子謂「中組貫大珠曰瑀」，未必然也。

隰有游龍

朱傳：「一名馬蓼，葉大而色白。」按：疏引陸機云：「一名馬蓼，葉大而赤白色。」

〔一〕 瑀，原作「琚」，考《後漢書》各本皆作「瑀」，且曲園引文釋義亦作「瑀」，則作「瑀」是，據改。

贈之以勺藥

朱傳：「勺藥，亦香草也。三月開花，芳色可愛。」按：疏引陸機云：「今藥草勺藥無香氣，非是也，未審今何草。」

冠緌雙止

朱傳：「緌，冠上飾也。」按：《内則》：「冠緌纓。」鄭注曰：「緌，纓之飾也。」疏曰：「結纓頷下，以固冠。結之餘者，散而下垂，謂之緌。」是緌爲纓飾，在冠下，不在冠上。

敝笱在梁

朱傳：「笱，罟也。」按：《説文》：「笱，曲竹捕魚具也。」「罟，网也。」義别。

園有棘

朱傳：「棘，棗之短者。」按：《説文》：「棘，小棗叢生者。」言小不言短。

胡瞻爾庭，有縣貆兮

朱傳：「貆，貉類。」按：鄭箋：「貉子曰貆。」

隰有榆

朱傳：「榆，白枌也。」按：《爾雅・釋木》：「榆，白枌。」此謂榆之白者名枌，非謂榆名白枌也。《東門之枌》篇毛傳曰：「枌，白榆也。」可證。

隰有杻

朱傳：「其理多曲少直。」按：疏引陸機疏云：「爲木多曲少直。」是言其形狀，非言其理。

三星在隅

朱傳：「隅，東南隅也。昏見之星至此，則夜久矣。」

三星在户

朱傳：「户，室户也。户必南出。昏見之星至此，則夜分矣。」

按：首章三星在天，毛以爲參星也，王肅述毛意，以三星在天爲十月，鄭以爲心星也，三星在天爲三月之末，四月之中。朱傳從鄭不從毛。然其解在隅、在户，則與毛、鄭皆異。毛、鄭之意，在天、在隅、在户，皆以初昏言，故毛於卒章云：「參星，正月中值户也。」鄭於次章云：「心星在隅，謂四月之末，五月之中。」於卒章云：「心星在户，謂五月之末，六月之中。」是毛、鄭之意皆以初昏言，非就一夕言之而始在天、繼在隅、繼在户也。

首陽之巔

朱傳：「首陽，首山之南也。」按：毛傳：「首陽，山名也。」則首陽是山名，非謂首山之陽。

五楘梁輈

朱傳：「梁輈，從前軫以前稍曲而上，至衡則向下鉤之，衡横於輈下，而輈形穹隆上曲如屋之梁。」按：疏云：「輈者，轅也。轅從軫以前稍曲而上，至衡則居衡之上而嚮下句之，衡則横居輈下，如屋之梁然，故謂之梁輈也。」如孔疏説，則如梁者衡也，非輈也。衡横居輈下，故如梁；輈，所以句此如梁者，故曰梁輈。朱意謂輈如梁，於文義似順，然天下無穹隆上曲之梁。

游環脅驅

朱傳：「游環，靷環也。以皮爲環當兩服馬之背上。」按：傳、箋及疏並無以皮爲之之説。又據《釋文》云：「游在驂馬背上。」是不在服馬背上也。疏引劉熙《釋名》則云：「游環，在服馬背上。」

有紀有堂

朱傳：「紀，山之廉角也。堂，山之寬平處也。」按：毛傳：「紀，基也。」無廉角之説。又云：「堂，畢道如堂也。」定本作「畢道平如堂」，則堂訓寬平，與毛義有合。

黻衣繡裳

朱傳：「黻之狀『亞』，兩『己』相戾也。繡，刺繡也。」按：毛傳：「黑與青謂之黻，五色備謂之繡。」

與子同澤

朱傳：「澤，裏衣也。」按：鄭箋：「澤，褻衣也。」疏引《説文》：「襗，袴也。」

子仲之子

朱傳：「子仲氏之女也。」按：鄭箋：「之子，男子也。」

南方之原

朱傳：「以會于南方之原。」按：毛傳：「原，大夫氏。」箋云：「南方原氏之女。」

狐裘以朝

朱傳：「錦衣狐裘，其朝天子之服也。」按：鄭箋云：「大蜡而息民，則有黄衣狐裘。」

蜉蝣之羽

朱傳：「身狹而長角。」按：疏引郭璞曰：「身狹而長，有角。」

五月斯螽動股，六月莎雞振羽　十月蟋蟀入我床下

朱傳：「斯螽、莎雞、蟋蟀一物，隨時變化而異其名。」按：毛傳：「斯螽，蚣蝑也。」疏云：「《釋蟲》文。」今依《爾雅》説之。「蜇螽，蚣蝑。」郭注曰：「蚣，蜙也，俗呼舂黍。」又云：「翰，天雞。」注曰：「小蟲，黑身赤頭，一名莎雞。」又云：「蟋蟀，蛬。」注曰：「今促織也。」是此三者古不以爲一物。

十月納禾稼

朱傳：「蓋自田而納之於場也。」按：鄭箋云：「治於場而内之囷倉也。」又曰：「禾者，穀連藁秸之總名。禾之秀實而在野曰稼。」按：疏云：「苗生既秀謂之禾，種殖諸穀名爲稼。」

宵爾索綯

朱傳：「索，絞也；綯，索也。」按：毛傳：「綯，絞也。」「綯絞」本《爾雅·釋言》文，自是古義，朱説未詳所本。而近儒焦理堂作《孟子正義》，則頗與朱合。

鴟鴞鴟鴞

朱傳：「鴟鴞，鵂鶹，惡鳥，攫鳥子而食者也。」按：毛傳：「鴟鴞，鸋鴂也。」疏引陸機云：「鴟鴞似黄雀而小，其喙尖如錐，取茅莠爲窠，以麻紩之，如刺韈然。縣著樹枝，或一房，或二房，幽州人謂之鸋鴂。」是鴟鴞與鵂鶹絶異。惟郭注云：「鴟類。」又按：《爾雅》鴟鴞、鸋鴂即繼之以「狂，茅鴟」「怪鴟」「梟鴟」，或當如郭説與？

予手拮据

朱傳：「拮据，手口共作之貌。」按：毛傳：「拮据，撠挶也。」疏云：「謂以手爪挶持草也。」是此句止説手而不及口。

熠燿宵行

朱傳：「熠燿，明不定貌。宵行，蟲名，如蠶，夜行，喉下有光如螢。」按：毛傳：「熠燿，燐也。燐，螢火也。」疏引《本草》：「螢火，一名夜光，一名熠燿。」是古説以熠燿爲蟲名。

鸛鳴于垤

朱傳：「鸛，水鳥似鶴者也。」按：疏引陸機云：「似鴻而大。」

食野之苹

朱傳：「青色，白莖如筯。」按：疏引陸機云：「葉青白色，莖似箸。」

群黎百姓

朱傳：「群，衆也，黎，黑也，猶秦言黔首也。百姓，庶民也。」按：毛傳：「百姓，百官族姓也。」鄭箋：「黎，衆也。」

南有嘉魚

朱傳：「嘉魚，鯉質，鱒、鱗肌〔一〕，出於沔南之丙穴。」按：鄭箋：「言南方水中有善魚。」疏云：「言善魚，以言大而衆多。」則不以嘉魚爲魚名。

在宗載考

朱傳：「夜飲必於宗室，蓋路寢之屬。」按：夜飲必於宗室，本毛傳文，云路寢之屬，則毛無此説。

整居焦穫

朱傳：「焦，未詳所在。穫，郭璞以爲瓠中。」按：《爾雅·釋地》：「周有焦穫。」注曰：「今扶風池陽縣瓠中是也。」則古不以焦穫爲二地名。

何蓑何笠

朱傳：「蓑、笠，所以備雨。」按：毛傳：「蓑所以備雨，笠所以禦暑。」疏曰：「蓑惟備雨之

〔一〕 鱗肌，今《詩集傳》各本皆作「鯽肌」。謹按：清陳啓源《毛詩稽古編·稽疑·集傳疑誤》析之曰：「鱒鯽肌，鯽字誤，當作鱗，肌字衍。」則「鯽肌」非是，而「鱗肌」亦屬不辭，當作「鱒鱗」。

物，笠則元以禦暑，兼可禦雨。」

癙憂以痒

朱傳：「癙憂，幽憂也。痒，病也。」按：毛傳：「癙、痒，皆病也。」

十月之交

朱傳：「十月以夏正言之，建亥之月也。」按：鄭箋云：「周之十月，夏之八月也。」

不敢暴虎，不敢馮河

朱傳：「徒搏曰暴〔一〕，徒涉曰馮，如馮几然也。」按：徒搏二語本毛傳文，如馮几然，則毛無此説。

交交桑扈

朱傳：「桑扈，竊脂也，俗呼青觜，肉食不食粟。」按：疏引郭璞曰：「俗呼青雀，觜曲，食肉。」然則青下脱雀字，觜下脱曲字。

〔一〕 搏，原作「博」，據蔡啓盛《校勘記補遺》改。

爲鬼爲蜮

朱傳：「能含沙以射水中人影。」按：疏引陸機云：「一名射影，江淮水皆有之。人在岸上，影見水中，投人影則殺之，故曰射影。」「或曰含沙射人皮肌，其瘡如疥。」是陸疏有二説：其言射影，即不必含沙；其言含沙，則射人皮肌，非射人影。

成是貝錦

朱傳：「貝，水中介蟲也，有文彩似錦。」按：毛傳：「貝錦，錦文也。」箋云：「錦文者，文如餘泉、餘蚳之貝文也。」是傳、箋並言錦似貝，不言貝似錦。蓋成是貝錦者，乃謂成此如貝之錦，非謂成此似錦之貝也。

不以服箱

朱傳：「服，駕也。」按：毛傳：「服，牝服也。」

無將大車

朱傳：「大車，平地任載之車。」按：《考工記・車人》「大車」注曰：「大車，平地載任之車。」據《周禮・牛人》云：「凡會同、軍旅、行役，共其兵車之牛，與其牽傍，以載公任器。」然則載任謂載任器也。

以雅以南

朱傳：「雅，二雅也。南，二南也。」按：毛傳：「南夷之樂曰南。」鄭箋：「雅，萬舞也。周樂尚武，故謂萬舞爲雅。雅，正也。」

爲俎孔碩，或燔或炙

朱傳：「俎，所以載牲體也。燔，燒肉也。炙，炙肝也。皆所以從獻也。」按：鄭箋：「燔，燔肉也。炙，肝炙也。皆從獻之俎也。其爲之於爨，必取肉也、肝也肥碩美者。」是鄭意以此俎爲從獻之俎，而非尸賓之常俎。常俎所以載骨體，其義已在上章「或肆」句矣。此則止言從獻之俎，即《特牲》篇所謂「主人獻尸，賓長以肝從；主婦獻尸，兄弟以燔從」者也〔一〕。俎中止有燔肉、炙肝，不載骨體。朱解燔、炙，仍用鄭義，而於「爲俎孔碩」云「所以載牲體」，則非從獻之俎矣。

祭以清酒

朱傳：「清酒，清潔之酒。」按：鄭箋：「清，謂玄酒也。酒，鬱鬯、五齊、三酒也。」是鄭分清

〔一〕「主人獻尸」至「兄弟以燔從」句乃《詩集傳》中朱子所引孔穎達《毛詩》疏文，不見於今本《儀禮・特牲》經文。

酒爲二物。

如茨如梁

朱傳：「梁，車梁，言其穹窿也。」按：梁，車梁，本毛傳文。疏引「《孟子》『十二月，車梁成』，梁謂水上横橋，橋有廣狹，得容車渡，則高廣者也」。是毛所謂車梁，即今《孟子》之輿梁。朱傳似誤以爲「五楘梁輈」之梁，故有穹窿之説，即彼傳所云「穹隆上曲」也。

此有不斂穧

朱傳：「穧，束。」按：孔疏云：「穧者，禾之鋪而未束者。」

鐘鼓既設

朱傳：「設，宿設而又遷於下也。大射，樂人宿縣，厥明將射，乃遷樂於下，以避射位是也。」按：宿設而又遷於下，即鄭箋「將射改縣」之義。惟引大射謂證大射儀，實無此文。孔疏曰：「大射不言改縣者，國君與臣行禮略三面而已，不具軒縣。東西縣在兩階之外，兩階之間有二建鼓耳。東近東階，西近西階，又無鐘鼓，不足以妨射，不須改也。」是大射無改縣之文，孔於此疏又明説其義。朱引大射爲證，誤也。孔引《鄉射禮》云：「樂正命弟子贊工遷樂於下。」注云：「當避射位。」彼琴瑟之樂尚遷之，明鍾鼓之縣改之矣。孔引《鄉射》爲證，視朱傳爲塙。

騂騂角弓

朱傳：「角弓，以角飾弓也。」按：疏云：「《冬官·弓人》以六材爲弓，謂幹、角、筋、膠、絲、漆也。又曰：『角之中，恒當弓之隈。』如彼文，弓有用角之處，不得即名角弓。此言角弓，蓋別有角弓，如今北狄所用者，於古亦應有之，但《弓人》所不載耳。」

縮版以載

朱傳：「言以索束版，投土築訖，則升下而上以相承載也。」按：升下而上，孔疏作「升下於上」。

左右奉璋

朱傳：「半珪曰璋。祭祀之禮，王祼以圭瓚，諸臣助之。亞祼以璋瓚。」按：此合毛傳、鄭箋而一之也。毛傳：「半圭曰璋。」疏云：「傳唯解圭而不言瓚，則不以此爲祭矣。謂臣之行禮當執璋也。」鄭箋云：「璋，璋瓚也。祭祀之禮，王祼以圭瓚，諸臣助之。亞祼以璋瓚。」疏云：「鄭以臣行禮亦執圭璧，無專以璋者。」故知璋是璋瓚，然則此經毛、鄭異義，當分别言之。

其灌其栵

朱傳：「栵，行生之也。」按：毛傳：「栵，栭也。」

經始靈臺

朱傳：「言其倏然而成，如神靈之所爲也。」按：鄭箋云：「文王化行似神之精明，故以名焉。」

不日成之

朱傳：「不日，不終日也。」按：鄭箋云：「不設期日而成之。」

公尸嘉告

朱傳：「周稱王，而尸但曰公尸，蓋因其舊。」按：毛傳：「公尸，天子以卿，言諸侯也。」疏曰：「天子以卿，謂以卿爲尸也。卿而謂之公者，言此卿之尊比下士諸侯也。諸侯稱公，故亦謂卿爲公也。《白虎通》引曾子曰：『王者宗廟以卿爲尸。』此傳據卿非諸侯者爲説耳，若諸侯入爲卿，則稱公是常矣。」

涉則在巘〔一〕

朱傳：「巘，山頂也。」按：毛傳：「巘，小山别於大山也。」毛意涉則在巘，復降在原，即《皇

〔一〕涉，今《詩經》各本多作「陟」。

矣》篇之「度其鮮原」。彼傳云：「小山别大山曰鮮。」用《爾雅》文也。此傳亦云，然蓋以鮮、巘同也。《爾雅》：「山頂，冢。」不名巘。

如壎如篪

朱傳：「壎唱而篪和。」按：毛傳：「如壎如篪，言相和也。」疏云：「壎、篪俱是樂器，其聲相和。」無壎唱篪和之説。

寧爲荼毒〔一〕

朱傳：「荼，苦菜也。味苦，氣辛，能殺物，故謂之荼毒。」按：孔疏云：「荼，苦菜。毒者，螫蟲。荼、毒皆惡物。」是舊説分荼毒爲二也。荼雖味苦而非毒物。《良耜》篇「以薅荼蓼」，朱傳：「荼，陸草；蓼，水草。一物而有水陸之異。今南方人猶謂蓼爲辣荼，或用以毒溪取魚，即所謂荼毒也。」然此荼又非苦菜。

王命傅御

朱傳：「傅御，申伯家臣之長也。」按：鄭箋：「傅御，貳王治事，謂冢宰也。」

〔一〕 寧，原作「甯」，避清帝旻寧諱，徑改，以下不再出校。

鞗革金厄

朱傳：「金厄，以金爲環，纏搤轡首也。」按：金厄，毛、鄭異義。毛云：「厄，烏蠋也。」疏云：「以金接轡之端[一]，如厄蟲然也。」鄭云：「以金爲小環，往往纏搤之。」疏云：「此不言如厄，則非比諸外物，不得爲蟲，故易傳『以金爲小環，往往纏搤之』。往往者，言其非一二處也。」是從毛義則不以爲金環，從鄭義則不止在轡首。朱傳乃合毛、鄭而一之。

告于文人

朱傳：「文人，先祖之有文德者，謂文王也。」按：毛傳：「文人，文德之人也。」箋云：「使以祭其宗廟，告其先祖諸有德美見記者。」

如彼棲苴

朱傳：「棲苴，水中浮草棲於木上者。」按：棲苴，毛、鄭異義。毛云：「苴，水中浮草也。」疏云：「如是則棲爲浮義，謂棲息於水上也。」鄭云：「天下之人如旱歲之草，皆枯槁無潤澤，如樹上之棲苴。」疏云：「棲者，居在木上之名，謂水上爲棲，理亦不愜，故以爲如樹上之棲苴。苴

〔一〕端，原作「瑞」，據《毛詩正義》改。

是草木之枯槁者，故在樹未落及已落爲水漂，皆稱苴也。」是苴之義雖可通，而毛以爲在水中，鄭以爲在樹上，其義迴別[一]。朱傳乃合而爲一。以理言之，在樹上者可以落在水中，在水中者必不能復棲木上也。

莫予荓蜂

朱傳：「荓，使也。蜂，小物而有毒。」按：毛傳：「荓蜂，摩曳也。」疏云：「《釋訓》文。孫炎曰：『謂相掣曳入於惡也。』彼作甹夆，古今字耳。」

拚飛維鳥

朱傳：「鷦鷯之雛，化而爲鵰。」按：鄭箋：「鷦之所爲鳥，題肩也，或曰鴞，皆惡聲之鳥。」疏云：「題肩是鷹之别名。」朱傳化鵰之説，似即鄭義，然鄭義，孔疏亦云「未詳」。

徂隰徂畛

朱傳：「隰，爲田之處也。畛，田畔也。」按：鄭箋：「隰，謂新發田也。畛，爲舊田有徑路者。」

[一] 迴，原作「迴」，據蔡啓盛《校勘記》改。

有噴其饁

朱傳：「噴，衆飲食聲也。」按：毛傳：「噴，衆貌。」是毛意以爲饋饟者衆。

犧尊將將

朱傳：「或曰尊作牛形，鑿其背以受酒也。」按：此即王肅説。孔疏述王肅義，言背上負尊，不言鑿背受酒。

二矛重弓

朱傳：「二矛，夷矛、酋矛也。」按：毛傳：「重弓，重於鬯中也。」箋云：「二矛重弓，備折壞也。」疏云：「《考工記》：『酋矛常有四尺，夷矛三尋。』則矛法自有二等。此云二矛，知非二等之矛者，以重弓是一弓而重之，故知二矛亦一矛而有二，俱是備折壞也。矛有二等，此當是酋矛，何則？《考工記》云：『攻國之兵用短，守國之兵用長。』此是往伐之，明是酋矛而有二也。」

綏我思成

朱傳引鄭氏曰：「安我以所思而成之人，謂神明來格也。」按：今鄭箋作「乃安我心所思而成之，謂神明來格也」。鄭箋安字蓋即「安而后能慮」之安。安我心所思而成之，所謂「安而后能慮，慮而后能得」也。朱以鄭有脱誤，改正其文，未必得鄭義。其易心字爲以字，則更所未詳也。

《禮記》鄭讀考　俞樓雜纂弟六

段氏玉裁作《周禮漢讀考》，於注中讀爲、讀若之義辨之詳矣。然鄭康成注《禮記》，亦有讀爲、讀若之例。湖樓無事，偶一疏證，以存鄭學。

拾級聚足。注：「拾當爲涉，聲之誤也。」《曲禮》

按：《襄二十七年·穀梁傳》：「與之涉公事矣。」疏引徐邈曰：「涉猶歷也。」涉級猶歷級，謂前足歷一級，後足必從而與之並也。拾與涉聲固相近，而義亦有可通。《儀禮·大射儀》「拾發」、《既夕》篇「拾踊」、《禮記·投壺》篇「請拾投」，鄭注並曰：「拾，更也。」更即有歷義。《詩·大東》篇鄭箋：「謂更其肆也。」《釋文》曰：「更，歷也。」《漢書·鮑宣傳》：「經皆更博士。」師古注曰：「更亦歷也。」又《蕭望之傳》：「所用皆更治民以考功。」師古注曰：「更，猶經歷也。」拾訓更，則亦得訓歷。拾級、涉級，兩俱得通。鄭必讀涉者，欲其易曉耳。

以箕自向而扱之。注：「扱，讀曰吸，謂收糞時也。」

按：段氏玉裁《經韵樓集》有《某讀爲某誤易説》，謂先用注説改經文，嗣又用已改之經文改注，舉萡讀爲鉏、蟈讀爲蜮數條證之。愚謂此文扱讀曰吸，亦誤易也。按：《説文》：「扱，收也。」「吸，内息也。」二字之義不同。此經本作「以箕自向而吸之」，鄭君以爲嘘吸之義非所施於此，必是扱之叚字。扱者，收也，故注曰：「吸讀曰扱，謂收糞時也。」文義甚明。乃後人用鄭注改經文爲扱之，因又改注文爲「扱，讀曰吸」，此正萡讀爲鉏、蟈讀爲蜮之比矣。孔穎達作正義時所據已是誤本，故爲之説曰：「必讀扱爲吸者，以其穢物少，吸然則盡，不得爲一扱再扱，故讀從吸。」斯真曲説矣。

急繕其怒。注：「繕，讀曰勁。」

按：繕讀曰勁，蓋聲之轉也。《周禮・序官・繕人》鄭注亦曰：「繕之言勁也。」繕字古音在元寒部，勁字古音在耕清部，兩音雖不相近，然《考工記・梓人》注鄭司農云：「牼讀爲鬜，頭無髮之鬜。」劉昌宗《周禮音》云：「牼，音苦顔反。」牼從巠聲得音，苦顔反讀爲鬜，此即二部相通之證矣。《孟子》「宋牼」、《荀子》作「宋鈃」，《襄十七年・左氏春秋》「郲子牼」、《公》《穀》作「瞯」，並其例也。

日而行事，則必踐之。注：「踐讀曰善，聲之誤也。」

按：《詩・東門之墠》篇「有踐家室」、《韓詩》作「有靖家室」，《堯典》「静言庸違」、《漢書・王遵傳》引作「靖言」、《史記》作「善言」，是踐與靖、靖與善，皆一聲之轉，故得相通。

君命召，雖賤人、大夫、士必自御之。注：「御當爲訝，訝迎也。」

按：《詩・鵲巢》篇「百兩御之」，《釋文》本亦作「訝」、又作「迓」，《穀梁・成二年》「使跛者御跛者」、《公羊》作「訝」，並其例也。《儀禮・士昏禮》：「媵御沃盥交。」鄭注亦云：「御當爲訝。」

大夫則綏之。注：「綏讀曰妥。」

按：《儀禮・士相見禮》：「妥而後傳言。」鄭注曰：「古文妥爲綏。」《漢書・燕剌王旦傳》：「北州以妥。」孟康曰：「古綏字也。」據鄭注則綏古而妥今，據孟康説則綏今而妥古，要之二字古通用也。

何居？我未之前聞也。注：「居讀爲姬姓之姬，齊魯之間語助也。」《檀弓》

按：《郊特牲》篇：「二日伐鼓，何居？」注亦曰：「居讀爲姬，語之助也。」鄭君去古未遠，故猶得言其聲。此等有聲無義，不煩疏證。

其慎也。注：「慎當爲引，禮家讀然，聲之誤也。」

按：慎、引聲固相近，然《大司徒》之六引，《既夕》篇之屬引，《雜記》篇之執引，未見有作慎者，此本鄭之曲説。辨見《群經平議》。

縿幕魯也。注：「縿讀如綃。」

按：縿者，旌旗之游也，非所施於此，故鄭讀爲綃。縿、綃一聲之轉，縿之爲綃，猶慘之爲懆。《詩·白華》篇：「念子懆懆。」《釋文》曰：「懆懆，本作慘慘。」是其例。

子蓋言子之志於公乎？注：「蓋皆當爲盍。」

按：蓋本從盍聲，故得通用。《荀子·宥坐篇》：「九蓋皆繼。」楊倞注曰：「蓋音盍，扇户也。」是亦讀蓋爲盍。

自敗於臺鮐始也。注：「臺當爲壺，字之誤。」

按：此類形近而誤，不煩申説，後倣此。

今也衡縫。注：「衡讀爲横。」

按：《詩·衡門》篇，《釋文》曰：「衡，古文横字。」

主人既祖填池。注：「填池當爲奠徹，聲之誤也。」

按：填之與奠聲固相近，池之與徹則遠矣。鄭君此注似有疑義。《釋文》云：「盧、王並如字。」未知其説如何，今姑依鄭讀推池、徹聲誤之由。蓋池字古音與地相近，段氏玉裁謂地在戈麻韵讀如沱，在支佳韵讀如狄。池字或亦從歌麻轉入支佳，故得與徹音相亂也。

卜人師扶右。注：「卜當爲僕，聲之誤也。」

按：《説文・土部》：「墣，從土，菐聲。或作圤，從卜聲。」此即卜、僕聲近之證。

喪事欲其縱縱爾。注：「縱讀如揔領之揔。」

按：本篇「爾毋從從爾」，《釋文》曰：「從從，音揔。」然則從從亦即總總，古讀然也。

瓦不成味。注：「味當作沬。沬，靧也。」

按：《周禮・韎師》，先鄭「讀如味食飲之味」。韎得讀味，故味亦得讀沬，古音同耳。

縣棺而封。注：「封當爲窆。窆，下棺也。《春秋傳》作塴。」

按：《説文・穴部》：「窆，葬下棺也。」《土部》：「堋，喪葬下土也。」然則窆乃正字，塴乃堋之異文，封則叚字也。《周易・繫辭傳》：「不封不樹。」集解引虞翻曰：「封，古窆字。」似失之。封、窆、塴皆一聲之轉。《廣韵・二腫》覂音方勇切，此封得通窆之例。《十六蒸》馮與淜同音扶冰切，而馮又音防戎切，此封得通堋之例。

齊穀王姬之喪。注：「穀當爲告，聲之誤也。」

按：《玉篇》告有公号、公篤二音。公篤之音與穀相近，故得與穀通。然此説實非是，説詳《群經平議》。

子顯以致命於穆公。注：「使者，公子縶也。盧氏云：古者名字相配，顯當作韅。」

按：韅，《説文》作㬎，此作顯，亦愚所謂文省者也。

曰：我喪也斯沾。注：「沾讀曰覘。覘，視也。」

按：《方言》：「凡相候謂之占，占猶瞻也。」是古亦通作覘也。《學記》篇：「呻其佔畢。」注曰：「佔，視也。」是佔亦通作覘也。古字以聲爲主，類如此。

咏斯猶。注：「猶當爲摇，猶、摇聲相近。」

按：《廣韵》猶字在《十八尤》，以周切。摇字在《三蕭》，餘昭切。而繇、遥、蘨等字既隸蕭韵、餘昭切，又隸尤韵、以周切，足爲猶、摇聲近之證。

則豈不得以。注：「以，已字。以與已字本同。」

按：《易·損》初九：「已事遄往。」《釋文》：「已本作以。」《禮記·内則》篇：「由命士以上。」《釋文》：「以本作已。」此二字通用者不可勝舉，然於此文，鄭實失其讀，説詳《群經平議》。

與其鄰重汪踦往。注：「重皆當爲童。」

按：漢人書童字或作僮。《張公神碑》：「騶白鹿兮從仙僮。」《隸釋》曰「以僮爲童」是也。此又省人旁，遂作重矣。又按：《水經・淇水》篇注云：「千童縣，《史記・建元以來王子侯者年表》云『故重也』。」是童與重古亦相通。

曹桓公卒于會。注：「曹伯廬謚宣，言桓，聲之誤也。」

按：聲同者例得通用。《詩・長發》篇，毛傳曰：「桓，大也。」《易林・需之萃》曰：「大口宣舌。」《大有之蠱》曰：「大口宣脣。」宣與大並言，宣亦大也，是其義亦通矣。

是全要領以從先大夫於九京也。注：「京蓋字之誤，當爲原。」

按：《國語・晉語》亦作九京，韋注亦云：「京當爲原。」用鄭義也。漢人書京字或作泉，見《戚伯著碑》，《隸釋》云：「泉，即京。」故原與京形近易混。《後漢書・銚期傳》：「更始將卓京。」注云：「京或爲原。」

衣衰而繆絰。注：「衣當爲齊，壞字也。繆當爲木樛垂之樛。」

按：所謂壞字者，謂齊字曼漶，視之仿佛似衣字，非謂字本作齋，缺其上半而成衣也。經典相承齊衰字無作齌者，岳本於此文作齌，乃由誤會鄭注，不足據也。至繆之與樛同聲之字，例得通用。《仲尼燕居》篇：「不能詩，於禮繆。」繆又讀爲謬。《荀子・哀公問篇》：「繆繆肫肫。」繆又讀爲膠。並其例也。木字依正義當作不。

名山大澤不以盼。注：「盼讀爲班。」《王制》

按：班分字本當作班，而經傳每叚頒爲之。《説文・頁部》：「頒，大頭也。」盼字《説文》所無。《廣韵・二十七刪》有盼字，與班、頒並布還切，云「大首」，則盼即頒之異文。以盼爲班，猶以頒爲班矣。《儀禮・聘禮記》「盼肉及廋車」，亦以盼爲班。

制三公一命卷。注：「卷，俗讀也，通則曰衮。」

按：《周官・司服》：「享先王則衮冕。」鄭仲師注：「衮，卷龍衣也。」《豳風》：「衮衣繡裳。」毛傳曰：「衮衣，卷龍衣也。」蓋古音衮與卷相近，謂之衮者，正以其有卷龍之形也。《釋名・釋首飾》曰：「衮，卷也，畫卷龍于衣也。」故其字即通作卷，亦或變作裷。《荀子・富國篇》：「天子袾裷衣冕。」楊倞注：「裷字與衮同。」

天子殺則下大綏。注：「綏當爲緌。」

按：《詩・車攻》傳：「天子發，抗大綏。」《周禮・夏采》：「以乘車建綏，復于四郊。」《禮記・雜記》篇：「以其綏復。」《釋文》並曰：「綏，本作緌。」《明堂位》：「夏后氏之綏。」鄭注亦曰：「綏當爲緌。」《周官・夏采》注即引作「夏后氏之緌」。

西方曰棘。注：「棘當爲僰，僰之言偪，使之偪寄於夷戎。」

按：《説文》：「僰，犍爲蠻夷。」《漢書・地理志》犍爲郡有僰道縣，應劭曰：「故僰侯國也。」皆不言僰爲何義。《水經・江水》篇注云：「僰，夷中最仁，有仁道，故字從人。」此則説其義矣，而非逼迫之謂。若依棘之本字讀之，《詩・采薇》篇「玁允孔棘」、《出車》篇「維其棘矣」、《雨無正》篇「孔棘且殆」、《江漢》篇「匪究匪棘」，鄭箋並曰：「棘，急也。」急則有逼迫之義，鄭何必改讀爲僰，始訓爲偪乎？據正義曰：「僰之言偪者，按《漢書》云：『西南有僰夷。』知非彼夷，而讀爲偪者，以與寄文相對。寄非東方夷名，則僰亦非西方夷名，故以爲偪迫於夷狄也。」正義但説僰之言偪，而於棘當爲僰不置一詞，疑孔所據本與今不同。經文正作「西方曰僰」，注文無「棘當爲僰」四字，蓋以經文是僰，鄭君恐人即以僰夷説之，故説其義如此也。《釋文》出「曰棘」字云：「依註音僰。」此同今本。云「又作僰」，則孔所據之鄭注本也。

王三又。注：「又當作宥。」

按：《易・繫辭傳》：「又以尚賢也。」《釋文》曰：「又，鄭本作有。」又通作有，故亦通作宥。

宿離不貸。注：「離讀如儷偶之儷。」《月令》

按：《燕策》高漸離，《論衡》作麗。《左傳》驪姬，《穀梁》作麗，《竹書紀年》作離。《齊世家》非龍非彲，《索隱》云「亦作螭」。《爾雅》注黄離留，陸機疏作黄鸝留。並其例也。

天子乃鮮羔開冰。注：「鮮當爲獻，聲之誤也。」

按：《爾雅·釋山》：「小山别大山，鮮。」《詩·皇矣》篇：「度其鮮原。」毛傳曰：「小山别大山曰鮮。」即用《雅》訓。《公劉》篇：「陟則在巘。」傳曰：「巘，小山别於大山也。」是毛公之意以鮮、巘同字，此即鮮與獻通之證。《吕氏春秋·仲春紀》正作「獻羔」。

其器圜以閎。注：「閎讀如紘，紘謂中寬，象土含物。」

按：閎者，巷門也，於義無取，故鄭改讀爲紘。正義以「冕而朱紘」釋之，是紘者冠卷也，既取中寬之義，則何取於冠卷哉？紘者綱綱也，字亦作紭。《吴都賦》：「狼跋乎紭中。」劉注：「紭，綱綱也。」蓋綱之四維以繩爲綱，其中謂之紘中，故有中寬之義。《文選·答賓戲》篇「廓帝紘恢皇綱」、《淮南子·原道》篇「紘宇宙而章三光」，其義並同。又《淮南·墬形》篇「八殥之外而有八紘」，亦取此義也。若以冠卷言則小矣。

凡告用牲弊。注：「牲當爲制字之誤也。制幣一丈八尺。」《曾子問》

按：鄭據下文「天子諸侯將出，必以幣帛皮圭告于祖禰」，不言有牲，故改讀爲制。《周禮·内宰職》注曰：「純制，《天子巡守禮》所云『制幣丈八尺，純四积』與？」鄭言制幣之數據此。

反葬奠，而後辭於殯。注：「殯當爲賓，聲之誤也。」

按：《雜記》篇載「柩將殯」，《釋文》曰：「殯本作賓。」亦聲近易混之證。

不旅不假。注：「假讀爲嘏。」

按：《禮運》篇：「祝嘏辭説。」《釋文》：「嘏，本作假。」《詩·那》篇「湯孫奏假」，《爾雅·釋詁》注引作「湯孫奏嘏」。

殤不祔祭。注：「祔當爲備，聲之誤也。」

按：《説文·自部》引《春秋傳》「附婁無松柏」，今《左傳》作「培塿」。祔之爲備，猶附之爲培。

日有食之，不知其已之遲數。注：「數讀爲速。」

按：《爾雅·釋詁》：「數，疾也。」《釋文》音色角反，即讀爲速。《論語·里仁》篇「事君數」，集解曰：「數謂速數之數。」《釋文》亦音色角反。

始立學者，既興器用幣。注：「興當爲釁，字之誤也。」《文王世子》

按：釁字上半與興相似，故字誤作興。釁在辜文部，興在蒸登部，非同部字。鄭云字誤，明非聲誤也。

況于其身以善其君乎。注：「于讀爲迂。」

按：《論語·子路》篇：「子之迂也。」《釋文》曰：「迂，本作于。」《檀弓》下篇：「易則易，于則于。」正義曰：「于音近迂，是廣大之義。」然則彼于字亦當讀爲迂，鄭偶未及耳。

至于賵賻承含。注：「承讀爲贈，聲之誤也。」

按：承、贈聲近，例得通用，惟此經有可疑者。《釋文》既爲賵、賻、承、含四字作音，又云：「車馬曰賵，布帛曰賻，珠玉曰含，衣服曰襚，揔謂之贈。」正義亦云：「賵、賻、含、襚，皆贈喪之物。賵，車馬；賻，財帛；含，珠玉；襚，衣服。揔謂之贈。」經文本無襚字，不知何故，陸、孔皆云爾也。

其刑罪則纖剸。注：「纖讀爲鍼，鍼刺也。」

按：各本作纖讀爲殲，今從惠氏、盧氏校正。鍼從咸聲，纖從韱聲，韱從「𢦏」聲。據《說文》：「𢦏，古文讀若咸。」故纖得讀爲鍼也。

亦告於甸人。注：「告讀爲鞠，讀書用法曰鞠。」

按：《詩·采芑》篇：「陳師鞠旅。」毛傳曰：「鞠，告也。」是鞠與告聲近義通。據《説文》鞫獄之鞫應作𥷔，然鞫字或作𥷔，亦從竆，則固相通也。

兑命曰。注：「兑當爲説。」

按：《尚書·説命》，《釋文》曰：「説，本又作兑，音悦。」

蕢桴而土鼓。注：「蕢讀爲凷，聲之誤也。」《禮運》

按：《漢書·何武王嘉師丹傳·贊》云：「以一簣障江河。」蔡邕《釋誨》云：「九河盈溢，非一凷所能防。」一凷即一蕢，是蕢、凷古通用也。

粢醍在室〔一〕。**注：「粢讀爲齊，聲之誤也。」**

按：《説文》粢，正篆作𪏽，皆從次聲，或體又作𪗋，則從齊聲，故得與齊通。次聲、齊聲之字往往通用。《説文·艸部》：「薺，蒺黎也。《詩》曰『墻有薺』。」今《詩》作茨。《易·旅》九

〔一〕室，今《禮記》各本作「堂」。謹按：《禮記·禮運》：「玄酒在室，醴醆在户，粢醍在堂，澄酒天下。」則作「堂」是。

四：「得其資斧。」《釋文》云：「資，子夏及衆家本皆作齊。」並其例也。

故百姓則君以自治也。 **注：「則當爲明。」**

按：形近而誤，不煩申説。近讀上三明字爲則，然改三字以就一字，不如改一字以就三字也。

大夫死宗廟謂之變。 **注：「變當爲辯，聲之誤也，辯猶正也。」**

按：《周易文言傳》：「由辯之不早辯也。」《釋文》曰：「辯，荀作變。」此變、辯通用之證。

其居人也曰養。 **注：「養當爲義，字之誤也。」**

按：形近之誤，不煩申説。

大圭不琢。 **注：「琢當爲篆，字之誤也。」**《禮器》

按：琢乃瑑字之誤。《周禮・典瑞》：「瑑圭璋璧琮。」司農注曰：「瑑，有圻鄂瑑起。」《漢書・董仲舒傳》：「良玉不瑑。」注曰：「瑑謂雕刻爲文也。」瑑與琢形近，所以致誤。《列子・黄帝》篇：「雕瑑復朴。」《釋文》曰：「瑑，本作琢。」即其例也。鄭讀爲篆，則非其本字矣。

燔柴於奧。 **注：「奧當爲爨，字之誤也。」**

按：此鄭以意讀之，無他證。《特牲饋食禮記》注引此文即作爨。

詔侑武方。注：「武當爲無，聲之誤也。」

按：《莊十年・左傳》經文「以蔡侯獻舞歸」，《穀梁》作「獻武」。武通作無，猶舞通作武也。《玉篇・女部》：「嫵，亡甫切。《説文》云：『嫵媚也。』娬，同上。」嫵作娬，亦無與武通之證。

必先有事於惡池。注：「惡當爲呼，聲之誤也。」

按：《孟子・公孫丑》篇：「惡是何言也。」音義：「惡音烏。」愚謂惡即烏呼也。緩言之曰烏呼，急言之曰惡，故惡即通作呼也。

其出也，肆夏而送之。注：「肆夏，當爲陔夏。」

按：肆在脂部，陔在之部，非同部通假字。鄭君直以義當作陔，故改讀之。

饗禘有樂，而食嘗無樂。注：「此禘當爲禴，字之誤也。《王制》曰：春禴夏禘。」《郊特牲》

按：此亦鄭以義應作禴，故改之。

所以交於旦明之義也。注：「旦當爲神，篆字之誤也。」

按：神與旦不相似，未詳鄭意。疑古神字或叚申爲之，故誤爲旦耳。王氏引之《經義述聞》引《汗簡》古文爲證，恐不足據。

綉黼丹朱中衣。注：「綉讀爲綃。」

按：《詩·揚之水》篇「素衣朱綉」，此注引作綃。《儀禮·士昏禮》：「姆纚笄宵衣。」注：「宵讀爲《詩》『素衣朱綃』之綃，《魯詩》以綃爲綺屬。」是作綉者《毛詩》，作綃者《魯詩》也。《特牲饋食禮》注又引作「素衣朱宵」，宵亦綃之叚字。綉之通作綃，猶簫之通作箾矣。

而鹽諸利。注：「鹽讀爲豔。」

按：鹽字本有艷音。《内則》篇：「屑薑與桂，以灑諸上而鹽之。」《釋文》曰：「而鹽，音艷。」《廣韵·五十五艷》有鹽字，與艷同音以贍切。

然後焫蕭合羶薌〔一〕。注：「羶當爲馨，聲之誤也。」

按：羶之通作馨，猶磬之通作俔。《詩·大明》篇「俔天之妹」，《韓詩》作「磬天之妹」，是其例也。

汁獻涗于醆酒。注：「獻讀當爲莎，齊語，聲之誤也。」

按：《明堂位》：「周獻豆。」注云：「獻，疏刻之。」正義曰：「獻音娑。」獻有娑音，故得讀爲

〔一〕焫，今《禮記》各本作「焫」。於文義無礙。

莎。《儀禮·大射儀》：「兩壺獻酒。」注云：「獻讀爲沙。」《周禮·司尊彝》：「鬱齊獻酌。」注云：「獻讀摩莎之莎，齊語。」

猶明清與醆酒于舊澤之酒也。注：「澤讀爲醳。」

按：澤、醳同聲。《説文》無醳字，古蓋止作澤，鄭讀以今字耳。《周禮·司尊彝》注亦云：「澤讀曰醳。」

有由辟焉。注：「辟讀爲弭。」

按：弭之或體作弲，從兒聲。辟與弭爲雙聲，猶辟與倪爲雙聲。《漢書·灌夫傳》曰：「辟倪兩宫閒。」

敦牟卮匜。注：「牟讀曰堥也。」《内則》

按：《荀子·成相篇》：「舉牟光。」注曰：「牟與務同。」蓋牟聲、敄聲相近，據《説文》蝥或作蛑，是其例也。牟與務通，故得與堥通。《釋文》曰：「堥，字又作蝥。」則即蛑字以牟作堥，猶以蛑作蝥矣。

不嘯不指。注：「嘯讀爲叱，叱，嫌有隱使也。」

按：嘯與叱音既絶遠，叱亦無隱使之義，未詳鄭意。愚謂嘯當讀如「公嗾夫獒焉」之嗾，則音近，而隱使之意亦合矣。說詳《群經平議》。

羞：糗餌、粉酏。注：「此酏當爲餰。」

按：此自謂文誤，非謂相通也。然愚謂此酏字或即可當《周禮》之餈。「糗餌粉酏」即《周禮》所謂「羞籩之實、糗餌粉餈」也。餈謂之酏，猶髮謂之髢。

濡魚卵醬，實蓼。注：「卵讀爲鯤，鯤魚子。」

按：《爾雅·釋魚》：「鯤，魚子。」故鄭讀從之，然《說文》無鯤字。據《詩·敝笱》箋：「鰥，魚子也。」字又作鰥。然《說文》曰：「鰥，魚也。」不訓魚子，則亦假字也。卵字在《卵部》其說解云：「凡物無乳者卵生。」凡物之言所包者廣，魚亦無乳，則其子亦卵也。因卵字爲雞卵之義所專，故別製鯤字以別魚子。鄭君此讀，亦從世俗，取易曉耳。

麋、鹿、田豕、麕皆有軒。注：「軒讀爲憲憲，謂藿葉切也。」

按：此讀從其聲，非從其義也。鄭意此軒字當讀如「憲憲令德」之憲，故曰「軒讀爲憲憲」。此先正其音，下乃說其義曰「謂藿葉切也」。此當時方言。鄭去古近，故能言之，今不得其義矣。

豕望視而交睫，腥。注：「腥當爲星，聲之誤也。星，肉中如米者。」

按：經典言腥者並爲生肉，亦或有腥臊之義。《國語·周語》「其政腥臊」是也。鄭以此經腥字非生肉，亦非腥臊，故改讀爲星，謂豕肉中有如米粒者，殆亦當時方言也。至《説文·肉部》云：「腥，星見食豕，令肉中生小息肉也。」則又與此不同。此謂豕肉中，彼謂人肉中，不得混而一之。

馬黑脊而般臂，漏。注：「漏當爲螻，如螻蛄臭也。」

按：《周禮·内饔》正作「馬黑脊而般臂，螻」，故鄭讀從之。《列子·周穆王》篇：「王之厨饌腥螻而不可饗。」注曰：「螻，螻蛄臭也。」蓋亦古語。

三王有乞言。注：「有讀爲又。」

按：《易·繫辭傳》：「又以尚賢也。」《釋文》曰：「又，鄭本作有。」

湆母。注：「母讀曰模。」

按：《尚書·大禹謨》：「帝曰母。」正義曰：「古人言母，猶今人言莫。」母、莫同聲，故母得讀爲模。

炮，取豚若將。注：「將當爲牂。」

按：將與牂並從爿聲，故得通用。又《説文·手部》：「牂，扶也。」經傳多以將爲之。《詩·樛木》篇、《那》篇、《烈祖》篇鄭箋並云：「將，猶扶助也。」或此字本作牂，誤爲牂，因爲將矣。

塗之以謹塗。注：「謹當爲墐，聲之誤也。墐塗，塗有穰草也。」

按：《説文·堇部》：「堇，黏土也。」則謹塗之謹本當作堇，加言旁作謹，亦愚所謂文增者也。鄭讀爲墐，以時俗通用墐字，取其易曉耳。依《説文》則墐在《土部》，其説解曰「涂也」，義同於塗之之塗，而非即堇塗之堇。

爲稻粉，糔溲之以爲酏。注：「糔，讀與滫瀡之滫同。」

按：《莊子·徐无鬼》篇：「委蛇攫搔。」《釋文》：「本又作搔。司馬本作條。」搔與條通，即糔與滫通之例。糔、搔並從蚤聲，滫從脩聲，脩、條並從攸聲。

以與稻米爲酏。注：「此《周禮》『酏食』也，此酏當從餰。」

按：段氏玉裁説謂經字本作餰，注所謂酏當從餰者，謂《周禮》之酏，當從《内則》作餰也。以賈疏所引《雜問志》「《内則》有餰無酏」證之，段説良是。然陸氏《釋文》、孔氏正義所據《禮記》，則固如今本也。酏、餰文異，非關通假，已見前矣。

接以太牢。注：「接讀爲捷。」

按：接從妾聲，捷從疌聲，兩音相近。《説文》箑或作篓，即其例矣。《爾雅·釋詁》篇郭注曰：「捷謂相接續也。」是接與捷聲近義通。

宰醴負子。注：「醴當爲禮，聲之誤也。」

按：醴、禮二字，《禮經》多相亂。《儀禮・士冠禮》「禮於阼」、《聘禮》「明日賓拜禮於朝」、《聘禮記》「禮不拜至」，注並云：「今文禮爲醴。」《士昏禮》「賓入授，如初禮。」注云：「古文禮爲醴。」是二字音近相亂之證。《士冠禮》「若不醴則醮用酒」、《士昏禮》「出請醴賓」，注並云：「醴當作禮。」

旬而見。注：「旬當爲均，聲之誤也。《易・説卦》『坤爲均』，今亦或作旬也。」

按：此則鄭已自爲證明矣。正義又引《周禮》「公旬用三日」之文。愚按：《説文》鈞從勻聲，古文作銞，則從旬聲。又《説文》抣從勻聲，《六書故》引《説文》作徇，則從旬聲，並均、旬聲近之證。

玄端而朝日於東門之外。注：「端當爲冕，字之誤也。」《玉藻》

按：此鄭自以義讀之，非相通也。

弗身踐也。注：「踐當爲翦，聲之誤也。」

按：《書序》「遂踐奄」，鄭注亦曰：「踐讀曰翦。」

君羔幦虎犆。注：「讀皆如直道而行之直，直謂緣也。」

按：《禮器》篇注「直或爲犆」，與此可互證。惟觀鄭此注，知鄭解《論語》直道而行爲緣道而行，猶云遵王之道也，與馬注無所阿私之義不同，亦可補《論語》鄭注之遺。

諸侯荼。注：「荼讀爲舒遲之舒。」

按：《考工記・弓人》：「寬緩以荼。」注曰：「荼，古文舒，假借字。鄭司農云『荼讀爲舒。』」又《荀子・大略篇》：「諸侯御荼。」楊注亦云：「荼，古舒字。」

縞冠素紕。注：「紕讀如埤益之埤。」

按：比聲與卑聲相近。《詩・節南山》篇：「天子是毗。」《釋文》曰：「王本作埤。」即其例也。《荀子・宥坐篇》又引作「天子是庳」，楊注曰：「庳，讀爲毗。」《隋書・律歷志》又引作「天子是裨」，並可爲紕讀如埤之證。

大帛不緌。注：帛當爲白，聲之誤也。

按：白與帛古字通。《閔二年・左傳》：「大帛之冠。」《雜記》注引作「大白」。《詩・六月》篇：「白旆央央。」孫炎《爾雅》注引作「帛旆英英」。子思之子名白，《漢書・孔光傳》作帛，並其證也。

振絺綌不入公門。注：「振讀爲袗。」

按：《説文》袗從㐱聲，或作裖，則從辰聲，故得以振爲之。

唯君有黼裘，以誓省。注：「省當爲獮，獮，秋田也。」

按：省在庚青部，獮從爾聲，在脂微部，非同部字。然《玉篇》：「省，思井切。」「獮，思淺切。」省與思雙聲，獮與思亦雙聲，故獮得轉而爲省。此等處亦古音之轉入今音者也。

而素帶終辟。注：「辟讀如裨冕之裨。」

按：辟聲與卑聲相近。《管子·封禪》篇「卑耳」，齊語謂之「辟耳」。《哀二年·左傳》：「不設屬辟。」正義引《喪大記》：「君大棺八寸，屬六寸，椑四寸。」禮家謂之椑，《左傳》作辟，此即辟讀如裨之例。《釋名·釋形體》曰：「髀，裨也。在旁曰裨也。」髀訓裨，亦以辟聲與卑聲近也。

一命緼韍幽衡。注：「幽讀爲黝，黑謂之黝。」

按：《説文》：「黝，微青黑色。」則訓黑之字自當作黝。《詩·隰桑》篇：「其葉有幽。」毛傳曰：「幽，黑色也。」蓋亦讀爲黝，毛不破字耳。乃《周禮·牧人》《守祧》兩職，鄭司農並云：「黝，讀爲幽，幽，黑也。」適與此注相反。段氏謂彼注幽、黝互易，信然。

王后禕衣，夫人揄狄。注：「禕讀如翬，揄讀如摇。」

按：《爾雅》：「伊洛而南素質，五采皆備成章，曰翬；江淮而南青質，五采皆備成章，曰鷂。」故鄭讀從之。《説文・隹部》説十四種雉，有摇無鷂。鄭讀揄爲摇，與許同也。禕從韋聲，翬從軍聲。《淮南・覽冥》篇高注曰：運讀如連圍之圍。此即禕讀如翬之例。揄從俞聲，摇從䍃聲。《漢書・英布傳》《趙充國傳》，師古注並曰：「隃，讀曰遥。」此即揄讀如摇之例。

再命禕衣。注：「禕當爲鞠，字之誤也。」

按：此字誤，而非相通。

趨以采齊。注：「齊當爲楚薺之薺。」

按：《周禮・樂師》：「趨以采齊。」《釋文》曰：「齊，本作薺。」

大夫佩水蒼玉而純組綬。注：「純當爲緇，古文緇字或作絲旁才。」

按：此則鄭已自説之，而正義言鄭讀純爲緇之例，又甚明了，可不更説。惟《説文》無紂字，而《黑部》有黗字，訓「黄濁黑」。《廣雅・釋器》曰：「黗，黑也。」愚疑凡經籍中純字以絲言者乃其本字，以色言者乃黗之叚借字。

肆束及帶。注：「肆讀爲肄。」

按：肆、肄古通用。《周禮・小宗伯》：「肄儀爲位。」注曰：「故書肄爲肆。杜子春讀肆當爲肄。」《儀禮・聘禮記》爲肆，注曰：「古文肆爲肄。」其他肆、肄異文見於《釋文》者不可勝舉。

立容辨卑。注：「辨讀爲貶。」

按：《周官・士師》：「若邦凶荒，則以荒辯之灋治之。」鄭注謂「辯當爲貶，聲之誤也。」此讀辨爲貶，與彼注一律。

盛氣顛實揚休。注：「顛讀爲闐，揚讀爲陽，聲之誤也。使之闐滿其息，若陽氣之休物也。」

按：《釋文》云：「顛，依注讀爲闐，音田。」然上文「色容顛顛」，《釋文》曰：「顛音田，又丁年反。」則顛字自有田音，故得與闐通也。《廣韵・一先》：「闐，徒年切。」「顛，都年切。」然滇字亦徒年切，而又音都年切。此即顛、闐假借之例也。至揚之與陽，古多通用。《昭二十五年・公羊春秋》「次于揚州」，《左》《穀》並作「陽州」。《詩・野有蔓草》篇「清揚婉兮」，《説苑・尊賢》篇引作「清陽」。晉大夫解揚，《漢書・古今人表》作解陽，並其證。

公子曰臣孽。注：「孽當爲枿，聲之誤。」

按：段氏玉裁謂經文本作枿，注文本作「枿當爲孽」，後人以注改經，又以經改注，此説是也。然《説文・马部》甹篆下引《商書》「若顛木之有甹枿」、《木部》櫱篆下又引《商書》「若顛木之有由櫱」，是枿、櫱同字，庶子旁出之義。本爲枿之引申，因櫱或作蘖，故又變作孽，以其借木以喻人，故變從木爲從子也。《襄二十七年・公羊傳》：「臣僕庶孽。」何休解詁曰：「庶孽，衆賤子，猶樹之有孽生。」以蘖解孽，何劭公猶能得其本義。此經作臣枿，正其本字也。乃鄭君以爲聲誤，古字古義自此失矣。

頒度量。注：「頒讀爲班。」《明堂位》

按：《説文・玨部》：「班，分瑞玉。」經傳凡頒分字皆作班，故鄭讀從之。其實頒者攽之叚字。《説文・攴部》：「攽，分也。」頒、攽並從分聲，古書皆叚頒爲攽，而攽廢矣。

崇坫康圭。注：「康讀爲亢龍之亢。」

按：康、亢聲近。《説文・心部》「忼慨」，《後漢書・楊震傳》作「慷慨」，即其例也。

夏后氏以雞夷。注：「夷讀爲彝。」

按：《爾雅・釋詁》：「彝，常也。」《詩・皇矣》篇、《瞻卬》篇並曰：「夷，常也。」是夷與彝聲近義通。《書・洪範》篇「是彝是訓」，《史記・宋微子世家》作「是夷是訓」，《詩・烝民》篇「民之秉彝」，《孟子・告子》篇作「民之秉夷」。

而父税喪。注：「税讀無禮則税之税。」《喪服小記》

按：《釋文》出「説喪」云：「皇他活反，徐他外反。注及下同是。」陸氏所見經文注文皆作「説喪」。鄭以此説字非言説之説，故讀從税[一]。然《僖三十三年・左傳》作「無禮則脱」，《釋文》云：「脱，他活反。」鄭引作税，或所見異也。

報葬者報虞。注：「報讀爲赴疾之赴。」

按：赴從卜聲。《白虎通・蓍龜》篇曰：「卜，赴也。」《詩・大田》篇《釋文》引《韓詩》曰：「卜，報也。」此即赴、報聲近之證。

齊齊皇皇。注：「齊齊皇皇讀如歸往之往。」《夕儀》

按：鄭意以上文「言語之美」已云「穆穆皇皇」，故此句皇皇改讀爲往。《詩・楚茨》篇：「先祖是皇。」箋云：「皇，暀也。」《信南山》篇：「先祖是皇。」箋云：「皇之言往也。」《泮水》篇：

[一] 從，原闕，據光緒九年本《春在堂全書》補，《續修四庫全書・禮記鄭讀考》亦作「從」。

「烝烝皇皇。」箋云：「皇皇當作暀暀，暀暀猶往往也。」並與此注同義。

匪匪翼翼。注：「匪讀如四牡騑騑。」

按：形況之言，本無定字。以馬言謂之騑騑，四牡騑騑是也。以人言謂之婓婓，《說文・女部》「婓，往來婓婓」是也。以草木言謂之菲菲，《文選・吴都賦》「曄兮菲菲」是也〔一〕。以衣言謂之裶裶，《子虚賦》「衯衯裶裶」是也。以氣言謂之斐斐，謝惠連《樓中玩月》詩「斐斐氣羃岫」是也。此又作匪匪，同聲叚借，猶「有斐君子」之爲「有匪」也。

祭膴。注：「膴讀如冔。」

按：《儀禮・士冠禮》注云：「冔名出于幠，幠，覆也，言所以自覆飾也。」冔之名既出于幠，故膴亦得讀如冔。《儀禮・有司徹》篇注亦曰：「膴讀如殷冔之冔。」與此注同，皆讀從其聲，非讀從其義。

祭左右軌范乃飲。注：「《周禮・大御》：『祭兩軹，祭軌，乃飲。』軌與軹於車同謂轊頭也，軌與范聲同，謂軾前也。」

〔一〕 曄，原作「曅」，避清帝玄燁諱，徑改，以下不再出校。

按：此注糾繚難明，説者多不了其實。孔疏所説本極明白，但有誤字，故迷其義耳。注引《周禮》文當作「祭兩軹，祭軓」，惠氏校朱本軌作軓，正得其字。而阮校本反以爲非，何也？注云「軌與范聲同」，當作「軓與范聲同」。衛氏集説本得之，戴東原考定亦如此。鄭意此言祭左右軌范。《周禮》言祭兩軹、祭軓，故以此之左右軌當《周禮》之兩軹，以此之范當《周禮》之軓。軹從只聲，古音在支佳部，軌從九聲，古音在尤幽部。此兩部古不相通，故不以爲聲同，但云「同謂轊頭」也。范從氾聲，軓從凡聲，於古音並屬侵鹽部，故以爲聲同，見其爲同部假借之常例也。此可見鄭義之精矣。《説文·車部》：「軓，車軾前也。」則軓是正字，范是叚字。「軹，車輪小穿也。」「軌，車徹也。」皆非轊頭之義。又曰：「害，車軸耑也。」「轊，害或作轊。」則轊即害字。《周禮》作軹，軹在支佳部，轊在脂微部，雖非同部而尚相近，蓋聲近之誤。此經作軌者，高誘注《吕氏春秋》曰：「兩輪之閒曰軌。」祭左右兩轊即近乎兩輪之閒，故得通其名。鄭曰「軌與軹於車同謂轊頭」，得其旨矣。

術有序。注：「術當爲遂，聲之誤也。」《學記》

按：《月令》：「審端徑術。」注曰：「術，《周禮》作遂。」此亦讀從《周禮》也。術、遂古字通。《文十二年·左傳》「秦伯使術來聘」，《公羊傳》術作遂。《漢書·五行志》「秦伯使遂來聘。」師古曰：「即左氏所謂西乞術。」《漢書・賈山傳》：「術追厥功。」注曰：「術，亦作遂。」《管子・度地》篇「里十爲術，術十爲州」，亦以術爲遂。

發然後禁，則扞格而不勝。注：「格讀如凍洛之洛。」

按：《玉篇・冫部》：「洛，下各切。洛澤，冰皃。」鄭所云「凍洛之洛」，即此字。《篇海》引《字林》：「㴔，凍洛也。」蓋亦古語。《釋文》出「凍洛」云：「此二字並從冫，或水旁作非〔一〕。」是陸氏所據本正作洛。段氏玉裁以《説文》有垎無洛，欲改爲垎，轉失之拘矣。

待其從容。注：「從讀如富父舂戈之舂。」

按：《文十一年・左傳》作「摏」，《釋文》云：「摏，舒容反。」《方言》：「舂黍謂之蜙蝑。」此即從與舂通之例。

地氣上齊。注：「齊讀爲躋。」《樂記》

按：《孔子閒居》篇：「至于湯齊。」注曰：「《詩》讀湯齊爲湯躋。」《詩・長發》篇「聖敬日躋」、《孔子閒居》篇注作「聖敬日齊」。《公羊・文二年》「齊僖公」，《釋文》曰：「齊，本作躋。」

〔一〕或水旁作非，於文義不通。翁方綱《禮記附記》云：「宋槧亦然，校本改云『或作水旁，非。』」可參。

《儀禮·士虞禮記》：「隮附爾于爾皇祖某甫。」注曰：「今文隮爲齊。」隮即躋字。

賁末廣賁之音作。注：「賁讀爲憤。」

按：《荀子·彊國篇》：「下比周賁潰以離上矣。」注曰：「賁讀爲憤，憤然也。」

天地訢合。注：「訢讀爲熹。」

按：《成十三年·左傳》曹公子「欣時」、《十六年·公羊傳》作「喜時」，即訢與熹通之例。《説文》艱從㫗聲，籀文作囏，則從喜聲。艱從㫗聲得從喜，故訢從斤聲得讀熹矣。

克順克俾。注：「俾當爲比，聲之誤也。」

按：俾從卑聲，卑、比雙聲。《定十年·左傳》之「秕稗」、《爾雅·釋魚》之「蜌螷」，並雙聲字也。故俾得通作比。互見《玉藻》：「紕讀如埤。」

衛音趨數煩志。注：「趨數讀爲促速，聲之誤也。」

按：《荀子·王制篇》「趨孝弟」、《哀公篇》「趨駕召顔回」，楊注並曰：「趨讀爲促。」《論語·里仁》篇：「事君數。」集解曰：「數謂速數之數。」《釋文》音色角反，即讀數爲速。

石聲磬。注：「磬當爲罄，字之誤也。」

按：《釋名·釋樂器》曰：「磬，罄也。其聲罄罄然堅緻也。」是磬、罄義通。《説文·缶部》："罄，器中空也。"《淮南·覽冥》篇："磬龜無腹。"注曰："磬，空也。"即磬與罄通之證。

武坐致右憲左。注："憲讀爲軒，聲之誤也。"

按：與《内則》"軒讀爲憲憲"可互證。惟彼則讀從其音，此則讀從其義矣。

天子夾振之而駟伐。注："駟當爲四，聲之誤也。"

按：《詩·大明》篇"駟騵彭彭"，《隱元年·公羊》疏引作"四騵"。《駟鐵》篇"駟驖孔阜"，《説文·馬部》引作"四驖"。《四牡》篇"四牡騑騑"、《儀禮·既夕》篇疏引作"駟牡"。《定十年·左傳》"公子地有白馬四"，《漢書·五行志》引作"公子地有白馬駟"。

武王克殷反商。注："反當爲及，字之誤也。"

按：《易·繫辭傳》："原始反終。"《釋文》曰："反，鄭、虞作及。"《論語·雍也》篇注："而及如宋朝之美。"《釋文》曰："及本作反。"

車甲衅而藏之府庫。注："衅，釁字也。"

按：衅從半聲，釁從分聲，釁之爲衅，猶分之爲半。《春秋繁露》云：春、秋分者，陰陽相半也。《説文》引《論語》"文質份份"，孔注曰："文質相半之貌。"《詩·泮宫》，《禮》作"頖宫"。《説文》無頖字。鄭注曰："頖之言班也。"《周禮·太宰職》："匪頒之式。"司農注曰："頒讀班布之班，謂班賜也。」頖言班，而頒亦讀班，疑頖即頒字。頒從分聲，或作頖，礬從分聲，或作衅，正一例矣。

名之曰建櫜。注：「建讀爲鍵，字之誤也。」

按：《説文》：「楗，歫門也。」是關鍵字實當作楗，古字與建通。楚太子建、屈建並字子木，建即楗也。《月令》「脩鍵閉」，以鍵爲之，故鄭亦讀從鍵耳。今人於門户多用銅鐵爲鎖，亦或以木爲之。用銅鐵者宜謂之鍵，用木者宜謂之楗。

則易直子諒之心油然生矣。注：「子讀如不子之子。」

按：《尚書》「子不子」，《釋文》云：「鄭將吏反。」則不子之子，鄭讀爲字，此經亦當從之。《釋文》云：「子，如字。」非鄭義。又云：「徐將吏反。」得之。《列子·楊朱》篇云：「子産不字，過門不入。」此鄭讀所本也。

故禮有報而樂有反。注：「報讀曰襃，猶進也。」

按：《周禮·大祝》：「八曰襃拜。」鄭大夫云：「襃讀爲報。」

故人不耐無樂。注：「耐，古書能字也，後世變之，此獨存焉。古以能爲三台字。」

按：《説文》耐爲耏之或體，云：「諸法度字皆從寸。」鄭意則耐爲古能字，非耏也〔一〕。疑鄭爲得之，從寸與從又同。叔或作村，是其證也。又者，右手，人之作事必以右手。《寸部》「得」，篆説解云：「又、寸，分理之。」耐字從寸，亦取分理之意。

其輤有裧。注：「輤，載柩將殯之車飾也。舊讀如蒨旆之蒨。」《雜記》

按：《定四年・左傳》作「綪茷」，字本從糸，因此爲車飾，故變從車耳。鄭所據《左傳》作「蒨旆」。《爾雅・釋草》：「茹藘，茅蒐。」孫炎注曰：「茅蒐，一名蒨，可以染絳。」蓋以其色言則從艸作蒨，以其質言則從糸作綪，以其爲車飾而言則從車作輤，古字通耳。

載以輲車。注：「輲讀爲輇。許氏《説文解字》曰：『有輻曰輪，無輻曰輇。』」

按：《玉篇・車部》：「輇，市專切。有輻曰輪，無輻曰輇。輲，同上。」是輲、輇本一字。鄭從《説文》，故讀輲爲輇耳。

適者曰：某不禄。注：「適讀爲匹敵之敵。」

按：《玉藻》篇：「敵者不在。」《釋文》曰：「敵本作適。」《燕義》篇：「莫敢適之義也。」《釋

〔一〕耏，原作「耐」，據蔡啓盛《校勘記》改。

文》曰：「本亦作敵。」《論語·里仁》篇：「無適也。」《釋文》曰：「鄭本作敵。」《荀子·君子篇》：「四海之内無客禮，告無適也。」楊注曰：「適讀爲敵。」敵、適古字通。

使某實。注：「實當爲至。此讀，周秦之人聲之誤也。」

按：此非必周秦聲誤，至與實本同部字也。實字在《廣韻·五質》，而從至得聲之字收入《質韻》者，有咥、郅、桎、蛭、銍、桎[一]、𡎺、姪、咥、跮、窒、挃、庢、銍、秷、𠧎、嗼、䶡、𨗨、螲、秷、室、蛭等二十三字，此即實、至聲近之證。

大夫附於士。注：「附讀皆爲祔。」

按：《周禮·司市》：「其附于刑者，歸于士。」「故書附爲祔。杜子春云：『當爲附。』」[二]是附、祔同聲，古書相亂之證。

緦冠繰纓。注：「繰當爲『澡麻帶絰』之澡。」

按：《荀子·正論篇》又作「慅嬰」，皆聲近假借之例。

[一] 桎，今《廣韻》各本作「侄」。

[二] 該句爲鄭玄注文，非《周禮》經文。

甕、甒、筲、衡。注：「衡當爲桁，所以庪甕甒之屬，聲之誤也。」

按：《詩・采芑》篇「有瑲葱珩」，《玉藻》篇作「葱衡」。衡之通作桁，猶衡之通作珩。

猶是附於王父也。注：「猶當爲由，由用也。」

按：猶、由古通用。《孟子》書每以由爲猶。《周易・豫》九四：「由豫。」《釋文》曰：「由，馬本作猶。」

君之喪大胥是斂。注：「胥，樂官也，不掌喪事。胥當爲祝，字之誤也。」《喪大記》

按：此亦聲之誤也。祝聲轉而爲詛，義亦相通。《後漢書・賈逵傳》注：「祝，詛也。」詛與胥則聲近而易混矣。

實于緑中。注：「緑當爲角，聲之誤也。」

按：角有禄音。《廣韵・一屋》盧谷切有角字，云「角里先生，漢時四皓名」是也。陳第《毛詩古音考》謂角本音録，故與緑字聲近而混。

加僞荒。注：「僞當爲帷。」

按：僞從爲聲，當在戈麻部，而得讀爲帷者，亦猶離字在戈麻部，而《楚辭・少司命》「悲莫悲兮生別離，樂莫樂兮新相知」、《老子》「抱一能無離，專氣致柔，能嬰兒」等句，皆轉入支佳韵也，亦可觀古音之變矣。

大夫葬用輴。注：「輴皆當爲『載以輇車』之輇，聲之誤也。」

按：盾聲與屯聲相近。《投壺》篇：「二算爲純。」《釋文》：「純，音全。」純從屯聲得音全，故輴從盾聲可通作輇也。

士葬用國車。注：「輇字或作團，是以文誤爲國。」

按：輇、輲一字。《雜記》篇作「輲車」，此云「國車」，鄭以爲團字之誤，愚謂或圌字之誤。假圌爲輲，因誤爲國也。

大夫士以咸。注：「咸讀爲緘。」

按：《莊子·天運》篇：「其有機緘而不得已邪。」《釋文》曰：「緘，司馬本作咸。」

相近於坎壇。注：「相近當爲攘祈，聲之誤也。」《祭法》

按：《離騷》「聊逍遥以相羊」，《文選·上林賦》作「消摇乎襄羊」。此相通作「攘」之例。近與祈並從斤聲，例得通用。《詩·祈父》箋云：「祈、圻、畿同。」《周禮·大司馬職》：「乃以九畿之籍施邦國之政。」注：「故書畿爲近。」《詩》以祈爲畿，《周禮》故書以近爲畿，此近通作祈之例。

幽宗，祭星也。雩宗，祭水旱也。注：「宗皆當爲禜，字之誤也。」

按：形似而誤，非相通也。

濟濟漆漆然。注：「漆漆讀如『朋友切切』。」《祭義》

按：切從七聲，漢隸多以桼爲七字。《太玄經·玄攡》曰：「運諸桼政。」《方言》曰：「吴有桼娥之臺〔一〕。」桼即七也，故漆通作切。

殷人祭其陽。注：「陽讀爲『曰雨曰暘』之暘，謂日中時也。」

按：《洪範》篇「時暘若」，《漢書·五行志》作「時陽若」。《論衡·寒温》篇：「暘者，陽也。」則其義本通。

終始相巡。注：「巡讀如沿漢之沿。」

按：《三年問》篇「則必反巡過其故鄉」，《荀子·禮論篇》作「則必反鉛過故鄉」，注：「鉛與沿同。」

〔一〕　吴有桼娥之臺，今《方言》四庫本作「秦有桼娥之台」，於《提要》及正文案語中并云所本者爲《永樂大典》，案語中給出了詳細考釋，可參。

陰爲野士。注：「陰讀爲依蔭之蔭。」

按：《釋名·釋形體》曰：「陰，蔭也，言所在蔭翳也。」是其義本通，故古亦通用。《昭元年·左傳》「趙孟視蔭」，《釋文》曰：「蔭，本作陰。」《詩·有杕之杜》箋：「以其特生陰寡也。」《桑柔》傳：「言陰均也。」《釋文》並曰：「本亦作蔭。」

見以蕭光。見閒以俠甂。注：「見及見閒皆當爲覸，字之誤也。」

按：見與覸乃聲近之誤，「見閒」則一字誤分爲二，此類古書多有之。鄭説固可信，然愚謂「見以蕭光」即閒以蕭光，聲之誤也。「見閒以俠甂」，當亦作「見以俠甂」。經師相傳，以兩見字皆當讀爲閒，故於下見字旁註閒字，傳寫誤入正文耳。説詳《群經平議》。

故君子頃步而弗敢忘孝也。注：「頃當爲跬，聲之誤也。」

按：《説文·火部》：「烓，從火，圭聲，讀若囘。」烓可讀若囘，故跬得通作頃也。《玉篇·足部》：「跬，羌棰切，舉一足。蹞，同上。」

而術省之。注：「術當爲述，聲之誤也。」

按：術、述古通用。《詩·日月》篇：「報我不述。」《釋文》云：「述，本亦作術。」《儀禮·士喪禮》：「不述命。」注曰：「古文述皆作術。」《漢書·賈山傳》：「術追厥功。」注曰：「術亦作述。」漢人隸書往往以術爲述。《張表碑》「方伯術職」、《樊敏碑》「臣子褒術」、《靈臺碑陰》「州里稱術」，皆其證也。

宮宰宿夫人。注：「宿讀爲肅，肅猶戒也。」《祭統》

按：《儀禮·特牲饋食禮》《少牢饋食禮》鄭注並曰：「宿讀爲肅。」《書·顧命》篇：「王三宿。」正義引鄭注曰：宿，肅也。

百官進徹之。注：「進當爲餕，聲之誤也。」

按：《玉篇·食部》：「餕，子侚切。」《辵部》：「進，子信切。」餕與子雙聲，進與子亦雙聲，故餕得轉而爲進。

受書以歸，而舍奠于其廟。注：「舍當爲釋，聲之誤也。」

按：《儀禮·大射儀》：「獲而未釋獲。」《鄉飲酒禮》：「主人釋服。」注並曰：「古文釋作舍。」《周禮·占夢》：「乃舍萌于四方。」注曰：古書「釋菜」「釋奠」，多作舍字。

子志之心也。注：「志讀爲識。」《哀公問》

按：《禮運》篇：「丘未之逮也，而有志焉。」注曰：「志，謂識古文。」《周禮·保章氏》：「以志星辰日月之變動。」注亦曰：「志，古文識。」是志、識實一字。此云「志讀爲識」，讀從今字，使學者易曉也。

夙夜其命宥密。注：「《詩》讀其爲基，聲之誤也。」《孔子閒居》

按：今《詩》作「基命」，而《釋文》曰：「其命，音基，本亦作基。」則陸氏所據本作其命。作其者古本，作基者以師讀改之。

至于湯齊。注：「《詩》讀湯齊爲湯躋。」

按：猶《樂記》「地氣上齊」，讀爲躋也。

其惟不言，言乃讙。注：「讙當爲歡，聲之誤也。」《坊記》

按：《史記・魯周公世家》作「言乃驩」，蓋古字並通耳。裴駰集解引鄭注：「驩，喜悦也。」則亦讀爲歡。

唯卜之日稱二君。注：「二當爲貳。」

按：《周易・繫辭傳》：「因貳以濟民行。」注：「貳當爲二。」

素隱行怪。注：「素讀如『攻城攻其所傃』之傃，傃猶鄉也。」《中庸》

按：《荀子・議兵篇》：「蘇刃者死。」注：「蘇讀爲傃，傃，向也。」《説文》無傃字，作素、作蘇，皆聲近假借，未知本字爲何也。

可以與知焉。注：「與讀爲『贊者皆與』之與。」

按：《廣韻·八語》：「與，善也、待也。《説文》曰：『黨，與也。』音余呂切。」《九御》：「與，參與也，音羊洳切。」此讀從參與之與也，可知漢人於上去之辨已嚴矣。

故栽者培之。注：「栽讀如『文王初載』之載，栽猶殖也。」

按：此讀從其音，非讀從其義也。《詩·大明》篇：「文王初載。」《釋文》載字無音，則宜讀本字。此從其讀，則當讀如載之本字方合。而陸氏於此乃云：「栽，依注音災。」夫音災則栽之本音也。據《廣韻·十六咍》，栽、災並音祖才切。此栽字果音災，則直云「栽，如字」足矣，於鄭注大背，何言「依注音災」乎？

壹戎衣。注：「衣讀如殷，聲之誤也。齊人言殷聲如衣。虞夏、商周氏者多矣。今姓有衣者，殷之冑與。」

按：《吕氏春秋·慎大覽》：「親郼如夏。」高注曰：「郼，讀如衣。今兖州人謂殷氏皆曰衣。」此可證成鄭義。《廣韻·八微》有郼字云：「殷國名也。」與衣並音於希切。郼蓋即殷之異文也。

其如示諸掌乎。注：「示讀如『寘諸河干』之寘。寘，置也。」

按：《周易·坎》上六：「寘于叢棘。」《釋文》云：「寘，劉作示。」《周禮·朝士》注：「示于叢棘。」《釋文》曰：「示本作寘。」《詩·鹿鳴》篇：「示我周行。」箋云：「示，當作寘。」正義曰：「示、寘聲相近，故誤爲示也。」

既廩稱事。注：「既讀爲餼。」

按：餼本作氣。《説文》：「氣，饋客芻米也。從米，气聲。」或作「槩」，又或作「餼」。然則作既者即槩之省耳。《説文》：「既，小食也。從皀，旡聲。」引《論語》「不使勝食既」。今《論語》作「不使勝食氣」。既與氣通，即與餼通矣。《儀禮·聘禮記》：「如其饔既之數。」注曰：「古文既爲餼。」

肫肫其仁。注：「肫肫讀如『誨爾忳忳』之忳。」

按：《詩》本作「諄諄」。《釋文》云：「字又作訰。」據《玉篇》則諄、訰爲兩字，據《集韵》則諄、訰、肫三字通。《荀子·哀公篇》楊注亦曰：「肫與訰同。」而此注又作「忳忳」。《楚辭·惜誦》篇云：「中悶瞀之忳忳。」注云：「憂貌。」義稍别，然形況之辭，本無定字，肫肫、訰訰、忳忳，一也。

上天之載。注：「載讀曰栽，謂生物也。」

按：毛傳訓載爲事，箋無異説。此云生物，自是箋《詩》注《禮》之不同，不足爲疑。惟上文「栽者培之」注云：「栽，讀如『文王初載』之載，栽猶殖也。」以彼證此，疑此文本作「上天之栽」，注則云：「栽讀曰載，謂生物也。」生與殖同。《書·仲虺之誥》「不殖貨利」、《襄三十年·左傳》「子產殖之」，枚傳、杜注並曰：「殖，生也。」鄭意「栽者培之」及此「上天之栽」，並爲生殖之義。而栽之本義則爲「築墻長版」，而非生殖之謂，故改讀爲載。自鄭注行而栽培之義世人已耳熟之。《廣韵·十六咍》云：「栽，種也。」不知有「築墻長版」之説矣。相沿既久，謂栽字自可訓生物，乃據《詩》改《禮》，徑作「上天之載」，又改鄭注以就之，而與前注兩岐矣。即前注亦有爲後人竄改者。蓋既云「讀如『文王初載』之載」，則當云「載猶殖也」，此鄭注之通例，乃云「栽猶殖也」，仍作本字，何必改讀乎？殆亦後人以栽有殖義，而載轉無殖義，故改「載猶殖也」爲「栽猶殖也」，以從後世之見耳。

以德報怨，則寬身之仁也。注：「仁亦當言民，聲之誤。」《表記》

按：古書民與人通，人與仁通，不可勝舉。此以仁爲民，猶以人爲民耳。

衣服以移之。注：「移讀如『禾氾移』之移。移，猶廣大也。」

按：「禾氾移」之語，疏不詳其所出。《説文·禾部》：「移，禾相倚移也。」倚、移本疊韵字。《考工記》：「既建而迆。」司農注：「讀爲『倚移從風』之移。」疑鄭此注本作「禾迆移」。蓋倚、移疊韵，迆、移亦疊韵，可作倚迆、亦可作迆移也。氾蓋迆字之誤。

節以壹惠。注：「壹讀爲一。」

按：《儀禮·士相見禮》《鄉飲酒禮》等篇注並云：「古文壹作一。」《有司徹》篇注云：「今文壹爲一。」此二字至今通用，不可勝舉。

尹吉曰。注：「吉當爲告。告，古文誥，字之誤也。」《緇衣》

按：《周禮·大宗伯》：「以吉禮事邦國之鬼神示。」注曰：「故書吉或爲告。」又《尚書·吕刑》篇「度作刑以詰四方」《漢書·刑法志》作「度時作刑以誥四方」，此告與吉形近相混之證。至告之與誥，《説文》分爲二字，鄭則一之，愚有説，詳《兒笘録》。

臣儀行。注：「儀當爲義，聲之誤也。」

按：《周禮·肆師》注：「古者書儀但爲義，今時所謂義爲誼。」則儀、義乃古今字，此讀從今字耳。

惟尹躬天見於西邑夏。注：「天當爲先，字之誤。」

按：《玉篇》：「天，古文作兲。」故形近而誤。

君雅曰。注：「雅，《書序》作牙，假借字也。」

按：《書序》：「君牙。」《釋文》曰：「或作君雅。」是《尚書》亦有作雅者。《吕氏春秋·本味》篇「伯牙」注亦云：「或作雅。」

資冬祁寒。注：「資當爲至，齊魯之語，聲之誤也。祁之言是也，齊西偏之語也〔一〕。」

按：資、至聲近，祁從示聲，與是亦聲近，此皆聲之誤耳。鄭以爲齊魯語，蓋鄭君親驗，當時語言如此。漢初傳經大儒多出齊魯，故齊魯之語得入經傳也。

唯君子能好其正，小人毒其正。注：「正當爲匹，字之誤也。」

按：《周易・姤・彖傳》注：「正乃功成也。」《釋文》云：「正亦作匹。」據王氏此注，本解説「天地相遇、品物咸章」，則當以作匹爲是，正亦匹字之誤，與此一例。《宣三年・公羊傳》：「自内出者，無匹不行；自外至者，無主不止。」《莊子・天運》篇曰：「中無主而不止，外無正而不行。」又《則陽》篇曰：「自外入者，有主而不執；由中出者，有正而不距。」正亦當作匹。

故君子寡言而行。注：「寡當爲顧，聲之誤也。」

按：《玉篇》：「寡，古瓦切。」「顧，古布切。」寡與古雙聲，顧與古亦雙聲，故寡得轉爲顧。

〔一〕 偏，原作「徧」，據蔡啓盛《校勘記》改。

昔在上帝，周田觀文王之德。注：「古文『周田觀文王之德』爲『割申勸寧王之德』，今博士讀爲『厥亂勸寧王之德』。三者皆異，古文似近之。割之言蓋也。」

按：割字古或省作害。《書・大誥》篇：「天降割于我家。」馬本作害，是也。害篆書作害，故與周相似而誤。勸與觀左旁相似。《列子・楊朱》篇：「故不爲名所勸。」《釋文》曰：「勸，一本作觀。」是亦相似而誤也。田與申則聲相近。輷鼓之爲田鼓，陳氏之爲田氏，並其例也。鄭讀從古文，而又通割爲蓋。《爾雅・釋言》：「蓋、割，裂也。」《釋文》曰：「蓋，舍人作害。」割之通作蓋，猶蓋之通作害矣。

親始死雞斯。注：「雞斯當爲笄纚，聲之誤也。」《問喪》

按：《廣韵・十二齊》雞、笄並古奚切。《列子・黄帝》篇：「不知斯齊國幾千萬里。」注：「斯，離也。」斯之爲纚，猶斯之爲離。

唯公門有税齊衰。注：「税猶免也，古者説或作税。」《服問》

按：訓税爲免，則當讀税爲脱。《廣雅・釋詁》曰：「免，脱也。」鄭云「古者説或作税」，則讀税爲説矣。言説之説無免脱之義，疑當作「古者脱或作税」。

加隆焉爾也，焉使倍之，故再期也。注：「下焉猶然。」《三年問》

按：《檀弓》篇：「穆公召縣子而問然。」注曰：「然之言焉也。」《祭義》篇：「國人稱願然。」《大戴記·曾子大孝》篇「然」作「焉」。但此用然字與他處異，然猶乃也。説詳王氏引之《經傳釋詞》。

竟信其志。注：「信讀如屈伸之伸。」

按：《詩·擊鼓》篇：「不我信兮。」《釋文》：「信即古伸字也。」《荀子·天論篇》：「老子有見於詘，無見於信。」楊注曰：「信讀爲伸。」古字通用。

此之謂自謙。注：「謙讀爲慊，慊之言厭也。」《大學》

按：《荀子·榮辱篇》：「彼臭之而無嗛於鼻。」注曰：「嗛當爲慊，猒也。」此以謙爲慊，猶彼以嗛爲慊。

見君子而后厭然。注：「厭讀爲黶。黶，閉藏貌也。」

按：《荀子·王霸篇》：「然而厭焉有千歲之固。」注：「厭讀爲壓。」

恂慄也。注：「恂字或作峻，讀如嚴峻之峻。」

按：《大戴記·衛將軍文子》篇：「爲下國恂蒙。」注云：「《詩》爲『駿龐』。」恂可通作駿，故亦可通作峻。《釋名·釋樂器》曰：「筍，峻也，在上高峻也。」恂之讀峻，猶筍之訓峻也。

命也。注：「命讀爲慢，聲之誤也。」

按：命在真臻部，慢在元寒部，本不相通。然《楚辭·抽思》篇：「軫石崴嵬蹇吾願兮、超回志度行隱進兮。」以進與願爲韵，此即命讀爲慢之例也。惟鄭此讀，愚不之從。説見《弟一樓叢書》八。

爲后服資衰。注：「資當爲齊，聲之誤也。」《昏義》

按：《周易·旅》九四：「得其資斧。」《釋文》云：「資，子夏及衆家本皆作齊。」《荀子·哀公篇》：「資苴衰苴杖者不聽樂。」注：「資與齊同。」

秋之爲言愁也，愁之以時察。注：「愁讀爲揫，揫，斂也。」《鄉飲酒義》

按：《説文·韋部》：「䪅，收束也，或作揫。」又《手部》：「揫，束也。《詩》曰：『百禄是揫。』」是揫字《説文》兩見而義則同。尹知章注《管子·四時》篇、范望注《太玄·玄數》篇並曰：「秋，揫也。」即用鄭義。《廣雅·釋詁》曰：「秋，愁也。」《御覽·時序部》引《書·大傳》曰：「秋者，愁也。」則仍以本字讀之。《周禮·秋官》正義引鄭《目録》曰：「秋者，遒也。」據《説文》，揫即「百禄是遒」之遒，則揫與遒異而同矣。

賁軍之將。注：「賁讀爲僨，僨猶覆敗也。」《射義》

按：《大學》篇：「一言賁事。」注：「賁，本作僨。」

職諸侯、卿大夫、士之庶子之卒。注：「卒，讀皆爲倅。」《燕義》

按：《周禮·諸子》：「掌國子之倅。」注曰：「故書倅爲卒，鄭司農云：卒讀如物有副倅之倅。」鄭此注從先鄭也。《周禮·車僕》：「掌戎車之萃。」字又作萃。

孚尹旁達。注：「孚讀爲浮，尹讀如竹箭之筠。」《聘義》

按：《釋名·釋言語》曰：「浮，孚也，孚甲在上者也〔一〕。」是孚、浮聲近義通。尹讀如筠者，據《禮器》正義引《顧命》云：「敷重筍席。」鄭云：「筍，析竹青皮也。」《禮記》曰：「如竹箭之有筠。」鄭以《禮器》之筠，解《顧命》之筍，是筠古作筍。筍以尹爲之，猶筍字之俗作笋矣。

〔一〕 者，今《釋名》各本作「稱」。「者也」「稱也」，皆可通，無礙文義。

《禮記》異文箋　俞樓雜纂弟七

《儀禮》之有古文今文也，胡氏承珙爲作《儀禮古今文疏義》。《周禮》之有故書也，徐氏養原爲作《周禮故書考》。辨別異同，有功經學。然鄭康成注《禮記》亦閒存異文，前人未有考究者，輒作此箋，以補其闕。

宦學事師，非禮不親。注：「學或爲御。」《曲禮》

按：此異義，非相通也。御當訓侍。《月令》篇「三公九卿諸侯大夫皆御」、《内則》篇「冢子御食〔一〕」，鄭注並曰：「御，侍也。」宦字鄭訓仕，若與御連文，則不當訓仕。宦也、御也，皆以卑幼事尊長之名。《國語・越語》：「與范蠡入宦於吴。」韋注曰：「宦，爲臣隸也。」即此文宦字之義。《國策・齊策》：「令長子御。」高注曰：「御，侍也。」即此文御字之義。

〔一〕冢，原作「冡」（即「蒙」字），與「冢」（即「冢」字），形近致誤，徑改，以下不再出校。

席閒函丈。注：「丈或爲杖。」

按：叚杖爲丈，愚所謂文增者也。說詳余所著《弟一樓叢書》九之五。此自當以丈字爲正。正義引《文王世子》：「遠近閒三席。席之制，三尺三寸三分寸之一，則三席是一丈，故鄭云容丈。」其說甚明，可無異議矣。王肅好與鄭異，據作杖之本，言古人講說用杖指畫，故使容杖也。夫手容必恭，古人用杖指畫，出何經典？且五十杖於家，未及五十不得用杖，又將何所指畫乎？

斂髮毋髢。注：「髢或爲肆。」

按：《周禮・小子》：「掌祭祀羞羊肆、羊殽、肉豆。」鄭康成注：「肆讀爲鬄，羊鬄者，所謂豚解也。」《大司徒》「羞其肆」、《大宗伯》「以肆、獻、祼享先王」、《典瑞》「祼圭有瓚，以肆先王」，鄭注並以「肆解」釋之。《釋文》或音託歷反、或音他歷反，皆即鬄字也。據《說文》鬄、髢同字，而《儀禮・聘禮記》注云：「古文肆爲肆。」是古文肆、肆通用。然則髢之或爲肆，猶肆之讀爲鬄矣。鄭此注云：「髢，髲也，毋垂餘如髲也。」然經云「毋髢」，不云「毋如髢」，則從或本作肆，而從《釋文》解作餘，謂收斂其髮，不使有餘，義亦得通。

跪而遷屨。注：「遷或爲還。」

按：此異義，非相通也。還當讀旋轉之旋，謂旋轉其屨也。此並可明解屨之法。蓋解屨置階側，屨頭宜外向，便出時取著也。乃既爲長者所送，不得不鄉長者，而屨則内向，非外向矣，故必跪而旋轉之也。作遷無義，似當從作還之本。

共飯不澤手。注：「澤或爲擇。」

按：《射義》曰：「澤者，所以擇士也。」是澤、擇音近，義得相通。

生與來日死與往日。注：「與或爲予。」

按：予、與義通，古書往往通用。《詩・皇矣》篇「此維與宅」、《漢書・郊祀志》作「此惟予宅」；《干旄》篇「何以予之」《論衡・率性篇》作「何以與之」；《采菽》篇「何錫予之」、《白虎通・考黜》篇作「何錫與之」；《論語・顔淵》篇「君孰與足」，《漢書・谷永傳》作「君孰予足」。

前有士師則載虎皮。注：「士或爲仕。」

按：士、仕古通用。《周禮・載師》「士田」注：「士讀爲仕。」《孟子・公孫丑》篇有「仕於此」，又云「夫士也」。仕、士實一字。

筴爲筮。注：「筴或爲蓍。」

按：此乃文異，無足深論。凡若此者，皆不具説。

立視五巂。注：「巂或爲綮。」

按：綮字不見於《説文》，其字蓋從惢得聲。《説文》惢讀若《易》「瑣瑣」，則綮字古音亦與瑣相近矣。《説文》有嫷字：「從女，巂聲，讀若隓。」按隓與瑣並歌戈部中字，從巂聲者得讀若隓，則亦得讀若瑣，故通作綮也。至以後世音讀言之，《釋文》「巂，惠圭反」，而惢字《玉篇》又音才規切，則兩字之音更近矣。

不敢與世子同名。注：「世或爲大。」

按：《公羊春秋·文十三年》「世室屋壞」、《昭二十五年》「樂世心」，《左》《穀》經文世並作「大」。《桓九年·左傳》正義曰：「諸經稱世子及衛世叔申，經作世字，傳皆爲大。然則古者世之與大字義通也。」

苞屨。注：「苞或爲菲。」

按：此亦文異也。鄭本作苞，苞乃草名，謂以藨蒯之草爲喪屨也。從或本作菲，則菲即是草屨。《荀子·正論篇》：「菲對屨。」楊注：「菲，草屨也。」言菲又言屨，與《荀子》同。

素簚。注：「簚或爲幕。」

按：簚，本作幭，從蔑聲。幕從莫聲，蔑與莫一聲之轉。《僖十年·左傳》「蔑不濟矣」，猶言莫不濟矣。《成十六年》「蔑從晉矣」，猶言莫從晉矣。蔑、莫相通，故幭、幕亦相通。

眕於鬼神。注：「眕或爲祇。」

按：祇與眕通，猶與振通，及與震通也。《内則》「祇見孺子。」注：「祇，或作振。」《尚書·無逸》篇「治民祇懼」，《史記·周公世家》祇作震，皆一聲之轉也。《玉篇·耳部》：「耴，之忍切。」引《禮記》「耴於鬼神」，亦作聄。然耴、聄皆後出字。《説文》有診字，其字從言，當爲《爾雅·釋詁》「眕，告也」之本字。此經亦當作診。眕、祇並叚字耳。因眕、祇二字又變爲聄、耴二字，愈失其真矣。

吾官之長曰伯，是職方。注：「是或爲氏。」

按：是、氏古通用。《儀禮·覲禮》：「太史是右。」注曰：「古文是爲氏。」《周禮·射人》注引作「太史氏右。」《漢書·地理志》：「至元孫，氏爲莊公。」師古曰：「氏與是同。」《後漢書·李雲傳》：「五氏來備。」李賢注曰：「是與氏古字通。」

布幕衛也，緣幕魯也。注：「幕或爲幦。」《檀弓》

按：幦與篾通。《曲禮》篇「素篾」訓「覆笭」，《玉藻》篇「羔幦」亦訓「覆笭」是也。篾或爲幕，故幕或爲幦。幦也、篾也、幕也，皆以物覆蓋其上之名，故覆笭謂之篾，亦謂之幕。覆棺謂之幕，亦謂之𤾊。

華而晥。注：「説者以晥爲刮節目，字或爲刮。」

按：晥與刮一聲之轉。《考工記》：「刮摩之工五。」注曰：「故書刮作捖。」是其例也。疑此晥字亦捖之叚字，捖讀爲刮，故舊説以爲「刮節目」。正義以「晥晥然好」説之，非古義。

袵每束一。注：「云袵，今小要，袵或作漆，或作髹。」

按：此存異文，非相通也。疑古者棺不用小要，但以皮束之，每一束，輒加漆，故或作漆，或作髹，髹、漆同義。《史記·貨殖傳》：「木器髹者千枚。」顏注曰：「以漆漆物謂之髹。」

杜蕢自外來。注：「杜蕢或作屠蒯。」

按：《漢書·古今人表》「楚杜敖」，師古注：「即堵敖。」此杜通屠之例。《説文》蕢從耳，貴聲，或作聵，從蚥聲。此蕢通蒯之例。蒯乃俗字，依《説文》本作蔽也。

與其鄰重汪踦往。注：「鄰或爲談。」

按：鄰與談不得相通。疑鄰字古叚粦爲之，闕壞爲炎，又誤加言旁耳。

工尹商陽與陳弃疾追吴師。注：「陳或作陵，楚人聲。」

按：此則鄭已説之矣，然愚以爲未必然也。下文「朝不坐，燕不與」云云，則工尹商陽名位甚微，與陳弃疾並追吴師，則弃疾與商陽名位必相等。若公子弃疾，則恭王之子而靈王之弟也，豈得與微者共事乎？況鄭説此事，謂即魯昭十二年圍徐懼吴之事。是役也，弃疾不在軍中，正義謂「弃疾不與圍徐」，是也。然則鄭説固無據矣。據《昭十二年·左傳》：「楚子狩于州來，使蕩侯潘子、司馬督、囂尹午、陵尹喜帥師圍徐以懼吴。」然則或本作陵者，疑脱一尹字，當作「工尹商陽與陵尹弃疾追吴師」。陵尹弃疾，即陵尹喜，一名、一字。《周易·損》六四曰：「損其疾，使遄有喜。」取此義也。

齊莊公襲莒于奪。注：「《春秋傳》曰：『杞殖、華還載甲，夜入且于之隧。』隧、奪聲相近。或爲兑。」

按：奪或爲兑者，亦聲近也。《説文·攴部》：「敓，彊取也。《周書》曰：『敓攘矯虔。』從攴，兑聲。」今書作奪，此即奪、兑聲近之證。至隧、奪之殊，乃《左傳》與《禮記》不同，非《禮記》異文。凡若此者皆不具説。

邾婁考公之喪。注：「考或爲定。」

按：此異文，非相通也。《孟子·滕文公》篇趙注曰：「《古紀世本》滕國有考公麇與文公之父定公相值，以後世避諱，改考公爲定公。」然則此邾婁考公之爲定公，或亦避諱所改與。

行并植於晉國。注：「植或爲特。」

按：植、特聲近，古通用。《詩·柏舟》篇「實維我特」，《韓詩》作「實維我直」。《禮記·少儀》篇「不特弔」、《爾雅·釋水》篇「士特舟」，《釋文》並云：「特，本作犆。」皆其例也。《荀子·正論篇》「豈特玄之耳哉」、《吕覽·分職》篇「豈特宫室哉」，楊倞、高誘注並云：「特，猶直也。」亦其例也。

文子其中退然如不勝衣。注：「退或爲妥。」

按：退、妥一聲之轉。《玉篇·肉部》：「腿，他儡切。本作骽。」古從骨，妥聲；今從肉，退聲。此退、妥聲近之證。《文十二年·左傳》集解曰：「古名退軍爲綏。」亦其例也。

叔仲衍以告。注：「衍或爲皮。」

按：上文叔仲皮已死矣，何得又云「叔仲皮以告」？衍或爲皮，義不可通。皮疑反字之誤。《莊子·秋水》篇：「是爲反衍。」反與衍本疊韵字〔一〕。《漢書·郊祀志》「鄜衍」注引李奇曰：

〔一〕　韵，原作「酌」，據蔡啓盛《校勘記》改。

「三輔謂山阪間爲衍〔一〕。」阪謂之衍，亦一證也。

歲旱，穆公召縣子而問然。注：「凡穆或作繆。」

按：《史記·魯周公世家》：「太公、召公乃繆卜。」徐廣曰：「古書穆字多作繆。」《蒙恬傳》：「昔者秦穆公殺三良而死，罪百里奚而非其罪也，故立號曰繆。」然則秦穆公亦繆公也。

百畝之分。注：「分或爲糞。」《王制》

按：《孟子》正作糞，趙注即以糞字解之。鄭此注不爲糞字作解，則雖存異文，而不從也。

以訊馘告。注：「馘或爲國。」

按：《説文·虫部》蟈或體作蟈。此即馘或爲國之例。

凡制五刑，必即天論。注：「即或爲則，論或爲倫。」

按：《詩·終風》篇：「願言則嚏。」《群經音義》引作「願言即嚏」。《荀子·性惡篇》：「少言則徑而省，論而法。」楊注曰：「論或爲倫。」

〔一〕 謂，原作「爲」，據蔡啓盛《校勘記補遺》改。

周人養國老於東膠。注：「膠或作絿。」

按：《説文》球，從玉，求聲。或作璆，從翏聲。求、翏聲同，故膠得通作絿也。《月令》所載《今月令》之異，非《禮記》異文也，故不具説。

遂輿機而往。注：「輿機或爲餘機。」《曾子問》

按：《詩・權輿》篇餘與輿爲韵。《廣韵・九魚》輿與餘皆以諸切。

然後飯腥而苴孰。注：「苴或爲俎。」《禮運》

按：苴、俎同聲，例得通用。然《儀禮・既夕》篇陳「大遣奠」之事云：「俎二以成，南上，不績。特鮮獸。」注云：「魚在羊東，腊在豕東。」是大遣奠有魚俎、羊俎、腊俎、豕俎，又有鮮獸特俎，則從或本作俎亦通也。

故功有藝也。注：「藝或爲倪。」

按：藝在脂部，倪在支部。然《宣二年・左傳》「使鉏麑賊之」，《説苑・立節》篇作「鉏彌」。麑從兒聲，得通作彌，則即支部字通於脂部之例也。《尚書・堯典》「歸格于藝祖」，《大傳》作「歸假于禰祖」。藝與禰通。然則藝通作倪，猶彌通作麑矣。《釋文》云：「倪，五計反，視也。」似讀爲睨，愚謂當讀爲端倪之倪。

瘞繒，宣祝嘏辭説。注：「繒或作贈。」

按：繒，帛也。然此繒字則非謂帛，乃是埋幣帛之名。鄭注云：「埋牲曰瘞，幣帛曰繒。」幣帛上亦當有埋字，蒙上句而省耳。孔氏正義曰：「幣帛曰繒，繒之言贈也。謂埋告又贈神也。」若然，則鄭何不即從作贈之本乎？愚疑經注皆有誤。經文本作「瘞贈」，鄭注本作「埋牲曰瘞，幣帛曰贈」。其「繒或作贈」當爲「贈或作增」。蓋贈其本字，增其叚字。《釋文》云：「本又作增。」此即鄭所見或作本也。後人誤會鄭注，不知其蒙上而省埋字，疑幣帛當曰繒，不當曰贈，遂改「曰贈」爲「曰繒」，改「贈或作增」爲「繒或作贈」，而經文之「瘞贈」亦改作「瘞繒」矣。夫繒既舉所埋之物，則所瘞者亦宜舉其物。經當云「牲繒」乃可耳，何言「瘞繒」乎？與瘞對文，知其是贈，非繒矣。正義「埋告贈神」之説，必是皇侃、熊安生舊語。因孔氏作正義時經注已誤作繒，故以「繒之言贈」沾益之。然猶賴此數語，可見鄭本之舊。

天子以德爲車。注：「車或爲居。」

按：《爾雅·釋草》：「望，椉居。」《釋文》曰：「居本作車。」《莊子·徐無鬼》篇：「若乘日之車。」《釋文》曰：「元嘉本作居。」是車、居聲近相亂。《詩·何彼襛矣》，《釋文》曰：「《釋名》云：『古者車聲如居，所以居人也。今曰車音尺奢反，云舍也。』韋昭曰：『古皆音尺奢反，後漢以來始有居音。』」二説不同，然觀古書車、居之混淆，則車有居音亦古矣。

犧尊疏布鼏。注：「鼏或作幕。」《禮器》

按：鼏、幕一聲之轉。然觀《儀禮·少牢饋食禮》注及《公食大夫禮》注，並曰：「今文冪作鼏。」《詩·絲衣》箋：「舉鼎冪告潔。」《釋文》亦曰：「冪本作鼏。」疑此注當云「鼏或作冪」，非作幕也。此經鼏字《釋文》作幎，云「本又作冪」，即鄭所見或本也。

燔柴於奥。注：「奥或作竈。」

按：《風俗通·祀典》篇引此經曰：「臧文仲安知禮，燔柴於竈。竈者，老婦之祭也。」字正作竈，即鄭所見或本也。

詔侑武方。注：「詔侑或爲韶囿。」

按：侑、囿竝有聲，詔、韶並召聲，故得通用。《釋文》作「詔圜」，云：「本亦作詔圓。」蓋囿誤作圓，又誤作圜耳。圜、侑異聲，不得通也。

必先有事於頖宮。注：「頖宮，郊之學也，《詩》所謂頖宮也，字或爲郊宮。」

按：《王制》：「大學在郊，天子曰辟雍，諸侯曰頖宮。」故鄭注曰：「頖宮，郊之學也。」其字之或作郊宮，殆亦以此。然愚以爲郊宮非即頖宮也。《大戴禮·盛德》篇曰：「或以爲明堂者，文王之廟也。周時德澤洽和，蒿茂大以爲宮柱，名爲蒿宮也。」然則周文王廟有蒿宮之名。《襄十二年・左傳》：「吴子壽夢卒，臨於周廟。」杜注曰：「周廟，文王廟也。」是魯亦有文王廟。郊宮即蒿宮也。《周禮・載師》：「以宅田、士田、賈田任近郊之地。」注曰：「故書郊或爲蒿。」郊與蒿通，是魯之郊宮，即周之蒿宮矣。蒿爲宮柱之説不足信。蒿者，高之叚字。蒿宮者，高宮也。文王之廟尊而尚之，故曰高宮也。《吕氏春秋・仲春紀》：「以大牢祀于高禖。」注曰：「郊與高音相近，故或言高禖。」高禖即郊禖，則郊宮即高宮矣。周人宗祀文王於明堂以配上帝，故魯人將有事於上帝，必先有事於文王之廟。若頖宮，則大學也，與上帝何涉？而必先有事乎？宜從或本作郊宮，讀作蒿宮，訓爲文王廟，庶得其實。

又按：王氏引之《經義述聞》謂經文本作郊宮，鄭注本作郊宮，郊之學也。《詩》所謂頖宮也，字或作頖宮。「後人多聞頖宮，罕聞郊宮，故改正文之郊爲頖，又改注文以從之，而《詩》所謂頖宮一語，遂以頖宮釋頖宮，重復而不可通矣。」愚按：王説亦良是。《王制》《明堂位》並有頖宮之文，《釋文》並曰：「頖音判。」而於此經則曰：「頖宮，依注音判。」夫曰依注音判者，經字並不音判，依鄭注讀之則音判也。疑陸氏所據本尚是郊宮，因鄭以爲即《詩》所謂頖宮，故讀作判耳。今本《釋文》已爲後人所改，非其舊也。

故禮有擯詔。注：「詔或爲紹。」

按：猶上文詔或爲韶也。《樂記》篇注曰：「韶之言紹也。」詔通韶，故亦通紹矣。

天子存二代之後，猶尊賢也。尊賢不過二代。注：「二或爲三。」《郊特牲》

按：此非字誤，乃異義也。言二代者二王之後，言三代者三恪也。正義具矣。

諸侯不臣寓公。注：「寓或爲託。」

按：寓不與託通，蓋義相近耳。《孟子》曰：「諸侯失國而後託於諸侯。」託，寄也，寓亦寄也。

鄉人裼。注：「裼或爲獻，或爲儺。」

按：裼與獻、儺不得相通，存異文耳。若獻之與儺，則聲固相近。下文「汁獻涚于醆酒」注曰：「獻當讀爲莎。」獻可讀莎，故得通儺矣。儺正字，獻叚字。

唯社，丘乘共粢盛。注：「乘或爲鄰。」

按：乘在蒸登部，鄰在真臻部，非同部叚借字。乘或爲鄰者，此鄰字乃甸之叚字也。鄭注曰：「丘，十六井也。六十四井曰甸，或謂之乘。」是丘乘亦可謂之丘甸。甸與鄰皆真臻部字，例得通用。丘鄰即丘甸也，與丘乘文異而義同。

而君親誓社以習軍旅。注：「社或爲省。」

按：此乃異文，非相通也。《明堂位》曰：「春社秋省。」注曰：「省讀爲獮。獮，秋田名也。」據彼上下文「夏礿、秋嘗、冬蒸」及「大蜡」皆祭名，疑秋省亦祭名，非謂秋田也。殆古者春祭社謂之社，秋祭祊謂之省，與此經乃季春事應，言社爲是。或作省者，疑春社秋省，古人恒言，對文别而散文通矣。《玉藻》曰：「唯君有黼裘以誓省。」

庫門之内戒百官也。注：「庫或爲廄。」

按：古天子諸侯之庫門，蓋以庫所在而得名。《曲禮》曰：「君子將營宫室宗廟爲先，廄庫爲次。」廄與庫並言，當必相近，故庫門亦稱廄門也。

壹與之齊。注：「齊或爲醮。」

按：齊、醮一聲之轉。齊之與醮，猶蠐之與螬。蠐、螬雙聲，齊、醮亦雙聲。

夫也者夫也。注：「夫或爲傅。」

按：傅從尃聲，尃從甫聲，與夫聲近。《說文》簠從甫聲〔一〕，或作医，則從夫聲。麩從夫聲，

〔一〕簠，原作「簙」，《說文》無「簙」字，《說文·竹部》：「簠，從竹、從皿，甫聲。医，古文簠。」

或作麱，則從甫聲。以至匍匐之通作扶服，榑桑之通作扶桑，並其例也。《詩·倬彼甫田》箋云：「甫之言丈夫也。」甫得訓夫，故夫得訓傅。

血腥爓祭。注：「爓或爲熠。」

按：《爾雅·釋畜》：「驪馬黄脊，騽。」《釋文》曰：「本亦作驔。」爓之爲膠，猶騽之爲驔矣。《儀禮·有司徹》篇疏引此注作「爓或爲燖」。燖與膠亦聲近。《爾雅·釋魚》：「鰼鰌。」《埤雅》引孫炎正義曰：「鰼，尋也。」以尋訓鰼，從其聲也。爓通膠，故亦通燖。

故既奠。注：「奠或爲薦。」

按：《廣雅·釋言》：「奠，薦也。」奠之與薦，聲近而義通。

祊之爲言倞也。注：「倞或爲諒。」

按：錢氏大昕説倞即亮之古字，經典亮字多與諒通。《書·説命》篇「王宅憂，亮陰」、《詩·柏舟》篇「不亮人只」，《釋文》並曰：「亮本作諒。」

富也者福也。注：「或曰福也者備也。」

按：並以聲訓。

首也者直也。注：「直或爲犆也。」

按：《玉藻》篇：「君羔幦虎犆。」注曰：「犆讀如直道而行之直。」犆讀如直，故直或爲犆矣。

明水涚齊貴新也。注：「涚齊或爲汎齊。」

按：此異文，非相通也。《釋文》云：「汎，本又作泛，同。」則此汎齊即《周禮・酒正》之泛齊，乃五齊之一也。鄭彼注云：「自醴以上尤濁，縮酌者。」然則泛齊乃五齊中之尤濁者，何得與明水並言？鄭彼注又云：「盎以下差清。」疏引《司尊彝》「盎齊涚酌」鄭注：「涚，清也，謂以清酒泲之。」據此知泛、醴二齊用縮酌，盎、緹、沈三齊用涚酌。鄭此注云「五齊濁泲之使清」，則是涚酌，而非縮酌。雖云五齊，乃大判言之耳，其實謂盎以下三齊也。或作汎齊，非鄭義，不可從。

濡魚卵醬實蓼。注：「卵讀爲鯤，或作攔也。」

按：闗從丱聲，據唐張參《五經文字》云：「丱，《説文》以爲古卵字。」唐玄度《九經字様》云：「《説文》作丱，隸變作卵。」然則闗本從卵聲，故攔得通作卵也。《説文・糸部》：「綰，從糸，官聲，讀若雞卵。」官聲而讀若卵，亦闗與卵聲近之證。

麋膚魚醢。注：「膚或爲胖。」

按：此異文，非相通也。鄭注：「膚，切肉也。」《周禮·腊人》注曰：「胖之言片也，析肉意也。」則胖、膚文異義同。

麋鹿田豕麕皆有軒。注：「軒或爲胖。」

按：軒從干聲，胖從半聲，此以聲近叚用。鄭注云：「軒讀爲憲憲，謂藿葉切也。」以藿葉切之義推之，則從或本作胖亦可，仍取析肉意也。

鵠鴞胖。注：「鵠或爲鳱也。」

按：鵠與鳱同部字，例得相通。然下文自有「鳱奥」，若此又作鳱，則復矣。疑本作鵠，或爲鳿。鄭注《大射儀》云：「鵠，鳥名。」引《淮南子》云：「鳿鵠知來。」《廣韵·二十五寒》古寒切有鳿字，云：「鳿，鵲鳥名，知未來事。鵲字或作鳱，鳱，古沃切。」鳿鳱即鳿鵠也。此文本作「鵠鴞胖」，或作「鳿鴞胖」。鳿、鵠雙聲字，本是一鳥。可謂之鵠，亦可謂之鳿，文異而實同也。涉下文「鳱奥」而誤作鳱，鳱與鵠則非一鳥，音雖近而義迥別矣。

兔爲宛脾。注：「宛或作鬱。」

按：宛與鬱雙聲。《文選·舞賦》云：「或有宛足鬱怒。」是宛與鬱義亦相近。

欲濡肉，則釋而煎之以醢。注：「醢或爲醓。」

按：此異文，非相通也。據《周禮·醢人》鄭注曰：「齊菹醬皆須醢成味。」則此經自以作醢爲是。若醓，則《醢人》注所云：「必先膊乾其肉，乃後莝之，雜以粱麴及鹽，漬以美酒，塗置甀中，百日則成。」是醓本以乾肉爲之，此欲濡肉，乃反煎以乾肉所爲之醓，非其理也。

舉燋其箭。注：「舉或爲巨。」

按：《爾雅·釋木》：「椴，柜桏。」《釋文》曰：「柜，郭音舉。」柜從巨聲，而有舉音，故此舉字或爲巨也。

拂髦。注：「或爲繆髦也。」

按：此異文，非相通也。拂髦謂「振去塵」，繆髦或謂纏束之與？《廣雅·釋詁》：「繆，纏也。」

祗見孺子。注：「祗，敬也，或作振。」

按：《尚書·皋陶謨》篇曰：「嚴祗敬六德。」《史記·夏本紀》祗作振。《無逸》篇：「治民祗懼。」《魯周公世家》祗作震。並其例也。

奔則爲妾。注：「奔或爲衒。」

按：此異文，非相通也。《越絶書》載大夫石賈之言曰：「衒女不貞，衒士不信。」《文選·曹子建求自試表》曰：「自衒自媒者，士女之醜行也。」則從或本作衒，義自可通。至《釋文》出「爲衒」云：「古縣字。」未詳其説。又云：「本又作御。」御、衒形似，容或致誤。上文云：「妾雖老，年未滿五十，必與五日之御。」又記「見子之禮」，於妻則曰：「妻遂適寢。」注曰：「復夫之燕寢。」於妾則曰：「遂入御。」於妾言御，於妻曰適寢而不言御，可知御之義專屬於妾。此又作御，則爲妾義亦通也。正義謂「妻適夫寢，未即進御。夫入與妻食，乃後進御」，轉失之矣。

受一爵而色洒如也。注：「洒或爲察。」

按：洒從西聲，本與察聲絶遠。然洒又入卦韵，音所賣切，故得與察相混。此等處皆古音之轉入今音者也。

緇布冠繢緌。注：「繢或作繪，緌或作蕤。」

按：《文選·景福殿賦》注引《尚書》鄭注曰：「繢讀曰繪，凡畫者爲繪。」據《説文》繢訓「織餘」，此義經典罕用，皆借爲繪字。或作之本，乃其本字也。緌作蕤，則是假字。《爾雅》曰：

「緌，繼也。」《漢書・律歷志》曰：「蕤，繼也。」蓋亦聲近而義通矣。

縫齊倍要。注：「縫或爲逢、或爲豐。」

按：縫或爲逢，省偏旁耳，愚所謂文省者也。縫或作豐，則聲近假用。《淮南子・天文》篇「五穀豐昌」，《史記・天官書》作「逢昌」。豐與逢通，故亦與縫通矣。

士褖衣。注：「褖或作稅。」

按：褖從彖聲。《説文》曰：「彖，豕走捝也。」[一]《廣雅・釋言》：「彖，捝也。」彖與捝聲相近，故褖得通作稅。《詩・緜》篇「混夷駾矣」，《廣韵》引作「昆夷㾄矣」，亦其證也。

膳於君有葷桃茢。注：「葷或作焄。」

按：葷從軍聲，焄從君聲。《吕氏春秋・明理》篇：「其日有暈珥。」高誘注云：「暈讀如君國子民之君。」《説文・車部》：「輑，從車，君聲，讀若帬，又讀若褌。」《文元年・左傳》：「楚世子商臣弑其君頵」，《史記・楚世家》《漢書・古今人表》並作惲。此皆君、軍聲近之證。

[一] 今通行各本《説文・彑部》作：「彖，豕走也。」謹按：段玉裁《説文解字注》引《玉篇》作：「豕走悦也。」王念孫《廣雅疏證・釋言》：「彖，捝也。」下引《説文》：「彖，豕走捝也。」則曲園此處引文似本《廣雅疏證》。

疾趨則欲發而手足毋移。注:「欲或爲數。」

按: 欲、數聲近而誤,以義言之,轉似作數爲長。

端行頤霤如矢。注:「頤或爲䨨也。」

按: 𦣞在之部,𠂤在脂部,非同部相通字。《説文》無䨨字。《玉篇·雨部》:「䨨,豬惟切,隱也,雷也。」施之於此,亦殊無義。愚疑此乃字誤也。《玉篇·頁部》有頧字:「都雷切,或作追,毋追,冠名。」是毋追之追,古有作頧者。以冠必加於人首,故從頁也。頧與頤字形相似,頤誤作頧,因改爲追。又涉下霤字從雨,遂并追字亦從雨,而其字遂爲䨨矣。《釋文》云:「䨨,音夷。」則竟以䨨字讀之也。又曰:「徐音追。」則徐仙民尚知其爲追字。由追溯頧,由頧溯頤,其轉展致誤之由,可推尋而得矣。

鸞車,有虞氏之路也。注:「鸞或爲欒也。」《明堂位》

按: 鸞、欒聲近通用。《山海經·西山經》:「泰器之山,觀水出焉。是多文鰩魚,其音如鸞鷄。」注:「鸞或作欒。」《考工記·梟氏》:「兩欒謂之銑。」《釋文》曰:「欒本作鸞。」

有虞氏服韍。注:「韍或作黻。」

按: 韍即市字,韠也。黻則黑青相次之文也。而經典多通用。《桓二年·左傳》:「衮冕韍珽。」注曰：「韍，韋韠以蔽膝也。」正義曰：「經傳作韍，或作韍，或作芾，音義同也。以其用絲，故字亦或有爲紱者。」《文選·江文通雜體詩》「雲裝信解韍」注云：「韍與紱通。」又《楊荆州誄》「亦朱其紱」注引《詩傳》：「諸侯赤韍，韍與紱古今字同。」此皆叚韍爲韍之證也。

是故天下資禮樂焉。注：「資或爲飲。」

按：飲字無義，疑資字之誤。資或爲資，同聲假借也。《玉篇·食部》資下有餎字云：「同上。」是資字或作餎，因誤爲飲矣。

雖異國之君，免也。注：「免或爲弔。」

按：此存異文，非相通也。然上文云「君弔，雖不當免時也，主人必免」，則此云「雖異國之君，免也」，其爲異國之君弔而主人免，不待言矣，不必有弔字。下云「親者皆免」，則承君弔及異國君弔而言之，見主人免而親者皆免也。若從或本作「雖異國之君，弔也，親者皆免」，則文轉不備。似乎本國君弔，親者不免，異國君弔，主人不免矣。或本不可從也。

殊徽號。注：「徽或作褘。」《大傳》

按：《爾雅·釋器》：「婦人之幃謂之縭。」《釋文》曰：「幃，本作褘，又作徽。」

游於説。注：「説或爲申。」

按：《廣韵·十七薛》：「説，失爇切。」《十七真》：「申，失人切。」説與失雙聲，申與失亦雙聲，故説得轉而爲申。

言語之美。注：「美皆當爲儀，字之誤也。」《少儀》

按：美與儀不相似，乃義字之誤。美與義上半並從羊，故形近而誤。《緇衣》篇「章義癉惡」，今本義誤作善。美之誤爲義，猶義之誤爲善也。據《説文》美篆説解曰：「美與善同義。」善篆説解曰：「此與義、美同意。」蓋美、善、義三字雖不同，而從羊之意則同。《周禮·大司徒》注、《儀禮·士喪禮》注並曰：「美，善也。」《詩·文王》篇：「宣昭義問。」毛傳曰：「義，善也。」則三字之聲雖遠而義則相近矣。此經「言語之美」，當作「言語之義」。《周禮·肆師》注曰：「古者書儀但爲義。」然則「言語之義」，即是「言語之儀」矣。

婦人吉事，雖有君賜，肅拜。注：「雖或爲唯。」

按：雖從唯聲，故古書往往通用。詳見王氏引之《經傳釋詞》。

加夫襓與劒焉。注：「夫或爲煩，皆發聲。」

按：《釋文》：「夫，音扶。」《玉篇·頁部》：「煩，扶園切。」扶、煩雙聲，故得通也。

酢爵。注：「酢或爲作。」

按：酬酢字本當作醋，而經傳多作酢，又或以昨爲之。《周禮·司几筵》「昨席亦如之」、《司尊彝》「諸臣之所昨也」，注並云：「昨，讀爲酢。」此經又以作爲之，皆以聲近而通。《淮南子·天文》篇：「太歲在酉〔一〕，歲名曰作鄂。」注曰：「作讀昨。」然則以作爲酢，猶以昨爲酢也。

僎爵。注：「古文《禮》僎作遵，僎或爲馴。」

按：《儀禮·鄉飲酒禮》：「遵者降席。」注曰：「謂此鄉之人仕至大夫者也。今來助主人樂賓，主人所榮而遵法者也，因以爲名。今文遵爲僎。」是遵正字，僎叚字。《史記·周本紀》「遵修其緒。」徐廣曰：「遵，一作選。」此即遵與僎通之例也。僎或爲馴者，《説文》云：「馴，馬順也。」《廣雅·釋詁》云：「巽，順也。」僎從巽聲，亦得有順義，則與馴義亦可通。今本誤作騶，失其義矣，當據孔疏訂正。

〔一〕 太歲，今《淮南子》各本作「太陰」。上文有「……太陰在申」，下文有「太陰在戌……」，則據上下文義，此處當以「太陰在酉」爲是。

不學博依。注：「依或爲衣。」《學記》

按：《説文》曰：「衣，依也。」是其義通，故得通用。《書·顧命》篇「設黼扆」，漢石經作「黼衣」，《明堂位》作「斧依」，即其例也。

不學雜服。注：「雜或爲雅。」

按：此字形之誤，非相通也。

呻其佔畢。注：「呻或爲慕。」

按：此乃異文，非相通也。《説文·心部》：「慕，習也。」若從或本作慕，則當訓習。

多其訊。注：「訊或爲訾。」

按：亦異文，非相通也。訾或作訿，疑亦形近而誤。

待其從容。注：「從或爲松。」

按：因此從字師讀爲舂，故或即以松爲之，從其聲也。

古之學者比物醜類。注：「醜或爲計。」

按：段氏玉裁謂計當作討，古音討與醜同。

故明王以相沿也。注：「沿或作緣。」《樂記》

按：《定四年・左傳》：「子沿漢而與之上下。」注曰：「沿，緣也。」

大章章之也。注：「或作大卷。」

按：此據《周禮》改耳。

寬裕肉好。注：「肉或爲潤。」

按：肉好乃疊韵字，或作潤，非也。《聘義》篇：「温潤而澤。」注曰：「潤或爲濡。」疑此潤字乃濡字之誤。濡在侯部，肉在尤部，兩部尚相近也。

獶雜子女。注：「獶或爲優。」

按：依《説文》獶當作夒，隸變作獶，憂聲與夒聲本同部也，故獶通作優，隸遂作獶矣。

然後聖人作爲鞉、鼓、椌、楬、壎、篪。注：「壎篪或爲簨虡。」

按：《明堂位》：「夏后氏之龍簨虡。」注曰：「簨虡，所以縣鍾磬也。横曰簨，植曰虡。」然則簨、虡乃樂縣而非樂器，不得與鞉、鼓、椌、楬並言，而承之曰：「此六者，德音之音也。」且下文曰：「然後鍾磬竽瑟以和之。」則此時未有鍾磬，安有簨虡？殆因聲近而誤，義不可從。

則思畜聚之臣。注：「聚或爲最。」

按：最乃冣字之誤。《説文·冖部》：「冣，積也，從冖，從取，取亦聲。」徐鍇曰：「古人以聚物之聚爲冣，上必有覆冒之也，才句切。」《㐺部》聚亦音才句切。蓋二字並從取聲，其音相同，故古得通用。最音祖外切，則與聚聲遠，而不得相通矣。

鼓鼙之聲讙。注：「讙或爲歡。」

按：或本借歡爲讙也。《坊記》：「其惟不言，言乃讙。」則借讙爲歡，古字通用。

讙以立動。注：「動或爲勳。」

按：此乃異文，非相通也。《易·艮》九三：「厲薰心〔一〕。」《釋文》云：「薰，荀作動。」正與此一例。蓋漢人書勳字多作勲。《北海相景君銘》「竹帛叙其勲」、《孔宙碑》「帝賴其勲」，其上半皆作動，故易與動混也。

未及下車而封黃帝之後於薊。注：「薊或爲續。」

按：薊字俗作葪，見《玉篇》。葪字左旁作角，或轉從角聲，因得與續相混矣。

〔一〕厲，原作「利」，今《周易》各本均作「厲」，據改。

封帝堯之後於祝。注：「祝或爲鑄。」

按：鑄從壽聲，得與祝通者。《釋文》遇祝字每存「之六」、「之又」兩音，又或音周救反，故得與壽聲字通也。《隱四年·左氏春秋》「衛州吁」、《穀梁》作「衛祝吁」，《桓五年》「城祝邱」、《藝文類聚》引《洪範·五行傳》作「州邱之役」。祝之爲鑄，猶祝之爲州也。

肆直而慈愛。注：「𢘅或爲哀。」

按：𢘅與哀聲近義通。《釋名·釋言語》曰：「哀，愛也。」《吕氏春秋·報更》篇：「人主胡可以不務哀士。」高注曰：「哀，愛也。」

至於廟門，不毁墻，遂入。注：「毁或爲徹。」《雜記》

按：《小爾雅·廣言》：「毁，壞也。」《廣雅·釋詁》：「徹，壞也。」音雖不近，而義則相通。

載以輲車。注：「輲或作槫。」

按：輲從耑聲，槫從專聲，兩聲相近。《史記·屈原賈誼傳》：「何足控摶〔一〕。」《索隱》云：「本作控揣。」《文選·長笛賦》：「冬雪揣封乎其枝。」注曰：「揣與團古字通。」《漢書》多以顓爲

〔一〕 控，原作「椌」，據蔡啓盛《校勘記》改。

專，師古注每曰：「顓與專同。」《釋名·釋宫室》曰：「圌，以草作之，團團然也。」《一切經音義》引《聲類》曰：「剬作剸同。」並其例也。

凡計於其君。注：「計或皆作赴。赴，至也。」

按：《儀禮·聘禮》：「赴者未至。」注曰：「今文赴作訃。」《左氏春秋序》：「赴告策書。」正義曰：「凶事謂之赴，他事謂之告。」蓋古字止作赴，訃乃後出字。

待猶君也。注：「待或爲侍。」

按：《儀禮·士昏禮》：「媵侍于户外。」注：「今文侍作待。」《荀子·正論篇》：「執薦者百人侍西房。」注：「侍或爲待。」《莊子·田子方》篇「孔子便而待之」、《漁父》篇「竊待于下風」，《釋文》並曰：「待，本作侍。」

玄冕一。注：「玄冕或爲玄冠，或爲玄端。」

按：《玉藻》：「玄端而朝日於東門之外。」注曰：「端當爲冕。」是玄冕、玄端易致舛錯。《周禮·司服》云：「卿大夫之服自玄冕以下。」是玄冕爲卿大夫之上服。子羔未聞爲大夫，何得玄冕？疑作玄端爲是。玄端者，玄冠端衣，故亦或作玄冠也。

客使自下由路西。注：「使或爲史。」

按：《漢書·霍光傳》：「使樂成。」注：「使字或作史。」《杜延年傳》「史樂成」注曰：「據如此傳樂成姓史，而《霍光傳》云使樂成小家子，則又似姓使，《功臣侯表》迺云便樂成，三者不同。尋史、使一也，故當姓史，或作使字，《表》遂誤爲便耳。」

四十者待盈坎。注：「坎或爲壙。」

按：《一切經音義》引《埤倉》云：「埳，亦坑也。」《晉書音義》云：「埳與坎同。」《廣雅·釋水》云：「欿，坎也。」《〈周易〉釋文》云：「坎，京、劉本作欿。」埳、欿並即坎字，坎、坑一聲之轉，故義得相通。坎之爲壙，猶坎之爲坑矣。

婦人非三年之喪不踰封而弔。注：「踰封或爲越疆。」

按：《詩·將仲子》傳：「踰，越也。」《僖三十年·左傳》「既東封鄭」、《襄三十年》「田有封洫」，杜注並曰：「封，疆也。」

寢東首於北牖下。注：「或爲墉下。」《喪大記》

按：《士喪禮》下篇：「上處適寢，寢東首于北墉下。」賈疏云：「墉謂之墻。」《喪大記》謂之「北牖下」。然則此經本作牖，不作墉，或本乃據《儀禮》改《禮記》耳。

食於籑者盥。注：「籑或作籑。」

按：《説文》籑從食，算聲。或作饌，從巽聲。籑之爲籑，猶籑之爲饌。

紟五幅無紞。注：「紞或爲點。」

按：《周易·坎》六三：「險且枕。」《釋文》曰：「枕，九家作玷。」紞之通作點，猶枕之通作玷。《楚辭·九辨》篇：「或黕點而污之。」黕點雙聲，則紞點亦雙聲。

士與其執事則斂。注：「執或爲槸。」

按：槸字《玉篇》《廣韵》均不載，惟《五經文字·人部》有槸字，云：「與執同，見《禮記》注。」

夷衾質殺之，裁猶冒也。注：「裁猶制也，字或爲材。」

按：《國語·晉語》：「官師之所材也。」注：「材，古裁字。」又《魯語》：「夫苦匏不材於人。」注：「材讀若裁。」《荀子·解蔽篇》：「經緯天地而材官萬物。」注曰：「材或爲裁。」

既祥，黝堊。注：「黝堊或爲要期。」

按：黝與要一聲之轉，或緣此致誤。期字未詳。

禫而内無哭者。注：「禫或皆作道。」

按：《士虞禮》〔一〕：「中月而禫。」注云：「古文禫或爲導。」《説文·木部》棪字、《谷部》丙字並云：「讀若三年導服之導。」

君弔，見尸柩而後踴。注：「踴或爲哭，或爲浴。」

按：踴、哭乃文之異，非相通也。浴與踴一聲之轉。《廣韵·二腫》：「踴，余隴切。」《三燭》：「浴，余蜀切。」踴與余雙聲，浴與余亦雙聲，故踴得轉而爲浴。

實于綠中。注：「綠或爲簍。」

按：《釋名·釋采帛》曰：「綠，瀏也。荆泉之水，於上視之，瀏然綠色，此似之也。」綠聲轉而爲瀏，故得與簍混矣。

大夫殯以幬。注：「幬或作錞，或作焞。」

按：《周禮·司几筵》：「每敦一几。」注曰：「敦讀曰燾。」幬之或爲錞，或爲焞，猶敦之讀爲燾矣。

〔一〕士虞禮，原作「士喪禮」，由引文可知，當作「士虞禮」，據改。

加僞荒。注：「僞或作于，聲之誤也。」

按：古于、爲二字通用。《儀禮·士冠禮》：「宜之于假。」注曰：「于猶爲也。」又《聘禮記》：「賄在聘于賄。」注曰：「于讀曰爲。」于得讀爲，故僞或作于矣。

君葬用輴，四綍。注：「綍或爲率。」

按：《説文》無綍字。《玉篇·糸部》：「紼，甫勿切。引棺索也，車索也，亂麻也。紼，同上。綍〔一〕，同上。」是綍爲紼之或體，其正字當作紼也。亦或作繂。《檀弓》篇注：「棺以繂繞。」正義曰：「繂即紼也。」《釋名·釋喪制》曰：「從前引之曰紼，縣下壙曰繂。」雖分二事，其實通耳。此作率者，即繂之省。

凡封用綍。注：「封，《周禮》作窆。窆，下棺也。此封或皆作斂。《檀弓》曰：『公輸若方小，斂，般請以機封。』謂此斂也。然則棺之入坎爲斂，與斂尸相似，記時同之耳。」

按：鄭説詳矣。窆之爲斂，蓋亦聲之誤。窆、斂古音均在侵鹽部也。

〔一〕綍，原作「緈」，據上下文義當爲「綍」，宋本《玉篇》正作「綍」，據改。

大夫士以咸。注：「咸或作椷。」

按：《周禮・家人》注：「大夫以咸。」《釋文》云：「本又作減。」古義存乎聲，無定字也。

卿大夫序從。注：「序或爲豫。」

按：序、豫古字通。《儀禮・鄉射禮》：「豫則鉤楹内。」注曰：「今言豫者，謂州學也。《周禮》作序，今文豫爲序。」《王制》篇注：「西序，小學。」正義曰：「序則豫也。」

爓祭，祭腥而退。注：「爓祭祭腥，或爲『合祭腥泄腤熟』也。」

按：泄疑洫字之誤，洫讀爲血。《郊特牲》：「血腥爓祭。」注：「爓或爲腤。」此經或作腤，正與彼同。彼言血腥腤祭，此言合祭腥血腤熟，其義一也。腤下沾熟字者，按正義云：「若其小祀，則煮肉令熟，故《郊特牲》云『一獻熟』，是爓與熟又别也。」然爓、熟雖有别，而古人之文往往廣博言之，則腤熟連文，仍止一義耳。

爲昭明，君蒿悽愴。注：「蒿或爲藨。」

按：鄭注云：「氣蒸出貌。」則蒿、藨均非本字。以蒿字解，則當讀爲歊。《説文》：「歊歊，氣出貌。」以藨字解，則當讀爲熛。《説文》：「熛，火飛也。」藨字從麃，本從熛省聲，故得通作熛耳。又按：《説文·火部》爕、熇二字相連，爕訓火飛，熇訓火熱〔一〕，二字聲義俱相近。或蒿即熇之叚字，藨即爕之叚字與。

心怵而奉之以禮。注：「怵或爲述。」《祭統》

按：怵、述並從术聲，故得通用。然或本作述，當爲術之叚字。古書術、述多通用。《詩·日月》篇：「報我不述。」《釋文》云：「述，本亦作術。」《士喪禮》：「不述命。」注曰：「古文述皆作術。」並其證也。心述即心術。《樂記》曰：「應感起物而動，然後心術形焉。」又曰：「淫樂慝禮，不接心術。」心術二字屢見本經，此作心述，乃叚借字。上文云：「夫祭者非物自外至者也，自中出生於心也。」自中出生於心，即所謂心術也。本乎心術而又奉之以禮，即祭之義也，故曰心術而奉之以禮。鄭本作心怵，然上文但言生於心，並無怵惕之意，不如從或作心述，讀爲心術，於義較長。

是故天子親耕於南郊，以共齊盛。注：「齊或爲粢。」

按：齊盛，字本當作齍，通作粢。粢與餈同，爲餈之或體，稻餅也。齋則稷也。《玉篇·皿

〔一〕熱，原作「熟」，《説文·火部》：「熇，火熱也。」「熱」與「熟」形近而誤，據改。

部》〔一〕：「𥂴，子牽切，黍稷在器也。」此得其本字。《禾部》：「齋，子牽切，黍稷在器曰齋，亦作粢。」則誤合𥂴、齋爲一，又誤合饝、齋爲一。蓋由經傳之相亂久矣。

士執芻。注：「芻或爲犓。」

按：《説文·艸部》：「芻，刈艸也。」《牛部》：「犓，以芻莖養牛也。」是犓篆字本當從牛作犓，而經傳皆以芻爲之，芻行而犓幾廢矣。此或本乃本字也。

百官進徹之。注：「進徹或俱爲餕。」

按：「百官餕餕之」文不可通，疑當作「百官進餕之」。進字聲誤而爲餕耳。

故衡誠縣。注：「誠猶審也，或作成。」《經解》

按：《詩·我行其野》篇「成不以富」，《論語·顏淵》篇引作「誠不以富」。

貴不慊於上。注：「慊恨，不滿之貌也，慊或爲嫌。」《坊記》

按：《説文·心部》：「慊，疑也。」《女部》：「嫌，不平於心也，一曰疑也。」是「嫌疑」字當作慊，「慊恨」字當作嫌，而經典多亂之。故許書於嫌篆下亦沾入「一曰疑也」四字，非許君原本

〔一〕 皿，原作「血」，據蔡啓盛《校勘記》改。

也。此經慊字鄭訓慊恨，則字當作嫌，或本轉得其本字矣。

大斂於阼。注：「阼或爲堂。」

按：此異文，非通假也。據《士喪禮》古人大斂先奉尸，侇于堂，幠用夷衾，又設斂席於東堂下，乃於西階上掘坎埋棺，名之曰肂。乃從户外夷牀上遷尸於斂上，又從阼階斂上遷尸向西階斂於棺中。其次弟如此。然則云「大斂於堂」者，指在夷牀上而言；云「大斂於阼」者，指在斂席上而言。

國有道，不變塞焉。注：「塞或爲色。」《中庸》

按：當爲聲近之誤。然鄭訓塞爲實，義似未安。從或本作色，亦有理。蓋國有道，則危言危行，雖顏色之細不可而變易也。國無道，則危行言孫矣。然大節所在則仍以死守之。故曰：「國有道，不變色焉；國無道，至死不變〔一〕。」

故裁者培之。注：「裁或爲兹。」

按：裁從才聲，與兹聲相近。《説文》：「鼒，從鼎，才聲。俗作鎡，從金，兹聲。」即其例也。

〔一〕「不」，原作「不不」，當衍一「不」字，據《中庸》删。

踐其位。注：「踐或爲纘。」

按：《詩·崧高》篇：「王纘之事。」《釋文》引《韓詩》作「王踐之事」。

人道敏政，地道敏樹。注：「敏或爲謀。」

按：敏從每聲，謀從某聲，古音相近。《説文》謀篆有兩古文，一從口、母聲，一從言、母聲。謀得從母聲，故得與敏通。又《心部》：「悔，從心，某聲，讀若侮。」亦其例也。

久則徵。注：「徵或爲徹。」

按：徵、徹一聲之轉。《玉篇·水部》：「澈，水澄也。」澄與澂同，徹之爲徵，猶澈之爲澂矣。

雖善無徵。注：「徵或爲證。」

按：徵、證聲近。《玉篇》：「澂，清也。」「澄，同上。」澂、澄同字，即可知徵、證同聲矣。《易·損·象傳》：「君子以懲忿窒欲。」蜀才作「澄」。徵之爲證，猶懲之爲澄。《尚書·允征》篇枚傳曰：「徵，證也。」是其義本通也。

無不覆幬。注：「幬或作燾。」

按：《襄二十九年·左傳》「如天之無不幬也」、《史記·吴太伯世家》作「如天之無不燾也」。《説文》幬、翿爲二字。《廣韻・三十七号》曰：「翿，覆也。幬，上同。」則直以爲一字。由古書多通耳。

肫肫其仁。注：「肫肫或爲純純。」

按：《儀禮・士昏禮》：「腊一肫。」注：「肫，或作純。」《少牢饋食禮》作「腊一純」〔一〕。是純與肫通。

安肆日偷。注：「肆或爲褻。」《表記》

按：肆、褻並脂微部中字，故得通用。褻從埶聲，《廣韻・十三祭》云：「埶，《周禮》音世。」埶有世音，故褻得通作肆也。

文而静。注：「静或爲情。」

按：《廣雅・釋詁》：「情，静也。」《白虎通・情性》篇：「情者，静也。」是情、静聲近義通。《周書・官人》篇「情忠而寬」、《大戴禮》情作静。

〔一〕 作，原作「作作」，當衍一「作」字，徑删。

事君大言入則望大利，小言入則望小利。注：「入或爲人。」

按：此以形似而誤。若從作人之本，則當讀言字絶句。「大言，句人則望大利；小言，句人則望小利。」以望利屬人，於義殊勝。

終事而退。注：「事或爲身。」

按：此異文，非相通也。所謂終身者，非必終其身之謂。古人入仕自有年限。《曲禮》曰：「四十曰强而仕，五十曰艾服官政，六十曰耆指使，七十曰老而傳。」《内則》曰：「四十始仕，五十命爲大夫，七十致事。」是古人之仕大約自四十至七十，凡三十年。過此以往八十、九十曰耄，非復可仕之年矣。所謂終身者，殆以七十爲度乎。終身而退，承上得志不得志而言。上云：「得志則慎慮而從之，否則孰慮而從之。」人臣若此，必能善全終始，以功名終矣。齒届縣車，以禮引退。此後餘年，優遊家食，人臣之道，以斯爲美，故曰：「終身而退，臣之厚也。」若作終事而退，則專承不得志而言。雖不得志，而於此事，幸告無罪，則亦何必悻悻而去哉？或本作終身，義自可從，但世人不解終身之義，疑必死而後謂之終，於是不得其旨矣。

故君子之接如水，小人之接如醴。注：「接或爲交。」

按：交、接義通。

毋以嬖御士疾莊士、大夫卿士。注：「莊士，亦謂士之齊莊得禮者，今爲大夫卿士。」《緇衣》

按：經文本作「毋以嬖御士疾莊士」，注文「今爲大夫卿士」當作「或爲大夫卿士」。蓋鄭所據本作莊士，而别本有作大夫卿士者，故記其異如此。乃注中「大夫卿士」四字傳寫誤入正文，又改注文「或爲」作「今爲」，正義曲爲之説，非也。辨見《群經平議》。

口費而煩。注：「費或爲哱，或爲悖。」

按：弗聲與孛聲相近。《昭三十年·左傳》正義曰：「紼，《禮》或作綍。」《昭十七年·穀梁傳》：「有星茀于大辰。」《釋文》曰：「茀，本作孛。」《荀子·非十二子篇》：「佛然平世之俗起焉。」注曰：「佛讀爲勃。」並其證也。

惟尹躬天見於西邑夏。注：「見或爲敗，邑或爲予。」

按：見誤作貝，因誤爲敗。予、邑雙聲，猶於、邑雙聲也，故以聲近而混。若依天字、敗字、予字解之，予猶與也，伊尹先嘗就桀，所謂西與夏也，乃就桀而無所成，是天敗之也，故曰「惟尹躬天敗於西予夏」。下文云：「自周有終，相亦惟終。」言改就湯而有成也。郢書燕説，黨或然與？

精知，略而行之。注：「精或爲清。」

按：清、精義通。《春秋繁露·通國身》篇：「氣之清者爲精。」

私惠不歸德。注：「歸或爲懷。」

按：懷與歸義通。《詩·匪風》篇「懷之好音」、《皇矣》篇「予懷明德」，毛傳並曰：「懷，歸也。」《泮水》篇：「懷我好音。」鄭箋云：「懷，歸也。」孔安國注《論語》、韋昭注《國語》、杜預注《左傳》，並有此文。《文選·上林賦》：「汩潷漂疾，悠遠長懷，寂漻無聲，肆乎永歸。」郭璞注曰：「懷亦歸變文。」是歸與懷通之證。

事純而祭祀。注：「純或爲煩。」

按：涉下文「事煩則亂」而誤。至此純字鄭注「猶皆也」，義殊未安。愚謂純當讀爲訰。《爾雅·釋訓》：「訰訰，亂也。」事訰猶事亂也，與事煩義相貫。亦通作頓。《廣雅·釋詁》：「頓，亂也。」從王氏本。疑或本正作頓，亦未可知。

不敢入處室。注：「入處室，或爲入宫。」《問喪》

按：《爾雅》宫謂之室，室謂之宫，宫、室一也。

故匍匐而哭之。注：「或作扶服。」

按：《詩·采葑》篇「匍匐救之」、《檀弓》引作「扶服」。《生民》篇：「誕實匍匐。」《釋文》曰：「本亦作扶服。」《昭二十一年·左傳》：「扶伏而擊之。」《釋文》曰：「本或作匍匐。」《史記・蘇秦傳》又作「蒲服」、《淮陰侯傳》又作「蒲伏」。

哭泣無數。注：「數或爲時。」

按：義得俱通。

齊衰貌若枲。注：「枲或爲似。」《閒傳》

按：枲、似聲相近。若就似字讀之，下文云「大功貌若止」，疑上文「斬衰貌若苴」，苴字止作且，涉上文「斬衰何以服苴」，誤加草耳。且讀爲沮。《詩・巧言》傳：「沮，止也。」似者，已之假字，似通作以，以通作已，古書此類不可勝舉。已亦止也。斬衰貌若沮，齊衰貌若已，大功貌若止。若沮、若已、若止，皆以一字形況之，其義則均之爲止也。言有淺深而意則一，古人修辭之法，往往有此。愚著《群經平議》，以似爲枲之叚，而讀下句止字作芓，使歸一律。今爲此說，頗異前義，姑並存之。

禫而纖。注：「纖或作綅。」

按：《雜記》篇注：「朝服綅冠。」《釋文》音息廉反，曰：「黑經白緯曰綅。」此經纖字，鄭注：「黑經白緯曰纖。」《釋文》亦音息廉反。是纖、綅音義並同。據《說文》纖、綅皆無黑經白緯之義，未知誰爲本字。《玉篇》：「纖，細也。」「綅，綫也，縫綫也，黑經白緯也。」黑經白緯之義屬之綅下，則緅正字而纖叚字矣。《廣韻・二十一侵》七林切有緅字[一]，引《詩》「貝胄朱緅」。《二十四鹽》息廉切有緅字，曰：「黑經白緯[二]。」朱緅之緅，與《説文》訓綫之義合。今《説文》訓絳綫，即因朱緅之説而沾絳字，此其本義也。黑經白緯之義，乃其别一義也。緅字本當讀七林切，因經傳黑經白緯之緅多叚用纖字，遂讀從其音，而爲息廉切。陸氏《釋文》於朱緅亦音息廉切，殆未審乎？

續衽鉤邊。注：「續或爲裕。」《深衣》

按：續與裕古音同在尤幽部，裕從谷聲，古音如俗，故得與續通。

要縫半下。注：「要或爲優。」

按：《詩・七月》篇「四月秀葽」、《夏小正・四月》言「秀幽」，幽即葽也。要之通優，猶葽之通幽，並一聲之轉。

反詘之及肘。注：「肘或爲腕。」

按：如正義所説，袂長二尺一寸半，加衣幅之畔一尺一寸，則爲三尺二寸半，除從肩至手

[一] 一，原闕，據《廣韻》補。
[二] 黑經白緯，今《廣韻》各本作「白經黑緯」。

二尺四寸，僅餘八寸半，安得反詘之及肘乎？從或本作腕，於義較合。

以直其政。注：「政或爲正。」

按：政、正通用，不煩申説。

毋踰言。注：「踰或爲遥。」

按：《漢書·趙充國傳》：「兵難隃度。」鄭氏注云：「隃，遥也，三輔言也。」《周禮·内司服》「揄狄」注曰：「揄狄，畫摇者。」《釋文》：「揄狄，音摇。」踰之爲遥，猶揄之爲摇。

若是者浮。注：「浮或作匏，或作符。」

按：《説文》捊或作抱。《史記·扁鵲倉公傳》索隱曰：「脬，字或作胞。」蓋孚聲與包聲相近，桴鼓即枹鼓，烰人即庖人，並其例也。《淮南·説山》篇：「百人抗浮。」注：「浮，瓠也。」則即讀浮爲匏，此叚匏爲浮，亦猶是矣。孚聲與付聲亦相近。《尚書·高宗肜日》篇：「天既孚命正厥德。」漢石經孚作付，是其證也。稃從孚聲，或作䄮，從付聲。乘桴之桴，依《説文》當作泭。《史記·律書》：「言萬物剖符甲而出也。」索隱曰：「符甲，猶孚甲也。」浮之爲符，猶符之爲孚矣。

不祈多積。注：「積或爲貨。」《儒行》

按：依貨字讀之，則當讀爲賄。《玉篇》：「賄，呼罪切。」「貨，呼卧切。」賄與呼雙聲，貨與呼亦雙聲，故貨得轉爲賄。《昭六年·左傳》「賄賂並行」，《漢書·刑法志》作「貨賂並行」。《昭十六年·傳》：「爾有利市寶賄。」《釋文》云：「賄，或作貨。」並其證也。「不祈多賄，多文以爲富。」此二句乃用韵之文，古韵賄與富並在之咍部也。上二句「不祈土地，立義以爲土地」，兩地字自爲韵。又上二句「不寶金玉，而忠信以爲寶」，玉與寶古韵並在尤幽部。然則此文從或作貨而讀爲賄，方得其韵。若作積，則入支佳部，於韵不協矣。

不斷其威。注：「斷或爲繼。」

按：鄭訓不斷其威爲常可畏也，其義殊淺。或本作繼，謂威一發而不必有繼也。下句云「不習其謀」。繼，接續也；習，重襲也。不繼、不習，語意一例。此兩句正見其「計不反顧、議不旋踵」之意。

竟信其志。注：「信或爲身。」

按：《周禮·大宗伯》：「侯執信圭。」注曰：「信當爲身，聲之誤也。」此文信爲伸之叚字，而身亦有伸義。《釋名·釋形體》曰：「身，伸也。」作信、作身，均當讀爲伸。

不充詘於富貴。注：「充或爲統。」

按：此愚所謂文增者。

不閔有司。注：「閔或爲文。」

按：此愚所謂文省者。

致知在格物。注：「致或爲至。」《大學》

按：《禮器》篇：「有放而不致也。」《釋文》：致，本作至。《莊子·外物》篇：「而塹之致黄泉。」《釋文》：「致，本作至。」

恂慄也。注：「恂字或作峻。」

按：《文十五年·公羊傳》：「筍將而來也。」《釋文》曰：「筍，音峻。」筍、恂並從旬聲，筍有峻音，故恂得通作峻。

顧諟天之明命。注：「諟或爲題。」

按：鄭注訓諟爲正。《周易·未濟》：「有孚失是。」虞注：「是，正也。」蓋是字從正，故有正義。作諟、作題，並即是字耳。

有所忿懥〔一〕。注：「懥或作懫，或作疐。」

〔一〕懥，今《禮記》各本作「懥」，下同。

按：《詩·狼跋》篇「載疐其尾」，《說文·足部》引作「載躓其尾」。懥通作懫，猶疐通作躓矣。或作疐，則文之省也。

一人貪戾。注：「戾或爲吝。」

按：《玉篇》：「戾，力計切。」「吝，力進切。」戾與力雙聲，吝與力亦雙聲，故吝得轉爲戾。戾者，吝之叚字。鄭訓利，非也。

此謂一言僨事。注：「僨或爲奔。」

按：《說文·夭部》：「奔，從夭，賁省聲。」故奔與賁通。《詩·鶉之奔奔》，《禮記·表記》引作「鶉之賁賁」是也。《周易·賁卦》，《釋文》：「王肅音扶文反。」即與奔聲相近。僨亦從賁聲，故或爲奔矣。

上恤孤而民不倍。注：「倍或作偝。」

按：《明堂位》篇注：「負之言偝也。」《釋文》曰：「偝，本作背。」是偝即背字。《釋名·釋形體》曰：「背，倍也，在後稱也。」是背、倍義通，故倍通作背。《孟子·滕文公》篇：「師死而遂倍之。」音義引丁音曰：「倍，義當作偝。」古字借用耳。

是以君子有絜矩之道也。注：「矩或作巨。」

按：《説文》規矩，字本作巨，或作榘，無矩字。《釋文》出「拒之」曰：「音矩，本亦作矩。」又出「爲巨」曰：「音拒，本亦作拒〔一〕。」是陸氏所據本經文作「絜拒之道」，注作「拒或爲巨」。蓋叚拒爲規巨字，而或本則其本字也。自矩字行而改經文作矩，非鄭本，亦非陸所見之本矣。

人之彦聖。注：「彦或作盤。」

按：彦與盤同部字。《士冠禮記》注曰：「弁名出於槃。槃，大也，言所以自光大也。」《廣韵》：「彦，魚變切。」「弁，皮變切。」然則彦之通作盤，猶弁之通作盤矣。

一人揚觶。注：「一人，或爲二人。」《鄉飲酒義》

按：《鄉飲酒禮》：「一人洗，升，舉觶于賓。」則以作一人爲是。其下云：「使二人舉觶于賓、介。」則在「立司正」後矣。

愁之以時察。注：「察或爲殺。」

按：《昭元年·左傳》：「周公殺管叔而蔡蔡叔。」《釋文》：「上蔡字音素葛反。」《説文》作

〔一〕拒，原作「矩」，四庫本《經典釋文》、黄焯《經典釋文彙校》皆作「拒」，據曲園上下文義，亦以作「拒」爲是，據改。

𥻆。察之爲殺，猶蔡之爲𥻆也。

則燕則譽。注：「譽或爲與。」《射義》

按：《尚書》「伯與」、《漢書·古今人表》作「柏譽」。

出延射曰。注：「延或爲誓。」

按：此異文，非相通也。據正義：「孔子使子路爲司射。」《儀禮·大射儀》云：「司射西面誓之。」注：「誓，猶告也。」然則作誓正與《禮》合。

序點。注：「或爲徐點。」

按：序從予聲，徐從余聲，序之通作徐，猶予之通作余。《説文·心部》引《周書》「有疾不悆」，今《書》作「不豫」。又《尚書》敘字，《史記》皆作序。序之通作徐，猶序之通作敘。

幼壯孝弟。注：「壯或爲將。」

按：《詩·北山》篇：「鮮我方將。」傳曰：「將，壯也。」是將、壯聲近而義通。

旄期稱道不亂者。注：「旄期，或爲旄勤。」

按：期、勤一聲之轉。《廣韻·七之》：「期，渠之切。」《二十一欣》：「勤，巨斤切。」而之韵渠之切有蘄字，欣韵巨斤切亦有蘄字。蘄之一字，與期同音，又與勤同音，此即期、勤通借之例。

循聲而發，發而不失正鵠者。注：「發或爲射。」

按：文異義同。

以祈爾爵。注：「爾或爲有。」

按：此文之異也。若從或本作有，則當爲語詞。有的，的也；有爵，爵也。

天下有事，則用之於戰勝。注：「勝，克敵也，或爲陳。」《聘義》

按：此異文，非相通也。據與「禮義」爲對文，則從或本作戰陳爲長。

敢問君子貴玉而賤瑉者，何也？注：「瑉，石似玉，或作玟也。」

按：《説文》無碈字，即珉字也。昏字或從民聲作昬，故珉字從民，亦從昏也。段氏玉裁必以昏篆下「一曰民聲」爲淺人所增，殊失之泥〔一〕。民聲與文聲相近。《尚書·禹貢》「岷嶓既藝」、「岷山之陽」，《史記·夏本紀》岷皆作汶。《爾雅》：「蕡，茶中〔二〕。」《釋文》曰：「蕡，或作𦶣。」《説文》蟁，從民聲，俗作蚊，從文聲。並其例也。故珉亦作玟矣。

〔一〕失，原作「夫」，據蔡啓盛《校勘記》改。
〔二〕茶，今《爾雅》各本作「䒶」。

温潤而澤。注：「潤或爲濡。」

按：《廣雅·釋詁》潤與濡並訓漬，文異而義同。

孚尹旁達。注：「孚或作姇，或爲扶。」

按：《説文》無姇字。《廣韵·十虞》芳無切有怤、姇二字，並訓悦。疑姇即怤之或體也。孚得通作姇者，猶《投壺》篇浮之或爲符也。其或爲扶者，《水經·淮水》篇注曰：「浮光山亦曰扶光山。」孚爲扶，猶浮爲扶矣。

秃者不髽。注：「髽或爲免。」《喪服四制》

按：免以男子言，髽以婦人言，則以作免爲長。

高宗諒闇三年。注：「諒，古作梁，楣謂之梁。闇讀如鶉鵪之鵪，闇謂廬也。」

按：《尚書大傳·殷傳》云：「高宗梁闇，三年不言。」鄭讀諒爲梁，伏生舊義也。讀闇爲鵪，則擬其聲，非從其義。鄭注大傳亦云：闇讀如鵪。

鄭君駁正三禮考　俞樓雜纂弟八

自來經師往往墨守本經，不敢小有出入。惟鄭學宏通，故其注三禮，往往有駁正禮經之誤者。今具列之，略爲疏通，其義有未安，亦稍稍糾正。

《周禮·腊人》：「凡祭祀，共豆脯、薦脯。」注：「脯非豆實，豆當爲羞，聲之誤也。」疏曰：「知『脯非豆實』者，案《籩人職》有栗脯，則脯是籩實，故云『脯非豆實』也。知『豆當爲羞』者，案《籩人職》云：『凡祭祀，共其籩薦羞之實。』鄭云：『未飲未食曰薦，已飲已食曰羞。』羞、薦相對，下既言薦脯，明上當言羞脯也。」

按：賈疏於《籩人職》曰云「未食未飲曰薦」者，據朝踐、饋獻時，未獻前所薦籩豆，朝事、饋食之籩是也。云「既食既飲曰羞」者，謂尸食後，酳尸訖所進羞，即加籩之實是也。賈疏於薦、羞二字分晰甚明，乃於此經則有不可通者，何也？菱、芡、栗、脯，止是加籩之實，而朝事之籩，其實麷、蕡、白、黑、形鹽、膴、鮑魚、鱐，饋食之籩，其實棗、栗、桃、乾藔、榛實，無所謂脯也。然則羞有脯而薦無脯矣，此經何以言羞脯、薦脯乎？余疑豆字不誤，蓋腊人掌乾肉者也。據醢人所掌四豆之實，朝事之豆有三醓一醢，饋食之豆、加豆之實各有四醢。鄭注云：「作醢及醓者，必先膊乾其肉，乃後莝之，雜以粱麴及鹽，漬以美酒，塗置甀中百日則成矣。」然則作醓作醢，正須乾肉。腊人所供之豆脯，乃加豆之實，所以作兔醢、醓醢者也。加豆之實尚有鴈醢、魚醢。鴈、魚非獸，或非腊人所共，故不及之。其所共之薦脯，乃朝事之豆，所以作醓醢、麋臡、鹿臡、麇臡者也。饋食之豆，亦有蠃醢、蠯醢、蚳醢、魚醢，以皆非獸，故亦不及。蓋腊人掌共乾肉，以供此二豆之需。於加豆曰豆，於朝事之豆曰薦，互文見義。下言薦，則知上是羞矣。上言豆，則知下亦是豆矣。亦猶糗餌、粉餈，互相足也。鄭云「脯非豆實」，似未達脯字之義。蓋此脯爲腊人所掌，乃乾肉也，非乾果也，何得據「栗脯在籩」而云「脯非豆實」乎？凡鄭注言聲誤、字誤甚多，此則有脯非豆實一語，故駁正之。其泛言某當爲某者，不備舉也。

《肆師之職》：「共設匪罋之禮。」注：「設於賓客之館。《公食大夫禮》曰：『若不親食，使大夫以侑幣致之。豆實實于罋，簋實實于筐。』匪，其筐字之誤與？禮不親饗，則以酬幣致之，或者匪以致饗。」疏曰：「鄭知設於賓客之館者，凡待賓客之禮，饗食在廟，其器不用匪罋。今言共設筐罋，明是王不親饗食，於賓館設之可知。引《公食禮》者，欲見此經與彼同。同是不親食之事。云『禮不親饗，則以酬幣致之』者，此亦《公食大夫禮》文。云『或者匪以致饗』者，鄭君向引《公食大夫》須破匪從筐，又言饗禮者，饗禮亡，無妨致饗時用匪不用筐，但無正文，故云『或』以疑之也。」

按：鄭君據《公食大夫禮》「豆實實于罋、簋實實于筐」，故疑此經匪字爲誤。又以古饗禮已亡，或致饗時用匪不用筐，疑此經係指饗禮而言。皆鄭君以意說之也。愚謂筐、篚雖有方圓之別，然《詩・鹿鳴》傳曰：「筐，篚屬。」《說文・匚部》：「匪，器，似竹筐〔一〕。」據許、鄭所說，筐、篚本同類之物，對文雖別，散文或亦可通。《士虞禮》：「苴刌茅，長五寸，束之實于篚。」鄭君注《周禮・司巫》引《士虞禮》作「實于筐」。然則此經匪字《儀禮》作筐，安知不猶彼注筐字，《儀禮》作篚乎？似不必以無據之饗禮曲爲之說也。至鄭君所謂「禮不親饗，則以酬幣致之」，此蓋據《聘禮》云：「公於賓，若不親食，使大夫致之以侑幣，致饗以酬幣。」賈疏乃云：「亦《公食大夫禮》文。」按《公食大夫禮》初無此文，公彦斯語，毋乃謬誤與？按：此亦與尋常某讀爲某不同，故辨論之。

《校人》：「駑馬三良馬之數，麗馬一圉，八麗一師，八師一趣馬，八趣爲一馭夫。」注曰：

〔一〕筐，今《說文》各本作「篋」或「匧」。無礙文義。

「駑馬自圉至馭夫，凡馬千二十四匹，與三良馬之數不相應。八宜皆爲六，字之誤也。師十二匹，趣馬七十二匹，則馭夫四百三十二匹矣，然後而三之。既三之，無僕夫者，不駕於五路，卑之也。」

按：以鄭注推之，八字自當作六，於數密合。而愚於此注有不能無疑者。經云：「凡頒良馬而養乘之，乘馬一師四圉。」注云：「二耦爲乘。」則乘馬者，四匹也。三乘爲皁，則一十二匹也。三皁爲繫，則三十六匹也。六繫爲廄，則二百一十六匹也。其下云：「六廄成校，校有左右。」鄭乃分爲兩廂，一廂、一廄爲二百一十六匹，兩廂則四百三十二匹。若然，則有左廄，有右廄。廄有左右，非校有左右矣。鄭又云：「良馬一種者，四百三十二匹，五種合二千一百六十匹。」若然，則左廂種馬、戎馬、齊馬、道馬、物馬各一廄，共二百一十六匹，右廂亦如之。以一廂言，是五廄成校也。合兩廂言，是十廄成校也。何言六廄成校乎？鄭意六廄，合下駑馬言之。不知下文止言「麗馬一圉、八麗一師；八師一趣馬，八趣馬一馭夫」，並未有皁、繫之名，何得有廄乎？愚意良馬自二耦爲乘，至六繫爲廄，得二百十六匹。六廄成校，得一千二百九十六匹。合五良馬爲六千四百八十匹。再加駑馬。依鄭君説，師十二匹，趣馬七十二匹，馭夫四百三十二匹，三之爲一千二百九十六匹，正符良馬六廄之數，合良馬、駑馬共七千七百七十六匹，然後王馬大備。六種之馬，每種一千二百九十六匹，分隸左右校，則每種六百四十八匹，是謂天子十有二閑，馬六種也。其下云：「邦國六閑，馬四種。家四閑，馬二種。」愚謂六閑當作八閑。自天子至家以四爲差，作六誤也。馬四種則五千一百八十四匹，馬二種則二千五百九十二匹。其校各有左右，與天子同。故四種八閑，二種四閑也。衛文「騋牝三千」，蓋中興之初，制度未備，故未足六閑之數。鄭君反以證天子之馬，誤矣。茲因鄭君所定駑馬之數，而推得良馬之數，故具説之。

《職方氏》：「正南曰荆州，其浸潁、湛。」注曰：「潁出陽城，宜屬豫州，在此非也。」疏曰：「鄭據《地理志》，故知合在豫州。又《昭元年》『王使劉定公勞趙孟于潁』，亦在豫州，故破之。」「河南曰豫州，其浸波、溠。」注曰：「《春秋傳》曰：『楚子除道梁溠，營軍臨隨。』則溠宜屬荆州，在此非也。」疏曰：「《春秋》者，《莊四年》傳文。」

按：許氏《説文》正與鄭合。愚謂古書上下文互誤者，往往有之。然此二州者，一云其浸潁、湛，一云其浸波、溠，誤則俱誤，不應獨移易此潁、溠二字也。湛水，鄭云「未聞」。據《襄十六年·左傳》「楚公子格帥師，及晉師戰于湛阪」，注云：「襄陽昆陽縣北有湛水，東入汝。」則亦在豫州之域。《説文》：「湛，没也，一曰湛水，豫州浸。」依《地理志》注所引。是許所見《周禮》，於豫州正作「其浸潁、湛」，然則其於荆州必作「其浸波、溠」矣。波水當在荆州。鄭讀爲播，而説以豫州之滎播既都，恐未得也。《禹貢》荆州「沱潛既道」，又曰「浮于江、沱、潛、漢」。余疑波即沱也。據《爾雅》：水自洛出爲波，江出爲沱。波、沱疊韵字，猶陂、陀也。荆州之浸本是江出之沱，而誤爲洛出之波，蓋亦聲近而誤耳。

「正東曰青州，其民二男二女。」注曰：「二男二女數等，似誤也。蓋當與兖州同，二男三女。」疏曰：「若本有此數等，當言一男一女，明不作二男二女，青州西北與兖州相接，宜與兖州同，二男三女也。」

按：男女相等，當云一男一女，不當云二男二女，其誤明矣。謂當與兖州同，則無據。

「方三百里則七伯。」注曰：「方千里者，爲方百里者百，以方三百里之積，以九約之，得十一有奇。云七伯者，字之誤也。」

按：方千里之地，爲方百里者百。封方三百里者，十一國，餘方十里者一。

《掌客》：「上公五積，皆眂飧牽，三問皆脩。群介、行人、宰、史皆有牢。」注曰：「君用脩而臣有牢，非禮也。蓋著脱字失處，且誤耳。」

按：此涉下文而衍。

「鉶四十有二。」注曰：「公鉶四十二，侯、伯二十八，子、男十八，非衰差也。二十八，書或爲二十四，亦非也。其於衰，公又當三十，於言又爲無施。禮之大數，鉶少於豆。推其衰，公鉶四十二宜爲三十八，蓋近之矣。則公鉶堂上十八，西夾東夾各十；侯、伯堂上十二，西夾東夾各八；子、男堂上十〔一〕，西夾東夾各四。」

按：此無正文，鄭以意訂定，亦近之矣。然愚意上公食四十、豆四十、壺四十，侯伯皆三十二，子男皆二十四，其衰皆以八。然則此文鉶數侯伯二十八，若從或本作二十四，而上公四十二改爲三十二。古三、四字皆積畫，往往致誤。子男十八改爲十六，六、八字形相近，亦易誤也。如此則仍以八爲衰。而推其致誤之由，亦似較有理矣。

《考工記·輪人》：「五分其轂之長，去一以爲賢，去三以爲軹。」注曰：「鄭司農云：『賢，大穿也；軹，小穿也。』玄謂此大穿徑八寸十五分寸之八，小穿徑四寸十五分寸之四。大穿甚大，似誤矣。大穿實五分轂長去二也。去二則得六寸五分寸之二。」

〔一〕 十，原作「十四」，「子男十八」，「西夾東夾各四」，則堂上當爲「十」，作「十四」誤，「四」字衍。今《周禮》各本正作「十」。

按：鄭君此説，近儒孔顨軒、阮文達皆從之。惟程易疇不以爲然，謂賢、軹皆轂之飾也。其説殊有理。惟如程説，五分其轂之長，一分爲賢，三分爲軹，虚其一分不飾，以待置輻，則經文當云「以其一爲賢，以其三爲軹」，不當云「去一爲賢，去三爲軹」也。兩去字義不可通。程雖曲爲之説，究與他處用去字不一例也。愚謂爲賢爲軹，即在此置輻之一分中。蓋輻廣不過三寸，其入轂處謂之菑，不過大半寸，而轂長三尺二寸，五分之則有六寸四分〔一〕。於此六寸四分中虚大半寸，不飾，以待置輻。輻之内以革輓而漆之，其名曰賢。輻之外亦以革輓而漆之，其名曰軹。所以然者，以此六寸四分之中，鑿孔以置輻，恐其鑿孔太多而木易裂，故必爲賢、爲軹以固之也。經云「參分其轂長，二在外，一在内，以置其輻」，正與此文相應。去一爲賢，從内去之也；去三爲軹，從外去之也。蓋爲賢、爲軹，皆在此五分之一分中。故自内觀之，則去一分而爲賢，自外觀之，則去三分而爲軹。程氏乃謂止此五分之一不賢不軹，其内之一皆賢也，其外之三皆軹也，則又何去之有乎？

〔一〕六，原作「五」，據蔡啓盛《校勘記》改。下文兩處皆據改。檢南菁書院本《皇清經解續編·鄭君駁正三禮考》，正作「六寸四分」。

《冶氏》：「爲殺矢。刃長寸，圍寸，鋌十之，重三垸。」注曰：「殺矢與戈戟異齊，而同其工，似補脱誤在此也。」

按：下《矢人》自有此文，則鄭説是也。

《鳧氏》：「是故大鍾十分其鼓間，以其一爲之厚。小鍾十分其鉦間，以其一爲之厚。」注曰：「鼓鉦之間同方六，而今宜異，又十分之一猶大厚，皆非也。若言鼓外鉦外則近之，鼓外二，鉦外一。」

按：上云：「十分其銑，去二以爲鉦，以其鉦爲之銑間，去二分以爲之鼓間。」假令銑之數十去二爲鉦，即以爲銑間，則銑間八也。又去二以爲鼓間，則鼓間六也。至鉦間之數無明文，然鍾體下大上小，鉦在鼓上，鉦間必小於鼓間明矣。程氏瑶田以句股比例求之，謂鉦間之數五又十分一之六。鄭以鼓鉦之閒同方六，遂疑經誤，此不可從也。

《矢人》：「刃長寸。」注曰：「刃長寸脱二字。」疏曰：「知脱二字者，據上『參分其羽，以設其刃』。若刃一寸，則羽三寸矣。矢一尺五寸，便大短，明知脱二字也。」

按：戴東原補注謂：「矢匕中博，刃長寸，自博處至鋒也。」然《記》文但言刃，不言自博處至鋒，則宜從鄭。

「梓人爲飲器，勺一升，爵一升，觚三升。獻以爵而酬以觚，一獻而三酬，則一豆矣。」注曰：「觚、豆，字聲之誤，觚當爲觶，豆當爲斗。」

按：鄭從《韓詩説》：「一升曰爵，二升曰觚，三升曰觶，四升曰角，五升曰散。」故以觚當爲觶，方合一獻三酬則一斗之説。觚字誤，豆聲誤也。然愚以此《記》非特觚、豆二字之誤，其上云「勺一升」亦誤也。按：《玉人》云：黄金勺，杜子春云「謂酒尊中勺也。」《儀禮·士冠禮》注曰：「勺，尊斗，所以斞酒也。」是勺者斞酒之器，而非飲器，安得與爵、觚並列乎？《特牲饋食禮》：「實二爵、二觚、四觶、一角、一散。」注引舊説：「爵一升、觚二升、觶三升、角四升、散五升。」蓋即《韓詩説》。觶之爲用，《禮經》習見。梓人爲飲器，何得無觶而轉有斞酒之勺乎？既有一升之勺，又何所用一升之爵乎？竊疑此《記》本云「爵一升、觚二升、觶三升」，與《禮》家舊説合。爵與勺聲近，觶或作觗，與觚形似，遂誤爵爲勺，而並存「勺一升」之文。又誤觗爲觚，而因删「觚二升」之句。蓋自鄭君作注時已然矣。

《儀禮·燕禮》：「賓降洗，升媵觚于公。」注曰：「此當言媵觶，酬之禮皆用觶，言觚者，字之誤也。古者觶字或作角旁氏，由此誤爾。」

按：上文：「主人洗，升，獻士于西階上。士長升，拜受觶；主人拜送觶。」注曰：「獻士用觶，士賤也。今文觶作觚。」疏云：「不從今文觚者，若從觚，與大夫已上何異？故不從。」是則觚、觶之相亂由來久矣。考《禮》注古文爲觶，今文往往作觚。據《禮》家舊説，觚二升，觶三升。而《論語·雍也》篇馬注則曰：「三升曰觚。」《説文》於觶下云：「觴受三升者謂之觚。」疑古制變亂，觚、觶之數遞加，故觚有受三升者，因即以代觶之用也。孔子「不觚」之歎，或以此與？

《大射儀》：「公降立于阼階之東南，南鄉。小臣師詔揖諸公卿大夫，諸公卿大夫西而北上，揖大夫，大夫皆少進。」注曰：「上言大夫，誤衍耳。」

按：下有「揖大夫」之文，故以上言大夫爲衍。然從衍本，義亦可通。卿大夫三字連讀，卿大夫即卿也。《王制》曰：「諸侯上大夫卿。」故單言之曰卿，累言之曰卿大夫。

《聘禮》：「擯者執上幣以出，禮請受，賓固辭。」注曰：「禮請受者，一請受而聽之也。賓爲之辭，士介賤，不敢以言通於主君也。固，衍字，當如面大夫也。」

按：據下文「士介面大夫」但云「賓辭」，故知其衍。既云「一請而聽」，則非固辭可知矣。《記》亦有「禮請受，賓固辭」之文，注云：「固亦衍字。」

《聘禮記》：「各以其爵朝服。」注曰：「此句似非其次，宜在『凡致禮』下，絶爛在此。」

「大夫不敢辭，君初爲之辭矣。」注曰：「此句亦非其次，宜在『明日問大夫』之下。」「曰：子以君命在寡君，寡君拜君命之辱。君以社稷故，在寡小君，拜。君貺寡君，延及二三老，拜。又拜送。」注云：「自拜聘享至此，亦非其次，宜承上『君館』之下。」

按：此三條鄭皆以爲非次而移易之，當從鄭。

《喪服·齊衰不杖期章》：「大夫之子爲世父母、叔父母、子、昆弟、昆弟之子、姑、姊妹、女子子無主者，爲大夫命婦者，唯子不報。傳曰：何以言唯子不報也？女子子適人者爲其父母期，故言不報也，言其餘皆報也。」注曰：「唯子不報，男女同不報爾。傳以爲主謂女子子，似失之矣。」

按：經言唯子不報，而傳專以女子子言，故鄭譏其失。然愚以爲苟如鄭意，則作傳者豈以爲唯女子不報，而男子竟以報服服其父乎？是雖愚人知其不然。子夏何至背謬如此？蓋作傳者亦知爲男女同不報，而獨舉女子子者，舉輕以明重耳。蓋女子子適人者爲其父母期，乃是本服，非報也，故言不報也。女子不報，則男子可知矣。鄭譏其失，未達傳意。

「公妾以及士妾爲其父母。傳曰：何以期也？妾不得體君，得爲其父母遂也。」注曰：「然則女君有以尊降其父母者與？《春秋》之義：『雖爲天王后，猶曰吾季姜。』是言子尊不加於父

母，此傳似誤矣。禮，妾從女君而服其黨服，是嫌不自服其父母，故以明之。」

按：鄭駁傳文，其義甚正。惟以嫌不服父母爲説，則未達經義。上云「女子子適人者爲其父母」，此通凡爲女子子者而言也。至此條則專以妾言也。必分别言之者，見妾之分雖卑，而亦不得奪其父母之恩也。

《大功・九月章》：「公之庶昆弟、大夫之庶子，爲母、妻、昆弟。傳曰：何以大功也？先君餘尊之所厭，不得過大功也，大夫之庶子，則從乎大夫而降也。父之所不降，子亦不敢降也。」注曰：「昆弟，庶昆弟也。舊讀昆弟在下，其於厭降之義，宜蒙此傳也，是以上而同之。父所不降，謂適也。」

按：鄭讀是也。程易疇力主舊讀，以鄭爲非，竊謂不然。公之庶昆弟之母、妻、昆弟，皆先君所不服，故先君在時，爲母惟練冠麻，麻衣縓緣，爲妻惟縓冠，葛絰帶，麻衣縓緣。既葬而除之，不在五服之中。而昆弟則並此無之，蓋爲君之尊所厭也。先君既没，乃得稍伸其恩，然餘尊猶在，故仍以大功爲限。經傳之意本甚分明，程氏謂母、妻皆私親，故以君厭之，昆弟豈可以私親加之哉？此説殊誤。所謂厭者，父之所不服，子亦不敢服，初不論私親否也。又以大夫之庶子論之，上文《齊衰不杖期章》：「大夫之庶子爲適昆弟。傳曰：何以期也？父之所不降，子亦不敢降也。」與此傳可以互明。此傳云：「大夫之庶子，則從乎大夫而降也。父之所不降，子亦不敢降也。」傳意正以適昆弟之不降，明非適昆弟之當降。然則昆弟二字宜屬此讀，即傳文有明證矣。

「大夫之妾爲君之庶子。」注曰：「下傳曰：何以大功也？妾爲君之黨服，得與女君同。指爲此也。」

「女子子嫁者、未嫁者，爲世父母、叔父母、姑姊妹。」注曰：「舊讀合大夫之妾爲君之庶子、女子子嫁者、未嫁者，言大夫之妾爲此三人服也。」

「傳曰：嫁者，其嫁於大夫者也；未嫁者，成人而未嫁者也。何以大功也？妾爲君之黨服，得與女君同也。下言爲世父母、叔父母、姑姊妹者，謂妾自服其私親也。」注曰：「此不辭，即實爲妾遂自服其私親，當言其以明之。《齊衰三月章》曰：『女子子嫁者、未嫁者爲曾祖父母。』經與此同，足以明之矣。傳所云『何以大功也，妾爲君之黨服，得與女君同』，文爛在下爾。女子子成人者有出道，降旁親。及將出者，明當及時也。」

按：此文經傳及注均有錯誤，説者聚訟久矣。據賈疏云：「『下言』二字及『者謂妾自服其私親也』九字總十一字，既非子夏自著，又非舊讀者自安，是誰置之也？今以義，必是鄭君置之。」然則「下言」以下二十一字，是鄭注之羼入正文者，賈疏已明説之矣。實二十一字，止云十一字者，以爲「世父母、叔父母、姑姊妹」十字本是經文，非鄭置之，故不數耳。今依賈注以此二十一字爲鄭注，合上注讀之，而傳文「何以大功也」三句從鄭注移置上文「大夫之妾爲君之庶子」下，則文義甚明。然傳云「嫁者其嫁於大夫者也」，則義仍可疑。夫既嫁於大夫，則此女子乃大夫妻也。下文云：「大夫之妻爲姑姊妹嫁於大夫者。傳曰：何以大功也？尊同也。尊同則得服其親服。」然則姑姊妹必嫁於大夫，而後大夫之妻始爲之服大功。今此條不云「姑姊妹嫁於大夫」者，則與下文不可通矣。又以世父母、叔父母言之，上文云：「大夫爲世父母、叔父母爲士者。傳曰：何以大功也？尊不同也。尊同則得服其親服。」是大夫於世父母、叔父母之爲大夫者服期，世父母、叔父母爲士者服大功，所謂尊降也。大夫之妻亦當與大夫一律，其於世父母、叔父母之爲士者，既以出嫁而降爲大功，再以尊降則當爲小功。今如此傳，則大夫之妻於世父母、叔父母一概服大功，有出降而無尊降矣，義亦不可通也。竊疑此經本爲女子逆降旁親而發。蓋以女子嫁當及時，故聖人制禮逆降其旁親之服，使不愆其嘉禮之時，鄭注所謂「明當及時也」。經文本無「嫁者」二字，傳文本無「嫁者」二句。經則云：「女子子未嫁者爲世父母、叔父母、姑姊妹。傳曰：未嫁者，成人而未嫁者也。」鄭因欲破舊讀，故引《齊衰三月章》

「女子子嫁者、未嫁者爲曾祖父母」之文以明經文本有爲女子子未嫁者置服之例，後人因注中有「嫁者、未嫁者」之文，乃於經文亦增入「嫁者」二字，又於傳文亦照彼傳增入「嫁者，其嫁於大夫者也」二句，而其義始晦矣。

《緦麻三月章》：「庶孫之中殤。」注曰：「庶孫者，成人大功，其殤中從上。此當爲下殤，言中殤者，字之誤爾。」

按：鄭意庶孫成人者本服大功，其長殤降爲小功，中殤從上，亦爲小功，下殤則緦，故以爲下字之誤。然《殤小功五月章》傳曰：「大功之殤中從上，小功之殤中從下。」庶孫本服大功，而其下殤已爲緦，則本服小功者，其上殤爲緦，其下殤無服矣，中殤又何從乎？明郝敬以《小功五月章》所謂大功之殤、小功之殤皆指殤服，言此説得之。庶孫本服大功長殤，降爲小功，即所謂小功之殤也。小功之殤中從下，故庶孫之中殤在《緦麻三月章》也。鄭君改讀，殊失其義。

《禮記·檀弓》：「天子之哭諸侯也，爵弁絰，紂衣。」注曰：「服士之祭服以哭之，明爲變也。天子至尊，不見尸柩，不弔服，麻不加於采。此言絰，衍字也。時人聞有弁絰，因云之耳。」

《周禮》：王弔諸侯，弁絰緦衰。」

按：鄭説固是，然仍其衍文，義亦可通。爵弁、紂衣，明非弔服也。加絰，所以爲哭之服也。蓋弁經如爵弁而素而加環絰，是弁經之弁本與爵弁相似，故哭諸侯即加環絰於爵弁之上耳。

《王制》：「小國二卿皆命於其君。」注曰：「小國亦三卿，一卿命於天子，二卿命於其君，此文似誤脱耳，或者欲見畿内之國二卿與。」

按：小國二卿當作三卿。蓋大國三卿皆命於天子，小國三卿皆命於其君，事適相準也。鄭謂一卿命於天子，二卿命於其君，非是。《大宗伯》云：「三命受位。」鄭注言「此列國之卿，始有列位於王，爲王之臣也」。是三命之卿始有列位於王，子男之卿再命，不得有一卿命於天子也。

「古者以周尺八尺爲步，今以周尺六尺四寸爲步。古者百畝，當今東田百四十六畝三十步。古者百里，當今百二十一里六十步四尺二寸二分。」注曰：「周尺之數未詳聞也。按禮制，周猶以十寸爲尺，蓋六國時多變亂法度。或言周尺八寸，則步更爲八八六十四寸〔一〕。以此計之，古者百畝，當今百五十六畝二十五步，古者百里，當今百二十五里。」

〔一〕則步，原闕，今《禮記》各本均有，并據上下文義補。

按：此事古今聚訟，至循齋梅氏著《赤水遺珍》，用西人三率法推求鄭注，學者皆以爲密合。然愚竊以爲里數合矣，畝數則猶有可議者。其法以今步積四千零九十六寸爲法，以古田一萬步、古步積六千四百寸相乘得六千四百萬寸爲實，法除實得今田一萬五千六百二十五步，合鄭注畝數。夫古今步法不同，其用周尺一也。古以周尺八尺爲步，而梅氏謂步積六千四百寸者，蓋謂周人以八寸爲尺耳。八八六十四，故一步六十四寸，一百步則六千四百寸也。今以周尺六尺四寸爲步，亦即此周人八寸之尺，其步積當爲五千一百二十寸，今乃以六尺四寸自乘，爲四千零九十六寸，則此尺爲六寸四分之尺矣。同一周尺，何以有八寸與六寸四分之不同乎？六寸四分，其數奇零，豈可以爲尺乎？雖與鄭注合，然非鄭君當日推算之術也。考北周甄鸞《五經算術》中有此算法。先以古步八十寸與今步六十四寸更相減損，求其有等，算家所謂約法也。以六十四減八十餘一十六，又以一十六減六十四餘四十八，再以一十六減四十八餘三十二，再以三十二減四十八亦一十六。兩數齊同，是謂有等。即以此等數一十六除八十得五、除六十四得四，是古步率五，今步率四。五自乘得二十五爲古步法，四自乘得一十六爲今步法。置田百畝爲一萬步，以古步法乘之得二十五萬，以今步法除之得一萬五千六百二十五步，以畝法一百步除之得一百五十六畝又二十五步，合鄭注畝數。置一百里，以里法三百步乘之得三萬步，以古步率五乘之得一十五萬爲實，以今步率四乘三百步得一千二百爲法，實如法而一，得一百二十五里，合鄭注里數。梅氏之術即出於此。愚不通算學，殊難質言，然嘗妄論之。古步八尺自乘得積可也，今步六尺四寸自乘得積不可也。此經之數既錯亂不可用，鄭注之數，諸家雖推算得之，然恐亦非鄭意。今但以古步今步相較，以其所多之數，而定今田今里之數。古用周尺，以八寸爲尺，八尺爲步。今亦用周尺，以八寸爲尺，六尺四寸爲步。古步八尺，以八乘之，得六尺四寸，十步則六十四尺，百步則六百四十尺，是爲一畝。三百步則一千九百二十尺，是爲一里。今步六尺四寸，亦以八乘之，得五尺一寸二分，十步則五十一尺二寸，百步則五百一十二尺，是爲一畝。三百步則一千五百三十六尺〔一〕，是爲一里。古百畝六萬四千尺，今百畝五萬一千二百尺，以古較今，多出一萬二千八百尺，以今畝數除之爲二十五畝。古百里一十九萬二千尺，今百里一十五萬三千六百尺，以古較今，多出三萬八千四百尺，以今里數除之爲二十五里。是古者百畝，當今百二十五畝，古者百里，當今百二十五里。疑鄭注本如此，傳寫錯耳。

〔一〕 步，原作「里」，據蔡啓盛《校勘記》改。南菁書院本《皇清經解續編·鄭君駁正三禮考》同誤。

《月令》：「立夏之日，天子親帥三公九卿大夫以迎夏於南郊。還反，行賞，封諸侯。慶賜遂行，無不欣説。」注曰：「《祭統》曰：『古者於禘也，發爵賜服，順陽義也，於嘗也，出田邑，發秋政，順陰義也。』今此行賞可也，而封諸侯則違於古。封諸侯、出土地之事，於時未可，似失之。」

按：《孟秋之月》云：「毋以封諸侯」「毋以割地」。注云：「古者於嘗，出田邑。」此其月也，而禁封諸侯、割地，失其義，亦是據《祭統》以駁《月令》。然愚嘗疑《祭統》之文有誤，當云：「古者於禘也，發爵賜服，出田邑，順陽義也；於嘗也，發秋政，順陰義也。故《記》曰：禘之日，發公室，示賞也。草艾則墨，未發秋政，則民弗敢草也。」蓋賞當於夏，刑當於秋，發爵賜服、出田邑，皆行賞之事，故以禘之日行之。發秋政，則行刑之事，故以嘗之日行之。下引《記》曰：「禘之日，發公室，示賞也。」證行賞於夏也。又曰：「草艾則墨，未發秋政，則民弗敢草。」證行罰於秋也。因禘之日誤作嘗之日，則發公室示賞行於嘗之日矣。因將上文「出田邑」三字移至「於嘗也」之下，以合發公室示賞之義。而所謂順陽義、順陰義者，胥失之矣，不特與《月令》不合而已也。鄭所據本已誤，乃不援《月令》以訂正《祭統》，反援《祭統》而辨駁《月令》，何與？

「斷薄刑，決小罪。」注曰：「《祭統》曰：『草艾則墨。』謂立秋後也。刑無輕於墨者，今以純陽之月斷刑決罪，與『毋有壞墮』自相違，似非。」

按：此亦以《祭統》駁《月令》，然愚謂《記》文亦無大違錯。下文云：「出輕繫。」注云：「從寬。」此云「斷薄刑，決小罪」，即爲出輕繫張本，薄刑、小罪，即是輕繫者，斷之、決之，正所以出之也。於孟夏行之，未爲失宜。

「大雩帝。」注曰：「《春秋傳》曰：『龍見而雩。』雩之正，當以四月，凡周之秋三月之中而旱，亦脩雩禮以求雨，因著正雩此月，失之矣。」

按：雩當在巳月，而此在午月，或亦秦制與？

「止聲色，毋或進。」注曰：「聲謂樂也。《易》及《樂》《春秋說》：『夏至，人主與群臣從八能之士，作樂五日。』今止之，非其道也。」

按：仲夏之月，止聲色，薄滋味，皆養生之事。鄭必據緯書駁之，泥矣。

「命漁師伐蛟、取鼉、登龜、取黿。」注曰：「四者甲類，秋乃堅成。《周禮》曰『秋獻龜魚』、又曰『凡取龜用秋時』，是夏之秋也。作《月令》者以此爲秋〔一〕，據周之時也。周之八月，夏之六

〔一〕以此爲秋，今《禮記》各本作「以爲此秋」。無礙文義。

月，因書於此，似誤也。」

按：鄭注是也。正義以不言「是月也」，謂「非止一月所爲」，則與《周禮》得兩通矣。

「是月也，毋以封諸侯，立大官。毋以割地，行大使，出大幣。」注曰：「古者於嘗，出田邑，此其月也。而禁封諸侯、割地，失其義。」

按：説見《孟夏之月》。

「水始涸。」注：「涸，竭也。此甫八月，雨氣未止，而云水竭，非也。《周語》曰：『辰角見而雨畢，天根見而水涸。』又曰：『雨畢而除道，水涸而成梁。』辰角見，九月本也。天根見，九月末也。《王居明堂禮》曰：『季秋除道致梁，以利農也。』」

按：鄭説固是，然《記》文有「始」字，則義亦可通。此承陽氣日衰而言。據《説文》水篆：「象衆水並流，中有微陽之氣。」陽氣日衰，故水始涸矣。水始涸在八月，而水涸成梁在九月，亦猶水始冰在十月，而取冰在十二月也。

「去聲色。」注曰：「聲謂樂也。《易》及《樂》《春秋説》：『冬至，人主與群臣從八能之士作樂五日。』此言去聲色，又相違。」

按：與《仲夏》注同。

《曾子問》：「昔者魯昭公少喪其母，有慈母良，及其死也，公弗忍也，欲喪之。」注曰：「昭公年三十，乃喪齊歸，猶無慼容，是不少，又安能不忍於慈母？此非昭公明矣，未知何公也。」

按：今《家語·子夏問》篇以此爲魯孝公事，蓋即因鄭説而改。

《禮器》：「其出也，《肆夏》而送之。」注曰：「肆夏，當爲陔夏。」疏曰：「案《大司樂》云：『王出入奏《王夏》，尸出入奏《肆夏》，牲出入奏《昭夏》。』大饗不入牲，其他皆如祭祀。今破爲《陔夏》者，以《大司樂》之文，大饗諸侯，則諸侯出入奏《肆夏》。此經是助祭之後，無算爵，禮畢，客醉而出，宜奏《陔夏》。」

按：大饗有三：一祫祭，一饗五帝於郊，一饗賓客。鄭意此經所言大饗與上文大饗腥同言祫祭，非饗賓客也，故破《肆夏》爲《陔夏》。然《記》文云「大饗其王事」，與下云「其出也《肆夏》而送之」，則大饗是饗諸侯無疑。若是祫祭，則上文並未言及助祭之諸侯，「其出也」三字，不大鶻突乎？蓋大饗腥是祫祭，此大饗是饗諸侯，亦猶《郊特牲》篇上言大饗腥，下言大饗尚腶脩，非一事也。賓出奏《肆夏》，正與《大司樂》合，不必改讀。

《郊特牲》：「季春出火，爲焚也。然後簡其車賦，而歷其卒伍，而君親誓社，以習軍旅。」注曰：「君親誓社，誓吏士以習軍旅。既而遂田，以祭社也。言祭社，則此是仲春之禮也。仲春以火田，田止弊火，然後獻禽，至季春出火，而民乃用火。今云季春出火，乃誓社，記者誤也。」

按：誓社乃誓士之誤。古隸書士、土無别，士誤爲土，又涉上文言祭社之事，乃加示作社耳。説詳《群經平議》。此經並無祭社之事，鄭注非也。惟據《周禮·大司馬職》火田在仲春，不在季春。此則《記》文與《周禮》乖異矣。

「郊之用辛也，周之始郊〔一〕，日以至。」注曰：「言日以周郊天之月而至，陽氣新用事，順之而用辛日。此説非也。郊天之月而日至，魯禮也。三王之郊一用夏正，魯以無冬至祭天於圜丘之事。是以建子之月郊天，示先有事也。用辛日者，凡爲人君，當齊戒自新耳。周衰禮廢，儒者見周禮盡在魯，因推魯禮以言周事。」

按：《穀梁傳》云：「魯以十二月下辛卜正月上辛，若不從，則以正月下辛卜二月上辛，若不從，則以二月下辛卜三月上辛。若不從，則止。」是郊用辛日明屬魯禮，鄭説是也。惟用辛之義，則以陽氣新用事之説爲長。蓋魯第一次所卜者建子之月，冬至陽生是陽氣新用事，故順之而用辛日也。此二句自爲問答，若但取齊戒自新，則用辛自爲一義，與「始郊日至」不相貫矣。

〔一〕周，原作「魯」，今《禮記》各本均作「周」，并據上下文義改。

「尸，陳也。」注曰：「尸，或詁爲主。此尸神象，當從主。訓之言陳，非也。」

按：《儀禮·士虞禮》「祝迎尸」，鄭訓爲主。

《内則》：「膷、臐、膮、醢、牛炙。」注曰：「以《公食大夫禮》饌校之，則膮、牛炙閒不得有醢，醢，衍字也。」

按：《公食大夫禮》：「膷，以東臐、膮、牛炙。」是膷也、臐也、膮也、牛炙也，四者爲一列，其膮之東即是牛炙，無醢也，故知爲衍字。

「羞：糗餌、粉酏。」注曰：「此《記》似脱。《周禮》：『羞籩之實，糗餌粉餈。』『羞豆之實，酏食糝食。』」

按：以《周禮》校之，或此《記》之酏即《周禮》之餈歟？餈謂之酏，猶鬊謂之髺。

《玉藻》：「而素帶，終辟。」注曰：「亂脱在是耳。宜承『朱裏，終辟』。」

按：此下諸條，今皆從鄭讀，故不具説。《禮記》中鄭訂正錯亂處甚多，今亦不悉出也。

《明堂位》：「有虞氏之旂，夏后氏之綏。」注曰：「綏當爲緌。有虞氏當言緌，夏后氏當言旂，此蓋錯誤也。緌，謂注旄牛尾於杠首，所謂大麾。《周禮》：王建大旂以賓，建大赤以朝，建大白以即戎，建大麾以田也。」

按：鄭注引《巾車》文爲證，而以緌當大麾，乃《巾車》注，則又以大麾爲夏后氏所建，與此注相違。賈、孔之疏，曲爲之説，於義終有疑焉。

「有虞氏官五十，夏后氏官百，殷二百，周三百。」注曰：「周之六卿，其屬各六十，則周三百六十官也。此云三百者，記時《冬官》亡矣。《昏義》曰：『天子立六官，三公九卿，二十七大夫，八十一元士，凡百二十。』蓋謂夏時也。以夏、周推前後之差，有虞氏官宜六十，夏后氏宜百二十，殷宜二百四十，不得如此《記》也。」

按：此乃鄭之臆説，不足據。

「君臣未嘗相弑也，禮、樂、刑法、政俗未嘗相變也。」注曰：「此蓋盛周公之德耳。春秋時魯三君弑，又士之有誄，由莊公始，婦人髽而弔，始於臺駘。云『君臣未嘗相弑，政俗未嘗相變』，亦近誣矣。」

按：鄭説固是，然《明堂位》一篇爲何時何人所作，亦無明文。《吕氏春秋》言魯惠公請郊禮於平王，而史角往魯。愚疑《明堂位》之作即在此時。蓋既得請而用天子之禮樂，因作此篇。託之成王之賜周公，以欺後世，而自掩其往請之跡也。其時尚未有弑君等事，故於篇末侈言之。

《雜記》：「士弁而親迎，然則士弁而祭於己可也。」注曰：「緣類欲許之也。親迎雖亦己之事，攝盛服爾，非常也。」

按：《士昏禮》：「主人爵弁。」《特牲饋食禮》：「主人冠端玄。」兩者不同，記者緣類而欲許之，非是，宜鄭君糾之也。

《贊大行》曰：「圭，公九寸，侯、伯七寸，子、男五寸，博三寸，厚半寸，剡上左右各寸半，玉也。藻，三采六等。」注曰：「子、男執璧作此《贊》者，失之矣。」

按：通言之，則璧亦可曰圭。《覲禮》通言五等諸侯而曰「侯氏坐奠圭」是也〔一〕。然博、厚、剡上之制，則不能通於璧，作《贊》者誤也。

《喪服大記》：「君殯用輴，欑至于上，畢塗屋。」注曰：「此《記》參差〔二〕，以《檀弓》參之，天子殯，居棺龍輴，欑木題湊象椁，上四注，如屋以覆之，盡塗之。諸侯輴不畫龍，欑不題湊象椁，其他亦如之。」

〔一〕奠圭，今《禮記》各本作「取圭」。此處《禮記》原文作：「侯氏入門右，坐奠圭，再拜稽首。擯者謁。侯氏坐取圭，升致命。王受之玉。」此處作「侯氏坐奠圭」雖亦可通，但經文中有「侯氏坐取圭」一語，則以取經文原文爲上。
〔二〕記，原作「説」，據《禮記正義》改。

按：此乃大判言之耳。居棺以輴，欑至于上，皆天子、諸侯同之。但諸侯不畫龍、不題湊，象椁耳。《檀弓》：「天子之殯也，菆塗龍楯以椁。」專言天子之事，而此《記》渾言之，故止曰君也。《記》文有詳略，非有參差。

「君葬用輴，四綍二碑，御棺用羽葆。大夫葬用輴，二綍二碑，御棺用茅。」注曰：「大夫廢輴，此言輴，非也。輴，皆當爲『載以輇車』之輇，聲之誤也。」

按：言大夫廢輴，則君葬用輴，不誤也。乃云「輴皆當爲載以輇車之輇」，此皆字衍文。孔疏不知其衍，乃云：「此二輴皆當爲輇，謂君及大夫皆載以輇車，明不以輴也。」誤矣！下又引《遂師》注而云：「天子殯用龍輴，至壙去蜃車，載以龍輴。諸侯殯以輴，葬則用輴。」前後兩文不自相刺謬乎！若謂此指在道而言，彼據及壙而言，則鄭注云「在椁曰綍，行道曰引，至壙將窆又曰綍」，此《記》言綍不言引，安見其必指在道而言乎？

九族考　俞樓雜纂弟九

《尚書・堯典》：「以親九族，九族既睦。」《釋文》曰：「上至高祖，下至玄孫，凡九族，馬、鄭同。」

按：此乃《尚書》古文家説，枚傳亦云：「以睦高祖、玄孫之親。」

《堯典》正義曰：「《異義》：夏侯、歐陽等以爲九族者，父族四，母族三，妻族二，皆據異姓有服。」

《詩・王風・葛藟》篇正義曰：「《異義》：九族，今《戴禮》《尚書》歐陽説云九族乃異姓有親屬者。父族四：五屬之内爲一族，父女昆弟適人者與其子爲一族，己女昆弟適人者與其子爲一族，己之子適人者與其子爲一族。母族三：母之父姓爲一族，母之母姓爲一族，母女昆弟適人者爲一族。妻族二：妻之父姓爲一族，妻之母姓爲一族。」《桓六年・左傳》正義引《異義》文與此同，惟母女昆弟適人者下亦有「與其子」三字，當從之。

按：此乃《尚書》今文家説，許慎《五經異義》實主其説，而以古文家説爲不然。其説曰：「案：禮緦麻三月以上服，恩之所及，禮爲妻父母有服，明在九族中，九族不得但施於同姓。」鄭康成則駁之曰：「婦人歸宗，女子雖適人，字猶繫姓，明不與父兄爲異族。其子則然。《昏禮》『請期』辭曰：『惟是三族之不虞。』欲及今三族，未有不億度之事而迎婦也。如此所云，三族不當有異姓，異姓其服皆緦麻。《禮·雜記》下：緦麻之服，不禁嫁女娶婦。是爲異姓不在族中明矣。《周禮·小宗伯》：掌三族之别名。《喪服小記》説『服』之義曰：『親親以三爲五，以五爲九。』以此言之，知高祖至玄孫，昭然察矣。」是九族之説，古文、今文兩家既不同，而許、鄭兩大儒又各主一説。後之學者將何所適從歟？乃考今文家説〔一〕，其流别又有三。

《白虎通·宗族》篇曰：「族所以九何？九之爲言究也，親疏恩愛究竟也。謂父族四，母族三，妻族二。父族四者，謂父之姓一族也，父女昆弟適人有子爲二族也，身女昆弟適人有子爲三族也，身女子適人有子爲四族也。母族三者，母之父母一族也，母之昆弟二族也，母昆弟子三族也。母昆弟者，男女皆在外親，故合言之。妻族二者，妻之父爲一族，妻之母爲二族。妻

〔一〕考，原作「者」，據蔡啓盛《校勘記》改。

之親略，故父母各一族。」

按：此即夏侯、歐陽之説，惟於母族合父母爲一，而增母昆弟子，此爲異耳，然文異而實亦不異也。

又曰：「一説合言九族者，欲明堯時俱三也。禮所以獨父族四何？欲言周承二弊之後，民人皆厚於末，故與禮母族妻之黨，廢禮母族父之族，是以貶妻族以附父族也。」

按：此言堯時九族，父族、母族、妻族各三，合爲九也。此今文家之異説，不知父族、妻族各三，其説如何，殆亦如母族之例乎？

《桓六年·左傳》杜預注曰：「九族謂外祖父、外祖母、從母子及妻父、妻母、姑之子、姊妹之子、女子之子並己之同族。」

按：此亦即夏侯、歐陽之説，因鄭康成駁《異義》云「女子不得與父兄爲異族」，故簡去其母，唯取其子耳。

竊嘗合諸説而論之。古文家説以高祖至玄孫爲九族，自己之高祖至己之玄孫凡九世，則非九族，乃九世也。《桓六年·左傳》孔穎達《正義》駁之甚詳，其言曰：「此言親其九族，《詩》刺不親九族，必以九族者疏遠，恩情已薄，故刺其不親而美其能親耳。高祖至父，己之所稟承也；子至玄孫，己之所生育也。人之於此，誰或不親而美其能親也。《詩》刺棄其九族，豈復上遺父母，下棄子孫哉？若言棄其九族，謂棄其出高祖、出曾祖者，然則豈亦棄其出曾孫、出玄孫者乎？又鄭康成謂昏必三十而娶，則人年九十始有曾孫，其高祖、玄孫無相及之理，則是族終無九，安得九族而親之？」孔氏此説至爲明晰。姑無論三十而娶之古禮，即以國君十五生子爲率，亦已一百三十五年矣，又況所謂玄孫者甫在孩提，豈便成族？必待玄孫又有孫，以王父字爲氏，而後玄孫之族始成。此其遼遠豈可以年月計？殆必如宋明帝之給三百年期，而後可以及之。古之聖人何必虛張此九族之名，指不知誰何之人爲族也。且其説有大不可者。自己之子至己之玄孫，此皆出於我者也，則皆我之一族也，乃分而四之，子則爲子之族，孫則爲孫之族，曾孫、玄孫則爲曾孫、玄孫之族，其流弊必有如漢諺所謂「舉孝廉，父別居」、《三國志》所稱「冀州之俗，父子異部，更相毁譽」者，此無行誼之尤，「天惟與我民彝大泯亂」矣。族者，湊也，聚也。子、孫、曾、玄皆吾一體所分，乃晰爲四族，是散之也，非聚之也，豈古人立族之意哉？孔穎達未論及此，是猶舍其大而譏其小也。

然則九族之説當以今文家爲正。鄭康成雜引《昏禮》「請期」之辭及《周禮·小宗伯職》《禮記·喪服小記》篇之文以駁之，然彼皆言三族，不言九族。孔穎達譏之曰：「三族、九族，族名雖同，而三、九數異。引三族以難九族，爲不相值矣。」斯言是也。愚請舉康成之説而一一駁之。康成引《昏禮》「請期」之辭曰：「『惟是三族之不虞。』欲及今三族，未有不億度之事而迎婦也。如此所云，三族不當有異姓，異姓其服皆緦麻。《禮·雜記下》：緦麻之服，不禁嫁女娶婦。是爲異姓不在族中明矣。」愚按：異姓服皆緦麻，亦大判言之耳。《儀禮·小功五月章》有外祖父母、有從母。據《雜記下》篇，小功未卒哭，固不可以冠取，設有外祖父母及從母之喪，亦豈不礙於昏禮乎？計父族、母族、妻族之中，惟妻族無礙於昏禮，於文不可言「二族之不虞」，故曰「三族之不虞」也。豈得執此以駁今文家説乎？康成又引《小宗伯》「掌三族之别」、《喪服小記》説「服」之義曰：「親親以三爲五，以五爲九。」愚按：《小宗伯》言「掌三族之别以辨親疏」，正足以證成今文家説，其説詳見於後。至引《喪服小記》之文，則彼言「服」，非言「族」也。夫服止於五，而族則有九，服之與族，蓋有别矣。《大傳》曰：「四世而緦服之窮也，五世袒免殺同姓也，六世親屬竭矣。」又曰：「繫之以姓而弗别，綴之以食而弗殊，雖百世而昏姻不通者，周道然也。」以是言之，服有盡而族無窮，即同姓之中，無服之族固已多矣，豈得援服制以定族制乎？鄭駁今文家説，義皆無當，故愚於九族之説，不從古而從今。

或曰：今文家九族之説其爲定論乎？曰：今文家以父族四、母族三、妻族二合爲九族，此固定論也。晰言之爲九族，合言之爲三族，故《周禮·小宗伯》「掌三族之别以辨親疏」，而《昏禮》「請期」之辭亦曰「惟是三族之不虞」。凡言三族者，父族、母族、妻族也，不然，族固有九，何言三乎？鄭康成不達此旨，乃援引三族之文，欲以折今文之説，不知適所以證成其義矣。然今文家説合父、母、妻三族爲族，斯固得之，而數其所謂九，則有不可從者。夫父女昆弟不得與父異族也，己女昆弟及女子子不得與己異族也，母女昆弟不得與母之父異族也。鄭康成駁之曰：「婦人歸宗，女子雖適人，字猶繫姓，明不與父兄爲異族。」斯論正矣。今文家亦知其不可通，故各繫其子言之曰：「與其子爲一族。」至杜預並簡去其母，而惟取其子。若然，則非以其母爲族，以其子爲族也。夫婦人内夫家，外父母家，雖父女昆弟、己女昆弟、己女子子適人之後，降其本宗矣。乃因一女適人而遂以其家爲我之族，此豈近乎人情也哉？又況母女昆弟與我更遠歟？至母之父、母之母，不可分而爲二族也。妻之父、妻之母，亦不可分而爲二族也。《白虎通》以妻父母爲二族，杜預注《左傳》以外祖父母、妻父母各爲二族。夫妻牉合者也，乃分之使各爲一族乎？夏侯、歐陽之説曰：母之父姓、母之母姓、妻之父姓、妻之母姓。各以姓言，則其語固無病矣，而於理仍不可通。夫天之生物也，使之一本。故人從父之姓，不從母之姓。以己而推之，母與妻亦各從其父之姓，不從其母之姓。是在吾母與吾妻視之，其父族則同姓也，其母族則異姓也，固已有親疏之别矣。而吾乃比而同之，以母之父姓爲族，亦以母之母姓爲族，以妻之父姓爲族，亦以妻之母姓爲族，是教天下以二本也，此豈聖人之制也哉。且夫族之爲言屬也，相連屬之謂也。有父之族，則己之昆弟姊妹皆從之矣。有母之父母之族，則母之昆弟姊妹皆從之矣。乃别出其女昆弟，使自爲族，此何理也？苟以取足其數而已矣。是故今文家之説，其言族則是，其言九則非，是宜别爲之説。

夫所謂九族者何也？父族四：曰高祖之族、曰曾祖之族、曰祖之族、曰父之族。母族三：曰母之曾祖之族、曰母之祖之族、曰母之父之族。妻族二：曰妻之祖之族、曰妻之父之族。今俱列如左：

父族四

高祖父、族曾祖父、族祖父、族父、族昆弟。

右高祖之族。按：族不止於五世，姑舉五世爲率，而推之於無窮。

曾祖父、從祖祖父、從祖父、從祖昆弟、從祖昆弟之子。

右曾祖之族。

祖父、世叔父、從父昆弟、從父昆弟之子、從父昆弟之孫。

右祖之族。

父、昆弟、昆弟之子、昆弟之孫、昆弟之曾孫。

右父之族。

母族三

母之曾祖父、母之從祖祖父、母之從祖父、母之從祖昆弟、母之從祖昆弟之子。

右母之曾祖之族。

母之祖父、母之世叔父、母之從父昆弟、母之從父昆弟之子、母之從父昆弟之孫。

右母之祖之族。

母之父、母之昆弟、母之昆弟之子、母之昆弟之孫、母之昆弟之曾孫。

右母之父之族。

妻族二

妻之祖父、妻之世叔父、妻之從父昆弟、妻之從父昆弟之子、妻之從父昆弟之孫。

右妻之祖父之族。

妻之父、妻之昆弟、妻之昆弟之子、妻之昆弟之孫、妻之昆弟之曾孫。

右妻之父之族。

父族從高祖以下，母族從曾祖以下，妻族從祖以下，其於條理，頗似秩然，即以行之。世俗凡稱謂之間，交際之道，其與吾母同曾祖者，吾則族之，其同高祖者，吾弗族也；其與吾妻同祖者，吾則族之，其同曾祖者，吾弗族也。既不失親串之情，而凡娶於大族者，彼之族雖繁，吾所以爲族者，自不至散漫而無紀，不亦善乎？若父族之四，皆吾同姓，親親之殺，禮有明文，斯固不待論矣。

玉佩考

古之君子必佩玉，右徵角、左宫羽，趨《采薺》、行《肆夏》，周規折矩，進揖退揚而玉鏘鳴焉。所謂車中則有鸞和之聲，行步則有環佩之音，非僻之心無自入也。戰國尚武，始廢佩玉之制。西漢之世，因循不復。漢明帝永平二年正月辛未，宗祀光武皇帝於明堂，帝及公卿列侯始服冠冕、衣裳、玉佩、絇屨以行事。及漢末而玉佩之制又廢。魏王粲之祖父龔、父暢皆爲漢三公，故多識舊儀。魏國既建，粲拜侍中，興造制度，粲恒典之。《三國志·王粲傳》注引摯虞之書曰：「漢末喪亂，絶無玉佩。魏侍中王粲識舊佩，始復作之。今之玉佩，受法於粲也。」《隋書·禮儀志》亦云：「漢明帝始復制佩，而漢末又亡絶。魏侍中王粲識其形，乃復造焉。」然粲所爲玉佩，其制不傳。《隋志》止言開國公佩山玄玉〔一〕，開國侯、伯、子、男佩水蒼玉，如此之類而已。唐制

〔一〕玄，原作「玄」，避清帝玄燁諱，徑改，以下不再出校。

天子白玉雙佩，皇太子瑜玉雙佩，群臣之服，則有山玄玉佩、水蒼玉佩之别，然於古制，則愈無可言矣。夫古人佩玉，詠於《詩》、載於《禮》，而其制則經無明文。雖大儒如鄭康成，然其言佩玉之制略矣。韓退之云：「惜乎吾不及其時，進退揖讓於其閒。」吾蓋於玉佩之制，尤歎息焉。因掇拾古義，稍附己意，著於篇。

《毛詩》説弟一

《鄭風·女曰鷄鳴》篇：「知子之來之，雜佩以贈之。」傳曰：「雜佩者，珩、璜、琚瑀、衝牙之類。」

《有女同車》篇：「佩玉瓊琚。」傳曰：「佩有琚瑀，所以納閒。」

按：毛之言蓋甚略矣。然賴其言，至今知有珩、璜、琚瑀之名，又因有「納閒」二字，而至今可以考見琚瑀之用，其説詳後。

《韓詩》説弟二

《周官・玉府職》：共王之佩玉。鄭注引《詩傳》云：「佩玉上有蔥衡，下有雙璜、衝牙，蠙珠以納其閒。」

按：鄭注不言何詩之傳，賈疏則云《韓詩》也。毛言以琚瑀納閒，不言蠙珠，韓言以蠙珠納閒，不言琚瑀，此毛、韓之異也。愚謂蠙珠之貢，雖見於《夏書》，然古人所謂珠者，實皆以白玉爲之，不用蠙珠，漢世猶然。《隋書・禮儀志》云：「陳永定元年武帝即位，徐陵白『所定乘輿御服皆採梁之舊制』，又以爲『冕旒，後漢用白玉珠，晉過江，服章多闕，遂用珊瑚雜珠，飾以翡翠』。侍中顧和奏：『今不能備玉珠，可用白琁。』從之。蕭驕子云：『白琁，蜯珠是也。』帝曰：『今天下初定，務從節儉，應用繡、織成者，並可彩畫，金色宜塗，珠玉之飾，任用蜯也。』」以此言之，則珠用蜯珠，乃六朝以後苟簡之制，三代以上必不以蜯珠爲佩。《韓詩》乃云「蠙珠以納其閒」，何歟？《東觀漢記》云：「孝明帝作蠙珠之佩以郊祀天地。」據此則漢佩固用蠙珠，然漢制冕旒天子用白玉珠，不用蠙珠，何以於佩用之？佩必以組，蠙珠之孔豈組所能貫，而可以代琚瑀歟？考《説文・玉部》有玤篆，其説解曰：「石之次玉者，以爲系璧，從玉，丰聲，讀若《詩》曰

『瓜瓞菶菶』。一曰若盒蚌。」乃知古人以玤爲璧系，古人佩玉亦必以玤爲系，琢而圓之，是曰「玤珠」。而玤字讀若盒蚌，與蚌字形聲皆易相混，後人知有蚌珠，不知有玤珠，於古書言玤珠者，以爲即蚌珠也，傳寫遂易以蠙珠矣，非韓嬰原文也。漢明帝時亦當用玤珠，不用蚌珠，即冕旒所用之白玉珠也。其言蠙珠者，亦自後人言之也。惟佩玉自以珩、璜、琚瑀、衝牙爲主，玤珠非所重，毛公略而不言，未爲闕略。韓説舉玤珠而遺琚瑀，於義稍疏矣。

《大戴禮》説弟三

《大戴禮記・保傅》篇曰：「上車以和鸞爲節，下車以佩玉爲度。上有雙衡，下有雙璜、衝牙〔一〕，玭珠以納其間，琚瑀以雜之。行以《采茨》、趨以《肆夏》，步還中規，折還中矩，進則揖之、退則揚之，然後玉鏘鳴也。」

按：大戴之説，則兼玭珠、琚瑀而言之矣。所謂玭珠者，其實亦玤珠也。至雙衡之説，疑必有誤，當如《韓詩》傳作「上有蔥衡」也。《禮記・玉藻》篇：「一命緼韍幽衡，再命赤韍幽衡，

〔一〕衝，原作「衡」，據《大戴禮記》改。

三命赤紱葱衡。」是衡之制，以葱衡爲貴，故舉葱衡言之也。葱與雙音相近，又涉雙璜之文，因誤爲雙矣。璜有雙，衡不得有雙，故知其誤也。惟鄭注釋葱衡但曰：「衡，佩玉之衡也。青謂之葱。」據下文天子佩白玉、公侯佩山玄玉、大夫佩水蒼玉，所謂葱衡者，其即水蒼玉歟？

鄭氏《禮記》注弟四〔一〕

《玉藻》篇：「一命緼韍幽衡，再命赤韍幽衡，三命赤韍葱衡。」注曰：「衡，佩玉之衡也。幽讀爲黝，黑謂之黝，青謂之葱。」

按：衡，即珩也。《説文·玉部》：「珩，佩上玉也，所以節行止也。」蓋古人佩玉以爲行止之節，故從玉，從行。《國語·楚語》：「楚之白珩猶在乎？」韋注曰：「珩，佩上之横者。」惟其爲佩上之横者，故或即以衡爲之，非止聲近，義亦近焉。至幽衡、葱衡，鄭説甚略。愚謂葱衡者，即水蒼玉也。幽衡者，即瓀玟也。《周易·説卦傳》震「爲蒼筤竹」，《九家易》曰：「蒼筤，青也。」故水蒼玉爲葱衡矣。瓀玟則石也，石之色澤不能如玉之光明，故爲幽衡矣。

〔一〕四，原作「三」，據《皇清經解續編》改。下文標題序號據該書徑改。

又曰：「佩玉有衝牙。」注曰：「居中央以前後觸也。」

皇氏謂「衝居中央，牙是外畔兩邊之璜」，分衝與牙爲二物，則牙即是璜矣。毛、韓古説，何以言璜，又言衝牙乎？皇説不可從，孔疏但執鄭義以駁之，猶未盡也。

又曰：「天子佩白玉而玄組綬，公侯佩山玄玉而朱組綬，大夫佩水蒼玉而純組綬，世子佩瑜玉而綦組綬，士佩瓀玟而緼組綬。」注曰：「玉有山玄、水蒼者，視之文色所似也。綬者，所以貫珮玉相承受者也。」

按：鄭君於佩玉之制言之不詳。讀其注知衡爲佩玉之衡，衝牙居中央以前後觸，所以貫佩玉者謂之綬，如是而已。以鄭君爲禮學之宗，故録其説以存鄭義。至於右徵角、左宫羽及結佩、設佩諸説，姑略而弗及焉。

孔氏穎達説弟五

《禮記·玉藻》篇：「佩玉有衝牙。」孔氏正義曰：「凡佩玉必上繫於衡，下垂三道，穿以蠙珠，下端前後以縣於璜，中央下端縣以衝牙，動則衝牙前後觸璜而爲聲。所觸之玉，其形似牙，故曰衝牙。」

按：疏云「上繫於衡」當作「上繫於衡」。阮氏《校勘記》已及之矣。其云「下端前後以縣於璜」，猶云前後下端縣以璜，與「中央下端縣以衝牙」一律。疏家文法喜拙，故其言如此。自孔疏始詳言玉佩之制，後之説玉佩者皆本此。然孔氏有蠙珠而無琚瑀，於佩制固未全也。

賈氏公彦説弟六

《周官・玉府職》注引《韓詩》説，賈氏疏之曰：「佩玉上有蔥衡者，衡，横也，謂蔥玉爲横梁。下有雙璜、衝牙者，謂以組縣於衡之兩頭。兩組之末皆有半璧曰璜，故曰雙璜。又以一組縣於衡之中央，於末著衝牙，使前後觸璜，故曰衝牙。案《毛詩傳》衡、璜之外别有琚瑀。其琚瑀所置，當於縣衝牙組之中央，又以二組穿於琚瑀之内角，斜繫於衡之兩頭，於組末繫於璜。云蠙珠以納其閒者，蠙，蚌也。珠出於蚌，故言蠙珠。納其閒者，組繩有五，皆穿珠於其閒，故云以納其閒。」

按：賈氏之説視孔爲詳矣。其説蔥衡及衝牙與璜，皆與孔疏無殊，惟有琚瑀、有蠙珠，各有所施，則爲孔氏所未及，而玉佩之制全矣。然竊以爲得之琚瑀，失之蠙珠。《説文》：「組，綬屬，其小者以爲冕纓。」今姑弗論其爲綬屬，即以冕纓言之，天下有蠙珠之孔可貫冕纓者乎？此非徑寸之珠不可矣。至縣衝牙之組，止一組耳，何以有琚又有瑀？賈疏亦不言其故。蓋玉珮久已失傳，賈公彦未見其物，以意言之，故不能無失也。

司馬彪《續漢書》説弟七

《續漢書·輿服志》曰：「古者君臣佩玉，尊卑有度。上有韍，按：《隋書·禮儀志》云：「上下施韍。」疑此脱下字。貴賤有殊。」「五伯迭興，戰兵不息，佩非戰器，韍非兵旗，《隋志》云：「韍非戰儀。」於是解去韍佩，留其係璲，以爲章表。故《詩》曰『鞙鞙佩璲』，此之謂也。韍佩既廢，秦乃以采組連結於璲，光明章表，轉相結受，故謂之綬。漢承秦制，用而弗改，故加之以雙印佩刀之飾。至孝明皇帝乃爲大佩，衝牙雙瑀璜，皆以白玉。乘輿落以白珠，公卿諸侯以采絲，其視冕旒爲祭服云。」

按：三代以下，惟漢明帝爲玉珮，東漢一代遵用之，當時必有紀載，而司馬彪採入《續漢》之書。夫漢去古未遠，彪晉人，去漢未遠，所言當得其實。然則欲求三代以上玉佩之制，舍此何觀矣。夫佩必有衡，而《續漢志》不言，何也？曰：此制自周至漢相承未廢，明帝但承其舊，不煩更作，故不言也。何以知其未廢也？曰：上文言解去韍佩，留其係璲，然則先時所去者韍佩而已，其所繫之璲固在也。司馬氏引「鞙鞙佩璲」之《詩》以證之。鄭箋解佩璲爲「以瑞玉爲佩」。夫以玉係戟佩，是璲即衡也。秦以采組連結於璲，則以往時空有玉璲而無所係，故以采組係之，稍稍復古矣。漢又加之以雙印佩刀之飾，則以往時空有采組而無所縣，故以雙印佩刀縣之。雖無瑀璜、衡牙之屬，而亦有其物矣。蓋戰爭之世務從簡便，及處平國又趣於文，亦人情也。明帝慨然復古，乃改刀印之類而仍從衡牙、瑀璜之舊。至於衡，則舊所有者，故言衡牙、瑀璜，不言衡也。夫古制有琚、有瑀，漢制無琚而言雙瑀，何也？曰：瑀與琚，古音爲同部字，愚疑琚、瑀一也。蓋於縣衡牙組之中央，以兩玉夾之。分而言之，則一面謂之琚，一面謂之瑀；合而言之，則曰雙瑀可也，即曰雙琚亦可也。《漢志》有瑀無琚，然曰雙瑀，則兼琚言之矣。乃別爲兩組，其上端繫於衡之兩頭，其下端繫於璜而其中閒納於琚瑀之中，依《漢志》言之，則爲納於雙瑀之中。如此則三組相連屬，而周旋折旋之時，不致太離遠矣。夫佩玉之制，本取其聲，以爲行止之節，故前後之璜，中央之衡牙，乃其主也。璜與衡牙必以組繫之，組必上有所屬，於是乎有衡。上有衡，下有衡牙、有璜，則所以爲佩者已具矣。然猶慮行步之閒，兩璜或太前太後而不能適與衡牙相觸也，則此三組者必有以維繫之，於是乎有琚瑀。琚瑀所置，在縣衡牙之組之中央，賈公彦說已得之矣。又爲兩組，上屬於衡，下屬於璜，而中穿琚瑀之内，賈公彦說亦得之矣。愚謂此兩組者，古蓋有閒之名，以其閒以三組也，或即謂之閒組。毛傳云：「佩有琚瑀，所以納閒。」蓋謂納此閒也。後人乃謂納閒者，以在衡、璜、衝牙之閒，果爾則當云「以納其閒」，不當云「所以納閒」也。今觀《續漢志》所言佩玉之制，參以賈、孔之疏，而古制粲然復明。所惜者，珩、璜、琚瑀、衝牙之形製不得其詳耳。姑以意言之。衡者，平也，其形必平。衝牙之用，在乎前後相觸，又其名爲牙，其兩端必鋭。璜爲半璧，則賈疏已言之。或衝牙亦爲半璧形，但與璜有橫豎之分耳。惟琚瑀則無可説。考之毛傳，琚無異文，而瑀則有異。《女曰鷄鳴》傳，其字爲瑀。《有女同車》傳，其字或作玖。見《女曰鷄鳴》疏阮氏《校勘記》謂此傳以作玖者爲是。然則琚瑀當作琚玖矣。《説文》：「玖，讀若芑，或曰若人句脊之句。」以讀若句言之，疑琚玖之名得之於倨句。琚者倨也，玖者句也。古書言倨句者多矣。晰言之，則《樂記》曰：「倨中矩，句中鉤。」大判言之，則《考工記・冶氏》曰：「倨句中矩。」蓋皆曲之形也。琚瑀之制，其如矩乎？今輒圖之如左：

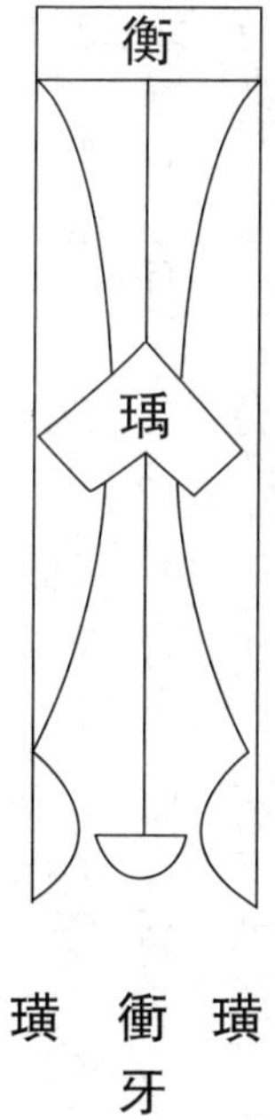

此就一面圖之也。此面謂之瑀，則彼面謂之琚。圖其一面，不言琚而言瑀者，從《漢志》也。然則何以無珠也？曰：用珠之制，當據《漢志》定之。賈公彦謂五組繩皆穿珠者，非也。《漢志》謂「乘輿落以白珠，公卿諸侯以采絲」，其曰乘輿，斥天子也。天子以白珠，公侯以采絲，采絲可以代白珠，則白珠之用與采絲同矣。落者，絡也。《漢書·西域傳·贊》：「造甲乙之帳，落以隨珠和璧。」師古曰：「落與絡同。」是其義也，佩以玉爲主，珠者其絡而已矣。毛傳稱琚瑀所以納閒，而韓傳云蠙珠以納其閒，則珠必與琚瑀同設，蓋即於琚瑀之兩端綴以白玉之珠以爲之飾，而公卿諸侯則不用珠，但用采絲也。《志》云「其視冕旒」，當作「其色視冕旒」。上文言冕旒之制，天子白玉珠，三公諸侯青玉珠，卿大夫黑玉珠。此言色視冕旒者，三公諸侯用青絲，卿大夫用黑絲也。然則乘輿落以白珠，自即冕旒所用之白玉珠，而非蠙珠，亦可決矣。

盧氏辯《大戴禮》注弟八

盧氏注《大戴禮》「衝牙」曰：「冲在中，牙在旁。」

按：此即皇氏之説，辨見前矣。

又注「玭珠以納其閒」曰：「總曰玭珠，而赤者曰琚，白者曰瑀。或曰：瑀，美玉；琚，石次玉。」

按：《周官》注引《韓詩》作蠙珠，而此作玭珠。據《説文》則玭、蠙一字也。然竊謂許君於玭、珠二篆蓋失其本義。夫珠從玉，玭亦從玉，自是玉之類。古人所謂玭珠者，即吾所謂玤珠也，非蚌珠也。許君隸珠篆於玉部，而其説以爲「蚌之陰精」，隸玭篆於玉部，而以蠙爲其重文，疑失之矣。《大戴記》之玭珠，必非蠙珠，或皆以玉爲之，而赤者爲琚，白者爲瑀，盧氏之説，其有所受之乎？

喪服私論　俞樓雜纂弟十一

顧亭林先生極言唐人增改服制之非，譬之始皇狹小先王宮廷而作阿房之宮，其論正矣。然又曰：「今人三年之喪，有過於古人者三事。」則父在爲母、與婦爲舅姑皆與焉。夫聖人制禮之精意，非後人所能窺測。自唐以來，以意增益，誠未必當然。孔子云：「喪，與其易也，甯戚。」《禮》又云：「有其舉之，莫敢廢也。」至今日而父在爲母、與婦爲舅姑之類，豈能降從古制哉？雖然，聖人制禮，譬則權焉，輕重適相準也。有所益於此，則於此見重者，於彼轉見輕矣。故歷代增改之後，回視舊制，若有未饜乎人情者，非古制之有未盡也。加乎此而未加乎彼，故不得其準也。愚謂後世於古制，既有加隆之處，必有當與之俱隆者。草茅伏處，無議禮之職，竊與湖樓諸子，私論數事，備禮家采擇云爾。

論外祖父母之服

《儀禮·喪服》篇《小功五月章》有外祖父母，傳曰：「何以小功也？以尊加也。」蓋古者外親之服不過緦，而此乃小功，故曰以尊加也。按：《爾雅·釋親》篇：「父之考爲王父，父之妣爲王母。」「母之考爲外王父，母之妣爲外王母。」蓋父母之父母，其尊相同，故同有王父、王母之稱，特稱外以别之耳。加至小功，遂爲尊之至歟？且夫母之父母與母之姊妹必有别矣。《儀禮·小功五月章》有從母焉，從母五月，外祖父母亦五月，是視母之父母與母之姊妹同也。然其時舅之服猶止於緦麻三月也。自唐人改舅與從母同爲小功，至今循之，無有異議。夫舅之服既改而重，則外祖父母之服亦宜與之俱重，且外祖父母之服從母而推者也。古者爲父斬衰三年，爲母齊衰杖期。斬衰三年之下有齊衰三年，而後爲齊衰杖期，是父母之服相去二等也。是故父之父母齊衰不杖期，而母之父母小功五月。齊衰不杖期之下有大功九月，而後爲小功五月，是王父母與外王父母之服亦相去二等也。唐改母服爲齊衰三年，則與父相去止一等矣。明高皇定《孝慈録》又改爲斬衰三年，則與父齊等，無復隆殺之差矣。母服從隆，則母之父母不得而殺，豈宜仍依古制，五月而除？唐開元中嘗從太常卿韋滔之議，外祖加至大功。自宋以來，皆莫之用。夫禮固緣情而制者也，外祖父母之於外孫，自幼保抱攜持，蓋有不異祖父母者矣。身後制服止於小功，揆之人情，實有未饜。然則採唐開元之議，爲外祖父母制大功之服，或亦禮之所許歟？

論妻父母之服

《儀禮・喪服》篇《緦麻三月章》有妻之父母，傳曰：「何以緦？從服也。」注曰：「從於妻而服之。」斯禮也，相沿至今，未之有改也。考《爾雅・釋親》篇：「婦稱夫之父曰舅，稱夫之母曰姑。」又曰：「妻之父爲外舅，妻之母爲外姑。」蓋夫妻牉合，本同一體，故妻謂夫之父母曰舅姑，夫謂妻之父母亦曰舅姑，特稱外以别之耳。夫奉以至隆之名而服以至輕之服，疑於名實之不稱矣。婦爲舅姑本在《喪服・齊衰不杖期章》，後唐長興中改爲舅斬衰三年、爲姑齊衰三年。至明初定《孝慈録》，則又改爲舅姑並斬衰三年，而至今循之。是婦於夫之父母之服，歷代增加，至於極重。而夫於妻父母之服，猶仍其舊，止服緦麻。揆之情理，或未安乎？《儀禮・喪服》篇，母之昆弟亦在《緦麻三月章》，傳亦曰：「何以緦？從服也。」是妻之父母與母之昆弟其分相等。唐律改舅爲小功，歷代相沿，遂無異議。夫謂我舅者，我謂之甥，是故母之昆弟謂我曰甥，妻之父母謂我亦曰甥，孟子所謂「帝館甥於貳室」是也。均之甥也，於母之昆弟小功，而於妻之父母緦麻三月，其於人情，若有未饜。且母之昆弟，妻之父母，子夏傳均謂之「從服」，鄭注於母之昆弟曰「從於母而服之」，於妻之父母曰「從於妻而服之」。按母於昆弟之服，大功也，子從母服而服之，古爲緦麻，降二等也，今爲小功，降一等也。妻於父母之服期也，夫從妻服而服之，降一等則爲大功，又降一等則爲小功，以小功服之，似於禮亦不爲過。乃又降一等而爲緦麻三月，其爲抑損，不太甚乎？然則妻之父母之服，似宜援唐人改舅爲小功之例，升爲小功五月，或亦禮之所許歟？

論婦爲夫之祖父母之服

《儀禮·喪服》篇《大功九月章》有夫之祖父母、世父母、叔父母，傳曰：「何以大功也，從服也。」疏曰：「此皆夫之期，故爲之大功。」斯禮也，歷代遵之，未有改也。然竊謂夫之世父母、叔父母，旁尊也，夫服期，妻從之而服大功，於義足矣。若夫之祖父母，非旁尊也，而聖人制禮，乃與夫之世叔父母同科者，何也？曰：在古制已不可得而加也。何也？古者婦爲舅姑齊衰不杖期，夫以夫之父母而服止於期，則於夫之祖父母不得不降而爲大功矣。自後唐長興中改婦爲舅服斬衰三年，爲姑服齊衰三年，而明人又改爲同斬衰三年，則於夫之父母之服歷代增加而至於極重矣。夫之父母之服既改而重，則夫之祖父母之服亦宜與之俱重。今於夫之父母三年，而於夫之祖父母止九月，揆之情理，或未安乎？夫禮固緣情而起者也，祖父母之與孫，其愛之也，或甚於父母之於子矣。其愛孫之婦也，亦或甚於舅姑之於婦矣。爲婦者事其夫之父母如其父母，則必事其夫之祖父母如其祖父母。女子子爲其祖父母齊衰不杖期，雖出嫁不降焉。夫於己之祖父母期年，則於夫之祖父母宜亦同之。且生存之日，扶持焉、抑搔焉、奉槃奉水、請醴請洗，視已嫁之孫女必有加焉。已嫁之孫女猶有期年之服，而孫婦之服九月而除，是視夫之祖父母無以異於夫之兄弟之子婦與夫之兄弟之已嫁女也。然在古人制禮之初，舅姑止服期年，則於夫之祖父母，誠不能逾大功而上。今舅姑之服已加重矣，則於夫祖父母亦宜加重，若定爲期年之服，使孫婦與孫一律，或亦禮之所許歟？

論爲人後者其妻爲舅姑之服

《禮記·喪服小記》篇曰：「夫爲人後者，其妻爲舅姑大功。」按：此不見於《儀禮·喪服》篇，惟見於此。孔氏正義曰：「夫爲本生父母期，故其妻降一等服大功，是從夫而服此禮也。」

自唐以來無不同之，至今不改也。竊謂在古人制禮之初，則誠無以加之矣。何也？古者婦爲舅姑齊衰不杖期，婦於舅姑從夫而服者也。夫於父母三年，而婦於夫之父母期。夫於本生父母期，則婦於夫之本生父母固不得踰大功而上矣。自後唐長興中改婦爲舅服斬衰三年，爲姑服齊衰三年，而明太祖定《孝慈録》又改爲同服斬衰三年，則婦於舅姑之服，歷代增加，子婦與子固無異矣。夫子於父母斬衰三年，婦於夫之父母亦斬衰三年，然則子於本生父母齊衰期年，婦於夫之本生父母亦宜齊衰期年也。今仍從舊制爲大功，揆之情理，或未安乎？夫禮緣情而制者也，人子雖出爲人後，然父母之愛之也，不以其出爲人後而減也。即於其子之婦，亦不以其子之出爲人後而不愛也。特以禮不貳隆，既爲人後，則服制不得不因之而殺。然不得不殺者則殺之，所謂義也；有可不殺者則不殺焉，所謂仁也。人子於所後之父母既爲三年之服，則於本生之父母不得不降爲期年之服，所謂不得不殺者也。爲人婦者於其夫所後之父母，既從夫而爲三年之服，則於其夫本生之父母尚可降一等而爲期年之服，所謂有可不殺者也。乃又降一等而爲大功，則是有可不殺而殺之矣。是視其夫本生之父母，無以異於夫之兄弟之子、婦與夫之兄弟之已嫁女也。竊謂爲人後者，其妻於舅姑宜改爲期年之服，與其夫同日而除，或亦禮之所許歟？

論舅之妻無服

《儀禮·喪服》篇從母在《小功五月章》、舅在《緦麻三月章》，是舅輕於從母也。子夏傳於從母有「以名加」之説，至唐律改舅爲小功，於是母之昆弟姊妹一律小功，至今循之，無異説矣。惟舅之妻與從母之夫則從古無服。朱子推其説，以爲先王制禮，母族止於三：母之父、母之母、母之兄弟，恩止於舅。故從母之夫、舅之妻皆不爲服。然《儀禮·緦麻三月章》有從母昆弟、有舅之子。若曰恩止於舅，則何以又及其子也。《舊唐書·禮儀志》開元二十三年太常卿韋縚奏請加外祖爲大功、舅爲小功，並請爲舅母服袒免。玄宗手敕以「舅母之服不得全降於舅，宜服緦麻」。彼時廷臣之議皆不謂然，玄宗再降手敕，然後定議，爲舅母服緦麻三月。乃自宋以來，皆莫之用，舅之妻至今無服，無論從母之夫矣。夫禮固緣情而制者也，凡人幼稚之時，必依其母，母或歸寧於其父母，子必從之。舅之妻推其君姑之意，保抱攜持，視猶己子者有之矣。於其死也，漠然同於途人，豈禮也哉？開元之制未可廢也。或曰舅與從母，乃母之昆弟姊妹也，母之昆弟姊妹，其恩相等。若因母之昆弟而推及其妻，爲之制服，則因母之姊妹而推及其夫，亦當制服，何唐人之議止及舅之妻而不及從母之夫也？曰：從母之夫，視舅之妻，蓋較疏也。夫爲母黨制服，必從母而推之，故古制爲從母小功，而爲舅緦麻。所以然者，從母與吾母皆女子也，其情親也。舅與吾母則有男女之別，既嫁而反弗與同器而食，弗與同席而坐，其情稍疏矣。爲人子者，推其母之意而爲之服，故舅緦麻而從母小功也。然舅雖視從母稍疏，而舅之妻則與吾母甚親矣。從母雖視舅稍親，而從母之夫則與吾母甚疏矣。唐人制舅之妻服而不制從母之夫服，其以此歟？既爲古制所無，而又爲唐制所不及，揆之人情，從母之夫不爲之服，未爲甚歉，則固不必輕議矣。

論獨子兼祧之服

一子兩祧爲國朝乾隆間特制之條。所謂王道本人情也，所謂禮以義起也，此洵足補前聖所未及而爲後世之所法守矣。道光閒議定服制，大宗子兼祧小宗，則爲所生父母斬衰三年，而爲兼祧父母齊衰不杖期；小宗子兼祧大宗，則爲所生父母齊衰不杖期，而爲兼祧父母斬衰三年。禮重大宗固宜爾也，然於人情則似有未饜者。夫爲人後者爲所後父母斬衰三年，古今之通禮也。小宗無子而以大宗子後之，未聞有所降也。徒以大宗亦止一子，以此子兼祧小宗，乃降而爲齊衰不杖期，於理則允洽矣。而小宗父母有嗣子之名，無嗣子之實，仍無有人爲持三年服者，小祥之後几筵猶在，而服制已除，在人情得無未饜乎？然此猶未饜之小者也，其尤未饜者，則小宗子兼祧大宗，而於所生父母改服齊衰不杖期也。夫大宗不幸而無子，小宗固幸而有子也，乃奪以予大宗，而使小宗之父母有子而無子，則小宗亦無子矣。夫爲人後者於所生父母齊衰不杖期，固古今之通禮也。然其父母猶有他子在，非無人執三年之喪也。今此小宗之父母則獨子也，無他子也，設使父亡而母在，則小祥之後其母猶斬焉在衰絰之中，而其子若婦已衣錦而食稻矣，顧視其後，竟無一人與己同凶服者，有不盡然傷心者哉？此實於人情尤未饜者也。夫不曰爲人後而曰兼祧，兼之云者齊等之謂也。然則獨子兼祧者，於所生父母、所兼祧父母並宜服斬衰三年，或亦禮之所許歟？

論爲衆子婦之服

古者爲適子斬衰三年，爲衆子齊衰不杖期，重適也。夫古今異制，爲適子斬衰三年，行之於今，則爲已重矣。《明會典》改爲齊衰不杖期，至今循之。古者爲適婦大功，爲衆子婦小功。唐改適婦爲齊衰不杖期，衆子婦爲大功，亦至今循之。夫古爲適子之服如此之重，而爲適婦之服如此其輕，此古制之可疑者。唐改爲齊衰不杖期，則從適子斬衰三年，等而下之，得其宜矣。

適子、適婦既有區别，則衆子與衆子婦亦宜有區别。衆子之服，齊衰不杖期，則衆子婦之服大功九月，等而下之，亦得其宜矣。乃自明人改適子爲齊衰不杖期，則適子與衆子同也，適子與適婦亦同也。於是適子也、適婦也、衆子也，同爲一科，而獨此衆子之婦不得與之齊等。夫降則俱降，明人既降適子爲齊衰不杖期，則衆子與適婦宜降爲大功，而衆子之婦宜降爲小功。然明人既未議及，則相沿至今，不可復降也。夫禮，與其失之薄也，不如其失之厚也。婦爲舅姑之服，自古至明，遞有增加。至明制，舅姑同斬衰三年，則重之至矣。以重服服我，亦宜以重服報之。且子之於父母，無適子、衆子之别也。婦之與舅姑，亦無適婦、衆子婦之别也。古者世爵、世禄，故重適以絶覬覦之心，今則無復是嫌矣。父母於適子、衆子之服同，則於適婦、衆子婦之服亦宜同。父母於適子之婦與適子同服，則於衆子之婦亦宜與衆子同服。然則舅姑於衆子婦改服齊衰不杖期，或亦禮之所許歟？

《左傳》連珠　俞樓雜纂弟十二

《宋史·藝文志》所載《春秋賦》有崔昇、裴光輔諸家，今皆未之見。獨徐晉卿《春秋類對賦》一卷刻入《通志堂經解》，其賦數聯一韵，而不求事之相類。如第一段「伯樂獻麋〔一〕、郤至奉豕」之下即繼以「許絶太岳之禋、鄭廢太山之祀」，殊爲不倫。未知《宋志》所載崔昇《春秋分門屬類賦》、王霄《春秋囊括賦》，其體例何如也。余謂止取兩事之相類，則不宜作賦，而以連珠爲宜。孫兒陛雲方讀《左傳》，余因作《左傳連珠》一卷，如陸士衡《演連珠》之數，聊以示陛雲，使他日稍知用古之法，於經義固無當也。

蓋聞建國者必定其規模，制器者先正其繩墨。是以都城百雉過此非宜，公膳雙雞更之不得。

蓋聞得其分則大禮有光，失其人而亂端斯啓。是以彤弓一、秬鬯一爲王朝錫侯伯之常，

〔一〕伯樂，原作「樂伯」，據《春秋經傳類對賦》乙。

《文王》三、《鹿鳴》三非主國待使臣之禮。

蓋聞襲故蹈常可無大戾，棄順效逆實非良圖。是以二公子之立黔牟爲不度矣，五大夫之奉子頽敢樂禍乎？

蓋聞成敗之柄操自寸心，禍福之機捷如轉轂。是以齊桓公之霸業敗於多魚，晉重耳之功名成於五鹿。

蓋聞小人見利不論報施，君子用情無分向背。是以皮不存而毛安傅，悖哉虢射之言；粱無矣而纍有之，允矣公孫之對。

蓋聞豐財和衆乃武之經，親仁善鄰爲國之寶。是以阻兵無衆，衛州吁不解治絲；長惡不悛，陳桓公未能去草。

蓋聞治兵有術作氣爲先，制勝無奇及鋒則克。是以蒙皋比而犯，公子偃以敗宋師；執蝥弧而登，瑕叔盈以入許國。

蓋聞大難之作由細故而生，外患之來自隱微而發。是以齊君遇弑釁生崔子之冠，衛侯出奔禍起褚師之韈。

蓋聞患由外至非可豫防，機必先呈從無猝發。是以九百里外驚楚人之滅黄，四十年前卜吴地之入越。

蓋聞涉患難者轉有生機，冒寵榮者常多危地。是以烏集楚軍之幕翻可安身，鶴乘衛國之軒難言適意。

蓋聞禍福雖貢其端倪，鬼神難明其情狀。是以鳥鳴亳社而宋有災，龍鬬洧淵而鄭無恙。

蓋聞情之所溺必存卵翼之心，勢有難全終試翦除之手。是以東郭姜以孤入竟專崔氏之家，南孺子之男生不續季孫之後。

蓋聞愛其人者必美其儀形，惡其人者兼嗤其容貌。是以臧孫敗而有朱儒朱儒之謡，華元逃而有于思于思之誚。

蓋聞理必審乎是非，事貴衡其曲直。是以息侯五不韙見敗於鄭師，文子三不知難容於晉國。

蓋聞忠義之魄死而猶生，淫昏之骨生不如死。是以櫝可材也，子胥之墓常新；蒍猶在乎，伯有之門已毁。

蓋聞占驗之學雖無當於存亡，禍福之來實有見於兆朕。是以雲或夾日而飛，星有偕雨而隕。

蓋聞論人先觀其愚智，處境不論乎卑崇。是以郲益無能，坐困樓臺之上；吴光有志，奮興堀室之中。

蓋聞君子淡然而寡求，小人囂焉其多欲。是以鄭享趙武一獻何妨，魯禮范鞅十牢未足。

蓋聞相賞以言其迹猶顯，相喻以意其用彌超。是以叔向之於鬷明必執其手以上，壽餘之於隨會惟履其足於朝。

蓋聞宮府之閒每以細微起釁，朁御之輩惟於口腹是圖〔一〕。是以衛之嬖人求酒於大叔，郝之閽者乞肉於射姑。

蓋聞欲治其國先在修齊，不得乎民難期安集。是以去六順而效六逆，衛州吁終以無成；有五利以去五難，楚棄疾因之得立。

蓋聞發源之始譬猶濫觴，極盛之餘難言强弩。是以楚爲困獸不足禦吴，晉乃瘠牛僅堪僨魯。

蓋聞精進之力志士所珍，標榜之風學人所誡。是以郤子有未絶之鼓終以成功，衛侯縣不去之旗轉以甚敗。

蓋聞聖人踐形由其盡性，威儀定命所以立身。是以宋華元之腹皤見謳於城者，晉郤克之足跛爲笑於婦人。

〔一〕朁，原作「朁」，據《説文解字》改。

蓋聞骨肉薄而猜忌滋生，忠信衰而詛盟用起。是以寤生母子盟及黄泉，重耳舅甥誓如白水。

蓋聞蜉蝣之羽尚能楚楚，狐裘之美豈不黄黄？是以鄭子臧之鷸冠謂之不稱，晉申生之尨服甚矣無常。

蓋聞疆埸之閒惟戎車是利，勝負之數非地勢不分。是以城濮之師，背酅而舍，陽陵之役夾潁而軍。

蓋聞君子篤於親從無異志，小人喻於利各挾私心。是以桃子出師周鄭之懿親竟廢；楊孫置戍，晉秦之姻好難尋。

蓋聞録人之善必問其由來，繩人之愆當原其已改。是以東郭書之貍製未敢居功，右宰穀之狐裘亦堪免罪。

蓋聞好生者天之德彼昏不知，不忍者人之心惟狂罔念。是以晉之臺下衆避夷皐之丸，莒之國中人試庚輿之劍。

蓋聞禍福之至必有其先機，成敗之形不難於預卜。是以鳳鏘鏘而敬仲其昌，鳥譆譆而伯姬無禄。

蓋聞制勝之道固在争先，行軍之方尤宜持重。是以虎皮先犯，胥臣以之奏功；馬首是瞻，荀偃因而失衆。

蓋聞善悟者無關口耳，用智者别運神奇。是以左顧右顧，叔孫婼之心如見；上手下手，伯州犂之意可知。

蓋聞報應之理所以警淫，妖祥之興亦以觀德。是以彭生死而化豕徒爲厲於齊邦，昭公生而夢烏乃有後於宋國。

蓋聞蓍蔡之靈本因人而寄，犬馬之好實累德之資。是以臧氏僂句之龜寶之無益，魯侯啓服之馬櫝也奚爲。

蓋聞忠厚之澤没世而不衰，幹濟之才遇險而不避。是以甘棠可愛，欒武子足以及人；苦葉不材，魯叔孫期於濟事。

蓋聞大小之形固由於前定，安危之算亦定於平居。是以晝伏夜行，齊君似鼠；闔門塞竇，衛國如魚。

蓋聞物無美醜可以齊觀，人有貪廉固非一格。是以虞叔獻玉而不辭，宋公求珠而無獲。

蓋聞嗜好不形可以有立，精神不露可以有爲。是以玩細事者無遠圖，衛侯好鶴；負大略者多近患，楚子投黿。

蓋聞順逆之理難言於未造，安危之際尤重乎世卿。是以王室既卑野有魚麗之陣，故家未改朝有騂旄之盟。

蓋聞治世之臣雖家庭而整肅，亂世之士在宮府而譁囂。是以鄭公孫拔戟於廟，晉行人撫劒於朝。

蓋聞事大字小貴有常經，棄親用羈實非良策。是以楚不假道則鄭昭而宋聾，晉來治田則杞肥而魯瘠。

蓋聞心膂之臣以資密勿，柱石之佐以奠危傾。是以鄭有子皮譬之如棟，魯有季氏喻之以楹。

蓋聞物以有用於世爲珍，亦以見用於人而毁。是以象因有齒而自焚其身，雞憚爲犧而自斷其尾。

蓋聞君子之德仁義咸宜，小人之性剛柔俱亂。是以南宫長萬之於宋以勇力興戎，東關嬖五之在晉以讒言搆難。

蓋聞好事者務取乎恢奇，察言者不遺乎微小。是以虺也豹也叔孫侈爲嘉祥，鸜之鵒之師己鶩爲異兆。

蓋聞行兵以奇爲勝，治國以正爲模。是以翩爲鸛而御爲鵞可見軍容之盛，卒出豭而行出犬轉嫌法律之疏。

蓋聞故府典章所以立國，列邦賄賂適以成仇。是以楚受桃弧可以共王之事，宋獻楊楯徒爲賈禍之由。

蓋聞治亂興衰不離乎理數，孤虚王相有驗於天人。是以晉滅虢之期十月之交丙子，吴入郢之日六年之後庚辰。

蓋聞衡人者不以身寵而家温，觀國者不以德齊而地醜。是以夏日冬日别衰盾之寬嚴，南風北風決晉楚之勝負。

《困學紀聞》載李宗衜《春秋十賦》有「象焚身」「雞斷尾」一聯，余適與闇合。初意欲易之，然何義門先生謂二事不類，如余此聯則二事之意未始不貫通也，欲初學知運用故實之法，故仍存之。

《論語》鄭義　俞樓雜纂弟十三

鄭康成就《魯論》考之《齊》《古》，爲《論語注》十卷，《論語》之學宜以鄭爲主，孔安國傳真僞難明，未足深據。乃鄭注《論語》不傳，何晏集解所採外，散佚多矣。余讀《詩》箋、《禮》注，往往有及《論語》者，輒刺取之，以存鄭學。

三年無改於父之道，可謂孝矣。

《禮記·坊記》：「《論語》曰：『三年無改於父之道，可謂孝矣。』」注曰：「不以己善駮親之過。」

君子食無求飽。

《儀禮·公食大夫禮》：「賓三飯以湇醬。」注曰：「每飯歠湇，以肴濡醬，食正饌也。三飯而止，君子食不求飽。」

思無邪。

《詩・駉》篇箋云：「思遵伯禽之法，專心無復邪意也。」

君子先行其言而後從之。

《禮記・曲禮》：「不辭費。」注曰：「爲傷信，君子先行其言而後從之。」

殷因於夏禮，所損益可知也；周因於殷禮，所損益可知也。

《禮記・禮器》篇：「三代之禮一也，民共由之，或素或青，夏造殷因。」注曰：「一也，俱趨誠也。由，用也。素尚白，青尚黑者也。言所尚雖異，禮則相因耳。孔子曰：『殷因於夏禮，所損益可知也；周因於殷禮，所損益可知也。』」

《禮記・樂記》篇〔一〕：「禮樂之情同，故明王以相沿也。」注曰：「沿猶因述也。孔子曰：『殷因於夏禮，所損益可知也；周因於殷禮，所損益可知也。』」

按：以禮樂之情同，説損益可知之義，最爲得旨。蓋情猶實也，禮之文不同，而其實則同。宮室車服之等，拜跪揖讓之節，皆其文也，可損可益。若夫君臣主義，父子主恩，此則禮之實

〔一〕 篇，原作「扁」，徑改。

也，雖百世不可得而易也。

相維辟公，天子穆穆。

《詩・雝》篇箋：「有是來時雝雝然，既至止而肅肅然者，乃助王禘祭百辟與諸侯也。天子是時則穆穆然。」

子曰：「君子無所争，必也射乎！揖讓而升，下而飲，其争也君子。」

《禮記・射義》篇：「孔子曰：『君子無所争，必也射乎！揖讓而升，下而飲，其争也君子。』」注曰：「必也射乎，言君子至於射則有争也。下，降也。飲射爵者亦揖讓而升降，勝者袒決遂，執張弓；不勝者襲説決拾，卻左手，右加弛弓於其上，而升飲。君子耻之，是以射則争中。」

《詩・賓之初筵》篇：「發彼有的，以祈爾爵。」箋云：「射之禮，勝者飲不勝，所以養病也。故《論語》曰：『下而飲，其争也君子。』」

按：《禮》注以「揖讓而升下」爲句，《詩》注以「下而飲」爲句，兩注相違。《詩》正義謂「意取而飲與争，故引彼文不盡。」然則當從《禮》注也。

繪事後素。

《考工記》：「凡畫繢之事，後素功。」注曰：「素，白采也。後布之，爲其易漬汙也。鄭司農說以《論語》『繢事後素』。」

君使臣以禮，臣事君以忠。

《儀禮·士相見禮》：「與君言，言使臣；與大人言，言事君。」注曰：「言使臣者，使臣之禮也。大人，卿大夫也。言事君者，臣事君以忠也。」疏云：「言使臣者，使臣之禮也者，並事君以忠，並是《論語》孔子對定公之文。」

按：注、疏所言「使臣之禮」，併當作「使臣以禮」。

夏后氏以松，殷人以柏，周人以栗。

《周禮·大司徒之職》：「設其社稷之壝，而樹之田主，各以其野之所宜木，遂以名其社與其野。」注曰：「社稷，后土及田正之神。壝，壇與堳埒也。田主，田神，后土、田正之所依也，詩人謂之田祖。所宜木，謂若松、柏、栗也。」疏云：「《論語》哀公問社於宰我，對云：『夏后氏以松，殷人以柏，周人以栗。』此經雖據周一代而言，其邦國都鄙異處，所宜之木亦復不同，故云『若松、柏、栗也』。」

按：此雖不引《論語》，而實則《論語》義也。《〈論語〉釋文》云：「問社，如字，鄭本作主，云田主謂社。」鄭解《論語》，正本此經文。何休解《公羊·文二年傳》「練主用栗」引「夏后氏以松」三句，則以爲廟主，異鄭義[一]。

官事不攝焉得儉。

《禮記·禮運》篇：「大夫具官，祭器不假，聲樂皆具，非禮也，是謂亂國。」注曰：「臣之奢富儗於國君，敗亂之國也。孔子謂管仲『官事不攝焉得儉』。」

管氏亦樹塞門。

《禮記·郊特牲》篇：「臺門而旅樹。」注曰：「旅，道也。屏謂之樹，樹所以蔽行道。管氏樹塞門，塞猶蔽也。禮：天子外屏，諸侯内屏，大夫以簾，士以帷。」

子謂《韶》盡美矣，又盡善也；謂《武》盡美矣，未盡善也。

《禮記·樂記》篇：「干戚之舞，非備樂也。」注曰：「樂以文德爲備，若《咸池》者。孔子

[一] 異，原作「與」，據蔡啓盛《校勘記》改。南菁書院本《皇清經解續編·論語鄭義》作「與鄭義異」。兩説皆通，然南菁書院本更符合古書行文常例。

曰：『《韶》盡美矣，又盡善也；謂《武》盡美矣，未盡善也。』」

里仁爲美，擇不處仁，焉得知。

《禮記·大學》篇：「《詩》云：『緡蠻黄鳥，止于丘隅。』子曰：『於止，知其所止，可以人而不如鳥乎？』」注曰：「言人亦當擇禮義樂土而自止處也。《論語》曰：『里仁爲美，擇不處仁，焉得知。』」

君子喻於義，小人喻於利。

《詩·瞻卬》篇：「如賈三倍，君子是識。」箋云：「識，知也。賈物而有三倍之利，小人所宜知也。君子反知之，非其宜也。孔子曰：『君子喻於義，小人喻於利。』」

按：君子、小人以位言，此是古義。董子曰：「皇皇求財利，常恐乏匱者，庶人之意也；皇皇求仁義，常恐不能化民者，大夫之意也。」即此章確詁。

事父母幾諫，見志不從，又敬不違。

《禮記·檀弓》：「事親有隱而無犯。」注曰：「隱，謂不稱揚其過失也。無犯，不犯顔而諫。《論語》曰：『事父母幾諫。』」

《禮記·坊記》：「微諫不倦。」注曰：「子於父母尚和順，不用鄂鄂。《論語》曰：『事父母幾諫，見志不從，又敬不違。』」

子謂公冶長：「可妻也。」

《儀禮·士昏禮記》：「昏辭曰：『吾子有惠，貺室某也。』」注曰：「貺，賜也。室，猶妻也。」子謂公冶長：『可妻也。』」

晏平仲善與人交，久而敬之。

《周禮·太宰》：「以八統詔王馭萬民……二曰敬故。」注曰：「敬故，不慢舊也。晏平仲久而敬之。」

請益。曰：「與之庾。」

《考工記·陶人》：「庾實二觳，厚半寸，脣寸。」注曰：「鄭司農云：『觳讀爲斛，觳受三斗。』《聘禮記》有斛，玄謂豆實三而成觳，則觳受斗二升。庾讀如『請益與之庾』之庾。」按：如先鄭說則庾爲六斗，然又引《聘禮記》，則《記》言十斗曰斛，與三斗之說自相亂矣，故後鄭不從，據下《旊人》「豆實三成觳」爲說。按：《昭三年·左傳》「四升爲豆」，則三豆爲斗二升矣。是庾實二斗四升也。包注：「十六斗曰庾。」則據《小爾雅》文「二釜有半謂之庾」也。按：《聘禮記》：「十六斗曰籔。」今文籔爲逾，是十六斗自名籔，或名逾，不名庾。當從後鄭爲是。

君子周急不繼富。

《周禮·鄉師之職》：「以歲時巡國及野，而賙萬民之囏阨。」鄭司農云：「賙讀爲周急之周。」疏云：「讀從《論語》『周急不繼富』之周。」

按：先鄭説而鄭不破之，則即鄭義也，故亦采録之。後倣此。

中庸之爲德，其至矣乎。

《周禮·師氏》：「以三德教國子：一曰至德以爲道本。」注曰：「至德，中和之德。覆燾持載含容者也。孔子曰：『中庸之爲德，其至矣乎。』」疏曰：「此是《論語·雍也》之文，引之者證此至德與中庸之德爲一之意。」

不憤不啓，不悱不發。

《禮記·學記》篇：「時觀而弗語，存其心也。」注曰：「使之悱悱憤憤，然後啓發也。」

按：此雖不引《論語》，實即《論語》義也。集解引鄭注與此正合。

子於是日哭則不歌。

《禮記·檀弓》：「弔於人，是日不樂。」注曰：「君子哀樂不同日，子於是日哭，則不歌。」

臨事而懼。

《詩·出車》篇：「憂心悄悄。」箋云：「將率既受命，行而憂，臨事而懼也。」

富而可求也，雖執鞭之士，吾亦爲之。

《周禮·條狼氏》：「掌執鞭以趨辟。」注曰：「趨辟，趨而辟行人，若今卒辟車之爲也。孔子曰：『富而可求，雖執鞭之士，吾亦爲之。』言士之賤也。」

不義而富且貴。

《禮記·表記》：「子言之：『君子之所謂義者，貴賤皆有事於天下。』」注曰：「言無事而居位食禄，是不義而富且貴。」

子曰：「聖人，吾不得而見之矣；得見君子者，斯可矣！」子曰：「善人，吾不得而見之矣；得見有恒者，斯可矣！」

《詩·賓之初筵》篇：「其未醉止，威儀反反，曰既醉止，威儀幡幡。」箋云：「此言賓初即筵之時，能自勑戒以禮，至於旅酬，而小人之態出。言王既不得君子以爲賓，又不得有恒之人，所以敗亂天下，率如此也。」

按：君子有恒，即本《論語》。正義亦引《論語》爲證，是即《論語》義也。集解曰：「疾世無明君。」如鄭義則得通，上下言之義較宏也。

誄曰：「禱爾於上下神祇。」

《周禮·小宗伯之職》：「大烖及執事禱祠于上下神示。」注曰：「求福曰禱，得求曰祠。讄曰：『禱爾于上下神祇。』」

又《大祝》：「作六辭以通上下親疏遠近」「六曰誄」。注引鄭司農曰：「誄，謂積累生時德行以錫之命，主爲其辭也。」「或曰：誄，《論語》所謂『誄曰：禱爾于上下神祇』。」

按：據《說文》則古《論語》作讄，而《周禮》兩注有讄、誄之殊，蓋鄭君不專主古文耳。

故舊不遺，則民不偷。

《周禮·小司寇之職》：「以八辟麗邦法，附刑罰……二曰議故之辟。」注曰：「故，謂舊知也。鄭司農云：『故舊不遺，則民不偷。』」

《禮記·少儀》篇：「不道舊故。」注曰：「言知識之過失，損友也。孔子曰：『故舊不遺，則民不偷。』」

按：故舊有過，猶不見遺，方見其厚，且與「無大故不棄」之義合。包注謂「不遺忘故舊，行之美者」。必行之美者，始不見遺，則不足爲厚矣。

守死善道。

《詩・鄭風・羔裘》篇：「舍命不渝。」傳曰：「渝，變也。」箋云：「舍猶處也。是子處命不變，謂守死善道，見危授命之等。」

卑宮室而盡力乎溝洫。

《周禮・考工記》：「夏后氏上匠。」注曰：「禹治洪水，民降丘宅；土卑宮室，盡力乎溝洫而尊匠。」

又《匠人》：「堂崇一筵。」注曰：「周堂高九尺，殷三尺，則夏一尺矣。相參之數，禹卑宮室，謂此一尺之堂與。」

子畏於匡。

《禮記・檀弓》：「死而不弔者三：畏。」注曰：「人或時以非罪攻己，不能有以說之死之者，孔子畏於匡。」

夫子循循然善誘人。

《儀禮・大射儀》：「誘射。」注曰：「誘，猶教也。夫子循循然善誘人。」

子曰：「吾自衛反魯，然後樂正，《雅》《頌》各得其所。」

《儀禮・鄉飲酒禮》：「笙入堂下，磬南北而立。樂《南陔》《白華》《華黍》。」注曰：「《南陔》《白華》《華黍》，《小雅》篇也，今亡，其義未聞。昔周之興也，周公制禮作樂，采時世之詩以爲樂歌，所以通情相風切也，其有此篇明矣。後世衰微，幽、厲尤甚，禮樂之書稍稍廢棄。孔子曰：『吾自衛反魯，然後樂正，《雅》《頌》各得其所。』謂當時在者而復重雜亂者也，恶能存其亡者乎？」亦見《燕禮》注。

喪事不敢不勉。

《禮記・檀弓》：「悼公之喪，季昭子問於孟敬子曰：『爲君何食？』敬子曰：『食粥，天下之達禮也。吾三臣者之不能居公室也，四方莫不聞矣。勉而爲瘠，則吾能，毋乃使人疑夫不以情居瘠者乎哉？我則食食。』」注曰：「存時不盡忠，喪又不盡禮，非也。孔子曰：『喪事不敢不勉。』」

吾未見好德如好色者也。

《禮記・坊記》：「子云：『好德如好色。』」注云：「此句似不足。《論語》曰：『未見好德如好色。』疾時人厚於色之甚而薄於德也。」

按：集解曰：「疾時人薄於德而厚於色，故發此言。」疑即鄭注，而奪「鄭曰」字。

不忮不求，何用不臧。

《詩·雄雉》篇鄭箋云：「我君子之行，不疾害，不求備於一人。其行何用爲不善，而君獨遠使之在外，不得來歸。」

按：馬云：「不忮害，不貪求。」鄭訓忮與馬同，訓求與馬異。蓋求字所包者廣，凡求責於人皆求也，豈必貪而後有求乎？惟此章以貧富交接言，則似馬注爲合。然孔顨軒嘗疑「不忮不求」以下自爲一章，不與上相蒙，亦殊有理。鄭注不傳，或未必蒙上而言也。

孔子於鄉黨。

《周禮·黨正》注：「鄭司農云：『五百家爲黨。』《論語》曰：『孔子於鄉黨。』又曰：『闕黨童子。』」

賓退，必復命曰：「賓不顧矣。」

《儀禮·聘禮》：「賓出，公再拜送。賓不顧。」注曰：「於此君可以反路寢矣。《論語》説孔子之行曰：『君召使擯，色勃如也，足躩如也。賓退，必復命曰：賓不顧矣。』」

攝齊升堂，鞠躬如也，屏氣如不息者。出降一等，逞顏色，怡怡如也。没階趨進，翼如也。

《儀禮·聘禮記》：「下階，發氣怡焉；再三舉足，又趨。」注：「發氣，舍息也。再三舉足，自安定，乃復趨也。孔子之『升堂鞠躬如也，屏氣如不息者。出降一等，逞顔色，怡怡如也。没階趨進，翼如也』。」

按：如鄭義則自入公門以下皆爲聘問鄰國之禮，與下執圭節相連。

執圭，鞠躬如也，如不勝。上如揖，下如授。勃如戰色，足蹜蹜，如有循。

《儀禮·聘禮記》：「賓入門，皇；升堂，讓；將授，志趨。」注曰：「志猶念也。念趨，謂審行步也。孔子之『執圭，鞠躬如也，如不勝。上如揖，下如授。勃如戰色，足蹜蹜，如有循』。」《禮記·玉藻》：「圈豚，行不舉足，齊如流。」注曰：「圈，轉也，豚之言若有所循。不舉足曳踵，則衣之齊如水之流矣。孔子執圭則然，此徐趨也。」

享禮，有容色。

《儀禮·聘禮記》：「及享，發氣焉盈容。」注：「發，舍氣也。孔子之於享禮有容色。」

君子不以紺緅飾。

《考工記·鍾氏染羽》：「三入爲纁，五入爲緅，七入爲緇。」注曰：「染纁者三入而成，又再染以黑，則爲緅。緅，今《禮》俗文作爵，言如爵頭色也。又復再染以黑，乃成緇矣。鄭司農説以《論語》曰：『君子不以紺緅飾。』又曰：『緇衣羔裘。』」

按：孔注：「一入曰緅。」未知所本，宜從鄭。

當暑，袗絺綌，必表而出之。

《禮記·喪服大記》：「袍必有表，不禪。」注：「袍，褻衣，必有以表之乃成稱也。《論語》曰：『當暑，袗絺綌，必表而出之。』亦爲其褻也。」

緇衣羔裘。

《考工記·鍾氏》注，見「君子不以紺緅飾」下。

《禮記·玉藻》篇：「羔裘豹飾，緇衣以裼之。」注曰：「飾，猶褎也。孔子曰：『緇衣羔裘。』」

《詩·檜風·羔裘》篇：「羔裘逍遥，狐裘以朝。」箋云：「諸侯之朝，服緇衣羔裘，大蜡而息民，則有黄衣狐裘，今以朝服燕、祭服朝，是其好絜衣服也。」

素衣麛裘。

《儀禮·聘禮》：「公側受宰玉，裼降立。」注曰：「裼者，免上衣見裼衣。凡當盛禮者，以充美爲敬；非盛禮者，以見美爲敬：禮尚相變也。《玉藻》曰：『裘之裼也，見美也。』又曰：『麛裘青豻褎，絞衣以裼之。』《論語》曰：『素衣麛裘。』皮弁時或素衣，其裘同可知也。」疏曰：「《鄉黨》云『素衣麛裘』，彼一篇是孔子行事，鄭兼言君臣視朔之服，是其君臣同用素裼可知。若《聘禮》亦君臣同用麛裘，但主君則用素衣爲裼，使臣則用絞衣爲裼，是以鄭總云『皮弁時或素衣，其裘同可知也』。」

《禮記·玉藻》篇：「麛裘青豻褎，絞衣以裼之。」注：「豻，胡犬也。絞，蒼黄之色也。孔子曰：『素衣麛裘。』」

黄衣狐裘。

《禮記·玉藻》篇：「狐裘，黄衣以裼之。」注：「黄衣，大蜡臘先祖之服也。孔子曰：『黄衣狐裘。』」

《禮記·郊特牲》：「黄衣黄冠而祭，息田夫也。」注曰：「祭謂既蜡臘先祖五祀也，於是勞農以休息之。《論語》曰：『黄衣狐裘。』」

《詩·檜風·羔裘》箋，見「緇衣羔裘」下。

按：集解引孔注，不詳衣裘之用，其説甚略，不知平叔何以不録鄭注也。且孔注「中外色相稱」之説，義亦淺陋。據《玉藻》有「麛裘」「絞衣」之文，絞者蒼黄之色，非素也。皇氏乃云：「素衣爲正，記者亂言絞耳。」未免徇注廢經矣。

又按：《玉藻》注引孔子曰：「黄衣狐裘。」《郊特牲》注引《論語》曰：「黄衣狐裘。」蓋《論語》一書即謂之孔子，猶之《孟子》、《荀子》也。唐以前引《論語》者雖非孔子之言，亦稱「孔子曰」，並此意也。

羔裘玄冠不以弔。

《周禮・司服》：「凡弔事，弁絰服。」注：「弁絰者，如爵弁而素，加環絰。《論語》曰：『羔裘玄冠不以弔。』」

齊必變食。

《周禮・膳夫職》：「王齊日三舉。」注：「鄭司農云：『齊必變食。』」

按：此亦先鄭説而鄭同之，即鄭義也。上文「王日一舉」，是一日一太牢。齊日三舉，則一日三太牢。今説《論語》者但以不飲酒不茹葷爲變食，非古義矣。

失飪不食。

《禮記・文王世子》篇：「命膳宰曰：『末有原！』」注曰：「末，猶勿也；原，再也。勿有所再進，爲其失飪，臭味惡也。」正義曰：「食若再進，必熟爛過節，故爲失飪。」

按：孔曰「失生熟之節」，其義更周。然失之生者，常人亦不食之；而熟爛過節者，人或嗜焉。此承色惡、臭惡而言，或失飪之戒，尤嚴於過熟者乎？惟《禮》正義自順《記》文「未有原」爲説，故云「熟爛過節」，鄭義亦未必專主過熟耳。

季氏富於周公，而求也爲之聚斂以附益之。子曰：「非吾徒也，小子鳴鼓而攻之，可也。」

《禮記·大學》篇：「與其有聚斂之臣，寧有盜臣。」注曰：「國家利義不利財，盜臣損財耳，聚斂之臣乃損義。《論語》曰：『季氏富於周公，而求也爲之聚斂。』『非吾徒也，小子鳴鼓而攻之，可也。』」

按：鄭注引經固多以意增損，然如此章則疑鄭本與今本不同。鄭本「子曰」二字蓋在「季氏富於周公」之上，通章皆孔子之言，故稱求也，不稱冉有。《論語》於諸弟子皆書其字，即閒有如「牢曰」「憲問耻」之例，然直書其名則有之，於名之下繫以「也」字。如「回也」「由也」之類，皆孔子所稱，記者無此例也。此章皆孔子之言，故曰「求也爲之聚斂而附益之」。若作記者之辭，記人豈得呼冉有爲求也乎？

《孟子·離婁》篇引此文，字句小異，大旨則同。愚謂「孔子曰求」四字當在「孟子曰」之下，「求」衍文，本作：「孟子曰：『孔子曰：求也爲季氏宰，無能改於其德，而賦粟倍他日。非我徒也，小子鳴鼓而攻之可也。』」蓋引孔子之言，故曰「求也」，稱述舊文，不容改也。若孟子自言，則於孔子弟子，豈當呼爲「求也」乎？孟子與門弟子言，如公孫丑、萬章之類，皆稱曰「子」，不斥其名，乃於仲尼之徒而名之乎？因述鄭注，悟《論語》之誤，並知《孟子》之誤，故附辨之。

子路率爾而對曰。

《禮記·曲禮》：「侍於君子，不顧望而對，非禮也。」注曰：「禮尚謙也，不顧望而對〔一〕，若子路帥爾而對。」

按：據此，則鄭本「率」作「帥」。

哀公問於有若曰：「年饑，用不足，如之何？」有若對曰：「盍徹乎？」曰：「二，吾猶不足，如之何其徹也？」

《考工記·匠人》：「九夫爲井」一節注曰：「魯哀公問於有若曰：『年饑，用不足，如之何？』有若對曰：『盍徹與？』曰：『二，吾猶不足，如之何其徹也？』」其下云：「以《載師職》及《司馬法》論之，周制畿内用夏之貢法，税夫無公田。以《詩》《春秋》《論語》《孟子》論之，周制邦國用殷之莇法，制公田，不税夫。貢者自治其所受田，貢其税穀；莇者借民之力以治公田，又

〔一〕 而對，今《禮記》鄭注各本無此二字。無礙文義。

使收斂焉。畿内用貢法者，鄉遂及公邑之吏，旦夕從民事，爲其促之以公，使不得恤其私。邦國用莇法者，諸侯專一國之政，爲其貪暴，税民無藝。周之畿内，税有輕重，諸侯謂之徹者，通其率以什一爲正。《孟子》曰：『野九夫而税一，國中什一。』是邦國亦異内外之法耳。」

《詩·篤公劉》篇：「度其隰原，徹田爲糧。」箋云：「度其隰與原田之多少，徹之使出税以爲國用。什一而税謂之徹。魯哀公曰：『二，吾猶不足，如之何其徹也？』」

按：集解引鄭注但云：「周法什一而税謂之徹。徹，通也，爲天下之通法。」雖較詩箋爲詳，然未盡鄭意，疑何平叔有所刪節，非全文也，當以《匠人》注補之。蓋鄭意取民之制止有二法，夏貢、殷助是也。周人脩而兼用之，乃謂之徹。以大判言則畿内用貢法，邦國用助法。晰言之則邦國亦分别内外，郊外用助、郊内用貢。助者九一，貢者十一而一，通而計之，則爲什一，此徹之所以名也。

誠不以富，亦衹以異。

《詩·我行其野》篇：「成不以富，亦衹以異。」箋云：「女不以禮爲室家，成事不足以得富也。女亦適以此自異於人道，言可惡也。」

按：《詩》作「成」，《論語》作「誠」，古字通耳。成正字，誠叚字。成者，終也。《荀子·榮辱篇》曰：「成則必不得其所好，必遇其所惡焉。」又曰：「成則必得其所好，必不遇其所惡焉。」《彊國篇》曰：「道德之威成乎安彊，暴察之威成乎危弱，狂妄之威成乎滅亡。」諸成字併當訓終，説詳《諸子平議》。成不以富，言終不以富。箋云「成事不足以得富」，成事，猶終事，謂要其終事而言之耳。鄭注《論語》雖依誠字説之，大旨實未見其有異。邢疏謂引《詩》斷章，不與本義同，非也。又如鄭義，則知此二句自宜在此章之末，若移至齊景公一節，則不特違鄭，且失《詩》旨矣。

子帥以正，孰敢不正？

《儀禮·鄉飲酒禮》：「司正實觶降自西階，階閒北面坐，奠觶，退，共少立。」注曰：「少立，自正慎其位也。己帥而正，孰敢不正？」疏曰：「此是《論語》孔子語季康子之言也。彼言子帥，指季康子爲子。此言己帥，指司正爲己。」

君子以文會友，以友輔仁。

《詩·子衿》篇：「一日不見，如三月兮。」箋云：「君子之學，以文會友，以友輔仁，獨學而無友，則孤陋而寡聞，故思之甚。」

子路問政。子曰："「先之，勞之。」請益。曰："「無倦。」

《禮記·曲禮》："「請益則起。」注曰："「益謂受説不了，欲師更明説之。子路問政，子曰："『先之勞之。』請益。曰："『無倦。』」

刑罰不中，則民無所措手足。

《周禮·鄉士》："「獄訟成，士師受中。」注曰："「受中，謂受獄訟之成也。鄭司農云："『士師受中，若今二千石受其獄也。中者，刑罰之中也。故《論語》曰："刑罰不中，則民無所措手足。』」

子曰："「其身正，不令而行；其身不正，雖令不從。」

《禮記·檀弓》："「殷人作誓而民始畔，周人作會而民始疑。」注曰："「會，謂盟也。盟誓所以結衆以信，其後外恃衆而信不由中，則民畔疑之。孔子曰："『其身正，不令而行；其身不正，雖令不從。』」

居處恭，執事敬。

《詩·桑扈》篇："「彼交匪敖，萬福來求。」箋云："「賢者居處恭，執事敬，與人交必以禮，則萬福之禄就而求之。」

説之不以道，不説也。

《禮記·曲禮》：「禮不妄説人。」注曰：「爲近佞媚也。君子説之不以其道，則不説也。」

朋友切切、偲偲。

《禮記·祭義》篇：「子之言祭，濟濟漆漆然。」注曰：「漆漆，讀如朋友切切。」

子曰：「以不教民戰，是謂棄之。」

《周禮·大司馬之職》：「中春教振旅，司馬以旗致民，平列陳，如戰之陳。」注曰：「兵者，守國之備。孔子曰：『以不教民戰，是謂棄之。』兵者，凶事，不可空設，因蒐狩而習之。凡師出曰治兵，入曰振旅，皆習戰也。四時各教民以其一焉。」賈疏曰：「春教振旅，夏教茇舍，秋教治兵，至冬大閲。」

爲命，裨諶草創之。

《周禮·大祝》：「作六辭以通上下、親疏、遠近。……二曰命。」注曰：「命，《論語》所謂『爲命，裨諶草創之』。」

見危授命。

《詩·鄭風·羔裘》箋，見「守死善道」下。

樂然後笑。

《禮記·曲禮》：「不苟笑。」注曰：「君子樂然後笑。」

吾力猶能肆諸市朝。

《周禮·鄉士》：「協日刑殺，肆之三日。」注云：「肆之三日，故《春秋傳》曰：『三日棄疾請尸。』《論語》曰：『肆諸市朝。』」

按：此亦先鄭説也。《論語》邢疏亦引《鄉士》文而云：「鄭玄曰：『肆，猶申也，陳也。』」今《鄉士》注無此語，蓋《掌戮》注文耳。

深則厲，淺則揭。

《詩·匏有苦葉》篇箋云：「以水深淺喻男女之才性賢與不肖及長幼也，各順其人之宜，爲之求妃耦。」

按：如鄭義，則荷蕢者蓋譏孔子不知人之賢不肖，意謂當時無賢君，不必仕也。

君薨，百官總己以聽於冢宰。

《周禮·天官·序官》：「乃立天官冢宰，使帥其屬而掌邦治。」注：「鄭司農云：『邦治，謂總六官之職，故《太宰職》曰：掌建邦之六典，以佐王治邦國。六官皆總屬於冢宰，故《論語》

曰：君薨，百官總己以聽於冢宰。言冢宰於百官無所不主。《爾雅》曰：冢，大也。冢宰，大宰也。』」

闕黨童子。

《周禮·黨正》注，見「孔子於鄉黨」下。

子曰：「無爲而治者，其舜也與？夫何爲哉，恭己正南面而已矣。」

《詩·卷阿》篇：「伴奐爾游矣，優遊爾休矣。」箋云：「伴奐，自縱弛之意也。賢者既來，王以才官秩之，各任其職，女則得伴奐而優遊自休息也。孔子曰：『無爲而治者，其舜也與？恭己正南面而已。』言任賢故逸也。」

按：集解云：「言任官得其人，故無爲而治。」疑即鄭注，而奪「鄭曰」字。

雖州里行乎哉？

《周禮·州長》注：「鄭司農云：『二千五百家爲州。《論語》曰：雖州里行乎哉？』」

按：集解引鄭注誤衍「萬」字。

君子求諸己，小人求諸人。

《禮記·中庸》篇：「正己而不求於人，則無怨。」注曰：「無怨，人無怨之者也。《論語》

曰：『君子求諸己，小人求諸人。』」

斯民也，三代之所以直道而行也。

《禮記·玉藻》篇：「君羔幦虎犆。」注曰：「犆，讀皆如『直道而行』之直。直謂緣也。」按：以鄭讀考鄭義，則直道而行當訓爲緣道而行，猶云遵王之道，遵王之路也。此直字非曲直之直，與馬訓「無所阿私」義異。

師冕見，及階，子曰：「階也。」及席，子曰：「席也。」皆坐，子告之曰：「某在斯，某在斯。」師冕出。子張問曰：「與師言之道與？」子曰：「然。固相師之道也。」

《周禮·樂師》「令相」注曰：「令視瞭扶工。鄭司農云：『告當相瞽師者，言當罷也，瞽師、盲者皆有相道之者。故師冕見，及階曰階也，及席曰席也，皆坐，曰某在斯、某在斯。曰，相師之道與？』」

《儀禮·鄉飲酒禮》：「工四人，二瑟，瑟先相者二人。」注曰：「相，扶工也，衆賓之少者爲之，每工一人。《鄉射禮》曰：『弟子相工如初入。』天子相工使視瞭者，凡工，瞽、矇也，故有扶之者。師冕見，及階，子曰階也，及席，子曰席也。固相師之道。」

《禮記·少儀》篇：「其未有燭，而後至者，則以在者告，道瞽亦然。」注曰：「爲其不見，意欲知之也。師冕見，及階，子曰階也，及席，子曰席也，皆坐，子告之曰某在斯、某在斯。」

按：三引此文，皆不全。《樂師》注曰：「相師之道與？」古「也」「與」通用，即子曰：「然。固相師之道也。」非子張問語。

色厲而内荏。

《禮記·曲禮》：「故君子戒慎，不失色於人。」注曰：「色厲而内荏，貌恭心很，非情者也。」

箕子爲之奴。

《周禮·司厲》：「其奴，男子入于罪隸，女子入于舂稾。」注曰：「鄭司農云：『謂坐爲盜賊而爲奴者，輸於罪隸、舂人、稾人之官也。由是觀之，今之爲奴婢，古之罪人也。故《書》曰：「予則奴戮汝。」《論語》曰「箕子爲之奴」，罪隸之奴也。』」

按：奴者，紂奴之也。馬云「箕子佯狂爲奴」，此戰國以後相傳之説，非古義。

柳下惠爲士師。

《周禮·秋官·序官》：「士師，下大夫四人。」注曰：「士，察也，主察獄訟之事者。鄭司農説以《論語》曰：『柳下惠爲士師。』」

按：孔注曰：「士師，典獄之官。」然與獄之官在《周禮》爲司圜，非士師也。當從鄭説，爲主察獄訟之事。

故舊無大故，則不棄也。無求備於一人。

《禮記·坊記》篇：「《詩》云：『采葑采菲，無以下體，德音莫違，及爾同死。』」注曰：「此詩故親今疏者，言人之交當如采葑菲，取一善而已。君子不求備於一人。能如此，則德美之音，不離令名，我願與汝同死矣。《論語》曰：『故舊無大故，則不棄也。』」《詩·谷風》篇：「將安將樂，女轉棄予。」箋云：「朋友無大故，則不相遺棄。今女以志達而安樂，棄恩忘舊，薄之甚。」正義曰：「朋友無大故，不相棄，《論語》文也。」按：此詩刺朋友道絶，故改故舊爲朋友，非鄭所見《論語》與今異也，正義竟以爲《論語》文，則失之。

正其衣冠，尊其瞻視，儼然人望而畏之。

《詩·鄭風·羔裘》篇：「洵直且侯。」傳曰：「侯，君也。」箋云：「古朝廷之臣皆忠直且君也。君者，言正其衣冠，尊其瞻視，儼然人望而畏之。」

續《論語駢枝》　俞樓雜纂弟十四

實應劉端臨先生有《論語駢枝》一卷，雖止十數條，而皆精鑿不磨，學者重之。余湖樓無事，讀《論語》有所得，輒筆之於書。其體例與劉氏書相近，因題是名焉。

「孝弟也者，其爲仁之本與！」何氏集解但言「先能事父兄，然後仁道可大成」，語意渾然無所發明。朱文公作集注引程子曰：「爲仁以孝弟爲本，論性則以仁爲孝弟之本。」又曰：「孝弟是仁之一事，謂是行仁之本則可，謂是仁之本則不可。」於是其説始多，宜象山陸氏病其支離矣。又「觀過斯知仁矣」，孔安國注曰：「觀過使賢愚各當其所，則爲仁矣。」夫經言知仁，不言爲仁，孔注自不可從。朱注引尹氏曰：「於此觀之，則人之仁不仁可知矣。」夫經言知仁，不言知不仁，尹氏之説，亦非經旨。余著《古書疑義舉例》，有「上下文異字同義例」。如《孟子·公孫丑》篇：「有仕於此而子悦之，不告於王而私與之吾子之禄爵；夫士也，亦無王命而私受之於子。」按：「有仕於此」之仕，即「夫士也」之士。「夫士也」正承「有仕於此」而言。士正字，仕段字，是上下文用字不同而實同義也。今以此例讀《論語》，上文曰「其爲人也孝弟，而好犯上者鮮矣」，下文曰「孝弟也者，其爲仁之本與」，仁即人字。「孝弟也者，其爲人之本與」，即承「其爲人也孝弟」而言。上文曰「人之過也，各於其黨」，下文曰「觀過，斯知仁矣」，仁亦即人字。「觀過，斯知人矣」，即承「人之過也」而言。如此讀之，疑義冰釋矣。

「其諸異乎人之求之與？」皇疏本與下有也字，文義難通。始疑其誤，繼而思之，此句也字，正非誤衍。上句也字之上，蓋闕與字耳。經文本云「夫子之求之與也，其諸異乎人之求之與也。」蓋子禽問子貢本有「求之與、抑與之與」兩意。子貢言「夫子温良恭儉讓以得之」。夫曰得之，則非求之，亦非與之矣。故繼之曰「夫子之求之與也，其諸異乎人之求之與也」，與子禽問意相對。若如今本，則止對求之一層，不對與之一層，轉似夫子之必聞其政，真爲人君所與矣。

「願無伐善，無施勞。」孔解上句曰「不自稱己之善」，解下句曰「不以勞事置施於人」。朱注解上句同孔，解下句則以孔注之義爲或一說，而其正解則曰：「施，亦張大之意；勞，謂有功。」然則伐善、施勞同一事也。夫子路、顏淵與夫子之志，雖大小不同，然皆有及物之意，若但曰不矜誇云爾，此亦何足爲志哉？孔解不施勞，自較勝朱注。又推闡其義，有不欲勿施之說，視孔解更進，然與上句不一律，恐非顏淵之本旨。且不以勞事施人，其說雖美，然愛之能勿勞乎？

則竟曰「無施勞」，亦有所不可通也。愚謂伐者，敗也。《説文·人部》：「伐，敗也。」《藝文類聚·武部》引《春秋説題辭》曰：「伐之爲言敗也。」是伐有敗義，乃是古訓。施與弛通。《微子》篇：「君子不施其親。」《釋文》施作弛，是其證。《國語·魯語》：「文公欲弛孟文子之宅。」韋注曰：「弛，毁也。」「無施勞」之施，當讀作弛，而訓爲毁。善也、勞也，皆以在人者而言，勞謂功也。人有善宜奬成之，而勿敗之，人有功宜保全之，而勿毁之，是謂無伐善、無施勞。如此釋之，則與子路「車馬衣裘與朋友共」，及夫子「老安」「少懷」「朋友信之」語意一例，而聖賢所志之大小，則於此可見矣。

「自牖執其手。」包注曰：「牛有惡疾，不欲見人，故孔子從牖執其手。」邢疏引《淮南子》云「伯牛癩」，以爲惡疾之證。《文選》劉孝標《辨命論》亦云：「冉耕歌其芣苡。」愚謂伯牛之有惡疾，固也；謂其不欲見人，故孔子從牖執其手，則亦近於臆説。誠使伯牛不欲見人，當謹謝夫子，並不使得執其手矣。既得執其手，則夫子從牖外視之，豈不見其面乎？朱注知其不可通，改爲之説曰：「禮，病者居北牖下，君視之，則遷於南牖下，使君得以南面視己。時伯牛家以此禮尊孔子，孔子不敢當，故不入其室，而自牖執其手，蓋與之永訣也。」按：《鄉黨》篇：「疾，君視之東首。」包注曰：「夫子疾，處南牖之下，東首。」邢疏曰：「病者常居北牖下，爲君來視，則暫時遷鄉南牖下，東首，令君得南面而視之。」此即朱注所本。然彼是言君視臣疾之禮，孔子非人君，伯牛之家乃以人君之禮尊孔子，幾與「子路使門人爲臣」同一虚罔矣。若謂君師之分相等，師視弟子疾，亦得用君視臣疾之禮，則孔子既不敢當，則此之非禮明矣。孔子何不使其家改正其位，而但於牖中引手與之一訣也？且包氏之注亦有可疑。《鄉黨》但言「東首」，不言「在南牖下」，包何所據而知爲「南牖下」乎？考《禮記·喪大記》：「寢東首於北牖下。」鄭注曰：「謂君來視之時也，病者恒居北牖下。」賈疏云：「若君不視之時，則不恒東首，隨病者所宜。此熊氏所説也。」以鄭注及熊氏舊説觀之，則君來視疾，惟東首爲異，並無遷至南牖下之説。賈疏又云：「今謂病者雖恒在北牖下，若君來視之時，則暫時移嚮南牖下，東首，令君得南面視之。」此則與《鄉黨》邢疏相同，而賈疏明有「今謂」云云，則可知非古説也。竊疑包注本作「夫子疾，處北牖之下，東首」，蓋即本《喪大記》之文，傳寫者誤北爲南，遂滋異説，未可據依，而朱子又附會其説解此章之義，彌失之矣。

然則「自牖執其手」當作何解？曰：《士喪禮》下篇：「士處適寢。」鄭注曰：「將有疾，乃寢於適室。」賈疏曰：「若不疾，則在燕寢，將有疾，乃寢卧于適室。」按：《士喪禮》首云士「死于適室」，此蓋古人慎終，男子不死於婦人之手，故必處適寢，而不居燕寢。然如鄭注謂「將有疾，乃寢於適室」，此於理未通。夫將有疾者，猶未疾也，安知其必將有疾，且疾必將死？急急焉遷於適寢，爲死計乎？疑古人平時自居燕寢，即有疾亦在燕寢。蓋燕寢之中，夫婦所居，諸事俱便，湯藥焉、扶持焉，皆不可無親暱之人。古今雖殊，人情一理，豈有一抱微痾，遽遷而出之於外者乎？直至疾不可爲，勢將屬纊，然後遷居適寢，以明得正而斃之義。故《士喪禮記》以「士處適寢，寢東首于北墉下」發端明此，已爲喪禮，非復尋常居室之事矣。伯牛雖有疾，然其時猶未遽死，尚在燕寢，而不在適寢。何以知之？士處適寢，必在北墉下，《士喪禮》有明文，若燕寢，則固在南牖下。《士昏禮》曰：「御衽于奧。」奥者，室西南隅，是正近南牖下也。孔子以伯牛居燕寢之中，其地近褻，且必有婦女侍疾，故不入其室，而自牖視之。或者古人問疾，本是如此，乃禮之常，而非禮之變，故記人但言「自牖執其手」，不復言其所以然也。古今紛紜之説，徒爲辭費矣。

「井有仁焉，其從之也。」孔注曰：「宰我以仁者必濟人於患難，故問有仁人墮井，將自投下，從而出之不乎？」按：此注殊不可通。有人墮井，自當救之，但問有可救之道否耳，何必問其墮井者爲何如人乎？豈墮井者非仁人，仁者遂可不救乎？朱注知其不可通，故用劉聘君説，作「井有人焉」。夫人、仁通用，古書固有之。然此章則皇疏本作「井有仁者焉」，是此章仁字不得爲人之叚字也。愚謂孔以仁人解仁字，其説不誤。惟宰我設言之旨，並非以濟人患難爲説，蓋以仁者必好其同類之仁人，聞有仁人在某所，則雖山川悠遠、關塞阻隔，必將往而從之。設有人告之曰：有仁人在井中，亦將從之否乎？經文止有從字，並無救字之意，何必增益救字，使經文成不可解邪？

「加我數年，五十以學《易》，可以無大過矣。」朱注謂「劉聘君見元城劉忠定公自言讀他論『加』作『假』，『五十』作『卒』」。不知所謂他論者果是何本？加之作假，《史記》固然，《風俗通·窮通》篇亦引作假，是果可信。若「五十」作「卒」，則無所據依。自陸德明作《釋文》，不見有作「卒」之本。劉忠定在北宋時從何處見之邪？然則仍從何氏集解作「五十以學易」，而解爲「以知命之年，讀至命之書」乎？曰：何氏之説雖美，而五十以學《易》一句，文義終有未安。且如「吾十有五」一章，使易之曰「吾十有五以志于學，三十以立，四十以不惑，五十以知天命，六十以耳順，七十以從心所欲、不踰矩」，則讀之便覺齟齬矣。五十以學《易》，何以異此？且朱注謂孔子是時年幾七十，斯言也，雖於《史記》亦無明證，然假年之歎，必發於暮年。若年未五十，則猶在强仕之時，安得自謂來日無多而思更假數年也？愚謂此章之旨本自明白，但學者不得其讀耳。當以「加我數年」爲一句，「五十」爲一句，「以學《易》」爲一句。五、十二字承加我數年而言，蓋不敢必所假者幾何年，故著此二字，言或五或十也。使足成其文，曰：「假我數年，五年、十年，以學《易》，可以無大過矣。」則文義便自了然。因上句已有年字，故五、十下不更出年字。愚著《古書疑義舉例》，有「蒙上文而省之例」，可以讀此經也。

牢曰：「子云：『吾不試，故藝。』」按：劉向言魯《論語》二十篇皆孔子弟子記諸善言也。然則《論語》所載孔子之言皆弟子所記，未嘗一一分別，謂此章某人言之也。今獨有此「牢曰子云」之變例，何邪？朱注引吴氏曰：「弟子記夫子此言之時，子牢因言昔之所聞有如此者，其意相近，故並記之。」夫以意近而並記，則亦竟記聖言可矣，何必冠以「牢曰」乎？愚謂此蓋古書并存異義之例。古人著書往往博采異文，附之簡策。如《管子・法法》篇之「一曰」、《大匡》篇之「或曰」，皆爲管氏學者傳聞不同而並記之也。《韓非子》書如此者尤多。如《内儲説》上篇引魯哀公問孔子「莫衆而迷」，又載：「一曰：晏嬰子聘魯，哀公問曰：『語曰：莫三人而迷。』」如此之類，不下數十事，蓋亦古人網羅放失之盛心也。上文：「子聞之，曰：大宰知我乎！吾少也賤，故多能鄙事，君子多乎哉？不多也。」此蓋作《論語》者記載如此。乃牢之所記，則但有「吾不試故藝」五字，詳略不同，不知孰是，故附記其後。古書體例，固有是也。

「朝，與下大夫言，侃侃如也；與上大夫言，訚訚如也。」孔注不解「朝」字，而下節「君在」，馬融注曰：「君在者，君視朝也。」於是朱注解此節曰：「此君未視朝時也。」意謂群臣咸集而君猶未出，故得與上大夫、下大夫言耳。然《孟子》云：「禮，朝廷不歷位而相與言，不踰階而相揖也。」錯立族談，在外朝且有禁，況君所日視之治朝乎？愚意此朝乃「九卿朝焉」之朝。《考工記·匠人》云：「外有九室，九卿朝焉。」鄭注曰：「外，路門之表也。九室，如今朝堂諸曹治事處。」《國語·魯語》云：「自卿以下，合官職於外朝，合家事於内朝。」韋注曰：「外朝，君之公朝也；内朝，家朝也。」此經朝字，正謂卿大夫之外朝，在君路門之外，乃卿大夫治事之處，而非君所視之朝，故得與上大夫、下大夫言。蓋公事有當關白者，非苟言而已也。至下文「君在」，亦非謂君視朝。凡遇公事會集，君或親臨，皆得謂之「君在」。《禮記·檀弓》篇：「季孫之母死，哀公弔焉。曾子與子貢弔焉，閽人爲君在，弗内也。」此「君在」二字，即可爲此經「君在」二字之一證。「君在」二字，所包者廣。孔子凡遇「君在」，則皆「踧踖如也、與與如也」。馬注不達，誤以君視朝釋之，夫君視朝，豈得但謂之「君在」乎？

「先進於禮樂，野人也；後進於禮樂，君子也。」孔曰：「後進與禮樂，俱得時之中，斯君子矣。先進有古風，斯野人也。」按：孔注未是。若後進禮樂得時之中，則聖人豈不從之，而反從先進乎？由未得君子二字之義，故失其解。此章君子非美稱，對野人而言。野人者，郊野之人；君子者，都邑之人。《昭二十七年·左傳》：「左司馬沈尹戌帥都君子。」杜注曰：「都君子，在都邑之士。」是其證也。《詩·都人士》篇：「彼都人士，臺笠緇撮，彼君子女，綢直如髮。」士曰都人，女曰君子，互言之耳，可知君子即都人也。先進於禮樂，後進於禮樂，皆以偏者而言。先進偏於質，故曰野人；後進偏於文，故曰君子。君子、野人，猶今俗語曰城中人、鄉下人耳。「如用之，則吾從先進。」即禮與其奢也，寧儉之意。孔氏不解君子之義，誤許後進爲得中，則下文不可通矣。朱注亦未達此，故引程子説，以此爲「時人之言」。然經文但言野人也、君子也，不言人以爲野人、人以爲君子，野人、君子，明是孔子自爲品藻，不得如程説也。

「不踐迹，亦不入於室。」孔注曰：「言善人不但循追舊業而已〔一〕，亦少能創業，然亦不入於聖人之奥室。」朱注則云：「善人雖不必踐舊迹而自不爲惡，然亦不能入聖人之室也。」〔二〕兩家之説，並非經旨。如其説，則下句總須有「然」字一轉矣。愚謂此章之意，蓋勉善人以效法聖人也。「不踐迹，亦不入於室」，言不踐聖人之陳迹，則亦不能入聖人之奥室也。語意明白，詞費何爲？

「民無信不立。」按：此當從皇疏本作「民不信不立」，言民不信我，則不可以立國。故雖食

〔一〕循追舊業，今《論語》孔注各本作「循追舊迹」。因《論語》原作「不踐迹」，故作「舊迹」於義較勝。
〔二〕該句爲朱注引程子之語。

與信不能兩全，寧使餼廪不給、糗糧不備，而賞罰不可不定、約束不可不明，使民始終信我，而不離叛也。邢疏本作「民無信不立」，無與不義本相通，而語氣稍別。朱注遂云：「無信則雖生而無以自立，不若死之爲安。」則是信爲民之信，而立亦爲民之立。與上文「民信之矣」同一信字，而有二義。且去食而責民之信，理亦未圓。將使委巷細民，人人枵腹而抱尾生之柱乎？

「天下有道，丘不與易也〔一〕。」孔注曰：「言凡天下有道者，丘皆不與易也，己大而人小故也。」皇疏本如此，邢本無「孔曰」。注意不甚明了，而皇疏申之甚暢。大旨謂「世亂，賢者宜隱而全生，聖人宜出以宏物。我既不失，彼亦無違。我不以我道易彼，亦不使彼易我。」其意美矣，然揆之經文，語意終有未安。「天下有道」，既嫌鶻突，「丘不與易」句，止有不以我道易彼之意，而不使彼易我之意尚在言外，聖人之言，轉成歇後語矣。朱注曰：「天下若已平治，則我無用變易之。正爲天下無道，故欲以道易之耳。」天下無道一意，亦屬增益。經文但言有道，不言無道也。愚謂此節語意與桀溺之言相對。因桀溺言「避人」，故言「吾非斯人之徒而誰與」，見人不可避也。因桀溺言「滔滔皆是」「誰與易之」，故言「天下有道，丘不與易」，見天下不待易也。皆

〔一〕丘，原作「邱」，避聖人孔子諱，徑改，以下不再出校。

是折桀溺之言耳。所謂天下有道者，即三綱五常，天下之達道，雖百世不變，聖人豈得而易之，故曰「丘不與易也」。沮溺之徒，見天下變壞已極，非大有更改不足爲治，故知其不可爲而去之。殊不知天不變道亦不變，所謂治亂者，不過氣運之盛衰，而天下所有之常道，則固未嘗亡也。誠使聖人得百里之地而君之，以至於朝諸侯、有天下，亦惟是循其常道而已，豈必有所變易哉！

「亞飯干適楚，三飯繚適蔡，四飯缺適秦。」孔曰：「次飯，樂師也。」包曰：「三飯、四飯，樂章名。」兩注皆無「以樂侑食」之說。而《周官・膳夫》疏引鄭康成注云：「皆舉食之樂。」則固以亞飯以下爲以樂侑食之官矣。皇疏云：「《周禮・大司樂》：王朔望食乃奏樂，日食不奏也。夏、殷則日奏。」〔一〕此説殊誤。《周官・膳夫職》云：「王日一舉，以樂侑食。」賈疏云：「案：《大司樂》云：『王大食皆令奏鍾鼓。』彼大食自是朔食。日舉之樂，大司樂或不令奏，故不言之。無妨日食自有舉食之樂。」皇疏但檢《大司樂職》，而不檢《膳夫職》，遂以日奏爲夏、殷制。果爾，何又以大師摯等八人爲魯樂人乎？

〔一〕該句乃皇侃《義疏》所引，不見於今本《周禮》。

四飯之説見《白虎通·禮樂》篇云：「王平居中央，制御四方，平旦食，少陽之始也；晝食，太陽之始也；餔食，少陰之始也；暮食，太陰之始也。」又引此章之文而申之曰：「諸侯三飯，卿大夫再飯，尊卑之差也。」此自是漢儒古義，然每日四飯，於他書實無所徵。《禮記·玉藻》篇：天子「皮弁以日視朝，遂以食。日中而餕。」又説諸侯云：「朝服以日視朝於内朝。又朝服以食，特牲三俎祭肺，夕深衣祭牢肉。」鄭注曰：「天子言『日中』，諸侯言『夕』，互相挾。」然則天子、諸侯皆是一日三食，朝也、日中也、夕也，故鄭君注《周禮》「王日一舉」云：「以朝食也。」賈疏申明之曰：「一日食有三時，同食一舉。」而鄭注《鄉黨》篇「不時不食」曰：「不時，非旦夕日中時〔一〕。」可知一日三食，天子、諸侯、大夫同之。《文王世子》篇：「文王之爲世子，朝於王季日三。」又曰：「食上，必在視寒暖之節。」亦可爲一日三食之一證。《白虎通》謂天子四飯，殆因《論語》此章文而附會其説，非古制也。

然則亞飯、三飯、四飯之説如何？曰：侑食之制，詳於《儀禮》。士九飯三侑，見《特牲饋食》篇，此士禮也。大夫禮則七飯之後始告飽而侑，見《少牢饋食》篇賈疏曰：「士三飯即告飽

〔一〕 旦夕，今《論語》各本作「朝夕」。兩説皆通。

而侑，大夫七飯告飽而侑，諸侯九飯告飽而侑，天子十一飯而侑。」此侑食之制也。至于飯數，則士九飯、大夫十一飯，皆見《特牲》《少牢》兩篇。鄭君於《有司徹》篇注曰：「士九飯，大夫十一飯，其餘有十三飯，十五飯。」賈疏申明之曰：「五等諸侯同十三飯，天子十五飯。」今依此説之。士每三飯輒一侑，與大夫以上異制，此可勿論。若大夫則七飯而侑，十一飯而止；諸侯則九飯而侑，十三飯而止；天子則十一飯而侑，十五飯而止。自侑之後，各加四飯。大夫卑，或不用樂。天子、諸侯以樂侑食，於是皆得有四飯之樂。天子之初飯乃其十二飯也，亞飯則其十三飯，三飯則其十四飯，四飯則其十五飯，此天子之四飯也。諸侯初飯乃其十飯也，亞飯則其十一飯，三飯則其十二飯，四飯則其十三飯，此諸侯之四飯也。天子、諸侯雖同用四飯，而自有尊卑之差，非如《白虎通》天子四飯、諸侯三飯、卿大夫再飯，以意爲等差也。

俞樓雜纂第十五

《論語》古注擇從

自《論語集注》行而古注束高閣矣，然古注自有不可廢者。孔子云「擇其善者而從之」，本此意以讀古注，是在信而好古者。

傳不習乎？

集解曰：「言凡所傳之事，得無素不講習而傳之。」

按：上文「爲人謀」「與朋友交」，皆是與人相接之事，則此句自以從古注爲善。傳，謂傳之於人也，傳之於人必先習之於己，不習而傳，是道聽而塗説也，君子耻之。若如朱注「傳謂受之於師」，則此句止是學問自修之事，與上二句不一律矣。然皇侃義疏引袁氏云「常恐傳先師之言不能習也」，則朱注之義，亦有所本。

學則不固。

孔曰：「固，蔽也。」一曰：「言人不能敦重，既無威嚴，學又不能堅固識其義理。」

按：此當以孔注爲善，不重則不威，學則不固，兩句之義一反一正，蓋互文也。不重則不威，反言之也，正言之，重則威矣。學則不固，正言之也，反言之，不學則固矣。孔訓固爲蔽，《說文》：「固，四塞也。」四塞，故爲蔽。《禮記·曲禮》篇：「君子謂之固。」鄭注曰：「固，謂不達於禮也。」蔽即不達之謂。學則温故知新，事理通達，莫得而蔽之，是謂不固。集解引孔注止此一言，朱注未達其旨，而從其後一説。然不重則不威、學則不固，兩則字明是對文，則此兩句之義，必是平列。若從其後一説，當云「君子不重則不威，則學不固矣」，是可知孔注爲長也。又集解所謂「一曰」者，乃是别引一説，而皇侃義疏誤謂是孔後説，遂云：「孔訓固爲蔽，蔽猶當也。言人既不能敦重，縱學亦不能當道理也。」斯則屈孔義以從後説，迂曲殊甚矣。

信近於義，言可復也；恭近於禮，遠耻辱也。

集解曰：「復，猶覆也。義不必信，信非義也。以其言可反復，故曰近義。恭不合禮，非禮也。以其能遠耻辱，故曰近禮也。」

按：經文兩言近，凡言近者，皆近似之謂，而朱注云「約信而合其宜」「致恭而中其節」。夫合其宜則竟是義矣，中其節則竟是禮矣，何言近乎？且如《中庸》「好學近乎知、力行近乎仁、知耻近乎勇」，朱注亦云「好學非知」「力行非仁」「知耻非勇」。然則此文兩近字義與彼同，不得以近義爲即是義，近禮爲即是禮也，此當從古注爲善。然何氏所云尚未明快，當云：「信非即義也，而近於義，以其言可復也；恭非即禮也，而近於禮，以其遠耻辱也。」如此解之，則文義明暢矣。

子貢曰：「《詩》云『如切如磋，如琢如磨』，其斯之謂與？」

孔曰：「能貧而樂道，富而好禮者，能自切磋琢磨。」

按：朱注云：「言治骨角者，既切之而復磋之；治玉石者，既琢之而復磨之。治之已精而益求其精也。子貢自以無諂無驕爲至矣，聞夫子之言，又知義理之無窮。雖有得焉，而未可遽自足也，故引是詩以明之。」自來讀此章者皆謂孔注簡略無義，朱注則以「切琢」關合上文「可也」之義，以「磋磨」關合上文「未若」之義，深得子貢引詩之旨，孔注淺而朱注深，不待言矣。乃愚以爲朱義非古訓也。《爾雅·釋器》篇：「骨謂之切，象謂之磋，玉謂之琢，石謂之磨。」此正釋《淇澳》篇「切磋琢磨」四字之義，乃古訓相傳如此，故毛公即承用之，切磋琢磨，分屬骨象玉石，一字爲一事，非兩字共爲一事也。今云「治骨角者，既切之而復磋之；治玉石者，既琢之而復磨之」，則是骨角須切磋並用，玉石須琢磨兼施，與《雅》訓違矣。《大學》云：「如切如磋者，道學也；如琢如磨者，自脩也。」夫既切之而復磋之，既琢之而復磨之，同一精益求精之意，何以一則言學，一則言自脩？若使《大學》而易其文曰「如切如琢者，道學也；如磋如磨者，自脩也」，則朱注之義信矣。《大學》之文亦本《爾雅》，《爾雅》釋切磋琢磨四字，《大學》所無，猶可不用。若道學、自脩二句，《大學》所同，朱注亦不敢違也。既不敢違《大學》，則亦不能廢《雅》訓。而子貢引此詩之意，未必如朱注所云矣。蓋無諂無驕，子貢所已及，譬猶骨象玉石已成之質也，孔子進之以樂與好禮，譬猶骨象玉石加以切磋琢磨之功而成器矣。孔注但曰「能貧而樂道，富而好禮者，能自切磋琢磨」，語簡而意已盡。古注之似淺而實深如此，讀者不可不察也。

子曰：「夷狄之有君，不如諸夏之亡也。」

包曰：「諸夏，中國。亡，無也。」

按：包注但解字義，未達其旨。疏家則有二説。邢疏曰：「言夷狄雖有君長，而無禮義，中國雖偶無君，若周召共和之年，而禮義不廢，故曰：『夷狄之有君，不如諸夏之亡也。』」皇疏曰：「周室既衰，諸侯放恣，禮樂征伐之權，不復出自天子，反不如夷狄之國，尚有尊長統屬，不至如我中國之無君也。」二説不同，而朱注引程子曰：「夷狄且有君長，不如諸夏之僭亂，反無上下之分也。」則意與皇疏同。愚謂此章之義，自以邢疏爲善。孔子作《春秋》，内中國而外夷狄，何至如皇疏所云抑諸夏而與夷狄之甚也？雖云傷時，然聖人辭不逼切，必不抑揚過甚如此。韓文公《原道》篇曰：「孔子之作《春秋》也，諸侯用夷禮則夷之，夷而進於中國則中國之。經曰：『夷狄之有君，不如諸夏之亡。』《詩》曰：『戎狄是膺，荆舒是懲。』今也舉夷狄之法，而加之先王之教之上，幾何其不胥而爲夷也。」是韓子解此經與邢疏同，蓋唐以前相承之舊義也。

繪事後素。

鄭曰：「繪，畫文也。凡畫繪，先布衆采，然後以素分其閒，以成其文。喻美女雖有倩盼美質，亦須禮以成之。」

按：鄭解繪事後素甚明，朱注易之曰「先以粉地爲質，而後施五采」，則是繪事先素矣。且古人繪事，亦不皆以粉地爲質，如大夫、士之布侯畫虎豹鹿豕，皆以丹爲質。《儀禮・鄉射禮記》「凡畫者丹質」是也，説詳《群經平議》。朱注特以從鄭義，則是以素喻禮，禮者文章制度之謂，不可以素喻之，故改爲此説。其實禮者因人之情以爲節文者也，鄭注所謂「分其閒以成其文」者，於義正合。且五采既施，得素而後成其文，所謂「素以爲絢」也，若以粉地爲質，而後施五采，則是以素爲絢，而非「素以爲絢」矣，不如古義爲長。

自既灌而往者。

孔曰：「灌者，酌鬱鬯，灌於太祖，以降神也。」

按：孔注止言「灌於太祖」，邢疏則曰：「言未殺牲，先酌鬱鬯酒灌地，以求神於太祖廟也。」是灌於太祖廟之地，非灌於太祖矣。皇疏於此極爲詳明，云：「先儒舊論灌法不同，一云於太祖室裏龕前東向，束白茅置地上，而持鬯酒灌白茅上，使酒味滲入淵泉，以求神也。而鄭康成不正的道灌地，或云灌尸，或云灌神，故《郊特牲》云：『周人尚臭，灌用鬯臭。鬱合鬯，臭陰達於淵泉。灌以珪璋，用玉氣也。既灌然後迎牲，致陰氣也。』鄭注云：『灌，謂以圭瓚酌暢，始獻神也。』又《祭統》云：『君執圭瓚灌尸，大宗執璋瓚亞灌。』鄭注云：『天子諸侯之祭禮，先有灌尸之事，乃後迎牲。』案：鄭二注或神或尸，故解者或云灌神是灌地之禮，灌尸是灌人之禮。」以上並皇疏説。

今按：《祭統》明云灌尸，則灌人而非灌地可知矣。鄭注雖有獻神、灌尸之異，此乃行文語句小有異同，尸即神也，灌即獻也，以鄭注證之，可知灌神者獻尸也。灌有澆灌之義，猶或疑於灌地；獻則奉承之謂，豈得謂之獻地乎？或疑神與尸亦當有別。《少牢饋食禮》「祝酌奠」，注曰：「酌奠，酌酒爲神奠之。」疏云：「以其迎尸之前，將爲陰厭，爲神不爲尸，故云爲神奠之。」執是而言，灌尸非即獻神矣。然鄭注《郊特牲》篇雖有獻神之説，而其下即云「已乃迎牲於庭殺之」，則與《祭統》注所言「先有灌尸之事，乃後迎牲」者，正同一事。夫獻神後即迎牲，則其時尸已人矣，可知神即是尸，不得以《少牢》篇注文相難也。鄭君注《禮》，並未有灌地之説。皇疏謂「鄭康成不正的道灌地」是也，而又引鄭注《尚書大傳》云：「灌是獻尸，尸乃得獻，乃祭酒以灌地。」此數語鶻突，文有闕誤，以愚論之，殆後人增益鄭注，而非康成原文。不然，何其與《禮》注不同乎？孔穎達於《尚書·洛誥》「王入太室裸」云：「裸者，灌也。王以圭瓚酌鬱鬯之酒以獻尸，尸受祭而灌於地，因奠不飲，謂之裸。」夫如是，則尸灌之非獻酒者灌之也，安得即名爲灌乎？尸受酒而灌之即名爲灌，然則尸受酒而啐之即名爲啐乎？且謂尸受祭而灌於地，似是古人飲食必祭之意。然則此灌也，尸所以伸報本之忱，而非祭者所以展降神之敬也，不更大謬歟？

推原致誤之由，實始於鄭興。《周官·甸師》：「祭祀供其蕭茅。」鄭大夫云：「蕭字或爲莤，莤讀爲縮，束茅立之祭前，沃酒其上，酒滲下去，若神飲之，故謂之縮。」此説蓋本於《士虞禮》之有苴。《士虞禮》云：「苴刌茅，長五寸束之，實于篚。」又云：「祝取苴降，洗之；升，入設于几東席上。」又云：「佐食取黍稷祭于苴。」鄭大夫因有束茅沃酒之文。然《士虞禮》之苴用之於迎尸之前，而灌禮行之於迎牲之前，則固不得爲一事也。鄭大夫既誤以祭祀蕭茅爲灌禮之用，而杜預注《僖三年·左傳》遂云：「茅，菁茅也。束茅而灌之以酒，爲縮酒。」於是始並爲一談矣。皇侃所謂先儒舊論持鬯酒灌白茅，其説實本於此。而孔穎達《尚書》疏又别有尸受祭而灌地之説，則又不知所自來，後人以羼入《尚書大傳》鄭注。然鄭君《禮》注具在，曷嘗有此説乎？《論語》此章，孔注但言灌於太祖，不言灌地，自是古義。即《尚書》孔傳，雖枚頤僞造，而於「王入太室祼」云「祼鬯告神」，亦古義也。朱注此章不用孔注古義，而易之曰「灌者，方祭之始用鬱鬯之酒灌地，以降神」，則爲邢疏所誤。若依《祭統》之文，改灌地爲灌尸，斯無弊矣。

與其媚於奥，寧媚於竈。

孔曰：「奥，内也，以喻近臣；竈，以喻執政。」

按：朱注曰：「凡祭五祀，皆先設主而祭於其所，然後迎尸而祭於奥。如祀竈，則設主於竈陘，祭畢，而更設饌於奥以迎尸也。」如其説則媚奥仍即是媚竈耳。顧亭林先生因有「奥何神哉」之疑，而謂：「時人之語言『媚其君者，將順於朝廷之上，不若逢迎於燕退之時』。」注以奥比君，以竈比權臣，本一神也，析而二之，未合語意。」然愚謂王孫賈此言，明是以奥比君，以竈比權臣，蓋以此語諷孔子，即彌子瑕「孔子主我，衛卿可得」之意。若從亭林之説，奥、竈皆喻君，則於王孫賈之意全失矣。蓋此章奥、竈當從古義，皆以地言，而不以神言，初不涉祭祀之事。

奥爲尊者所居，故以喻君；竈爲飲食所從出，故以喻權臣。朱注必牽合祭祀爲説，其義轉晦。觀孔注及邢、皇二疏，並不以祭祀言也。然孔注謂奥喻近臣，近臣無所指，此則宜從朱注喻君爲是。

子游曰：「事君數，斯辱矣，朋友數，斯疏矣。」

集解曰：「數，謂速數之數。」皇疏作孔安國注。

按：數之所包者廣，非止言語之閒。邢疏曰：「此章言爲臣結交〔一〕，當以禮漸進也。」皇疏曰：「禮不貴褻，故進止有儀。臣非時而見君，此必致恥辱。朋友非時而相往，必致疏遠。」邢、皇二疏之義，并合經旨。朱注引胡氏曰：「事君諫不行，則當去；導友善不納，則當止。」專以諫諍爲説，本文似無此義也。

由也好勇過我，無所取材。

鄭曰：「無所取材者，無所取於桴材，以子路不解微言，故戲之耳。」

按：此自以鄭注爲得語意。朱注云「譏其不能裁度事理」，於語意不合也。集解又引一

〔一〕言，今《論語》邢疏各本作「明」。兩説皆通。

說，讀「材」爲「哉」，此則不可從。

臧文仲居蔡，山節藻棁。

包曰：「蔡，國君之守龜，出蔡地，因以爲名焉。長尺有二寸，居蔡，僭也。節者，栭也，刻鏤爲山；棁者，梁上楹，畫爲藻文，言其奢侈。」

按：包以居蔡爲僭，山節藻棁爲奢。然《明堂位》以山節藻棁爲天子廟飾，大夫之家而用天子之廟飾，則亦僭也，故孔子譏其不知，猶曰「奚取於三家之堂」云爾，似不必分上句爲僭，下句爲奢也。至居蔡一事，山節藻棁又一事，自當從包注爲是。《禮記·禮器》篇曰：「家不寶龜，不臺門。」居蔡，即寶龜也，山節藻棁，雖非臺門，而亦是宫室僭踰之事，猶之臺門也。朱注並爲一事，曰：「爲藏龜之室，而刻山於節，畫藻於棁。」或據陳孔璋《悼龜賦》云：「山節藻棁，既韞且櫝。」以爲此說，亦必有所自來。然詞賦之家隨意掇拾，不可爲典要。顧亭林《日知録》卷二十一摘「庾子山賦誤」「李太白詩誤」諸條，皆此類也。朱注之誤，由未解經文。居字〔一〕，皇疏曰：「居猶蓄也。」此爲得之。居之訓蓄，自是古義。《尚書·益稷》篇：「懋遷有無化居。」傳

〔一〕字，原作「宇」，據蔡啓盛《校勘記》改。

曰：「居，謂所宜居積者。」此居字即訓蓄。《國語·晉語》：「假貸居賄。」注曰：「居，蓄也。」凡史傳言廢居、言居積、言奇貨可居之類，義皆訓蓄。《漢書·張湯傳》：「居物致富。」服虔曰：「居，謂儲也。」儲亦蓄也，居蔡謂儲蓄此大龜耳。朱注誤以謂居處之居，故訓藏龜之室。龜非人也，安得以居處言乎？

寧武子邦有道則知，邦無道則愚。其知可及也，其愚不可及也。

孔曰：「佯愚似實，故曰不可及也。」

按：邦有道則知，邦無道則愚，猶曰「邦有道，其言足以興；邦無道，其默足以容也。」孔以佯愚似實，解其愚不可及，即是「其默足以容」之義。凡《論語》所稱「邦有道、邦無道」，如「子謂南容：『邦有道不廢，邦無道免於刑戮』」「直哉史魚！邦有道，如矢；邦無道，如矢」「君子哉蘧伯玉！邦有道，則仕；邦無道，則可卷而懷之」，皆是虛論其理，謂其人處有道之邦如此，處無道之邦如彼，不能就其人之一生，分何時爲有道，何時爲無道也。《大戴禮·衛將軍文子》篇載孔子之言曰：「國家有道，其言足以生；國家無道，其默足以容，蓋桐提伯華之行也。」又曰：「有道順君，無道橫命，晏平仲之行也。」語意正與一律。蓋古人品藻人材，大率類此。而朱注解此章，必以文公時爲邦有道，成公時爲邦無道，轉失之鑿矣。成公失國，乃晉人以私怨致之，亦非以無道而然也。孔注雖簡略，而邢疏申之曰：「若遇邦國有道，則顯具智謀；若遇無道，則韜藏其知而佯愚。」皇疏申之曰：「若值邦君有道，則肆己智識以贊明時；若值國主無道，則卷智藏明詳昏同愚。」詳即佯字。並可爲此章之確詁。而皇疏又引孫綽曰：「飾智以成名者易，去華以保性者難。」此二語於可及不可及之理約而盡矣。至杜元凱注《左傳》，以文四年寧武子來聘，不答湛露、彤弓，爲其愚不可及，則又不然。觀其對行人之言，深明古典，與叔孫穆子不拜《肆夏》《文王》同義，正是其知，非是其愚。

子在川上，曰："逝者如斯夫！不舍晝夜。"

包曰："逝，往也，言凡往也者，如川之流。"皇疏作鄭注。

按：朱注曰："天地之化，往者過，來者續，無一息之停，乃道體之本然也。然其可指而易見者，莫如川流，故於此發以示人。"又引程子語"日往月來，寒往暑來"云云，其說妙矣。然經文止言逝者如斯，言往不言來，則無以見往過來續之理。味其語意，有去無來，與注意大悖也。包注順文爲說，泛言凡往者，而無所指實。皇疏以爲："見川流迅邁，未嘗停止，故歎人年往去，亦復如此。"又引江熙云："言人非南山，立德立功，俛仰時過，臨流興懷，能不慨然。"又引孫綽云："川流不舍，年逝不停，時已晏矣，而道猶不興，所以憂歎也。"兩家之言，深得聖人發歎之意，不得以爲淺近，而從後人淵微之論也。

不時不食。

鄭曰：「不時，非朝夕日中時。」

按：朱注改云「五穀不成，果實未熟之類」，此義雖本《王制》，然經文但云「不時，不食」，不云「物不時，不食」，自當以鄭義爲長。

季路問事鬼神。子曰：「未能事神，焉能事鬼？」曰：「敢問死。」曰：「未知生，焉知死？」

陳曰：「鬼神及死事難明，語之無益，故不答。」

按：陳注雖似淺近而實得聖人之旨。朱注云：「幽明始終，初無二理，但學之有序，不可躐等。」又引程子曰：「晝夜者，死生之道也。知生之道，則知死之道。不告子路，所以深告之。」則涉於玄虛矣。夫所謂事人者，出則事公卿，入則事父兄是也。所謂知生者，人之生也直是也。朱注謂「非誠敬足以事人，則必不能事神」，於理可通；謂「非原始而知所以生，則必不能反終而知所以死」，斯言也，竊所未喻。《繫辭傳》曰：「原始反終，故知死生之說。」此不過以始終明生死耳。生者始之事，故原始則知生；死者終之事，故反終則知死。非謂原始而知所以生，乃能反終而知所以死也。原始而知所以生，將推求於父母受氣成形之始乎？此雖精求之,如《淮南子》所謂「一月而膏、二月而胅、三月而胎、四月而肌、五月而筋、六月而骨、七月而成、八月而動、九月而躁、十月而生」,可謂知之至矣,然而仍不足以知所以死也。且以死生爲始終,固本於《繫辭傳》孔子之説,至以死生爲晝夜,則孔子所未言也。《易》曰:「剛柔者,晝夜之象。」蓋以晝夜喻陰陽,陰盡陽生,陽盡陰生,亦如有晝必有夜,有夜必有晝也。若死生則不然。死者不可復生,譬之一夜而不復晝矣,安得以晝夜喻乎?以晝夜喻死生,頗有合乎《列子》之旨。列子曰:「死之與生,一往一反,故死於是者,安知不生於彼?」後來佛家輪迴之説〔一〕,實從此而來,不謂有宋大儒與之闇合也。故此章之義,宜從古注。陳云「語之無益,故不答」,此言雖淺而是;程子曰「不告、所以深告之」,此言雖深而非。

必也正名乎。

馬曰:「正百事之名。」

按:馬注是也。蓋萬物萬事之名皆不可以不正。昔黄帝正名百物,《記》曰:「名者,人治

〔一〕輪,原作「輸」,形近而誤,徑改。

之大者也。」《傳》曰：「名以出義，義以制禮。」〔一〕古聖人未有不以此爲先者。朱注乃從衛事立説，轉失之小矣。夫一正則無不正。聖人所存者神，所過者化，豈必沾沾焉如宋人之議濮園，明人之争大禮哉？且惟泛言正百事之名，故子路見爲迂〔二〕。若如朱注之義，則所争者在乎衛國祖孫父子之閒，子路將憂其太切直矣，豈得以爲迂遠而非急務乎？

魯衛之政，兄弟也。

包曰：「周公、康叔既爲兄弟，康叔睦於周公，其國之政亦如兄弟也。」

按：此章之義只從包注爲是。朱注謂「魯衛本兄弟之國，是時衰亂，政亦相似，故孔子歎之。」然經文並無慨歎其衰之意，不必如此説也。

邦有道，穀。邦無道，穀，耻也。

孔曰：「穀，禄也。邦有道當食禄。君無道而在其朝，食其禄，是耻辱。」

〔一〕「名以出義，義以制禮」一句，未知所出。惟《左傳·桓公二年》曰：「名以制義，義以出禮。」疑曲園引文有誤。又《三國志·吴書·孫休傳》裴注：「臣松之以爲：《傳》稱『名以制義，義以出禮，禮以體政，政以正民。是以政成而民聽，易則生亂』。」并可參。

〔二〕子路，原作「子貢」，據蔡啓盛《校勘記》改。

按：孔子嘗言：「邦有道貧且賤焉，耻也；邦無道富且貴焉，耻也。」然則邦有道自宜食禄，孔注是也。若如朱注「邦有道不能有爲，邦無道不能獨善，而但知食禄，皆可耻也」，則經文止有兩榖字，並不言但知食禄，安得增益其文乎？

君子耻其言而過其行。

正義曰：「君子言行相顧，若言過其行，謂有言而行不副，君子所耻也。」

按：此章之意，謂言而過其行，君子耻之，文義明白，故何氏不爲之解，而邢氏正義略爲疏説，甚得經旨。皇疏本作「君子耻其言之過其行也」，則語意更顯矣。朱注誤以耻其言、過其行爲對文，與敏於事而慎於言一例解之，爲之説曰：「耻者，不敢盡之意。過者，欲有餘之辭。」夫過猶不及，吾未見行之可過也。

知及之，仁不能守之。

包曰：「知能及治其官，而仁不能守，雖得之，必失之。」

按：經文但言「知及之，仁不能守之」，兩「之」字不知何指。包注以「官」言，朱注以「此理」言，似乎包注淺而朱注深。然下文「不莊以涖之，則民不敬」，又曰「動之不以禮，未善也」，則此章之義，正是邢疏所謂論居官臨民之法，恐當以包注爲長。《繫辭傳》曰：「何以守位？曰仁。」

即此章所謂「仁能守之」也。

道不同，不相爲謀。

正義曰：「若道同者共謀，則精審不誤。若道不同而相爲謀，則事不成也。」

按：邢疏是也。唐虞諸臣各治一職，孔門諸子各占一科，所謂道不同，不相爲謀。若如朱注謂「善惡邪正之類」，善之與惡、正之與邪，相去萬里矣，何謀之有？

吾恐季氏之憂不在顓臾，而在蕭墻之内也。

鄭曰：「蕭之言肅也，蕭墻謂屏也。君臣相見之禮，至屏而加肅敬焉，是以謂之蕭墻。後季氏之家臣陽虎果囚季桓子也。」

按：蕭墻謂屏，朱注無異説，或據「大夫以簾、士以帷，謂季氏大夫之家，不得有蕭墻」，此亦太泥。自管氏樹塞門以來又百餘年矣，安見歌《雍》舞《佾》之家必無此蕭墻之制乎？皇疏謂季氏僭爲之，是也。朱注泥此説，故以蕭墻之内爲指魯君，云「其後哀公果欲以越伐魯而去季氏」，若然，則孔子此言正所以挑其君臣之釁，以危言恐之而使爲篡弑之事矣，不如從鄭注指季氏家臣爲得也。

惡徼以爲知者。

孔曰：「徼，抄也。抄人之意以爲己有。」

按：《曲禮》曰：「毋勦説。」鄭注：「勦，猶擥也。謂取人之説以爲己説。」孔解徼字與鄭解勦字同。伯尊攘善，君子譏之，宜爲子貢所惡也。朱注訓徼爲伺察，則與下文訐爲攻發人之陰私，雖用意不同，而皆主於得人之陰私，轉無區别，不如孔注之善也。

君子不施其親。

孔曰：「施，易也。不以他人之親易己之親。」

按：孔注是也。《詩》云：「豈無他人，不如我同姓。」故戒使不易其親也。有國家者往往任用外戚，疏遠宗支，豈非所謂以他人之親易己之親者乎？朱注從《釋文》作「弛」，訓爲遺棄。然弛、施古字通，《爾雅・釋詁》曰：「弛，易也。」孔訓施爲易，即用《雅》訓耳。夫不施易自不弛廢，不施易之意深，不弛廢之意轉淺矣。其字不妨從陸氏作弛，其義仍當從孔氏作易也。

雖小道，必有可觀者焉，致遠恐泥，是以君子不爲也。

集解曰：「小道謂異端。」正義曰：「小道謂異端之説，百家語也。」

按：此章語意與《中庸》孔子曰「素隱行怪，後世有述焉；吾弗爲之矣」大旨相似。小道當從何氏解作異端，邢疏申明其義，以爲百家之語，是也。朱注作「農圃醫卜之屬」，夫醫卜雖小技，亦至理所寓，遊藝者所不廢。至農則所關尤重，舜耕於歷山，伊尹耕於有莘之野，豈得以君子不爲而絶之。況老農、老圃各攻其業，本無致遠之理，又何恐泥之有？於下句亦不可通也。

博學而篤志。

孔曰：「廣學而厚識之。」

按：志、識古字通。《禮記·禮運》篇：「丘未之逮也，而有志焉。」注曰：「志謂識，古文。」《哀公問》篇：「子志之心也。」注曰：「志讀爲識。」並其證也。孔以厚識解篤志，蓋讀志爲識，當從之。博學者所謂學而不厭也，篤識者所謂默而識之也。朱注以本字讀之，則爲學之初，必先立志，豈待博學而始篤志乎？

喪致乎哀而止。

孔曰：「毁不滅性。」

按：《孝經》曰：「喪則致其哀。」又曰：「三日而食，教民無以死傷生，毁不滅性。」然則此章之義，正本《孝經》。喪致乎哀，即所謂喪則致其哀也。喪致乎哀而止，即所謂毁不滅性也。孔注以《孝經》解《論語》，自是確詁。朱注易之曰：「致極其哀，不尚文飾。」又譏之曰：「而止二字，微有過於高遠而簡略細微之弊。」夫所以改易古注者，必以古注有未安而吾説勝之也。今從古注則無弊，從吾説則有弊，乃必易古人無弊之説，從吾有弊之説，而又以有弊譏之，誠不能爲考亭解矣。

雖有周親，不如仁人。

孔曰：「親而不賢、不忠則誅之，管、蔡是也。仁人謂箕子、微子，來則用之。」

按：孔説是也。此即承上文「周有大賚、善人是富」而言，見王者爵賞不私於所親也。朱注襲用《僞孔傳》語，徒與商紂争長短，甚無謂矣。又《僞孔傳》云：「言紂至親雖多，不如周家之少仁人。」孔氏正義曰：「明多惡不如少善。」朱注引作「多仁人」，則襲《僞孔》而又失之。

所重：民、食、喪、祭。

孔曰：「重民，國之本也；重食，民之命也；重喪，所以盡哀；重祭，所以致敬。」

按：孔注是也。所重二字爲句，民、食、喪、祭四者平列，與文、行、忠、信，怪、力、亂、神，文法一律。民爲邦本，故首重民；食爲民天，故次重食；既富矣，又教之慎終追遠，使民德歸厚，故重喪、重祭又次之。《僞古文尚書》衍其語曰：「重民五教，惟食、喪、祭。」於民之下、食之上，忽出五教二字，語意不倫。朱注引以釋此經，遂以「所重民」三字爲句。果如此，則當云「所重乎民者」，文義方足，豈可只云「所重民」乎？

《孟子》古注擇從　俞樓雜纂弟十六

《孟子》趙邠卿注在漢世傳注中稍爲疏略，然《孟子》注無有更古於趙者，欲治《孟子》，豈能束趙注而不觀也。今亦依《論語》之例，擇其善者而從之。

是乃仁術也。

注曰：「是乃王爲仁之道也。」

按：《説文》：「術，邑中道也。」是以古書言術者多訓道。《禮記·大傳》篇「服術有六」、《穀梁·宣十五年》「滅國者三術」，注並曰：「術，猶道也。」此言仁術，猶言仁道。趙注以爲仁之道釋之，得其旨矣。朱注曰：「術，謂法之巧者。」蓋殺牛既所不忍，釁鍾又不可廢，於此無以處之，則此心雖發而終不得施矣。然見牛則此心已發而不可遏，未見羊則其理未形而無所妨。故以羊易牛，則二者得以兩全而無害，此所以爲仁之術也。」夫齊宣王偶見牛之觳觫而不忍其死，此與乍見孺子將入於井相似，豈暇徘徊却顧而有如許計較哉？愚嘗謂後世人人以權術用事，而竟不能得權術二字之解。權術者，權道也，非常道也。權與經明分爲二，而程子曰：「權只是經。」此不解權字也。古書術字只作道字解，而朱注此章云「術，謂法之巧者」，此不解術字也。説權字太好，説術字又太壞，不達古訓，兩義俱非。

刑于寡妻。

注曰：「寡，少也。言文王正己適妻，則八妾從。」

按：毛傳云：「寡妻，適妻也。」趙注蓋本毛傳，而又申説其意也。適妻何以言寡？寡者，少也。妻何爲而以少見稱？則以妾有八而妻惟一也。經不言妾，而注必及之者，以八妾之多，見適妻之寡，此古人訓詁之妙也。朱注曰：「寡妻，寡德之妻，謙辭也。」夫妻乃文王之妻，詩非文王所作，何爲而有此謙辭哉？

臣聞郊關之内。

注曰：「郊關，齊四境之郊皆有關。」

按：四境各有郊，郊各有關，是謂郊關。朱注云：「國外百里爲郊，郊外有關。」以國外、郊外對言，郊在國外，相去百里，關在郊外，相去又當幾里歟？不如云「國外百里爲郊，四郊皆有關」爲合古義。

《書》曰：「天降下民，作之君，作之師。惟曰其助上帝，寵之四方。有罪無罪，惟我在，天下曷敢有越厥志？」

注曰：「言天生下民爲作君、爲作師，以助天光寵之也。四方善惡皆在己，所謂在予一人，天下何敢有越其志者也。」

按：趙讀「惟曰其助上帝寵之」八字爲句，是也。朱注以「惟曰其助上帝」爲句，則語意不完，不知其所助者何事，寵之四方又誰實寵之歟？《僞古文》以「寵綏四方」爲句，然亦連上「克相上帝」爲文，與朱注異也。

睊睊胥讒，民乃作慝。

注曰：「在位在職者又睊睊側目相視，更相讒惡，民由是化之而作其慝惡也。」

按：趙注以上句屬在位在職者言，是也。雖經本無文，然下句云「民乃作慝」，下句始屬民，則上句不屬民矣。乃者有所因之辭，曰「民乃作慝」，則知其必因乎上矣。故雖經無此文，而不嫌增益也。朱注曰：「睊睊，側目貌。胥，相也。讒，謗也。慝，怨惡也。言民不勝其勞而起謗怨也。」則以睊睊句亦屬民言，將移下句民字至上句乎？且讒與謗亦自有別，朱注必訓讒爲謗者，以既屬民言，則民固有謗而無讒也，似未免遷就以成其說，不如古注之爲安。

先王無流連之樂，荒亡之行，惟君所行也。

注曰：「言聖人之行無此四者，惟君所欲行也。」

按：趙注是也，而意未明。此乃晏子犯顔直諫之辭，言先王無此四者，惟君所行有是耳。因上文齊景公言「吾欲觀於轉附、朝儛」云云尚是空言，而未有實事，故注文亦用一欲字，即上文吾欲之欲也。朱注誤會其意，以「惟君所欲行也」爲聽其自擇所欲行，故曰：「言先王之法，今時之獘，二者惟在君所行耳。」此注似申明趙注而實失之。夫二者惟在君所行，則與君請擇於斯二者一律，然兩文實不同。孟子之告滕文公有去留兩意，能如太王則避之，不能則效死弗去，此二者皆可行，故請滕文公自擇之。若先王之法、今時之獘，豈並行而不悖者乎？乃曰惟君所行，此言也，不幾近於戲歟？

夫環而攻之，必有得天時者矣。

注曰：「環城圍之，必有得天時之善處者。」

按：《尉繚子·天官》篇曰：「刑以伐之，德以守之，非所謂天官、時日、陰陽、向背也。今有城，東西攻不能取，南北攻不能取，四方豈無順時乘之者邪？然不能取者，城高池深，兵器備具，財穀多積，豪士一謀者也。」此可與孟子之言相發明。蓋天時專以陰陽向背言，每日必有宜向宜背之處，環而攻之，即所謂東西攻南北攻也，必有值宜向宜背之處者，故曰：「必有得天時之善處。」趙氏此注簡而明矣。朱注疑四面攻圍不能便值天時之善者，又增出曠日持久四字，蓋未達斯旨也。

域民不以封疆之界。

注曰：「域民，居民也。」

按：域與居一義之引申。《史記·禮書》：「人域是域，士君子也，外是，民也。」言人居是域則爲士君子，外是者則爲民。下域字以地言，上域字當訓居。「域是域」與《尚書》「宅爾宅」、韓退之《原道》篇「廬其廬」文法一律。《索隱》曰：「域，居也。」得其義矣。又曰：「非人居亦弗居。」則以兩域字同訓居，又爲失之。趙注訓域民爲居民，合《孟子》語意。朱注曰：「域，界限也。」則是界民不以封疆之界矣，復矣。

公明儀曰：「文王我師也，周公豈欺我哉？」

注曰：「公明儀，賢者也，師文王，信周公，言其知所法則也。」

按：趙注則二語並公明儀之言，上句以文王爲可師，下句以周公爲可信，語意直捷。朱注以「文王我師」句爲周公之言，然文、周父子也，周公豈得言文王我師哉？不如從古注爲安。

其實皆什一也。

注曰：「民耕五十畝，貢上五畝，耕七十畝者，以七畝助公家，耕百畝者，徹取十畝以爲賦。」

按：三代取民之制不同，而同爲什一，趙氏此注最爲明了。朱注曰：「貢法固以十分之一爲常數，惟助法乃是九一，而商制不可考。周制則公田百畝中以二十畝爲廬舍，一夫所耕公田實計十畝。通私田百畝，爲十一分而取其一，蓋又輕於什一矣。竊料商制亦當似此，而以十四畝爲廬舍，一夫實耕公田七畝，是亦不過什一也。」此説顯與經違。夫助法九一，經無明文，止據下九一而助一語耳。九一而助乃孟子因時制宜，以九一行助法。助本什一，兹則九一，故曰九一而助，非殷人助法本然也。朱注執此謂助法九一，又自圓其説，謂殷制一夫耕公田七畝，周制一夫耕公田十畝，通私田計之爲十一分而取其一〔一〕。夫十一分而取其一，則既非什一，又非九一，不兩失之乎？

〔一〕私，原作「公」，據上文所述朱注原文改。

居天下之廣居，立天下之正位，行天下之大道。

注曰：「廣居，謂天下也。正位，謂男子純乾正陽之位也。大道，仁義之道也。」

按：趙注似粗而實精。此三句之義，蓋云生斯世也，爲斯人也，則當行斯道也，三句一氣相生。榮啓期以吾得爲人爲一樂，吾得爲男爲二樂，與《孟子》所言「居天下之廣居，立天下之正位」意正相近。但彼則主乎行樂，此則主乎行道耳。朱注以廣居爲仁，正位爲禮，大道爲義，轉似乎廋辭隱語矣。

「瞽瞍亦允若。」是爲父不得而子也。

注曰：「瞍亦信知舜之大孝，若是爲父不得而子也，以此解咸丘蒙之疑。」

按：趙以「瞽瞍亦允」四字爲句，言瞍亦信舜之孝也。以「若是爲父不得而子也」九字爲句。古也、邪二字通用，若是爲父不得而子也，言舜嚴事瞽瞍，若是尚爲父不得而子邪？故曰。以是解咸丘蒙之疑也。説詳《群經平議》。朱注失其讀，並失其義，蓋爲《僞古文尚書》所誤。

仁言不如仁聲之入人深也。

注曰：「仁言，政教法度之言也。仁聲，樂聲《雅》《頌》也。」

按：《禮記·樂記》曰：「樂也者，聖人之所樂也，而可以善民心，其感人深。」此即仁聲入人深之證。《説苑》載孔子至齊郭門外，遇一嬰兒，其視精，其心正，其行端，而知《韶》樂將作。夫《韶》樂於千年之後尚能感人如此，不可見仁聲之入人深乎？若政教法度之言，則如漢帝諸詔，非不訓辭深厚，未見其能入人之深如此也，故曰「仁言不如仁聲之入人深」，趙注自不可易。朱注以仁聲爲衆所稱道之言，則仁聲即仁聞矣。今有仁心仁聞而民不被其澤，孟子固嘗言之，又何取乎仁聲哉？趙解《離婁》篇「仁聞」曰：「仁聲遠聞也。」乃於此篇「仁聲」又不用「仁聲遠聞」之義，而以爲樂聲，趙氏於此固自有見矣。

柳下惠不以三公易其介。

注曰：「介，大也。柳下惠執宏大之志，不耻污君，不以三公榮位易其大量也。」

按：趙訓介爲大，是也。此見柳下惠之量之大，視天下之物無足當其一快者。彼三公固貴矣，而我自有大於三公者存，豈以三公之貴易我之大乎？是謂不以三公易其介。朱注訓介爲「有分辨之意」，則硁硁然小矣。且柳下惠者，孟子稱爲和聖。以介爲有分辨，亦與孟子平日稱柳下惠者不合也。

居移氣，養移體。

注曰：「居之移人氣志，使之高涼，若供養之移人形身，使充盛也。」

按：下文即云「大哉居乎」，不及養字，可知「居移氣、養移體」雖兩句並列，而「養移體」句非所重也。蓋與「富潤屋、德潤身」文法相似。疑此兩句本是成語，孟子連類而引之耳。趙注以下句爲譬況之語，雖未必然，而以上句爲主，則固得之，通章論居不論養也。朱注曰：「以所居不同，故所養不同，而其氣體有異也。」味其語氣，轉似注重養字者。夫使孟子見其奉養豐饒，形體潤澤，爲之發歎，豈所以爲孟子乎？

其進鋭者其退速。

注曰：「不審察人而過進不肖越其倫，悔而退之必速矣。」

按：上文「不可已者而已」之趙注曰〔一〕：「已，棄也，於義所不當棄者而棄之。」然則趙意以此章皆言人君用人之事，故解進退亦以用人言。「其進鋭者其退速」，即所謂「昔者所進，今日不知其亡也。」如此解説，則通章一貫，似勝朱注。若依朱注，則此節與上節語意不倫，雖以太過不及勉强區分，恐非孟子立言本旨。

〔一〕不可已者而已，今《孟子》各本作「不可已而已者」。無礙文義。

《孟子》高氏學　俞樓雜纂弟十七

漢儒《孟子》注傳者惟趙氏，而趙氏之注在漢儒諸傳注中若少劣焉。《隋書·經籍志》有漢鄭康成、劉熙注《孟子》，今皆不存，無以考見漢儒遺説。高誘《吕氏春秋序》自言嘗正《孟子》章句。誘於建安十年辟司空掾，而趙邠卿卒於建安六年，則誘於邠卿固及見之，於趙氏《孟子》注後復爲正其章句，度必有異於趙氏者，而其書不傳，甚可惜也。高氏所注書，《吕氏春秋》最爲完備，《淮南子》十存八九，《戰國策》存者二三。余即於三注中刺取其有涉《孟子》義者，以存高氏之學。

孟子見梁惠王。

《吕氏春秋·開春論》魏惠王死注曰：「孟子所見梁惠王也。秦伐魏，魏徙都大梁，梁在陳留浚儀西，大梁城是也。」

王在靈囿。

《吕氏春秋·重己》篇注曰："畜禽獸所大曰苑，小曰囿。《詩》云『王在靈囿』。"

斧斤以時入山林。

《淮南子·主術》篇："草木未落，斤斧不得入山林。"注曰："九月草木節解，未解，不得伐山林也。"

按：此雖非説《孟子》，然高氏注諸書大略相同，則亦得刺取以爲《孟子》義焉，餘凡類此者備録之。

"始作俑者，其無後乎！"爲其象人而用之也。

《淮南子·繆稱》篇："魯以偶人葬而孔子歎。"注曰："偶人，相人也，歎其象人而用之。"又《説山》篇："魯以偶人葬而孔子歎。"注曰："惡其象人而用之，知後世必用殉，故孔子爲之長歎也。"

"晉國天下莫强焉"至"長子死焉"。

《吕氏春秋·自知》篇："鑽荼、龐涓、太子申，不自知而死。"注曰："鑽荼、龐涓，魏惠王之將，申，魏惠王之太子也。與龐涓東伐齊，戰於馬陵，齊人盡殺之，故惠王謂孟子曰：『晉國，天下莫强焉，叟之所知也。及寡人身，東敗於齊，長子死。』此之謂也。」

《戰國策·齊策》：「田忌爲齊將，係梁太子申、禽龐涓。」注曰：「申，梁惠王太子也，龐涓，魏將也，田忌與戰於馬陵而係獲之也。故梁惠王謂孟子曰：『寡人東伐，敗於馬陵，太子死、龐涓禽。』此之謂也。」

按：趙注於此等處全不詳其事實，高氏所以於趙氏之後又正其章句乎？至古人引書，固不拘原文，然如《國策》注所引，則違異太甚，或出《孟子》外篇，未可知也。

孟子見梁襄王。

《吕氏春秋·樂成》篇：「魏襄王可謂能決善矣。」注曰：「孟子見梁襄王，出，語人曰：『望之而不似人君，就之而不見所畏焉，何能決善哉？』此言復謬也。」

齊宣王問曰。

《吕氏春秋·驕恣》篇注曰：「宣王，齊威王之子，孟子所見『易釁鐘之牛』者也。」

《詩》云：「他人有心，予忖度之。」

《戰國策·秦策》引此詩注曰：「《詩·巧言》之四章，他人有毁害之心，己忖度之。」

舉疾首蹙頞。

《吕氏春秋·盡數》篇注曰："疾首，頭痛疾也。"

夫明堂者，王者之堂也。

《淮南子·本經》篇注曰："明堂，王者布政之堂，上圓下方，堂四出。各有左右房，謂之个，凡十二所。王者月居其房，告朔朝歷，頒宣其令，謂之明堂。其中可以序昭穆，謂之太廟；其上可以望氛祥、書雲物，謂之靈臺。"

此四者，天下之窮民而無告者。

《吕氏春秋·季春紀》："賜貧窮。"注曰："鰥、寡、孤、獨曰窮。"

古公亶父，來朝走馬，率西水滸，至于岐下。

《吕氏春秋·審爲》篇注曰："太王亶父，公祖之子，王季之父，文王之祖，號曰古公。《詩》曰：『古公亶父，來朝走馬，率西水滸，至于岐下。』避狄難也。狄人獫狁，今之匈奴也。"

齊人伐燕，勝之。

《淮南子·人閒》篇："燕子噲行仁而亡。"注曰："子噲，燕王也。蘇代説子噲讓國，遂專政，齊伐燕，大敗之，噲死也。"

鄒與魯鬨。

《呂氏春秋·慎行論》：「後崔杼之子相與私鬨。」注曰：「鬨，鬭也。鬨讀近鴻，緩氣言之。」

按：此鬨字之古音古義也。趙氏乃曰：「鬨，鬭聲也。」不實言其鬭，而虚擬其聲，何歟？

去之岐山之下居焉。

《呂氏春秋·審爲》篇注曰：「岐山在右扶風美陽之北，其下有周地，周家因之，以爲天下號也。」

「昔者太王居邠」至「從之者如歸市」。

《呂氏春秋·先識覽》：「民從於賢。」注曰：「亶父處邠，狄人攻之，杖策而去，邑乎岐周，邠人襁負而隨之，故曰民從賢也。」

君子不以其所以養人者害人。

《呂氏春秋·審爲》篇：「且吾聞之，不以所以養害所養。」注曰：「所以養者，土地也；所養者，謂民人也。」

以齊王，由反手也。

《吕氏春秋·壹行》篇：「彊大之國誠可知，則其王不難矣。」注曰：「孟子曰：『以齊王，猶反手也。』故曰不難矣。」

按：今本作由。孫氏《音義》云：「由，義當作猶，古字借用耳。」高氏引作猶，或高本不作由也。

則夫子過孟賁遠矣。

《吕氏春秋·用衆》篇注曰：「孟賁，古大勇士。」

北宫黝之養勇也。

《淮南子·主術》篇：「故握劒鋒，以離北宫子、司馬蒯蕢不使應敵。」注曰：「北宫子，齊人，孟子所謂北宫黝也。」

「以德行仁者王」至**「文王以百里」**。

《淮南子·氾論》篇：「堯無百户之郭，舜無置錐之地，以有天下。禹無十人之衆，湯無七里之分，以王諸侯。文王處岐周之閒也，地方不過百里，而立爲天子者，有王道也。」注曰：「堯、舜、禹、湯、文王皆王有天下，《孟子》曰『以德行仁者王，王不待大』是也。」

又《氾論》篇曰：「道之行也，雖小不可輕。」注曰：「湯以七十里、文王以百里，皆有天下，故雖小不可輕。」

是猶惡溼而居下也。

《呂氏春秋・至忠》篇：「人主無不惡暴劫者，而日致之，惡之何益。」注曰：「日致爲暴劫之政也。《孟子》曰：『惡溼而居下。』故曰惡之何益也。」

俊傑在位。

《呂氏春秋・孟秋紀》：「材過萬人曰桀、千人曰儁。」〔一〕

足以保四海。

《淮南子・俶真》篇注曰：「四海，四方之海也。」

柳下惠。

《淮南子・説林》篇注曰：「柳下惠，魯大夫展無駭之子，名獲，字禽。家有大柳樹，惠德，因號柳下惠。一曰柳下邑。」

〔一〕 該句爲高誘對《呂氏春秋・孟秋紀》中「簡練桀儁」一語的注文。

按：惠德二字上疑有行字，而今脱之。《藝文類聚》引許慎《淮南子》注曰：「展禽樹柳行惠。」與高説同。

故湯之於伊尹，學焉而後臣之，故不勞而王。

《吕氏春秋·當染》篇：「湯染於伊尹、仲虺。」注曰：「湯，契後十二世孫，主癸之子也，名天乙。伊尹，湯相。《詩》云：『實惟阿衡，實左右商王。』仲虺居薛，爲湯之左相，皆賢德也。《孟子》曰：王者師臣也。」

按：王者師臣，即約此篇文，非《孟子》别有此文，亦非出《外書》。《淮南子·覽冥》篇注亦引《孟子》曰：「王者師臣也。」

子噲不得與人燕，子之不得受燕於子噲。

《戰國策·齊策》：「齊因起兵攻燕，三十日而舉燕國。」注曰：「《孟子》曰：『子噲無王命而與子之國，子之無王命擅受子噲國。』故齊宣王伐而取之也。」

「陳賈曰」至「仁智周公未之盡也」。

《戰國策·秦策》：「姚賈對曰。」注曰：「姚賈譏周公誅管、蔡不仁不知者，在《孟子》之篇也。」

按：《戰國·秦策》有姚賈，《魏策》亦有姚賈。高氏以《秦策》之姚賈爲《孟子》之陳賈，爲鮑彪所譏，以爲年代相遠，不如以《魏策》之姚賈當之。今按：《國策》高注已非完書，或高注本以説《魏策》之姚賈，而後人移以説《秦策》之姚賈，未可知也。陳氏本出舜後，得爲姚姓。高注直云「在《孟子》之篇」，而不言陳、姚之異同，意者高氏所見之《孟子》正作姚賈乎？

管叔兄也。

《淮南子·氾論》篇注曰：「管叔，周公兄也；蔡叔，周公弟也。」按：《呂氏春秋·察微》篇注曰：「管叔，周公兄也；蔡叔，周公兄也。」又《開春論》篇注曰：「管叔，周公弟；蔡叔，其兄也。」與《淮南》注不同。疑《呂覽》注乃傳寫之誤。據《史記·管蔡世家》，文王長子曰伯邑考，次曰武王發，次曰管叔鮮，次曰周公旦，次曰蔡叔度。則管叔爲周公兄，蔡叔爲周公弟，史有明文。而《孟子》又明言管叔兄也，周公弟也。高注本之《孟子》合乎《史記》，自不可易。趙氏故倒其文，轉爲迂曲矣。

雨我公田，遂及我私。

《呂氏春秋·務本》篇引此詩注曰：「古者井田，十一而稅，公田在中，私田在外。」

有爲神農之言者。

《淮南子・原道》篇注曰：「神農，少典之子炎帝也。農殖嘉穀，神而化之，故號曰神農也。」

皆衣褐。

《淮南子・覽冥》篇注曰：「褐，毛布。如今之馬衣也。」

舜使益掌火。

《呂氏春秋・當染》篇注曰：「伯益，皋陶之子也。」

三過其門而不入。

《呂氏春秋・貴生》篇注曰：「堯、舜、禹、湯之治天下，黎黑瘦瘠，過家門而不入，故曰非所以完身養生之道，趨濟民而已。」

昔者趙簡子。

《淮南子・主術》篇注曰：「簡子，晉卿趙鞅也。」

使王良與嬖奚乘。

《呂氏春秋・審分覽》注曰：「王良，晉大夫郵無正郵良也，以善御之功，死託精於星，天文

『王良策駟』是也。」

《淮南子·覽冥》篇注曰：「王良，晉大夫郵無恤子良也，所謂御良也。一名孫無政，爲趙簡子御。死而託精于天駟星，天文有王良星是也。」

按：《哀二年·左傳》：「郵無恤御簡子。」又曰：「子良授太子綏而乘之。」又曰：「郵良曰：我兩靷將絶，吾能止之。」一人而三易其稱。《國語·晉語》「趙簡子使尹鐸爲晉陽」：「郵無正進曰」。又云：「初，伯樂與尹鐸有怨。」注曰：「無正，晉大夫郵良伯樂也。伯樂，無正字。」一篇之中，前稱郵無正，後稱伯樂，一人而兩易其稱。至《楚辭·七諫》篇：「驥躊躇於弊輂兮，遇孫陽而得代。」注曰：「孫陽，伯樂姓名也。」則又爲孫氏矣。高氏此注，羅列無遺，惟《淮南子》注御良疑即郵良之誤。

公孫衍。

《呂氏春秋·開春論》注曰：「犀首，魏人公孫衍也。佩五國相印，能合從連横，號爲犀首。」

《戰國策·秦策》注曰：「公孫衍，魏人也。仕於秦，當六國時，號曰犀首。」

按：衍，魏人，即趙注亦云然，而以爲秦王孫，殊不可解。高注佩五國相印之説，與趙同，而無秦王孫之説，殆不以爲然也。

張儀。

《戰國策・齊策》注曰：「張儀，魏氏之餘子，仕爲秦相也。」

此之謂大丈夫。

《淮南子・原道》篇注曰：「大丈夫，喻體道者也。」

奚爲後我。

《吕氏春秋・懷寵》篇：「誅國之民，望之若父母。」注曰：「《孟子》曰：『百姓簞食壺漿，以迎王師，奚爲後予？』此之謂也。」

「有楚大夫於此」至**「雖日撻而求其楚，亦不可得矣。」**

《吕氏春秋・用衆》篇：「戎人生乎戎、長乎戎而戎言，不知其所受之；楚人生乎楚、長乎楚而楚言，不知其所受之。今使楚人長乎戎，戎人長乎楚，則楚人戎言，戎人楚言矣。」注曰：「《孟子》曰：『有楚大夫欲其子之齊言也，使一齊人傅之，衆楚人咻之，雖日撻而求其齊也，不可得矣。引而置之莊嶽之閒數年，雖日撻而求其楚，亦不可得矣。』此之謂也。」

按：此所引雖不全，然可考見高注與趙注之不同。趙注曰「咻之者讙也」，其意蓋即讙譁之義。乃考之字書，《玉篇・口部》：「咻，許主切。噢咻，痛念之聲。」《廣韻・十八尤》：「咻，口病聲也。」殊無讙譁之義。據高氏云「使一齊人傅之，衆楚人咻之」，是傅之、咻之並其父所使，咻即噢咻之咻。《昭三年・左傳》作「燠休」，正義引服注曰：「若今時小兒痛，父母以口就之，曰燠休。」此云咻之，即噢咻之也。《禮記・内則》篇：「擇於諸母與可者，使爲子師，其次爲慈母，其次爲保母。」鄭注曰：「子師，教示以善道者；慈母，知其嗜慾者；保母，安其居處者。」然則一齊人傅之，乃子師也；衆楚人咻之，乃慈母、保母之屬也。如此説之，於事理既近，而於喻意亦切。蓋傅之、咻之，皆其父所使。既使一齊人傅之，不可使衆楚人咻之。明戴不勝既使薛居州在王所，不可使非薛居州者同在王所也。若但云衆楚人在旁側讙譁，則轉可諉爲無可奈何之事，而所以深責戴不勝者轉淺矣。

墨氏兼愛。

《吕氏春秋・當染》篇注曰：「墨子名翟，魯人，作書七十二篇。」

陳仲子。

《淮南子・汜論》篇注曰：「陳仲子，齊人，孟子弟子，居於陵。」

按：此未足據。然以陳仲子爲孟子弟子，猶勝於以公伯寮爲孔子弟子也。

抑亦盗跖之所築與。

《淮南子·主術》篇注曰：「盗蹠，孔子時人。」

離婁之明。

《吕氏春秋·用衆》篇注曰：「離婁，黄帝時明目人，能見針末於百步之外。」

公輸子之巧。

《吕氏春秋·愛類》篇「公輸般」注曰：「公輸，魯般之號也。」

《淮南子·本經》篇注曰：「公輸巧者，一曰魯班之號也。」

《戰國策·宋策》注曰：「公輸般，魯班之號也。」

按：趙注：「公輸子魯班，魯之巧人也。」則以輸、班爲一人。班固《答賓戲》：「班輸摧巧於斧斤。」顔師古注曰：魯班與公輸氏皆有巧藝。則以爲兩人。高氏注《吕覽》，則主一人之説，注《淮南》《國策》又兼主兩人之説，蓋二説本可并存也。

師曠之聰。

《淮南子·原道》篇注曰：「師曠，晉平公樂師子野也。」

不以六律不能正五音。

《吕氏春秋・察傳》篇注曰：「六律，六氣之律，陽爲律、陰爲吕，合十二也。五聲，五行之聲，宫、商、角、徵、羽也。」

名之曰幽厲。

《吕氏春秋・審分覽》注曰：「厲王，周宣王之父；幽王，周宣王之子。言先幽、厲，偶文耳。殺戮不辜曰厲，壅過不達曰幽，皆惡謚也。」

按：過乃遏字之誤。《周書・謚法》篇：「壅遏不通曰幽。」

今惡死亡而樂不仁。

《淮南子・氾論》篇：「夏桀、殷紂之盛也，人跡所至，舟車所通，莫不爲郡縣。然而身死人手，而爲天下笑者，有亡形也。」注曰：「《孟子》曰：『惡死亡，樂不仁。』不仁必死亡，故曰有亡形也。」

樂其所以亡者。

《吕氏春秋・誣徒》篇：「子華子曰：王者樂其所以王，亡者亦樂其所以亡。」注曰：「樂其所以亡，故得亡，桀紂是也。」

道在爾而求諸遠。

《淮南子·主術》篇：「驗在近而求之遠。」注曰：「近謂本，遠謂末也。」

事在易而求之難。

《淮南子·主術》篇：「道在易而求之難。」注曰：「易謂反己，先脩其本也。不脩其本，而欲得説親誠身之名，皆難也。故曰道在易而求之難。」

按：《淮南子》云：「士處卑隱，必先反諸己。上達有道：名譽不起，而不能上達矣。取譽有道：不信於友，不能得譽。信於友有道：事親不説〔一〕，不信於友。説親有道：脩身不誠，不能事親矣。誠身有道：心不專一，不能專誠。道在易而求之難，驗在近而求之遠，故弗得也。」是合《孟子》兩章爲一章，故高注難易句亦以説親、誠身爲説，豈古本《孟子》兩章果合爲一乎？

不信於友，弗獲於上矣。

《淮南子·主術》篇注曰：「不能説親，朋友不信之也。」

〔一〕 説，原作「誠」，今《淮南子》各本作「事親不説」，并據上下文義改。

太公辟紂，居東海之濱。

《呂氏春秋·首時》篇注曰：「太公望，河内人也。於周，豐、鎬爲東，故曰東夷之士。」《淮南子·脩務》篇注曰：「呂望，姜姓，四岳之後。四岳佐禹有功，賜姓曰姜氏。呂望，其後，居殷，乃屠于朝歌。自殷而往，爲文王太師，佐武王伐紂，成王封之于齊也。」按：《齊世家》太公封齊在武王時，此云成王者，殆因成王又使召康公命太公，齊由此得征伐，爲大國，故言成王封之也。

嫂溺不援，是豺狼也。

《淮南子·氾論》篇：「故溺則捽父。」注曰：「《孟子》曰『嫂溺而不拯是豺狼也』，而況父兄乎？故溺則拯之。」

嫂溺援之以手者權也。

《淮南子·氾論》篇注曰：「權，因時制宜，權量輕重，無常形勢，能令醜反善，合于宜適，故聖人獨見之也。」

此所謂養口體者也。若曾子，則可謂養志也。

《呂氏春秋·孝行覽》注曰：「熟五穀，烹芻豢，龢快口腹，故曰養口之道。龢顔色，以説父母之志意，故曰養志之道。」

舜不告而娶，爲無後也，君子以爲猶告也。

《淮南子·氾論》篇：「舜不告而娶非禮也。」注曰：「堯知舜賢，以二女妻舜。不告父，父頑，常欲殺舜，舜知告則不得娶也。不孝莫大於無後，故《孟子》曰『舜不告猶告爾』。」

文王生於岐周，卒於畢郢。

《呂氏春秋·具備》篇：「武王嘗窮於畢裎矣。」注曰：「畢裎，畢豐。」

按：如高氏說，則裎即豐矣。《漢書·地理志》「右扶風安陵」，師古曰：「闞駰以爲本周之程邑。」《志》又云「文王作酆」，師古曰：「今長安西北界靈臺鄉豐水上是。」則程與豐自是兩地。《竹書紀年》云：「帝辛三十五年，西伯自程遷于豐。」其不得並而爲一明矣。疑高注本作「畢裎，畢郢」，蓋破叚字而讀以本字，謂《呂覽》之畢裎即《孟子》之畢郢也。後人不達此旨，謂裎即郢也，以畢郢釋畢裎，似無兩義，乃改爲畢豐。不知畢郢者，古國名也，見《周書·史記解》所謂畢程氏也。古有畢程，無畢豐，何得以畢豐連文乎？

逢蒙學射於羿。

《呂氏春秋·具備》篇注曰：「羿，夏之諸侯，有窮之君也。善射，百發百中。逢蒙，羿弟子也，亦能百中。」

西子蒙不潔，則人皆掩鼻而過之。

《淮南子·脩務》篇：「今夫毛嬙、西施，天下之美人也，若使之銜腐鼠、蒙蝟皮、衣豹裘、帶死蛇，則布衣韋帶之人過者，莫不左右睥睨而掩鼻。」注曰：「言雖有美姿，人惡聞其臭，故睥睨掩其鼻。《孟子》曰『西子蒙不潔，則人皆掩其鼻而過之』是也。」

匡章通國皆稱不孝也。

《呂氏春秋·論大》篇注曰：「匡章，乃孟軻所謂通國稱不孝者。」

又《不屈》篇注曰：「匡章，孟子弟子也。」

舜往于田。

《呂氏春秋·當染》篇注曰：「舜，顓頊五世之孫，瞽瞍之子也。」

按：《史記》顓頊生窮蟬，窮蟬生敬康，敬康生句望，句望生橋牛，橋牛生瞽瞍，瞽瞍生舜。自顓頊至舜七世，其中閒相距五世，故曰五世孫。疑漢時自有此稱也。

帝使其子九男二女。

《呂氏春秋·去私》篇：「堯有子十人，不與其子而授舜。」注曰：「《孟子》曰『堯使九男二女事舜』，此曰十子，殆丹朱爲胤子[一]，不在數中。」

《淮南子·泰族》篇：「乃屬以九子。」注曰：「堯有九男。」

按：《史記索隱》引皇甫謐云：「堯娶散宜氏之女曰女皇，生丹朱。又有庶子九人。」此本《吕覽》有子十人之説。趙氏注云：「丹朱以胤嗣之子[二]，臣下以距堯求禪，其餘八庶無事，故不見於《堯典》。」則不從《吕覽》説也。高氏注《吕覽》曰：「殆丹朱不數。」殆之云者，意固疑之，其注《淮南》竟云：「堯有九男。」則其説《孟子》，當與趙同。

放驩兜于崇山。

《淮南子·脩務》篇：「放驩兜于崇山。」注曰：「放，棄也。讙兜，堯佞臣也。崇山，南極之山。」

《戰國策·秦策》：「堯伐驩兜，舜伐三苗。」注曰：「驩兜、三苗，皆國名。」

按：《山海經·海外南經》有讙頭國，或曰讙朱國，並即驩兜國也。《博物志·外國》篇：

[一] 胤，原作「胤」，避清帝胤禛諱，徑改，以下不再出校。

[二] 胤，原作「允」，避清帝胤禛諱，徑改，以下不再出校。

「驩兜國，其民盡似仙人，帝堯司徒驩兜。」其説皆不經。惟既云堯伐驩兜，則自是國名。疑驩兜本以諸侯入仕王朝，故既放之，又伐其國耳。趙注以四罪爲四佞，而高亦以驩兜爲堯佞臣，與趙注合。《楚辭·九懷》曰：「四佞放兮後得禹。」《九懷》乃王褒所作，則以四罪爲四佞，固西漢舊説矣。王逸注《九歎》亦曰：「三苗，堯佞臣也。」

殺三苗于三危。

《淮南子·原道》篇注曰：「三苗，堯時所放渾敦、窮奇、叨飻之等。」

又《脩務》篇：「竄三苗於三危。」注曰：「三苗，蓋謂帝鴻氏之裔子渾敦、少昊氏之裔子窮奇、縉雲氏之裔子饕餮，三族之苗裔，故謂之三苗。三危，西極之山。一曰放三苗國民於三危也。」

又《淑真》篇：「有苗與三危通爲一家。」注曰：「有苗國在南方彭蠡，舜時不服者。三危，西極山名，在辰州。」

又《兵略》篇曰：「有苗，三苗也。」

又《地形》篇注曰：「三苗，國名也，在豫章之彭蠡。」

又《齊俗》篇注曰：「三苗之國，在彭蠡洞庭之野。」

按：三苗蓋有二説：其一説則渾敦、窮奇、饕餮之苗裔；其一説則即有苗也。高注《原道》《脩務》皆以爲三族之苗裔，而注《地形》《齊俗》兩篇皆以爲在彭蠡，則即有苗矣。蓋高氏本無一定之見，故於《脩務》篇注有「一曰三苗國民」之説，是固合二説而兼存之，而注《兵略》篇則直並而爲一談矣。惟三危既爲西極之山，不得在辰州，辰疑瓜字之誤。杜預注《昭九年·左傳》云：「三危在瓜州，今敦煌。」亦必古説也。

又按：《脩務》篇言舜南征三苗，道死蒼梧，則三苗自即有苗，《兵略》篇之注塙矣。

殛鯀于羽山。

《淮南子·脩務》篇：「殛鯀於羽山。」注曰：「鯀，禹父。爲治水績用不成，堯殛之。羽山，東極之山。《鴻範》曰：『鯀則殛死。』然則渾敦、窮奇、饕餮生至四裔可知也。」

百里奚，虞人也。

《吕氏春秋·慎人》篇：「百里奚之未遇時也，亡虢而虜晉。」注曰：「虢當爲虞。百里奚，虞臣也。《傳》曰：『伐虞，獲其大夫井伯，以媵秦穆姬。』《孟子》曰：『百里奚，虞人也。晉人以垂棘之璧假道於虞以伐虢，宫之奇諫之。百里奚知虞公之不可諫也而去之秦。』此云亡虢，誤矣。」

晉人以垂棘之璧與屈産之乘假道於虞。

《吕氏春秋·權勳》篇注曰：「垂棘，美璧所出之地，因以爲名也。屈産之乘，屈邑所生，四馬曰乘，今河東北屈駿馬者是也。」

宫之奇諫。

《戰國策·秦策》注曰：「宫之奇，虞大夫也。」

伊尹，聖之任者也。

《淮南子·主術》篇注引《孟子》曰：「伊尹，聖之任。」

人無有不善。

《吕氏春秋·盡數》篇：「故凡養生，莫若知本。」注曰：「《孟子》曰：『人性無不善。』本其善性，閉塞利欲，疾無由至矣。」

《淮南子·俶真》篇：「是故聖人之學也，欲以返性於初。」注曰：「人受天地之中以生。《孟子》曰『性無不善』，而情慾害之。故聖人能返其性於初也。」

按：引《孟子》止「性無不善」四字，而情欲害之，高氏語也。

今曰性善。

《淮南子·説山》篇:「此全其天器者。」注曰:「器,猶性也。《孟子》曰『人性善』,故曰全其天性。」

先生將何之。

《戰國策·齊策》注曰:「先生、長老,先己以生者也。」

五霸者三王之罪人也。

《呂氏春秋·先己》篇注曰:「五伯,昆吾、大彭、豕韋、齊桓、晉文。」

傅説舉於版築之閒。

《淮南子·覽冥》篇注曰:「殷王武丁夢得賢人,使工寫其象,旁求之,得傅説于傅巖,遂以爲相,爲高宗成八十一符,致中興也。」

孫叔敖舉於海。

《呂氏春秋·情欲》篇注曰:「孫叔敖,楚令尹蒍賈之子也。」

桎梏死者,非正命也。

《呂氏春秋·仲春紀》注:「在足曰桎,在手曰梏。」

達則兼善天下。

《呂氏春秋·論人》篇：「凡人通則觀其所禮。」注曰：「《孟子》曰『達則兼善天下』，故觀其所賓禮。」

拔一毛而利天下，不爲也。

《呂氏春秋·明理》篇：「有鬼投其陴。」注曰：「陴，脚也，音『楊子愛骭一毛』之骭。」又《不二》篇：「陽生貴己。」注曰：「輕天下而貴己。《孟子》曰：『陽子拔體一毛以利天下，弗爲也。』」

《淮南子·俶真》篇注曰：「楊，楊朱，其術全性保真，雖拔骭一毛而利天下，弗爲也。」又《氾論》篇：「全性保真，不以物累形，楊子之所立也，而孟子非之。」注曰：「全性保真，謂不拔骭毛，以利天下弗爲，不以物累己身形也。孟子受業于子思之門，成唐虞三代之德，叙《詩》《書》孔子之意，塞楊、墨淫詞，故非之也。」

按：以《呂覽·明理》及《淮南子》兩注觀之，則知高氏所據《孟子》作「拔骭一毛而利天下，不爲也。」至《不二》篇作「拔體一毛」。體乃骭之誤。因俗體字作骵，與骭相似，故誤也。《爾雅·釋訓》：「骭傷爲微。」郭注曰：「骭，脚脛。」拔骭一毛，謂拔脚脛上之一毛也。夫《孟子》無石經，漢本與今本異同無可考見，乃因采輯高氏遺説，得此一字，信可謂一字千金矣。翟晴江作《四書考異》、焦理堂作《孟子正義》均采及《吕覽・不二》篇拔體一毛之誤本，而於作骭之真本竟未之見，何歟？

墨子兼愛，摩頂放踵利天下爲之。

《淮南子・俶真》篇注曰：「墨，墨翟也。其術兼愛非樂，摩頂放踵而利國者爲之。」

按：高氏引《孟子》不盡依原文，必如上節之有骭字，屢引皆同，乃可爲據，否則未敢輕信也。然如此文作「而利國者爲之」，則頗有理。蓋欲明楊子之不爲，則宜以天下言，見雖利在天下之大，而楊子不爲也。若此文欲明墨子之爲之，則宜以國言，見不必利在天下也，即止利在一國而亦爲之矣。或高氏所見本，爲得《孟子》之真乎？

掘井九軔。

《吕氏春秋・功名》篇、《適威》篇、《淮南子・覽冥》篇、《説林》篇注並曰：「七尺曰仞。」

按：七尺曰仞，不從趙説。然《淮南子・原道》篇注又曰：「八尺曰仞。」或疑是許注、高注之不同，愚直謂傳寫誤也。

久假而不歸，惡知其非有也。

《吕氏春秋・審分覽》：「大明不小事，假乃理事也，夫其不假也。」注曰：「假，攝。若周公、魯隱勤理成致之也。夫其不假也，亦在其人也。久假不歸，惡乃知非，故曰夫其不假也。」

按：味其語意亦與趙同。趙氏《章指》所謂「用而不已，實何以易，在其勉之也」，即此意也。

「公孫丑曰：伊尹曰」至「**無伊尹之志，則篡也**」。

《吕氏春秋・樂成》篇：「賢者得志則可，不肖者得志則不可。」注曰：「賢者得志則忠，故曰可也；不肖者得志則驕，驕則亂，故曰不可。」公孫丑曰：『伊尹放太甲于桐宫，太甲賢，又反之。賢者之爲人臣，其君不賢，則可放歟？』《孟子》曰：『有伊尹之志則可，無伊尹之志則篡也。』」

「梁惠王以土地之故」至「**故驅其所愛子弟以殉之**」。

《吕氏春秋・不屈》篇：「惠子之治魏爲本，其治不治。當惠王之時，五十戰而二十敗，所殺者不可勝數，大將、愛子有禽者也。」注曰：「言惠王用惠子之謀，爲土地之故，麋爛其民而戰之，大敗，又將復之，恐不勝，乃驅其所愛子弟以殉之，此謂以其所不愛及其所愛，故曰大將、愛子有禽者矣。」

按：作「麋爛」疑傳刻之誤。《楚辭·招魂》篇：「靡散而不可止些。」《釋文》作糜，一作麋。誤與此同。

革車三百兩。

《淮南子·本經》篇注曰：「革車，兵車也。」

得乎丘民而爲天子。

《吕氏春秋·本味》篇：「己成而天子成。」注曰：「己成仁義之道而成爲天子。孟子曰『得乎丘民爲天子』。」

城門之軌，兩馬之力與？

《淮南子·説山》篇：「牛車絶轔。」注曰：「楚人謂門切爲轔，車行其上則斷之。《孟子》曰『城門之軌，非兩馬之力』。」

按：此與趙同。趙注曰：「譬若城門之軌，齧其限切深者，用之多耳。」是亦以門切言也。

曾晳嗜羊棗。

《吕氏春秋·季秋紀》：「共養之不宜者。」注曰：「謂若屈到嗜芰，曾晳嗜羊棗。」

按：此類斷章取義，無關本旨。

俞樓雜纂弟十八

《孟子》纘義内外篇

内篇

我善養吾浩然之氣。其爲氣也，至大至剛，以直養而無害，則塞乎天地之間。其爲氣也，配義與道，無是，餒也。

嗚呼！養氣之説，孟子始言之，孟子以前未之有也，程子謂前聖所未發，信矣！然而自孟子以後，人人知養氣之説矣，乃知其宜養，而卒未知所以養也。所以養者，何也？直也。其能直，何也？配義與道也。是故配義與道，則其氣直，直則縮矣；不配義與道，則其氣不直，不直則餒矣。是故孟子之言養氣，合道與義言之也；後世儒者之言養氣，離道與義言之也。離道與義而言養氣，故人人曰我善養吾浩然之氣，而實孟子所謂悻悻小丈夫也。

是集義所生者，非義襲而取之也。

何謂集？何謂襲？集之言合也，集義猶合義，合義者，所謂配道與義也。襲之言襲取之也。蓋集義者以義爲君，而氣爲輔，義襲者以氣爲主，而義爲客。集義者其義先充足乎中，而氣乃與之合，非氣用事也，義用事也。義襲者其氣先勃發而不可遏，見之於言則爲恣睢之言，見之於行則爲猖狂之行，而後託之以忠孝廉潔之美名，附之以君臣朋友之大節，是氣用事也，非義用事也，義特襲而取之也。嗚呼！三代下士大夫其高世絶俗之行，有聖賢所不能及者，孰知其皆襲而取之者哉！其不足與言養氣之學明矣。

夫志，氣之帥也；氣，體之充也。夫志，至焉；氣，次焉。故曰：持其志，無暴其氣。

嗚呼！此可見孟子養氣之學矣。孟子非養氣也，乃養志也。養其志，而氣從之矣。後世儒者不知養志，而但言養氣，名曰養之，實則暴之。譬猶行軍焉，善行軍者一帥用事，而士卒皆聽其命而後行。使之東而東，使之西而西，使之赴水蹈火而不敢辭，如是則四夷不敢侵，盜賊不敢作，故曰體之充也。不善行軍者士譁於伍，卒譟於行，帥擁空名於其上而莫能禁乎。居無事，則四出剽掠，爲害閭閻。一旦有事，則轉而爲敵，用暴之爲害大矣哉！

養心莫善於寡欲。其爲人也寡欲，雖有不存焉者，寡矣；其爲人也多欲，雖有存焉者，寡矣。

夫言養氣而終之以養心，何也？心之所之爲志，養心即所以養志也。是故欲養氣先養志，欲養志先養心，而養心莫善於寡欲。然則養氣之功自寡欲始。嗚呼，備矣！

外篇

仁者無敵。

嗚呼！自來功利之士，孰不言自强哉。然逐其末而遺其本，揚其波而未尋其源也。夫吾儕束髪讀《孟子》書，即聞仁者無敵之説矣。苟無敵於天下，則天下莫强焉，此自强之上策也。舍此不務而别求所以自强，傎矣！善乎宋蘇軾之告神宗也，曰：「國家之所以存亡者，在道德之淺深，不在乎强與弱；曆數之所以長短者，在風俗之厚薄，不在乎富與貧。臣願陛下務崇道德而厚風俗，不願陛下急於有功而貪富强。夫國之長短如人之壽夭。世有尫羸而壽考，亦有盛壯而暴亡。善養生者，慎起居、節飲食，不得已而用藥，則擇其品之上，性之良，可以久服而無害，則五藏和平而壽命長。不善養生者，厭上藥而用下品，伐真氣而助彊陽，根本已空，僵仆無日。天下之勢，與此無殊。臣願陛下愛惜風俗，如護元氣。」烏呼！此探本之言，亭林顧氏所謂人臣告君，未有深切於此者也。

善戰者服上刑，連諸侯者次之，辟草萊、任土地者次之。

嗚呼！此皆孟子之世所謂自强者也。善戰者、連諸侯者，無非欲以其國强也。辟草萊、任土地者，無非欲以其國富也。當孟子時，宋、衛、中山諸小國外，號爲大國者七。地醜德齊，莫能相尚。其君若臣皆日夜思所以自强，而士之遊人國者，亦各思富强其國，以成功名而取富貴。人各自爲説，家各自爲書。巧者知盡，材者能索，雖臧武仲之知，冉求之藝，不知所以加之矣。使孟子而將襲其餘術，謁孫、吴、蘇、張、申、韓之徒而以爲師歟？是壽陵餘子之學行於邯鄲，未得其國能而反失其故行者也。彼之智巧，日出而不窮，而我乃區區蹈其已成之迹，拾其吐棄之餘，刻舟以求其劍，削足以合其屨，庸有濟乎？是以孟子埽而空之曰：吾所以自强者不在此。

今天下之地方千里者九〔一〕**，齊集有其一。以一服八，何以異於鄒敵楚哉？盍亦反其本矣。**

此孟子之世與後世異者也。漢唐以來，天下一統。既無以一服八之難，則亦安見反本之

〔一〕今天下，今《孟子》各本作「海内」。

要乎？然吾聞上古之世有大九州，而鄒衍之書頗著其說。佛家亦言有四大部洲，儒者固不信也。乃天下之大，其非禹蹟所能盡，則彰彰明矣。中國者，大九州之一。不循反本之良規，而蹈鄒敵楚之故轍，未見其能濟也。

王如施仁政於民，省刑罰、簿稅斂、深耕易耨，壯者以暇日脩其孝悌忠信，入以事其父兄，出以事其長上，可使制梃以撻秦楚之堅甲利兵矣。

此所謂反本者也。然而非孟子之言，實孔子之遺法也。省刑罰、薄稅斂、深耕易耨，所以富之也。脩其孝悌忠信，所以教之也。富之、教之，所以自强也。孔子曰：「俎豆之事，則嘗聞之矣；軍旅之事，未之學也。」是孔子不知軍旅之事也。然而孔子曰「吾戰則克」，何也？惟孟子心知其意，故曰「可使制梃以撻秦楚之堅甲利兵矣」。當孟子時，所謂强國者惟秦楚耳。而秦楚所以横行於天下，亦惟堅甲利兵耳。後世强國，或百倍於秦楚，而所以制勝之具，亦有不止於兵甲之堅利者。然用孟子之言，行孟子之法，則無不可以制梃而撻之，故曰：「仁者無敵，王請勿疑。」

今王發政施仁，使天下仕者皆欲立於王之朝，耕者皆欲耕於王之野，商賈皆欲藏於王之市，行旅皆欲出於王之塗，天下之欲疾其君者皆欲赴愬於王。其若是，孰能禦之？

尊賢使能，俊傑在位，則天下之士皆悦而願立於其朝矣。市廛而不征，法而不廛，則天下之商皆悦而願藏於其市矣。關譏而不征，則天下之旅皆悦而願出於其路矣。耕者助而不税，則天下之農皆悦而願耕於其野矣。廛無夫里之布，則天下之民皆悦而願爲之氓矣。信能行此五者，則鄰國之民仰之若父母矣。率其子弟，攻其父母，自生民以來未有能濟者也。如此，則無敵於天下。無敵於天下者，天吏也。然而不王者，未之有也。

嗚呼！此兩章所言，乃自强之極軌矣。所謂辟土地、朝秦楚、蒞中國、撫四夷，其本在此。信能行之，則海外大九州無不來享來王，復黄帝以前之盛不難矣。

《四書辨疑》辨　俞樓雜纂弟十九

《通志堂經解》有《四書辨疑》十五卷，無撰人姓名。據朱氏《經義考》，乃元人偃師陳天祥所撰。其説不墨守紫陽，頗有辨正之功，蓋元儒中之矯矯者。余讀其書而善之，意有未盡，復爲之説，冀以求是，非曰好辨。

顧諟天之明命。注：「顧，謂常目在之。諟，古是字。諟，此也，或曰審也。」

《辨疑》曰：《尚書》舊注：「諟，是也。」孔穎達疏曰：「諟與是古今之字異，故變文爲是也。」注文古是字之説，蓋出於此。果如孔疏所言，則是古無是字，而後人增之也。然文字之古者莫若《尚書》，如「慢遊是好」「傲虐是作」之是字，豈後人所增哉？今之江南、中原《玉篇》諸韵諟字皆訓理也、正也、諦也、審也，未有説爲古是字而訓此者。惟從或曰之説，解諟爲審，則爲理順。顧爲顧視，常目在之；諟爲審念，常心在之。

辨曰：此句舊注有二：其一爲《尚書》枚傳，其一爲《禮記·大學》篇鄭注〔一〕。而朱注但依枚傳，未尋鄭注，故以諟爲古是字，陳氏辨之當矣。惟從或説作審，則顧、諟二字分屬心、目，義亦未安。且天命無形之物，有何可顧？枚傳解諟字固非，解顧字尤非。此句之義自當從鄭《禮·大學》篇。鄭注曰：「顧，念也。諟，猶正也。」此説得之。顧諟天之明命，謂其意念在正天之命也。《成十三年·左傳》劉子曰：「民受天地之中以生，所謂命也。是以有動作威儀之則，以定命也。」定與正同義。《堯典》「以閏月定四時」，《史記·五帝紀》定作正，《齊語》「正卒伍」，《漢書·刑法志》正作定，蓋二字之義本通。然則「諟天明命」，即《左傳》所謂「定命」也。《益稷》篇：「天叙有典，勑我五典、五惇哉！天秩有禮，自我五禮有庸哉！」叙也、秩也，皆有正義。蓋天所命我者本無不正，故曰天叙、曰天秩，我從而叙之、秩之，即所以正天之明命也。推之「天命有德、五服五章」「天討有罪，五刑五用」，命德、討罪，天之明命也。賞必當德，罰必當罪，正天之明命也。鄭注之精，非枚傳可及。朱注不從鄭而從枚，何歟？

〔一〕大學，原作「中庸」，誤。本節下文同誤處徑改。

湯之盤銘。注：「盤，沐浴之盤。」

《辨疑》曰：解盤爲沐浴之盤，此舊説也。沐爲沐髮，浴爲浴身，髮與身無同器沐浴之理。即欲迂曲説爲兩盤，實無可據。兩盤之文《或問》中有一説，云亦如人之一日沐浴，日日沐浴，又無日不沐浴。此説亦爲少思。驗之天下之人，未有無夏無冬日日須沐須浴者。又盤乃淺器，中間亦難容人沐浴也。參詳天下之物，常須潔净者，惟飲食之器爲然。説者宜云盤所以盛進飲食諸物，必須日日滌拭，去其垢穢，常令鮮潔明净，以諭人須日日清潔其心，不致爲物欲所昏，使其明德常新常明也。

辨曰：鄭注但云「盤銘，刻戒於盤也」，初不指爲何盤。正義始云「湯沐浴之盤刻銘爲戒」，而朱注從之。陳氏以沐浴不可同用一盤，又無二盤之文，遂别爲之説曰「盤所以盛進飲食諸物」，此説恐未可從也。古人盛飲食之器，羹之屬於登於鉶，棗栗之屬於籩，菹醢之屬於豆，黍稷之屬於簠、簋，牛羊之屬於俎，未聞以盤也。其所以進食者則曰案。《考工記·玉人》「案十有二寸」是也。《急就篇》「橢、杅、槃、案、桮、問、盌。」顔師古注：「無足曰槃，有足曰案。」槃即盤字，是進食之盤，古已有之，而三代經籍實無所見，未可以此説湯之盤也。然則將仍以爲沐浴之盤乎？此又不然。《周書·王會》篇：「堂後東北爲赤帟焉，浴盆在其中。」是古人浴以盆，不以盤。《禮記·玉藻》篇「出杅履蒯席。」注：「杅，浴器也。」亦不言以盤。浴盤之説，非古明矣。《喪大記》云：「沐用瓦盤。」則沐之用盤，古固有之。然《内則》云：「五日則燂湯請浴，三日具沐。」是古人沐浴以三日、五日爲度，誠如陳氏所言，無日日沐浴者也。若然湯之盤果何盤乎？愚謂當即盤匜之盤，乃盥器也。《儀禮·既夕禮》：「槃、匜，匜實于槃中，南流。」注曰：「盤、匜，盥器也。」《禮記·内則》篇：「進盥，少者奉槃，長者奉水。」注曰：「盤，承盥水者。」蓋古人盥手以匜，而盥畢則其水承之以盤。盤、匜乃古人日日所必用。據《内則》知每日必盥手，非如沐以三日、浴以五日也。故古人即於盤、匜勒銘，以自警戒。《漢書·藝文志》雜家有《孔甲盤盂》二十六篇，注云：「黄帝之史，或曰夏帝孔甲。」殆亦此類也。孔氏不知爲盥器，而以爲沐浴器，殊非古義。陳氏以爲進飲食器，則失之更遠矣。

如切如磋者，道學也；如琢如磨者，自修也。注：「切以刀鋸，琢以椎鑿，皆裁物使成形質也。磋以鑢鍚，磨以沙石，皆治物使其滑澤也。治骨角者，既切而復磋之。治玉石者，既琢而復磨之。皆言其治之有序，而益致其精也。」

《辨疑》曰：注文止是解《詩》，於傳文所言學與自修無相干涉。不知切磋如何爲學，琢磨如何爲自修也。《或問》中荅問者曰：「骨角脈理可尋，而切磋之功易，所謂始條理之事也；玉石渾全堅確，而琢磨之功難，所謂終條理之事也。」參詳此説，數者之中，惟治玉爲難，琢石、磨石，何難之有？夫欲治骨角玉石爲器，必先切琢以成其質，再加琢磨之功，然後可爲完器矣。切琢以諭學問也，磋磨以諭自修也。經文當作「如切如琢者，道學也；如磋如磨者，自修也。」如此讀之，於義爲是。磋、琢二字，傳寫之差也。

辨曰：陳氏此説謬矣。《大學》此文，亦見《爾雅・釋訓》篇。此下尚有「既微且尰」「是刈是濩」「履帝武敏」「張仲孝友」「有客宿宿，有客信信」「其虚其徐」「猗嗟名兮」「式微式微」諸句，皆全舉《詩》句而釋之。如切如磋二句，亦與一例。若作如切如琢、如磋如磨，則割截《詩》文，非詁經之例矣。然陳氏此説之謬，亦朱注有以啓之。按：切磋琢磨四字，説見《爾雅・釋器》篇：「骨謂之切，象謂之磋，玉謂之琢，石謂之磨。」毛公本之以釋《詩》，而鄭司農注《周禮・太宰》「八材」又作「珠曰切，象曰磋，玉曰琢，石曰磨」。惟切字之説有異，而要皆一字爲一事，非合兩字爲一事也。朱注乃曰「治骨角者既切而復磋之，治玉石者既琢而復磨之」，則是骨角須切磋並用，玉石須琢磨並用，與《雅》訓違矣。推是説也，切琢粗而磋磨精，《或問》中遂有「始條理、終條理」之説。陳氏童而習之，未免先入爲主，遂欲改易經文，以就其説矣。愚謂當悉遵《雅》訓，切磋琢磨四字，分屬骨象玉石四物。《大學》以如切如磋爲學，如琢如磨爲自修，此不可泥文字以求之。孔氏正義曰：「初習謂之學，重習謂之修，亦謂《詩》本互文而相通也。」得其旨矣。

有酒食先生饌。注：「食音嗣。食，飯也；饌，飲食之也。」

《辨疑》曰：酒食之食，舊讀與飲之食之之食同音爲蝕，音雖同，義則異矣。食之之食，口之啗物之謂也。酒食之食，乃其諸品食物之總名。既以酒食爲酒嗣，惡衣惡食亦當作惡衣惡嗣，君賜食亦當作君賜嗣。今也或從新音爲嗣，或從舊讀爲蝕。既有一是，必有一非。質諸世人通知之事，酒食、衣食人所常言，食字皆從蝕音，天下古今無有異也。今乃刱音爲嗣、或嘗以酒嗣之語施之談話之閒，聞者往往爲之發笑。本分言之，止從舊音讀爲酒蝕，乃爲通順。

辨曰：《玉篇》：「食，是力切。」《廣韵·二十四職》：「食，乘力切。」是皆音蝕也。《七志》祥吏切五字無食字，止有飤字，又有飼字，與飤同。然則食字古止讀蝕，其讀嗣者，飼之叚字也。陳氏謂酒食之食與飲之食之之食舊讀同爲蝕，亦稍疏矣。然舊讀亦有可疑者。此章酒食之食以理言之自應讀蝕，乃《釋文》亦音嗣，則朱注固本於陸氏，非朱注刱音爲嗣也。今取陸氏《釋文》即《論語》中食字覈之，如「一簞食」「食夫稻」「殺雞爲黍而食之」，並音嗣。此以人食之言，即飼之叚字，音嗣，宜也。若「食不厭精，膾不厭細」，食與膾對，明是所食之物，而非以人食之言，乃亦音嗣，何也？「疏食菜羹」，食與羹對，亦明是所食之物，乃《述而》篇「疏食」則曰：

「食，如字，一音嗣。」《鄉黨》篇「疏食」則曰：「音嗣，又如字。」《憲問》篇「疏食」則曰：「如字，又音嗣。」何游移而不定也？陸氏於此字且不能定，無譏乎朱注矣。惟《毛詩・緜蠻》篇「飲之食之」，箋云：「渴則予之飲，饑則予之食。」《釋文》出「飲食」云：「上於鴆反，下音嗣，篇内皆同，注如字。」蓋飲之食之以人言也，故音嗣；予之飲予之食以物言也，故如字。此則分别最明矣。

季文子三思而後行，子聞之，曰：「再，斯可矣。」注：「三，去聲。若使晉求遭喪之禮以行，亦其一事也。程子曰：『至於再則已審，三則私意起而反惑矣，故夫子譏之。』」

《辨疑》曰：王滹南駁喪禮之説曰：「文子至晉果遭之，則正得思之力也，何過之有？」又駁程子之説曰：「思至于三，何遽爲私意邪？」又曰：「事有不必再思者，亦有不止於三思者，初無定論也。」其説大意皆當，然「三」字之音義未有明辨。三作平聲，乃是數目定名，若作去聲，只是再三再四頻繁之意。夫子之言止是言文子過思之蔽，非謂天下之事皆當止於再思，不可至於三次也。

辨曰：《文六年・左傳》：「季文子將聘於晉，使求遭喪之禮以行。」曰：求而無之，實難，過求何害？」杜注云：「所謂文子三思。」是以聘晉之事證文子三思本於杜征南，非朱注剏爲是説也。所引程子語，亦是順《論語》本文爲説，初無大謬。陳氏因「三」字去聲，故不以程語爲然。以愚論之，三音去聲與音平聲，實無大別。按《廣韻·五十四闞》有三字，云「三思，蘇暫切」，是唐人讀三思作去聲也。考之《釋文》：「三思，息暫反，又如字。」則六朝以前舊讀不盡作去聲。夫孔子明言「再，斯可矣」，再思是二，則三思是三，其義甚明。《學而》篇「吾日三省吾身」，《釋文》云：「三，息暫反，又如字。」夫曾子所省，明有三事，下文一一言之，此「三」字自是數目定名，而陸氏亦存二音，可知讀去讀平無大分別。不過就物數言之，如「所就三」「所去三」之類則讀平聲；就人事次第言之，如「三仕之」「三已之」之類則讀去聲。此乃漢後經師好爲分別，多此紛紜之説，亦猶「先治其國」之治平聲、「家齊而後國治」之治去聲，實無異義也。陳氏必謂「三」字非數目定名，只是再三再四之意，轉與夫子「再，斯可矣」之言窒礙矣。

不時，不食。注：「五穀不成，果實未熟之類。」

《辨疑》曰：五穀不成，果實未熟，自不可食，此何必言。不時不食者，一日三食不依其時，則不食也。南軒曰：「不時，非食時也。」

辨曰：此句古有二解。集解引鄭曰：「不時，非朝夕日中時。」皇侃義疏引江熙云：「不時，謂生非其時，若冬梅李實也。」朱注從江熙之説而易康成舊義，未知何意。陳氏不知康成舊義，而引南軒之説，則亦疏矣。

不撤薑食。注：「薑通神明，去穢惡，故不撤。」

《辨疑》曰：《本草經》諸藥皆有益人之用，通神明，去穢惡者固不少也，然獨不撤薑食，蓋亦取其味之可喜，故不撤也。注文本謂聖人無嗜味之心，故於夫子飲食之閒，凡有惡而不食、喜而食之者，皆宛轉其説，不使有關於味之美惡。於其本然欲惡之，誠使皆晦而不顯，以爲聖人無意於味也。是豈人之情也哉？

辨曰：《鄉黨》一篇，詳記聖人容色言動，即所以爲教也。如徒以聖人嗜好而記之，則烏足以爲聖人之經哉！陳氏此論雖似通達，然淺之乎視《鄉黨》矣。惟不撤薑食之義曰不撤，則必有撤之者明矣。朱注於不撤之義未有發明，殆不可從。孔安國曰：「撤，去也。齊禁薰物，薑辛而不臭，故不去。」此説得不撤之義，視朱爲優。然必蒙「齊必變食」爲義，則是此節皆爲謹齊而設。使非齊時，將魚餒肉敗亦食之乎？將飲酒遂至於亂乎？必蒙齊字爲義，於此句得之矣，以上諸文不可通也。愚按：《儀禮・士相見》篇：「夜侍坐，問夜，膳葷，請退可也。」注曰：「葷，辛物，葱薤之屬，食之以止卧。」夫見客之際，非飲食之時，安得辛物而膳之。疑古人於坐閒必置少許辛物，使疲憊之時得以鍼勞而藥倦，蓋亦君子自强不息之意，古有警枕，亦此意也。

夫子每日食畢，餘物皆撤去〔一〕，獨留薑食不撤，疑亦古人燕居之常禮也。鄭注於膳葷止云葱薤之屬而不及薑，然葱薤之屬辛而臭，固不如薑之爲佳也。

曾子曰：「吾聞諸夫子：孟莊子之孝也，其他可能也；其不改父之臣、與父之政，是難能也。」注：「獻子有賢德，而莊子能用其臣，守其政。故其他孝行雖有可稱，而皆不若此事之難。」

《辨疑》曰：注中不見難能之理，義有未盡。南軒曰：「莊子之不改，意者其政雖未善，而亦不至悖理害事之甚，故有取其不忍改也。蓋善而不改，乃其常耳，不必稱難能。惡而不改，則是成其父之惡，不可稱難能也。」胡寅曰：「莊子之繼世也，必其先臣、先政有不利於己者，他人不能不改而莊子能之，是以稱難。」王滹南謂二説皆有理，胡氏之説尤親。

辨曰：此章古義，馬融謂「在諒闇之中，父臣及父政雖不善者，不忍改之也。」準之「三年無改」之説，似亦有理。但經文初無居喪義，故朱注不從，易之曰「獻子有賢德，而莊子能用其臣、守其政」，説甚正大。蓋改與不改，當視父之賢不賢爲斷。其父不賢，其臣其政皆未必善，爲子者以能改爲孝，若元祐之於熙寧是也。其父而賢，其臣其政必善，爲子者以不改爲孝，否則元

〔一〕撤，原作「撒」，據上下文意改。

祐又變爲紹聖矣。獻子之臣必是賢臣，獻子之政必是善政。莊子嗣守令緒，一仍其舊，所謂保家之令子也，孝莫大於此，其餘皆小節矣。陳氏引南軒說，於理未足。若果悖理害事，則雖未甚，豈容不改乎？至胡氏之說，以私意窺測，失之更遠。

所謂故國者，非謂有喬木之謂也，有世臣之謂也。王無親臣矣。注：「世臣，累世勳舊之臣，與國同休戚者也。親臣，君所親信之臣，與君同休戚者也。」

《辨疑》曰：世臣、親臣，分爲兩意，文辭義理，俱不可通。說世臣處止是「有世臣之謂也」一句而已，下句却別說親臣。世臣之說，下無結意，親臣之說，上無來意，孟子之意，何其首尾不相照管，而無倫序如此邪？所謂世臣與國同休戚、親臣與君同休戚者，迂曲甚矣。豈有忠於國而遺其君、忠於君而遺其國者哉？況親臣止同其君一身休戚，國之休戚畧不關心，乃是姦回諛佞之人，所謂「事是君則爲容悦者也」，孟子何必勸宣王畜養此輩邪？所謂故國者有世臣之謂也者，言其世祚長遠而爲故國者，由其有親信大臣子孫相繼世爲輔弼之臣也。王無親臣者，言王用人不擇賢否，輕爲黜退，果於誅殺，所以人心不固而無親信可爲輔弼之臣也。後乃教宣王改其素習，慎用誅斥，愛養賢能，以收將來世臣之用。

辨曰：陳氏此論，於朱注解世臣、親臣處辨駁明快極矣。惟《孟子》此章止以世臣引起親臣，世臣之説，本所不重，並無以此日親臣作將來世臣之意。陳氏所説，亦未得也。愚謂古書親、新二字往往通用，此章親臣止當作新臣解。新臣者，新進之臣，對世臣而言。孟子謂故國必有世臣，今王非但無世臣也，並新臣而無之矣。下文曰：「昔者所進，今日不知其亡。」昔者、今日，與「昔者病、今日愈」同，極言其近。昔進今亡，所以無新臣也，又何論世臣乎？

泄柳、申詳，無人乎繆公之側，則不能安其身。注：「泄柳、申詳，繆公尊之不如子思，然二子義不苟容，非有賢者在其君之左右維持調護之，則亦不能安其身矣。」

《辨疑》曰〔一〕：此段經文本與上文繆公尊禮子思之説相對爲言。然人君以此禮賢則可，人臣以此事君則不可。注文亦是見此一節義有不安，故宛轉其意，特加賢者二字，指君側之人爲賢人，以成二子義不苟容之説。然經中本無賢字意脈，彼其在君之側，候伺顏情，道達人之情意，通布腹心者，蓋亦只是左右親信，與人媒合就事之人，非皆可謂賢者也。又以一章文勢言之，至其結意處，止言慮而不及子思，於泄柳、申詳未嘗再有干涉，亦難通解。竊嘗撤去泄柳以下十七字讀之，則語意通順而無疐礙。

〔一〕疑，原闕，據上下文徑補。

辨曰：《孟子正義》云：「子思之於繆公，師道也，非求容者也，故繆公無人於子思之側，則不能安子思。泄柳、申詳之於繆公，臣道也，則求容者也，故無人於繆公之側，則不能安其身。」《孟子正義》世傳邵武士人作，至爲鄙俚，而此數語獨爲明了。孟子在齊，居賓師之位，師道也，非臣道也。客爲王留行，不知作何語。大約欲孟子在晝少留，而自至齊國，力言於王，使復用孟子，是爲孟子求容也。則不爲子思，而爲泄柳、申詳矣。故曰：「子爲長者慮，而不及子思。」不及子思，即是以泄柳、申詳待孟子，不得謂下文無干涉二子之意也。朱注曲爲泄柳、申詳回護，遂使此節之義不明，而孟子之意亦晦。陳氏讀之不解，乃擬撤去此十七字，豈不妄哉！

百官族人可謂曰知。注：「可謂曰知，疑有闕誤。或曰：『皆謂世子之知禮也。』」

《辨疑》曰：或曰之説，易可爲皆，此甚有理。然又改知字爲平聲，不知知爲知甚也？皆謂世子知禮，禮字乃贅文耳。知止當音智，世子排衆議以遵孟子之言，苟非智識高遠者定不能也。百官族人皆謂曰智，前後義皆通貫。

辨曰：易可爲皆，未免妄作。讀知爲智，義亦未安。此句之旨自來不得其解。檢趙注、孫疏，均未通徹。愚輒爲一説曰：此承「五月居廬、未有命戒」而言。夫未有命戒，固居喪不言之古禮也。然一國之大，政事殷繁，必不能停閣至五月之久。是以古者天子諒闇，有聽於冢宰之文。不知諸侯居喪，其制如何。滕乃侯國，未必如天子之禮。又其時喪禮久廢，則古制亦無可稽。意者文公居廬之日，其國中政事使同姓異姓之臣雜治之，可否悉決於父兄，百官族人即指父兄而言。百官族人可（句），謂曰知（句）。謂百官族人之所可者，從而行之，文公但謂之曰知而已。謂曰知，與《始皇本紀》制曰可文法相似。百官族人可，此可字，即秦制稱可所由來。古今制度不同，有始則上下通用、後則獨爲天子之制者。疑戰國時有司治事皆用此可字，如後世畫諾之比。至秦有天下，亦循用之，而遂以爲天子之制矣。謂曰知，猶後世之報聞也。如此解之，則文無闕誤，而意亦與上文相屬，未知是否？

帝將胥天下而遷之焉。注：「胥，相視也。」

《辨疑》曰：解胥爲相視，帝將相視天下而遷之焉，不成文理。舊注解胥爲須，蓋亦古人通用之義。孫奭疏云：帝將須以天下遷之。既有此解，不必別論。

辨曰：相視之義，誠有未安。從舊解爲須，趙注云：「堯須天下悉治，將遷位而禪之。」然經文初無治字，即從疏説「須以天下遷之」，亦不成文理。愚按《爾雅·釋詁》：「胥，皆也。」此承上文而言。天下之士多就之者，意其時謳歌獄訟歸舜者幾半矣，堯將使天下之未就舜者遷而就舜，故曰將胥天下而遷之。胥者，皆也。《説文》曰：「皆，俱詞也。」是其義也。使以今人文法易之，則曰「帝將悉天下而遷之」，或曰「帝將合天下而遷之」，其意便了然。胥字之義，亦若是而已矣。

夫苟不好善，則人將曰：「訑訑，予既已知之矣。」注：「訑訑，自足其智，不嗜善言之貌。」

《辨疑》曰：注文大意不差，但略過人字不説，義爲未盡。蓋自「將曰」以下，本皆假設「苟不好善」之人所言之言爲説也。然有人字在上，卻是他人所言之言，與下文意不相貫，人字蓋羨文也。

辨曰：此人字只作彼字用。人者對我之稱，彼者亦對我之稱，故得通用。則人將曰訑訑，猶則彼將曰訑訑。即此不好善之人，並非他人也。趙注：「不好善，則其人將曰訑訑。」所謂其人者，亦即此不好善之人也。孫疏曰：「苟不能好善，則四海之内，人將曰彼人之訑訑自足其智，不好善言，我既已知之。」此失經意，並失注意。古書用字，與今不同。《昭三十一年·公羊傳》：「人未足，而盱有餘。」注曰：「人，夏父自謂也。」使後人爲之，人字當作我字。此文則人將曰訑訑，使後人爲之，人字當作彼字。學者不達古人語意，不得其解。陳氏至欲删去人字，失之專輒矣。

居移氣，養移體。注：「居，謂所居之位。養，奉養也。言人之居處，所繫甚大，王子亦人子耳，特以所居不同，故所養不同，而其氣體有異也。」

《辨疑》曰：經文初言「居移氣、養移體」，繼而言者「大哉居乎」「其居使之然也」「居天下之廣居」，皆叙居移氣之義爲説，略不再言養移體者，蓋居移氣本是一章正義，養移體乃是兼設譬諭之言。而注文無所分别，使養與居通混，體與氣均齊，並列於孟子稱羨中，抑亦不思之甚也。夫氣之爲用大矣。賢者養之惟恐有餒，故孟子見王子之氣，乃稱羨之，不爲無取。若見其身體得所奉養，顔色肌膚有豐潤肥澤之美而咨嗟歎羨，此何義也。

辨曰：「居移氣、養移體」二句，與「富潤屋、德潤身」相似。一句正意，一句喻意，故下直接云「大哉居乎」，則養移體一句不涉正意可知矣。朱注不但以二句平列，且云「以所居不同，故所養不同」，文勢轉似側注養移體一句〔一〕，宜爲陳氏所糾矣。乃檢趙氏舊注云：「居之移人氣志使之高凉，若供養之移人形身使充盛也。」則趙注固以養移體爲比喻之辭。而僞孫疏乃曰：「夫居足以移易人之氣，所養足以移易人之體。以其王子之儀體聲氣如是者，亦以所居所養之大移之使然也。」則失趙氏注意矣。夫僞孫疏固朱子所譏爲邵武士人作者，乃不從注而從疏，何歟？陳氏糾正朱注，往往有闇合古注者，而皆不知引古注爲據，蓋元儒已束古注於高閣矣。

〔一〕 體，原作「氣」，據上下文義改。

致中和，天地位焉，萬物育焉。注：「致，推而極之也。位者，安其所也。育者，遂其生也。自戒懼而約之，以至於至静之中，無少偏倚，而其守不失，則極其中而天地位矣。自謹獨而精之，以至於應物之處，無少差謬，而無適不然，則極其和而萬物育矣。蓋天地萬物本吾一體，吾之心正，則天地之心亦正矣；吾之氣順，則天地之氣亦順矣。故其效驗至於如此。」

《辨疑》曰：注言「自戒懼而約之」，以至「極其中而天地位矣」；「自謹獨而精之」，以至「極其和而萬物育矣」。推詳此説，天下人中但有一人於不睹不聞之處戒懼以謹其獨，便能使天地各安其所，萬物各遂其生，未之聞也。又云「蓋天地萬物本吾一體，吾之心正則天地之心亦正，吾之氣順則天地之氣亦順」，義愈難通。天地萬物與吾同在陰陽大氣中，謂同一氣則可，謂爲一體則不可。天下萬物何所不有，豈能同爲一體哉！天地之氣固有順不順時，天地之心未嘗不正也。豈待吾之心正，然後天心地心始正哉？天地之氣有時而不順者，蓋由國家失德，則有恒雨、恒暘、恒燠、恒寒、恒風之應，此皆天地不順之氣也。普天之下，惟吾一身之氣順，便能使此氣皆順，久雨則能使之晴，久旱則能使之雨，斷無此理。《或問》一説云：「但能致中和於一身，則天下雖亂，而吾之天地萬物不害其爲安泰。」此又有涉荒誕，實流入於異端矣。經文自「喜怒哀樂」至「萬物育焉」，此一段與上文本難通説，當自爲一章。「喜怒哀樂之未發，謂之中；發而皆中節，謂之和。」此就各人之一身而言。「中也者，天下之大本也；和也者，天下之達道也。」此義散開，在於天下矣。繼言「致中和，天地位焉，萬物育焉」，此乃專言天下之中和，解者不可只就一人之身爲説也。然其致此者，惟人君能之。如堯之親睦九族，平章百姓，協和萬邦，此其致天下中和之道也。

辨曰：朱注誠有未安，而陳氏所辨，亦有未盡。經云致中和，未嘗分致中、致和爲二事。天地之位，位於中和；萬物之育，育於中和。今如注義，則當改經文云「致中，天地位焉；致和，萬物育焉」，此義之不安者一也。又云「吾之心正，天地之心亦正；吾之氣順，天地之氣亦順」，則並無待乎致矣，當易經文曰「中而天地位焉，和而萬物育焉」，此義之不安者二也。又以注文細覈之，既云「致，推而極之也」，又云「自戒懼而約之」「自謹獨而精之」。推而極之，則自内擴充至外之謂；約之精之，則自外收縮至内之謂。兩文不相矛盾乎？此義之不安者三也。「無少偏倚」，可謂之中；「無少差謬」，不可謂和。蓋無所差謬者，譬如射鵠然。不高不下，不左不右，適當其鵠也，此仍中也，而非和也。必欲言和，宜云「無所乖戾」。乃注文既承上文戒懼、謹獨爲説，故云無所差謬，庶與上文謹字之意相關，而不知無所差謬，即無所偏倚，無以爲中和之别也，此義之不安者四也。以上諸義，皆陳氏所未及，因陳氏之説而遂言之，非敢駁斥先儒，而於義實有未安，則亦學者之所宜討論者也。夫詁經之體，無待煩言。此節之注但云「致，推而極之也。位者，安其所也。育者，遂其生也」，其義已足，省却下文若干字句，轉不授後人於口實矣。試觀鄭康成舊注曰：「致，行之至也。位，猶正也。育，生也、長也。」豈不簡而該乎？孔穎達正義曰：「言人君所能致極中和，使陰陽不錯，則天地得其正位焉。生成得理，故萬物得其養育焉。」然則陳氏謂「致此者，惟人君能之」，固孔疏舊説矣。朱注以注疏舊説爲未善，費若干文字而爲之注。陳氏又以朱注爲未善，費若干文字與之辨論，而自爲之説。然謂自「喜怒哀樂」以下不蒙上文，則鄭注固不蒙上文爲説也；謂致中和惟人君能之，則孔疏固然也。亦可見後儒之説經者，徒爲費辭矣。

群經賸義　俞樓雜纂弟二十

余經學麤觕，然致力於此則數十年矣，故於經義每妄有論説。自《群經平議》外，散見於《弟一樓叢書》及《曲園雜纂》《俞樓雜纂》者蓋不下數百事矣。此卷亦説經之文，初意尚有《續群經平議》之作，今精力日衰，不復能成，因以此附刻《雜纂》中，題曰《群經賸義》。

《无妄》六二

古人引經，不必盡如本文，故不足取證文字之異同，而往往可以證明其義。如《无妄》六二爻曰：「不耕穫，不菑畬，則利有攸往。」此爻之義，頗不易曉。夫无妄之義，説者謂不敢虚妄也。不耕而穫，不菑而畬，則亦虚妄之至矣。乃反以爲利有攸往，何也？卦辭曰：「其匪正有眚，不利有攸往。」不與此爻之義明明相反歟？王注乃以「代終已成而不造」曲爲之説。夫不耕不菑，坐享其成，與「地道無成」之義大謬矣，尚得以「代終不造」爲説乎？《禮記·坊記》篇引此爻曰：「不耕穫，不菑畬，凶。」凶之一字，《易經》所無，然據此可知此爻之義，是凶非吉，爻詞乃是反語。言不耕而穫，不菑而畬，無功竊禄之小人則利有攸往，而於君子不利也。凡爻辭有則字者，皆有言外之意。如云「艱則无咎」，知不艱則有咎矣；「往遇雨則吉」，知往而不遇雨則凶矣。天下豈有不耕而穫，不菑而畬之理。「不耕穫，不菑畬，則利有攸往。」然則此爻之不利有攸往，可知正卦辭所謂「其匪正有眚，不利有攸往」者也。《坊記》乃七十子所傳，去聖未遠，得聖人之本意，故用其意而易其辭曰：「不耕穫，不菑畬，凶。」蓋爻辭反言之，《記》人則正言之也。學者不達此義，反疑《記》文之誤，失之矣。至據《記》文以增益《周易》爻辭，則又不可。爻固有先言凶、後言利者，如《漸》九三「凶，利禦寇」、《未濟》六三「征，凶，利涉大川」是也。然此爻有則字，則者承上之辭。凶則利有攸往，義不可通矣。此爻之義，全在則字。正以不耕不菑者之利，明必耕必畬者之不利，故此爻是凶非吉。《坊記》一凶字，即可爲此爻之古注矣。

不菑畬田

《説文·田部》：「畬，三歲治田也。从田，余聲〔一〕。《易》曰：『不菑畬田。』」按《爾雅·釋地》：「田一歲曰菑，二歲曰新田，三歲曰畬。」毛公《周頌傳》「三歲曰畬」，從《雅》義也。鄭君注

〔一〕余，原作「畬」，據《説文》改。

《禮記·坊記》篇：「田一歲曰菑，二歲曰畬，三歲曰新田。」與《雅》義不同。虞翻注《周易·无妄》爻曰：「田在二，二歲爲畬。」則與鄭同。許君作《説文》亦與鄭同。《〈周易〉釋文》云：「畬，馬曰田三歲。《説文》云二歲治田。」然則今本《説文》作「三歲治田」者，誤也。段氏《説文注》業已訂正矣。惟「不菑畬田」之義，則不可解。汲古閣本以爲衍文，而空一字。段注以爲即《坊記》所謂「不菑畬，凶」者，田蓋凶字之誤，其説亦似有理。乃愚以爲許君解畬字，既以爲二歲治田，則此文作不菑畬田，義亦可通。蓋一歲謂之菑，二歲謂之畬，三歲謂之新田。夫至三歲而新成爲田，則菑、畬均未成乎田也。不菑畬田與不耕穫正相配成義。不耕穫者，不耕而求其有穫也；不菑畬田者，不菑畬而求其成田也。正鄭注所謂「務得其禄，不務其事」者。今讀此二句曰「不耕（讀）、穫，不菑畬（讀）、田」，則其義了然矣。或從《〈周易〉釋文》所載或本作「不耕而穫，不菑畬而田」，則義更了然矣。許君引《周易》有田字，殆《孟氏易》古本如此。且許君作《説文》多從毛公之義，此獨易之者，正以《周易》此文故也。解得此義，則知毛公從《爾雅》之誤。而二歲畬、三歲新田，可以決矣。若《艸部》菑下引《周易》無田字，此必奪文，亦猶《糸部》絮下引「需有衣絮」，而繻下則引作「繻有衣」，文缺不全，與此一例。

鳥獸毴毨

《周官・司裘》：「中秋獻良裘。」鄭注：「良，善也。中秋鳥獸毴毨，因其良時而用之。」《釋文》：「毴，音毛。毨，先典反。」按：今本《尚書》「仲秋作鳥獸毛毨」，陸德明讀毴爲毛，蓋從今本耳，其實非也。《説文》無毴字，疑毴即𣯍字之誤，或古文從省也。《説文・毛部》：「𣯍，毛盛也。从毛，隼聲。《虞書》曰：『鳥獸𣯍毛。』」又曰：「毨，仲秋鳥獸毛盛，可選取以爲器用。从毛，先聲，讀若選。」疑許君所見壁中古文正作「鳥獸𣯍毨」，故《毛部》收𣯍、毨二篆。𣯍下引《書》，毨下不引《書》，亦猶箘、簬二篆，簬下引《書》，箘下不引《書》；筱、簜二篆，簜下引《書》，筱下不引《書》也。𣯍、毨二篆亦必相連，其閒以毴篆者，寫者亂之耳。𣯍下引《書》本作「鳥獸𣯍毨」，其後闕壞，而爲「鳥獸𣯍毛」，學者因誤以當仲冬之鳥獸氄毛，不知氄毛之氄，《説文》自作䩰，見《毳部》，不作𣯍也。許書之𣯍毛，即鄭注之毴毨。因許書毨誤爲毛，鄭注𣯍誤爲毴，於是學者但見其異，不知其同矣。此經四節，春與秋相準，夏與冬相準。春則暘谷，秋則昧谷，春則寅賓出日，秋則寅餞納日，皆相對成文。春言鳥獸孳尾，秋言鳥獸𣯍毨〔一〕。孳尾、𣯍毨，於古音皆疊韵也。夏希革，冬

〔一〕𣯍，原作「毴」，據上下文義改。

氄毛，則自以字義相對。今本《尚書》誤氈毨爲毛毨，則與孳尾不相準，而與冬之氄毛又不一律，古書無此文法也。陸氏據誤本作音，乃讀氈爲毛以從之，疑誤學者，不可不正。

遠服賈用

《酒誥》：「肇牽車牛，遠服賈用，孝養厥父母。」枚傳、孔疏皆以「遠服賈」三字爲句，邢昺《論語疏》於《爲政》篇解「大車無輗」引《酒誥》「車牛遠服賈用」，則以用字連賈字讀。按：《詩・谷風》篇「賈用不售」，注疏皆不明説用字之義，或亦以賈用連文，古語有然乎？

太戊非太甲子

枚傳云：「太戊，沃丁弟之子。」《釋文》引馬融曰：「太戊，太甲子。」余按：《殷本紀》：「沃丁崩，弟太庚立。崩，子小甲立。崩，弟雍己立。崩，弟太戊立。」是太戊爲沃丁弟太庚之子，此枚傳所本也。《三代世表》云：「太庚，沃丁弟。小甲，太庚弟。雍己，小甲弟。太戊，雍己弟。」是沃丁、太庚、小甲、雍己、太戊五君，皆太甲子，此馬注所本也。是二説者，《世表》非而《本紀》是。説《尚書》者當從枚，不當從馬。蓋以年論，太戊不得爲太甲子也。《無逸》稱中宗享國七十有五年，中宗即太戊。自太甲之崩至太戊之立，據《竹書紀年》爲六十有四年，據金履祥《通鑑前編》爲一百十四年。太戊又未必生於太甲末年，則太戊之壽不太長乎？然則太戊決非太甲子矣。

山有樞

《山有樞》一篇，其序曰：「刺晉昭公也。不能修道以正其國，有財不能用，有鍾鼓不能以自樂，有朝廷不能灑埽。政荒民散，將以危亡，四鄰謀取其國家而不知。國人作此以刺之也。」序之所言，深得詩意。今讀其詩，「且以喜樂，且以永日」，壹似《列子》書所載楊朱之言者，而不知其意至深痛也。考《左傳》：「惠之二十四年，晉始亂，故封桓叔于曲沃。師服曰：國家之立也，本大而末小，是以能固。今晉甸侯也，而建國，本既弱矣，其能久乎？」按魯惠公二十四年，即晉昭公元年，是曲沃之封，正在昭公之世。遠識之士，固知曲沃之必代晉矣。詩中三言他人，曰「他人是愉」、曰「他人是保」、曰「他人入室」，他人者，誰歟？殆即指曲沃而言乎？魯惠之三十年，晉潘父弒昭侯而納桓叔，幾於他人入室矣。幸而其事不克，然不數傳，而卒爲曲沃所并，故《山有樞》之後，即繼以《揚之水》之詩。其序曰：「《揚之水》，刺晉昭公也。昭公分國以封沃，沃盛强，昭公微弱，國人將叛而歸沃焉。」蓋兩詩之義本相承耳。今人不信序説，則《山有樞》一篇，全無意義，不過如古詩所云「晝短苦夜長，何不秉燭遊」「不如飲美酒，被服紈與素」者，聖人何取而録之哉？

遑脂爾車

《何人斯》篇曰：「爾之安行，亦不遑舍。爾之亟行，遑脂爾車。」箋云：「女可安行乎？則何不暇舍息乎？女當疾行乎？則又何暇脂女車乎？」正義申説之曰：「我止欲言汝安舒而行乎？亦不見汝閒暇而舍息。止欲言汝之急疾而行乎？汝又閒暇而脂汝之車。」其義殊爲迂曲。愚謂未達脂字之義故也。脂當讀爲榰。榰，從木，耆聲。耆與脂並從旨聲，聲同之字，古書例得通假。《離騷》云：「朝發軔於蒼梧兮。」注曰：「軔，榰輪木也。」蓋車止必有木以榰其輪，其名曰軔。《秦策》曰：「陛下嘗軔車于趙矣。」詩言榰車，猶言軔車也。蓋謂爾之安舒而行，尚不遑舍息，爾之急疾而行，何暇榰爾之車乎？文義本一氣相生。因叚脂爲榰，學者遂失其義。《韓詩外傳》：「陳之富人有處師氏者，指車百乘，觴於韞丘之上。」指亦榰之叚字。處師氏方觴於韞丘，其所乘之車，必皆止而不行，故以木榰其輪也。彼作指，此作脂，指與脂並從旨得聲之字，故可與榰通。若泥其字以求之，則不得其解矣。

念彼共人

《小明》一篇，申培《魯詩説》以《小明》爲厲王流彘後大夫從行者所作。按：此僞書也，不足信。夫厲王流彘，則大夫從行者亦宜在彘，今乃云至于艽野，此何地也，將謂即彘之異名歟？彘屬漢河東郡，自周京至彘，徂東而非徂西，今乃云我征徂西，何也？惟詩中屢言共人，竊疑此篇乃厲王流彘之後，其大夫有先時奉使西征者，聞變之後，不敢歸國，故作此詩。共人者，共國之人也。《汲冢紀年》：厲王十二年出奔彘，十三年共伯和攝行天子事，二十六年王陟於彘，周定公、召穆公立太子靖爲王，共伯和歸其國。夫共伯既攝天子，則其時朝廷之上必多共國之人。《詩》云「念彼共人」，即謂共國之人入而執王朝之政者也。其曰「豈不懷歸？畏此罪罟」「豈不懷歸？畏此譴怒」「豈不懷歸？畏此反覆」，蓋厲王既得罪於衆，其大夫亦人人自危，欲歸而不得矣。而共國之人方且居中用事，故念之而至於出涕也。又曰「嗟爾君子，無恒安處」「嗟爾君子，無恒安息」，爾君子亦指共人，蓋諷共伯以早歸政也。以此意讀之，詩中辭意頗似有合。其後太子靖即位，共伯歸國。《莊子》云：「許由娛於潁陽，而共伯得乎共首。」其即此詩所謂「神之聽之，介爾景福」者乎？嗟乎！一二遺臣艱難困苦至於如此，其情可悲，其事可鑒。而卒使國步危而復安，則此詩之作亦非無益矣。

論《楚茨》三章有錯亂之句

《楚茨》首章：「我黍與與，我稷翼翼。我倉既盈，我庾維億。」二章：「先祖是皇，神保是饗。」三章：「禮儀卒度，笑語卒獲。」五章：「禮儀既備，鍾鼓既戒。」凡儷偶之句，皆兩句相連屬，蓋亦全詩體例如此也，獨第三章「爲俎孔碩」「爲豆孔庶」兩句不連。余嘗疑其傳寫錯亂，其文本云「執爨踖踖，或燔或炙，君婦莫莫。爲俎孔碩，爲豆孔庶。爲賓爲客，獻醻交錯」云云。如此則「爲俎爲豆」兩句連屬，而意亦有倫。按《特牲饋食》篇「主婦視饎爨於西堂下」，此文「君婦莫莫」句蓋承「執爨」二句而言，乃叙主婦視爨之事，因而言及俎之碩、豆之庶，以起下文賓客獻醻之事。傳寫者跳「爲俎孔碩」四字於「執爨」句下，鄭箋遂以「君婦莫莫」專指后夫人共籩豆而言，雖意亦可通，而詞句則似失次矣。

六轡如手

《秦風・駟驖》篇：「六轡在手。」箋云：「言馬之良也。」正義曰：「《大叔于田》言『六轡如手』，謂馬之進退如御者之手，故爲御之良。此言『六轡在手』，謂在手而已，不假控制，故爲馬之良也。」按：《大叔于田》篇並無「六轡如手」之句，但云「兩驂如手」。乃易兩驂爲六轡，言之鑿鑿，若彼篇真有其文者，抑何踳駁至此歟？疏中引書錯誤往往有之，如《周禮・肆師職》賈公彦疏誤以《聘禮》爲《公食大夫禮》，《論語・公伯寮章》邢昺疏誤以《掌戮》注爲《鄉士》注，然未有如此句之甚者，故特表出之，亦欲讀者之必究其原也。

參之以九藏之動

《周官・疾醫》云：「參之以九藏之動。」鄭注云：「藏之動，謂脈至與不至。正藏五，又有胃、旁胱、大腸、小腸。」是以肺、心、肝、脾、腎外，取六府之四而成九也。六府中獨遺膽與三焦，未知其説。韋昭注《鄭語》「九紀」則又以正藏及胃、旁胱、腸、膽爲九，蓋合大小腸而一之，故又益之以膽也。鄭、韋皆非。醫家所説，似未足據。愚謂古人診脈，實有九處，分上中下三部。上部於頭，中部於手，下部於足。其説備見《素問・三部九候論》：「上部天，兩額之動脈；上部地，兩頰之動脈；上部人，耳前之動脈。」「天以候頭角之氣，地以候口齒之氣，人以候耳目之氣。」此上部之三候也。又曰：「中部天，手太陰也；中部地，手陽明也；中、下兩部有陰無陽，當作手厥陰爲是。中部人，手少陰也。」「天以候肺，地以候胷中之氣，人以候心。」此中部之三候也。又曰：「下部天，足厥陰也；下部地，足少陰也；下部人，足大陰也。」「天以候肝，地以候腎，人以候脾胃之氣。」此下部之三候也。三部九候，古法如此。王冰注：上部天爲足少陽脈氣所行，上部地爲足陽明脈氣所行，上部人爲手少陽脈氣所行。此説恐不然。蓋陽脈皆會於首，今乃只候足少陽、足陽明、手少陽，然則足之太陽、手之太陽、陽明於何處候之乎？十二經不缺其三乎？且中部候之於手，故三陰皆以手言，下部候之於足，故三陰皆以足言。今上部候之於頭，何取以手足而言之乎？余謂上部統候太陽、少陽、陽明三經，不必分別手足。據《甲乙經》手陽明脈、足陽明脈並入齒中，此即上部統候後明之塙證〔一〕，何必分言手足也。中部候之於手，今之診脈者分寸關尺三部，即其遺法。太史公云：「至今天下言脈者由扁鵲也。」疑由扁鵲始變古法。蓋以古法繁重，故專診中三部，以中部包上下部也。下部候之於足，當亦與手同，亦可分寸關尺三部。王冰解下部天謂「在毛際外羊矢下一寸半陷中五里之分」。考《甲乙經》及《銅人圖經》，五里二穴在陰廉下去氣衝三寸陰股中動脈，此説愚謂不然。古人必無於隱蔽委曲之處候脈之理，王氏亦知其不可，故自圓其説曰：「女子取太衝，在足大指本節後二寸陷中是。」然則此部無乃游移而不定乎？夫既云參之以九藏之動，則知所候之脈必在動處。今試反求之身，其趯趯然跳動者在頭，則三部居然可按，循頭而至於足，惟手足實有之。若陰股之中，未見其趯趯然動也。愚故曰中部候之手，下部候之足。今十二經分屬手足者，古之遺語。然諸陽脈皆屬於頭，而亦誤繫之手足。此又沿習之訛，不可不知也。

〔一〕 後明，蔡啓盛《校勘記》作「三陽」。

金玉錫石

《周官·丱人》「掌金玉錫石之地，而爲之厲禁以守之。」余謂金玉錫石當作金錫玉石。金與錫同類，玉與石同類。《職方氏》：「楊州其利金錫竹箭，雍州其利玉石。」以金錫、玉石分屬二州，是其證也。鄭注《序官·丱人》云：「金玉未成器曰礦。」蓋舉金以包錫，舉玉以包石，故以金玉連文。賈疏云：「以其此官不造器物，直取金錫玉石以供冬官百工，故言金玉未成器曰礦。」據此疏，是賈氏所據經文正作金錫玉石也。今經文作金玉錫石，乃因鄭注金玉連文而誤，疏亦作金玉錫石，則依經文改之，而《序官》疏猶未改，可據之訂正也。

肆解去蹄

《周禮·大司徒職》：「祀五帝，奉牛牲，羞其肆。」鄭注謂「進所肆解骨體」。《士喪禮》曰：「肆解去蹄。」賈疏云：「案《士喪禮》：『特豚四鬄去蹄。』彼注云：『四解之殊肩髀。』彼言殊肩髀與此骨體一也。但彼四鬄此云肆解，其字不同者，鄭直以義讀之，非彼正文，此云肆當彼鬄也。」從惠校本。愚按：此注此疏均有誤字。蓋鄭意肆即鬄之叚字，其義爲解，故注《士喪禮》以四解説四鬄，而此注則以肆解連文也。肆解者，以解訓肆也。乃引《士喪禮》曰：「肆解去蹄。」似乎《士喪禮》固以肆解連文者，何歟？疑鄭注引《士喪禮》本作「四肆去蹄」，蓋謂此經之肆即彼經之鬄也，故易彼經之正文從此經之叚字，使讀者易曉，此古人引經明叚借之又一例也。賈疏本作「但彼四鬄此云四肆，其字不同」，蓋所異者止肆之一字，故曰「此云肆當彼鬄也」。若如今本作「肆解去蹄」，則尚有肆字當彼何字乎？注文涉上有「肆解」，字誤作「肆解去蹄」，後人又改賈疏以從之，其誤遂不可正矣。而疏中「肆當彼鬄」之「肆」，又各本不同。阮刻所據宋本作「殺」，此無義理，誤不待言。閩、監、毛本作「解」，則直以「肆解」當彼「四鬄」，據誤本而臆改者也。

十有二歲，王巡守殷國

《周禮·大行人職》曰：「十有二歲，王巡守殷國。」説者據此謂唐虞之制，五年一巡守，周制十二年一巡守。愚謂「十有二歲」當作「十有三歲」，字之誤也。以上文例之「歲徧存，三歲徧頫，五歲徧省」，自是而七歲、而九歲、而十有一歲，中閒皆隔一歲。若作十有二歲，則與十有一歲相連屬，不隔一歲矣。二爲三字之誤，此一證也。又上文云侯服歲壹見，甸服二歲壹見，男服三歲壹見，采服四歲壹見，衛服五歲壹見，要服六歲壹見，此尤十三歲一巡守之明證。假如從元年至六年，侯、甸、男、采、衛、要六服諸侯次弟見訖，從七年至十二年，六服諸侯又次弟見訖，至十三年則六服皆不來，而天子自巡守焉。古者諸侯各君其國，有不純臣之義，巡守之制，固所以協時正日、觀風問俗，而亦所以爲報也。諸侯來二次，而天子往一次，則又尊卑之差也。若作十有二歲，則適當要服弟二次來見之年，天子不得而見之矣，必待十八年而後要服得見，然則要服雖有六歲一見之文，而其實則十二歲一見也，不太疏闊乎？二爲三字之誤，此又一證也。至《虞書》云：「五載一巡守，群后四朝。」四朝之説，諸家不同。馬、王皆云「四面朝於方岳之下」，鄭云「四季朝京師」。馬、王説即僞孔所本，然四面朝之説，殊近不辭。若從鄭義謂每歲四季來朝，則國君道長，更何暇治其國事，此説亦不可行。惟蔡傳曰：「五歲之内天子巡守者一，諸侯來朝者四。蓋巡守之明年，則東方諸侯來朝；又明年，則南方諸侯來朝；又明年，則西方諸侯來朝；又明年，則北方諸侯來朝；又明年，則天子復巡守。是則天子諸侯雖有尊卑，而一往一來，禮無不答。是以上下交通，而遠近洽和也。」此説頗於情理爲近，當從之。蓋天子、諸侯之分，後世較古者更嚴，故虞制則一來一往，周制則再來一往。虞制四方諸侯分年來見，一來一往，必五年而始巡守；周制六服諸侯分年來見，再來一往，必十有三年而始巡守。今作十有二歲，其誤無疑，所宜訂正。

論《小宗伯》疏説「以三爲五、以五爲九」

《周禮·小宗伯》：「掌三族之别。」鄭注曰：「三族，謂父子孫，人屬之正名。《喪服小記》

曰：『親親，以三爲五，以五爲九。』」賈疏曰：「三族謂父子孫者，此據己上親父，下親孫，是父子孫，此即親親以三是也。云以三爲五者，謂此父子孫之三，以父親祖，以子親孫，則五也。云以五爲九者，謂以祖親曾、高，以孫親曾、玄，即是以五爲九也。」愚按：賈氏説「以三爲五，以五爲九」則是，而説「親親以三」則非。親親以三，謂父一也，己身二也，子三也。蓋以己身上親父，下親子，並己身而爲三。三者，有子無孫，若有孫，則四而非三矣。賈疏蓋因鄭注有父子孫之語，故其説如此，不知鄭注止取便文耳。其注《喪服小記》曰：「己上親父，下親子，三也。以父親祖，以子親孫，五也。以祖親高祖，以孫親玄孫，九也。」其語甚明。賈公彦何不援彼注以疏此注，乃泥注文一孫字而遂致誤三爲四乎？

其惟不言，言乃讙

《禮記·檀弓》篇：「子張問曰：《書》云：『高宗三年不言，言乃讙。』」鄭注曰：「讙，喜説也。」又《坊記》篇：「子曰：高宗云：『三年其惟不言，言乃讙。』」鄭注：「讙，當爲歡，聲之誤也。」愚按：此讙字當讀爲和。《禹貢》「和夷底績」，鄭注讀和爲桓。《漢書·酷吏傳》注引如淳曰：「陳宋之俗，言桓聲如和。」桓、和聲近，則讙、和亦聲近。讀讙爲和，猶讀桓爲和也。又《左傳》「斟灌」，《夏本紀》作「斟戈」，《曲禮》「若干」，《匡謬正俗》謂音變云「若柯」。讙之爲和，猶灌之爲戈、干之爲柯也。《尚書·無逸》篇：「其惟不言，言乃雍。」疏引鄭注曰：「時有所言，群臣皆和諧。」是雍，和也。讙讀爲和，則古今文一以貫之矣。

忠信重禄

《禮記·中庸》篇：「忠信重禄，所以勸士也。」鄭注曰：「有忠信者，重其禄也。」然《記》文本無「者」字，鄭義未免增字釋經。朱子《四書集注》易之曰：「忠信重禄，謂待之誠而養之厚。」則四字平列，以上下文準之，似乎朱義爲長。然忠之一字，如孝慈則忠，則民之忠上也；臣事君以忠，則臣之忠君也。未聞君之待士而言忠者，是其義亦未安也。愚謂信以君言，而忠則以臣言。蓋人臣所大患者，莫甚於忠而不見信，此子胥所以流於江，屈原所以沈於湘也。《楚辭·九章》曰：「竭忠誠以事君兮，反離群而贅肬。」又曰：「忠不必用兮賢不必以。」若是，豈所以勸士哉？故曰忠信重禄。忠信者，忠而見信也；重禄者，重其禄也。忠信所以安其心，重禄所以安其身。有君如此，何忍負之？故士之報禮重。

其斂以時服

《禮記·檀弓》篇：「其坎深不至於泉，其斂以時服。既葬而封廣輪揜坎，其高可隱也。」按：此文皆説葬事，而中閒乃有「其斂以時服」一句，夫孔子觀其葬，非觀其斂也。欲知其服之時與不時，則必當其未斂之前，尸在夷牀之上，方得見之。今掘坎將葬矣，尸已在棺矣，安知其斂之爲何服哉？正義曰：「以上斂以行時之服，不更制造，是其節也。今封壙廣輪揜坎，其高可隱，又是有其節制。」則分兩句爲兩時事，追溯其斂之得禮，以見其葬之得禮。以文義求之不合矣。愚按：此由未達鄭義也。鄭解「其斂以時服」句曰：「以時行之服，不改制節。」是鄭言「時行之服」，而疏改爲「行時之服」，此大異矣。疏所謂「行時之服」者，言即用其在塗之服，猶今人言行裝也。鄭所謂「時行之服」者，《爾雅·釋詁》：「服，事也。」時行之服，謂當時見行之事也。但鄭不解斂字，故疏家不達其義。鄭所以不解斂字者，以上文已見也。按：上文「季康子之母死」一節云：「斂，般請以機封。」鄭注曰：「斂，下棺於椁。」然則此節斂字，亦是下棺於椁，乃葬之事，非始死小斂、大斂之事也。「其斂以時服」，謂下棺於椁，悉依當時見行之事，不改制節也。若公輸若之請以機封，即是創爲制節，而斂不以時服矣。鄭義簡而明，疏家未能得之。

禮器，是故大備

《禮記·禮器》篇發端即云：「禮器，是故大備。」此語甚不可解。「禮器」二字，文義未明，即繼之曰「是故大備」，鶻突甚矣。古書無此文法也。及讀鄭注曰：「禮器，言禮使人成器，如耒耜之爲用也，人情以爲田，修禮以耕之，此是也。大備，自耕至於食之而肥。」賈疏云：「此大備者，則上《禮運》所云自『人情以爲田，修禮以耕之』至『食而弗肥』是也。」夫《禮記》每篇各有當篇之意，何鄭注必引上篇爲説？愚疑《禮運》《禮器》兩篇本是一篇，因篇帙太長，故分而爲二别録。以《禮運》屬通論、《禮器》屬制度，各題篇名，遂不可合併矣。鄭君猶知其説，故於篇首連屬上篇言之而。愚因此乃知向來篇首二句屬讀之誤，今正其讀曰：「禮器是（句），故大備（句）。」蓋承上篇言之。所謂是者，即指上篇所説之事也。器，猶能也。《王制》篇：「各以其器食之。」鄭注曰：「器，能也。」此器字與彼同，謂「禮能是（句），故大備」也。此在鄭君舊讀本是如此。其注曰：「禮器，言禮使人成器，如耒耜之爲用也，人情以爲田，修禮以耕之，此是也。」以上數句，皆是解説「禮器是」三字之義。其開端以禮器連文者，蓋器之一字乃器物之總名，欲解此器字，必連禮字爲説。雖以禮器連文，實合是字爲句。何以見之？以「此是也」三字見之。「此是」之是，即「禮器是」之是，此其合是字爲句之證也。又曰：「大備，自耕至於食之而肥。」此解説「故大備」三字之義。以鄭説推之，是字即上篇田字，器者耒耜之屬，耕田之器，即作爲上篇耕字，言禮耕是田，故食之而肥也。疏家不得其讀，遂失鄭義。愚解器字與鄭異者，以鄭義稍迂曲耳。然鄭實古義，世有好古之士熟於古書文法者，自知鄭義之塙否。則從愚義説之，亦勝於舊解之誤讀者也。

一人揚觶

《禮記·鄉飲酒義》:「一人揚觶,乃立司正焉,知其能和樂而不流也。」鄭注曰:「一人或爲二人。」按:《儀禮·鄉飲酒禮》篇:「一人洗,升,舉觶于賓。」《鄉射禮》同是。有一人,無二人。其下云:「使二人舉觶於賓、介。」此則在立司正之後矣。惟《燕禮》云:「小臣作下大夫二人媵爵。」《大射儀》同。據《鄉飲酒禮》「一人洗,升,舉觶于賓」,是爲旅酬發端,而《燕禮》《大射儀》之「下大夫二人媵爵」,亦是爲旅酬發端。或作二人,殆因此而誤。然彼非《鄉飲酒禮》,則作二人者,不可從也,自當作一人爲是。乃愚於此經則有不能無疑者。按:此經云:「工入升歌三終,主人獻之。笙入三終,主人獻之。閒歌三終,合樂三終,工告樂備,遂出。一人揚觶,乃立司正焉。」是一人揚觶在工出之後,而《鄉飲酒禮》「一人洗,升,舉觶于賓」,其事尚在工入之前,而非在工出之後。考《儀禮》:「工告于樂正曰:『正歌備。』樂正告于賓,乃降。」自此以下即云:「主人降席自南方,側降,作相爲司正。」是工出之後即立司正,何得追叙工入以前之事,牽連書之,而曰「一人揚觶,乃立司正」乎?既而思之,立司正者,爲旅酬也。而旅酬之事,實自一人揚觶始。事雖隔而實相因,故言立司正,必追叙一人揚觶,乃行文之法,非行禮之節也。然旅酬之禮既行於作樂之後，則一人揚觶大可俟工出後行之，何必於工入之前急急焉先爲此一人揚觶之事乎？曰此爲諸公大夫也。《儀禮·鄉飲》篇云：「賓若有遵者，諸公大夫，則既一人舉觶，乃入。」注曰：「不干主人正禮也。」蓋先此主賓獻酢乃是鄉飲酒正禮，爲之遵者不便干預其事，故必至旅酬始入。然旅酬在作樂之後，則遵入已不及與聞，非所以尊諸公大夫也。故於工入之前，先使一人揚觶，若曰「將行旅酬矣」。諸公大夫之入即以此爲節，既不干正禮，而又得與聞備樂。此聖人制禮之精，雖一小節，而推之皆有深意者也。

孟子引陽虎之言

孟子所引古人之言，如龍子、公明儀之類，皆古賢人也。陽虎何人，而孟子引其言哉？余嘗疑此陽虎乃陽膚之誤。且虎、膚聲同，古得通用。讀虎爲膚，亦假借之常例也。陽膚乃曾子弟子，《孟子》書多引曾子之言，此引陽膚之言，蓋亦曾氏之緒言也。雖屬臆説，然此文作陽虎，下篇「陽貨欲見孔子」又作陽貨，同在《滕文公》一篇中，何以陽虎、陽貨字不一律乎？然則陽虎之爲陽膚，而非陽貨，即可以此證成之。

趙孟之所貴

注家以趙孟爲晉卿，然自古以來能貴賤人者，豈止一晉趙孟哉！余謂此趙孟乃假設之名，猶言某甲耳。甲爲十日之首，稱孟與稱甲同。其稱趙者，疑古人自有此恒言。《漢書·魏相傳》：「趙堯舉春，李舜舉夏，兒湯舉秋，貢禹舉冬。」此四人皆假設之名，而以趙居首。梁范縝《神滅論》有張甲、王乙、李丙、趙丁四者，亦假設之名，而以趙居末。然則趙孟之稱，亦猶是而已。趙孟乃不知誰何之人，與世俗所云張三李四相似。言夫人能貴之，亦夫人能賤之耳。

讀《文子》 俞樓雜纂弟二十一

《道原》篇：「表之不盈一握。」愚按：表字無義，乃衮字之誤。古音衮與卷同。《禮記·王制》篇：「制：三公，一命卷。」鄭注曰：「卷，俗讀也，其通則曰衮。」《釋名·釋首飾》曰：「衮，卷也，畫卷龍於衣也。」《釋名》一書，皆以聲爲義，是古音衮與卷同之證。《禮記》以卷爲衮，此則以衮爲卷。衮之不盈一握，言卷之不盈一握也。《淮南子·原道》篇作「卷之不盈於一握」，是其證。俗人不知衮與卷通，改衮爲表，失其義矣。

「以亡取存，以卑取尊，以退取先。」愚按：亡與存、卑與尊，皆相對，退與先不對，字必有誤。退當作後，以後取先，正與上兩句一律。後古文作逡，退古文作退，兩形相近，是以致誤也。

「天常之道，生物而不有，成化而不宰。」愚按：天常二字無義，天當作太，字之誤也。常當作上，聲之誤也。《淮南子·原道》篇正作「太上之道」。

「行乎無路，遊乎無怠，出乎無門。」愚按：無怠之義與無路、無門不一律。《淮南子·原道》篇作「上游於霄雿之野，下出於無垠之門」，文法不同，未可據訂。《符言》篇云「藏于無形，行于無怠」，《淮南·詮言》篇作「藏無形，行無迹，游無朕」。朕與迹義皆可通，而與怠字形聲絶遠。以聲求之，或當爲垓之叚字。《淮南·俶真》篇「設于無垓坫之宇」，是其義也。垓從亥聲，《廣韻》怠音徒亥切，則聲固相近矣。

「萬物之變，不可救也。」愚按：救當作究，聲之誤也。《淮南子·原道》篇正作究。

「所謂無爲者，不先物爲也。」愚按：此下脱「無不爲者，因物之所爲也」二句，當據《淮南子》補。

「除其貴欲。」愚按：貴欲二字不可通。貴乃貪字之誤。《淮南子》作「除其嗜欲」。貪欲與嗜欲，其義一也。

「聖人忘乎治人而在乎自理。貴忘乎勢位而在乎自得，自得即天下得我矣。樂忘乎富貴而在乎和。」愚按：三忘字皆當作亡，亡猶不在也，言不在彼而在此也。古書每以亡與在對。《荀子·正論》篇曰：「然則鬭與不鬭，亡於辱之與不辱也，乃在於惡之與不惡也。」《正名》篇曰：「故治亂在於心之所可，亡於情之所欲。」《堯問》篇曰：「吾所以得三士者，亡於十人與三十人中，乃在百人與千人之中。」《莊子·田子方》篇曰：「其在彼邪？亡乎我。在我邪？亡乎彼。」並其證也。後人不達古語，改作忘字，失其義矣。《淮南子·原道》篇作「聖亡乎治人，而在乎得道；樂亡乎富貴，而在于德和」，字正作亡，可據以訂正。

「夫形傷乎寒暑燥溼之虐者，形究而神杜。」愚按：杜乃壯字之誤。《淮南子·淑真》篇正作壯。

「恢恢無心可謀。」愚按：恢恢上脱墨墨二字，當據《淮南子·道應》篇補。《莊子·知北游》篇作「媒媒晦晦，無心而不可與謀」。

「以恬養智，以漠合神，即乎無門。」愚按：即乎無門，義不可通。當作「即入乎天門」，天誤作无，因誤作無耳。即猶則也，説見王氏引之《經傳釋詞》。下文云「兵强即滅、木强即折、革强即裂」，諸即字皆與則字同。《淮南子·原道》篇作「以恬養性、以漠處神、則入于天門」，可據以訂正。

「一者，無心合於天下也。」愚按：心乃匹字之誤，言其在天下無可匹合者，故謂之一也。《淮南子·原道》篇正作匹。

「布德不溉。」愚按：溉當作既，古字通耳。《淮南子》作「布施而不既」。

「放準循繩，曲因其直，直因其常。」愚按：「曲因其直」二句，義不可通。疑上直字乃宜字之誤，曲因其宜，直因其常，言曲直皆因乎物耳。

「息秏減益，過于不訾。」愚按：《淮南子》過作通。

「强淪天下。」愚按：《淮南子》淪作濟。以上二條，似並宜從《淮南》也。

「萬物有所生，而獨如其根。百事有所出，而獨守其門。」愚按：如讀爲茹。《詩·七月》篇正義：「茹者，咀嚼之名。」根言茹，門言守，於義殊精。作如者，叚字耳。《淮南子》作「萬物有所生，而獨知守其根；百事有所出，而獨知守其門」。根與門並言守，失之矣。殆由如誤作知，淺人因增益其文耳。當從《文子》爲長也。

「時之變則閒不容息。」愚按：變與反通。《詩·猗嗟》篇「四矢反兮」，《韓詩》作「四矢變兮」，是其證也。則乃側之叚字，變則猶反側也。《淮南子·原道》篇正作「時之反側，閒不容息」。

「拘雌節。」愚按：拘，當從《淮南》作抱。

《精誠》篇：「又況官天地，府萬物，返造化，含至和。」愚按：返字無義，當作友。友誤作反，又誤作返耳。《淮南子·覽冥》篇正作「友造化」。

「夫道之與德，若韋之與革。遠之即近，近之即疏。」愚按：「遠之即近」，本作「遠之即爾」。《淮南子·覽冥》篇作「遠之則邇」，是其證也。惟《淮南》下句作「近之則遠」，則又失之，蓋淺人不達爾字之義而臆改也。爾之言昵也。《書·高宗肜日》篇：「典祀無豐于昵。」馬注曰：「昵，謂禰廟也。」按：禰廟者，近廟也，故亦謂之昵，一聲之轉，義得通也。遠之即爾，猶曰遠之則昵也。故與疏爲對文，言近不可得而昵，遠不可得而疏也。今《文子》改爾爲近，而幸存疏字，《淮南》改疏爲遠，而幸存爾字，猶可藉以考正，亦讀古書者之幸矣。

「浮游汎然不知所本，自養不知所如往。」愚按：本乃求字之誤。《淮南·覽冥》篇作「浮游不知所求」是也。汎然二字，《淮南》所無，當爲衍文。自養當爲罔養。《後漢書·馬嚴傳》注曰：「罔養，猶依違也。」本疊韵字。《莊子·天地》篇之「罔象」、《楚辭·哀時命》之「罔兩」，並字異而義同。如字衍文。「浮游不知所求，罔養不知所往。」浮、求爲韵，養、往爲韵，二句乃韵語也。《淮南》作「浮游不知所求，魍魎不知所往」，罔兩二字皆從鬼，此寫者誤增，蓋淺人以爲是不逢不若之義，而不知浮游、罔兩，皆形容當時之民之不識不知，非謂魑魅魍魎，莫能逢之也。

「至精芒乎中。」愚按：《淮南子·淑真》篇作「至精亡乎中」。

「知九竅、四支之宜，而游乎精神之和。」愚按：《淮南子·淑真》篇作「不知耳目之宣，而游于精神之和」，宣乃宜字之誤。宜與和爲韵，作宣則失韵矣。句上有不字，當從之。不知九竅、四支之宜，即不知耳目之宜也。上文云：「至精亡乎中，而言行觀乎外，此不免以身役物也。」又曰：「是故聖人内修道德，而不外飾仁義。」以是言之，九竅、四支之宜，皆在外者也，不必知者也。今奪不字，失其旨矣。杜道堅《纘義》云「惟聖人知九竅、四支之宜」，則其所據本已誤。

「若夫聖人之游也，即動乎至虚。」愚按：動下脱容字。《淮南子·淑真》篇作「若夫真人則動溶于至虚」，容與溶通，古書中用動容字不必定加水旁也。即與則通，《淮南》作則者，《文子》每作即。

「終歲獻貢。」愚按：貢讀爲功，古字通用。《周易·繫辭傳》「六爻之義易以貢」，荀作功，是其證也。《周禮·典婦功》曰「及秋獻功」、《典絲》曰「及獻功，則受良功而藏之」，並可以説此獻功之義。《淮南子·主術》篇正作「歲終獻功」。

「取成事之迹，跪坐而言之。」愚按：跪當從《淮南子·本經》篇作危。

「三月嬰兒，未知利害，而慈母愛之愈篤者，情也。」愚按：愛之當爲之愛，淺人誤倒其文也。愈乃諭之叚字，篤乃焉之誤字。此本作「三月嬰兒，未知利害，而慈母之愛諭焉者，情也」，言嬰兒雖無所知，而慈母之愛已則諭之，由至情之相感也。《淮南子·繆稱》篇作「三月嬰兒，未知利害也，而慈母之愛諭焉者，情也」，可據以訂正。

「勤苦十日不食，如享太牢。」愚按：勤字衍文也，苦乃若字之誤，如讀爲而。此本云「若十日不食而享太牢」，後人不知如字當讀作而，疑下言如，上不當更言若，乃改爲苦字，而增勤字以成其義耳。《淮南子·脩務》篇作「欣然七日不食，如饗太牢」，則並若字之迹而俱泯矣。惟十日不食似太久。高誘注《淮南》曰：「丈夫七日不食則斃，故以七日爲極。」疑此文十日亦當從《淮南》作七日也。

《十守》篇：「一月而膏，二月而脈。」愚按：下文「五月而筋，六月而骨」，然則二月之時，筋骨未具，未必先有脈也。脈疑胑字之誤，胑借作脂。《釋名·釋首飾》曰：「脂，砥也。」蓋旨聲、氏聲本相近，故脂有砥義，亦得借胑爲之。《廣雅·釋親》云：「一月而膏，二月而脂。」脂正字，胑借字也。《淮南子·精神》篇作「二月而肤」，肤與脂，古音亦相近。

「形勞而不休即蹷，精用而不已則竭，是以聖人遵之不敢越也。」愚按：遵當作尊。蓋言形不可過勞，精不可過用，故聖人尊重之不敢越也。越之言散失也。《淮南·精神》篇：「嗜欲者使人之氣越。」注曰：「越，失也。」《主術》篇：「精神勞則越。」注曰：「越，散也。」後人不達越字之義，誤解爲不敢踰越，因改尊爲遵，以成其義，失之矣。《淮南・精神》篇作「是故聖人貴而尊之，不敢越也」，可據訂。

「夫爲義者可迫以仁而不可劫以兵，可正以義而不可縣以利。」愚按：正乃止字之誤。止以義與迫以仁，文義相稱，作正則非其旨矣。《淮南子・精神》篇作「殖、華可止以義而不可縣以利」，即上文所謂「殖、華將戰而死，莒君厚賂止之，不改其行也」。

「是内樂外，不以外樂内。」愚按：「是」乃「以」字之誤。以内樂外，不以外樂内，兩「以」字相應成文。

「幾以過人之知，位高于世。」愚按：幾猶冀也，位當作立。言貪饕多欲之人，冀以過人之智，立高名於當世也。立高于世，與《列子・説符》篇「立懂于天下」句法相似。《淮南子・原道》篇云「冀以過人之智，植于高世」，當作「植高于世」。植，即立也，誤作「植于高世」，文不可通矣。

《符言》篇：「一言不可窮也，二言天下宗也，三言諸侯雄也，四言天下雙也。貞信則不可窮，道德則天下宗，舉賢德，諸侯雄，惡少愛衆天下雙。」愚按：「貞信則不可窮」句，衍貞字。信，一言也；道德，二言也；舉賢德，三言也；惡少愛衆，四言也。蓋以一字爲一言，後人不達此旨，增貞字於信字之上，則亦二言而非一言矣。

「不能使福必來，信己之不讓也。」愚按：讓，當從《淮南子・詮言》篇作攘，高注曰：「攘，卻也。」

「夫道不可以勸就利者，而可以安神避害。」愚按：神，衍文也，害下脱者字。《淮南子・詮言》篇作「故道不可以勸而就利者，而可以寧避害者」，寧即安也，勸下衍而字。

「卑體免辭。」愚按：免猶俛也。古冠冕字通作免。師冕，《古今人表》作師免，是其證也。《周禮・弁師》疏曰：「冕，則俛也，以低爲號也。」此云免辭，與卑辭同。《淮南子・詮言》篇作婉辭，轉非其舊矣。

「約束誓盟，約定而反先日。」愚按：反先日者，謂先所約之日而反也，正見約束之不可恃。《淮南子・詮言》篇作「反無日」，由後人不達其意而臆改也。

「聖人不勝其心，衆人不勝其欲。」愚按：此即《孟子》「或從其大體，或從其小體」之意。聖人不勝其心，言凡事皆心爲主，莫能勝之也。衆人不勝其欲，言凡事皆欲爲主，莫能勝之也。下文申説其義曰：「目好色，耳好聲，鼻好香，口好味，合而説之，不離利害嗜欲也。耳、目、鼻、口不知所欲，皆心爲之制。」文義甚明。《淮南子・詮言》篇作「聖人勝心，衆人勝欲」，句有脱誤，不可據也。

「同用無以名之，是謂大通。」愚按：「同用」上脱「與衆」二字，杜道堅《纘義》曰：「與民同用而已，夫是之謂大通。」疑其所據本正作「與衆同用」也。《淮南子・詮言》篇作「容而與衆同」。按：上文「通而不華，窮而不懾，榮而不顯，隱而不辱，異而不怪」，凡用而字者，必有相反之兩義，若容即是與衆同矣，何以言「容而與衆同」乎？《淮南》原文當作「與衆同容」，容、用聲近，即與衆同用也。淺人不達，改其文法，使與上句一律，而義不可通矣。

《道德》篇：「上言者常用也，下言者權用也。」愚按：兩用字皆涉上文而衍，《淮南子・氾論》篇止作常也、權也，無兩用字。蓋此兩句申説上文上言、下言之意，上言謂經常之言，下言謂權變之言。經常之言，民所共由，故上文云「上言者，下用也」。權變之言，非聖人不能用，故上文云「下言者，上用也」。上言是常，下言是權。若作常用、權用，義不可通，當據《淮南》正之。

「夫趣合者，即言中而益親。身疏而謀，當即見疑。」〔一〕愚按：下句當從《淮南子・齊俗》篇

〔一〕該句今《淮南子・齊俗訓》各本作「趣舍合，即言忠而益親；身疏，即謀當而見疑」，與曲園所本不同。於義無礙，然表述有別。

作「身疏者，即謀當而見疑」，與上句相對。

《上德》篇：「月望日奪光，陰不可以承陽。」愚按：陰之承陽，乃是正理，何言不可乎？承當爲乘。《顔氏家訓》篇引劉昌宗《周官音》讀乘若承，是承、乘音同也。《淮南子·説山》篇正作乘。

「故與弱者金玉，不如與之尺素。」愚按：弱當作溺，素當作索。言人方溺水，雖與之金玉而無用，不如一尺之索可以攀援而至岸也。《淮南子·説林》篇作「予拯溺者金玉，不若尋常之纆索」，可證其義。舊注乃云：「弱者，愚弱也，與之尺素或可保，與之金玉則爲害。」殊非其義矣。

《微明》篇：「見其造恩。」愚按：恩乃思字之誤。《淮南子·泰族》篇作「見其造而思其功」是也，此有脱誤耳。

「上下異道，易治即亂。」愚按：此本作「上下異道即治，易即亂」，言上下異道則治，易之則亂也。文有脱誤耳。《淮南子·泰族》篇作「上下異道則治，同道則亂」，可證。

「愛人即無怨刑。」愚按：怨，當讀爲冤。怨從夗聲，與冤聲相近。《説文·黑部》：「黦，讀若昷。」是其證也。

「發一號，散無競，總一管，謂之心。」愚按：號當作端，競當作竟，總一管上脱「周八極」三字，當據《淮南子·人閒》篇訂。

「禍福之數，微而不可見，聖人見其始終。」愚按：此本作「聖人見其始而知其終」，當據《淮南子·繆稱》篇補。

「得道之人，外化而内不化。外化所以知人也，内不化所以全身也。」愚按：《墨子·經上》篇曰：「知，接也。」《莊子·庚桑楚》篇曰：「知者，接也。」外化所以知人，猶曰外化所以接人。蓋外化者與人交接之道也。下文云「外能屈伸與物推移」是也。《淮南子·人閒》篇作「外化所以入人」，疑非其原文矣。

《自然》篇：「故肅者形之君也，而寂寞者音之主也。」愚按：肅當作蕭，蕭下脱條字，蕭條、寂寞相對成文，蕭條則無形也，而爲形之君；寂寞則無音也，而爲音之主。舊注不知訂正，訓肅爲静，非其旨矣。《淮南子·齊俗》篇正作「蕭條」。

「是故重爲惠，重爲暴，即道迕矣。」愚按：迕上當有不字，傳寫脱之。重爲惠者，不輕於爲惠也；重爲暴者，不輕於爲暴也。杜道堅《纘義》曰：「故惠不妄施，則刑不妄加，即暴亂不興而順于道。」是杜氏所據本正作「即道不迕」矣，故以「順于道」釋之。若作道迕，迕則逆矣，何言順乎？下文曰：「爲惠者，布施也。無功而厚賞，無勞而高爵，即守職者懈于官，而游居者亟于進矣。」此申説爲惠之不可不重也。又曰：「夫暴者妄誅，無罪而死亡，行道者而被刑，即修身者不勸善，而爲邪行者輕犯上矣。」此申説爲暴之不可不重也。以下文證之，知重爲惠、重爲暴，自是美事，則迕之當爲不迕明矣。《淮南子・主術》篇作「則治道通」矣，高注曰：「通，猶順也。」文雖不同，而義同也。又按：「夫暴者妄誅」句當作「爲暴者妄誅也」，與上文「爲惠者布施也」兩句相對。《淮南子》正作「爲暴者妄誅也」，可據訂。

「無權不可爲之勢，而不循道理之數。」愚按：「無」當爲「夫」，聲之誤也。「權」當爲「推」，字之誤也。《淮南子・主術》篇作「夫推而不可爲之勢」，「而」衍字。

「又爲其懷智詐不以相教。」愚按：詐，衍字也。「懷智不以相教」，與下「積財不以相分」相對成文。若詐則本非可以爲教者也。衍此字，於文義難通。《淮南・脩務》篇無詐字。

《下德》篇：「若開其鋭端，而縱之放僻淫泆，而棄之以法，隨之以刑。」愚按：棄乃乘字之誤。「乘之以法，隨之以刑」兩句意義相稱，作棄者字之誤也。《淮南・泰族》篇作「繩之以刑」，則聲之誤也。

「萬民莫相侵暴虐。」愚按：侵下脱欺字，當據《淮南・本經》篇補。

「仁義不用，而道德定于天下。」愚按：定字無義，乃足字之誤。《淮南·本經》篇亦作定，誤與此同。

「與道化者爲人。」愚按：此當作「與道爲友，與化爲人」。《道德》篇云：「上與道爲友，下與化爲人。」是其證也。

「循自然之道，緣不得已矣。」愚按：《淮南子·本經》篇作「隨自然之性，而緣不得已之化」。

「國有亡主，世無亡道，人有窮而理無不通。」愚按：此本作「國有亡而世無亡道」，國有亡、人有窮相對成文，衍「主」字，脱「而」字，與下句不一律。且國亡即主亡，不必言主也。《淮南子·主術》篇亦作「國有亡主」，並改下句作「人有困窮」以儷之，非其本文矣。惟上句「世無廢道」上尚有「而」字。

「是以君臣久而相厭也。」愚按：「厭」上脱「不」字，當據《淮南·主術》篇補。

「王兵先勝而後戰，敗兵先戰而後求勝。」愚按：敗兵當作亡兵，上文言「千乘之國行文德者王，萬乘之國好用兵者亡」，此云「王兵」「亡兵」，即承上文而言也。淺人不達其旨，改亡兵作敗兵，失之矣。《淮南子·兵略》篇並改王兵作全兵，失之彌遠。

《上仁》篇：「其言可行，不貴其辨。」愚按：貴當作責。《淮南子·主術》篇正作「不責其辨」。

「闇主則不然。群臣盡誠效忠者，希不用其身也；而親習邪枉，賢者不能見也；疏遠卑賤，竭力盡忠者不能聞也。」愚按：此有衍字。「希不用其身也」，當作「希用其身也」，「邪枉賢者」，當作「邪枉者」。其意謂群臣盡誠效忠者本希進用其身也，無奈闇主昧于賢、奸，於親習之人，雖有邪枉者不能見，於疏遠卑賤之人，雖有竭力盡忠者不能聞。此所以爲闇主也。《淮南子·主術》篇無「群臣盡誠效忠」句，下兩句則作「所愛習親近者，雖邪枉不正不能見也；疏遠卑賤者，竭力盡忠不能知也」，可證明此文之義。

《上義》篇：「政教有道而令行爲古。」愚按：古字涉下文「不必法古」而誤。《淮南子·氾論》篇作「令行爲上」。

「無諸己者不責于所立，立于下者不廢于上。」〔一〕愚按：「所」上脱「人」字，「所」下衍「立」字，當據《淮南子·主術》篇正。

〔一〕 該句今《淮南子·主術訓》各本作「無諸己不求諸人，所立於下者不廢於上」，文辭稍異。

「習險隘之利，明苛政之變。」愚按：苛政當作奇正，字之誤也。《淮南子・兵略》篇正作「明奇正之變」。

「上視下如弟，即必難爲之死；下事上如兄，即必難爲之亡。」愚按：兩難字皆衍文。言必爲之死、必爲之亡也。《淮南子・兵略》篇作「不難爲之死、不難爲之亡」，文異而義同。乃淺人據《淮南》而增益此文，作「必難爲之死、必難爲之亡」，則於義不通矣。

《上禮》篇：「莫不竦身而思，戴聽而視。」愚按：「戴聽而視」，義不可通。《淮南子・淑真》篇作「莫不竦身而載視聽」，亦似有誤。疑本作「竦耳而聽，載目而視」。今作竦身者，身乃耳之誤也。載目即側目，載、側一聲之轉。《詩・七月》《湛露》諸篇鄭箋並云：「載之言則也。」是其例也。《淮南》作載，尚得其字。此變作戴，於義更難曉矣。

「古者被髮而無卷領。」愚按：「而無卷領」，本作「無而卷領」。無讀爲幠。《荀子・禮論》篇：「無帾絲歶縷翣。」楊注：「無讀爲幠。」是其例也。幠乃冠名。《儀禮・士冠禮》注曰：「毋，名出于幠。幠，覆也，言所以自覆飾也。」《淮南子・氾論》篇作「古者有鍪而綣領」，注曰：「鍪，頭著兜鍪帽。」彼言鍪，此言幠，文異而義同。《荀子・禮論》篇：「薦器，則冠有鍪，而毋縰。」注曰：「鍪之言蒙也、冒也，所以冒首。」是幠者覆也，鍪者冒也，覆、冒一也。淺人不知無爲幠之叚字，移無字於而字之下，失之甚矣。

「末世之禮，恭敬而交，爲義者布施而得。」愚按：《淮南・齊俗》篇作「今世之爲禮者恭敬而忮，爲義者布施而德。」以彼證此，文有脱誤。交與忮，形之誤也。得與德，古通用。布施而德，言以布施爲德也。

「擿礱蜃。」愚按：礱乃蚝字之誤，蚝即蚌字。《淮南・説林》篇：「蚝象之病，人之寶也。」注謂「大蛤中有珠」，則蚝即蚌字矣〔一〕。《淮南・本經》篇正作「擿蚌蜃」。

「遽載驕主而象其亂人以成其事。」愚按：《淮南・覽冥》篇作「競載驕主而象其意，亂人以成其事」。此有脱誤，當據以訂正。載者戴之叚字也。

〔一〕蚝，原作「磃」，據蔡啓盛《校勘記》改。

讀《公孫龍子》 俞樓雜纂弟二十二

《跡府》弟一：愚按：《楚辭·惜誦》篇：「言與行其可迹兮。」注曰：「所履爲迹。」跡與迹同。下諸篇皆其言也，獨此篇記公孫龍與孔穿相問難，是實舉一事，故謂之跡。府者聚也，言其事跡具此也。

「爲守白之論，假物取譬，以守白辯。」愚按：守之言執守也。執白以求馬，是謂守白。夫道不可以有執也。執仁以求人，義士不至；執智以求人，勇士不來。故公孫龍有守白之論也。

「齊王之謂尹文曰：『寡人甚好士，以齊國無士，何也？』」愚按：以字乃如字之誤〔一〕。

「尹文曰：『唯見侮而不鬭，未失其四行也。是人未失其四行，其所以爲士也。』」愚按：唯當爲雖，古書通用，説見王氏引之《經傳釋詞》。《吕氏春秋·正名》篇正作「雖見侮而不鬭」。

〔一〕 以，今《孔叢子·公孫龍》各本作「而」，皆可通。

「其所以爲士也」上脱「是未失」三字，當據《吕氏春秋》補。

「意未至然與。」愚按：《吕氏春秋》作「意者未至然乎」。宋謝希聲注曰：「意之所思，未至大道。」失其旨矣。

「且王辱不敢鬭者，必榮敢鬭者也，榮敢鬭者是，而王是之，必以爲臣矣。必以爲臣者，賞之也。彼無功而王賞之。」愚按：「榮敢鬭者是，而王是之」當作「榮敢鬭者，是之也，無是，而王是之」；「彼無功而王賞之」當作「此無功而王賞之也」。如此，則與上文相對矣。又按：上文「無非而王辱之」當作「無非，而王非之」，與此文「無是，而王是之」相對。

「故龍以子之言，有似齊王。」愚按：齊王執勇以求士，止可以得勇士，而不可以得忠孝信順之士。孔穿執白以求馬，止可以得白馬，而不可以得黄黑之馬。故以爲有似也。

《白馬論》：「曰：有白馬，不可謂無馬也；不可謂無馬者，非馬也。」愚按：「非馬也」當作「非馬邪」。古也、邪通用，此難者之辭。言有白馬不可謂無馬，既不可謂無馬，豈非馬邪？

「使白馬乃馬也，是所求一也，所求一者，白者不異馬也。」愚按：一猶言不異也，使白馬而即是馬，則是求白馬，即是求馬。故曰：「白者不異馬也。」

「所求不異，如黄黑馬有可有不可，何也？」愚按：此言所求既不異，則求白馬，以黄馬應可也，以黑馬應亦可也，而無如其有可有不可，何也？此白馬所以非馬也。

「白馬者，馬與白也，馬與白馬也。」愚按：此兩句中各包一句。其曰「馬與白也」，則亦可曰「白與馬也」；其曰「馬與白馬也」，則亦可曰「白馬與馬也」。總之離白與馬言之也。

「曰：馬未與白爲馬，白未與馬爲白。合馬與白，復名白馬。是相與以不相與爲名，未可。故曰白馬非馬，未可。」愚按：此又難者之辭。馬未與白爲馬，則爲黄馬爲黑馬皆可也；白未與馬爲白，則爲白牛爲白犬皆可也。此就不相與言之也。合馬與白，則就相與言之也。既相與矣，而仍謂白馬非馬，則是相與而以不相與爲名，此未可也。未可猶言不可也。又按：馬初不與白爲馬，白初不與馬爲白，合馬與白，始有白馬之名，何得言復名白馬？復名謂兼名也。《荀子・正名篇》：「單足以喻則單，單不足以喻則兼。」楊倞注曰：「單，物之單名也；兼，復名也。」復名白馬，正所謂單不足喻則兼也。合馬與白，則單言之曰馬，不足以盡之，故兼名之曰白馬，是謂復名。白馬猶今言雙名矣。

「曰：有白馬，不可謂無馬者，離白之謂也。是離者有白馬，不可謂有馬也。」愚按：有馬當作無馬，涉下文三言有馬而誤耳。此即承上不可謂無馬而言，亦難者之辭。言吾所云有白馬不可謂無馬者，止論馬不馬，不論白不白，故曰離白之謂也。就此所離者而言之，白爲一物，馬爲一物，明明有白有馬，不可謂無馬也。

「故所以爲有馬者，獨以馬爲有馬耳，非有白馬爲有馬。故其爲有馬也，不可以謂馬馬也。」愚按：此難者之辭，承上文而言，止論馬不馬，不論白不白，若必以白者爲非馬，則白者何物乎？白即附於馬，不可分別，故見白馬，止可謂之有馬而已。不然白馬一馬，馬又一馬，一馬而二之，是馬馬矣。

「無去者，非有去也。故曰白馬非馬。」愚按：言馬則無去者也，以白馬應可也，以黄馬、黑馬應可也，無所去也。言白馬則有去者也，取白馬則不得不去黄馬、黑馬矣。一則無去，一則有去，明明分而爲二，豈可合而爲一。故曰白馬非馬。

《指物論》：「物莫非指，而指非指。」愚按：指謂指目之也。見牛而指目之曰牛，見馬而指目之曰馬，此所謂物莫非指也。然牛馬者，人爲之名耳，吾安知牛之非馬，馬之非牛歟？故指非指也。

「天下無指，物無可以謂物。」愚按：此承物莫非指而言。無牛之名，則無牛矣；無馬之名，則無馬矣。何也？無以謂之也。故曰：「天下無指，物無可以謂物。」

「非指者，天下而物，可謂指乎？」愚按：此承指非指而言。天下而物，當作天下無物，字之誤也。言我所謂非指者，大地之初，有牛而無牛之名，則是無牛也；有馬而無馬之名，則是無馬也。俄而指之曰：此牛也；俄而指之曰：此馬也。天下本無此物，而我强爲之名，是强物以從我之指也，其可謂乎？其不可謂乎？

「天下無指，而物不可謂指者，非有非指也。」愚按：有非即有是。使有指之而非者，即有指之而是者也。今天下之物任人之所指而不辭，牛則牛矣，馬則馬矣，是非有非指也，非有非指，安有是指。

「不爲指，而謂之指，是兼不爲指。」愚按：兼乃無字之誤。天下之物本不爲指，而人謂之指，是無不爲指矣。下文云：「以有不爲指(句)，之無不爲指，未可。」有不爲指，即承此不爲指而言；無不爲指，即承此無不爲指而言。謂以有不爲指之物，變而之於無不爲指，是不可也。無與兼相似而誤。上文云「指也者，天下之所無也」，下文云「且指者，天下之所兼」。兼亦無字之誤。

「指非非指也，指與物非指也。」愚按：指非非指者，名有定物也。牛則牛，馬則馬也。指與物非指者，物無定名也，安知牛非馬，馬非牛也。

《通變》篇：「曰：謂變非不變，可乎？曰：可。」愚按：既謂之變，則非不變可知，此又何足問邪？疑不字衍文也。本作「謂變非變可乎？曰：可」。下文羊合牛非馬，牛合羊非鷄，青以白非黄，白以青非碧，皆申明變非變之義。

「曰：右有與，可謂變乎？曰：可。曰：變隻？曰：右。」愚按：變隻無義，隻疑奚字之誤。變奚者，問辭也，猶言當變何物也。問者之意，以爲右而變，則當爲左矣，乃仍答之曰「右」，此可證明上文變非變之義。

《堅白論》：「曰：得其所白，不可謂無白；得其所堅，不可謂無堅。而之石也，之於然也，非三也。」愚按：也讀爲邪。非三邪，乃問者之辭。之石猶此石也。言既得其堅，既得其白，而堅也，白也，此石實然也，非三邪？

「曰：視不得其所堅，而得其所白者，無堅也。拊不得其所白，而得其所堅，得其堅也，無白也。」愚按：此當作「視不得其所堅，而得其所白；得其所白者，無堅也。拊不得其所白，而得其所堅；得其所堅者，無白也」。文有脱誤。

「曰：有自藏也，非藏而藏也。」愚按：視得其白，而不得其堅，是堅自藏也。拊得其堅，而不得其白，是白自藏也。自藏者非有人藏之而藏也，既非有人藏之而藏，則又何人能得之乎？

「曰：其白也，其堅也，而石必得以相盛盈。」愚按：盛，衍字也。謝注云：「盈，滿也。其白必滿於堅石之中，其堅亦滿於白石之中，而石亦滿於堅白之中，故曰必得以相盈也。」是其所據本無盛字。

「曰：得其白，得其堅，見與不見離，不見離一，一不相盈，故離。離也者，藏也。」愚按：「不見離一」句，當作「見不見離一」。蓋言得白失堅，得堅失白。有可見之堅，即有不可見之白；有可見之白，即有不可見之堅。有見者，有不見者，是見與不見離也。故必合見不見言之，乃不相藏耳。今舉其見之一，則離其不見之一；舉其不見之一，則離其見之一。是無論見不見，而皆離其一也。離其一，則所有者一而已矣。一則不能相盈，故離也。

「曰：堅未與石爲堅，而物兼未與爲堅，而堅必堅其不堅。石物而堅，天下未有若堅，而堅藏。」愚按：「物兼未與」，當作「兼未與物」。此言堅自成其爲堅之性耳，非與石爲堅也。豈獨不與石爲堅，兼亦未與物爲堅也。而堅必堅其不堅者。如土本不堅，陶焉則堅；水本不堅，冰焉則堅。如此則其堅見矣。今以石之爲物而堅，天下未有堅於此也。堅其堅者，堅轉不見，故曰堅藏也。

「白固不能自白，惡能白石物乎？若白者必白，則不白物而白焉，黃黑與之。然石其無有，惡取堅白石乎？故離也。」愚按：此與上文言堅文字不同，而意則相近。言使白而不能自白，安能白石之爲物乎？若白者必能白物，則就不白之物，而白焉。或即黄者而與之，或即黑者而與之，人必曰黄者白矣，黑者白矣。如此，則其白見矣。然石則無有此黄黑之色，又何從而取之乎？白其白者，白轉不見，故離也。

《名實論》：「以其所正，正其所不正，疑其所正。」愚按：疑當讀如《詩》「靡所止疑」之疑，毛傳曰：「疑，定也。」謝注謂「衆皆疑之」，非是。

「其以當不當也，不當而亂也。」愚按：此本作「不當而當，亂也」，傳寫脱當字。下文云「以當而當，正也」，兩文相對。

「知此之非也，知此之不在此也，明不謂也。」愚按：此當作「知此之非此也，知此之不在此也，則不謂也。」下文云「知彼之非彼也，知彼之不在彼也，則不謂也」，兩文相對，可據以訂正。

讀《山海經》　俞樓雜纂弟二十三

《南山經》

「其名曰祝餘。」郭注曰：「或作桂荼。」愚按：桂字當是柱字之誤，祝與柱一聲之轉。《周禮·瘍醫》注曰：「祝當爲注，讀如注病之注。」柱與注並從主聲，祝得讀如注，故亦通作柱。祝餘或作柱荼，乃古文聲近假借之恒例。俗人不察，以其言草，輒改柱爲桂，失之矣。

「多蝮虫。」注曰：「虫，古虺字。」愚按：《説文》：「虫，一名蝮。」蝮，虫也。是蝮與虫同物。既云蝮，不必言虫矣。疑古本止作多蝮，或本作多虫，而寫者誤合之耳。凡下文言蝮虫者同此。郭注以虫爲古虺字，非是。然郭注亦疑經後人移易失次，别詳後。

「可以爲底。」注曰：「底，躪也。爲，猶治也。《外傳》曰：『疾不可爲。』一作疧，猶病愈也。」愚按：前一説是也。躪當作躪，乃傳寫之誤。《文選·難蜀父老》注引郭璞《三倉解詁》

曰：「胝，蹣也。」此注正與彼同。郭意疷即胝之假字也。蹣者，蹣之後出字。《漢書·貢禹傳》師古注曰：「胝，蹣也。」古字止作蹣，後又從足作蹣，因誤爲蹣，非其義矣。至後一説，義所未詳。《説文》無疷字，但有疧字。從氐、從氏，音不相同。疧字訓病，亦不得云病愈。且既病愈，又何治爲？是後一説非也。

「其羽在鮭下。」注曰：「亦作脅。」愚按：鮭當作胠。《説文》：「胠，亦下也。」亦即今腋字。腋下謂之胠，與脅相近。《廣雅·釋親》：「胠，脅也。」是胠之與脅古得通稱，故胠亦作脅也。後人以其言魚，變而從魚，失其義矣。

「其音如留牛。」注曰：「《莊子》曰：『執犂之狗。』謂此牛也。」愚按：留牛，即犂牛也。留與犂本雙聲字。人有離婁，鳥有麗留，物有留犂，鳥有流離，並以雙聲字爲名。雙聲之字，例得通用，故留牛即犂牛也。《東山經》：「鱅鱅之魚，其狀如犂牛。」郭注曰：「牛似虎文者。」即此經犂牛也。郭此注引《莊子》爲證，則固以犂訓留矣。今《莊子·天地》篇云：「執留之牛成狗。」〔一〕《釋文》云：「本亦作貍，一本作狸。」無作犂之本。「司馬云：貍，竹鼠也。」亦無訓牛之

〔一〕該句今《莊子》各本作「執留之狗成思（孫詒讓云：『思』當作『累』）」。未知曲園所據何本。

說。殆郭氏所見，與今本不同，而説亦有異乎？狗能執鼠，不能執牛，郭義難曉，不如竟以《東山經》之犂牛説之爲得也。字亦作犡。《戰國·魏策》曰：「犡牛之黄也似虎。」

「食者不蠱。」注曰：「噉其肉令人不逢妖邪之氣。或曰：蠱，蠱毒。」愚按：二説皆非是，蠱乃病名。《内經·玉機真藏論》：「脾傳之腎病，名曰疝瘕，少腹寃熱而痛出白，一名曰蠱。」

「其狀如反有距。」畢氏沅《新校正》曰：「别本反作豚。」愚按：反字乃𠀠字之誤，古文豕字也。《説文》作「𠀠」，《玉篇》變作「𠀠」，寫者不識古文，因誤爲反矣。豕即豚也，故别本作豚。

「其音如痺。」注曰：「未詳。」畢氏《校正》曰：「疑爲鼙字之假音。」愚按：畢説非也。痺亦鳥名。《爾雅·釋鳥》：「鷯鶉，其雄鶛，牝痺。」是痺乃鷯鶉之牝者也。其字本當作庳。阮氏《爾雅校勘記》曰：「《釋文》、唐石經、單疏本、雪窗本皆作庳，注疏本誤。」今此經作痺，亦誤矣。

「多蝮虫。」注曰：「蚖也。」愚按：上文「猨翼之山，多蝮虫」注曰：「蝮虫色如綬文，鼻上有鍼，大者百餘斤，一名反鼻。虫，古虺字。」不云「蚖也」，何以於此經别釋爲蚖？疑郭氏所據本上文「猨翼之山」下止作「多蝮」，此文「羽山」下止作「多虫」。上注「虫，古虺字」四字，本在此經，因後人傳寫於上經「蝮」下，誤增虫字。疑郭氏不應舍前而注後，故移此四字入上注耳。郭意上文多蝮，此文多虫，兩經不同，故不從《説文》「虫，一名蝮」之説，而以爲古虺字。《説文》：

「虵，以注鳴。」「蚖，榮蚖，蛇醫，以注鳴者。」是虵、蚖同類之物，故曰蚖也。

「多博石。」注曰：「可以爲博棊石。」畢《校正》曰：「郭説非。古棊字從木，不以石爲之，博石蓋言大石。」愚按：畢説近之而未盡也。博石當爲薄石，薄石即盤石也。《荀子·富國篇》：「國安于盤石。」楊注曰：「盤石，盤薄大石也。」盤薄本雙聲字，盤薄之石，可謂之盤石，亦可謂之薄石，重言之曰盤薄，單言之則或曰盤，或曰薄，其義一也。經字作博者，博、薄古音同耳。畢氏未達此旨，以爲是博大之石，殊非古義矣。

《西山經》

「華山冢也。」注曰：「冢者，神鬼之所舍也。」畢氏《校正》曰：「《爾雅》曰：山頂曰冢。《釋詁》曰：冢，大也。」愚按：郭説固望文生訓，而畢説亦未安。用山頂之説，是猶曰華山頂也。用冢大之説，是猶曰華山大也。以文義論，皆屬不辭。今按：下云「羭山神也」，兩句爲對文。冢猶君也，神猶臣也。蓋言華山爲君，而羭山爲臣，此乃古語相傳如此。《尚書·牧誓》篇：「我友邦冢君。」傳訓冢爲大，武王與友邦諸君言尊爲大君，義亦可通。乃《國語·鄭語》史伯與鄭桓公私論當時之諸侯曰〔一〕：「惟謝、郟之閒，其冢君侈驕。」史伯於謝、郟之閒，虢、鄶之君，何必以大君尊之乎？可知冢君連文，冢亦君也，古語自有此例。至神之爲臣，亦見《國語·魯語》曰：「昔禹致群神於會稽之山。」又曰：「山川之靈，足以綱紀天下者，其守爲神，社稷之守者爲公侯。」是稱神不過與稱公侯同。《禮記·月令》篇：「其帝太皞，其神句芒。」猶言其君太皞，其臣句芒也。鄭注曰：「此蒼精之君，木官之臣。」以君釋帝，以臣釋神，正合古義。《詩·皇矣》篇毛傳：「致其社稷群神。」《釋文》曰：「本或作群臣。」亦神、臣聲近義通之證。此經冢、神對言，乃古語之僅存者。後人不通古語，宜不得其旨矣。

「其陰多榣木，之有若。」畢氏《校正》本讀「其陰多榣」爲句，「木之有若」爲句。然「木之有若」四字無文義，殆失其讀也。按：郭注云：「榣木，大木也。言其上復生若木，大木之奇靈者爲若，見《尸子》。」然則郭讀「其陰多榣木」爲句，下云「之有若」，猶云「是有若」，之、是古通用。

「槐鬼離侖居之。」注曰：「離侖其神名。」愚按：槐鬼，未詳，疑鬼爲衍字，槐當作䰟，字之誤也。《説文》䰟即鬼古文。此經本云「䰟離侖居之」，蓋用古字耳。習其讀者，恐人不識䰟字，

〔一〕 鄭桓公，原作「鄭武公」，據《國語》改。按：鄭桓公爲鄭武公之父。

旁記鬼字，其後誤入正文，遂作䰠鬼，又誤作槐鬼，而其義益晦矣。郭但云「離侖其神名」，不釋槐字，或所見本與今異乎？

「是神也，司天之九部及帝之囿時。」注曰：「主九域之部畍，天帝苑囿之時節也。」畢《校正》曰：「時，疑當讀爲『播時百穀』之時。」愚謂二説並於文義未安。《説文·广部》：「庤，儲置屋下也。」字通作跱。《後漢·章帝紀》：「所經道上郡縣，無得設儲跱。」此經時字亦庤之叚字。囿謂苑囿也，時謂儲跱也。

「西望日之所入，其氣員。」注曰：「日形員，故其氣象亦然也。」愚按：此當作「其氣員員」，古書重文，每於字下作二小畫識之，傳寫脱去耳。上文於槐江之山曰：「南望昆侖，其光熊熊，其氣魂魂」，此云「員員」，猶「魂魂」也。員、魂古字通。《詩·出其東門》篇「聊樂我員」，《韓詩》作「聊樂我魂」，即其證也。郭不達此旨，以日形爲説，迂曲甚矣。

「是多衆蛇。」畢氏《校正》曰：「《水經注》引經作『象蛇』，當爲『衆蛇』，其地無象。」愚按：畢説誤也。象蛇乃鳥名。《北山經》：陽山「有鳥焉，其狀如雌雉，而五彩以文，是自爲牝牡，名曰象蛇。」此經象蛇，亦即是鳥，畢氏誤以象蛇爲二物，遂以其地無象，謂當爲衆蛇。既云多，又云衆，不辭矣。

《北山經》

「其鳥多蕃。」注曰：「未詳，或云即鴞，音煩。」愚按：蕃乃番之叚字。《説文・釆部》：「獸足謂之番。」此山之鳥多似獸足者，故曰其鳥多番。番或作蹞，郭音煩，是也。或説即鴞，非是。下文虢山云「其鳥多寓」，寓從禺聲，禺從田從禸。《説文・禸部》：「禸，獸足蹂地也。」引《爾雅》曰：「狐狸貛貉醜，其足蹞，其迹禸。」然則此經兩文相連，其鳥多蕃，其鳥多寓，皆取鳥而獸足之義。蕃則「其足蹞」之蹞，聲近而義通。寓雖非「其迹禸」之禸，而禺下從禸，本取禸義，則其鳥多寓，亦即其鳥多禸矣。

「其中多騂馬。」注曰：「音勃。」畢氏《校正》引張駿《山海經圖畫讚》：「敦山有獸，其名爲敦，麟形一角。」愚按：此即《後漢書・班超傳》所謂「符拔」也，李賢注引《續漢書》：「符拔，形似麟而無角。」雖一角、無角，兩書不同，然騂、拔音近，又皆似麟，其爲一獸無疑。或彼所云無角者誤耳。

「北望惟號之山，其風如劦。」注曰：「劦，急風貌也，音戾。或云飄風也。」愚按：郭説望文生訓，如其説，則兩句之義不貫矣。《説文・劦部》：「劦，同力也，從三力。《山海經》曰：『惟號之山，其風若劦。』」苟劦爲風貌，則於同力之義無涉，許君何爲而泛引之乎？愚疑此句非説風也，風當讀爲分。《玉篇·風部》「風，甫融切」、《八部》「分，甫墳切。」風與甫爲雙聲，分與甫亦爲雙聲，故風得轉爲分。《淮南子·原道》篇：「春風至。」注曰：「風或作分。」是其例也。劦從三力，訓爲同力，得有合併之義。「北望惟號之山，其分若劦」，言毋逢之山與惟號之山雖分而似合也。風爲分，劦爲合，蓋古語如此。協從劦聲，而《尚書》「協和萬邦」「協時月正日」，《史記》並作合，即可證劦有合義矣。故許君引此經以證同力之義，《玉篇》襲用其文而增益之曰「疾也」〔一〕，則不解此經，並未達許意矣。

《東山經》

「有獸焉，其狀如兔，而鳥喙、鴟目、蛇尾，見人則眠，名曰犰狳。」注曰：「几餘二音。」畢《校正》曰：「舊本經文犰作㺯，傳几作仇，非。《玉篇》有犰狳字，皆云：『獸似兔。』犰音几，無㺯字。《廣韵》有犰，云：『獸名，如兔喙、蛇尾，見則有蝗災。』又有㺯字，蓋非，今從《玉篇》。」愚

〔一〕 疾，今《玉篇》各本作「急」。無礙文義。

按：畢説非也。犰、犰二字，並不見於《説文》，畢氏特以《玉篇》有犰無犰，故改經爲犰，改注爲几。不知犰狳本雙聲字，古鳥獸往往取雙聲字爲名，則犰狳是而犰狳非也。此二字古止作仇餘。《淮南子·精神》篇：「夫仇由貪大鍾之賂而亡其國。」高誘注曰：「仇讀仇餘之仇。」所謂仇餘者，即謂此獸，乃《山海經》原文也。後人傳寫變而從犬，然郭氏音仇餘，則雖變其形、未變其音。《玉篇》分出狳、犰二字，文不相屬。且先狳後犰，注但言「獸似兔」，而不云「犰狳，獸名」，則犰字未必本此經也。疑顧野王所見《山海經》餘已作狳，而犰猶作仇，故不收犰字耳。《廣韵·十八尤》有犰字，《五旨》有犰字，注語略同，於是經字始歧矣。然《九魚》狳字下明引《山海經》云：「餘我之山，有獸如兔，鳥喙、鴟目、蛇尾，遇人則眠，名曰犰狳，見則有螽蝗爲害也。」其字作犰，不作犰，則雖《尤》《旨》兩韵犰、犰兼收，而《魚韵》狳下言犰狳，不言犰狳，準三占從二之例〔一〕，自當從犰。畢氏反以犰字爲非，何歟？

〔一〕占，原作「古」，《尚書·洪範》曰：「三人占，從二人之言。」光緒九年本《春在堂全書》正作「三占」，據改。

《中山經》

南望墠渚，禹父之所化。注曰：「鯀化於羽淵爲黄熊，今復云在此，然則一已有變化之性，亦無往而不化也。」愚按：鯀化於羽淵，已屬不經之説，今復云在此，豈一化而再化乎？殆失其義也。此化字非變化之化，化者，治也。《素問・六元正紀大論》篇注曰：「化，治也。」是化得訓治，禹父之所化，猶云禹父之所治耳。《國語・周語》：「有崇伯鯀。」韋注曰：「崇，鯀國。」不詳崇在何地。今按：崇古嵩字。《周語》：「融降于崇山。」注：「崇，崇高山也。」《説文・山部》，「新附」有嵩字，注云：「韋昭《國語》注云：古通用崇字。」愚疑崇伯之國即在中岳嵩高山，漢武於其地置崈高縣。師古曰：「崈，古崇字。」蓋因乎古也。此經所言青要之山，據《水經注》在新安縣，今嵩縣正在新安縣之南。《經》云：「南望墠渚。」畢《校正》云：「渚，在今河南嵩縣。」墠渚爲禹父所治，則崇伯之國在嵩高山無疑矣。俗儒不知化字之義，但知作變化解，古義湮没，可歎也。

「其上有石焉，名曰帝臺之棋。」〔一〕注曰：「帝臺，神人名。棋，謂博棋也。」畢《校正》曰：「言基址。」愚按：棊字從木，則古不用石，郭説非也。畢以爲基之叚字，然下云「如鶉卵」，則此石甚小，不足言基址，畢説亦非也。棋當爲琪。《爾雅・釋地》：「東方之美者，有醫無閭之珣、玗、琪焉。」郭注曰：「珣、玗、琪，玉屬。」此帝臺之石，五色而文，故以美玉之名名之，作棋者叚字。

「其名曰嘉榮，服之不霆。」注曰：「不畏雷霆霹靂也。」愚按：不畏雷，不得但言不霆。《西山經》之「橐𩇯」、《中山經》之「飛魚」，並云「服之不畏雷」，此何以變其文曰「不霆」乎？霆疑娗之叚字。《説文・女部》：「娗，女出病也。」其義未詳。然娗下即繼以婞字，曰：「女病也。」則娗亦必婦女病名矣。

「其名曰葤，服之不夭。」注曰：「言盡壽也，或作芺。」愚按：服之不夭，是上藥也，而其名曰葤。郭以「狼戾」音之，則非美名矣。《玉篇》曰：「葤，毒草。」安得有延年益壽之功乎？此字當從或本作芺，芺即笑字也。愚嘗作《笑字形聲考》，謂古笑字作咲，從口，芺聲，或即以芺爲之，

〔一〕該句上原有「中山經」三字，據是書體例删。

古文以聲爲主也。《漢書》或作咲、或作关。咲者，㕭之誤；关者，芺之誤。詳見《第一樓叢書》八之二。今此經作芺，正可證成余説。服之不芺者，謂人服此草易生恚怒，故不笑也，正與萱草皋蘇厥性相反。後人不知芺爲笑之叚字，疑芺亦草名，義不可通，去草作夭，遂與古義違矣。

「熊山席也。」注曰：「席者，神之所馮止也。」愚按：郭説望文生訓，未得古義。凡言「某山冢」也、「某山神」也，其義猶君臣，説已具前矣。此經言文山、勾檷、風雨、騩之山，是皆冢也，則亦當云熊山神也，乃變文言席，義不可曉。據下經「堵山冢也」「騩山帝也」，疑此文席字亦帝字之誤。冢也、神也，則冢尊於神；冢也、帝也，則帝又尊於冢。蓋冢不過君之通稱，而帝則天帝也。古人屬辭，初無一定之例，而其意仍相準耳。

「有九鍾焉，是知霜鳴。」注：「霜降則鍾鳴，故言之也。」按：霜降則鍾鳴，不得但言是知霜鳴，文不成義，郭説非也。鳴乃䳒字之誤。䳒者隹之或體。《廣韵》音户公切，與洪同音。此䳒字當讀爲降，古降字音亦如洪。明陳第《毛詩古音考》云：「降音洪。」歷引《詩》《騷》爲證，其説是也。《廣韵》洚，亦音户公切。《孟子》曰：「洚水者，洪水也。」古洚、洪同聲，則降、洪古亦同聲。是知霜䳒者，是知霜降也。後人不知古音，又不識古字，改䳒爲鳴，以爲合於鍾鳴之義，祇見其陋矣。

「食者不風。」注曰：「不畏天風。」愚按：此解與上文「不霆」之義同爲不辭，殆非也，風亦病名也。《素問·風論》篇：「黄帝問曰：風之傷人也，或爲寒熱、或爲熱中、或爲寒中、或爲癘風、或爲偏枯、或爲風也。其病各異，其名不同。」是風亦病名。《素問》以《風論》《痺論》《痿論》《厥論》並列，然則此言食者不風，猶大苦之山有草曰「牛傷」，服者不厥也。厥即《素問·厥論》之厥，則風即《素問·風論》之風矣。又如蔓聯之山「白鵁」，食之已風；鼓鐙之山「榮草」，食之已風。凡言風者，皆病名。已風者，有病而可已也。不風者，無病，人食之不病也。

「禾山帝也。」畢《校正》曰：「疑即上求山，字之誤也。」愚按：上文無禾山，故畢以求山當之，此但以形求，未以聲擬也。禾山，實即上文之宣山。宣之爲禾，猶桓之爲和也。宣、桓並從亘聲。《檀弓》：「曹桓公卒於會。」鄭注曰：「曹伯廬謚宣，言桓，聲之誤也。」是古宣、桓聲同。《禹貢》：「和夷底績。」鄭注讀和爲桓〔一〕。和可讀桓，則禾亦可讀宣，故宣山爲禾山矣。

「洞庭、榮余山神也。」愚按：此神字疑當作帝。上云「夫夫之山、即公之山、堯山、陽帝之山，皆冢也」，冢必尊於神。乃此經於冢用少牢，於神用太牢，則神轉尊於冢矣。余故疑「神也」

〔一〕 讀和爲桓，今《禮記》鄭注各本作「和讀如洹」。「洹」「桓」相通，無礙文義。

爲「帝也」之誤。蓋此爲《中次十二經》之山，其上爲《中次十一》，則曰「禾山帝也」「堵山、玉山冢也」。又其上爲《中次十》則曰「堵山冢也」「騩山帝也」。又其上爲《中次九》則曰「文山、句檷、風雨、騩之山，是皆冢也」「熊山席也」。余正席字爲帝字之誤。此三經相連屬，並以冢也、帝也分别衆山之尊卑。其祠之之禮，帝皆太牢，冢皆少牢，然則此經亦必同之。「神也」爲「帝也」之誤無疑矣。又以全書體例考之，《西山經》言「華山冢也」「羭山神也」，祠之之禮，冢以太牢，神言百犧，不言太牢。《中山經》言「歷兒冢也」，《中次七經》言「苦山、少室、太室皆冢也」，《中次八經》言「驕山冢也」，此三經有冢無神，其祠之之禮，《中山》及《中次七》並言太宰，《中次八》言少牢，或字之誤，蓋冢尊宜太牢，不宜少牢也。《中次五經》「升山冢也」「首山魋也」，魋即神之異文，而祠之並用太牢，疑首山下太牢爲少牢之誤，蓋神卑於冢，不宜並用太牢也。至《中次九》《中次十》《中次十一》並以冢與帝對言，則帝又尊於冢，故帝用太牢，而冢退用少牢。古人制禮，秩然不紊。此文於冢用少牢，神用太牢，非其例矣。神爲帝誤，以是明之。

又按：《中次五經》曰：「尸水合天也。」初不解合天爲何語。郭注曰：「天神之所馮也。」亦望文生訓耳。及觀全書體例，乃知尸水合天也，猶云尸水帝也。《成八年・公羊傳》注曰：

「德合天者稱帝。」此必古義相傳如此。《山海經》每有周秦人釋語亂入經文者，畢氏《校正》本輒別出之。此經「合天」二字，亦周秦人釋語之亂入經文者，而經文帝字轉因之脱去，遂作尸水合天也，義遂不可解矣。祠之不以太牢，水與山禮不同耳。

《海外南經》

「羿與鑿齒戰於壽華之野，羿射殺之在昆侖虚東。羿持弓矢，鑿齒持盾，一曰戈。」注曰：「未詳。」畢氏《校正》曰：「一本持盾，作持戈也。」愚按：此文有誤，今訂正之曰：「鑿齒在其東。羿與鑿齒戰於壽華之野，羿射殺之，羿持弓矢，鑿齒持盾。一曰在昆崙虚東。」如此方與上下諸國一例。今本脱誤耳。其「一曰戈」，即「一曰在」，戈乃在之壞字。郭所見本已誤，故不得其説。畢疑爲盾之異文，非也。

《海外西經》

「夏后啓于此儛九代。」注曰：「九代，馬名。儛，謂盤作之令舞也。」愚按：九代之爲馬名，未詳所出。以儛爲舞馬，亦未合古義。代字疑戈字之誤，戈、歌音同，九戈即九歌也。《大荒西經》曰：「夏后開上三嬪于天，得九辯與九歌以下。」是九歌乃夏后啓之樂，彼作九歌，此作九戈，音之誤也。《竹書紀年》云：帝啓十年「帝巡狩，舞九韶于大穆之野」，即是此事。

《海外東經》

「坐而削船。」愚按：削讀爲操，猶言操舟也。削、操聲近。《方言》「帞頭」曰「幧頭」，《釋名·釋首飾》作「綃頭」。《説文·火部》：「燥，乾也。」《廣雅·釋詁》：「焇，乾也。」焇即燥之異文，並喿聲、肖聲相近之證。郭氏不釋削船，未達此義也。

《海内南經》

「其葉若羅。」注云：「如綾羅也。」愚按：下云「其實如欒，其木若蓲」，則此羅當讀爲蘿。《説文·草部》：「蘿，莪也。」郭以綾羅説之，與下二句不一律矣。

《海内西經》

「面有九門，門有開明獸守之。」畢氏《校正》以「門有開明」四字爲句，引《淮南子》云：「東方曰東極之山，曰開明之門。」愚按：此畢氏之誤也。《淮南子》明言東極之山，而此則屬《海内西經》，東西迥别，何得並爲一談？開明獸三字連文，開明者，獸名也。言每門有開明獸守之，文義甚明。下文又申説開明獸曰：「開明獸，身大類虎而九首，皆人面，東嚮立昆侖上。」郭注曰：「天獸也。銘曰：開明天獸，稟資乾精，瞪視昆侖，威振百靈。」其爲獸名無疑。畢乃云「開明門之獸」也，非獸名，何歟？若以下文言開明西、開明北、開明東、開明南，故疑爲門名，則上文有言在犀牛西、在巴蛇西北者，豈亦以地言乎？

《大荒東經》

「使四鳥虎豹熊羆。」愚按：虎豹熊羆，皆獸也，何以謂之鳥？疑鳥字當作禽。《説文·内部》：「禽，走獸總名。」是其義也。後人不知四禽爲總目虎豹熊羆之辭，誤謂禽鳥通稱，改禽爲鳥，遂使獸蒙鳥名，失之千里。

「河念有易，有易潛出，爲國于獸，方食之，名曰摇民。」注曰：「言有易本與河伯友善，上甲微殷之賢王，假師以義伐罪，故河伯不得不助滅之。既而哀念有易，使得潛化而出，化爲摇民國。」愚按：上文曰：「王亥託于有易、河伯僕牛，有易殺王亥，取僕牛。」是止言有易之殺王亥而取僕牛，未言其見滅也，何遽言河伯哀念有易乎？且河伯僕牛四字連文，僕牛疑是河伯之名。僕牛既爲有易所取，則河人宜視有易爲不共戴天之仇，何反云河念有易乎？此念字當讀爲敜，古字省偏旁耳。《説文・攴部》：「敜，塞也。」《周禮・大司馬之職》：「犯令陵政則杜之。」鄭注曰：「杜塞使不得與鄰國交通。」此經云「河敜有易」，即用杜塞之法，蓋古有此法也。杜塞之則不使得出，故其下云「有易潛出」也。此事本末郭引《竹書》證之，然《竹書》恐未足據。今依此經説之。王亥託于有易、河伯僕牛者，言王亥爲寓公，往來于有易及河伯兩國也。有易殺王亥，並取僕牛，於是河伯之國爲僕牛復仇，杜塞有易，而有易復潛出爲國，是爲摇民也。然經文王亥託于有易，愚疑有易爲衍文。直云「王亥託于河伯僕牛，有易殺王亥取僕牛」，豈不明白易曉乎？因衍有易二字，《竹書》遂有「殷侯子亥賓于有易」之文，恐非當時事實也。《大荒北經》：「修鞈殺綽人，帝念之，潛爲之國，是此毛民。」文義與此同。

《大荒西經》

「帝俊生后稷，稷降以百穀。稷之弟曰台璽，生叔均，叔均是代其父。及稷播百穀，始作耕。」愚按：《海内經》云「稷之孫曰叔均，是始作牛耕。」然則叔均乃稷之孫也，此經云稷之弟台璽生叔均，兩文不同，疑此經弟字是子字之誤。后稷封于邰，台即邰字，曰台璽者，台其國也，璽其名也，猶曰「晉重、魯申」云爾。后稷卒而子璽嗣，故曰台璽，叔均又璽之子也。《周本紀》云：「后稷卒，子不窋立。」索隱引譙周説云：「若不窋親弃之子，至文王千餘歲，惟十四代，亦不合事情。」今以此經考之，稷之子台璽也，非不窋也，不窋去叔均又不知幾世矣，此可訂《史記》之誤。

「帝令重獻上天，令黎卬下地。」注曰：「古者人神雜擾無别，顓頊乃命南正重司天以屬神，命火正黎司地以屬民。重實上天，黎實下地。獻、卬，義未詳也。」愚按：獻讀爲儀。《尚書・大誥》「民獻有十夫」，《國學紀聞》引《大傳》作「民儀有十夫」。《周官・司尊彝》「鬱齊獻酌」，鄭司農讀獻爲儀。蓋獻與儀古音同也。卬當作印，隸變作卬，遂與卬我之卬無别，俗又加手作抑。《廣雅・釋詁》：「抑，治也。」《孟子》「禹抑洪水而天下平」，趙注亦訓抑爲治。然則令重獻上天者，令重儀上天也，儀之言儀法也。令黎卬下地者，令黎抑下地也，抑之言抑治也。因儀叚獻爲之，而抑從古作𢆉、又變作卬，讀者不識爲抑字，遂莫得其解矣。

讀《楚辭》　俞樓雜纂弟二十四

《離騷經》：「字余曰靈均。」王逸注曰：「靈，神也；均，調也。」愚按：屈原名平，自取「高平曰原」之義。此均字當讀「畇畇原隰」之畇。

「朝搴阰之木蘭兮。」注曰：「阰，山名。」愚按：下句「夕攬洲之宿莽」，洲非水名，則阰亦非山名。阰者，坒之叚字。《説文・土部》：「坒，地相次比也。」地相次比謂之坒，水中可居者謂之洲，皆非實有可指之地也。

「不撫壯而棄穢兮。」注曰：「年德盛曰壯。棄，去也。穢，行之惡也，以喻讒邪。百草爲稼穡之穢，讒佞亦爲忠直之害也。」洪興祖謂《文選》無不字，又引五臣云：「撫，持也，言持盛壯之年，廢棄道德，用讒邪之言，爲穢惡之行。」愚按：今《文選》亦有不字，蓋李善本與五臣異也。詳其文義，似以無不字爲長。惟王注及五臣注，義均未合。《禮記・文王世子》篇鄭注曰：「撫，有也。」撫壯而棄穢，此撫字乃撫有之撫，此棄字乃自暴自棄之棄。言撫有壯盛之年而自棄於穢濁之地也。

「願依彭咸之遺則。」注曰：「彭咸，殷賢大夫，諫其君不從〔一〕，自投水而死。」愚按：彭咸事實無可考，特以屈子云「願依彭咸之遺則」，而屈子固投水而死者，故謂彭咸亦投水而死，竊恐其誣古人矣。上文云「謇吾法夫前脩兮，非世俗之所服」，此云「雖不周於今之人兮，願依彭咸之遺則」，四句相承而言。「不周於今之人」，即所云「非世俗之所服」也，「願依彭咸之遺則」，即所云「謇吾法夫前脩」也。王解「法前脩」爲「上法前世遠賢」，然則彭咸必古之賢人，屈子素所師法者，豈必法其投水而死乎？當屈子之作《離騷》，尚在懷王時，及懷王死，頃襄王立，屈子尚「冀幸君之一悟、俗之一改」，豈在懷王時早有死志乎？即謂死志早定，然死亦多術矣，何必定取一投水而死之古人以爲法乎？至其後爲襄王遷之江南，乃投汨羅而死，去作《離騷》時遠矣。

今按：《楚辭》言彭咸者非一，《離騷》末云：「既莫足與爲美政兮，吾將從彭咸之所居。」此言今人不足與有爲，吾將從古人，非必從之死也。《抽思》篇曰：「望三五以爲象兮，指彭咸以爲儀。」王注解上句曰：「三王五伯，可修法也。」蓋言三五古之賢君，彭咸古之賢臣，可象可儀

〔一〕 從，今《楚辭》王逸注各本作「聽」。無礙文義。

耳。若儀彭咸是效其投水而死，然則象三五又何所取乎？他如《思美人》篇曰：「獨煢煢而南行兮，思彭咸之故也。」《悲回風》篇曰：「夫何彭咸之造思兮，暨志介而不忘。」又曰：「孰能思而不應兮，照彭咸之所聞。」皆無從之投水之意。惟其下又曰：「淩大波而流風兮，托彭咸之所居。」意似近之。然其下即曰：「上高巖之峭岸兮，處雌蜺之標顛。」既思投水，何又思登山乎？蓋登山涉水，皆是從彭咸之所居。於水言彭咸，而於山則舉雌蜺以儷之，此古人文法之不拘，猶云「伯夷、叔齊雖賢，得夫子而名益彰；顔淵雖篤學，附驥尾而行益顯」，上句言夫子，下句變言驥尾，顧亭林所謂「回避假借之法」也。屈子之從彭咸，止是取法前賢，即夫子竊比老彭之意。乃因屈子是投水而死之人，遂謂其所效法者亦必投水而死。「固矣夫，高叟之爲詩也！」其下又云：「求介子之所存，見伯夷之放迹。」此二子亦豈投水而死者乎？太史公曰：「乃作《懷沙》之賦，遂自投汨羅以死。」《懷沙》篇末云：「知死不可讓，願勿愛兮。」然則《懷沙》一賦，殆其絶筆。史公之言，必有所據。而篇中無一語及彭咸，是其平時之效法彭咸，非效法其死，亦可見矣。然則屈子何以惓惓於彭咸也？彭咸疑彭祖之後，與屈子同出高陽，故一再言之，親切而有味也。

又按：彭祖名鏗，鏗從堅聲。《廣韵》堅音古賢切，而從咸得聲之字，緘、鹹、瑊、黬、黬並音古咸切。則咸與堅亦雙聲也。《廣韻》㦓字下注云：「慳悋。」是㦓即慳矣，彭咸或即彭鏗乎？《論語》：「竊比於吾老彭。」包注：「老彭，殷賢大夫。」邢疏以爲即彭祖，而王逸解彭咸亦云殷賢大夫。其投水而死之事，因屈子附會。至殷賢大夫四字，則必有所受之。《離騷》之彭咸，《論語》之老彭，同爲殷賢大夫，或一人與？《尚書》「巫咸乂王家」，而《山海經·大荒西經》言巫咸又言巫彭，《海内西經》言巫彭不言巫咸，疑本一人。巫者，其官也。繫氏言之曰巫彭，繫名言之曰巫咸耳。然則《離騷》之彭咸，或又即《尚書》之巫咸，與古事無徵，不可質言，姑存其説如此。

「忍尤而攘詬。」注曰：「尤，過也；攘，除也；詬，耻也。言己所以能屈案心志，含忍罪過而不去者，欲以除去耻辱，誅讒佞之人，如孔子誅少正卯也。」愚按：上句曰「屈心而抑志兮」，抑志與屈心同，則攘詬必與忍尤同。如王注，則是屈心、抑志、忍尤六字共爲一義，而攘詬自爲一義，於文理殊不可通。攘之言藏也。《管子·任法》篇曰：「皆囊于法以事其主。」尹注曰：「囊者，所以斂藏也。」以藏釋囊，義存乎聲。攘與囊聲同，亦得有藏義。忍尤而藏詬者，容忍其尤而含藏其詬，實一義也。

「步余馬於蘭皋兮。」注：「步，徐行也。」愚按：王注非也。《襄二十六年·左傳》：「左師見夫人之步馬者。」杜注曰：「步馬，習馬。」步余馬於蘭皋，當從此解。字亦作騗。《玉篇·馬部》：「騗，盆故切。習馬，今作步。」

「僕夫悲余馬懷兮，蜷局顧而不行。」注曰：「僕，御也；懷，思也。屈原設去世離俗，周天帀地，意不忘舊鄉。忽望見楚國，僕御悲感，我馬思歸，蜷局詰屈而不肯行。」愚按：以懷思屬馬言，甚爲無理。懷當讀爲瘣。《説文·疒部》：「瘣，病也。」引《詩》曰：「譬彼瘣木。」今《詩》作「壞木」〔一〕，以懷爲瘣，猶以壞爲瘣也。「僕夫悲余馬瘣兮，蜷局顧而不行。」蓋托言馬病而不行耳。《詩》云：「陟彼砠兮，我馬瘏兮，我僕痡兮，云何吁矣。」騷人之辭，即本之《詩》也。

《九歌》：「盍將把兮瓊芳。」注曰：「盍，何不也。」愚按：以盍爲何不，則既云盍、又云將，文義難通。此盍字只是語詞。《莊子·列禦寇》篇：「闔胡嘗視其良，既爲秋柏之實矣。」《釋文》曰：「闔，語助也。」闔與盍通。此篇云「盍將把兮瓊芳」，與下篇云「蹇將留兮壽宮」，文法相似。王注云：「蹇，詞也。」然則盍亦詞也，可類推矣。

「華采衣兮若英。」注：「華采，五色采也。若，杜若也。衣五采華衣，飾以杜若之英。」愚

〔一〕 木，原作「本」，據蔡啓盛《校勘記》改。

按：注義增出飾字，殆非塙詁。《詩・汾沮洳》篇次章曰「美如英」、三章曰「美如玉」，英即瑛之叚字。《説文・玉部》：「瑛，玉光也。」如瑛猶如玉也，説詳《群經平義》。此云若英，猶《詩》言如英，非謂杜若之英也。

「隱思君兮陫側。」注曰：「陫，陋也。言己雖見放弃，隱伏山野，猶從側陋之中思念君也。」愚按：王注以陫側爲側陋，此未得也。陫讀爲憤悱之悱，側讀爲惻隱之惻，陫側即悱惻，不以地言。

「葺之兮荷蓋。」愚按：此當作「芷葺兮荷蓋」，芷字闕壞，僅存下半止字，誤作之字〔一〕，文不成義，因移葺字於之字上，使成文義耳。《説文・艸部》：「葺，茨也。」「蓋，苫也。」葺、蓋兩篆相連，知古人恒以葺、蓋並言。葺之義爲茨，茨者，《説文》云「以茅葦蓋屋」也。《考工記・匠人》曰：「葺屋三分，瓦屋四分。」疏曰：「葺屋，謂草屋。」此葺字之義也。蓋之義爲苫。《爾雅・釋器》曰：「蓋謂之苫。」《釋文》引李巡曰：「編菅茅以履屋曰苫。」是葺也、蓋也，皆草屋之名。以芷爲葺，以荷爲蓋，極言其清潔也。下文云「芷葺兮荷屋」，與此文法相同，可據以訂正此句之誤矣。

〔一〕字，原作「宇」，據蔡啓盛《校勘記》改。

「吾與君兮齋速。」注曰：「齋，戒也；速，疾也。」又曰：「言已願修飾，急疾齋戒。」愚按：此未達古義。齋速二字連文，即齊遬也。《禮記・玉藻》篇：「君子之容舒遲，見所尊者齊遬。」鄭注曰：「謙愨貌也。遬，猶蹙蹙也。」正義曰：「齊謂齊齊，遬謂蹙蹙，言自斂持不敢自寬奢，故注云謙愨貌也。」詳鄭、孔之説，非急疾齊戒之謂。古書或作齊肅，《國語・楚語》「故齊肅以承之」是也。或作齊宿，《孟子・公孫丑》篇「弟子齊宿而後敢言」是也。並字異而義同。皇氏解《禮》齊遬，謂「裳下蹙斂」，趙氏解《孟子》齊宿謂「素持敬心」，蓋古語之失傳也久矣。

「翾飛兮翠曾。」注曰：「曾，舉也。言巫舞工巧，身體翾然若飛，似翠鳥之舉也。」洪氏補注曰：「曾，作滕切。」《博雅》曰：「翻，翥飛也。」愚按：洪氏引《廣雅》以證曾字之義，得之矣。惟此翠字與上篇「孔蓋翠旍」不同，非翠鳥也。翾飛翠曾，文本相對。翾爲翾然，則翠亦翠然。《説文・足部》：踤篆下「一曰蒼踤」，此翠字即蒼踤之踤，蒼踤即倉卒也。書傳中皆省，不從足。此假用翠字者，因以飛翥言，故變從足爲從羽耳。

《天問》：「伯禹愎鮌，夫何以變化。」注曰：「禹，鮌子也。言鮌愚很愎而生禹，禹小，見其所爲，何以能變化而有聖德也？」洪氏本曰：「愎，一作腹，注同。」愚按：作愎、作腹，並於文義未安。其字當作㚇。《説文・夊部》：「㚇行故道也。」言禹治水亦惟行鮌之故道，何以能變化乎？夏字隸變爲复，作愎、作腹，均傳寫誤增偏旁耳。

「閔妃匹合，厥身是繼。」注曰：「閔，憂也。言禹所以憂無妃匹者，欲爲身立繼嗣也。」愚按：正文但有閔字，文義未明。而妃匹合三字連文，亦殊重複。疑本作「閔亡妃合」，即王注所謂憂無妃匹也。亡與匹形似，又涉注文有匹字，誤亡作匹，因據注文妃匹連文，遂移置妃字之下耳。

「釋舟陵行，何以遷之。」注曰：「釋，置也；舟，船也；遷，徙也。言鼇所以能負山若舟船者，以其在水中也。使鼇釋水而陵行，則何以能遷徙山乎？」愚按：王解此文，屬上「鼇戴山抃」爲義。然鼇之戴山，不用舟楫，何必以舟爲言。此二句當屬下爲義。下云：「惟澆在户，何求于嫂。」注曰：「澆，古多力者也。《論》曰：澆盪舟。」然則此二句即謂盪舟。《論語》孔注曰：「奡多力，能陸地行舟。」此云釋舟陵行，謂置舟於陸地而行之也。

「稷惟元子，帝何竺之。」注曰：「元，大也。帝謂天帝也。竺，厚也。后稷生而仁賢，天帝獨何以厚之乎？」愚謂此未得屈子之意。帝謂帝嚳也。竺當爲毒，古字通用，天竺之爲天毒，即其證也。《廣雅・釋言》曰：「毒，憎也。」此言稷乃嚳元子，帝嚳何爲憎惡之，而棄之至再至三乎？下文曰「投之於冰上，鳥何燠之」，即承此而言，其義自見。

「既驚帝切激，何逢長之。」注曰：「帝謂紂也。言武王能奉承后稷之事[一]，致天罰加誅於紂，切激而數其過，何逢後世繼嗣之長也。」愚按：上方言后稷，何以此即言武王伐紂之事？雖《天問》之辭本無次序，然此句似仍宜以后稷言，其義較長。《詩·生民》篇曰：「以赫厥靈，上帝不寧。不康禋祀，居然生子。」此言后稷始生之時，赫然若有神靈，上帝亦爲之震動不寧，不康禋祀也。屈子之意，謂后稷之生，既驚帝切激，則上帝宜不祐之，何反使其子孫享國長久乎？按《詩》不寧、不康二句，毛公已不得其解，愚作《群經平議》，發明其義如此。今讀此文，竊喜其與古有合，殆戰國時説《詩》者固然乎？

《九章》：「所作忠而言之兮，指蒼天以爲正。」「作，一作非。」[二]愚按：作非者是也。「所非忠而言之兮，指蒼天以爲正。」此二句乃誓詞，猶云「予所否者，天厭之」。

「疾親君而無他兮，有招禍之道也。」注曰：「言己疾惡讒佞，欲親近君側。」愚按：疾字無義，王注以疾惡讒佞增成之，殆非也。疾乃矦字之誤，矦，語詞。《詩·下武》篇、《蕩》篇毛傳、

[一] 事，今《楚辭》王逸注各本作「業」。無礙文義。
[二] 「『作，一作非』」，按是書體例，該句前當有「洪氏補注曰」一語。

鄭箋並曰：「矦，維也。」屈子自言己之志維親君而無他，此招禍之道也。古文矦作厌，與疾相似，故形近而誤。《周禮·大行人》「立當前疾」，疾亦矦字之誤，説詳惠氏《禮説》。

「忠何罪以遇罰兮，亦非余心之所志。」注曰：「言己履行忠直，無有罪過，而遇放逐，亦非我本心宿志所望於君也。」愚按：王注未是，此承上文而言。上文曰「事君而不惑兮〔二〕，迷不知寵之門」，此云「亦非余心之所志」，志即知也。《禮記·緇衣》篇：「爲上可望而知也，爲下可述而志也。」鄭注曰：「志，猶知也。」是其義也。屈子之意，蓋言得寵、得罪，皆非己之所知耳。以爲忠而遇罰，非宿志所望，則轉淺矣。

「衆駭遽以離心兮，又何以爲此伴也。同極而異路兮，又何以爲此援也。」注曰：「伴，侶也。身無伴侶，特立于世也。援，引也。言忠佞之志不相援引而同也。」愚按：此望文生訓，未達古義。伴、援本疊韵字。《詩·皇矣》篇：「無然畔援。」鄭箋云：「畔援，猶跋扈也。」《釋文》引《韓詩》云：「武，强也。」《玉篇》引作「無然伴换」。《卷阿》篇「伴奂爾游矣」、《訪落》篇「繼猶判涣」，伴奂、判涣，並即伴换，亦即畔援也。形況之詞，初無定字，亦無達詁，故美惡不嫌同辭。

〔二〕 惑，今《楚辭》各本作「貳」。無礙文義。

《論語·先進》篇：「由也喭。」鄭注曰：「子路之行，失於畔喭。」正義曰：「舊注作吸喭。字書：吸喭，失容也。」畔喭、吸喭，亦即畔援也。屈子疾時人之跛扈，故以伴援譏之。一則曰「又何以爲此伴也」，再則曰「又何以爲此援也」，文異而義實同，亦猶風人之詞，分爲三章、四章而無異義也。解者不達古義，望文生訓，殊非其旨矣。

「邸余車兮方林。」注：「邸，舍也。」愚按：邸當讀爲楮。《爾雅·釋言》：「楮，柱也。」凡車止而弗駕，必有木以楮柱其輪，使之勿動，古謂之軔。《離騷》：「朝發軔於蒼梧兮。」注曰：「軔，楮輪木也。」邸余車，即楮余車。氐聲與耆聲相近，故邸得通作楮。《説文·土部》坻或作渚，即其例矣。

「蘇世獨立，横而不流兮。」注：「蘇，寤也。言屈原自知讒佞所害，心中覺寤，然不可變節，猶行忠直，横立自持，不隨俗人也。」愚按：如其説，則蘇字之義不貫矣。此蘇字當訓牾，寤、牾與蘇聲並相近。然寤世之義不可通，牾即今忤字，牾世，言與世俗相忤也。蘇得訓牾者，《荀子·議兵篇》「順刃者生，蘇刃者死」，蘇與順對文，則蘇者逆也，故爲牾矣。

「淑離不淫，梗其有理兮。」注：「淑，善也；梗，强也。言己雖與橘離别，猶善持己行，梗然堅强，終不淫惑而失義也。」愚按：王解淑離之義甚爲迂曲。淑離乃雙聲字，猶寂歷也。《文選・江淹雜體詩》：「寂歷百草晦。」注曰：「寂歷，彫疎貌。」是其義也。淑與寂並從叔聲，古同聲而通用。離與歷一聲之轉，離得轉爲歷，猶酈食其之酈音歷也。

《遠遊》：「順凱風以從遊兮，至南巢而壹息。」洪氏補注曰：「《山海經》〔一〕：丹穴之山有鳥焉，五彩而文，曰鳳鳥。南巢豈南方鳳鳥之所巢乎？成湯放桀于南巢，乃廬江居巢，非此南巢也。」愚按：洪氏説南巢之義，迂曲甚矣，不可從也。巢之爲地，其實有可指者二。《漢書・地理志》廬江郡有居巢縣，應劭曰：「春秋楚人圍巢，巢，國也。」此即今安徽廬州府巢縣。又《説文・邑部》：「鄛，南陽棘陽鄉。」（從段本）凡《説文・邑部》之字，古字往往無邑旁，鄛即巢也，此在今河南南陽府新野縣。二者皆實知地之所在。至《尚書》「成湯放桀於南巢」，枚傳曰：「南巢，地名。」正義曰：「傳言南巢地名，不知地之所在。《周書序》有『巢伯來朝』，傳云：『南方遠國。』鄭玄云：『巢，南方之國，世一見者，桀之所奔，蓋彼國也。以其國在南，故稱南耳。』傳並以南巢爲地名，不能委知其處，故未明言之。」是南巢乃荒遠之國，從未有知其處者。鄭云「世一見」，據《大行人》云：「九州之外，謂之蕃國，世一見。」則南巢固在九州之外矣。至三國韋昭

〔一〕經，原闕，據《諸子平議補録・讀楚辭》補。

注《國語》，乃始以居巢解南巢，在古人未有此説也。屈子云「至南巢而壹息」，可知六國時但知南巢爲南方之遠國，故舉以爲言。而洪氏習聞南巢之即居巢，轉疑屈子所言必非此地，不其傎歟？

「淩天地以徑度。」注曰：「超越乾坤之形體也。」愚按：天地疑天池之誤。《九歌》：「與女沐兮咸池。」注曰：「咸池，星名，蓋天池也。」王逸作《九思》亦有「沐盥浴兮天池」句，乃解此句則以乾坤釋之，其所據本已誤矣。

《卜居》：「將哫訾栗斯，喔咿儒兒以事婦人乎？」愚按：韓昌黎文「足將進而趑趄，口將言而囁嚅」，即本乎此。哫訾，即趑趄也。訾從此聲，趑從次聲，本同部字，古得相通。哫之轉爲趄，猶足恭之足音沮也。儒從需聲，嚅亦從需聲，古同聲而通用。兒之轉爲囁，猶雌霓之霓音齧也。使易《楚辭》爲訾哫爲兒儒，則即韓文之趑趄、囁嚅矣。使易韓文爲趄趑爲嚅囁，則即《楚辭》之哫訾、儒兒矣。雙聲疊韵之辭，本無一定，倒順皆通耳。栗斯，未詳何義，疑即櫪㯕二字也。《説文·木部》櫪篆説解云：「櫪㯕，椑指也。」《韵會》引《繫傳》云：「謂以木柙十指而縛之。」説者謂即今之拶指，此亦未必然。據《説文》列字之次，櫪㯕二篆，即在桎梏之下，疑亦古者禁止罪人之具也。此云栗斯者，謂不敢妄動，若被桎梏耳。《卜居》一篇，此數語最不可解，然不泥其形，而以聲求之，往往有可得者，亦讀古書者所宜知也。

《九辯》：「收恢台之孟夏兮，然欿傺而沈藏。」愚按：自來説者均不及然字之義，然猶焉也。《禮記·檀弓》：「穆公召縣子而問然。」注曰：「然之言焉也。」《楚辭》每以焉字爲發端之辭。《九章》曰「焉洋洋而爲客」又曰「焉舒情而抽信兮」，皆是也。此用然字，亦與用焉字同。下篇曰「然中路而迷惑兮」、又曰「然惆悵而自悲」，他篇類此者不可勝舉，皆發端之詞，與今人用然字異。

「願自往而徑遊兮，路壅絶而不通。欲循道而平驅兮，又未知其所從。」愚按：此四句意正相對，往乃枉字之誤，或叚字也。「願自枉而徑遊兮」，謂枉道而從徑。徑，小路也。「欲循道而平驅兮」，道謂正路也。

「今脩飾而窺鏡兮，後尚可以竄藏。」注曰：「身雖隱匿，名顯彰也。」愚按：王注似未得其意。作者蓋即俗人雷同炫曜，而逆料其後之危敗。言今日脩容飾貌、窺鏡自喜，日後危敗，尚可竄藏乎？「後尚可以竄藏」，乃反言之。

《招魂》：「巫陽對曰：掌夢。」注曰：「巫陽對天帝言：招魂者，本掌夢之官所主職也。」又注下句「上帝其命難從」曰：「言天帝難從掌夢之官，欲使巫陽招之也。」愚按：王注未是。「巫陽對曰掌夢」，此乃巫陽自述其所職掌也。《列子·周穆王》篇注曰：「神之所交謂之夢。」上文言上帝欲使巫陽「筮予之」，巫陽以爲精神交接之事本己所職掌，無取乎筮，故曰：「上帝其命難從。」又申言之曰：「若必筮予之，恐後謝之不能復用。」言必筮而予之，則後人惟以筮爲事，將謝去巫陽而不能復用也。下云「巫陽焉乃下招曰」，七字爲句，焉乃猶言於是也，説本王氏引之《經傳釋詞》。又「恐後謝之」句或作「之謝」，或無「之」字。愚按：當作「恐後謝之」，予與謝爲韵，「若必筮予之」「恐後謝之」二句韵語也。

「土伯九約，其角觺觺些。」注曰：「約，屈也。其身九屈。」愚按：王氏解九約殊不成義，疑約乃觓之叚字，字亦作觩。《説文》云：「觓，調弓也。」非其本義。《廣雅·釋詁》：「觩，出也。」其字從角、從弱，其本義當爲新出之角。「土伯九觩，其角觺觺」，九觩即謂九角也，作約者以音近而通用。《左傳》「齊國弱」、《公羊》作酌。約之通作觩，猶酌之通作弱矣。

「汜崇蘭些。」注曰：「崇，充也。充實蘭蕙，使之芬芳而益暢茂也。」愚按：《小爾雅·廣詁》：「崇，叢也。」是崇與叢聲近義同。《文選·辯命論》「顔回敗其叢蘭」，注引《文子》曰：「叢蘭欲茂，秋風敗之。」是蘭稱叢蘭，乃古語也，崇蘭即叢蘭耳。王注以充實釋之，未得其義。

《大招》：「五穀六仞，設菰粱只。」注曰：「七尺曰仞。言楚國土地肥美堪用，種植五穀，其穗長六仞。」「或曰：仞，因也。以五穀因苽粱厠爲飯也。」愚按：七尺曰仞之説，殊不可通。世無長四丈二尺之穀穗，雖侈言之，不當若是也。或説稍近，然訓仞爲因，義亦未安。仞之言充仞也，字本作牣。《説文・牛部》：「牣，滿也。」《文選・上林賦》「虚宫觀而勿仞」、《子虚賦》「充仞其中者不可勝計」，並以仞爲之。五穀六仞，言穀之數五而充仞其中者六，蓋并下菰粱數之，以見其多也。

《七諫》：「偃王行其仁義兮，荆文寤而徐亡。」注曰：「徐偃王，國名也。《詩》曰：『申伯番番，既入于徐。』周衰，其後僭號稱王也。言徐偃王修行仁義，諸侯朝之三十餘國，而無武備。楚文王見諸侯朝徐者衆，心中覺悟，恐爲所并，因興兵擊之而見滅也〔一〕。」愚按：諸書言徐偃王事，皆謂在周穆王時，則不與楚文王同時也。然此注引《詩》「申伯番番，既入于徐」，與今《毛詩》異。此必三家詩説。徐爲申伯之國，則宣王時始受封，穆王時安得有徐也。《莊六年・左傳》曰「楚文王伐申」、《哀十七年・傳》曰「楚文王實縣申息」，申之見滅，正在楚文王時。三家詩既以徐爲申伯之國，則此云「荆文寤而徐亡」，亦必古説矣。

〔一〕見滅，今《楚辭》王逸注各本作「滅徐」。據上下文義，作「滅徐」是。

「誰使正其真是兮，雖有八師而不可爲。」注曰：「八師謂禹、稷、卨、皋陶、伯夷、倕、益、夔也。」愚按：雜舉唐虞之臣以當八師之數，最爲無理。《韓非子·顯學》篇云：孔子之後，儒分爲八。「有子張之儒、有子思之儒、有顏氏之儒、有孟氏之儒、有漆雕氏之儒、有仲良氏之儒、有孫氏之儒、有樂正氏之儒。」八師，疑即謂此八儒。蓋此八家，皆儒者所宗，故謂之八師也。佞人妄論，以善爲惡，真僞難明，雖使此八儒復生，亦莫能定之，故曰「雖有八師而不可爲」。

《九歎》：「驅子僑之奔走兮，申徒狄之赴淵。」注曰：「驅，馳也。子僑，王子僑也。」愚按：下文「晉申生之離殃兮，荆和氏之泣血，吴申胥之抉眼兮，王子比干之横廢」，皆兩人並舉，此亦當同之。王子僑與申徒狄則不倫矣。驅字又無義，王注謂「意欲驅馳，待王子僑隨之奔走」，誠曲説也。驅子僑當爲人名，疑即舟之僑也。《閔二年·左傳》：「虢公敗犬戎于渭汭，舟之僑曰：無德而禄，殃也，殃將至矣，遂奔晉。」此即所謂舟之僑之奔走也〔一〕。舟之僑爲驅子僑，聲之誤耳。《左傳》「豆區」之區、「僕區」之區，《釋文》並音烏侯反，故得與舟音相混。若子與之，則更易混矣。

〔一〕 謂，原作「渭」，據文義徑改。

「逐下袟於後堂兮。」注曰：「下袟，謂妾御也。」愚按：下袟未知何義。洪氏補注曰：「《集韵》袟音秩，祭有次也。」則亦與妾御何涉乎？《説文》《玉篇》均無袟字，袟疑袠字之誤，即袠字也。袠從衣、失聲，變而爲左形右聲，又誤衣旁爲示旁耳。下袟即下陳也。《廣韵》：陳，直珍切；袠，直一切。陳與直雙聲，袠與直亦雙聲，故陳得轉而爲袠。世人習見下陳，罕見下袠，王注之義，遂不可曉矣。

《九思》：「思丁文兮聖明哲。」注：「丁，當也；文，文王也。心志不明，願遇文王時也。」愚按：《九思》本王逸所作，而逸即自爲之注，自作自注，殊屬可疑。今以此注考之，則知其決非逸所注也。按此文云：「思丁文兮聖明哲，哀平差兮迷謬愚。吕傅舉兮殷周興，忌嚭專兮郢吴虚。」四句中每句有兩古人，而四句實止兩事。丁者武丁也，文者文王也，吕者吕尚也，傅者傅説也，忌者費無忌也，嚭者宰嚭也。武丁舉傅説而殷興，文王舉吕尚而周興，故「思丁文兮聖明哲」也。平王用費無忌而楚爲虚，夫差用宰嚭而吴爲虚，故「哀平差兮迷謬愚」也。文義甚明，而注者乃不知丁爲武丁，以當釋之，使逸自作自注，何至有此謬乎？

俞樾全集

汪少華 王華寶 | 主編

俞樓雜纂

貳

（清）俞樾 | 著

倪永明 | 整理

鳳凰出版社

其文云：「帝嘉厥功，授以符命，守郡益州，路遐攣親。躬作遜讓，夙宵朝廷。」蓋景君雖拜益州太守，而以其地太遠，戀其老親，因自遜讓，願就京秩，所謂「路遐戀親，《隸釋》云：攣即戀字。躬作遜讓，夙宵朝廷」也。

其下云：「璽追嘉錫，據北海相〔一〕，部城十九。」，則是朝廷俯如其意，改授北海相也。景君任城人。據《續漢・郡國志》，任城屬兖州，北海屬青州，青、兖二州相去不過數百里，距其家可謂近矣。後世親老告近之例，其即起於此乎？

「璽追嘉錫。」按：不曰「璽書」，而曰「璽追」，蓋用《襄二十九年・左傳》「璽書追而與之」事也。漢人文法如此，在後世則爲不辭矣。

「據北海郡〔二〕，部城十九。」按：《續漢・郡國志》北海國十八城，此云十九，未詳也。

「分子還養。」按：秦俗，家富，子壯則出分，漢時尚有此風。桓帝時有「察孝廉，父別居」之語，此言「分子還養」，足見景君德化之美，殆亦因其授益州太守，以親老不赴，故一時薄俗爲之丕變乎？

〔一〕據，蔡啓盛《校勘記》作「授」。謹按：今傳《北海相景君銘》各本皆作「據」。作「授」、作「據」，無礙文義，然不知蔡《校》所據何本。

〔二〕北海郡，當作「北海相」。國有相，郡爲守，此處作「北海郡」誤。

「孝子憆㦛，顛倒剥摧。遂不刻痏，永潛長歸。」按：上文「珪璧之質、臨卒不回」云云，已言景君之卒。此數語未詳何謂，殆景君之子又以毁卒歟？

《司隸校尉楊孟文頌》：「至於永平，其有四年。」又曰：「武陽楊君，厥字孟文。」按：文用其字、厥字，皆漢人文法古拙處。《司隸校尉楊淮表記》亦云：「厥諱淮。」蓋當時有此體例。而《集古録》稱《楊厥碑》，誤作人名。故前人於厥字屢有辨論，而其字則無人言及。楊孟文名渙，見《華陽國志・序志》篇。其子漢中太守楊文方，其孫司隸校尉楊準。

「惟巛靈定位，川澤股躬。」《潛研堂金石文跋尾》云：「股躬，疑即股肱字。」按：古文肱與弓通。《鄉射禮》：「侯道五十弓。」鄭注：「今文弓爲肱。」《昭三十一年・春秋》「邾黑肱」、《公羊》作「黑弓」。《史記・仲尼弟子傳》䣕臂字子弓，子弓即子肱。名臂，字肱，名字相配也。此又借躬爲之，足徵躬字實從弓聲。《大雅》〔一〕：「職兄斯弘〔二〕，不裁我弘。」以躬與宏協韵，其明證也。段氏玉裁猶不知躬從弓聲，以此碑證之，亦可無疑矣。

〔一〕大雅，原作「小雅」，檢詩句出自《詩・大雅・召旻》，據改。
〔二〕弘，原作「宏」，避清帝弘曆諱，徑改，以下不再出校。

「空輿輕騎，遰尋弗前。」按：經典無尋字。《廣韻·十九代》：「礙，止也。」「碍，上同。」尋，《釋典》云：无尋也。尋即尋字，本出《釋典》，而碑文已用之。蓋此碑之立在桓帝建和二年〔一〕，東漢之末，中國已有梵書流傳，遂入石刻，亦可觀世變矣。

「惡虫蔽狩，虵蛭毒蟃。」按：「惡虫蔽狩虵蛭」六字，王懷祖先生《讀書雜志》已詳釋之矣，惟云「蟃與曼通，曼，長也，言毒長也」，則於毒蟃二字，未得其解。顧南原《隸辨》以蟃爲螟蛉蟲。夫上言諸毒物，而忽及螟蛉之小蟲，非其倫也。愚謂曼古與萬通。《荀子·正論篇》：「曼而饋。」楊注曰：「曼，當爲萬。」是其證也。《廣韻·二十五願》萬、曼、蟃並音無販切，是其音本同也。萬者，《説文》云：「蟲也。」段懋堂謂萬亦蠆之類。愚謂萬即蠆之古文，本象形字，𠃊象其鉤，厥形甚肖，後以其爲蟲名，省萬作苗，其下從虫，而形轉不肖矣。經典相承，又以萬爲十千之名，乃於萬之本義，加虫以別之。《左傳》「蠭蠆有毒」是也。相沿既久，不知萬是本義，轉以爲從虫萬聲，遂變而作蟃，從虫曼聲，此碑云「毒蟃」是也。毒蟃即毒蠆也。蟃蓋漢世俗字，既有此字，後人又移作「螟蛉蟲」之名，見《廣韻》蟃字注，並非蟃之初義矣。

〔一〕建和，原作「建安」，東漢桓帝年號無「建安」而有「建和」，據改。

《李孟初神祠碑》有云：「勸農賊捕掾李龍。」按：《續漢書·百官志》凡縣：「各署諸曹掾史，本注曰：諸曹略如郡員，五官爲廷掾，監鄉五部，春夏爲勸農掾，秋冬爲制度掾。」制度掾之名，未詳何義。今以此碑證之，疑當作春夏爲勸農掾，秋冬爲賊捕掾。蓋春夏農事方興，故宜勸之；秋冬則民閒皆有蓋藏，盜賊竊發，在所不免，故即以勸農掾爲賊捕掾，事相因也。賊捕之名不美，居是職者因有制度之號，相沿既久，遂以入史。非得此碑，則賊捕掾之名遂亡矣。

《郎中鄭固碑》：「先是，君大男孟子，有揚烏之才，七歲而夭，大君、夫人所共哀也，故建防共墳[一]，配食斯壇，以慰考妣之心。」按：此碑乃弟述其兄者，《潛研堂金石跋尾》已言之矣。此云大君、夫人，謂其父母也。蓋鄭君有子，才而早夭，鄭君父母深痛惜之。及鄭君之卒，父母則早亡矣，乃推遺意，附葬殤子於鄭君之墳，其曰「慰考妣之心」者，從其弟言之也。錢氏但譏其過禮失中，而於此意則尚未見及。

《泰山都尉孔宙碑》：「是時東嶽黔首，猾夏不□。」按：猾夏之文，本於《虞書》。枚傳曰：

〔一〕 防，原闕，《中國地方志集成·山東府縣志輯·道光濟寧直隸州志》作「防」，《爾雅·釋丘》：「墳，大防。」據補。

「猾，亂也。夏，華夏。」若依此説，則惟蠻夷之人得稱猾夏，東嶽黔首，亦華夏之人也，而云猾夏，於義殊不可通。漢碑中容有文理迂拙，難以繩墨律之者，此碑則陳子文《金石遺文録》稱其文理最順，疑經北海潤色，何至並《虞書》未讀，有此謬誤歟？竊疑《虞書》猾夏之義，尚有別解。夫夏之爲華夏也，其説古矣，然愚竊有疑焉。《説文·夊部》：「夏，中國之人也，從夊，從頁，從臼。臼，兩手；夊，兩足也。」此説蓋不可通。豈中國之人有首、有手、有足，而外國之人無之歟？又豈中國所以爲中國者，止以人有首手足歟？《説文》又有夒字，其説解曰：「貪獸也。一曰母猴〔一〕，似人，從頁，已、止、夊，其手足。」然則夏、夒二字，其意正同。而一則以爲中國之人，一則以爲貪獸，何歟？愚謂夏、夒二字，音則相遠，而其意正同。夒從手則爲擾亂字，疑夏字亦有擾亂義，故漢碑擾字往往作㨖。《李翊碑》：「時益部㨖穰。」《樊敏碑》：「京師㨖攘。」《周公禮殿記》：「會值㨖亂。」皆省夒爲夏，蓋由義本相通，不得竟謂漢隸之苟且也。古語以猾夏連文，二字同義。猾，亂也。夏，亦亂也。語云：「物至則反，冬夏是也。」《爾雅·釋天》「夏爲長嬴」「冬爲安寧」，此兩句義蓋互見。夏爲長嬴，則冬不長嬴也；冬爲安寧，則夏不安寧也。至

〔一〕　母，原作「毋」，據蔡啓盛《校勘記》改。

於中國之稱夏，當起於夏后氏。夏后氏之有天下，肇於夏國。《帝王世紀》曰：「禹受封爲夏伯，在禹貢豫州外方南，角亢氏之分，壽星之次。」古帝王有天下之號，皆本其初之封國，非取美名也。至其後，禹之聲名洋溢乎四海，《山海經》所紀雖未必皆真，而禹之盛，要自可見。故易代之後，而四裔之稱中國猶曰夏焉，亦猶海外諸邦至今稱中國猶曰漢人、唐人也。自商至周，相沿不改，夷、夏遂爲對文，而説《尚書》者，即以此解《虞書》之猾夏。自非此碑，無以考求其古義矣。

《沛相楊統碑》：「會孝順皇帝西巡，以掾史召見。詔拜郎中。」按：孝順西巡，據《本紀》在永和二年，楊君卒於建寧元年，年五十六，是年止二十四歲。當時之制，郡國舉孝廉限年四十以上，即孔廟置百石卒史，亦必選年四十以上者。楊君以弱冠之年、掾史之微，得蒙召見，以其爲太尉楊震之孫也。同時有繁陽令楊君，亦太尉震之孫，與楊統同爲富波侯相牧之子。其碑云：「大駕省方，爲郡功曹，召見。」是統兄弟並承異數，當時之遇楊氏亦厚矣。

《衛尉卿衡方碑》：「□隆寬慄。」按：《尚書・皋陶謨》「寬而栗」，自來説《書》者不言今古文有異同，讀此碑，知今文《尚書》作「寬而慄」也，是宜表而出之。

「建寧元年二月五日癸丑卒。」朱文藻《校訂隸釋存疑》曰：「二月當是三月之訛。據《沛相楊統》亦以是年三月癸丑卒。」按：朱説非也。《後漢書・靈帝紀》：「建寧元年二月辛酉，葬孝桓皇帝于宣陵，庚午，謁高廟，辛未，謁世祖廟。」以碑文二月五日癸丑推之，是月己酉朔，辛酉爲十三日，庚午爲二十二日，辛未爲二十三日，與史正合。若依朱氏説，以癸丑爲三月五日，則二月中不得有辛酉、庚午、辛未等日，與史不合矣。《沛相楊統碑》或有誤，此碑不誤也。其下又云：「其年九月十七日辛酉葬。」按：《靈帝紀》：「冬十月甲辰晦，日有食之。」以此逆推，十月爲乙亥朔，九月爲乙巳朔，九月十七日適值辛酉，與史亦合。推《靈帝紀》云：「九月丁亥，中常侍曹節矯詔誅太傅陳蕃、大將軍竇武。」按：九月乙巳朔，則此月中有丁未、丁巳、丁卯，而無丁亥，乃史誤也。據《竇武傳》事在八月，八月則有丁亥矣。《帝紀》九月乃八月之誤。

《高陽令楊著碑》：「年五十有三，□□□年十月廿八日壬寅卒。」按：其上文云：「遭從兄沛相憂，篤義忘寵，飄然輕舉。」其下即云「上天不惠，不我慭遺」云云。沛相楊統之卒，據碑在建寧元年。按《靈帝紀》建寧元年冬十月甲辰晦，則壬寅適是二十八日，以史證之，年上所缺三字，必是「建寧元」三字，可意補也。高陽君之卒，蓋與沛相同此年，相距數月而已。

《博陵太守孔彪碑》：「龍德而學，不至於穀。」按：《論語》孔安國注曰：「穀，善也。」《釋文》云：「鄭及孫綽，禄也。」以此碑證之，「龍德而學」，即本《易・文言》「龍德而隱」之義，然則「不至於穀」，義當訓禄。是碑立於建寧四年，鄭氏《論語》注蓋猶未出，可見訓穀爲禄，固漢儒

《論語》舊義也。

《司隸校尉魯峻碑》：「以公事去官，休神家衖。」按：家衖，本《離騷》「五子用失乎家巷」，王逸注曰：「兄弟五人，家居閭巷，失尊位也。」家衖即家巷，古巷、衖同字。《易·睽卦》：「遇主于巷。」《釋文》引字書作衖。《廣韵·四絳》巷下有衖字，注曰：「上同。」並其證也。《孔耽神祠碑》云「縣車家巷」、《曹全碑》云「潛隱家巷」，並本《楚辭》。王懷祖先生《讀書雜志餘篇》力辨王逸注之誤，謂當作「五子用乎家巷」，家巷猶言内訌也。然觀此碑，則知漢人固皆作家居閭巷解，無異説矣。

《校官碑》首行有「畁誄曰」三字，《潛研堂金石文跋尾》云：「誄本爲哀死而作，今縣民頌其長而稱誄，失其義矣。」按：誄有二義。《周禮·大祝》「作六辭以通上下親疏遠近」「六曰誄」，注引鄭司農曰：「誄謂積累生時德行以錫之命。」此則哀死之辭也。又引「或曰：誄，《論語》所謂『誄曰：禱爾于上下神祇』」，此則又别一説。《説文》分讄、誄爲二。其讄篆説解曰：「禱也，累功德以求福。」下引《論語》文。誄篆説解則云：「謚也。」鄭注《周禮·小宗伯》引《論語》作讄，《大祝》引《論語》作誄，則鄭以誄、讄爲一字，但其用不同。用之死後者，積累生時德行以錫之命也；用之生前者，鄭注《小宗伯》謂「求福曰禱」，即許書讄篆説解所謂「累功德以求福」也。

夫孔子有疾，而子路請禱，斷不引哀死之誄爲證，則誄之用於生前，即《論語》之文可證矣。此碑歷叙潘君治績，而終之曰：「永世支百，民人所彰，子子孫孫，卑爾熾昌。」正是累功德以求福，其稱誄固宜。後人不達古義，但知有哀死之誄，於是始疑所不當疑矣。若依許書，字當作讄，然其時《説文》一書猶未行，鄭君説誄字，亦有積累之語，則固以誄、讄爲一字也。此又不得執近儒《説文》之學以律漢碑也。

「潘君諱乾，字元卓，陳國長平人，蓋楚太傅潘崇之後也。」按：《廣韵・二十六桓》潘字注云：「周文王畢公之子季孫，食采於潘，因氏焉。」則潘氏自是姬姓，此乃云潘崇之後，考之《左傳》，潘崇實佐商臣弑父者，豈足爲家乘之光乎？然古人殊不以此爲嫌，如刁氏云豎貂之後，夫寺人何以有後？亦可笑矣。

《白石神君碑》：「光和四年，三公守民蓋高等，始爲無極山詣大常求法食。相縣以白石神君道德灼然，乃具載本末，上尚書，求依無極爲比。」按：今令甲凡有司有所陳請，必援引舊案，謂之曰例。讀此碑，則知漢法已然矣。漢所謂比，今所謂例也。在古則謂之類。《荀子・王制篇》曰：「其有法者以法行，無法者以類舉。」楊倞注曰：「類，謂比類。」又注《勸學篇》曰：「類，謂禮法所無，觸類而長，猶律條之比附。」

讀《昌黎先生集》　俞樓雜纂弟二十六

《感二鳥賦》序：「曾不得名薦書。」方崧卿《舉正》從閣本名上有列字、名下有於字。愚按：方本是也。「列名於薦書」，與下句「齒下士於朝」，雖句法參差，而實相準。朱子《考異》從嘉祐杭本及謝本，删此二字，則文不成義矣。賦中有云「況策名於薦書」，又《復志賦》有云「豈不登名於一科兮」，文法並相似，足證方本之可從也。

「念西路之羌永。」朱子《考異》曰：「羌乃發語之詞，施之句内，以亦未安。」愚按：羌乃羕字之誤，羕、永同義。《詩》「江之永矣」，《説文》引作「江之羕矣」。古人用字不避重複，羕永並言，羕亦永也。《國語・吴語》曰：「今吾道路悠遠。」羕永之文，與悠遠同，悠亦遠也。

《復志賦》：「全純愚以靖處兮。」愚按：純字無義，當爲鈍字之誤。鈍亦愚也。《史記・周勃世家》索隱引大顔云：「俗謂愚爲鈍椎。」公《游青龍寺》詩云：「由來鈍騃寡參尋。」鈍愚猶鈍騃也。

《别知賦》：「惟知心之難得，斯百一而爲收。」按：《國策・齊策》曰：「百世而一聖，若隨踵而至也。」《意林》引《鬻子》曰：「聖人在位，百里有一士，猶無有也。」古書中此等語甚多，韓子用百一本此。《東雅堂集解》引陸機《歎逝賦》「得十一於千百」。按：李善注：「謂通千百而計之，十分而得其一。」則不得謂之百一也。

《元和聖德詩》：「魚魚雅雅。」《東雅堂集解》曰：「雅雅，字見《晉史・劉惔傳》『洛中雅雅有三嘏。』魚魚，字未詳。」愚按：《楚辭・九辨》：「通飛廉之衙衙。」洪興祖補注云：「衙衙，行貌。《集韵》音魚。」然則韓文之魚魚，即《楚辭》之衙衙也。

《琴操》：「狄之水兮，其色幽幽。」朱子《考異》曰：「濟水自滎澤之下，潛流至四瀆津口，而後復出河，又東分一支，與之合流，以過臨濟而爲狄水。然此皆齊地，今在濟、鄆之閒，《史記》以爲孔子自衛將西見趙簡子，則其道不當出此。今姑闕之。」愚按：狄當爲鐵，聲之誤也。《廣韵・十六屑》：「鐵，他結切。」而《二十三錫》中從狄得聲之字，如逖、如㹫、如愁，並他歷切。鐵與他雙聲，從狄得聲之字，亦與他雙聲，故鐵得轉而爲狄。《水經・河水》篇注：「河水東經鐵丘南。《春秋左傳・哀公二年》『登鐵上』，即此處也。京相璠曰：『鐵，丘名。』杜預曰：『在戚南河之北岸。』」孔子自衛之晉，故取道鐵丘。《說文》：「鐵，黑金也。」凡言鐵者，皆有黑意。

《月令》：「駕鐵驪。」注云：「色如鐵也。」鐵之水兮，其色幽幽，幽幽亦黑也。疑鐵丘之水，正以深黑得名矣。

「嗟我雖人，曾不如彼雉雞。生身七十年，無一妾與妃。」《東雅堂集解》引馬大年云：「别本彼作此，無雞字。」愚按：無雞字者是也。既言雉，又言雞，文複而俚，乃俗人疑雉字與下妃字不協韵，故妄增之耳。不知雉、妃古韵同在支微部，至平上之分，則古詩固不拘也。又此四句，人與年韵，雉與妃韵，乃古詩隔句協韵之例。人與年古韵同在真臻部也。朱子但知《清河張君墓銘》隔句用韵，而此則未見及矣。

《南山詩》：「爛漫堆衆皺。」愚按：《史記・司馬相如・子虚賦》：「襞積褰縐，紆徐委曲，鬱橈谿谷。」注曰：「縐，裁也。其縐中文理茀鬱迟曲，有似於谿谷也。」韓子用縐字本此。所謂杜詩韓筆，無一字無來歷也。方氏從蜀本作皺，固失之，朱子極言方本之非，然亦未知皺字所出也。

《赴江陵途中寄三學士詩》：「小雅詠鳴鹿，食苹貴呦呦。」按：《小雅》毛傳曰：「鹿得苹，呦呦然鳴而相呼，懇誠發乎中。」《淮南子・泰族》篇曰：「鹿鳴興於獸，君子大之，取其見食而相呼也。」公時有望於王涯、李建、李程三君之引援，故爲三君陳此義也，注家未達斯旨。

《此日足可惜詩》：「甲午憩時門，臨泉窺鬭龍。」愚按：《昭十九年·左傳》：「鄭大水龍鬭於時門之外洧淵。」即其地也，故公詩云然。泉即謂洧淵也，避諱，故用泉字。

「東西出陳許。」愚按：一人之行，不能東西並出，西疑南字之誤。自鄭而許，則迆南，又自許而陳，則迆東，故曰「東南出陳許」。

《岳陽樓别竇司直詩》：「夜纜巴陵洲，叢芮纔可傍。」愚按：叢芮二字未知何義，疑蕞芮之誤。《文選·西征賦》：「營宇寺署，肆廛管庫。蕞芮於城隅者，百不處一。」注引《字林》曰：「蕞，聚貌也，音在外切。」《説文》曰：「芮，小貌，而鋭切。」韓子用蕞芮字，即本潘賦。

《薦士詩》：「周詩三百篇，雅麗理訓誥。」愚按：當作「雅理麗訓誥」。雅者，正也，麗與儷通。言周詩三百篇皆合正理，而可與訓誥相儷耦也。舊本雅麗或作麗雅，則正以雅理二字連文，但麗字誤置雅字之上耳。理字或作埋，則形似之誤，不足論也。

《鴑驥詩》：「王良執其轡，造父挾其輈。」挾，諸本皆作夾。朱子《考異》曰：「《左傳》『潁考叔挾輈以走』，當作挾。」愚按：《隱十一年·左傳》正義曰：「廟内授車，未有馬駕，故手挾以走。」然則潁考叔挾輈以走者，以無馬故也。此則既有騏驥駕車，而王良爲之執轡矣，又何須挾之以走乎？朱説非也。挾字仍當從諸本作夾。《哀十三年·公羊傳》注云：「齊晉前驅，魯衛駿乘，滕薛俠轂而趨。」韓詩正本此。夾與俠通，變轂言輈，以協韵也。

《汴州亂詩》：「健兒争誇殺留後。」誇或作誘。愚按：作誘、作誇，均未合。是時軍亂而殺其將，非爲人所誘，亦非欲以此誇於人也。誇乃譁字之誤。《廣韵・九麻》：「譁，諠譁。譁，上同。」是唐人書譁字有作譁者。《國語・晉語》：「士卒在陳而譁。」《吴語》：「三軍皆譁釦以振旅。」韓子用譁字本此，言健兒争譁呼而殺留後也。因字從俗作譁，而後人罕見譁字，遂誤作誇矣。誘則又誇之誤也。《射訓狐詩》：「矜凶挾狡誇自呼。」誇，亦當作譁。

《鳴雁詩》：「江南水闊朝雲多。」方本朝作朔，朱子《考異》云：「既云江南，則不應言朔雲矣，兼作朝雲，語亦差響。」愚按：作朔者是也。朔與南相對成文，與上文「窮秋南去春北歸」並以南北對言，而義則有異。上言南北，據鴻雁春北秋南而言，此言南朔，則承江字而言，言江之南水闊，而江之北雲多也。朱子以江南連讀，朔雲連讀，遂不得其義，而改從朝字。豈江南但有朝雲無暮雲乎？若謂作朝雲語差響，則公詩固不可以常格論，朱子蓋嫌作朔字則似乎七言律詩耳。然上文「風霜酸苦稻粱微」〔一〕，亦何嘗不似律詩乎？

〔一〕粱，原訛「梁」，據《全唐詩》改。

《東方半明詩》：「東方半明大星没。」《東雅堂集解》曰：「太白長庚西方星，故云配月。又太白主大臣，其號爲上公，故公有取焉。」愚按：此注是解下文「獨有太白配殘月」句，而於此句大星竟未有説考。《史記·天官書》：「心爲明堂，大星天王。」索隱曰：「《鴻範五行傳》曰：心之大星，天王也；前星，太子；後星，庶子。」公用大星字本此。朱子謂此詩之作在「順宗即位，不能親政，而憲宗在東宫之時」。然則「東方半明大星没」，殆指德宗晏駕而言乎？

《八月十五夜贈張功曹詩》：「赦書一日行萬里。」愚按：一日萬里，無此神速，雖極言之，不應如此也。一日疑一月之誤。據《答張徹詩》曰：「赦行五百里。」以一日行五百里計之，則一月可行一萬五千里，故舉成數而言曰「赦書一月行萬里」也。

《送區宏南歸詩》：「落以斧引以纆徽。」朱子云：「此言纆徽，謂木工所用之繩墨也。然《周易》作徽纆，乃爲黑索，所以拘罪人。恐公所用别有据。」愚按：以徽纆爲黑索，虞翻説也。劉表云：「三股爲徽，兩股爲纆，皆索名。」則非謂黑索矣。《莊子·駢拇》篇曰：「附離不以膠漆，約束不以纆索。」則凡約束者皆用之，非獨拘繫罪人之用。又朱子以爲木工所用之繩墨，則亦非也。此承上句「我念前人譬葑菲」而言。落乃「我落其實」之落，斧乃「墓門有棘，斧以斯之」之斧。蓋薪采之事，而非工匠之事也。引以纆徽，即「綢繆束薪」之義。《詩·綢繆》篇正義曰：「言薪在田野之中，必纆綿束之，乃得成爲家用。」韓子詩意亦然。謂既落之以斧，而又引之以纆徽也。此詩但譬區子之材如葑菲然，尚有可采，故不忍棄耳。未及斵之而成器也，何取於繩墨乎？

《送無本師歸范陽詩》：「蜂蟬碎錦纈。」蜂蟬或作風蟬，或作蟬翼。朱子謂「與下句不對，未詳其説。」今按：下句云「緑池披菡萏」，此句疑本作「絳潬碎錦纈」。公《贈張籍詩》云：「中流上灘潬。」《集解》引郭璞曰：「江東呼水中沙堆爲潬。」是公詩有用潬字者。此云絳潬，正與緑池相對，而與碎錦纈之義亦相聯貫。絳與蜂、潬與蟬，均形近而誤耳。

《贈别元十八協律詩》：「讆讆莫訾省。」舊注引《史記·膠西王傳》：「遂爲無訾省。」蘇林謂爲無訾録，無所省録也。朱子謂：「蘇注不可曉，而顔注又以爲不省訾財，亦非是。《禮記》『不訾重器，毋訾金玉成器』，注皆云思也。詳此，蓋以訾爲思慮計度之意。」愚按：《國語·齊語》：「訾相其質。」韋注曰：「訾，量也。」《吕氏春秋·知度》篇：「量小大而知材木矣，訾功丈而知人數矣。」高注曰：「訾，相也。」然則訾與量同，自有計度之意。朱子引《禮記》注，其義轉迂。

《城南聯句》：「弃制盡從賜。」舊注云「此句未詳」。愚按：弃乃异字之誤，古或以异爲異。《列子·楊朱》篇：「重囚纍梏，何以异哉？」張湛注曰：「异，異也，古字。」异制猶言異數，此承上文「食家行鼎鼐，寵族飫弓旌」而言，謂非常之異制，皆由朝廷所賜也。下文云「殊私得逾程」，殊私、異制，文正相對。殊亦異也，因以异爲異，又誤作弈，遂不可解矣。

《征蜀聯句》：「臡養均草蔡。」舊注引《玉篇》：「蔡草有毒，用殺魚。」愚按：毒草亦多矣，何獨舉一蔡而言之？即云以協韵也，然上句「聖靈閔頑嚚」，頑嚚二字平列，草蔡則不平列矣。何妨更舉一毒草以儷之，而必云草蔡乎？今按《説文・丯部》〔一〕：「丯，艸蔡也。象艸生之散亂也。」是古有艸蔡之語。草蔡即艸蔡也。唐人猶知用古語，宋以後無知者矣。

《和崔舍人詠月詩》：「追歡罄縹缾。」舊注：「縹，青白色。」愚按：此但言酒缾而已，何問其色乎？縹疑醥字之誤。《文選・蜀都賦》：「觴以清醥。」《玉篇・酉部》〔二〕：「醪醥，酒清也。」《廣韵・三十小》：「縹，青黄色。」「醥，清酒。」二字並敷沼切，音近形似而誤。醥缾猶言酒缾，變酒言醥，古人修詞之法也。

《行難》篇：「先生矜語其客曰：『某胥也，某商也；其生也，某任之；其死也，某誄之。某與某，可人也。任與誄也，非罪與？』皆曰：『然。』」舊注曰：「可，或作何，或從閣、杭、苑作可

〔一〕 丯，原作「丰」，據蔡啓盛《校勘記》改。下「丯」字同。
〔二〕 部，原作「郭」，據文義改。

云。可人，見《禮記》。」朱子謂：「据《禮記》是也。然詳下文之語，似以陸公雖嘗任誅此人，復自疑於有罪，則頗有薄其門地之意，而以薦引之力自多者，恐須作何字，語勢乃協，更詳之。」愚按：朱子以作何字爲協，其説是也。至謂陸公雖嘗任誅此人，復自疑於有罪，則大失之。此文上四某字，乃是四人。一某字是爲胥者，一某字是爲商者，一某字是生而任之者，一某字是死而誅之者。下某與某，則又指爲胥、爲商者。蓋陸公與客論當時諸人，謂某也胥，某也商，胥與商，何人也？而某也任之，某也誅之，非有罪歟？陸公此論，亦是主持清議之意，故諸客皆應曰然也。朱子乃謂某任之、某誅之，是陸公自稱其名，則謬甚矣。既已任之、誅之，何又自以爲罪歟？即云自疑，然坐中之客必當解釋其疑。謂此乃管子取盜、趙文子舉管庫之比，不足爲盛德累，不當同聲曰然也。如朱子之説，則是坐客皆以陸公任之、誅之爲罪，而韓子獨迎合陸公之意，以管敬、趙文爲比，與韓子此篇之旨，相去千里矣。

《雜説》：「善醫者，不視人之瘠肥，察其脈之病否而已矣；善計不可者，不視天下之安危，察其紀綱之理亂而已矣。」舊注：「醫下或有人字。」愚按：有人字者是也。不可二字乃天下二字之誤。「善醫人者，不視人之瘠肥；善計天下者，不視天下之安危。」兩句正相對。醫下脱人字，而善計天下又誤作善計不可，失其旨矣。

「憂其所可恃，懼其所可矜，善醫善計者，謂之天扶與之。《易》曰：『視履考祥。』善醫善計爲之。」愚按：此文有脱文、衍字，遂不可讀。「善醫善計者謂之」當作「謂之善醫善計」，善醫善計下又當疊善醫善計四字。扶字衍文，蓋即涉上文天字之誤而衍者，天誤作夫，又誤作扶也。篇末「善醫善計者爲之」，則又即上文「善醫善計者謂之」之複出者也。今正其文曰：「憂其所可恃，懼其所可矜，謂之善醫善計。善醫善計者，天與之。《易》曰：『視履考祥。』」如此，則文從字順，而意亦完足。韓公復作，想不易吾言也。

《守戒》：「今人有宅於山者，知猛獸之爲害，則必高其柴楥而外施窞穽以待之。」舊注曰：「楥，或云籬也、欄也，字當從木。」愚按：楥無籬、欄之義，楥當作檈。《史記・賈誼傳》：「攌如囚拘。」索隱本作檈，音和板反。引《説文》云：「檈，大木栅也。」今《説文》無檈字。韓文作楥，疑本作檈，蓋從睘與從圜同也。作楥者，相似而誤。

《代張籍與李浙東書》：「未必不如聽吹竹、彈絲、敲金、擊石也。」方氏《舉正》云：「校本一云敲當作敂，唐人多使敂字。盧仝詩：『敂金摐玉。』」朱子謂「方説甚怪，所引盧仝詩，當亦是誤本。」愚按：《説文・攴部》：「敂，横擿也。」然則作敂字者，乃擿字之叚音耳，擿亦敲也。

《與陳給事書》：「屬乎其言若閔其窮也。」舊注曰：「屬，或作厲，或從《文苑》云。屬猶附屬、連屬之屬。」愚按：作厲固非，以附屬、連屬釋之，亦非其旨。《禮記·禮器》篇曰：「屬屬乎其忠也。」正義曰：「屬屬，專一之貌，其心屬屬然，專一盡其忠誠也。」屬乎其言若閔其窮，正是盡其忠誠之意，韓公用《禮記》文耳。

《送李愿歸盤谷序》：「友人李愿居之。」朱子《考異》曰：「友人，諸本及洪氏石本皆作友，樊氏石本作有。」愚按：此文上云「友人李愿居之」，下云「昌黎韓愈聞其言而壯之」，兩文若不相蒙，前人已有疑之者矣。讀朱子《考異》，乃知友人爲有人之誤。上言有人李愿，下言昌黎韓愈，文法相配。或疑有人二字恐無此稱，不知此本《山海經》文法。上言「太行之陽有盤谷」，言其地也；此言「有人李愿」，言其人也。《山海經》多有此類。如《大荒南經》云：「大荒之中，有不庭之山，榮水窮焉，有人三身。」又曰：「有山名曰融天，海水南入焉，有人曰鑿齒。」又曰：「有白水山，白水出焉，而生白淵，昆吾之師所浴也。有人名曰張宏。」《大荒西經》曰：「大荒之中有龍山，日月所入，有人衣青，以袂蔽面，名曰女丑之尸。」又曰：「有山名曰大荒之山，日月所入，有人焉三面。」如此之類，不可勝數。韓子用此文法耳。後人不達，改作友人，大非其旨矣。

「嗟盤之樂兮，樂且無殃。」樊本作殃，方氏從洪校石本作央。朱子曰：「作殃，於義爲得。」愚按：作央者是，作殃非也。《楚辭·離騷經》：「時亦猶其未央。」王注曰：「央，盡也。」《九歌》：「爛昭昭兮未央。」注曰：央，已也。盡與已同義，然則無央猶言無已也、無盡也。朱子未達古語，故從作殃之本耳。

《崔評事墓銘》：「是故其殁也，其弔者與其哭者，其聲也必哀盡焉。鄭氏也[一]，有子二人，女一人。」愚按：「鄭氏也」三字，文義未明。而上句「必哀盡焉」，亦爲無理。疑盡字乃妻字之誤，本在焉字下，當云「其弔者與其哭者，其聲也必哀焉，妻鄭氏也，有子二人，女一人」。如此，則文理明白矣。上文已云「其妻與其子，以君之喪，旋葬於汝州」，故此云「妻鄭氏也」，不云「君娶鄭氏」，蓋承上爲文，於理當如此也。

《劉統軍碑》：「折其尾毒，不得動摇。」舊注：「其尾毒，或作旗纛尾。」愚按：旗纛尾三字連文，甚爲不辭。且楊子琳之反，劉君不過單船往説之，非有斬將搴旗之功，何能折其旗纛之尾乎？尾毒疑即《左傳》所謂「蜂蠆有毒」也。蜂蠆之毒皆在尾，故曰尾毒。折與制通。《論語·顔淵》篇：「片言可以折獄者。」魯讀折爲制，是其證也。折其尾毒，蓋以蜂蠆譬之。謂其

[一] 徐震《韓集詮訂》曰：「各本皆作『其弔者與其哭者，其聲也必哀盡焉，妻鄭氏也』。則『哀盡焉』不誤，特東雅堂本脱一『妻』字耳。俞氏未取别本相較，故有此説。哀盡猶哀盡，並非難解。」

尾有毒，而制服之，使不得逞，故其下句即曰「不得動摇」也。或疑文無蜂蠆字，則尾毒二字於文不明，然《曹成王碑》云「落其角距」，其上文亦未嘗言何物也。

又按：《南海神廟碑》云：「旗纛旌麾，飛揚晻藹。」則此文或以麾纛連文，作折其麾纛，亦未可知。尾毒乃麾纛之壞字也。説與前異，姑并存之。惟據《劉公墓志》云「公單船往説，琳感欷，雖不即降，約其徒不得爲虐。琳降，公常隨琳不去」云云，則劉公至蜀，斷無折其麾纛之事，雖侈言之，究嫌失實，恐仍以前説爲允也。

《殿中少監馬君墓志》：「嗚呼！吾未耄老，自始至今未四十年，而哭其祖子孫三世，于人世何如也！人欲久不死而觀居此世者，何也？」朱子云：「此篇末兩三句不可曉。」愚按：何如二字，當是可知二字之誤。言吾於馬氏未四十年而哭其三世，則凡人世事大率類此，概可知矣。人欲久不死，而觀人之居此世者，逐日零落，亦復何味乎？只將何如二字改作可知，文義自明，但無左證耳。

《毛穎傳》：「毛穎者，中山人也。」《東雅堂集解》曰：「中山，國名，今定州。」按下文：「秦始皇時，蒙將軍恬南伐楚，次中山。」朱子謂「中山在秦東北，非伐楚所當次。此固寓言，然亦不爲無失。」蓋以地理言，中山在秦東北，楚在秦東南，伐楚而次中山，非事實矣。朱子譏之，是也。乃陳景雲《韓集點勘》引宋王象之《輿地紀勝》云：「中山在溧水縣，山出兔豪，爲筆最精。韓文《毛穎傳》中山謂此。」固謂「秦始皇時楚都壽春在江北，而溧水中山則江南地，秦未克楚都，其兵不得渡江而南。朱子所謂雖寓言不能無失，殆謂此也。」此則殊非朱子意矣。朱子謂中山在秦東北，則固指定州而言，非指溧水而言也。且溧水之中山，其名不著，而定州之中山，則本國名，《戰國策》中列爲一國。韓文所云中山，自當指此。宋馬永卿《嬾真子》云：「退之以毛穎爲中山人者，蓋出於右軍《經》云『唯趙國豪中用』。蓋趙國平原廣澤，無雜木，唯有細草，是以兔肥；肥則豪長而鋭，此良筆也。」今按：《漢書・地理志》云：趙地「北有信都、真定、常山、中山」。然則韓公所謂中山毛穎，即右軍所謂趙國豪，《嬾真子》之言自是可信，而陳氏乃生異説，以爲溧水之中山。此與韓公寓言及朱子所謂不爲無失者，胥失其旨矣。

《進撰平淮西碑文表》：「今詞學之英，所在麻立。」麻或作成，方從閣、杭、苑、李、謝本作麻。朱子謂「作麻殊無理，疑此本是森字，誤轉作麻。且公《答孟簡書》亦有森立之語可考也。」愚按：《答孟簡書》云：「天地鬼神，昭布森立。」彼以天地鬼神言，故曰森立。森謂森森然也，見其甚可畏懼之意。若詞學之英，亦言森立，則用字不當矣。此麻字只是林字之誤，林立二字，亦人所習用者也。

《潮州刺史謝上表》：「瞻望宸極，魂神飛去。」舊注：「去，或作迭，非是。」愚按：魂神飛去，語意殊輕，與通體不稱。疑本作「魂神飛佚」。佚與逸通，飛佚即飛逸也。迭即佚字之誤。其《賀册尊號表》曰：「瞻望宸極，心魂飛揚。」飛逸、飛揚，語意正相近。

《外集·上賈滑州書》：「伏惟閣下昭融古之典義，含和發英，作唐德元。」愚按：《召誥》云：「其惟王位在德元。」則德元之義，非人臣所可用。舊注元字或作臣，然德臣之稱，亦無意義。疑本云「作唐元臣」，元上衍德字，元下脱臣字耳。或本臣字不誤，乃不知删德字，而轉删元字，則失之矣。《送俱文珍序》曰：「皆國之元臣，天子所左右。」《祭董相公文》曰：「天睠唐邦，錫之元臣。」此元臣二字之見於公集者，此文亦作元臣，當無疑矣。

《上考功崔虞部書》：「廢耳任目，華實不兼。」舊注：「不，疑當作必。」愚按：作不字者是也。公意所謂實者，其人之實行也。所謂華者，其時之名譽也。他人考其實行，必兼采其名譽。而崔公則不然，但取其實行，不問其名譽，故曰「華實不兼」也。下文云：「執事既上名之後，三人之中，其二人者，固所傳聞矣。華實兼者也，果竟得之，而又升焉。其一人者，則莫之聞矣；實與華違，行與時乖，果竟退之。如是則可見時之所與者、時之所不與者之相去遠矣。」以下文證之，則知此文自當作「華實不兼」爲是。惟其「廢耳任目」，是以但收實行，不取虚名也。

《通解》：「循循然不知忠易其死也。」愚按：忠字下脱之可以三字。「循循然不知忠之可以易其死也」，與下「渾渾然不知義之可以換其生也」，相對成文。

「夏之日，必曰長進而否退。」愚按：長字疑是字之誤。言是則進，否則退也。與《孟子》「治則進、亂則退」同義。

讀王觀國《學林》 俞樓雜纂弟二十七

楊子《法言》曰：「昔之説《書》者序以百，而《酒誥》之篇俄空焉，今亡矣。」

觀國按：古《書》百篇，秦焚書至漢，濟南伏生口傳裁二十餘篇。魯恭王壞孔子宅，于壁中得所藏《書》，皆科斗古文。至孔安國始以隸古定之，增多伏生二十五篇，凡五十九篇。蓋《酒誥》之篇，不在伏生口傳之數，而在科斗之文則有之。楊雄見伏生口傳之《書》，而未嘗見科斗《書》，故曰「《酒誥》之篇俄空焉〔一〕」。

樾按：王氏此説疏矣。《漢·藝文志》言：「秦燔書，濟南伏生獨壁藏之。漢興，亡失，求得二十九篇以教齊魯之閒。訖孝宣世，有歐陽、大小夏侯氏立於學官。武帝末，魯共王壞孔子宅，得《古文尚書》，孔安國以考二十九篇，得多十六篇。安國獻之，遭巫蠱事，未列于學官。劉

〔一〕 篇，原作「文」，今《學林》各本作「篇」，且上引《法言》亦作「《酒誥》之篇」，據改。

向以中古文校歐陽、大小夏侯三家經文，《酒誥》脱簡一、《召誥》脱簡二。」然則《酒誥》一篇，歐陽、大小夏侯三家皆有之，蓋即在伏生二十九篇中，非魯共王壞孔子宅而得之者也。此固漢世所列于學官者，楊子豈容不見歟？所以云「《酒誥》之篇俄空」者，蓋指序而言。若以《書》而言，則上文固云「不備過半」，非止一篇之空矣。今《書序》云：「成王既伐管叔、蔡叔，以殷餘民封康叔，作《康誥》《酒誥》《梓材》。」楊子之意，以《酒誥》當自有序，不與《康誥》相屬，故有俄空之歎耳。《書》之序本不一例，如《堯典》《舜典》之類，則一篇爲一序，如《大禹》《皋陶謨》《益稷》之類，則衆篇共一序。《康誥》《酒誥》《梓材》三篇本同一序，楊子以《康誥》乃康叔受封之始，誥誡之辭，《酒誥》《梓材》各自爲書，當各自有序，非如《大禹》《皋陶謨》《益稷》之類可牽連而書之者，明是有序，而今亡之，故曰：「昔之説《書》序以百，《酒誥》之篇俄空焉。」舉《酒誥》，即《梓材》從可知矣。王氏乃云楊雄未見科斗《書》，故不知有《酒誥》。夫安國所獻十六篇不列于學官，楊子得見與否誠不可知，然《酒誥》在伏生二十九篇中，不在安國所獻十六篇之中，則王氏此説疏矣。至其據《僞古文尚書》而反以鄭康成、趙臺卿注中諸稱《逸書》者爲非，此尤不足與辨者也。

《詩》曰：「投我以木瓜，報之以瓊琚。投我以木桃，報之以瓊瑶。投我以木李，報之以瓊玖。」毛氏傳曰：「木瓜，楙瓜，可食之木也。」

觀國按：《詩》之意，乃以木爲瓜、爲桃、爲李，俗謂之假果者，蓋不可食不適用之物，而我報之以瓊玉可貴之物，則投我之物雖薄，而我報之實厚，此作《詩》者之意也。

樾按：《爾雅·釋木》云：「楙，木瓜。」則毛傳自是古義。然下章木桃、木李之名，又不見於《爾雅》，何也？王氏乃以假果爲説，於古無徵，殊不足據。竊謂木瓜之訓楙瓜，非楙瓜有木瓜之名也。凡瓜皆蔓生，而此則木生。《爾雅》曰：「楙，木瓜。」猶云楙者，木生之瓜耳。毛公深達此義，故申之曰「可食之木也」，則並木桃、木李而俱釋之矣。桃與李皆木生而可食之物也，或疑瓜多蔓生者，故必以木瓜別之。若桃與李則無不木生者，何必以木桃、木李爲別乎？此又未達詩人之例也。詩人之辭，凡舉同類之物，則下一字分舉其名，而上一字必統舉其類。如杞也、桑也、檀也，皆樹也，則曰「無折我樹杞」「無折我樹桑」「無折我樹檀」。栩也、棘也、桑也，皆叢生之物，所謂苞也，則曰「集于苞栩」「集于苞棘」「集于苞桑」。櫟也、棣也，亦皆苞也，則曰「山有苞櫟」「山有苞棣」。稂也、蕭也、蓍也，亦皆苞也，則曰「浸彼苞稂」「浸彼苞蕭」「浸彼苞蓍」。所謂木瓜、木桃、木李，亦若是矣。詩人初意不過謂人以瓜、桃、李三者投我，此三者皆木生之物，故皆繫木言之，曰木瓜、曰木桃、曰木李。而後之説《詩》者以爲此瓜繫木而言，則非緜緜瓜瓞之瓜也。以詩人之語而求之植物之中，即今所謂楙者是矣。於是載之《爾雅》，而毛公即本以釋《詩》，至桃、李無不木生，故《爾雅》不釋其名，而毛公逆知後人將致疑於此，故於首章發傳曰：「可食之木。」使讀者知木字之義，則不至以木瓜爲楙瓜之名，而木桃、木李可一以貫之矣。

《振鷺》詩曰：「二王之後，來助祭也。」毛氏傳曰：「二王，夏、商也。其後，杞也、宋也。」

觀國按：《禮記》曰：「武王克商，未及下車而封黄帝之後于薊、封帝堯之後于祝、封帝舜之後于陳，下車而封夏后氏之後于杞、封商之後于宋。」蓋武王既克商有天下，而封黄帝、堯、舜、夏、商之後者，繼絶世也。方周人祭于廟之時，黄帝、堯、舜之後皆在本國，未來助祭，而二王之後，適來助祭，周人美之，故《振鷺》之詩所爲作，非萬世不易之法也。後世不察，乃謂王者必當存二王後，故漢、魏、南北、隋、唐之際，皆舉二王之典。夫繼絶世者奚必止于二代邪？

樾按：王氏之説，未達古制。古人存先代之後，其説不同。許叔重《五經異義》稱公羊説存二王之後，所以通天三統之義，又引古《春秋左氏》説，周家封夏、殷二王之後以爲上公；封黄帝、堯、舜之後謂之三恪，並見《禮記·郊特牲》疏。按《郊特牲》云：「天子存二代之後，猶尊賢也，尊賢不過二代。」然則存二王之後，自是不易之典。即從左氏説别有三恪，而三恪自卑於二代之後。鄭駁《異義》曰：「敬其先聖而封其後，與諸侯無殊異，何得比夏、殷之後〔一〕？」可見三恪與二王之後不同也。至董仲舒《春秋繁露·三代改制質文》篇，則推暨更廣。其説曰：「王者之法，必正號，絀王謂之帝，封其後以小國，使奉祀之。下存二王之後以大國，使服其服，行其禮樂，稱客而朝。故同時稱帝者五，稱王者三，所以昭五端，通三統也。是故周人之王，尚推神農爲九皇，而改號軒轅謂之黄帝，因存帝顓頊〔二〕、帝嚳、帝堯之帝號，絀虞而號舜曰帝舜，録五帝以小國。下存禹之後於杞，存湯之後於宋，以方百里爵號公，皆使服其服，行其禮樂，稱先王客而朝。」依董子説有九皇、五帝、三王之名。所謂三王者，合時王而言之也。試以周論，杞、宋與周，三王也；黄帝、帝顓頊、帝嚳、帝堯、帝舜，五帝也；神農，九皇也。九皇非有九代，蓋合五帝、三王其數八，又追前一代，凡九代，故曰九皇耳。然自皇而王，雖有九代，其得「服其服、行其禮樂、稱客而朝」者，則惟二王之後爲然。五帝之後，視二王有閒矣，九皇視五帝又有閒矣，愈遠則愈卑也。此詩既云「我客戾止」，則其爲二王之後而作明甚。王氏乃云「二王之

〔一〕後，原作「代」，據鄭玄《駁五經異議》改。
〔二〕項，原作「顓」，據上下文改。

後，適來助祭，故周人美之」，又云「繼絶世奚止二代」，此大不然。繼絶世與通三統，自是二義。繼絶世者，豈得概尊之以客乎？王氏又推論至漢魏以下，夫漢魏以下與古迥殊。封建一廢，即欲存二代之後亦匪易矣，尚能及遠邪？王氏之論，固不可通也。

《史記·孔子世家》《魯世家》《十二諸侯年表》皆曰：魯襄公二十二年，歲在庚戌，孔子生；魯哀公十六年，歲在壬戌，孔子卒，年七十有三。然《公羊傳》曰：襄公二十一年十有一月庚子，孔子生。何休解曰：「歲在己卯。」又《穀梁傳》曰：襄公二十一年十月庚子，孔子生。然則《公羊》《穀梁》與《史記·世家》《年表》皆不同也。

觀國按：《春秋》襄公二十一年十月庚辰朔，日有食之。蓋十月朔爲庚辰，則二十一日爲庚子也，十有一月無庚子矣。《公羊》謂十有一月庚子者誤也。魯襄公二十一年，歲在己酉，而何休謂歲在己卯者誤也。孔子享年七十三，以歲計之，當魯襄公二十二年生，歲在庚戌，而《公羊》《穀梁》皆云襄公二十一年，誤矣。

樾按：孔子生年當以《公》《穀》爲正。《公羊傳》云：襄公二十有一年十有一月庚子，孔子生。《穀梁傳》云：襄公二十有一年十月庚子，孔子生。年日俱同，惟有一月之差。然陸德明《公羊音義》云：「庚子，孔子生，《傳》文上有十月庚辰，此亦十月也，一本作十一月庚子。」是陸氏所據本無「十有一月」四字，則亦爲十月庚子，與《穀梁》同也。兩《傳》並出聖門，所言又相合，舍此不信，而反信後出之《史記》作襄公二十二年生，奪吾先師一年之壽，何也？然自襄二十一年至哀十六年爲七十四年，而云孔子年七十三者，古人至歲盡之日始增年也。《史記・倉公傳》云：「臣意年盡三年，年三十九歲。」是其證也。孔子必盡哀公十六年始爲七十四歲，而於夏四月卒，故止得七十三歲也。惟何劭公所云「歲在己卯」，則不得其說。據《左傳・襄元年》正義云：「是歲，歲在壽星。」則太歲在乙酉，至二十一年則爲乙巳，是孔子於乙巳歲生也。哀元年正義云：「是歲，歲在大梁。」則太歲在甲辰，至十六年則爲己未，是孔子於己未歲殁也。自襄二十一年至哀十六年爲七十四年，以常率論之，則當爲殁于戊午歲，今乃在己未歲者，以昭十五年歲星超辰故也。歲星超鶉首，入鶉火，故太歲超庚午入辛未，而至哀十六年，太歲在己未矣。

《新臺》詩曰：「新臺有洒，河水浼浼。」毛氏曰：「洒，高峻也。浼浼，平地也。」陸德明《音義》：「洒，七罪反。」

觀國按：《新臺》詩第一章曰：「新臺有泚，河水瀰瀰。」泚與瀰協韵，故第二章曰：「新臺有洒〔一〕，河水浼浼。」毛氏欲以洒、浼二字協韵，乃讀洒爲七罪反，而訓之曰：「洒，高峻也。」然字書洒無七罪反之音，亦無高峻之義。按字書洒字音先禮切，與洗同，而與浼字亦協韵。蓋泚者鮮明貌也，洒亦有潔静之意，於詩之義通，當讀洒爲先禮切，則音與義兩得之矣。

樾按：毛訓洒爲高峻，此是古義。《爾雅·釋丘》曰：「望厓洒而高岸。」又曰：「夷上洒下不漘。」疏引李巡、孫炎説，並以夷上爲平上，洒下爲陗下，洒爲陗，故爲高峻，毛公必有所受之，未可以爲非也。至謂字書洒無七罪之音，此由字書失收，不得因字書無此音，而以之廢古讀也。考《廣韵·十四賄》七罪切有漼字，注曰：「水深貌。」疑漼即洒字，以水言則爲深，以丘言則爲陗，以臺言則爲峻，其義一也。

阮逸注《文中子》，又作序篇曰：「《文中子》之教，繼素王之道，故以《王道》篇居首。古先聖王俯仰二儀，必合其德，故次之以《天地》篇。天尊地卑，故次之以《事君》篇。事君莫如周公，故次之以《周公》篇。周公之道神乎《易》中，故次之以《問易》篇。易之教化，莫大乎禮樂，故次之以《禮樂》篇。禮樂著明則史，故次之以《述史》篇。興文立制，燮理爲大，故次之以《魏

〔一〕臺，原作「章」，據上下文改。

相》篇。既燮理，則至于命，故次之以《立命》篇。通性命者，關氏之《易》，故次之《關朗》篇終焉。」

觀國按：王通死，門人薛收、姚義綴通之説，名之曰《中説》。其篇目但以篇首二字爲之，非通所自定，亦如《論語》篇目，乃門弟子所纂集，止取篇首二字爲目，非有他意義也。阮氏曲折附會而爲之説，則誤矣。

樾按：王氏此論，未達古注書之體。古人注一書，必次弟其篇目而爲之説，附會之譏，誠所不免，然亦抱殘守缺之苦心，蓋懼後人之竄易其篇第也。其體例仿於孔子之《序卦傳》，趙臺卿注《孟子》，實始用之。趙氏《孟子篇叙》曰：「孟子以爲聖王之盛，惟有堯舜，堯舜之道，仁義爲上，故以梁惠王問利國，對以仁義爲首篇也。仁義根心，然後可以大行其政，故次之以公孫丑問管、晏之政，答以曾西之所羞也。政莫美於反古之道，滕文公樂反古，故次以文公爲世子，始有從善思禮之心也。奉禮之謂明，明莫甚於離婁，故次之以離婁之明也。明者當明其行，行莫大於孝，故次以萬章問舜往于田號泣也。孝道之本在於情性，故次以告子論情性也。情性在内而主於心，故次以盡心也。盡己之心，與天道通，道之極者也，是以終於盡心也。」此即阮氏叙篇之所本，且王氏知《文中子》篇目與《論語》篇目同取篇首二字爲目，抑知説《論語》者，亦有叙篇乎？夫漢人《論語》注今無全書，其有無叙篇不可考。然邢、皇兩疏則均有之。邢昺疏於《學而》弟一曰：此篇論「人行之大者，故爲諸篇之先」。《爲政》弟二曰：「學而後入政，故次前篇也。」皇侃義疏於《學而》弟一曰：「《學記》云『人不學不知道』，是明人必須學乃成，故以《學而》爲先也。」《爲政》弟二曰：「《學記》云『君子如欲化民成俗，其必由學乎？』是明先學後乃可爲政化民，故以《爲政》次以《學而》也。」如此之類，亦即叙篇矣。邢氏云：「《爲政》以下諸篇所次，先儒不無意焉，當篇各言其指。」皇氏云：「侃昔受師業，自《學而》至《堯曰》凡二十篇，首末相次。」然則《論語》諸篇相次之義，固自漢以來師説相承如此，非邢、皇二子創爲之也。阮氏注《文中子》作叙篇，蓋尊《文中子》如孔子，宋以後儒者不知有此義矣。

《周禮・宗伯》：「以肆獻祼享先王。」鄭氏注曰：「肆者，進所解牲體也。」陸德明《音義》曰：「肆，他歷切。」

觀國按：肆者，解牲體而陳之，故陳牲之官，又有肆師，則肆如本字音四，其義自明矣。而陸德明遽變其音爲他歷切，取剔解牲體之義，故凡經書言肆牲，及《詩》「或肆或將」，並以肆音他歷切，豈不蔓疑於後學邪？

樾按：王氏此説非也。《周禮》：「小子掌祭祀，羞羊肆、羊殽、肉豆。」鄭康成注：「肆，讀爲鬄，羊鬄者，所謂豚解也。」《大司徒》「羞其肆」、《大宗伯》「以肆獻灌享先王」、《典瑞》「祼圭有瓚，以肆先王」，鄭注並以肆解釋之，故陸氏於此字或音託歷反，或音他歷反，從鄭讀也。《詩・楚茨》篇「或肆或將」，毛傳云：「肆，陳。」鄭箋云：「有肆其骨體於俎者。」《釋文》云：「肆，音四。」此從毛也。又曰：「有肆，他歷反。」此從鄭也。陸氏於此分別甚明。王氏不從鄭讀，可也；謂陸爲誤，則不可也。至肆師之肆，自當音四，鄭注曰：「肆，猶陳也，肆師，佐宗伯陳列祭祀之位。」是肆師一職，乃宗伯之佐，故其職云肆師之職，掌立國祀之禮，以佐大宗伯，此其職，豈止陳牲而已？王氏乃以爲是陳牲之官，因肆師音四，而欲將鄭讀爲鬄之肆，悉改音四，則失之不考矣。

⿰骨系音袞，亦作⿰骨玄，其字皆從骨，諸字書皆曰「禹父名也」。鯀音袞，亦作鮌，其字皆從魚，諸字書皆曰「魚也」。古人多借用字，故《尚書》禹父名用鯀字，其實當用⿰骨系字也。

樾案：《玉篇・骨部》：「⿰骨系，公本切。《世本》：顓頊生⿰骨系，⿰骨系生高密，是爲禹也。」《魚部》：「鯀，古本切，大魚也。」《廣韵・二十一混》古本切⿰骨系字注曰：「禹父名，亦作⿰骨玄。」鯀字注曰：「《說文》曰：魚也，亦作鮌。」是《篇》《韵》並分⿰骨系、鯀爲二，誠如王氏之説，然《説文》有鯀無⿰骨系，終疑⿰骨系爲俗字。《廣韵》於⿰骨系字下曰：「《尚書》本作鯀。」乃悟⿰骨系者，鯀之變也；鯀者，鯀之變也。漢人作隸，往往以角爲魚。《北海景君碑》「元元鰥寡」、《曹全碑》「撫育鰥寡」，鰥字左旁之魚並變從角，此鯀之所以誤爲鰥也。賴《廣韵》「《尚書》本作鯀」一語，而知其致誤之由，然則仍當以作鯀爲正。

《烝民》詩曰：「任賢使能，周室中興焉。」陸德明《音義》曰：「中，丁仲反。」

觀國按：中字有鍾、衆二音，其義異也。音鍾者當二者之中，首尾均也；音衆者首尾不必均，但在二者之閒耳。中興者，在一世之閒，因王道衰而有能復興者，斯謂之中興，首尾先後不必均也，此中興之中所以音衆。

樾按：同居二者之閒，而但以首尾之均不均爲音鍾、音衆之别，此説殊爲無理。《玉篇·丨部》：「中，致隆切，半也，和也；又丁仲切，《禮》：射矢至的曰中。」蓋平去兩音，止一義之引伸。平聲之中，中（平聲）也；去聲之中，謂中（去聲）其中（平聲）也。豈以首尾之均不均爲别乎？而中興之中，自來讀去聲，當必有説。按《儀禮·聘禮記》：「士中日則二雙。」注曰：「中，猶閒也。」《釋文》：「中，丁仲反。」《士虞禮記》：「中月而禫。」注曰：「中，猶閒也。」《釋文》：「中，丁仲反。」《禮記·學記》篇：「中年考校。」注曰：「中，猶閒也。」《釋文》：「中，丁仲反。」然則中字音丁仲反者，其義並當訓閒。中日者，閒一日也；中月者，閒一月也；中年者，閒一年也。中興之中，讀丁仲切，則亦當訓閒，謂閒世而興也。所閒者，不必止以一世爲限，無論幾世，皆可以閒言之。王氏不考古訓，臆爲之説，非是。

《周禮·雍氏》鄭注曰：《書·粊誓》「敜乃擭，敜乃阱」。蓋粊者，古文費字也。科斗《古文尚書》用粊字，孔安國以隸古定之，故變爲費字。粊亦作鄪。《廣韵》曰：鄪，亦作費，邑名，在魯。又列粊字曰：「魯東郊地名也。」蓋粊者古文也，鄪、費，皆隸文也。《廣韵》當先列粊字，而以鄪、費二字續之爲是，乃先列鄪、費二字，訓曰「邑名，在魯」，後又别列粊字，訓曰「魯東郊地名」，殊不知邑名在魯者，乃東郊地名也，一事而分兩訓，蓋不悟其粊爲古文也。

樾按：此説固是矣，然費之爲地不一。《日知録》謂春秋有兩費，其一見《左傳·成公十三年》：晉侯使吕相絶秦，曰：「殄滅我費滑。」其一《僖公元年》：「公賜季友汶陽之田及費。」乃愚考之《左傳》，則魯亦有兩費：季氏之費，今山東沂州府費縣是也；若隱元年，費伯帥師城郎，此又一費。今兖州府魚臺縣西南有費亭，東北有郎城、費伯城，郎是其地也。顧氏棟高《春秋大事表》引高氏《地名考》曰：費「讀如字，與季氏費邑讀曰祕者有别」。然則《廣韵》先列鄪、費二字，訓爲魯邑名，或亦未可厚非乎？抑又論之，「粊者，魯東郊地名也」，以今地理言之：魚臺之費在曲阜之南，不得爲東；沂州之費，雖在曲阜之東，而相去甚遠，不得爲郊。恐此二費皆非東郊地名之柴也。然則《廣韵》别出柴字，正非無見矣。

《襄十三年·左傳》：「吴侵楚，養叔曰：『子爲三覆以待我。』」杜預注曰：「覆，伏也。」陸德明《音義》曰：「覆，扶又反。」

觀國案：字書覆有二義：扶又反者，其義則蓋覆也；音福者，其義則敗也、倒也。爲三覆以待我者，爲傾覆之兵以伺我而發也。若《成公傳》所謂「覆師徒」、所謂「傾覆我社稷」；若《襄公傳》所謂「傾覆無所控告」、所謂「大懼社稷之傾覆」：此類是已。而陸德明于三覆音扶又反，誤也。

樾按：王氏此説大誤矣。三覆之義，杜征南訓爲伏兵，凡爲伏兵必掩覆，使敵人不知，故謂之覆。然則陸氏音扶又反，正合其義。王氏乃歷引傾覆之文，以證三覆之義，如其説，則三覆者三敗也，豈將如欒枝之曳柴僞遁乎？若然，則當别爲之説，何仍引杜氏之注也？且《左傳》言覆者多矣：桓十二年，覆諸山下；宣十二年，帥七覆於敖前。陸氏並音扶又反。至隱九年，君爲三覆以待之，則與此傳文義正同，陸氏亦音扶又反，王氏何獨於此傳而致疑乎？

《周禮·司尊彝》曰：「祼用斝彝、黄彝。」鄭氏注曰：「斝，讀爲稼，稼彝，畫禾稼也。」陸德明《音義》曰：「斝，音稼。」

觀國按：字書曰「斚，古雅切，玉爵也」，故《行葦》詩曰：「洗爵奠斚。」《音義》曰：「斚，古雅反。」《周禮・鬱人》曰：「大祭祀，與量人受舉斚之卒爵而飲之。」《音義》曰：「斚，古雅反。」以此觀之，凡斚字皆當讀爲古雅反。畫禾稼者斚之飾，而遂改斚音稼，恐非義也。

樾按：《司尊彝》所司者，尊、彝也，盛鬱、鬯曰彝，盛五齊、三酒曰尊，彝亦尊也，以其盛鬱、鬯，故異其名也。尊、彝皆盛酒之器，而非飲器。古人行禮，必先設盛酒之器，如《鄉飲》云「尊兩壺于房户閒」「加二勺于兩壺」，《鄉射》云「尊於賓席之東」「兩壺皆加勺」。尊者，所以盛酒也；勺者，所以挹酒也。及其飲之也，獻則以爵，酬則以觶，此則飲酒之器也。盛酒之器與飲酒之器，判然爲二。斚爲玉爵，鄭君豈不知之，而《司尊彝》所司者，尊、彝也。尊、彝皆盛酒之器，何得以玉爵之斚爲名？於義無取，故改讀爲稼，而陸氏即音斚爲稼，依注爲音，陸氏全書體例類然也。而王氏乃云即是玉爵之斚，此蓋不知酒器、飲器之别矣。《爾雅・釋器》：「彝、卣、罍，器也。」郭注：「皆盛酒尊。」疏引《禮圖》云：「六彝爲上，受三斗；六尊爲中，受五斗；六罍爲下，受一斛。」而斚爲玉爵，爵之制，則受一升而已。《禮記・明堂位》注曰「爵一升，觚二升，觶三升，角四升，散五升」是也。王氏以一升之爵爲三斗之彝，其誤甚矣。

《前漢・禮樂志》曰：「師學百四十二人，其七十二人給太官挏馬酒。」李奇注曰：「以馬乳爲酒，撞挏乃成也。」顔師古注曰：「挏音動。馬酪味如酒，而飲之亦可醉，故呼爲酒。」又《前漢·百官公卿表》曰：「武帝太初元年，更名家馬爲挏馬。」應劭注曰：「主乳馬，取其汁挏治之，味酢、可飲，因以名官也。」如淳注曰：「主乳馬，以韋革爲夾兜，受數斗，盛馬乳，挏取其上肥，因名曰挏馬。今梁州亦名馬酪爲馬酒。」

觀國按：挏馬者乃官號，非酒名也。《前漢·百官公卿表》曰：太僕掌輿馬，有家馬令，五丞、一尉。顔師古注曰：「家馬者，主供天子私用，非大祀戎事軍國所須，故謂之家馬。」武帝太初元年，更名家馬爲挏馬，則改家馬之名爲挏馬耳。若然，則太僕有挏馬令一人，有挏馬丞五人，有挏馬尉一人，其所治亦主供天子私用之馬，則挏馬者，乃太僕之屬官也。字書曰：挏，擁也、引也。以擁引其馬爲義，故曰挏馬。《禮樂志》曰「師學百四十二人，其七十二人給太官挏馬酒」者，乃是以七十二人給事太官，令役以造酒而供挏馬官也。

樾按：《百官公卿表》：「太僕，秦官，掌輿馬，有兩丞，屬官有太厩、未央、家馬三令，各五丞一尉。武帝太初元年更名家馬爲挏馬。」應劭、如淳並以挏治馬乳説之。夫挏治馬乳以爲酒，所挏者馬之乳也，不得即謂之挏馬。又此官主供天子私用之馬，今雖改立新名，要當仍其舊職，若從應劭如淳之説，則專以挏治馬乳爲事矣。是所主者飲食之事，而非復輿馬之事，此官當改隸少府，與太官、湯官、導官等相聯，不當仍隸太僕矣。應、如兩家之説，頗有可疑。王氏引字書「挏，擁也、引也」，謂此官以擁引其馬爲義，故曰挏馬，疑爲得之。然即以説《禮樂志》之挏馬酒，謂以七十二人給事太官，令役以造酒而供挏馬官也，則其説又不可通。《禮樂志》言給太官挏馬酒，不言給太官供挏馬酒，又挏馬之官主天子之私馬，非使之聚而飲酒也，何必役七十二人造酒，以供其聚飲乎？挏馬止太僕一屬官耳，必以七十二人爲之造酒，則太廄、未央兩令，亦當同之。推而上之，太僕及其兩丞，又當有加焉。則止太僕一職，而造酒者已不勝其多矣，合相國太尉以下各官計之，爲之造酒者雖萬未足也。不大可笑乎？然則給太官挏馬酒，仍當從李奇、師古舊注，以此七十二人，給太官使之撞挏馬酒，王氏之説非是。竊謂《禮樂志》及《百官表》挏馬之文雖同，而義則有異，當各就本文説之。又按《顔氏家訓》曰：「《禮樂志》云給太官挏馬酒，李奇注以馬乳爲酒也。揰、挏乃成二字，並從手，謂撞擣挺挏之，今爲酪酒亦然。向學士又以爲種桐時，太官釀馬酒乃熟，其孤陋遂至於此。」是顔氏於《禮樂志》從李奇舊説，其云種桐時酒熟，乃述其時一學士之言，顔氏所譏爲孤陋者也。王氏乃云顔氏牽于《漢書》注釋之説，又謂挏爲桐，當桐花開時造酒，未免厚誣顔氏矣。

《前漢・惠帝紀》：「耳孫。」應劭注曰：「耳孫者，玄孫之子也。」李斐曰：「耳孫，曾孫也。」

晉灼曰：「耳孫，玄孫之曾孫也。」顏師古曰：「耳孫諸説不同，據《平帝紀》《諸侯王表》耳音仍，仍、耳聲相近，蓋一號也。」

觀國按：《平帝紀》元始五年立梁孝王玄孫之耳孫音爲王。又《諸侯王表·梁孝王表》曰：「元始五年二月丁酉，王音以孝王玄孫之曾孫紹封。」然則《漢書》在《紀》言耳孫，在《表》言曾孫，當從《漢書》以耳孫爲曾孫是也。若以耳音仍，則誤矣。

樾按：王氏引師古注，未盡其説。師古注云：「又《匈奴傳》説握衍朐鞮單于，云『烏維單于耳孫』。以此參之，李云曾孫是也。然《漢書》諸處又皆云曾孫非一，不應雜兩稱而言。據《爾雅》『曾孫之子爲玄孫，玄孫之子爲來孫，來孫之子爲昆孫，昆孫之子爲仍孫』，從己而數是爲八葉，則與晉説相同。仍、耳聲相近，蓋一號也。但班氏唯存古名，而計其葉數則錯也。」是顏師古之意以耳孫爲仍孫，而謂《漢書》所稱耳孫皆是曾孫，故譏班氏存古名而錯其葉數。乃以愚細考之，則班氏所謂耳孫實是仍孫，而非曾孫，並未錯其葉數。請以《匈奴傳》言之。烏維單于死，子詹師廬立；詹師廬死，以子少不立，而立烏維之弟句黎湖；句黎湖死，弟且鞮侯立；且鞮侯死，子狐鹿姑立；狐鹿姑死，子壺衍鞮立；壺衍鞮死，弟虚閭權渠立；虚閭權渠死，右賢王屠耆隆立，是爲握衍朐鞮單于。班史所稱烏維單于耳孫者是也。握衍朐鞮之去烏維幾世，當時度亦未必能得其詳，而班氏稱之爲耳孫者，蓋依古法，爲人後者爲之子，不問其爲昆弟爲昆弟之子，計幾傳，則爲幾葉。自烏維一傳爲詹師廬，再傳爲句黎湖，三傳爲且鞮侯，四傳爲狐鹿姑，五傳爲壺衍鞮，六傳爲虚閭權渠，七傳而至握衍朐鞮，所謂從己而數，是爲八葉。準《爾雅》子之子爲孫、孫之子爲曾孫、曾孫之子爲玄孫、玄孫之子爲來孫、來孫之子爲𣅀孫、𣅀孫之子爲仍孫，故云握衍朐鞮單于者，烏維單于耳孫也。耳孫即仍孫也。班氏存古名而未嘗錯其葉數也。至《平帝紀》云「立梁孝王玄孫之耳孫音爲王」，夫玄孫之耳孫則從己而數十一葉矣，此爲太遠。據《諸侯王表·梁孝王》：一傳爲恭王買，再傳爲平王襄，三傳爲貞王毋傷，四傳爲敬王定國，五傳爲夷王遂，六傳爲荒王嘉，七傳爲王立，以罪廢自殺。元始五年，王音以孝王玄孫之曾孫紹封，班史大書八世二字，然則《本紀》玄孫二字當爲衍文，班史本作「立梁孝王之耳孫音爲王」。《紀》所云梁孝王之耳孫，即《表》所謂孝王玄孫之曾孫，文異而世數同也。因《平帝記》衍玄孫二字，後人見《紀》云玄孫之耳孫，《表》云玄孫之曾孫，李斐遂謂耳孫即曾孫，此大誤也。師古雖知其非，而不能訂正《平帝紀》之衍文，遂疑班氏存古名而錯其葉數，蓋亦謂班氏以曾孫爲耳孫也。夫班氏於《宣帝紀》云「孝宣皇帝，武帝曾孫」，何嘗曰武帝耳孫乎？耳、仍古音相近，耳孫即仍孫，自無疑義。因《平帝紀》誤衍玄孫二字，遂有耳孫即曾孫之説。而應劭又以爲玄孫之子，若然，則自孝王至音，從己數之止六葉耳，何班史大書八世二字也？此兩説皆非塙詁，當以晉灼説爲定，王氏反從李斐之説，不可不辨正也。

《前漢·武帝紀》：「樓船將軍出豫章，下湞水，歸義越侯嚴爲戈船將軍，出零陵，下離水。」張晏注曰：「越人於水中負人船，又有蛟龍之害，故置戈于船下，以爲名也。」臣瓚曰：「《伍子胥書》有戈船，以載干戈，因謂之戈船。」

觀國按：船下安戈，雖大江滄海，猶不免挂觸，而況于山谿石險之水乎？戈船者，將軍之號也，言能乘船而用戈以戰，故謂之戈船將軍，以其善水戰也，亦非載干戈者也。載干戈者，載任器之舟耳。

樾按：舟下無置戈之理，張晏之注殊爲可笑，臣瓚説亦淺甚，王氏均不之從，是也。惟戈船、樓船自當一例，若從王氏説，爲乘船用戈，則樓船何説焉？愚謂戈者舸之叚字。《玉篇·舟部》：「艛，力侯切，舟名。」「舸，各可切，船也。」艛即樓船之樓，舸即戈船之戈。舸字《玉篇》雖音各可切，而《集韵》又有居何切一音，則其音與戈同矣。《廣韵·七歌》牱字下又有牂字，云「上同」，然則戈船之即舸船，亦猶牂牁之即牂牱也。楊子《方言》：舟：「南楚江湘凡船之大者謂之舸。」是舸船亦大船也。有樓者謂之樓船，無樓者謂之舸船，因借戈字爲之，故注者不得其義，賴《集韵》舸字猶存居何切之音耳。

《前漢·韓安國傳》：單于「畜牧爲業，弧弓射獵」。顔師古注曰：「以木曰弧，以角曰弓。」

觀國按：《考工記·弓人》：「爲弓，取六材必以其時。」然則爲弓者，以木爲幹，而加以角、筋、膠、絲、漆以爲之糾約，獨用角豈能爲弓哉？《周禮》：司弓矢掌六弓之法，「王弓、弧弓，以授射甲革、椹質者」。往體寡，來體多，謂之王、弧，强弓也。然則弧弓者，乃六弓之一弓，所謂「弧弓射獵」，豈以强弓射獵歟？

樾按：匈奴之國，豈知有《周禮》六弓之制？以《周禮》爲説迂矣。且單于誠用《周禮》，則《周禮》云「夾弓、庾弓，以授射豻侯、鳥獸者」，是射獵當用夾弓、庾弓，不當用弧弓也。王氏疑角不能獨爲弓，然《詩·角弓》篇正義曰：「《冬官·弓人》以六材爲弓，謂幹、角、筋、膠、絲、漆也。又曰：『角之中，恒當弓之隈。』如彼文，弓有用角之處，不得即名角弓。蓋別有角弓，如今北狄所用者，但《弓人》所不載耳。今北狄角弓，弛則體反，若不紲檠，則不復任用。」然則匈奴用角弓，至唐世猶然，王氏未考《詩》疏耳。惟《韓安國傳》言弧弓不言角弓，師古因弧弓並言必有兩義，乃以木曰弧、角曰弓釋之，若然，則經傳多言弓、罕言弧，豈角弓多、木弓少乎？師古此注，未必塙也。愚疑弧或張字之誤，本言單于張弓射獵，而草書張字或作张，與弧相似，因誤爲弧耳。

《顔氏家訓》謂晉羊曼稱爲𨤲伯，𨤲者「多饒積厚」；又曰「𨤲𨤲然無賢不肖之辨」；又曰「從黑者亦無此字」。

觀國按：䵣從黑，𨤲從重，二字雖同音榻，而義各不同。《玉篇》《廣韵》皆曰：「䵣，羊曼爲䵣伯也。」「𨤲，積厚也。」蓋羊曼爲䵣伯，從黑，而《顔氏家訓》乃用從重之𨤲，是以顔氏推其義不行，顔氏所引乃盛宏之《晉書》，用從重之𨤲，已爲誤。今世所行《晉書》，乃唐太宗所修，于《羊曼傳》用從黑之䵣，爲不誤矣。

樾按：王氏引《顔氏家訓》，語焉不詳，而又多誤失顔氏之本意。據《顔氏家訓·書證》篇云：「《晉中興書》：『太山羊曼，常穨縱任俠，飲酒誕節，兖州號爲𨤲伯。』此字更無音訓。梁孝元帝嘗謂吾曰：『由來不識，惟張簡憲見教，呼爲嚃羹之嚃，自爾便遵承之，亦不知所出。』簡憲是湘州刺史張纘謚也，江南號爲碩學。案：法盛世代殊近，當是耆老相傳；俗間又有『𨤲𨤲』語，蓋無所不施、無所不容之意也。顧野王《玉篇》誤爲黑旁䵣，顧雖博物，猶出簡憲、孝元之下，而二人皆云重邊。吾所見數本，並無作黑者。重沓是多饒積厚之意，從黑更無義旨。」據顔氏此說，是非不知《玉篇》作䵣也，直以舊本相傳作𨤲，故不從顧野王說耳。王氏乃取其所不用者，以相駁詰，則顔氏之所不受矣。又顔氏雖有多饒積厚之言，乃其説字義如此，至説「黯伯之所以得名，則曰無所不施，無所不容，是固以爲美名，未嘗譏其無賢不肖之辨也。王氏所謂「黯黯然無賢不肖之辨」，顔氏並無此説，不知於何得之也。且顔氏所據者，陸法盛《中興書》，而非盛宏之《晉書》，即此一端，亦見王氏之讀《家訓》未核矣。

楊雄《方言》曰：「東北海、岱之閒謂之甔。」郭璞注曰：「甔，丁甘切。所謂家無甔石之儲也。」字書曰：「甀，小罌也。」古人多假借用字，故以儋、擔二字代之。《蒯通傳》曰：「守儋石之禄。」《漢明帝紀》曰：「生者無擔石之儲。」皆假借用之，以代甀字也。韓退之《秋懷詩》曰：「豈必求贏餘，所要石與甀。」用之不誤。

樾按：以六書言之，甔字從詹聲，甀字從臯聲，兩聲絶遠，非古人假借之例。儋、擔二字，乃甔字之假，非甀字之假也。《方言》：「甀謂之盎。」别爲一條，與齊之東北海、岱之閒謂之甔，初不相蒙，不知王氏何緣而致誤也。其所引韓詩，今東雅堂本作「所要石與甔」，韓公此詩所用皆勘、闞韵中字，必不雜以魚列切之甀，王氏所見本不足據也。

《禮記・雜記》篇曰：「有父之喪，如未没喪而母死，其除父之喪也，服其除服，卒事，反喪服。雖諸父、昆弟之喪，如當父母之喪，其除諸父、昆弟之喪也，皆服其除喪之服，卒事，反喪服。」鄭氏注曰：「除服，謂祥祭之服。卒事，既祭。反喪服，服後死者之服。」

觀國竊詳此禮，乃爲父三年，爲母三年，當各持其服，不併日而計也。設有父之喪未終，而又有母之喪，則當俟父之喪三年除祥已畢，然後反服母喪之服，又三年始畢。若今日有父之喪，而明日又有母之喪，苟止服三年而畢，則是以父母六年而併日以計也。于禮爲略，而于人子報親之心爲不足矣。

樾按：王氏此説雖若近厚而實非也。據孔氏正義曰：「『卒事，反喪服』者，卒事，謂父祥竟，更還服母服也。」疏中還字正解《記》文反字，曰反曰還，可知其先已爲母服矣，非待父祥竟，乃始服母服也。其先既已爲母服，則母服竟，即無服矣。若從父祥之日起再服三年，則母之服不止三年矣，豈聖人之制乎？況其下文又有「雖諸父昆弟之喪」云云，若從王氏之説，則將待諸父昆弟之喪畢，始爲父母服乎？抑先已爲父母服，及諸父昆弟之喪畢，而又從其日爲始，再服三年乎？《喪服小記》云：「父母之喪偕，先葬者不虞祔，待後事。其葬服斬衰。」按《曾子問》：「葬先輕而後重。」是父母俱喪，則先葬母、後葬父也。又曰：「其虞也，先重而後輕。」是兩葬俱畢，先虞父、後虞母也。又曰：「其葬，服斬衰。」注謂「喪之隆衰宜從重」，疏謂「父未葬不得變服」，而鄭注又推論之曰：「言其葬服斬衰，則虞祔各以其服矣，及練、祥皆然。」夫曰「各以其服」，可知父虞祔，則服父服，母虞祔，則服母服。自是而練，自是而祥，無不各服其服。然則並遭父母之喪，父服母服同時並行，《禮經》自有明文，王氏不考，而以意爲之説，不可通也。

《國語》《説文》《漢書·郊祀志》，鄭康成注《周禮》、注《禮記》，《集韵》《類篇》，皆云：「在男曰覡，在女曰巫。」《玉篇》《廣韵》皆云：「在男曰巫，在女曰覡。」

觀國按：《檀弓》：「吾欲暴巫而奚若？曰：天則不雨，而望之愚婦人，于以求之，毋乃已疏乎？」謂巫爲愚婦人，則女爲巫而男爲覡也。此下歷引《左傳》《史記》《漢書》，今不備録。

樾按：男覡、女巫，《國語》有明文，此固説之最古者矣，然愚竊有疑焉。在男既謂之覡，則周公設官，自當以男爲主，何以《周官》不設司覡之官，而設司巫之官乎？不曰掌群覡之政，而曰掌群巫之政乎？即謂對文别而散文通，亦宜以男之名通乎女，不宜以女之名通乎男也。《尚書序》：「伊陟贊于巫咸，作《咸乂》四篇。」《釋文》引馬注曰：「巫，男巫也，名咸，殷之巫也。」《書》正義引鄭注曰：巫咸，巫官。夫巫咸身爲殷之賢臣，必非女子，自當從馬注作男巫，豈得從諸家之説以爲女巫乎？即如《枚氏傳》以巫爲其氏，此《風俗通》所謂「氏於事，巫卜陶匠」是也，亦當以父之事爲氏，豈當以母之事爲氏乎？《篇》《韵》之説雖後出，然本馬融舊説，未可廢也。

《玉篇》《廣韵》皆曰：「叒，而灼切，榑桑、叒木也。」然叒此字疑衍。則榑桑，即扶叒此當作桑。也。叒木即若木也。扶桑在東，若木在西，事見《山海經》。故《離騷》曰：「飲余馬于咸池兮，總余轡于扶桑。折若木以拂日兮，聊逍遥兮以相羊。」蓋扶桑者，日出之處；若木者，日入之處。折若木以拂日者，日既西矣，猶能折若木以揮拂其日，使之不暮也。謝希逸《月賦》曰：「擅扶桑于東沼，嗣若英于西冥。」若英即若木也。李賀詩曰：「天東有若木。」豈賀誤邪？

樾案：《山海經・大荒北經》：西北海外大荒之中有「灰野之山，上有赤樹，青葉赤華，名曰若木」。郭注曰：「生崑崙西。」謝希逸《月賦》所謂「嗣若英于西冥」者此也。而《海内經》又云：「南海之内，黑水青水之閒，有木名曰若木，若水出焉。」郭注亦云：「樹赤葉青。」是又一若木在南海者。是以《水經・若水》篇注曰：「若木之生非一所也。」《説文・叒部》：「叒，日初出東方湯谷所登榑桑，叒木也。」叒即若字。據此則若木與榑桑同爲一木，又在東方，而非西、亦非南矣。《楚辭》所言之若木，竊以爲是東方之若木，而非西方之若木，何也？《淮南子・天文》篇云：「日出于暘谷，浴于咸池，拂于扶桑，是謂晨明。」《離騷》云：「飲余馬于咸池，總余轡于扶桑，折若木以拂日兮，聊逍遥以相羊。」咸池爲東方之地，扶桑爲東方之木，則下句若木不應遽及西方之木也。且所謂「折若木以拂日」，即《淮南》「拂于扶桑」之義。以是言之，扶桑、若木，同爲一木，《説文》之言信矣。《天問》篇又云：「羲和之未揚，若華何光？」王逸注曰：「言日未出之時，若木何能有明赤之光華乎？」此尤若木在東方之明證，然則李賀之詩不誤也。

王勃《滕王閣序》曰：「星分翼軫，地接衡廬。」

觀國按：《史記·天官書》《前漢·天文志》及諸史《天文書》皆曰：「牽牛、婺女，揚州也。翼軫，荆州也。」《前漢·地理志》曰：「楚地，翼軫之分野，南郡、江夏、零陵、桂陽、武陵、長沙、漢中、汝南也。」「吴地，斗分野，會稽、九江、丹陽、豫章、廬江、廣陵、六安、臨淮也。」然則豫章實吴、粤之分野，于星則屬牛、女，于次則屬星紀。滕王閣在豫章，而勃序以爲星分翼軫者，誤矣。

樾按：王氏此論固足訂子安之誤，然子安用翼軫字，則亦有所本。《漢衛尉卿衡方碑》云：「州舉尤異，遷會稽東部都尉，將繼南仲、邵虎之軌，飛翼軫之旌。」若依《漢·地理志》則會稽亦吴地斗分野，而非楚地翼軫之分野，正與豫章同。《衡方碑》于會稽言「飛翼軫之旌」，則《滕王閣序》言「星分翼軫」，亦未可厚非矣。蓋吴楚接壤，故下句即云「地接衡廬」。曰接、曰分，其立言自有斟酌，似不得執吴楚之封域，斤斤與辯也。

《史記·蕭相國世家》曰：「高祖以蕭何功最盛，封爲酇侯。」文穎注：「酇，音贊。」臣瓚注曰：「今南陽酇縣也。」孫檢注曰：「有二縣，音字多亂。其屬沛郡者音嵯，屬南陽者音讚。」《前漢·地理志》南陽郡有酇縣，顏師古注曰：「即蕭何所封。」又沛郡有酇縣，顏師古注曰：「此縣本爲鄌，中古以來借酇字爲之耳。」

觀國按：二縣各有區别，苟不考究，則相亂矣。

樾按：二縣固有區别，然在漢世則皆有嵯音，故以鄌縣而借用酇字，正以其音同故也。班固《十八侯銘》曰：「文昌四友，漢有蕭何，序功第一，受封于酇。」則讀南陽之酇如嵯矣。班孟堅親作《地理志》，豈不知蕭何所封是南陽之酇，而非沛郡之酇哉？蓋以嵯音讀之，則南陽之酇亦作嵯可也。班氏以何、酇爲韵是也，以讚音讀之，則沛郡之酇亦作讚可也。師古注曰「莽呼爲贊治，則此縣亦有贊音」是也，屑屑分别，轉失之矣。

謝玄暉《詠銅爵臺詩》曰：「繐帷飄井幹，尊酒若平生。」五臣注《文選》曰：「銅爵臺，一名井幹樓。」

觀國按：《史記》始皇幽母咸陽宫，諫者輒殺于井幹闕下。又《史記》曰：漢武帝立井幹樓，高五十丈。謝玄暉詩蓋言繐幃飄于銅雀臺上，若井幹之高也。銅雀臺在鄴中，而井幹樓在咸陽，銅雀臺未嘗有井幹之名，而五臣謂一名井幹樓，誤矣。

樾案：以魏臺而蒙漢樓之名，五臣注誠誤矣。然謝詩自詠銅雀臺，即欲言其高，亦何必遠舉漢之井幹樓爲比乎？王氏此解亦未塙也。《淮南子·本經》篇：「大構駕，興宫室，延樓棧道，雞棲井榦。」高誘注曰：「雞棲井榦，復屋㷭井也，刻花置其中也。」是井榦乃宫室之制，高誘所言亦未得其詳。愚意此承「延樓棧道」言之，井榦疑欄楯之屬，蓋高險之處置欄楯以防傾跌，若井之有欄，故即以井榦名之也。李善注《文選》正引《淮南》爲證，又引許慎注曰：「皆屋構飭也。」義雖未明，要爲得之，乃又曰：「井幹，臺之通稱。」則失之矣。王氏於《文選》止觀五臣注，而未觀李善注，故李注所引《淮南》之文未及見也。

翰字在平聲音寒者，羽翼儀翰也；在去聲音悍者，詞翰也。陸德明《江漢》詩《音義》曰：「翰，户旦反，又音寒。」設兩音者，不能區别而設兩音也。《晉書》有張翰字季鷹，其名當讀音寒。《南史·循史傳》吉翰字休文，其名當讀音悍。義之所在，不可易也。

樾按：王氏此論拘矣。據《説文》翰字，孫愐音侯幹切，則此字去聲也。《玉篇·羽部》：「翰，胡旦、胡干二切，飛也，又天雞也。」分平、去二音，而不分其義。《廣韵》上平聲《二十五寒》胡安切有翰字〔一〕，云：「天雞，羽有五色，又音扞。」去聲《二十八翰》云：「鳥羽也，高飛也，亦詞

〔一〕 上，原作「下」，據《廣韵》改。

翰。《説文》曰：『天雞赤羽也。』侯旰切。」此字平、去兩收，惟訓天雞者，平、去俱通。而鳥羽也、高飛也、詞翰也，獨於去聲言之。據此則張翰之翰，亦去聲矣。竊謂古無平、去之説，《毛詩·桑扈》篇「之屏之翰」，與「憲」爲韻。以今韻讀之，則去聲也。《文王有聲》篇「王后維翰」、《板》篇「大宗維翰」，均與「垣」爲韻。《崧高》篇「維周之翰」、《江漢》篇「召公維翰」，均與「宣」爲韻。《崧高》篇「戎有良翰」、《常武》篇「如飛如翰」，均與「嘽」爲韻。以今韻讀之，皆平聲也。而六朝以來，此字則皆讀去聲。《爾雅·釋鳥》篇《音義》「鶾，天雞」之鶾，「鶾雉」之鶾，並云：「又作翰，胡旦反。」「鷺，春鉏」句，郭注有「長翰」二字，《音義》云「音汗」，是皆讀去聲也。《玉篇》雖列兩音，而先胡旦，後胡干，則亦以去聲爲主也。《廣韻》雖平、去並收，然平聲止載天雞一義，而餘義均歸之去聲，則亦以去聲爲主也。然《詩》云「如飛如翰」，非鳥羽乎？必歸之去聲，不可通矣。故自來詞人平、去通用。惟詞翰之義，經傳所無，不得不從《廣韻》歸之去聲。此王氏所以分別張翰爲平聲、吉翰爲去聲也。乃《文選·長楊賦序》「藉翰林以爲主人」，韋昭曰：「翰，筆也。」善曰：「翰林，文翰之多若林也。」《説文》曰：「毛長者曰翰。」以是言之，文翰之名，實始於筆，而筆之稱翰，實始於毛。潘安仁《秋興賦》「染翰操紙」、劉公幹《公讌詩》「投翰長歎息」，注並云：「翰，筆毫也。」羽翰之翰，既可讀平聲，則詞翰之翰，豈必專讀去聲乎？余詠物詩有句云「柔翰浄洗爲鈔經」，讀者勿嗤其誤也。

《南史·顔峻傳》曰：「宋明帝時，歲旱人飢，中書令顔峻上言，禁餳一月，息米萬斛。」

觀國按：《集韵》曰：「餳音唐，精米也。」諸字書皆無餳字，惟《集韵》收此字，蓋因《顔峻傳》有此字而收之耳。然人之常情，與其食麤糲之十，寧食精熟之八〔一〕。不知顔峻當時如何設法，而月能息米萬斛，其公米耶？其民米耶？不可得而知也。

樾按：《説文》《玉篇》《廣韵》均無餳字，而獨見於《集韵》。精米之説，於古無徵，未足據也。竊疑餳即餳之俗字，餳必以米爲之。《釋名·釋飲食》曰：「餳，洋也，煑米消爛，洋洋然也。」禁餳一月，息米萬斛，於理有可信者。餳字據《〈周禮·小師〉釋文》云：「李音唐。」而《集韵》餳字亦音唐，其音正同。至從食從米，義亦得通。《方言》云「餳謂之餹」，二字並從食，而《廣韵·十一唐》有糖字，云「飴也」，則變餹爲糖矣。餳之爲餳，猶餹之爲糖也。

〔一〕 寧，原作「寍」，避清帝旻寧諱，徑改，以下不再出校。

讀王氏《稗疏》 俞樓雜纂弟二十八

王船山先生長於史學，於山川形勢、古今成敗，能歷歷言之，其議論亦反復詳盡，極文章之雄。至于説經，則有未盡精密者。所著《諸經稗疏》，《四庫全書》皆著録。然讀注而不屑讀疏，執一經而不旁求之他經，其《詩稗疏》喜攻朱傳，而自蹈於踳駁者往往有之。讀其書而爲辨正其誤，固後學者之事也。

《周易》

或躍在淵

言或躍而或在淵也。居上卦之下，則疑於「躍」；居下卦之上，則疑於「在淵」。

愚按：正義有兩説。其爻下，正義曰：「言九四陽氣漸進，似若龍體欲飛，猶疑或也，躍在於淵，未即飛也。」此以「躍在淵」三字連讀。又《象傳》正義曰：「進則跳躍在上，退則潛處在淵。」則分躍與在淵爲二義，如王氏之説。然以文義論，終以前説爲長。

黄裳

《本義》云：「黄，中色；裳，下飾。」然則《象傳》所云「美在其中」者〔一〕，黄爲中，豈裳爲美乎？

愚按：「黄，中之色也；裳，下之飾也。」此本輔嗣舊注，而輔嗣又本《昭十二年・左傳》文，自是古訓，不得以爲非。

磐桓

磐，大石之平者；桓，植兩木而交相午貫。一陽在下，竪立以載群陰，上承九五，故有磐石、桓木安貞建立之象。舊説以爲躊躕不進之象，非也。

愚按：磐桓乃疊韵字。《釋文》云：「磐本亦作盤，又作槃。」《廣雅・釋訓》：「般桓，不進也。」則字又作般。《張表碑》云：「畔桓利貞。」則又作畔。古疊韵字但取其聲，而無定字。王

〔一〕美在其中，當爲《易・坤・文言》中語，言《象傳》，不知何據。

氏以磐石、桓木釋之，非古義也。《傳》曰：「雖磐桓，志行正也。」正義言：「初九雖磐桓不進，非苟求宴安。」若從王氏説，以爲安貞建立之象，則磐桓即志行正矣，何以云「雖磐桓志行正」乎？

帝乙歸妹

歸妹者，乃陽下于陰之辭。二爲帝，五爲妹，陽反居中於内，陰反正位乎外，男來就女之象。婚姻之禮，至周始定。自周以前，男來就女，如今之贅婿，雖天子之貴，亦或用此制，故曰歸妹，言往歸于妹，與《漸》之言「女歸」者異。考古者必以其時，於《易》而得周以前之昏禮焉。周禮定而秦、漢益嚴，故有贅壻謫戍之法。

愚按：王氏此説，殊爲背理。古嫁娶之禮誠不可考，然既謂之娶，必無往就之之説。《尚書·堯典》曰：「釐降二女于嬀汭，嬪于虞。」以帝子之尊，「有鰥在下」之賤，猶且往而嬪焉。帝乙身爲天子，乃就昏於婦家乎？不圖王氏有此臆説也。至其謂帝乙非紂父，則《提要》取之，然自來説此經者，原有成湯嫁妹之説。《京房易傳》且載其辭，王氏殆未見乎？以詳見《困學紀聞》，故不具説。

殷薦之上帝

殷，舊釋盛也。郊祀之禮，事天以誠不以文，未聞極其盛美。後世用大樂，備宫縣。梁武帝博考禮文，訂正改撤，是也。按《堯典》：「以殷中春。」殷，中也。郊以日至，乃冬氣之中。祖考之祭亦在四仲之月，故曰殷。

愚按：殷之訓中，固屬古訓，然中薦之文，於義不安。殷字仍當從舊説訓盛。王氏謂「事天以誠，不以文，未聞極其盛美」。然《周禮·大司樂》云：「乃奏黄鍾，歌大吕，舞《雲門》，以祀天神〔一〕。」又云：「凡樂圜鍾爲宫，黄鍾爲角，大蔟爲徵，姑洗爲羽。靁鼓、靁鼗、孤竹之管，雲和之琴瑟，《雲門》之舞，冬日至，於地上之圜丘奏之。若樂六變，則天神皆降，可得而禮矣。」據鄭注此爲「祭天圜丘，以嚳配之」之祭，然則安得云祭天不用盛樂乎？王氏引梁武事爲證，按《隋書·音樂志》梁武帝天監元年詔有云：「魏晉以來，陵替滋甚。天人缺九變之節，朝讌失四縣之儀。」是武帝此詔議正樂，非議廢樂也。特以舊制用王肅説備六代樂，武帝則據《周禮》分樂義較勝，據改。

〔一〕 祀，原作「事」，今《周禮》各本均作「祀」，上文《大司樂》有「乃分樂而序之，以祭、以享、以祀」之語，故作「祀」於義較勝，據改。

饗祀以正其誤，故有不備宮縣之説。王氏以此説經，非特失經意，且非梁武之旨矣。

朵頤

《本義》云：「朵，垂也，欲食之貌。」夫下頷曰頤，賤丈夫之欲食者，亦惟垂涎，頤固不可下垂也。朵之本訓樹木之垂朵朵也，謂枝葉華實纍纍然其多也。此言貪躁之人見我饌具之豐，注目凝視，驚詫而覬分其潤。咎不在朵頤而在觀，雖未忮求而情已淫，故曰：「亦不足貴也。」

愚按：王氏説朵頤之義甚爲有見，然惜其止以朵之字義爲説，而未以聲求之也。《周易》之朵頤，實即《史記》之夥頤。《史記·陳涉世家》云：其故人嘗與庸耕者，見殿屋帷帳，曰：夥頤！涉之爲王沈沈者。索隱曰：「服虔云：楚人謂多爲夥。按：又言頤者，助聲之辭也。謂涉爲王，宮殿帷帳，庶物夥多，驚而偉之，故稱夥頤也。」然則觀我朵頤猶觀我夥頤。夥從果聲，與朵聲同在歌戈部，以朵爲夥，乃古文同聲叚借之常例。觀我夥頤，正猶陳涉故人見其宮殿帷帳驚而偉之也。或疑夥乃楚言，周公非楚人，何以作楚言？不知楚言之説，本不足據。説《史記》者不通古語，但以陳涉楚人，故即以爲楚言耳。《説文》云：「齊謂多爲夥。」夥即夥也，是又以爲齊言矣。《方言》曰：「凡物盛多謂之寇，齊、宋之郊，楚、魏之際曰夥。」則齊、宋、楚、魏同有此言矣。竊疑夥頤本古語，流傳人閒，著書者各就所聞之地以爲其地之方言，實則早見於

《周易》矣。

嗃嗃嘻嘻

嘻嘻，舊以爲嬉笑之嬉。嘻乃歎聲，本無嬉義。而九三以剛居剛，亦無戲渝柔諧之狀。嗃嗃、嘻嘻，皆取喻於火聲。《詩》「多將熇熇」，猛烈之狀，火始然之聲也。《春秋傳》：「譆譆出出。」譆譆乘赫赫之餘，火將息之聲也。九三以剛處剛，離道方成，故曰「嗃嗃」。而上承六四，風將散之，故曰「嘻嘻」。

愚按：舊解以嘻爲嬉笑之嬉，誠失其旨，至王氏謂皆火聲，則於《家人》婦子之文殊不相屬，又分別嗃嗃爲火始然、嘻嘻爲火將息，此更臆説矣。《釋文》云：「嗃嗃，荀作確確。」愚謂當從之。確確者，堅確之貌，言其於一家之中，皆有一定之程，確確然不可得而易。此雖近於嚴厲，而不失爲治家之正軌，故「悔厲吉」。嘻嘻者，悲恨之聲。《禮記·檀弓》篇：「夫子曰：嘻。」鄭注以爲「悲恨之聲」是也。《僖元年·公羊傳》：「慶父聞之曰：嘻。」何休注：「哀痛之聲。」《大戴禮·少閒》篇：「公曰：嘻。」盧辯注〔一〕：「歎息之聲。」其義並相近。蓋嚴厲太過，使

〔一〕 盧辯，原作「盧辨」，徑改，以下不再出校。

一家之中，人不聊生，婦子相對，終日悲恨，則又失治家之道矣。《傳》曰：「失家節也。」言嚴厲之過而失其節也。自來言治家者多以嚴爲主，不知寬嚴並有其節，過寬過嚴皆失節也。九三以陽處陽，有過剛之弊，故有此象，而王輔嗣乃有「寧過乎嚴」之説，程《傳》、朱《本義》皆從之，非經旨也。王氏已知嘻爲歎聲，而不能得此旨，殆爲舊説所囿乎？

得妾以其子

己所生之男女，通謂之子。《詩》「大邦有子」「齊侯之子」，皆女子也。「以」，如《春秋》「蔡侯以吴子」之「以」，以卑用尊而能左右之也。六五以柔居中位而貴，《離》爲中女，則少也，嫡所生之女子子也。《巽》爲長女，而一陰在下，位處乎卑，妾也。初六能以其柔順佐佑六五，使安位于外，故有妾賢，而能提攜贊襄其女子子以婦道之象。

愚按：王氏解子字頗爲得旨，惟此句當連下讀之，其辭曰：「得妾，（句）以其子无咎。（句）」言得賢妾以提攜贊襄之，則其女子子亦得无咎也。《復》上六曰〔一〕：「以其國君凶。」句法與此相似，亦當以五字爲句，舊讀非也。程《傳》解此爻曰：「六陰而卑，故爲妾，得妾，謂得其人也，

〔一〕六，原作「九」，復卦（䷗）震下坤上，有「上六」而無「上九」，據改。

若得良妾，則能輔助其主，使无咎過也。子，主也。以其子，致其主於无咎也。」句讀頗合，惟訓子爲主，不如王說之長。

承筐无實　刲羊无血

筐非匳具也，《士昏禮》所謂「笲」也，織竹爲之，實榛、栗、棗、脩以贄見舅姑者。刲羊者，合巹之牢鼎，士而用大夫之少牢，攝盛也。无血之羊，非特殺者。士女皆以吝而廢禮，惡俗也。

愚按：筐非匳具固不待言〔一〕，自來亦未有以匳具爲説者，此不必辨也，王氏以爲是《士昏禮》之「笲」，則恐不然。《士昏禮》注：「笲，竹器而衣者，其形蓋如今之筥、筊籚矣。」鄭不言是筐屬，則笲非筐也。《公食大夫禮》曰：「簠實實于筐。」是筐乃承黍稷之器。按《特牲饋食禮》：「主婦視饎爨于西堂下。」疏云：「主婦視饎爨，猶主人視殺牲，故《易·歸妹》上六云：『女承筐無實，士刲羊無血。』鄭注：『宗廟之禮，主婦奉筐米。』」然則女承筐、士刲羊，並以祭祀言。《少牢饋食禮》于祭之前陳鼎設俎，皆主人親之，黍稷則皆主婦設之。此爻「承筐」是言祭祀之粢盛，「刲羊」是言祭祀之牲殺，无實、无血，則不足以奉祭祀矣，故无攸利也。王氏以上句

〔一〕筐，原作「篚」，據蔡啓盛《校勘記》改。

言見舅姑，以下句言合巹，分爲二事，非是。

涣奔其机

程《傳》以杌爲机，机與几同。然卦自《否》變，《否》四之陽，越三而來二，故曰奔。奔入險中，以爲坎主，非平易可安之地，非几象也。杌者，伐木不盡之莖幹，礙人之行，險象也。

愚按：此卦爻辭自來作「涣奔其机」，陸德明《音義》、吕東萊《音訓》並音几，無異字、無異讀也。王氏乃謂本作杌，而以程《傳》作机爲非，疑誤後學，不可不正。

《尚書》

九族

漢孔氏以高祖洎玄孫之親爲九族，林少穎以父四、母三、妻二言之，而朱子亦以爲然，其説本於《白虎通》與杜預《左傳集解》。今考諸《爾雅》，有姑、王姑、曾祖王姑、高祖王姑、從祖姑、族祖姑，則是父族六也。母之考妣與從母，母族三也。妻則父母二族而已。其異於林説者，本族不與，至親不可與他族齒也。無姊妹之夫、女子之夫、姊妹年與己近，女小於己，尚未有族也。外王母之母族與妻母之母族不與者，族愈疏也。較之《白虎通》所説，於理爲長。

愚按：言九族者自古有二説。《古文尚書》説以爲上自高祖下至玄孫，今文家以爲父族四：五屬之内爲一族、父女昆弟適人者與其子爲一族、己女昆弟適人者與其子爲一族、己之女適人者與其子爲一族。母族三：母之父姓爲一族、母之母姓爲一族、母女昆弟適人者爲一族。妻族二：妻之父姓爲一族、妻之母姓爲一族。是二者各成一義。林少穎説實即今文家説。王氏以爲本《白虎通》猶之可也，以爲本杜預《左傳集解》則陋矣。至其自爲説，則凡稱姑者皆謂之族，如是則族之名專歸於姑矣。按《爾雅》自父爲考、母爲妣以下，祖王父也、晜兄也，以上題曰宗族，則宗族所包者廣矣，安得專歸之姑乎？專歸之姑，而自高祖以下五屬之親轉不得與，則豈五屬之親非族乎？抑五屬之人别爲族而不在九族之中乎？尤可異者，古言九族，不言十一族。如王氏之説，父族六、母族三、妻族二，則變九族爲十一族矣。抑何疏舛之甚乎！愚於九族别有考，故於此不具説。惟王氏所説者十一族而非九族，疑誤後學，不可不辨正也。

嬀汭

「釐降二女於嬀汭，嬪於虞。」於文似複。孔傳謂舜能以義理下二女之心，解殊迂謬。攷之《後漢·郡國志》，河東太陽吴山上有虞城。皇甫謐《世紀》曰：「舜嬪於虞，虞城是也。」太陽在今平陸縣，直涑水之東南，而嬀汭水自蒲州入河，在涑水之西北，相去蓋三百餘里。舜之室二女也在平陸，而堯之降二女也於蒲州。蓋降猶「昌意降於若水」之降〔一〕。堯以嬀汭二水之地爲二女食邑，使即封於彼，而其歸而爲嬪，則在舜所復封先代虞幕之舊邑，平陸之虞城也。

愚按：《水經・河水》篇：「又南過蒲坂縣西。」注曰：「南有歷山，嬀汭二水出焉。」「又東過大陽縣南。」注曰：「有虞城，堯妻舜以嬪于虞者也。」以今地理考之，蒲坂即山西蒲州府，而虞城即其所屬之虞鄉縣，在府東六十里，未嘗有三百餘里之遠也。枚《傳》訓嬀汭爲嬀水之汭，蓋本馬融「水所出入曰汭」之舊説；訓釐降爲「以義理下帝女之心」，亦本史公舜飭下二女之義。王氏闢去之而自爲之説，則有不可通者。昌意降于若水，男子也。二女以女子而受封嬀汭，此豈古制所有，將使嬀汭長爲二女封國歟？則國邑虚設，而無君長，誰與治之？或暫使就國，既嬪于虞，旋收其國土歟？則事同兒戲，無謂甚矣！必欲别爲一解，使釐降于嬀汭、嬪于虞兩文不相重複，則或據《莊元年・公羊傳》文：古者「天子嫁女乎諸侯，必使諸侯同姓者主之」，故「王姬歸于齊」「我主之也」。當時蓋有陶唐同姓之國密邇嬀汭之閒，實主二女之婚。二女由

〔一〕　降於若水，今《史記・五帝本紀》各本作「降居若水」。無礙文義。

嬀汭而嬪于虞，故曰「釐降二女于嬀汭，嬪于虞」。此或一說歟？

蠙珠

蠙，《說文》正作玭。宋弘云：「淮水出玭珠。」即此。古之珠皆以玉爲之，後世南粤既通中國，合浦之珠始登服飾，而謂之真珠。真珠云者，言其不假琢而圓也。若以蚌甲爲珠，則物賤而色黯，古謂之蜃，以飾器物，所在有之，不必淮夷。蠙字正音蒲邊切，蝨也。唐張蠙夢名蝨，登弟而改名蠙以應之。則蠙固非蚌，蔡氏之疏，兩失之矣。

愚按：古所謂珠者，皆琢玉爲之，故字從玉。《續漢·輿服志》云：冕旒，天子用白玉珠，公侯青玉珠，大夫黑玉珠。是其物也。今所謂珠，則古謂之蠙珠。《說文·玉部》：「玭，珠也。」重文蠙曰：「《夏書》，玭從虫、賓。」蠙珠出於老蚌，故亦謂之蚌珠。《隋書·禮儀志》云：陳永定元年，徐陵以爲冕旒，後漢用白玉珠，晉過江，服章多闕。侍中顧和奏，今不能備玉珠，可用白琁。白琁，蜯珠是也。帝曰：今天下初定，務從節儉，珠玉之飾，任用蜯也。此後世用蚌珠而廢玉珠之始。王氏以古之珠皆以玉爲之，此說良是。謂淮夷所貢非蚌珠，則不然也。夫以玉爲珠，事由人力琢治，何必出於淮夷哉？且蚌珠者，蚌之陰精，非以蚌甲爲珠也。王氏謂以蚌甲爲珠，物賤而色黯，自來未聞琢蚌甲爲珠者。王氏此說，似並今所謂珠者而未見，何也？又螾之爲字，《説文》《廣韵》《玉篇》並無蚓之一訓，王氏以螾爲蚓，則又可怪矣。

崑崙

崑崙一山，古今積爲夸遠之説。蔡氏破群迷而曰臨羌者，定論也。臨羌於漢屬金城郡，在今金縣之西，河州之東，與積石密邇。《山海經》所云「崑崙之丘，河水出焉」者，據其入中國之始。直謂之出，則以内夏外夷，而不必窮其源也。《山海經》之言崑崙者曰丘，非有崇高莫並之山也。必求其地，則臨洮之胭脂嶺、蘭州之皋蘭山、河州之普贊山、洮州之雪山，皆足以當之。

愚按：《釋文》曰：「馬云崑崙在臨羌西。」正義引王肅説亦云「在臨羌西」，則崑崙在臨羌，固馬、王舊説，而非蔡氏之創見也。正義又引鄭康成云：「衣皮之民，居此崑崙、析支、渠搜三山之野，皆西戎也。」鄭雖不言在何地，然云皆西戎也，亦必從馬注在臨羌矣。惟河源所出之崑崙山，則非此崑崙也。《書》正義引鄭注而申之曰：「鄭以崑崙爲山，謂别有崑崙之山，非河所出者也。」此説得之。蓋此經之崑崙在臨洮，非獨蔡氏知之，馬、王舊説固皆如此。至河源之崑崙，則太史公所不能知，而諸家言之者皆謂與中國絶遠，非此崑崙也。《漢書·地理地》金城郡河關縣注曰：「積石山在西南羌中，河水行塞外，東北入塞内，至章武入海。」臨羌縣注：「西北至塞外，有西王母石室僊海鹽池。北則湟水所出，東至允吾入河，西有須抵池，有弱水、昆侖山祠。」班氏於河關下言有積石山，而於臨羌下不言有昆侖山，蓋臨羌之崑崙非甚高大之山，故略之也。其言有昆侖山祠，則固即河源所出之昆侖。以此崑崙太遠，故即黄河始入中國之地立祠，祠之以祭河源云爾。亦猶益州郡滇池縣有黑水祠，《書》正義謂「止言有其祠，不知水之所在」也。若謂河源所出之崑崙即在臨羌，則河關之縣以河得名，當即設於臨羌矣。《禹貢》言「導河積石」，積石在河關縣。若河源所出之昆侖即在臨羌，則與河關同屬漢金城郡，相距不遠。禹既至積石，豈不能至崑崙？何不言導河崑崙，而言導河積石乎？《禹貢》言導河積石，則知河源所出之昆侖，必不在臨羌矣。

遯於荒野，入宅於河，自河徂亳。

高宗之所以遯者，以殷禮立弟。盤庚崩，弟小辛立；小辛崩，弟小乙立；小乙崩，武丁立。以殷立弟以及嫡長子之序正之，則當立者盤庚之子，而非武丁也。所不當立而嫌於得立，故其在小乙存之時不能安於國，而必出遯以遠嫌也。「入宅於河」，則漸逼矣。「自河徂亳」，則據先王之故都，而植之固矣。故小乙崩，得有所奉以入繼，而廢盤庚之子以立焉。高宗之顛末，見於《書》者極爲詳覈，要其遯於荒野，則小乙之始念，束於家法與公議，且亦如宋繆公屬國於與夷，而使其子出居於鄭，特漸引之以入，而又樹之於故都，則其父子之密謀有不可掩者矣。

愚按：「遯于荒野」之文出《僞古文尚書》，不足依據，王氏固不知也。今依其説而論之，則固有不然者。殷法立子立弟，亦無一定之序。據《史記》，惟湯崩之後太丁未立，立其弟外丙、仲壬而復及太丁之子太甲，則有如王氏之説。太甲崩，子沃丁立；沃丁崩，弟太庚立；太庚崩，子小甲立，則不復立沃丁之子也。小甲崩，弟雍己立；雍己崩，弟大戊立；大戊崩，子中丁立，則不復立小甲之子也。中丁崩，弟外壬立；外壬崩，弟河亶甲立；河亶甲崩，子祖乙立，則不復立中丁之子也。夫大戊、河亶甲皆殷之賢君，豈皆私其子而有此等密謀者乎？祖乙崩，子祖辛立；祖辛崩，弟沃甲立；沃甲崩，復立祖辛之子祖丁；祖丁崩，復立沃甲之子南庚；南庚崩，復立祖丁之子陽甲，此則立弟之後，復歸其子矣。然陽甲崩，弟盤庚立；盤庚崩，弟小辛立；小辛崩，弟小乙立。小乙之崩也，使援小甲、中丁、祖乙之例，則國自宜歸武丁矣。若欲復歸於嫡，則宜立者陽甲之子，非盤庚之子也。吾意陽甲至小乙四君矣，或陽甲之子先卒，故小乙崩而立其子武丁也。此在當日，自循小甲諸君之故事，而王氏乃於數千年後以意逆志，坐以父子密謀，不亦過乎！且小乙誠有私於其子，則不宜出之於外。宋繆公之使公子馮出居於鄭也，其意固欲致國與夷也。小乙誠欲其子得立，則與宋繆公事正相反矣。與其漸引之以入，何如先不使出乎？與其樹之於故都，何如樹之於京師乎？《無逸》篇「其在高宗時舊勞於外」，《史記・魯周公世家》注引馬融曰：「武丁爲太子時，其父小乙使行役。」又引鄭康成曰：「爲父小乙將師役也。」或者小乙在位之時，以其國當復歸于嫡，武丁雖名爲太子，而實不以主器之長子待之，故師役之事，輒使與俱，不然，「太子奉冢祀社稷粢盛，以朝夕視君膳者也」，豈可以輕出乎？其後以陽甲無嗣，武丁得承大統，此自殷禮之常，未可執不肖之心以妄疑古人也。又「入宅于河，自河徂亳」之文，《僞古文》實取之《國語》。《國語・楚語》載白公子張之言曰：「昔殷武丁能聳其德，至于神明，以入于河，自河徂亳，於是乎三年，默以思道。卿士患之，曰：王言以出令也，若不言，是無所稟令也。武丁於是作書曰：以余正四方，余恐德之不類，茲故不言。如是而又使以象夢旁求四方之賢，得傅説以來，升以爲公。」據《楚語》之文，則入于河、自河徂亳，似是其即位後事，故即繼之曰「於是乎三年，默以思道，卿士患之」也。韋注引「高宗諒闇，三年不言」爲證，愚則謂此是兩事。高宗諒闇，三年不言，喪禮耳。孔子曰：「古之人皆然。」然則卿士又何患焉？三年默以思道，非即諒闇之三年明矣。《僞古文》亦以不言爲既免喪後事，乃不依《國語》從入于河叙起，而以入宅于河、自河徂亳爲與傅説追述往事。王氏讀之，遂發此論，斯亦作僞者所不料也。《竹書紀年》：小乙六年，命世子武丁居于河，學于甘盤。此則襲《僞古文》之文，不足據。

玉食

諸家注疏，於玉字俱未攷覈。按《周禮・玉府》：「王齊，則供食玉。」鄭司農云：「王齊，當食玉屑。」鄭康成云：「玉是陽精之純者，食之以禦水氣。」唯天子之齊則有之。然則玉食者，碾玉爲屑，以供王之齊食，取其貴而非取其美。或疑玉剛堅刺齒，則亦如服藥然，非必飽餐之也。愚按：《山海經・西山經》峚山：「其中多白玉，是有玉膏。其原沸沸湯湯，黄帝是食是饗。」是食玉之法，從古有之。然所食者玉膏也，蓋即今鍾乳之類，本精液凝結而成，故可食。鄭司農所謂玉屑，殆指此也。王氏乃謂碾玉爲屑，以供王之齊食。夫玉亦石類也，屑而食之，凝結於腸胃之中，久而不化，輕者病，重者死矣。先後鄭解《周禮》食玉，義本未安。王氏更用以説此經，又慮其刺齒而戒勿飽餐，彌覺可笑，不如仍從舊説也。

居東

居者〔一〕，閒處而無所作之謂。經言居東，則其非討殷可知。古注謂「我之弗辟」爲「致辟」

〔一〕「居」下，原有「東」字，今《尚書稗疏》各本作「居者」，并據上下文義删。謹按：《船山全書》（第十六册）附引曲園之文無「東」字（岳麓書社一九九六年版）。

者，不如馬、鄭言避之當也。特所云東者，未自言何地，鄭康成以爲東都。東都者，雒也。時未營雒，不得言都，故但曰東。東蓋周公之國邑也。克商以後，與召公分陝，周公東而召公西，各有國邑，以主其方之諸侯。則周公故邑於雒東，至此以避謗，故罷相而即於陝東，自行其治陝之事於邑，内不攝政，而外亦未嘗用兵也。或雒本周公之封，其後以致于王而營爲東都，周公縣内之封又他徙焉。雖無可具考，而康成之言，亦必有所受之矣。

愚按：以居東爲避謗，是也。惟從鄭康成以東爲東都，而以東都爲周公封邑，此則無據。又謂其後致之於王，營爲東都，而周公之封邑又他徙，此更臆説。周公之營雒也，曰：「予惟乙卯，朝至於洛師。我卜河朔黎水，我乃卜澗水東、瀍水西，惟洛食；我又卜瀍水東，亦惟洛食。」不言願致己之封邑爲王營東都也。王之言曰：「公既定宅，伻來，來，視予卜，休恒吉。我二人共貞。」亦不言以他邑易周公之封也。王氏此説，無徵不信矣。竊謂東非東都，蓋即魯也。《豳風》詠周公之事曰：「我來自東。」而《魯頌》述伯禽受封之事曰：「俾侯于東。」以《詩》證《詩》，則東之爲魯無疑。《魯頌譜》曰：「在周公歸政成王，封其元子伯禽於魯。」則疑此時尚無魯國。然《史記·魯世家》云：「武王既克殷。」封周公旦於少皞之墟曲阜，是爲魯公，周公不就封，於是卒相成王，而使其子伯禽代就封於魯。《詩》正義謂「周公於武王之時已受魯封，但身不之魯，使伯禽就國，至歸政之後，成王乃大啓土宇，令地方七百里，魯之封疆於是始定，故據後定言之」。愚則謂周公之相成王，尚有抗世子法於伯禽之事，則武王在時伯禽亦未就國，蓋使吏治之耳。及周公爲流言所中，乃退就所封之國，其在《詩》曰「我徂東山」，東山者，魯國之東山，即孟子所謂登東山而小魯者也。然則居東之爲居魯，明矣。

又按：周公在武王時已封於魯，而不之國，即伯禽亦不之國，愚故謂使吏治之。及讀《史記·管蔡世家》云：「蔡叔度既遷而死，其子曰胡，胡乃改行，率德馴善。周公聞之，而舉胡以爲魯卿士，魯國治。於是周公言於成王，復封胡於蔡。」此可證余説矣。蓋周公受封未之國，其國自有卿士代之爲治。當管蔡流言時，魯國爲卿士者未知何人。其後蔡叔遷死，周公哀憐其子，使爲魯卿士，而其子胡亦賢，能稱其職。至伯禽將就國，周公念胡之久治魯國，不忍其竟無分土，乃言之王而邦之蔡。此當時之實事如此也。《索隱》疑史遷何憑而有斯言，失之矣。

蔡

孔氏謂蔡叔圻内之蔡，仲徙封於淮、汝之閒。孔穎達引杜預之言，謂叔度封於汝南上蔡，胡徙新蔡，圻内蔡地不知所在。以實求之，孔固失之，杜亦未得也。祝鮀曰：「殺管叔而蔡蔡叔。」上蔡字註音素達切。而《禹貢》「二百里蔡」，蔡之爲義，本取草莽之名，以荒遠草野之土爲罪人所居，故謂之蔡。則圻内不得有蔡地，而叔度之稱蔡，亦非其國名可知矣。蔡叔云者，以其被流蔡之刑而名之爾。叔死，仲封，周公因以蔡名其國，而割淮、汝之土以授之，使後人顧名思義，而求蓋前愆也。故杜預于《隱公四年·傳》注云：「蔡，今汝南上蔡縣。」亦足見蔡仲之未徙封於新蔡也。不知穎達所引預説者，又何所出邪？

愚按：《昭元年·左傳》：「周公殺管叔而蔡蔡叔。」《釋文》：「上蔡字音素葛反。《説文》作𣋡，音同，字從殺，下米。」正義曰：「𣋡字，殺下米也。隸書改作，已失本體，𣋡字不復可識，寫者全類蔡字，至有重爲一蔡字，重點以讀之者。」然則古本《左傳》作「𣋡蔡叔」，非一字也。王氏乃云蔡叔之蔡，以罪得名。按《管蔡世家》叙文王諸子：管叔鮮、蔡叔度、曹叔振鐸、成叔武、霍叔處、康叔封、冄季載。曰管、曰曹、曰成、曰霍、曰康、曰冄，皆國名也，豈蔡叔獨非國名乎？如王氏之説，以其曾被流蔡之刑，故以蔡叔稱之，雖至其子改行率德，榮受茅土，而惡名終不能湔雪，何周公之不仁如此邪？且名號之侯，起於楚漢之際。古之建國，必以其土地名之，未有特立一字以爲國名者。王氏此論真臆説也。至蔡之爲國，自在上蔡。蔡叔之蔡，蔡仲之蔡，無二地也。《史記》云：「武王已克殷紂，平天下，封叔度於蔡。」又云：「於是周公言於成王，復封胡於蔡。」曰復封，則所封之蔡即蔡叔之封國可知矣。《僞孔傳》乃云：「叔之所封，圻内之蔡，仲之所封，淮、汝之閒。」分而爲二地。周之圻内，未聞有地名蔡。孔傳之言，宜王氏之所不取矣。正義引杜預云：「武王封叔度於汝南上蔡，至平侯徙新蔡，昭侯徙居九江下蔡。」其文甚明，而王氏謂孔穎達引杜預之言「叔度封於汝南上蔡，胡徙新蔡」，不特誣杜預，並誣孔穎達矣。檢正義有「胡徙新蔡」四字，此乃述宋仲子之言，非述杜征南之言。按《史記·世家》集解於「復封胡於蔡」下引宋忠曰：「胡徙居新蔡。」又於平侯之下引宋忠曰：「平侯徙下蔡。」蓋宋忠之説以徙新蔡爲蔡仲事，以徙下蔡爲平侯事，則昭侯無可徙矣。舉宋忠之説而辨其誤，可也；混宋忠之説爲杜預之説，不可也。

肜

肜國地未詳。王肅以爲姒姓之國，他不經見，未知所本。疑此或「胙」字之誤，蓋周公之子而封於衛輝之胙亭者也。

愚按：肜伯之肜，自古未聞有異文，未可臆改爲胙也。王肅言是姒姓，疑必有所受之。此肜伯蓋大姒之兄弟，於外戚爲尊行，故得與聞顧命也。

翼室

蔡氏謂路寢旁左右室。今嗣子既爲喪主，而入側室，於禮非安。孔氏訓翼爲明，云即路寢。其必俟已死而始延入者，世子先居别宫，問安有時，王疾病則居於内，死乃遷尸于路寢。臨終而子不在側者，天子之禮，别嫌、明微，異於士庶也。

愚按：翼雖可訓明，而路寢之爲明室，於古無徵。蔡氏謂路寢旁左右室，合於翼字之義，似勝《僞孔》舊説。蓋成王之崩，必在路寢。《禮記·喪大記》曰：「君、夫人卒於路寢。」王氏謂死而遷尸路寢，非也。成王崩時，子釗必在左右。《喪大記》曰：「始卒，主人啼。既正尸，子坐于東方，卿大夫、父兄、子姓立于東方。有司庶士哭于堂下。」既有卿大夫，則是諸侯之禮，非士庶之禮。夫諸侯亦世其爵土，與天子無異，豈天子當别嫌，諸侯不當别嫌乎？且所謂别嫌者，吾不知其何嫌也。殆嫌其以天下爲利，或有若楊廣之於隋文者歟？此稍具人心者所不爲，乃避此不必避之嫌，而使父子隔絶，死生之際不能一訣，終天之痛當何如也？直至父死之後，乃聽命於大臣之手，延之而後得入，吾恐非常之變，自此生矣。成周之禮必不如此。經所謂「逆子釗於南門之外」者，《孔傳》已釋其義曰：「臣子皆侍左右。」此明成王崩時，子釗在側也。又曰：「將正太子之尊，故出於路寢門外，使桓、毛二人更新迎門外，所以殊之。」然則逆釗南門，乃當時禮節如此耳。子釗之出，必在小斂之後，此在《儀禮》亦有可證者。《士喪禮》言小斂之後，「奉尸俠于堂，男女如室位，踴無筭。主人出于足，降自西階」。然則子釗之出，必主人出于足，降自西階之時也。又曰：「即位踴，襲絰于序東，復位。」鄭注解序東爲「東夾前」。夫主人之位在阼階西面，其襲絰則少進而在東夾之前，此士禮如此。天子之禮固不可考，然大略亦必相同。所謂翼室者，殆即東夾室也。士禮尸在堂，而子位阼階，不在尸側，然則天子之禮，尸在堂，嗣天子無事之時，或可居東夾室。是故逆子釗於南門之外，延入翼室，恤宅宗，使之居東夾室，爲喪主也。蔡氏未必能博考古禮而爲此説，然適與古禮合矣。

《詩經》

有齊季女

毛、鄭以此稱女，故惑於《小戴·昏義》謂蘋藻之奠爲教成之祭。按：教成之祭，雖因女而舉，主祭者必司教之人。繇此思之，尸之爲義，不訓爲主，審矣。祭之必有尸也，孫則爲王父尸矣。妣必有尸，季女者未嫁之女也，於妣爲女孫，王母之尸，舍孫女其誰哉？以大夫之妻慎於祀事，采蘋藻而盛之、湘之、奠之，又迎有齊之季女以爲之尸，故曰可以祭祀也。

愚按：王氏此説殊爲舛矣。古祭禮男女共尸，惟喪中之祭，男女別尸。《士虞禮記》云：

「男，男尸；女，女尸。」疏曰：「虞，卒哭之祭，男女別尸，故男女別言之也。」又曰：「此經男女別尸，據虞祭而言。至卒哭已後，自禫已前，喪中之祭，皆男女別尸。」然則凡廟中之祭，男女共尸可知矣。蓋喪中之祭，考喪則祭考，妣喪則祭妣，不合考妣而祭之也，故男必有男尸，女必有女尸。若廟中之祭，則如《少牢饋食禮》之祝辭曰：「用薦歲事于皇祖伯某，以某妃配。」是合考妣而祭之也。《祭統》曰：「鋪筵設同几，爲依神也。」鄭注曰：「祭者以其妃配，亦不特几也。」無異几，則無異尸矣。是以《特牲》《少牢》兩篇並止一尸，有男尸而無女尸。如王氏之説，必以一男子爲男尸，又以一女子爲女尸。此二尸者，在子孫視之則考也、妣也，在其人自視則一人爲夫、一人爲妻也。本非夫婦，而强合之使爲夫婦，不幾如世俗之爲優戲者乎？曾謂有齊之季女而肯爲之乎？故如王氏之説，必以此祭爲喪中之祭乃可。然喪祭固有女尸矣，而《士虞禮記》則有明文曰：「必使異姓。」鄭注曰：「異姓婦也。」疏曰：「尸須得孫列者，孫與祖爲尸，孫婦與夫之祖姑爲尸，故不使同姓女爲尸也。」據此，則喪祭之女尸以孫婦爲之，而非以孫女爲之。王氏謂女孫爲王母之尸，不知其所據何典矣。

抱布貿絲

毛傳曰：「布，幣也。」《集傳》因之，而未言幣爲何物。俗儒遂謂抱已成之布，貿未成之絲。

其説本於《鹽鐵論》，曰：「古者市無刀幣，以其所有易其所無，抱布貿絲而已。」〔一〕不知布即幣也，幣，錢之屬也。《周禮·外府》：「掌邦布之出入。」鄭氏曰：「布，泉也。其藏曰泉，其行曰布。」

愚按：孔氏正義引《周禮·外府》注而破之曰：「知此布非泉而云幣者〔二〕，以言抱之，則宜爲幣，泉則不宜抱之也。」其説良是。王氏以布爲泉，蓋讀注而不讀疏也。

佩韘

韘之爲物，毛傳曰：「玦也。」《集傳》轉而爲決。按：從水之決，射以彄弦者也；從玉之玦，半環也。鄭箋不用毛説，而言「韘之言沓，所以彄沓手指」。《集傳》兩存之，又引《大射禮》「朱極三」以參之爲説，愈不定。決也、沓也、極也，初非一物，何者爲韘之實也？按許慎説「以象骨、韋繫，著右巨指」。象骨者，決也；韋者，韘也。若朱極，則以沓將指、無名指、小指者，惟人君用之，贊射者設焉，不以爲佩。

〔一〕該句今《鹽鐵論》各本作「古者市朝而無刀幣，各以其所有易無，抱布貿絲而已」。無礙文義。
〔二〕泉，原作「錢」，今《詩經》孔疏各本作「泉」，并據上下文義改。

愚按：決、玦古字通。毛傳之玦，實即決拾之決，而非環玦之玦。陸德明《釋文》云：「玦，本又作決。」是可知毛傳原有作決之本，故朱傳從之也。鄭箋不用毛説，而云韘之言沓，宋傳兩存其説，又引「朱極三」爲證，此亦本之《詩》疏。按疏引《士喪禮》曰：「纊極二。」注曰：「極，猶放弦也，以沓指放弦令不挈也。生者以朱韋爲之而三。」《大射》云：「朱極三。」注云：「以朱韋爲之，食指、將指、無名指。小指短不用。此是彄沓手指也。」是孔疏正引《士喪禮》纊極、《大射》朱極爲證，故朱傳亦引之也。鄭謂韘所以彄沓手指，而其釋纊極亦云以沓指，則鄭意韘與極自是一物，不得分而二之也。從毛傳之説，則韘即決也，乃著於巨指者。從鄭箋之説，則韘即極也，乃著於食指、將指、無名指者。《詩》疏所説極明。王氏屑屑分别，轉失其義。又極之爲用，施於食指、將指、無名指，而王氏謂施於將指、無名指、小指。《詩》疏明有小指不用之文，王氏蓋未之見也。

觼軜

毛傳曰：「軜，驂内轡也。」鄭箋云：「軜繫于軾前。」《集傳》則曰：「兩服兩驂，各有兩轡，而驂馬兩轡納之于觼，故唯六轡在手。」按《大戴禮》曰：「六官以爲轡，司會均入以爲軜。」夫以轡比六官，則轡止於六而無八。以軜比司會之均入，則六轡皆納於軜中，而非但二也。古之言轡者皆云六轡，不言八轡，蓋驂馬有兩轡以左右使，而服馬僅一轡當項上，其左右旋也聽命於驂馬。使如《集傳》所云，則彼六轡分歧，散而無以斂之，何所約而使在手？因思毛公所云「驂内轡」者，以軜在中，去服近，去驂遠，内驂轡，則服可知矣。要無軜中之轡不在手，而在手之轡不入軜中之理。

愚按：毛傳明言驂内轡，正義申之曰四馬八轡，而經傳皆言六轡，明有二轡當繫之。馬之有轡者，所以制馬之左右，令之隨逐人意。驂馬欲入，則偪於脅。驅内轡不須牽挽，故知納者，納驂内轡繫於軾前。疏申傳意，至爲分明。又《駟驖》篇「六轡在手」，正義曰：「每馬有二轡，四馬當八轡。諸文皆言六轡者，以驂馬内轡納之於觖，故在手者唯六轡耳。」朱傳於《駟驖》篇即用孔疏語，非自爲之説也。王氏乃以朱傳爲非，而以驂馬有兩轡，服馬惟一轡，四馬六轡，總納於軜中。此於《大戴禮》之文誠若有合者，無如毛傳明有「驂内轡」之文。王氏讀内爲納，謂服近驂遠，内驂轡則服可知，斯則曲説也。若然，則毛公但言内轡足矣，並驂不言，不更簡而明乎？《説文·車部》：「軜，驂馬内轡，繫軾前者。」《荀子·正論篇》：「三公奉軶持納。」楊倞注曰：「納與軜同，謂驂馬内轡繫軾前者。」是古説相傳，並以軜爲納驂馬之轡，惟盧辯注《大戴禮》以爲斂六轡之餘，此則順正文爲説耳。其實《大戴禮》止以轡喻六官，以軜喻司會，必謂官之數六，轡之數不得有八，亦失之泥矣。王氏謂服馬止有一轡，此説於古無徵，不可從也。轡字從叀、從絲，絲從二糸，一糸在左、一糸在右，一馬二轡，即字形可見。謂服馬止一轡，必不然矣。鄭箋於《駟驖》篇云「四馬六轡」，而《儀禮·聘禮》篇「賓覿總乘馬」注曰：「總者，總八轡牽之。」是鄭非不知四馬之有八轡也。然則凡言六轡者，兩驂馬内轡在軜可知矣。王氏謂驂馬内轡長，繫軜中不可收縱。然則六轡並納於軜，其於收縱不更滯乎？若六轡並納於軜，而仍收縱自如，則從古説謂納兩驂馬内轡，其於收縱更便矣。王氏之説，於御車之道未見有益，而徒使兩服馬各少一轡，不合古制，不可不辨正也。

虺蜴

許慎説：「虺，以注鳴。」今傳注家或謂虺爲蛇，又或以爲蝮蛇，或以爲土色反鼻、鼻上有針之蛇，皆誤。蛇固不能鳴，即有鳴者亦不以注。顔之推以韓非子有「蚘兩首」之説，而仲虺亦作仲蚘，因證蚘之即虺，而猶疑虺之爲蛇。今按：《明道雜志》云：「黄州有小蛇，首尾相類，因謂兩頭蛇。土人言此蛇老蚓所化。」以韓非子兩首之説考之，則虺蓋老蚓耳。陸機以虺蜴總爲祭原之别名，尤屬鹵莽。

愚按：毛傳但曰「蜴蝾也」，不釋虺字，明虺蜴是同物矣。《説文·虫部》：「虺，以注鳴。」

又曰：「蚖，榮蚖，蛇醫以注鳴者。」虺與榮蚖並以注鳴，亦可徵其爲同類之物。陸機謂虺蜴一名蠑螈，自是古訓如此，未可以爲鹵莽。執後世黄州土人之説以説《詩》，轉不可爲訓也。即如其説，亦必待其既化爲兩頭蛇，始謂之虺。當其爲蚓，固非虺也，則何以易傳注家之舊説乎？

黄流在中

《集傳》曰：「黄流，鬱鬯也。釀秬黍爲酒，築鬱金煮而和之。」盡反毛、鄭，不知何據。毛傳曰：「黄金所以飾流鬯。」鬯猶通也，謂以金飾其流通之際，即所謂黄金爲勺也。安得以黄流爲鬱鬯乎？若《集傳》所云「築鬱金煮而和之」，尤爲差異。《白虎通》曰：「鬯者，以百草之香鬱金合而釀之。」所云金合者，以金爲合釀之器也。朱子連「金」於「鬱」以爲句，加「築」於「秬黍爲酒」之下，易「合釀」爲「煮和」，遂謂先以秬黍爲酒，搗築鬱金爲末，置酒中煮之以變酒色使黄，而謂之黄流。割裂古文，其誤甚矣。

愚按：陸德明《釋文》出「黄金所以流鬯也」七字，而云一本作「黄金所以爲飾流鬯也」，是後人所加。然則陸氏所據毛傳無飾字。孔氏正義云：「瓚者盛鬯酒之器，以黄金爲勺而有鼻口，鬯酒從中流出，故云黄金所以流鬯。」然則孔氏所據毛傳亦無飾字。傳無飾字，則王氏之説不可通矣。即謂陸、孔本並非，而以有飾字者爲是，乃「流鬯」之文，與下句「九命然後錫以秬鬯」，兩文相應，此鬯字自是秬鬯之鬯。正義云以器是黃金，照酒亦黃，故謂之黃流也。此雖未知於毛意如何，而要之流鬯之鬯即秬鬯之鬯，不得如王氏之說讀鬯爲暢，訓暢爲通，而謂以金飾其流通之處也。至朱傳之說，悉有所本，非其自造。正義云：「秬鬯者，釀秬爲酒，以鬱金之草和之，使之芳香條鬯，故謂之秬鬯。」是以鬱爲鬱金草，孔氏舊說也。《釋文》云：「以黑黍米擣鬱金草，取汁而煮之，和釀其酒，其氣芬香調暢，故謂之秬鬯。」是煮和之說，陸氏舊說也。朱所謂築，即陸所謂擣也。王氏不知其本於陸、孔舊說，乃謂其誤讀《白虎通》，《白虎通》正有鬱金之文，適所以證成朱傳矣。王氏乃以「金合」二字連讀，謂以金爲合。夫金合之爲器，於古無徵，釀酒者亦未聞以金合釀之。恐割裂古文之誚，朱子有知，必將反脣以相稽矣。朱傳所說名物，皆本注疏，閒亦有徵引錯誤者。余作《詩名物徵古》一卷，凡朱傳徵引錯誤者，悉引舊說正之。其本乎舊說者，則概不及焉。王氏好攻朱傳，而但涉獵傳箋，不考之《釋文》、正義，往往失之。如此類者，蓋不少矣。又《說文·鬯部》：「鬱，芳草也。十葉爲貫，百廿貫築以煮之爲鬱。」此在大小徐本初無異文，而王氏引之曰：「十葉爲貫，二十貫爲築，築者二百葉也，非以杵臼搗築之謂。」不知所據《說文》爲何本矣。

依我磬聲

鄭箋云：「磬，玉磬也。」按古者通謂玉爲石，故八音言石而不言玉。凡石不能俱爲磬，可以爲磬者，玉之屬。乃《集傳》云：「玉磬，堂上升歌之樂，非石磬也。」別玉於石，而謂別設玉磬以合歌，而非堂下四縣之笙磬、頌磬，不知何據。

愚按：鄭箋既別此磬爲玉磬，則磬之有玉有石明矣。正義曰：「知是玉磬者，以鍾鼓磬管同爲樂器，磬非樂之主，而云鼓管和平、來依磬聲，明此異於常磬，非石磬也。」疏申箋意，其義甚明。朱傳正本之箋、疏。乃箋、疏不云堂上升歌之樂，而朱傳云然者，此又本於《書》疏也。《益稷》篇：「戛擊鳴球。」傳云：「球，玉磬，此舜廟堂之樂。」正義云：「依大射禮，鐘磬在庭。今鳴球於廟堂之上者，案《郊特牲》云『歌者在上，貴人聲也』、《左傳》云『歌鐘二肆』，則堂上有鐘，明磬亦在堂上，故漢魏已來登歌皆有鐘磬，燕禮大射堂上無鐘磬者，諸侯樂不備也。」據此，則朱傳之義自有所本，非無據也。王氏謂古者通謂玉爲石，則玉磬即石磬矣。《郊特牲》篇何爲以諸侯之擊玉磬爲僭禮乎？夫既有玉磬、石磬之分，則石磬在堂下，玉磬自當在堂上，不然，堂下既有石磬，何所用此玉磬哉？《書》疏引歌鐘爲證，自是塙據。有歌鐘，自宜有歌磬。歌鐘、歌磬並在堂上。其制必視常鐘、常磬爲小，故可以合歌聲，惟天子有之，而在諸侯則爲僭也。《郊特牲》言「諸侯之宮縣」此是一事[一]，謂其僭宮縣之制也；又曰「擊玉磬」，此又是一事，謂其用歌鐘、歌磬也。言玉磬則其爲歌磬可知；有歌磬則其有歌鐘可知。歌鐘亦以金爲之，與常鐘無異，故言玉磬不言鐘，舉玉磬以見鐘，此古人屬辭之法也。王氏引《郊特牲》之文而謂玉磬亦在宮縣之列，未達此旨耳。且《郊特牲》擊玉磬之文與宮縣句本不相承，未可并爲一談也。據《虞書》「戛擊鳴球，搏拊琴瑟以詠」，則鳴球之擊，自是升歌之樂，其下始云「下管鼗鼓」，則鳴球在堂上可知。朱傳不誤也。

《春秋》

郜大鼎

有郜邑，有郜國。隱十年魯取郜於宋，郜故久爲宋邑。若郜國，爲文王之子所封，至僖二十年郜子尚見於經，非宋於此時能有其地也。杜氏於「取郜」注云：「濟陰成武東南有郜城」；

[一] 郊特牲，原作「玉藻」，檢「諸侯之宮縣」「擊玉磬」，皆出自《禮記·郊特牲》，據改。

於「取郜大鼎」亦云「濟陰成武縣東南有郜城」，又曰「郜國所造器也」，則混而爲一矣。郜未亡，地不得入宋，寶器亦不得遷於宋。此大鼎乃宋於郜邑鑄之者，非郜國所造也。郜子之封未詳所在，而成武之郜必非其國都。杜解淆亂，不足從。

愚按：此説也，即劉炫難杜之説，而孔氏正義早已破之者也。正義云：「劉君難杜：『郜國，濟陰成武縣東南有北郜城。郜，宋邑，濟陰成武縣東南有郜城。俱是成武縣東南，相去不遠，何得所爲郜國？所爲宋邑？』劉以南郜北郜並宋邑，别有郜國，以規杜氏。知不然者，以許田、許國相去非遠，則郜國郜邑何妨相近。如劉所解，郜國竟在何處？據此，則劉炫正以爲别有郜國，而孔穎達不以爲然。王氏此論，殆未見正義乎？然孔疏之説，止據《左傳》立論，力護杜義，乃疏家之體如此。若後人詁經，則當兼采公羊之説。按僖二十年郜子來朝，《公羊傳》曰：「郜子者何？失地之君也。」徐彦疏曰：「隱二年傳云：『始滅昉於此乎！前此矣。』何氏云：『前此者，在春秋前，謂宋滅郜是也。』然則宋人滅郜在春秋之前，是以桓二年取郜大鼎于宋。」又隱二年疏云：「桓二年夏四月取郜大鼎于宋。傳曰：『此取之宋，其謂之郜鼎何？器從名。』彼注云：『從本主名名之。』宋始以不義取之，故謂之郜鼎。然則宋滅郜在春秋前。」以《公羊傳》文及徐彦疏考之，則郜在春秋以前已爲宋所滅，故得其地又得其鼎。至隱十年魯伐宋，取其地。至桓二年宋又以其鼎賂魯〔一〕，而僖二十年之郜子則寓公也。古者寓公不繼世，自入春秋至僖二十年，凡七十三年，計郜子是時必八十餘歲矣。齊桓公葵丘之會，有敬老慈幼無忘賓旅之命，故郜子以耄耋大年來朝兄弟之國，魯人尊而禮之，不從失地書名之例也。王氏讀注而不讀疏，又專讀《左傳》而不旁求之《公羊傳》，故疑郜子之郜非成武之郜。考《玉篇・邑部》：「郜，濟陰成武縣東南城名。」《廣韻・三十七号》：「郜，國名，在濟陰。」自來言郜者皆無異說，而王氏云成武非其國都，得無如孔穎達所譏「郜國竟在何處」乎？

子糾

杜氏謂子糾爲桓公庶兄，程子則曰桓公兄而子糾弟。《史記》謂二子皆僖公子，程子則謂皆襄公子，二說皆未得其實。《傳》云：襄公立，無常。鮑叔知亂將作，奉公子小白奔莒。當襄公初立之日，使小白爲其子，則尚在幼冲，且未嘗有申生之釁，鮑叔何爲遽奉其子，背父而逃？其爲襄公之弟明甚。若管、召奉糾奔魯，《傳》云亂作乃奔，則畏無知而出，糾固襄公之子也。大夫雖受盟於魯，而不顧戴暴君之裔，故桓公入而衆助之，以敗魯而殺糾，是糾非小白之兄，抑

〔一〕魯，原作「宋」，據蔡啓盛《校勘記》改。

非其弟，乃其從子也。

愚按：《管子·大匡》篇：「齊僖公生公子諸兒、公子糾、公子小白。」又載管仲之言曰：「國人憎惡糾之母，以及糾之身，而憐小白之無母也。諸兒長而賤，事未可知也。」《管子》一書固多後人附益，而《大匡》《中匡》等篇則皆當時紀實之文，非後人所能僞造。糾與小白並僖公子，其文甚明。太史公作《齊世家》亦云襄公次弟糾、次弟小白。《穀梁傳》云：「齊公孫無知弑襄公。公子糾、公子小白不能存，出亡。」蓋先君之子亦稱公子。《穀梁傳》文簡略，不言其爲襄公之弟，實亦無異義也。啖、趙之徒，喜於立異，見《穀梁傳》兩公子之文即承「襄公」之下，遂以爲襄公子，是並《左傳》叔向對韓宣子語所謂「齊桓，衛姬之子，有寵於僖」者而未之知矣。此說殊不足辨，而程子與胡傳俱從之，可怪也。王氏又創異說，以小白爲僖公子，以糾爲襄公子，則荀卿所謂「桓公殺兄爭國」、薄昭與淮南王書所謂「桓公殺其弟」者，均非其實，而前人紛紛爭論於桓兄糾弟、桓弟糾兄者，徒爲虛語矣。在王氏別無他據，惟據左氏經文「公伐齊，納子糾，齊小白入于齊」，謂糾稱子，則襄公之子也。不知《左傳》正義云：「案定本，經文糾之上有子字。」是孔氏所據本初無子字也。執有無不定之子字，而盡翻自古相承之舊說，非學者所敢從矣。

崇

杜但云「秦之與國」，不記其地。而任公輔謂在京兆鄠縣甘亭。按鄠於夏爲有扈氏，於殷爲崇侯虎之國，文王伐而滅之，其地入周，未聞以封諸侯。去鎬京密邇，固周畿内地。周京故地已爲秦據，趙穿豈能帥孤軍穿秦境，南涉渭水而侵之？杜氏闕之，猶知慎也。

愚按：《釋文》出「侵宗」二字曰：「本亦作崇。」是陸氏所據本作宗。《漢·地理志》潁川郡崈高縣注曰：「武帝置以奉太室山，是爲中岳。有大室、少室山廟。」竊疑漢崈高縣即古崈國也。《公羊傳》作晉趙穿帥師侵柳〔一〕。柳者何？天子之邑也。《左》《穀》作崇，《公羊》作柳，蓋地有異名。中岳嵩高山，則與周東都逼近，故《公羊》以爲天子之邑矣。此在唐、虞，蓋即崇伯鯀之國。按《山海經·中山經》：「青要之山，南望墠渚，禹父之所化。」化猶治也，謂禹父所治之地。郭注以變化言之，非也。據《水經注》，青要之山在新安縣，今嵩縣正在新安之南，則所謂「南望墠渚、禹父之所化」者，即其地矣。春秋時崇國其爲鯀後與否，則不可知。要爲崇伯之舊都，而漢於其地置崈高縣，則亦因乎古之建國也。此崇與崇侯虎之國自是兩地，王氏之論良

〔一〕 師，原作「帥」，今《公羊傳》作「帥師」（一作「率師」），并據上下文義改。

是，而王氏猶未能實指崇國之所在，故爲補説之。

邢丘

邢丘之邢，從形旁之幵，篆作幵；邘國之邘，從幵，音同而文異，地固不同。邘侯之國，初封在順德府邢臺縣，漢曰襄國，後遷夷儀，在東昌府聊城縣，衛滅之，地入於衛。邢丘，非國也，地在懷慶。《史記》：「秦使五大夫綰伐魏，拔懷，後二歲，拔邢丘。」《索隱》曰：「邢丘在武涉縣東南二十里，平皋是也。」應劭以邢丘爲邘侯國，而曰：「自襄國徙此，齊桓時衛人伐邘，邘遷于夷儀，其地屬晉，號曰邘丘。」不知從幵之邢，與從幵之邘，判然爲二。杜氏於宣六年「赤狄伐晉，圍懷及邢丘」注云「今平皋」，是已乃又以爲鄭地之邢亭。明屬晉邑，安得屬鄭？邢亭之名，他無所見，唯野王西北，京相璠謂是邘亭。邘、邢相似，因而錯亂。

愚按：邘從幵，邢從井〔一〕，兩文既異，聲亦不同。《玉篇·邑部》邢音子省切，《廣韵·四十静》邢與井字同音子郢切，是邢、邢二字，古不同音。而《説文》所附孫愐音切，邢、邢同户經切，此是後人因二文相似，誤以邢字之音置於邢下耳，非其舊也。陸氏《釋文》於「邢丘」字云：「徐

〔一〕井，原作「邢」，據上下文義改。

音刑。」則其字必不從井。王氏謂邢丘之邢當從井，非也。至謂邢侯之國在襄國，考之《漢志》，良然。乃《説文》邢篆下云：「周公子所封，地近河内懷。」許氏以邢國近懷，則即《史記》所謂「秦拔懷，後二歲拔邢丘」者也。是平皋而非襄國矣。及以《玉篇》考之，則非特邢、郱字異，即邢國亦自有二。按《玉篇·邑部》云：「邢，胡丁切。《左氏傳》『狄伐邢』，杜預云：『邢國在廣平襄國縣。』又輕千切，周公所封地，近河内。郉，同上。」以是言之，則廣平之邢音胡丁切，河内之邢，音輕干切，是二國矣。疑廣平之邢亦姬姓，而非周公之子所封，其後遷于夷儀，爲衛所滅；河内之邢，乃周公之子所封，其初本邢丘也，《韓詩外傳》所云武王伐紂至于邢丘，修武勒兵，更名邢丘曰懷寧、曰修武者是也。周初建國，以邢丘封周公之子，是爲邢國，其後不知爲何國所滅，地入于晉，復其舊名曰邢丘。此與襄國之邢，本是一字，亦無異音。後人以兩國同名，易於混淆，讀河内之邢爲輕干切以別之，蓋亦一聲之轉，如從幵之字形、刑等則入耕青韻，妍、研等則入元寒韻，是其例也。而要皆從幵，隸變從开，初不從井。從井者，《説文》云「鄭地有郱亭」，然則郱亭自是鄭地。王氏謂郱亭之名他無所見，而疑是邢亭之誤，蓋未考《説文》也。惟杜氏注宣六年、襄八年之邢丘，皆無鄭地之説。昭五年晉侯送女于邢丘，子産相鄭伯會晉侯于邢丘，杜於邢丘無注，屢見故也。其上文鄭伯勞子蕩于氾、勞屈生于菟氏，注曰：「氾、菟氏皆鄭地。」豈王氏誤讀杜注而有此説歟？抑别見於他年《傳》而愚未之檢也？

納北燕伯于陽

《公羊》作「納公子陽生」，其謬明甚。陽生立於哀公六年壬子歲，卒於十年丙辰歲，去是年辛未四十五年，若此時已出奔在燕，而擁兵以入，當已二十矣，其死也猶謚曰「悼」乎？且於時孺子荼未生，陽生何所嫌而奔燕？故曰其謬明甚。

愚按：王氏之讀《公羊傳》，抑何其鹵莽也！《公羊》之意，蓋謂此經本作「齊高偃帥師納北燕公子陽生」。公子陽生者，北燕之公子也，非齊之公子陽生也。故徐彦疏云：「若足其文，宜云齊高偃帥師納北燕公子陽生于北燕。」王氏乃誤以爲即齊之公子陽生，反譏《公羊》之謬。夫齊之公子陽生，豈得繫之北燕乎？

《莊子》人名考　俞樓雜纂弟二十九

《逍遥遊》篇

齊諧　司馬及崔並云「人姓名」，簡文云「書」。按：下文「諧之言曰」，則當作人姓名爲是。若是書名，不得獨稱「諧」。

棘　李云：「湯時賢人。」又云：「是棘子。」崔云：「齊諧之徒，識冥靈大椿者名也。」按：《列子·湯問》篇：「殷湯問於夏革曰：『古初有物乎？』」張湛注曰：「革字，《莊子》音棘。」殷敬順《釋文》曰：「夏棘，字子棘，爲湯大夫。」則李云「湯時賢人」者是也。

又按：簡文云：「一曰湯，廣大也；棘，狹小也。」是以湯、棘皆爲寓名。未考《列子》，然《莊》《列》本多寓言，謂是寓名，亦得也。

宋榮子　司馬、李云：「宋國人也。」崔云：「賢者也。」按：《天下》篇云：「墨子真天下之好也。宋鈃、尹文聞其風而悦之。」未知即此人否？《荀子·非十二子篇》以墨翟、宋鈃同稱，《天論篇》「宋子有見於少，無見於多」，楊倞注曰：「宋子名鈃，宋人也，與孟子同時。」則以爲即《孟子》書之宋牼矣。牼與鈃聲固相近，榮與鈃聲亦相近。《月令》「腐草爲螢」，《吕覽》《淮南》並作「蚈」。榮之爲鈃，猶螢之爲蚈也。然則宋榮即宋鈃，宋鈃即宋牼矣。

肩吾　李云：「賢人也。」司馬云：「神名。」按：又見《大宗師》篇，司馬云：「山神不死，至孔子時。」

連叔　李云：「懷道人也。」

《齊物論》篇

南郭子綦　司馬云：「居南郭，因以爲號。」按：《列子·仲尼》篇：「子列子與南郭子連墻，二十年不相謁請。」即其人也。

顔成子游　李云：「子綦弟子也。姓顔，名偃，謚成，字子游。」按：《廣韵·十四清》成字注云：「複姓十五氏，《莊子》有顔成子游。」則成非謚。

狙公　司馬云：「典狙官也。」崔云：「養猨狙者。」李云：「老狙也。」按：《列子·黄帝》

篇：「宋有狙公者。」則此狙公是宋人，崔説是，李説非。

昭文 按：《釋文》無説。《列子·湯問》篇載鄭師文從師襄學鼓琴事注曰：「師文，鄭國樂師。」豈即其人歟？其人蓋名文，《列子》稱師文，舉其官言之；《莊子》稱昭文，舉其氏言之。

齧缺 《釋文》無説。《廣韵·十六屑》：「齧，噬也，亦姓。」《莊子》有齧缺。」則是齧姓、缺名。

王倪 《高士傳》云：「堯時賢人。」按：《漢書·古今人表》作王兒。《淮南子·齊俗》篇注曰：「齧缺、被衣，皆堯時老人也。」

瞿鵲子 《釋文》無説。按：孔子弟子也，説詳下。

長梧子 李云：「居長梧下，因以爲名。」崔云：「名丘。」簡文云：「長梧，封人也。」按：《戰國策·宋策》有「梧下先生」，高注曰：「先生，長者有德者稱。家有大梧樹，因以爲號。」豈即斯人歟？崔云「名丘」，則誤也。據瞿鵲子云「吾聞諸夫子」，則瞿鵲子所述皆其師之言。長梧子曰：「是皇帝之所聽熒也，而丘也何足以知之！」丘者，斥其師之名。瞿鵲子殆孔子之弟子也。崔氏誤謂丘者長梧子自稱其名，遂有長梧子名丘之説，今知不然者。下文云「丘也與女皆夢也，予謂女夢亦夢也。」予者，長梧子自稱之辭。曰丘、曰女、曰予，明分爲三，豈得謂長梧子名丘乎？長梧子既不名丘，則丘爲斥瞿鵲子之師無疑矣。瞿鵲子爲孔子弟子，世竟無知者，是宜表而出之。

罔兩 郭注云：「罔兩，景外之微陰也。」向云：「景之景也。」崔本作罔浪，云有無之狀。按：罔兩、罔浪並疊韵字。崔以爲有無之狀，是也。亦作罔象、亦作象罔。《天地》篇：黄帝失其玄珠，象罔得之。此云罔兩，彼云象罔，並寓人名，非陰與景也。

《養生主》篇

庖丁 《釋文》云：「庖人，丁其名也。」按：《吕氏春秋·精通》篇：「宋之庖丁好解牛，所見無非死牛者，三年而不見生牛。用刀十九年，刃若新鄺研。」據此則庖丁宋人也。《淮南子·齊俗》篇：「庖丁用刀十九年，而刀如新剖研。」高注曰：「庖丁，齊屠伯也。」則又爲齊人。

文惠君 崔、司馬云：「梁惠王也。」按：未知所據。《史記》止稱惠王，《汲冢紀年》則云惠成王，是已有二謚矣。而此又云文惠君，何也？考六國時惟趙有惠文王，未知即此君否？

公文軒 司馬云：「姓公文氏，名軒，宋人也。」按：《廣韵·一東》公字下云：「衛有公文要。」則公文氏疑是衛人也。

右師 司馬云：「宋人也。」簡文云：「官名。」按：右師爲宋尊官，不當以刖者爲之，或非官名乎？

《人閒世》篇

顏闔　按：顏闔見《讓王》篇。

匠石　**匠伯**　按：前後皆言匠石，中閒忽言匠伯，疑是字之誤。崔本亦作石，是也。陸氏以爲「匠石之字」，此臆爲之説。

南伯子綦　李云：「即南郭也。伯，長也。」按：南伯子綦即南郭子綦，乃聲之誤耳。《周禮·司几筵》「其柏席用萑」，鄭康成以柏爲椁字之誤，即其例矣。《大宗師》篇又作南伯子葵。李云：「葵當爲綦，聲之誤也。」

支離疏　司馬云：「支離，形體不全貌；疏，其名也。」按：下有「支離其形」句，故舊解如此。然漢有複姓支離，見《廣韵·五支》注。《莊子》書《至樂》篇有支離叔、《列禦寇》篇有支離益，則支離疏自是人姓名，借以寓形體不全之意，正猶湯廣大、棘狹小矣。

《德充符》篇

王駘　按：《釋文》止言人姓名，無他説。

常季　《釋文》曰：「或云孔子弟子。」此殆在三千人中者歟？

申徒嘉　李云：「申徒氏，嘉名。」按：申徒亦作司徒，説詳《大宗師》篇。

伯昬無人　《釋文》云：「《雜篇》作瞀人。」按：《列子・黄帝》篇「伯昬無人」，殷敬順《釋文》音莫侯切。蓋字雖作無，讀當作瞀也。

叔山無趾　李云：「叔山氏，無足趾。」按：「無足趾」當作「無趾，名」。觀下文「無趾曰」「無趾語老聃曰」，則無趾自是其名也。

哀駘它　李云：「哀駘，醜貌；它，其名。」按：哀駘當是其姓，漢有哀章。

闉跂支離無脤　司馬云：「闉，曲也。跂，企也。闉跂支離，言脚常曲行、體不正卷縮也。無脤，名也。」崔云：「闉跂，偃者也；支離，傴者也。脤，脣同。」簡文云：「跂，行也；脤，臀也。」按：如崔説，則無脤者今所謂缺脣也。如簡文説，未詳。

甕㼜大癭　李云：「甕㼜，大癭貌。」按：此等雖寓名，然古自有以疾名者，如衛侯之兄輒是也。

《大宗師》篇

狐不偕　司馬云：「古賢人也。」

務光　皇甫謐云：「黄帝時人，耳長七寸。」按：《史記·伯夷列傳》云：「夏之時，有卞隨、務光。」《漢書·古今人表》卞隨、務光皆列殷湯時，其事詳見《讓王》篇。彼作瞀光，此作務光，一也。皇甫謐謂黄帝時人，非是。

紀他　《釋文》無説。按：紀他，事見《外物》篇。

申徒狄　《釋文》云：「殷時人，負石自沈於河，崔本作司徒狄。」按：《史記·留侯世家》：「以良爲韓申徒。」徐廣曰：「申徒，即司徒耳，但語音訛轉，故字亦隨改。」

狶韋氏　司馬云：「上古帝王名。」按：狶字李音豕，然則殷之豕韋爲五霸之一者，殆即其後歟？

堪坏　司馬云：「堪坏，神名，人面獸形，《淮南》作欽負。」按：今本《淮南子·齊俗》篇作鉗且，乃字之誤。

馮夷　司馬云：「《清泠傳》曰：『馮夷，華陰潼鄉隄首人也，服八石，得水仙，是爲河伯。』一云：以八月庚子浴於河，而溺死。一曰：渡河溺死。」按：《抱樸子・釋鬼》篇云：「馮夷以八月上庚日渡河溺死，天帝署爲河伯。」此八月庚子溺死之説。《山海經》曰：「中極之淵，深三百仞，唯冰夷都焉。」《穆天子傳》云：「天子西征，至於陽紆之山，河伯無夷之所都居。」冰夷、無夷，即馮夷也。《龍魚河圖》曰：「河伯姓吕，名公子，夫人姓馮，名夷。」則又以馮夷爲河伯之妻。

禺强　司馬云：「《山海經》云：『北海之渚有神，人面鳥身，珥兩青蛇，踐兩赤蛇，名禺强。』」簡文云：「一名禺京，黄帝之孫也。」

西王母　《釋文》引《山海經》《漢武内傳》諸説，不具録。

女偊　《釋文》：「一云是婦人也。」

副墨之子　李云：「可以副貳玄墨也。」

洛誦之孫　李云：「誦，通也。苞洛無所不通也。」

瞻明　李云：「神明洞徹也。」

聶許　李云：「許，與也。攝而保之，無所施與也。」

需役　李云：「儒弱爲役也。」王云：「需，待也；役，亭毒也。」

於謳　李云：「謳，喣也，欲化之貌。」王云：「謳，歌謡也。」

玄冥　李云：「强名曰玄，視之冥然。」

參寥　李云：「參，高也。高邈寥曠，不可名也。」

疑始　李云：「又疑無是始，則始非無名也。」按：自副墨以下，崔云「皆古人姓名，或寓之耳，無其人」。然如玄冥，則少皥氏之子，實有其人。此外古書不傳，無可考證。疑《莊子》雖託名見意，亦必有可託而託之，非皆烏有先生也。

子祀　崔云：「《淮南子》作子永，行年五十四而病傴僂。」按：《抱樸子·博喻》篇亦云：「子永歎天倫之偉。」

子輿　**子犂**　**子來**　按：《釋文》但云：「子輿，本又作與。」無他説。

子桑户　按：《釋文》無説。《楚辭·九章》「桑扈臝行」，洪興祖《補注》謂即桑户。近人又疑即《論語》之子桑伯子，未知是否。《漢書·古今人表》有子桑子，列在戰國時，疑别一人。又有采桑羽，列春秋時，與子張、孟之反同在弟三等。此云「子桑户、孟子反、子琴張三人相與友」，疑采桑羽即子桑户也。

孟孫才　李云：「三桓後，才其名也。」崔云：「才或作牛。」按：《列子・楊朱》篇有孟孫陽，爲楊朱之徒。禽子謂「以子之言問老聃、關尹，則子言當矣」。未識即此人否？

意而子　李云：「賢士也。」

《應帝王》篇

蒲衣子　崔云：「即被衣，王倪之師也。」按：《古今人表》作被衣，師古曰：「被，音披。」《淮南子・俶真》篇注曰：「方回、善卷、披衣，皆堯時隱士，姓名不可得知。其人方直回旋，因曰方回。見其善卷被衣而行，因曰披衣。」

泰氏　司馬云：「上古帝王也。」李云：「大庭氏。」又云：「無名之君也。」按：《帝王世紀》云：「天皇大帝，曜魄寶。地皇爲天一，人皇爲太一。」此泰氏疑即謂人皇太一也。

日中始　李云：「日中始，人姓名，賢者也。」崔本無日字，云：「中始，賢人也。」

天根　崔云：「人姓名也。」

陽子居 李云：「居，名也。子，男子通稱。」按：又見《寓言》篇〔一〕，《釋文》云：「陽子居，姓陽，名戎，字子居。」

季咸 李云：「女曰巫，男曰覡。季咸，名。」按：在男曰覡，在女曰巫，本《國語·楚語》文。如其說，則季咸乃女子也。然韋昭注《國語》云：「《周禮》男亦曰巫。」張湛注《列子》亦引顏師古曰：「巫、覡通稱。」《玉篇·巫部》則云：「神降男爲巫、女爲覡。」

壺子 司馬云：「名林，鄭人，列子師。」按：《列子·天瑞》篇：「先生不聞壺丘子林之言乎？」張湛注：「壺丘子林，列子之師。」

儵　忽　渾沌 李云：「儵，喻有象也。」「忽，喻無形也。」「渾沌，清濁未分也，此喻自然。」崔云：「渾沌，無孔竅也。」簡文云：「儵忽，取神速爲名。渾沌，以合和爲貌。神速譬有爲，合和譬無爲。」按：李注「無形」當作「有形」，儵、忽二帝應歸一義。儵既有象，忽必有形，傳寫誤也。又按《古今人表》有沌渾氏，即渾沌氏。

〔一〕 寓言，原作「外物」，據《莊子》篇名改。

《駢拇》篇

臧　穀　崔云："好書曰臧。"《方言》云："齊之北鄙，燕之北郊，凡民男而壻婢謂之臧，女而婦奴謂之獲。"穀，如字。《爾雅》曰："善也。"崔本作𣪌，云："孺子曰𣪌。"按：字書無𣪌字。《荀子·禮論篇》："君子以倍叛之心，接臧穀，猶且羞之。"楊倞注曰："《莊子》曰：『臧與穀相與牧羊。』《音義》曰：『孺子曰穀。』或曰：穀讀爲鬭穀於菟之穀。穀，乳也，謂哺乳小兒也。"然則穀當作𣪌。

俞兒　司馬云："古之善識味人也。"《淮南》云：俞兒、狄牙，嘗淄澠之水而別之。一云：俞兒，黄帝時人。一云：亦齊人。《淮南子》一本作申兒，疑申當作臾。

《胠篋》篇

赫胥氏　司馬云："上古帝王也。"一云：有赫然之德，使民胥附，故曰赫胥，蓋炎帝也。

按：炎帝乃神農也，下文赫胥氏與神農氏並言，則非一人。《古今人表》有赫胥氏，又有炎帝神農氏。

容成氏　大庭氏　伯皇氏　中央氏　栗陸氏　驪畜氏　軒轅氏　赫胥氏　尊盧氏　祝融氏　伏戲氏　神農氏　司馬云：「此十二氏皆古帝王。」按：《古今人表》宓羲氏之後有容成氏、大廷氏、柏皇氏、中央氏、栗陸氏、驪連氏、赫胥氏、尊盧氏、炎帝神農氏、黄帝軒轅氏。《帝王世紀》謂女媧氏承庖犧，女媧氏没，大庭氏王有天下。次有柏皇氏、中央氏、栗陸氏、驪連氏、赫胥氏、尊盧氏、祝融氏、混沌氏、昊英氏、有巢氏、葛天氏、陰康氏、朱襄氏、無懷氏，皆襲庖犧之號。據此二書，則諸氏皆在伏羲之後，而《莊子》乃列于伏羲之前，然又以軒轅厠於其中，則其先後恐不足據也。

《在宥》篇

崔瞿　向、崔本作臞。崔瞿，人姓名也。

廣成子　或云：「即老子。」按：葛洪《神仙傳》：老子者，或云上三皇時爲玄中法師，下三皇時爲金闕帝君，伏羲時爲鬱華子，神農時爲九靈老子，祝融時爲廣壽子，黄帝時爲廣成子，顓頊時爲赤精子，帝嚳時爲禄圖子，堯時爲務成子，舜時爲尹壽子，夏禹時爲真行子，殷湯時爲錫則子，文王時爲文邑先生。[一] 此即或説所本。

雲將　李云：「雲，主帥也。」按：即《楚辭·九歌》之雲中君。

鴻蒙　司馬云：「自然元氣也。」一云海上氣也。

《天地》篇

夫子　司馬云：「莊子也。」一云：「老子也。」按：此篇兩稱「夫子曰」，夫子即孔子也。下文「夫子問于老聃」，《釋文》曰：「夫子，仲尼也。」然則此云夫子，亦即仲尼矣。近時孫氏星衍著《孔子集語》，有《寓言》兩卷，博采《莊》《列》而不及此，猶有所遺。

知　按：亦寓名。《知北游》篇云：「知北游於玄水之上。」

喫詬　司馬云：「多力也。」按：亦寓名。

象罔　按：亦寓名，與《齊物論》罔兩同。

[一] 此文不見於《神仙傳》，但見録於《太平廣記·神仙·老子》一章。該章並言：「皆見於群書，不出《神仙》正經，未可據也。」

伯成子高　《通變經》云：「老子從此天地開闢以來，吾身一千二百變，後世得道，伯成子高是也。」按：《通變經》未詳何書。葛洪《神仙傳》云：「按《九變》及《元生十二化經》，老子未入關時，固已名聃矣。」〔一〕《通變經》疑即《九變》《十二化》之類。《廣韵·十四清》成字注：「複姓十五氏。《莊子》有伯成子高。」則伯成其氏也。《列子·楊朱》篇稱「伯成子高不以一毫利物，舍國而隱耕」，而《黄帝》篇又云：列子友伯高子。《山海經·海内經》：「華山青山之東〔二〕，有山名曰肇山，有人名曰柏子高。」郭注：「柏子高，仙者也。」伯高子與柏子高，未識即伯成子高否？

將閭葂　將，一本作蔣，葂字亦作菟。蔣閭菟，人姓名也。一云：「姓將閭，名葂。」或云：「姓蔣，名閭葂也。」按：下文「魯君謂葂也」，則葂是其名，將閭覆姓。《廣韵·九魚》閭字注引《藝文志》云：「古有將閭子，名菟，好學著書。」即其人也。

季徹　《釋文》云：「人姓名也，蓋季氏之族。」

〔一〕　此文不見於《神仙傳》，但見録於《太平廣記·神仙·老子》一章。

〔二〕　青山，今《山海經》各本作「青水」。檢《山海經》中「青山」未見，而「青水」屢出，郭璞注曰：「青水出昆侖。」則作「青水」於義較勝。

諄芒　李云：「望之諄諄，察之芒芒，故曰諄芒。」一云：「姓名也。」或云：「霧氣也。」

苑風　李云：「小貌，謂遊世俗也。」一云：「人姓名。」一云：「扶摇大風也。」

門無鬼　司馬本作無畏，云：「門，姓；無畏，字也。」

赤張滿稽　滿，本或作蒲。李云：「赤張，氏也；滿稽，名也。」

《天道》篇

士成綺　《釋文》云：「人姓名也。」

輪扁　司馬云：「斲輪人也，名扁。」

《天運》篇

巫咸祒　李云：「巫咸，殷相也；祒，寄名也。」按：巫咸即其姓也。《廣韵·二十六咸》云：「咸亦姓。《姓苑》云：『巫咸之後。』」蓋單姓則爲咸，複姓則爲巫咸也。

商太宰蕩　司馬云：「商，宋也；大宰，官也；蕩，字也。」按下云「蕩聞之」，一本蕩作盈，或云：「盈，大宰字。」蕩與盈，必一名一字，皆以爲字，非也。

師金 李云：「師，魯太師也；金，其名也。」按：《論語》「子語魯太師樂」，或即斯人歟？

北門成 《釋文》云：「北門成，人姓名也。」

《秋水》篇

若 司馬云：「海神。」按：《楚辭·遠遊》篇：「令海若舞馮夷。」王逸注曰：「海若，海神名。」

公孫龍 司馬云：「趙人。」按：《史記》有兩公孫龍。一見《仲尼弟子列傳》云：「公孫龍，字子石。」集解引鄭玄曰：「楚人。」一見《孟子·荀卿列傳》，云：「趙有公孫龍，爲堅白同異之辨。」索隱云：「即仲尼弟子名也。此云趙人，《弟子傳》作衛人，鄭玄云楚人，各不能知其真也。又下文云『並孔子同時，或曰在其後』，所以知非别人也。」愚按：索隱之説非也。據《弟子傳》，公孫龍少孔子五十歲，而説堅白異同之公孫龍則與孔穿同時。考《孔子世家》，孔穿乃孔子之昆孫，去孔子六世矣，必不得與少孔子五十歲之公孫龍辨論也。《莊子》書之公孫龍，則即與孔穿辨論之人，而非孔子弟子。

魏牟　司馬云：「牟，魏之公子。」按：《吕氏春秋·審爲》篇曰：「中山公子牟謂詹子曰：『身在江海之上，心居乎魏闕之下。』」高誘注曰：「子牟，魏公子也。魏伐得中山公，以邑子牟，因曰中山公子牟。」《漢書·藝文志》道家有《公子牟》四篇，注曰：「魏之公子也，先莊子，莊子稱之。」

壽陵餘子　司馬云：「壽陵，邑名。未應丁夫爲餘子。」按：餘子乃晉官名。《宣二年·左傳》所謂「又宦其餘子，亦爲餘子」是也。疑三家分晉後，故制未更，此乃趙氏餘子之在壽陵者，司馬説非。《吕氏春秋·離俗覽》有「平阿之餘子」，高注曰：「餘子，官氏也。」

《至樂》篇

支離叔　滑介叔　李云：「支離，忘形；滑介，忘智。言二子乃識化也。」

《達生》篇

田開之　李云：「開之，其名也。」

周威公　崔本作周威公竈。按：《史記·周本記》：「考王封其弟于河南，是爲桓公。桓公卒，子威公代立。」此周威公殆即其人乎？索隱：「按：《系本》：西周桓公名揭，威公之子，東周惠公名班。」而威公之名不傳。崔本作周威公竈，可補史缺。

祝腎　按：《釋文》無説。

單豹　李云：「隱人姓名也。」

張毅　按：《釋文》無説。

皇子告敖　司馬云：「皇，姓；告敖，字。齊之賢士也。」按：《廣韵·六止》子字注：「複姓十一，《莊子》有皇子告敖。」則以皇子爲複姓。《列子·湯問》篇末載「錕鋙劍」「火浣布」事云：「皇子以爲無此物。」殆即斯人也。

紀渻子　《釋文》云：「人姓名也，一本作消。」

王　司馬云：「齊王也。」按：《列子·黄帝》篇亦載此事云：「紀渻子爲周宣王養鬭鷄。」則非齊王也。

梓慶　李云：「魯大匠也。梓，官名；慶，其名也。」按：《襄四年·左傳》：「定姒薨，匠慶謂季文子曰：『子爲正卿，而小君之喪不成，不終君也。』」杜注：「匠慶，魯大匠。」即此梓慶矣。

東野稷　李云：「東野，姓；稷，名也。」司馬云：「孫卿作東野畢。」

莊公　李云：「魯莊公也。」或云：「《内篇》曰：『顔闔將傅衛靈公太子，問於蘧伯玉。』則不與魯莊同時，當是衛莊公。」按：《荀子・哀公篇》載此事，莊公作定公，顔闔作顔淵，則爲魯定公矣。

孫休　《釋文》無説。

子扁慶子　李云：「扁，姓；慶子，字也。」

《山木》篇

市南宜僚　司馬云：「熊宜僚也，居市南，因爲號也。」李云：「姓熊，名宜僚。」《左傳》云：「市南有熊宜僚，楚人也。按：亦見《徐無鬼》篇。高誘注《淮南子・主術》篇云：「宜遼，姓也，名熊。」疑名、姓字互誤。

北宫奢　李云：「衛大夫，居北宫，因以爲號。奢，其名也。」

王子慶忌　李云：「王族也。慶忌，周大夫也。」按：皇侃《論語義疏》曰：「王孫賈者，周靈王之孫，名賈。是時仕衛爲大夫。」然則此王子慶忌疑亦周之王子而仕衛者。齊亦有王子成父，見《文十一年·左傳》。

大公任 李云：「大公，大夫稱；任，其名。」按：《廣韵·一東》公字注云：「世本有大公叔穎。」然則大公乃覆姓，非大夫之稱也。

子桑雩 音户，本又作雩。李云：「桑，姓；雩，其名。隱人也。」或云：「姓桑雩，名隱。」按：疑即《大宗師》篇之子桑户。雩音户，則固與子桑户同矣。其或作雩，蓋即雩字。《説文》雩或作翌。愚以《古今人表》之采桑羽即子桑户，説在《大宗師》篇。羽或即翌之壞字乎？

林回 司馬云：「殷之逃民之姓名。」按：上云「子獨不聞假人之亡與」，李云：「假，國名。」然則林回當是假之逃民，蓋假亡而其民逃，故林回負赤子而趨也。殷乃假字之誤。

藺且 藺，一本作簡。司馬云：「藺且，莊子弟子。」

陽子 司馬云：「陽朱也。」

《田子方》篇

田子方 李云：「魏文侯師也，名無擇。」

谿工 司馬本作雞工。李云：「谿工，賢人也。」

温伯雪子　李云：「南國賢人也。」按：《廣韵》温伯爲複姓。

《知北遊》篇

無爲　按：亦寓名。

狂屈　李云：「狂屈，佯張似人而非也。」

丞　李云：「舜師也。」一云：「古有四輔，前、疑、後、丞，蓋官名。」按：《列子·天瑞》篇：「舜問乎烝曰。」則其字作烝，不作丞，自是人名。

東郭子　李云：「居東郭也。」按：《列子·力命》篇有東郭先生。

正獲　李云：「正，亭卒也；獲，其名也。」

妸荷甘　《釋文》無説。

老龍吉　李云：「懷道人也。」

弇堈弔　李云：「弇堈，體道人；弔，其名。」

泰清　**無窮**　**無爲**　**無始**　按：皆寓名。

光曜　**無有**　按：亦皆寓名。

《庚桑楚》篇

庚桑楚 司馬云：「楚，名；庚桑，姓也。《太史公書》作亢桑。」按：《列子·仲尼》篇「老聃之弟子有亢倉子者」，張湛注曰：「音庚桑。賈逵《姓氏英覽》云：『吴郡有庚桑姓，稱爲七族。』」然則庚桑子吴人歟？

南榮趎 李云：「庚桑弟子也。」《漢書·古今人表》作南榮疇。或作儔、又作壽，《淮南》作南榮幬。

《徐無鬼》篇

徐無鬼 《釋文》曰：「徐無鬼，緡山人，魏之隱士。」司馬本作「緡山人徐無鬼」。

女商 《釋文》曰：「人名也。李云：『無鬼、女商，並魏幸臣。』」按：徐無鬼自是隱士，李以爲幸臣，非也。

大隗 《釋文》曰：「或云：『大隗，神名也。』一云：『大道也。』」

方明　昌寓　張若　謵朋　昆閽　滑稽　按：皆寓名，而《釋文》均無説。下文「七聖皆迷」，謂黄帝與此六人。

魯遽　李云：「人姓名也。」一云：「周初時人。」

顔不疑　《釋文》無説。

董梧　《釋文》云：「有道者也。」

田禾　《釋文》云：「田禾，齊君也。」按：即田齊之太公和。

九方歅　《釋文》云：「善相馬人，《淮南子》作九方皋。」按：子綦使相其八子，則九方歅又善相人也。

梱　《釋文》云：「子綦子名。」

渠公　《釋文》云：「或云：『渠公，齊之富室。』一云：『渠公，屠者。』」

《則陽》篇

則陽　司馬云：「名則陽，字彭陽也。」一云：「姓彭，名則陽，周初人也。」

夷節　《釋文》云：「楚臣。」

王果　司馬云：「楚賢臣。」

公閱休　《釋文》云：「隱士也。」

冉相氏　郭注云：「冉相氏，古之聖王也。」按：《路史·循蜚紀》有冉相氏。

門尹登恒　向云：「門尹，官名；登恒，人名。」

容成氏　《釋文》曰：「老子師也。」按：《漢書·藝文志》陰陽家有《容成子》十四篇。房中家又有《容成陰道》二十六卷，此即老子之師也。《列子·湯問》篇曰：「黄帝與容成子居空峒之上，同齋三月。」當是别一人。《淮南子·本經》篇：「昔容成氏之時，道路鴈行列處，托嬰兒於巢上，置餘糧於畝首，虎豹可尾，虺蛇可蹍，而不知其所由然。」此則當爲上古之君，即《莊子·胠篋》篇之容成氏與大庭、伯皇、中央、栗陸諸氏並稱者也。而高誘注乃云：「容成氏，黄帝時造麻日者。」則以爲黄帝之臣矣。此以説《列子·湯問》篇與黄帝同居空峒之容成氏乃爲得之，非此容成也。合諸説觀之，容成氏有三：上古之君，一也；黄帝之臣，二也；老子之師，三也。然老子生年亦究不可考，其師或即黄帝之臣乎？未可知矣。

田侯牟　按：《釋文》無牟字，云：「一本作田侯牟。司馬云：『田侯〔一〕，齊威王也，名牟。』」按《史記》威王名因齊，田齊諸君無名牟者。惟桓公名午，與牟字相似，牟或午之誤。然齊桓公午與梁惠王又不相值也。

犀首　司馬云：「公孫衍爲此官，元嘉本作齒首。」

季子　《釋文》云：「魏臣。」

華子　《釋文》云：「亦魏臣。」

戴晉人　《釋文》云：「梁國賢人。」

長梧封人　《釋文》云：「長梧，地名；封人，守封疆之人。」按：據簡文説，即《齊物論》篇之長梧子也〔二〕。

子牢　司馬云：「即琴牢，孔子弟子。」

柏矩　《釋文》云：「有道之人。」

〔一〕侯，原闕，今《經典釋文》各本均作「田侯」，并據上下文義補。

〔二〕齊物論，原作「逍遥遊」，據《莊子》篇名改。

大史大弢　伯常騫　狶韋　按：三人疑皆衛人。

少知　大公調　按：皆人名，《釋文》無説。大公，複姓。説見《山木》篇太公任。

季真　接子　李云：「二賢人。」按：《史記・孟荀列傳》有接子，索隱云：「古著書人之名號。」

《外物》篇

監河侯　《釋文》云：「《説苑》作魏文侯。」

任公子　李云：「任，國名。」

余且　《釋文》云：「余，音預；且，子餘反。姓余，名且也。」按：《史記・龜策傳》作豫且。

《讓王》篇

子州支父　李云：「支父，字也，即支伯也。」

子州支伯　按：《漢書・古今人表》有子州支父，無子州支伯，則支父、支伯是一人也。

善卷　李云：「姓善，名卷。」按：《吕氏春秋·下賢》篇作善綣。

石户之農　李云：「石户，地名；農，農人也。」

王子搜　李云：「王子名，《淮南子》作翳。」按：越王無名搜者，翳則有之。然據《竹書紀年》，威烈王十四年：「於越子朱句卒，子翳立。」是翳非繼弑君者也。安王二十六年：「於越太子諸咎弑其君翳。十月，越人殺諸咎、越滑，吴人立孚錯枝爲君。」烈王元年：「於越大夫定越亂，立初無余，是爲莽安。」顯王四年：「於越寺區弟思弑其君莽安，次無顓立。」然則三世弑君，當從翳爲始，王子搜非翳明矣。《史記索隱》據樂資之説，以王子搜爲無顓，斯得其實。

子華子　司馬云：「魏人。」按：《吕氏春秋·貴生》篇引子華子曰：「全生爲上，虧生次之，死次之，迫生爲下。」又《誣徒》篇引子華子曰：「王者樂其所以王，亡者亦樂其所以亡。」高注並曰：「子華子，古體道人。」又見《知度》篇、《審爲》篇注並同。

昭僖侯　司馬云：「韓侯。」按：韓有昭侯，有僖王，無昭僖侯。

鄭子陽　《釋文》曰：「子陽，鄭相。」又云：「子陽嚴酷，罪者無赦。舍人折弓，畏子陽怒責，因國人逐猘狗而殺子陽。」按：子陽事見《吕氏春秋·適威》篇、《淮南子·氾論》篇，至《史記·鄭世家》則云：「繻公二十五年，鄭君殺其相子陽，二十七年，子陽之黨共弑繻公駘。」又與諸書所載不同矣。

屠羊説 按：《釋文》無説。

司馬子綦 按：《左傳》作子期。

北人無擇 按：《廣韵・二十五德》北字注云：「古有北人無擇。」則北人是複姓。《漢書・古今人表》作北人亡擇。

《盜跖》篇

盜跖 《釋文》引李奇注《漢書》云：「跖，秦之大盜也。」按：《史記・伯夷傳》正義又云：「蹠者，黄帝時大盜之名。」是跖之爲何時人，竟無定説。孔子與柳下惠不同時，柳下惠與盜跖亦不同時，讀者勿以寓言爲實也。

滿苟得 《釋文》曰：「人姓名。」

勝子 《釋文》云：「或云：『謂申徒狄抱甕之河也。』古本作申子不自理，謂申生也。」

無足 《釋文》云：「一本作無知。」

知和 按：《釋文》無説，與無足並寓名。

《説劍》篇

趙文王　司馬云：「惠文王也。」

太子悝　《釋文》云：「太子名。」按：惠文王之後爲孝成王丹，則此太子蓋不立。

《列禦寇》篇

緩　司馬云：「名也。」

翟　郭云：「緩弟名。」

朱泙漫　**支離益**　司馬云：「皆人姓名。」按：支離，複姓，説在《人閒世》篇。朱泙亦複姓。《廣韵・十虞》朱字注云：《莊子》有朱泙漫，郭象注云：「朱泙，姓也。」今郭注無此句。

曹商　按：《釋文》無説。

《天下》篇

相里勤 司馬云：「姓相里，名勤。」按：《韓非子·顯學》篇云：「自墨子之死也，有相里氏之墨，有相夫氏之墨，有鄧陵氏之墨。」

苦獲 **已齒** 李云：「二人姓氏也。」

鄧陵子 《釋文》無説。按：即《韓非子》所云「鄧陵氏之墨」。

宋鈃 説在《逍遥遊》篇。

尹文 崔云：「齊宣王時人，著書一篇。」按：《列子·周穆王》篇：「老成子學幻於尹文先生。」未知即其人否？《漢書·藝文志》《尹文子》一篇在名家，師古曰：「劉向云：『與宋鈃俱游稷下。』」

彭蒙 《釋文》無説。據下文是田駢之師。《意林》引《尹文子》有：「彭蒙曰：『雉兔在野，衆皆逐之，分未定也；鷄豕滿市，莫有志者，分定故也。』」

田駢 《釋文》云：「齊人也，游稷下，著書十五篇。慎子云：『名廣。』」按：《漢書·藝文志》道家《田子》二十五篇：「名駢，齊人，游稷下，號天口。」《吕氏春秋·不二》篇「陳駢貴齊」，即田駢也。《淮南子·人間》篇：唐子短陳駢子於齊威王，威王欲殺之。孟嘗君聞之，使人以車迎之。孟嘗君問之曰：「夫子何思於齊？」對曰：「臣思夫唐子者。」孟嘗君曰：「唐子非短子者邪？子何爲思之？」對曰：「臣之處於齊也，糲粢之飯，藜藿之羹，冬日則寒凍，夏日則暑傷。自唐子之短臣也，以身歸君，食芻豢，飯黍粱，服輕煖，乘牢良，臣故思之。」此所謂毀人而反利之者也。按：此田駢之事，實亦可見其貴齊之一端矣。

慎到 按：《史記·孟荀列傳》：慎到，趙人，著《十二論》。《漢書·藝文志》法家有《慎子》四十二篇：「名到，先申韓，申韓稱之。」

關尹 《釋文》云：「關令尹喜也。或云：『尹喜，字公度。』」按：《漢書》道家有《關尹子》九篇，注云：「名喜，爲關吏。」或以尹喜爲姓名，失之。又按：《釋文》云：「老子爲喜著書十九篇。」考《老子》一書，《漢志》有《鄰氏經傳》四篇，《傅氏經説》三十七篇，《徐氏經説》六篇，未聞有十九篇之説。《吕氏春秋·不二》篇：「關尹貴清高。」誘注曰：「關尹，關正也，名喜，作道書九篇，能相風角，知將有神人，而老子到，喜説之，請著《上至經》五千言。」《上至經》之名，他書亦未見也。

黄繚 李云：「賢人也。」

《楚辭》人名考　俞樓雜纂弟三十

古帝王

伏羲　見《大招》。又曰「皇羲」，見《九思》。王逸注曰：「羲皇也。」

女媧　見《天問》。

軒轅　見《遠遊》《九思》等篇。

高陽　見《離騷經》《遠遊》《七諫》《九歎》等篇。

高辛　見《離騷經》《九章》等篇注曰：「帝嚳，有天下之號也。」嚳見《天問》篇。

堯　見《離騷經》《天問》《九章》《七諫》《九懷》等篇。

舜　見《離騷經》《天問》《九章》《七諫》《九懷》《九歎》等篇。又曰「重華」，見《離騷經》《九章》《九思》等篇，注曰：「重華，舜名也。」

禹　見《離騷經》《天問》《九章》《大招》《哀時命》《九懷》等篇。

啓　見《離騷經》《天問》等篇。

夏康　夏太康也，見《離騷經》。

按：《離騷經》：「啓《九辯》與《九歌》兮，夏康娱以自縱。」注曰：「啓子太康也。」王懷祖先生《讀書雜志餘編》則云：「夏當讀爲下，言啓竊《九辯》《九歌》於天，因以康娱自縱於下也。」其説甚塙。然則太康不見於《騷經》，今姑依舊注存之。

少康　見《離騷經》《天問》等篇。

桀　見《離騷經》《天問》等篇。

湯　見《離騷經》《天問》《九章》《七諫》《哀時命》等篇。

武丁　見《離騷經》，亦曰丁，見《九思》。

按：《九思》云：「思丁文兮聖明哲，哀平差兮迷謬愚。吕傅舉兮殷周興，忌嚭專兮郢吴虚。」所云丁文，明是武丁、文王，以下言吕望、傅説證之自見。而舊注乃云「丁，當也」，此大謬矣。

紂　見《離騷經》《天問》《七諫》等篇。又曰后辛，見《離騷經》注曰：「辛，殷之亡王，紂名也。」

周文　周文王也，見《離騷經》《九思》等篇。又曰西伯、曰伯昌、曰昌，均見《天問》，亦曰文，見《九思》。

武　周武王也，見《九章》。亦曰武發，見《天問》。

昭后　周昭王也，見《天問》。

穆王　見《天問》。

周幽　見《天問》。

古諸侯

康回　見《天問》注曰：「共工名也。」

按：《禮記·祭法》篇：「共工氏之霸九州也。」鄭注謂：「共工氏無録而王，謂之霸，在太昊炎帝之閒。」正義謂：「《月令》不載共工氏，是無録，以水紀官，是無録而王。」愚謂《禮》言霸九州，則非王也，故列之古諸侯之首。

有娀　見《離騷經》。

嵞山　見《天問》。

有扈　見《天問》。

羿　見《離騷經》《天問》等篇。

純狐　見《天問》。

按：王逸注：「言浞娶於純狐氏女。」則亦國名也。

有莘　見《天問》。

蒙山　見《天問》注曰：「桀伐蒙山之國，得妹嬉。」

梅伯　見《天問》注曰：「紂諸侯也。」亦見《惜誓》。

古　古公亶父也，見《天問》。

偃王　徐偃王也，見《七諫》。

荆文　楚文王也，見《七諫》。

厲武　楚厲王、武王也，見《七諫》。

晉獻　見《七諫》。

齊桓　見《離騷經》《天問》《七諫》等篇，亦曰桓，見《九章》《九思》。

文君　晉文公也，見《九章》。

繆　秦繆公也，見《九章》《九思》等篇。

平　楚平王也，見《九思》。

夢　吴壽夢也，見《天問》。

闔　吴闔廬也，見《天問》。

吴光　見《天問》。

差　吴夫差也，見《九思》。

楚懷　楚懷王也，又曰靈懷，見《九歎》。

隨　隨侯也，見《九懷》。

按：世傳隨侯之珠，究不知隨侯爲何時人，故附於末。

古人

蹇脩　見《離騷經》注曰：「伏羲氏之臣也。」

風后　見《九思》注曰：「黄帝師。」

離婁　見《九章》注曰：「古明目者也。」

按：離婁即離朱，諸書皆以爲黄帝時人，故列此。

咎繇　見《離騷經》《九章》《九懷》《九歎》《九思》等篇，亦曰皋，見《九歎》。

稷　見《天問》《九思》等篇。

契　見《九思》。

后益　益也，見《天問》。

巧倕　見《九章》《七諫》等篇。

按：古以倕多巧，謂之巧倕，余嘗疑是「功倕」之誤。功借作工，即《莊子》所謂工倕也。後見諸書言巧倕者多，亦不敢固執前説矣。

八師　謂禹、稷、卨、皋陶、伯夷、倕、益、夔也，見《七諫》。

按：雜舉唐虞之臣，以充八師之數，至爲無理。余别有説，見《讀楚辭》，今姑依舊説録之。

鮌　見《離騷經》《天問》《九章》等篇。

三苗　見《九歎》注曰：「堯佞臣也。」

按：三苗有二説：一爲國名，一云渾敦、窮奇、饕餮之苗裔，故謂之三苗。《九歎》云「三苗之徒以放逐兮」，則不以爲國名也，故從王注列此。

由　謂許由也，見《九歎》。

彭鏗　見《天問》注曰：「彭祖也，事帝堯。」

五子　太康兄弟五人也，見《離騷經》。

浞　見《離騷經》《天問》。

澆　見《離騷經》《天問》。

龍逢　見《九歎》。

務光　見《哀時命》，亦曰務，見《九思》。

摯　見《離騷經》注曰：「伊尹名。」亦曰伊摯，見《天問》。亦曰伊尹，見《九章》。亦曰伊，見《九歎》。

説　傅説也，見《離騷經》。傅説，見《遠遊》《九思》等篇。亦曰傅，見《九思》。

箕子　見《天問》《惜誓》《七諫》等篇。

比干　見《天問》《九章》《惜誓》《七諫》《九歎》《九思》等篇。

雷開　見《天問》注曰：「佞人也，阿順於紂。」

來革　見《惜誓》注曰：「紂佞臣也。」

師延　見《九歎》注曰：「殷紂之臣也。」

申徒狄　見《九歎》。亦曰申徒，見《九章》。

按：《漢書·鄒陽傳》注引服虔曰：「殷之末世人也。」

彭咸　見《離騷經》《九章》《七諫》《九歎》等篇。亦曰彭，見《九思》篇。注曰：「殷賢大夫也。」

按：不能知其當何王時，故附此。

伯夷　見《九章》《七諫》《哀時命》等篇。亦曰夷，見《九歎》。

叔齊　見《七諫》。

叔旦　謂周公旦也，見《天問》。亦曰周，見《九歎》《九思》。

呂望　見《離騷經》《九章》《七諫》。亦曰呂，見《九歎》《九思》。亦曰師望，見《天問》。亦曰太公，見《哀時命》。

邵　謂召公也，見《九歎》。又曰燕公，亦見《九歎》注曰：「封於燕，故曰燕公也。」

造父　見《九章》。

夷吾　管夷吾也，見《七諫》。亦曰管，見《哀時命》《九歎》《九思》。

督　華父督也，見《九思》。

萬　宋萬也，見《九思》。

子文　楚令尹子文也，見《天問》。

寧戚　見《離騷經》《九章》《七諫》等篇。

申生　晉太子也，見《九章》《七諫》《九歎》。亦曰伯林。「伯，長也；林，君也。」見《天問》。

按：伯林解爲長君，殊爲無義，殆篠驂、虯闉之比矣。愚疑伯林乃申生之字也。古人名字必相配。楚公子壬夫字子辛：壬，水也；辛，金也。名壬、字辛，取水生於金也。衛夏戊字丁：戊，土也；丁，火也。名戊、字丁者，取土生於火也。申生字伯林者，申，金也，季夏之月，律中林鍾。《周禮·大師職》鄭注曰：「林鍾，未之氣也。」然則名申字林，正取林鍾之義。林鍾，未之氣。未，土也，亦取金生於土也。申生之字，不見於内外傳，而獨見於《楚辭》，考古者其可不知乎？

百里　百里奚也，見《九章》。亦曰百，見《九思》。

介子推　見《九歎》。亦曰介子，見《九章》。亦曰子推，見《七諫》。

和氏　見《七諫》。亦曰和，見《七諫》《九懷》等篇。亦曰荆和、曰荆和氏，見《九歎》。

晏　謂晏平仲也，見《哀時命》。

陳不占　見《九歎》注曰：「齊臣。」

按：陳不占事見《新序・義勇》篇，乃齊莊公臣也，説者以爲即《襄二十五年・左傳》之申蒯。

師曠　見《九歎》。

伯樂　見《九章》。亦曰孫陽，見《七諫》注曰：「孫陽，伯樂姓名也。」又曰王良，亦見《七諫》。

按：洪興祖補注於《九章》辨王良、伯樂非一人，然郵無正字伯樂，明見《國語》；郵無恤字子良，明見《左氏傳》，皆趙簡子之臣也。郵無正、郵無恤自是一人，則伯樂、王良亦不得爲二人。謂伯樂事秦穆公，王良事趙簡子，未必然矣。

仲尼　見《九思》。

接輿　見《九章》。

桑扈　見《九章》。

按：洪氏補注謂即《莊子》書之「子桑户」是也。余又疑即《漢書·古今人表》之采桑羽，説詳《莊子人名考》。

吴光 吴公子光也，見《天問》。

忌 費無忌也，見《九思》。

嚭 太宰嚭也，見《九思》。

伍子 伍員也，見《九章》。亦曰子胥，見《九章》《七諫》《哀時命》《九思》等篇。亦曰伍胥，見《九懷》。亦曰申子，見《七諫》注曰：「吴封之於申，故號爲申子也。」亦曰申胥，見《九歎》。

慶忌 見《九歎》。

烏獲 見《九歎》。

蒯聵 見《九歎》。

按：舊注以爲衛靈公太子，然與烏獲並言，則不倫矣。此蒯聵乃趙之蒯聵。《史記·太史公自序》曰：「司馬氏在趙者以博劍論顯，蒯聵其後也。」自烏獲以下四句，皆謂貴武士、賤賢臣，説見王懷祖先生《讀書雜志餘編》。

鄒衍 見《九思》。

列子 列禦寇也，見《七諫》。

伯牙 見《七諫》《九歎》。

鍾子期 見《七諫》。

巫咸 見《離騷經》注曰：「古神巫也。」

靈氛 見《離騷經》注曰：「古明占吉凶者。」

按：此二人皆莫知爲何時人，姑列此。

伯庸 屈子父也，見《離騷經》《九歎》等篇。

堵敖 見《天問》注曰：「楚賢人也，屈原放時，語堵敖曰：『楚國將衰，不復能久長也。』」

按：如王注則堵敖者屈子同時人也，洪興祖補注非之。引《左傳》生堵敖及成王爲證，然堵敖去屈子遠矣，何必告之？疑未能明也。

蘭 見《離騷經》注曰：「懷王少弟司馬子蘭也。」又見《七諫》。

椒 見《離騷經》注曰：「楚大夫子椒也。」又見《七諫》。

按：舊注如此，朱子則以爲非是。下文云：「覽椒蘭其若兹兮，又況揭車與江蘺。」若椒蘭是人名，則揭車與江蘺亦人名乎？舊注疑失之。然東方朔作《七諫》云「惟椒蘭之不反兮」，蓋亦以爲人名，則固西漢以來相承之説也。

韓信　見《九歎》。

古婦人

王后　見《九懷》注曰：「伏妃。」

按：伏妃，未知何説，豈謂伏羲氏之妃歟？伏羲母名華胥，妃則未聞也。《史記·孝武本紀》：「泰帝使素女鼓五十弦瑟，悲，帝禁不止，故破其瑟爲二十五絃。」索隱、正義並以泰帝爲太昊伏羲氏，然則伏妃豈即素女歟？乃《九懷》之辭曰：「聞素女兮微歌，聽王后兮吹竽。」素女與王后並舉，則非一人，又吹竽而非鼓瑟也，斯蓋疑不能明矣。

嫫母　見《九章》《七諫》等篇。

按：王注不言嫫母何時人，洪氏補注以爲黄帝妻。《吕氏春秋·遇合》篇曰：「嫫母執乎黄帝。」洪注是也。

有娀佚女　見《離騷經》注曰：「帝嚳之妃，契母簡狄也。」簡狄見《天問》。

二女　堯二女也，見《天問》《遠游》等篇。

二姚　見《離騷經》注曰：「姚姓，舜後。少康逃奔有虞，虞因妻以二女。」

純狐　見《天問》注曰：「浞娶於純狐氏女。」

女岐　見《天問》注：「澆嫂也。」

按：上云「惟澆在户，何求于嫂」，故以女岐爲澆嫂。然《襄四年·左傳》云：「浞因羿室，生澆及豷。」又云：「少康滅澆于過，后杼滅豷于戈，有窮由是遂亡。」則浞止二子，長澆次豷，澆無兄而有嫂，何歟？

有莘之婦　見《天問》。

按：《列女傳》曰：「湯妃，有莘氏之女。」

妹嬉　見《天問》。

孋姬　見《七諫》《九歎》等篇。

西施　見《九章》《七諫》《九歎》等篇。

蔡女　見《九歎》注：「蔡國賢女也。」

按：蔡女，未知何人。《九歎》云「蔡女黜而出帷」，豈即齊桓之夫人蔡姬歟？

戎婦　見《九歎》。

按：戎婦亦未詳何人。或即謂孋姬，乃驪戎之女也。

閭娵 見《七諫》注曰：「好女也。」

按：洪氏補注説以《荀子》「閭姝，子奢」。

孟娵 見《哀時命》注曰：「好女也。」

按：疑即閭娵。娵，《荀子》作姝，乃好女之稱。閭，氏；孟，字也。

隴廉 見《哀時命》注曰：「醜婦也。」

仳倠 見《九歎》注曰：「醜女也。」

路室女 見《七諫》注曰：「孔子過於客舍，其女方采桑，一心不視，喜其貞信，取以自侍。」

按：孔子遇阿谷處女，事見《韓詩外傳》《列女傳》等書。而路室女事，惟見於此。《繹史》引《衝波傳》孔子去衛適陳，塗中見二女采桑，有「南枝窈窕北枝長」之語，殆又因此附會也。

女嬃 見《離騷經》注曰：「屈原姊也。」又見《七諫》。亦曰女，見《九歌》。

神人

上皇 見《九歎》注曰：「上帝也。」

五帝 見《九章》注曰：「五方神也。東方爲太皞，南方爲炎帝，西方爲少昊，北方爲顓頊。」太皓見《遠遊》《九思》等篇，其佐句芒，見《遠遊》。炎帝之佐曰祝融，見《遠遊》《九歎》《九思》等篇。亦曰炎神，見《遠遊》。少昊曰西皇，見《離騷經》《遠遊》等篇，其佐曰蓐收，見《遠遊》。顓頊，見《遠遊》《九歎》，其佐玄冥，亦見《遠遊》《九歎》。

按：太皞以下，皆古帝王，然作者之意，固以爲神也，故列此。

太一 見《惜誓》《九懷》《九歎》等篇，亦曰東皇太一，見《九歌》注曰：「太一，星名，天之尊神，在楚之東〔一〕，以配東帝，故云東皇。」

羲和 見《離騷經》《天問》等篇，注曰：「日御也。」

望舒 見《離騷經》注曰：「月御也。」

東君 日也，見《九歌》。

雲中君 雲神也，見《九歌》。

荓 荓，翳也，雨師名，見《天問》。雨師，見《遠遊》。

〔一〕 在楚之東，今《楚辭》各注本皆引作「祠在楚東」。該句爲《文選》吕向（五臣之一）注文。兩説皆通。

飛廉 風伯也，見《離騷經》《遠遊》等篇。風伯，見《遠遊》《九歎》。

豐隆 見《離騷經》《九章》《遠遊》等篇，注曰：「雲師。」一曰雷師。

六神 見《九章》《九歎》等篇，注曰：「六宗之神。」

八靈 見《九歎》注曰：「八方之神。」

九魁 見《九歎》注曰：「北斗九星。」

文昌 見《遠遊》。

大司命　少司命 並見《九歌》。

咸池 見《七諫》注曰：「天神也。」

靈圉 見《九歎》注曰：「衆神也。」

西靈 見《九歎》注曰：「西方之神。」

玄武 見《遠遊》注曰：「太陰神。」

神孏 見《九思》注曰：「北方之神名也。」

按：神孏，疑即玄武。《禮記》：「前朱鳥而後玄武。」正義曰：「前南後北，玄武，龜也。」此云神孏者，孏當作蠵。《説文》蠵：「大龜也。」以其言神，故變從女耳。從女，亦陰類也。

海若 見《遠遊》注曰：「海神名。」

河伯 見《九歌》《天問》《九懷》等篇。

馮夷 見《遠遊》注曰：「水仙人。」

按：即河伯也。

陽侯 見《九章》《九歎》，注曰：「大波之神。」

陵陽 見《九章》洪氏補注曰：「前漢丹陽郡有陵陽，仙人陵陽子明所居也。」

赤松 見《遠遊》《惜誓》《哀時命》等篇。

王喬 見《遠遊》《惜誓》《哀時命》《九歎》等篇。亦曰王子，見《遠遊》。亦曰子僑，見《九歎》。

韓衆 見《遠遊》《七諫》等篇。

安期 見《九思》。

羽人 見《遠遊》。

黔嬴 見《遠遊》注，謂是造化之神。洪氏補注引《大人賦》「左玄冥而右黔雷」注云：「天上造化神名。」

厲神　見《九章》注曰：「殤鬼也。」

伯强　見《天問》注曰：「大厲疫鬼也。」

國殤　謂死於國事者，見《九歌》。

禮魂　謂以禮善終者，見《九歌》。

山鬼　見《九歌》。

梟陽　見《哀時命》注曰：「山神名，即狒狒也。」洪氏補注引《淮南子》「山出嘄陽」注云：「山精。」

鬼谷　見《九歎》。一作百鬼。

織女　見《九思》。

宓妃　見《離騷經》、《遠遊》等篇。亦曰雒嬪，見《天問》。

湘君　**湘夫人**　見《九歌》。

湘靈　見《遠遊》。

按：上云「二女御《九韶》歌」，此又云「使湘靈鼓瑟兮」，然則屈子固不以湘水之神爲即堯之二女也。《湘夫人》篇謂之帝子，蓋即郭璞注《山海經》所謂天帝之二女，而世俗訛傳爲堯之二女，自秦博士已然。雖大儒如韓退之，不能不惑其說。今即以屈子之文證之，而二女是二女，湘靈是湘靈，判然爲二，可以祛千古之惑矣。

玉女　見《惜誓》。

素女　見《九懷》《九思》等篇。

乘戈　見《九思》注曰：「仙人也。」

按：王注但云仙人，不云女仙。然乘戈之名，他無所見。《史記·司馬相如傳》：「載玉女而與之歸。」正義曰：「張云：玉女，青要、乘弋等也。」洪氏補注引之，謂「戈」字作「弋」。愚謂作戈、作弋，未知孰是，其爲玉女之名，則無疑矣，故列於此。

女岐　見《天問》注云：「神女。」

按：《天問》有二女岐。其一云：「女岐無合，夫焉取九子？」注云：「神女。」其一云：「女岐縫裳，而館同爰止。」注云：「澆嫂。」古事無考，姑如其說，兩存之。

駢隸　俞樓雜纂弟三十一

班孟堅稱「大漢之文章炳焉，與三代同風」。然漢人之文存留至今者，不敵唐人十之一二，其失佚多矣。自宋歐陽氏著《集古録》，於是士大夫争言漢碑。碑之出土者日益衆，而著録者亦日益精，又自成爲一家之學。然世之人則徒喜其分隸之工，而未必知其文章之美也。余每讀漢碑，歎其古拙之中，沈博絶麗。湖樓無事，輒刺取其文，各以兩字相儷，譬猶闤闠鬬草、兒童聚沙，姑以爲戲而已。然亦可見古之人言必有物，隨手撮拾，無非翠羽明珠，異夫宋以後所謂文者也。

五緯　三條

《帝堯碑》：「五緯順軌[一]。」《祀三公山碑》：「惟三公御語山，三條别神，迥在領西。」

[一] 五緯順軌，今《隸釋》等各本作「五緯順晷」。「晷」通「軌」（見王念孫《讀書雜志》）。然曲園下文專舉「順晷」與「承杓」爲儷，爲前後行文一致計，作「五緯順晷」較勝。

順晷　承杓

《帝堯碑》：「五緯順晷。」《楊君石門頌》：「奉魁承杓。」

霜月　火星

《韓勑造禮器碑》：「霜月之靈。」《耿勳碑》：「身冒炎赫火星之熱。」

翼軫　奎婁

《衡方碑》：「飛翼軫之旍〔一〕。」《史晨祠孔子廟銘》：「臣蒙厚恩，受任苻守，得在奎婁。」

甘雪　香風

《復民租碑》：「仍雨甘雪。」《郙閣頌》：「香風有鄰。」

霖瀌　電波

《郙閣頌》：「涉秋霖瀌。」《周憬功勳銘》：「斷硠磕之電波。」

赤制　蒼精

《魯相史晨祀孔子奏銘》：「丘生蒼際，觸期，稽度爲赤制。」《武梁祠畫象》：「伏戲蒼精。」

〔一〕　旍，原作「精」，今《隸釋》等各本作「旍」，該句意謂「旍旗飛向楚地」，作「精」於文義不通，據改。

素質　赤精

《白石神君碑》：「皓皓素質。」《堯廟碑》：「赤精之胄。」

雪白　華紫

《張遷表》：「雪白之性。」《韓勑造禮器碑》：「上極華紫。」

南霍　北辰

《校官碑》：「君稟資南霍之神。」《唐公房碑》：「脩北辰之政。」

震節　豐年

《張遷表》：「惟中平三年，歲在攝提，二月震節。」《孔宙碑》：「豐年多黍。」

區外　弸中

《郭泰碑》：「鶚區外以舒翼。」《魯峻碑》：「弸中獨斷。」

吴域　岱方

《富春丞張君碑》：「垂歌吴域。」《孔宙碑》：「撫兹岱方。」

擿雒　鐉山〔一〕

《史晨奏銘》：「鉤河擿雒。」《李翕西狹頌》：「鐉山浚瀆。」

菰竹　空桑

《校官碑》：「履菰竹之廉。」《韓勑造禮器碑》：「顔育空桑。」

邑屋　園庭

《李翊碑》：「發跡邑屋。」《唐扶頌》：「遊君園庭。」

石闔　茅茨

《堯廟碑》：「地致墦坳，石闔二坐。」《孔耽碑》：「□□茅茨。」

石積　木連

《楊孟文頌》：「王府君造作石積。」《李翕西狹頌》：「致黄龍、嘉禾、木連、甘露之瑞。」

皇屋　天衢

《靈臺碑》：「時令萓君欲造皇屋殿廡。」《隸釋》云：「以皇屋爲黄屋。」《郭泰碑》：「超天衢

〔一〕雒，原作「雒」，下文「鉤河擿雒」之「雒」同，據文義改；鐉，原作「饌」，據蔡啓盛《校勘記》改。

以高峙。」

荒圃　洪泉

《孔宙碑》：「田畯喜于荒圃。」《開母廟石闕銘》〔一〕：「洪泉浩浩。」

城寺　墳園

《楊著碑》：「步出城寺。」《北海相景君碑陰》：「守衛墳園。」

皇戲　帝告

《魏受禪表》：「皇戲之質。」《武梁祠堂畫像》：「帝告高辛者。」

柏鮌　松僑

《開母廟石闕銘》：「柏鮌稱遂。」《樊敏碑》：「松僑協軌。」

后稷　仲泥

《逢盛碑》：「爰暨后稷。」《夏堪碑》：「仲泥何侘。」

〔一〕闕，原作「關」，據《全上古三代秦漢三國六朝文》等改。

且溺　諸賁

《婁壽碑》：「榮且溺之耦耕。」《曹全碑》：「威侔諸賁。」

萁子　華胥

《李翊碑》：「其先出自萁子之苗。」按：即箕子。《韓勑造禮器碑》：「華胥生皇雄。」

邵虎　史魚

《衡方碑》：「將繼南仲、邵虎之軌。」《曹全碑》：「直慕史魚。」

國老　門童

《蒼頡廟碑》：「乃諏訪國老。」《孔宙碑陰》：「門童，安平下博張忠，字公直。」

苻守　葯民

《史晨祠孔子廟銘》：「受任苻守。」《韓勑後碑》：「□□葯民。」

國偉　郡英

《侯成碑》：「喪此國偉。」《太尉楊震碑》：「郡英雲集。」

頎甫　背人

《高陽令楊著碑》：「頎甫班爵。」按：即《詩・圻父》。《衛尉卿衡方碑》：「感背人之凱風。」按：即《詩·邶風》之邶。

公正　識方

《陳球碑》：「公子完適齊，爲桓公公正。」按：即工正。《脩華嶽碑》：「《周禮·識方氏》。」按：即《職方氏》。

家業　朝情

《孔謙碣》：「禮述家業。」《楊君石門頌》：「謀合朝情。」

緄職　轓邦

《衡方碑》：「將授緄職。」《魯峻碑》：「當□緄職。」《竹邑侯相張壽碑》：「將授轓邦。」

人爵　天憒

《曹全碑》：「各獲人爵之榮。」《柳敏碑》：「天憒鯁□。」

晚學　末生

《北海相景君銘》：「晚學後時。」《蒼頡廟碑》：「以示來世之末生。」

令跡　嘉聲

《王純碑》：「存有令跡。」《郭泰碑》：「聆嘉聲而韺和。」

枝褒　蕠元

《張納功德叙》：「枝褒滋布。」按：褒，即裔字。《堯廟碑》：「爲蕠元來福。」

師范　童蒙

《楊著碑》：「喪兹師范。」《郭泰碑》：「童蒙賴焉。」

碩冑　瑛雄

《魯峻碑》：「周文公之碩冑。」《綏民校尉熊君碑》：「攬瑛雄之迹兮。」

熊父　狼子

《綏民校尉熊君碑》：「彼熊父兮。」《韓勑造孔廟禮器碑陰》：「蕃王狼子。」按：蕃乃縣名，王其姓，狼子其名。

草竊　林烝

《博陵太守孔彪碑》：「斯多草竊。」《平都相蔣君碑》：「於穆林烝。」

邦后　圻民

《郎中鄭固碑》：「邦后珍瑋。」《沛相楊統碑》：「德以化圻民。」

价士　瘠民

《楊統碑》：「价士充庭。」《脩華嶽碑》：「撫瘠民。」

季祖　大男

《曹全碑》：「收養季祖母。」《郎中鄭固碑》：「君大男孟子。」

元子　末昆

《豫州從祀孔褎碑》：「泰山都尉之元子。」《費汎碑》：「末昆勠力。」

次弟　元兄

《武榮碑》：「敦煌長史之次弟也。」《郎中鄭固碑》：「奉我元兄。」

大兄　伯姊

《元孫碑》：「大兄元孫，早終。」《費鳳別碑》：「及君伯姊。」

前葉　後緄

《豫州從事孔褎碑》：「繼德前葉。」《綏民校尉熊君碑》：「以示後緄。」《隸釋》云：以緄爲昆。

咳孤　耆傻

《涫于長夏承碑》：「咳孤憤泣。」《無極山碑》：「問耆傻，僉以爲然〔一〕。」

耆姪　童孩

《郭究碑》：「耆姪士女。」《隸釋》云：「以姪爲耋。」《婁壽碑》：「童孩多奇。」

童妾　娉妻

《三公山碑》：「童妾壺餂。」《戚伯著碑》：「娉妻朱氏。」

攣親　攜息

《北海相景君碑》：「路遐攣親。」《桐柏淮源廟碑》：「扶老攜息。」

聖母　仙僮

《開母廟石闕銘》：「祀聖母虖山隅。」《張公神碑》：「驂白鹿兮從仙僮。」

荷吏　米巫

《造橋碑》：「荷賊曹掾杜仁」「荷吏代誦」。《樊敏碑》：「米巫殉瘧。」

〔一〕　該句今《隸釋》等各本作「僉以爲寔（實）神且明」，無有作「僉以爲然」者。不知曲園所據何本。

柳宿　桃詩

《柳敏碑》："蓋五行星仲廿八舍，柳宿之精也。"《劉熊碑陰》："處士桃詩。"

崔白　楊烏

《唐公房碑》："昔喬、松、崔、白，皆一身得道。"《郎中鄭固碑》："大男孟子有楊烏之才。"

楊壽　桃斐

《武都太守耿勳碑》："發荒田耕種，賦與寡獨王佳小男楊壽等。"《曹全碑》："以家錢糴米粟賜癃盲，大女桃斐等。"

蚌賊　犂民

《張壽碑》："蚌賊不起。"《脩華嶽碑》："犂民時雍。"

尸素　聖蒼

《三公山碑》："尸素食禄。"《蒼頡廟碑》："穆穆聖蒼。"

義士　姦官

《司隸校尉魯峻碑陰》："義士梁國寧陵史强。"按：漢碑陰稱義士者尚多，姑舉其一。《張壽碑》："朝無姦官。"

四目　九頭

《蒼頡廟碑》：「四目靈光。」《韓勑造禮器碑》：「前闓九頭。」

聖指　帝心

《孔謙碣》：「深究聖指。」《鄭固碑》：「德能簡乎帝心。」

糲食　麤絺

《劉寬後碑》：「布衣糲食。」《婁壽碑》：「麤絺大布之衣。」

濯冕　縣輿

《樊敏碑》：「濯冕題罰。」《侯成碑》：「縣輿養神。」

棊峙　旃招

《冀州從事郭君碑》：「雄彦棊峙。」《夏承碑》：「旃招俯就。」

仙逋　妭逆

《嚴訢碑》：「仙逋比迹。」《劉寬碑》：「狂寇張角，□□妭逆。」按：妭即妖字，漢碑夭字往往作犮。

喉舌　爪牙

《劉寬後碑》：「山甫喉舌。」《鄭固碑》：「出則爪牙。」

捥髮　垂毦

《婁壽碑》：「捥髮傳業。」《鄭固碑》：「□□見於垂毦。」

驩樂　豈思

《孔耽神祠碑》：「驩樂壽考。」《韓勑造孔廟禮器碑》：「莫不豈思，嘆卬師鏡。」

闞幘　束聲

《執金吾武榮碑》：「闞幘講學。」《孫根碑》：「束聲立朝。」

捇搋　偋伲

《唐扶頌》：「夷粵捇搋。」《繁陽令楊君碑》：「偋伲樂志。」

法食　義錢

《白石神君碑》：「三公、封龍、靈山，先得法食去。」《王純碑》〔一〕：「共出義錢，埤石碑直。」

〔一〕　王，原作「土」，碑文乃出自《王純碑陰》，據改。

素帛　血書

《柳敏碑》：「憤然念素帛之義。」《史晨奏銘》：「血書著紀。」

耇耋　齔毀

《高彪碑》：「不待耇耋。」《祝睦後碑》：「齔毀入學。」

凡百　難雙

《泰山都尉孔宙碑》：「凡百印高。」《高陽令楊著碑》：「凡百隕涕。」按：漢碑用凡百者甚多，姑舉一二。《圉令趙君碑》：「追景行亦難雙。」

枝族，英儒

《蒼頡廟碑》：「劉府君大漢支族。」《繁陽令楊君碑》：「英儒仰則，景附其高。」

鰥寡　鯁雄

《北海相景君銘》：「元二鰥寡〔一〕。」《校官碑》：「□刈骾雄。」

〔一〕孫楷第《滄州集》：「元二之『二』爲小字，示『元』字再讀，元元也。」可參。

壹變　三成

《魯相史晨祀孔子奏銘》：「恢崇壹變。」《高陽令楊著碑》：「感三成之義。」

朱紫　丹青

《曹全碑》：「紀綱萬里，朱紫不謬。」《孔彪碑》：「表于丹青。」

爵鹿　衮龍

《韓勑造孔廟禮器碑》：「爵鹿柤梪。」《魏受禪表》：「襲衮龍。」

履尾　叩匃

《楊孟文頌》：「履尾心寒。」《校官碑》：「野無叩匃之結。」

千載　萬祺

《冀州從事郭君碑》：「萬載熙寧」，又「串千載。」《隸辨》云：「按其文義當是載字。」《開母廟石闕銘》：「釐我后以萬祺。」

麋壽　鴻勳

《北海相景君碑》：「不永麋壽。」《議郎元賓碑》：「垂鴻勳。」

戔猾　剿姦

《校官碑》：「禽姦戔猾。」《衡方碑》：「隕霜剿姦。」

箕[一]首　鼎足

《武班碑》：「庶仰箕首。」按：謂箕山、首陽也。《曹全碑》：「君高升，極鼎足。」

黄玉　素絲

《史晨祀孔子奏銘》：「黄玉韻應。」《衡方碑》：「素絲羔羊。」

鼎轉　轓軒

《北海相景君銘》：「宜參鼎轉。」《夏承碑》：「轓軒六轡。」

蘭石　苻銀

《孔謙碭》：「幼體蘭石，自然之姿。」《郙閣頌》：「三握苻銀。」

書篇　詩雅

《北海相景君銘》：「垂芬燿於書篇。」《張遷碑》：「披覽《詩・雅》。」

[一] 箕，原作「萁」，據下文改。

豹産　騏顔

《魯峻碑》：「比縱豹産。」《夏堪碑》：「希騏顔。」

龎泮　精横

《劉熊碑》：「致之龎泮。」《繁陽令楊君碑》：「教學吏士、精横侍者，常百餘人。」

巤緯　典貢

《曹全碑》：「甄極巤緯。」《王政碑》：「研典貢。」按：《隸續》云：「以貢爲墳。」

假館　離亭

《袁良碑》：「殯于假館。」《曹全碑》：「親至離亭。」

遼黨　朋徒

《高彪碑》：「遼黨慼慟。」《隸釋》曰：「以遼爲僚。」《繁陽令楊君碑》：「朋徒潺湲。」

正席　凸〔一〕隈

《夏承碑》：「到官正席。」《無極山碑》：「窈窕凸隈。」

〔一〕凸，「曲」籀文。

苞組　龍羅

《高頤碑》：「閉斷苞組。」按：即苞苴。《孔耽神祠碑》：「放蘢羅之雉。」

僊殁　神零

《雲臺碑》：「慶都僊殁，蓋葬于此。」《吳仲山碑》：「神零有知。」《隸釋》云：「神零，即神靈。」

神坐　聖輿

《史晨奏銘》：「拜謁神坐。」《韓勑造禮器碑》：「離敗聖輿。」

家巷　憲臺

《孔耽神祠碑》：「縣車家巷。」《郭旻碑》：「憲臺如砥。」

給米　分醪

《孔龢碑》：「大司農給米。」《曹全碑》：「分醪之惠。」

幽穸　靈基

《北海相景君銘》：「考積幽穸。」《華山廟碑》：「增修靈基。」

素櫬　黄壚

《祝睦碑》：「遺令素櫬。」《逢盛碑》：「永潛黄壚。」

來福　招祥

《無極山碑》：「來福除央。」《靈臺碑》：「招祥塞咎。」

印紱　纓緌

《夏承碑》：「印紱典據。」《郭泰碑》：「纓緌之徒。」

籩豆　觴觚

《校官碑》：「籩豆用陳。」《韓勑造孔廟禮器碑》：「雷洗觴觚。」

柤梪　墦坰

《韓勑造孔廟禮器碑》：「爵鹿柤梪。」按：即俎豆字。《堯廟碑》：「地致墦坰，石闓二坐。」

按：即璠瑚字。

擊磬　吹笙

《孔霓碑》：「彈琴擊磬。」《史晨饗孔廟後碑》：「雅歌吹笙。」

芳燿　聲香

《北海相景君銘》：「垂芳燿於書篇。」《衡方碑》：「燿此聲香。」

舊寓　先靈

《史晨奏銘》：「漢故先靈。」《王稚子石闕》：「周孔舊寓。」

紙月　九年

《冀州從事郭君碑》：「大荒載紙月戊申。」按：紙月〔一〕，未詳何義。《吴仲山碑》：「熹平九年。」《隸釋》以爲元年，《隸辨》以爲六年，亦未詳也。

巛兑　戌亥

《郙閣頌》：「□□□□兮巛兑之閒。」按：謂西南方也。《曹全碑》：「縣前於河平元年，遭白茅谷水灾害，退於戌亥之閒。」按：謂西北方也。

乾太　謙需

《衡方碑》：「恩隆《乾》《太》，威肅《剥》《巛》。」《孔彪碑》：「固執《謙》《需》。」

託六　在三

《孔彪碑》：「可以託六。」《楊統碑》：「追在三之分。」

〔一〕 紙月，宋洪適《隸續》等作「紙月」。清梁同書《日貫齋塗説》曰：「紙月甚奇，隸書以爲不詳所出。余意紙當即子，猶是之爲氏，飛之爲非。漢隸同音通用多類此。」可備一説。謹按：子月，即農曆十一月。

小節　高蹤

《史晨奏銘》：「以叙小節。」《唐扶頌》：「見讚像之高蹤。」

匪石　如瑩

《楊孟文頌》：「匪石厥章。」《楊著碑》：「如玉如瑩。」

蘭茝　芝華

《李翊夫人碑》：「蘭茝亡兮喪芝英。」《張表碑》：「殞芝華兮殲彦良。」

苗秀　椒芳

《武氏石闕銘》：「苗秀不遂。」《祝睦後碑》：「功烈著，遺椒方。」

早葉　凋柯

《繁陽令楊君碑》：「早葉隕林。」《冀州從事郭君碑》：「凋柯霜榮。」

枝葉　芉條

《劉熊碑》：「枝葉扶疏。」《開母廟石闕銘》：「木連理於芉條。」

喬木　楙林

《三公山碑》：「遷于喬木。」《無極山碑》：「楙林葱菁。」

嘉石　靈支

《孔宙碑》：「乃共陟名山，采嘉石。」《開母廟石闕銘》：「靈支梃生。」

石獸　草虫

《桐柏淮源廟碑》：「石獸表道。」《唐扶頌》：「德及草虫。」

怪獸　窮禽

《脩華嶽碑》：「畫怪獸。」《孔耽神祠碑》：「救窮禽之厄。」

哮虎　蜚龍

《武斑碑》：「癘吏士，哮虎之怒。」又《武榮碑》：「陵惟哮虎。」《張公神碑》：「垂軦軺兮駕蜚龍。」

白鹿　素鳩

《張公神碑》：「驂白鹿兮從仙僮。」《唐扶頌》：「白菟素鳩。」

神鳥　靈龜

《太尉楊震碑》：「神鳥送葬。」《桐柏淮源廟碑》：「靈龜十四。」

鷹侍　龍蟠

《郭仲奇碑》：「鷹侍電擊。」《鄭烈碑》：「龍蟠道淵。」

鷹鷂　鴞[一]梟

《費鳳別碑》：「鴻若飛鷹鷂。」《北海相景君碑》：「鴞梟不鳴。」

蜎飛　蛾動

《唐扶頌》：「蜎飛蠕動。」《陳球後碑》：「蜂聚蛾動。」

癘蠱　毒蟳[二]

《唐公房碑》：「癘蠱不遐。」《楊孟文頌》：「虵蛭毒蟳。」

夆啓　蚑行

《周公禮殿記》：「變異夆啓。」《嚴訢碑》：「蚑行蠕動。」

鷹撮　鱗浮

《張表碑》：「鷹撮霆擊。」《孔褒碑》：「鱗浮雲集。」

[一] 鴞，同「鴟」，參《廣碑別字·十六書》。

[二] 蟳《隸辨》作「蟳」，同「蝘」。

讀隸輯詞　俞樓雜纂弟三十二

余既於漢隸中刺取其文，爲《駢隸》一卷，又以其中形況之詞，或一字，或重言，或雙聲疊韵，皆古雅可喜，因隨所見而輯録之，以爲修詞之助。

於休　《郭泰碑》：「於休先生。」

於穆　《夏承碑》：「於穆皇祖。」《韓勑碑》：「於穆韓君。」《張遷碑》：「於穆我君。」

於鑠　《東海廟碑》：「於鑠桓君。」《尹宙碑》：「於鑠明德。」亦作「於嫌」。《郭究碑》：「於嫌我君。」

孔嫌　《魯峻碑》：「令德孔嫌。」按：以嫌爲鑠。

孔芬　《衡立碑》：「儀問孔芬。」

翩彼　《開母廟石闕銘》：「翩彼飛雉。」按：翩，即翩字。

僬彼　《度尚碑》：「僬彼海外。」按：即《詩》「海外有截」之截。

色斯　《鄭固碑》：「色斯自得。」按：《論語》：「色斯舉矣。」馬融曰：「見顔色不善，則去之。」然本文無見字，亦無不善字，馬注似有未安。色斯者，色然也。《哀六年·公羊傳》：「諸大夫見之，皆色然而駭。」《一切經音義》卷九引《公羊傳》作「歔然而駭」。色與歔聲近義通，色斯舉矣，猶曰歔然舉矣，漢碑多從此讀。《費鳳碑》「色斯輕翔」，別碑「色斯高舉」，《元賓碑》「翻翯色斯」，《張壽碑》「常懷色斯」，《斥彰長田君碑》「色斯去官」。說《論語》者當據漢碑以正舊解之訛。

猗歟　《劉熊碑》：「猗歟明哲。」按：本《商頌》「猗與那與」。

翻爾　《孔靇碑》：「翻爾束帶。」

温然　《婁壽碑》：「温然而恭。」

藐然　《武榮碑》：「藐然高厲。」按：即藐然。

家兮　《孔靇碑》：「家兮冥冥。」按：家，即寂字。

哨然　《張納功德叙》：「哨然愍悼。」按：以哨爲悄。

皓然　《三公山碑》：「或有恬淡養皓然兮。」按：以皓爲皓。

夰然　《祝睦後碑》：「夰然清皓。」按：以夰爲介。

蘭然　《堯廟碑》：「蘭然成就。」按：以蘭爲爛。

唤矣　《魯峻碑》：「唤矣昀昀。」亦作「奂矣」。《王純碑》：「奂矣王君。」

霰然　《孔扶碑》：「霰然隕涕。」

聃然　《老子銘》：「聃然，老旄之貌也。」

礶然　《晉鄭烈碑》：「秉礶然之大節。」亦作「権然」。《魯峻碑》：「権然疏發。」

権乎　《婁壽碑》：「権乎其不可拔也。」按：即確乎其不可拔。

曒焉　《孔霔碑》：「曒焉汜而不俗。」按：曒，即皭字。

怕然　《祝睦後碑》：「怕然執守〔一〕。」按：以怕爲泊。

鴻若　《費鳳别碑》：「鴻若飛鷹鴳。」

奥乎　《郭泰碑》：「奥乎不可測已。」

梵梵　《街彈碑》：「梵梵黍稷。」按：以梵爲芃。

棠棠　《魯峻碑》：「棠棠忠惠。」《嚴訢碑》：「棠棠容顏。」按：以棠爲堂。

〔一〕怕，原作「泊」，據蔡啓盛《校勘記》改。

覞覞《張壽碑》：「覞覞虎視。」按：以覞爲眈。

礹礹《陳球後碑》：「礹礹猶嶽。」按：即巖字。

撟撟《平都相蔣君碑》：「光光撟撟。」按：以撟爲矯。

晧晧《白石神君碑》：「晧晧素質。」按：即皓皓。

盪盪《蔡湛頌》：「盪盪有功。」按：以盪爲蕩。

洄洄《周憬功勳銘》：「石縱横乎汧洄洄。」

滋滋《堯廟碑》：「滋滋汲汲。」按：以滋爲孳。

娥娥《郭輔碑》：「娥娥三妃。」

衎衎《唐扶頌》：「誾誾衎衎。」按：以衎爲侃。

莘莘《郭輔碑》：「莘莘昆嗣。」按：即莘字。《婁壽碑》：「冕紳莘莘。」

瀾瀾《周憬功勳銘》：「威怒定兮混瀾瀾。」

懿懿《綏民校尉熊君碑》：「懿懿其操。」

遜遜《劉脩碑》：「其於鄉黨，遜遜如也。」按：以遜爲恂，亦作逡逡。《祝睦碑》：「鄉黨逡逡。」

盱盱　《張公神碑》：「振鱗尾兮游盱盱。」

粲粲　《郭仲奇碑》：「徽書粲粲。」按：即粲字。

的的　《魯峻碑》：「�矣的的。」按：以的爲灼。

陵陵　《造橋碑》：「棧格陵陵。」

戰戰　《天井道碑》：「過者戰戰。」按：即戰字。諸從戈之字，漢隸或變從犮。

斐斐　《周憬功勳銘》：「功斐斐兮鏡海裔。」

潚潚　《張公神碑》：「潚潚滋榮。」

墨墨　《孫叔敖碑》：「其意墨墨。」

憉憦　《北海相景君銘》：「孝子憉憦。」顧南原云：「《玉篇》：『憉忄亭，自强也。』憦字不載字書，疑借爲澎濞，形容其涕淚之横流也。」

晻忽　《敦煌長史武斑碑》：「晻忽徂逝。」亦作「奄曶」。《樊敏碑》：「奄曶藏形。」亦作「掩忽」。《嚴訢碑》：「掩忽摧藏。」亦作「奄忽」。《北海相景君碑》：「賫絶奄忽。」

汾沄　《張納功德叙》：「□武汾沄。」按：即紛紜。

惆憏　《孔耽神祠碑》：「竭《凱風》以《惆憏》。」按：即綢繆。

淵灘　《沈子琚碑》：「諸縣淵灘。」

戲險　《造橋碑》：「戲險登臨。」按：即巇嶮。

嶇隋　《周憬功勳銘》：「增陵陗兮甚嶇隋。」按：即崎嶇字，變山爲𨸏，又倒其文作嶇隋也。

崔峗　《周憬功勳銘》：「仰王禽兮又崔峗。」

陵迟　《三公山碑》：「愍俗陵迟。」按：猶陵遲。《韓勑碑》云：「禮樂陵遲。」又作陵陝，見《嚴發碑》。

偓徲　《婁壽碑》：「偓徲衡門。」按：《詩·衡門》篇本作棲遲；《繁陽令楊君碑》偓伲；《樂志》又作偓泥；《漢書·楊雄傳》「靈遲迟兮」，師古曰：「遲音栖，迟音又夷反。」愚則謂遲與偓並即《詩》之遲字，徲與伲、迟並即《詩》之棲字。雙聲、疊韵之辭，本無倒順。師古拘於《詩》辭，音遲爲栖，恐未得也。亦作「西遲」。《嚴發殘碑》：「西遲衡門。」

畔桓　《張表碑》：「畔桓利貞。」按：即《易·屯卦》「盤桓」，亦作「磐桓」。《侯成碑》：「以禮般桓。」般即磐字。

逶虵　《費鳳別碑》：「君有逶虵。」按：《毛詩》委蛇，《釋文》作委虵，碑又以逶爲委耳。

《司馬季德碑》「委虵其德」，正作委虵。亦作「逶迆」。《逢盛碑》云：「當遂逶迆。」亦作「褘隋」。《衡方碑》云：「褘隋在公。」隋即隋字。亦作「逶隨」。《唐扶頌》云：「在朝逶隨。」《劉熊碑》云：「卷舒委遀。」遀即隨字，此兩字變體極多。《容齋五筆》言其有十二變：曰委蛇、曰委佗、曰逶迤、曰倭遲、曰倭夷、曰威夷、曰委移、曰逶移、曰逶虵、曰螑蛇、曰逶迆、曰威遲。而吴玉搢《金石存》又歷引《衡方》《唐扶》《劉熊》諸碑，旁及枚乘《兔園賦》之褑褫，《博雅》之㕒陝，字書之蝺迆、螆迆、陭陭，以見此字之不止十二變。余按：《文選·西京賦》「澶漫靡迆」，《甘泉賦》「施靡乎延屬」，《洞簫賦》「倚巇迆𡾊」，《上林賦》「崴魂㟪廆」。以聲言之：靡迆也、施靡也、迆𡾊也，皆從虵字之聲而引之也；崴魂也、㟪廆也，皆從委字之聲而引之也。是無不可比而同之，而其變益滋矣。

崔嵬　《郙閣頌》：「高山崔嵬兮。」按：即崔嵬，亦作「確嵬」。《西狹頌》：「刻臽確嵬。」

烟煴　《孔羨碑》：「和氣烟煴。」按：即氤氳，亦作「壹緼」。《朱龜碑》：「星精壹緼。」壹即壹字。

歍歔　《北海相景君銘》：「歍歔哀哉。」翁覃溪曰：「碑以歍歔爲嗚呼。」按：亦作「歍歔」。《仲秋下旬碑》：「歍歔哀哉。」亦作「歍嘑」。《樊敏碑》：「歍嘑哀哉。」亦作「於虧」。《李翊夫人碑》：「於虧夫人。」虧即虧字。

斑連　《武梁祠堂畫象》：「老萊子事親至孝，衣服斑連。」按：即斑斕。

繵緾　《張遷碑》：「蓋其繵緾。」按：即蟬聯。

蕭蓧　《張平子碑》：「對豐樹之蕭蓧。」

敖姚　《孔耽神祠碑》：「孫息敖姚，驩樂壽考。」《隸辨》云：「敖姚，喜悦之意。」

優嗂　《孫叔敖碑》：「家富人喜，優嗂樂業。」按：即優繇。

輱軻　《孔耽神祠碑》：「遭元二輱軻。」

敖詳　《吴仲山碑》：「出入敖詳。」按：即翱翔。

倡儢　《樊敏碑》：「不顧倡儢。」按：即猖獗。

槍碭　《楊君石門頌》：「臨危槍碭。」按：即槍欀。

硠磕　《周憬功勳銘》：「斷硠磕之電波。」

仿偟　《任伯嗣碑》：「仿偟道□。」按：即彷徨。

浮斿　《孔霔碑》：「浮斿塵埃之外。」按：即浮游。

㧊扈　《任伯嗣碑》：「南蠻㧊扈。」亦作「㧊搚」。《唐扶頌》：「夷粤㧊搚。」《隸辨》云：

「㧔，相持也；扈，跋扈也。」愚謂㧔扈即跋扈，㧔與跋一聲之轉耳。

礫落 《朱龜碑》：「礫落炳煥。」按：即磊落。亦作「礧落」。《魯峻碑》：「礧落彰較。」

彷彿 《嚴訢碑》：「彷彿□□。」按：即仿佛。亦作「髣髴」。《史晨後銘》：「髣髴若在。」

蔽芾 《張遷碑》：「蔽芾棠樹。」按：即《詩》「蔽芾甘棠」也。亦作「蔽芾」。《魏元丕碑》：「蔽芾其蹤。」

杳藹 《婁壽碑》：「甘山林之杳藹。」

漣漉 《費鳳碑》：「泣涕漣漉。」

権略 《張遷碑》：「聰麗権略。」

蛣屈 《周景功勳銘》：「龍蛇蛣屈。」

家謐 《張納功德叙》：「四竟家謐。」

鬱浥 《周憬功勳銘》：「豐隆鬱浥。」亦作「鬱邑」。《魏上尊號表》：「大禹必鬱邑於會稽之山陰。」

滑汰 《天井道碑》：「夏雨滑汰。」

拔涉 《耿勳碑》：「經營拔涉。」按：以拔爲跋。

逡遁〔一〕《鄭固碑》："逡遁退讓。"按：即逡巡。

忉悼《魯峻碑》："遐邇忉悼。"按：翁覃溪謂悼與悼通，是也。《廣韵》悼，音徒到切，則悼與悼聲固相近矣。

〔一〕遁，原作"循"，據蔡啓盛《校勘記》改。

俞樓雜纂弟三十三

《廣雅·釋詁》疏證拾遺

王懷祖先生作《廣雅疏證》，其致力勤矣。然《廣雅》字義實有難曉者，王氏之書，遺漏尚多。其以習見而不及者固有之，而隱僻之義，無可疏證，姑從蓋闕者亦十二三也。余從前著《廣雅疏證拾遺》，於《釋詁》四卷，頗有補苴，餘則未及也。以未卒業，久藏篋中。今精力益衰，難乎爲繼，而前功可惜，又未忍棄之，因取舊稿，刻入《雜纂》中，題曰《廣雅釋詁疏證拾遺》。

匯　㔚、勯　𤰞：大也。 凡本文不相連屬者，空一格，下放此。

樾謹按：匯者，器之大也。《說文·匚部》：「匯，器也。從匚，淮聲。」據《釋名》云：「淮，圍也，圍繞揚州北畍東至海也。」匯從淮聲，則亦有圍繞之義，故訓大矣。《禹貢》「東匯澤爲彭蠡」，言澤之畜水同於器之容物也。㔚、勯二字，《說文》所無，古字蓋止作并、𠈚。《莊子·在宥》篇《釋文》云：「𠈚，并也。」然則并、𠈚同義矣。《釋言》云：「并，兼也。凡物分之則小，合之則大，故并訓大也。」《詩・節南山》篇：「天子是毗。」毛傳：「毗，厚也。」《墨子・經》篇云：「厚，有所大也。」毗訓厚，故訓大也。《采菽》篇：「福禄膍之。」毛傳：「膍，厚也。」毗與膍通。㚊者，《玉篇・多部》云：「㚊，大也。」字亦從大，作奝。

望：至也。

樾謹按：《説文・亡部》：「望，出亡在外，望其還也。」故望有至義。

惢 長：善也。

樾謹按：惢者，《説文》云「心疑也，從三心」，蓋亦審慎之意，故得訓善矣。長猶大也。《禮記・表記》篇：「義有長短大小。」是長與大同類，故古人謂大爲長。高誘注《吕氏春秋・任數》篇曰：「長，大也。」長爲大，而亦爲善，猶佳爲善，而又爲大也。

言：從也。

樾謹按：《洪範》：「言曰從。」

猷：順也。

樾謹按：《爾雅・釋言》：「猷，若也。」字通作「猶」。《詩・小星》篇「寔命不猶」、《鼓鐘》篇「其德不猶」，毛傳並曰：「猶，若也。」猷訓若，故訓順。《尚書・堯典》篇：「曰若稽古。」枚傳曰：「若，順也。」

危　集：正也。

樾謹按：危者，《禮記・喪大記》：「中屋履危。」鄭注云：「危，棟上也。」是棟上謂之危。《釋名・釋宫室》曰：「棟，中也，居室之中也。」中則無不正，危之訓正，義本乎此。《莊子・繕性》篇：「危然處其所。」郭注云：「危然，獨正之貌。」亦足證危正之義，王氏所説未盡。集之言齊也。《漢書・鼂錯傳》師古注云：「集，齊也。」《詩・小宛》篇：「人之齊聖。」毛傳訓齊爲正。集訓齊，故亦訓正，今俗語猶云「齊集」及「齊正」，足知其義之通矣。王氏疑集爲準字之誤，非是。

穌：滿也。

樾謹按：下文「穌，取也」，字通作蘇。《管子・法禁》篇：「漁利蘇功。」尹知章注曰：「因少構多謂之蘇功。」取之不已，由少而多，故爲滿也。《離騷》：「蘇糞壤以充幃兮。」王逸注曰：「蘇，取也；充，猶滿也。」充滿必由於穌取，故其義得通矣。

祖、毖、征：遠也。

樾謹按：祖對禰而言。《襄十三年・左傳》正義曰：「禰，近也。」禰爲近，則祖爲遠矣。毖之訓遠，不見於經典。《詩·泉水》篇：「毖彼泉水，亦流于淇。」鄭箋云：「泉水流而入淇，猶婦人出嫁於異國。」疑三家詩必有訓毖爲遠者，蓋以泉水之遠流，興婦人之遠嫁，故下云「女子有行，遠父母兄弟」也。毛傳但云「泉水始出，毖然流也」，猶未得毖字之義。征者，《詩·小宛》篇云：「我日斯邁，而月斯征。」鄭箋云：「邁、征，皆行也。」是征與邁同義。《説文·辵部》：「邁，遠行也。」故征亦有遠義矣。

毒　幹、焉：安也。

樾謹按：《周易·師·彖傳》：「以此毒天下，而民從之。」《釋文》引馬注曰：「毒，治也。」治與安義相近。幹、焉並訓安者，安猶何也。如《禮記》「安取彼」之類是也。焉訓安，猶訓何也。如《論語》「焉用佞」之類是也。幹亦何也。《詩·韓奕》篇：「幹不庭方，以佐戎辟。」言何不直方以佐汝君也。「幹不庭方」與「曷不肅雍」，句法相似，説詳《群經平議》。此條所詁安字，皆實義，獨幹、焉二字則爲語詞。自古訓失傳，而幹之爲語詞無知者矣。《説文》無幹字，當從《詩》作榦。

萻、疏、亨：通也。

樾謹按：萻，不知何字，其下之亯，即享字也，古享、亨同字。訓亨爲通，猶訓亨爲通耳。

疏通之與亨通，今語猶然，不煩詮釋。疑古本止有亯、疏二字，亯字誤加艸頭，校者依篆文旁注享字，傳寫誤入疏字下耳。

杭：張也。

樾謹按：王氏改杭爲抗，然據《説文》抗、杭實一字，不煩改正。

充：行也。

樾謹按：《釋訓》：「衝衝，行也。」重言之爲衝衝，單言之即爲衝。此曰「充，行也」，充與衝通。《漢楊君石門頌》：「八方所達，益域爲充。」《隸釋》謂以「充爲衝」，衝即俗書衝字，是漢人充、衝通用也。

䠊：病也。

樾謹按：《釋言》：「尪，券也。」䠊與尪同訓券，故從尢訓病，故從歺也。

㝖：一也。

樾謹按：㝖不訓一，㝖乃桀字之誤。《吕氏春秋·下賢》篇：「桀乎其必不渝移也。」高注曰：「桀，特也。」凡經傳言特牛、特羊、特豚，皆謂一也。桀訓特，故亦得訓一矣。

高　旅：養也。

樾謹按：高字經典無訓養者，據與亯連文，疑即亯字之誤而衍也。旅者，《吕氏春秋・季冬》篇：「律中大吕。」高誘注曰：「吕，旅也，所以旅陰即養，助其成功。」此旅訓養之義。然高注語意未明，其注《淮南・時則》篇云：「吕，旅也。萬物萌動於黄泉，未能達見，所以旅旅去陰即陽，助其成功，故曰大吕。」則疑彼注養字有誤，然並云「助其成功」，則固得有養義矣。

震：愛也。

樾謹按：震無愛義。據《釋言》云：「㪀，隱也。」疑震即㪀之叚音，㪀字從氏得聲，震通作㪀，乃一聲之轉。《尚書・無逸》篇「治民祗懼」，《史記・周公世家》祗作震，是其例矣。又《禮記・内則》篇：「祗見孺子。」鄭注曰：「祗，或作振。」是從氏、從辰之字，古每通用也。㪀訓隱而得訓愛者，正與上文翳字同。王氏曰：「㥲、惜諸字爲親愛之愛，翳爲隱愛之愛。」是此條愛字固有二義也。

㱁：極也。

樾謹按：《一切經音義》卷十引字書曰：「㑄，倚也。今言㑄息、㑄卧，皆是也。」疑此㱁字即與㑄通，疲極而卧息事，正相因矣。

刻：分也。

樾謹按：《爾雅・釋器》：「木謂之刻。」王氏於上礐字引《爾雅》「象謂之鵠、角謂之鱟」，於上劇字引《爾雅》「木謂之劇」，此未及引，故爲補之。《詩・南山》篇：「析薪如之何？匪斧不克。」克與刻通，毛傳訓能，非是。上文斯字，即「斧以斯之」之斯，此文刻字，即「匪斧不克」之克。

鼜：刺也。

樾謹按：《文選・謝玄暉鼓吹曲》：「疊鼓送華輈。」李善注：「小擊鼓謂之疊。」疊無擊義，疑即鼜字也。鼜本訓刺，而亦得訓擊者，擊與刺義相近，如此文云「挖，刺也」，下文云「挖，擊也」，即其例矣。《說文・手部》：「抌，深擊也。」而此則訓爲刺。然則刺謂之鼜，而擊亦謂之鼜，猶擊謂之抌，而刺亦謂之抌也。

剽 㓹：斷也。

樾謹按：剽，古字止作桌，隸變作栗。《詩・東山》篇：「烝在栗薪。」鄭箋云：「栗，析也。」古者聲栗、裂同也。《考工記・弓人》：「菑栗不迆。」鄭注云：「栗讀爲裂繻之裂。」賈疏云：「栗者，亦取破之義。」是栗與裂古以聲近而得通用。栗通用裂，故得訓爲斷。乃即變其字從刀，此字之所以孳乳寖多矣。㓹者，《淮南子・原道》篇「堅强而不鞼」、《本經》篇「剛而不鞼」，高注並曰：「轒，折也。」𠜾與轒聲近。《説文·耳部》聵，或體作聲。《昭九年·左傳》「屠蒯」、《禮記·檀弓》篇作杜蕢，竝其證也。轒無折義，《淮南子》兩用轒字，疑皆當作𠜾矣。

蹂：疾也。

樾謹按：蹂即厹之篆文，其本義爲獸足蹂地，故訓疾也。《説文·言部》：「訄，迫也。」《漢書·楊雄傳》：「杳旭卉兮。」師古曰：「旭卉，疾速也。」訄、旭與厹竝從九聲，義得通矣。

彰：慙也。

樾謹按：《説文》彰篆説解曰：「顔色。彰𪒷，慎事也。」初無慙義。乃本書卷四云：「䪼，恥也。」䪼即𪒷字。𪒷訓恥，故彰訓慙矣。蓋謹慎之至，近乎慙恥，義固得通也。

肆：信也。

樾謹按：此條所詁，皆忠信之信，而肆之訓信，則信當讀爲伸。《周易·繫辭傳》：「往者，屈也；來者，信也。」是屈伸之伸可以信爲之也。《周官·掌戮》：「肆之三日。」鄭注云：「肆，猶申也。」即《廣雅》所本。卷四云：「肆，伸也。」與此文字異而義同。《漢書·律麻志》云：「引者，信也。」《文選·長笛賦》注引《廣雅》云：「引，伸也。」然則肆之訓信，本於《周官》鄭注之訓申，猶引之訓伸，本於《漢書·律麻志》之訓信矣。

樾謹按：王氏訂宎爲妖之譌，因下文窈窕而誤。然妖從女，此不從女，則非妖字也。宎去穴當作夭。《禮記·大學》篇引《詩》「桃之夭夭」鄭注曰：「夭夭，美盛貌。」此云「夭，好也」，正合鄭義。《論語·述而》篇集解引馬注曰：「申申、夭夭，和舒之貌。」和舒，亦好也。嫢者，王氏以《說卦傳》「萬物絜齊」說之，於義未盡。今按：《詩·采蘋》篇「有齊季女」，《玉篇·女部》引作「有嫢季女」。嫢之訓好，疑本於三家詩，毛傳訓齊爲敬，然《車舝》篇「思孌季女逝兮」傳曰：「孌，美貌；季女，謂有齊季女也。」則又似采三家詩義。字雖作齊，義實同嫢。鄭箋申之云「思得孌然美好之少女有齊莊之德者」，則泥毛傳爲說，未必得毛意也。古人言婦女不諱言容貌之美，《思齊》篇云：「思齊大任，文王之母。思媚周姜，京室之婦。」兩思字皆語詞，曰齊、曰媚，皆言其美也。齊即嫢之叚字。《廣雅》嫢與媚並訓美，正可以說此詩矣。先大任後周姜者，由「大姒嗣徽音」而上溯之，故先近而後遠也。傳訓齊爲莊，媚爲愛。鄭說兩思字均未合。瑕者，楊雄《蜀都賦》云「瑕英江珠」、左思《蜀都賦》云「江珠瑕英」，皆以瑕英並言。劉淵林注《左思賦》云：「瑕，玉屬也。」是瑕英並玉名。《齊風·著》篇毛傳曰：「瓊英，美石似玉。」《魏風·汾沮洳》篇次章「曰美如英」、卒章「曰美如玉」，英亦玉也，蓋以玉之美比人之美也。據《說文·玉部》：「瑛，玉光也。」則字本從玉作瑛，乃以比人之美，遂變其字從女作媖。《玉篇》：「媖，女人美稱也。」然則婽亦即瑕之變也。以玉言之，則爲瑕瑛；以人言之，則爲婽媖矣。上文曰「英，美也。」此文曰「婽，好也」，其義正同。英不從女，而婽從女，字有今古耳。

徲、屬：解也。

樾謹按：徲與稀同。《説文·禾部》：「稀，疏也。」疏則有分解之義。以禾之行列言，則從禾作稀；以人之行列言，則從彳作徲矣。屬之言注也。《襄二十三年·左傳》杜注曰：「注，屬矢於弦。」《荀子·禮論篇》楊倞注曰：「注續，即屬續也。」屬矢謂之注，屬續謂之注，是屬與注聲近義通。《詩》正義曰：「注者，著也。言爲之解説，使其義著明也。」《禮記》正義曰：「注者，即解書之名。」《一切經音義》卷六引《字林》曰：「註，解也。」註即注字，注爲解，故屬亦爲解矣。

鬒：强也。

樾謹按：《考工記·輪人》：「稹理而堅。」鬒、稹同聲。《廣雅》鬒與堅並訓强，然則此鬒字即讀如「稹理而堅」之稹矣。《〈考工記〉釋文》曰：「稹，本又作縝。」《文選·謝玄暉晚登三山詩》：「誰能縝不變。」李善注縝與鬒同。《考工記》既有作縝之本，或亦有作鬒之本也。

澰：清也。

樾謹按：澰即瀲字。《文選・西征賦》：「青蕃蔚乎翠瀲。」李善注：「瀲，波際也。」

叢：遽也。

樾謹按：《書・益稷》〔一〕：「元首叢脞哉。」枚傳曰：「叢脞，細碎無大略。」細碎則有煩劇之意，故叢爲遽也。《漢書・酷吏傳》：「罔密事叢。」此叢字當訓遽，師古注曰：「叢謂衆也。」衆與遽義亦相因，衆謂之叢，而遽亦謂之叢，猶疾謂之劇，而繁多亦謂之劇也。

摘：語也。

樾謹按：《漢書・劉向傳》乃著《疾讒》《摘要》《救危》。師古注曰：「摘，謂指發之也。」《廣雅》此文指、摘二字相連，摘即擿也，正取指擿之義，字亦作讁。《列子・力命》篇：「不相讁發。」《方言》：「讁，過也。南楚凡相非議人謂之讁。」蓋從言者以其非議人也，從手者以其指發之也，雖二字而實一義矣。

〔一〕 益稷，原作「益益稷」，衍一「益」字，據《書》篇名删。

娍：愚也。

樾謹按：《集韻》引《字林》：「怴，戇貌。」娍與怴通。

爽：責也。

樾謹按：《方言》：「爽，過也。」是爽有過義，故此與過同訓責。

𢦏　睍　䁟：視也。

樾謹按：《書·堯典》篇：「在璿璣玉衡。」枚傳：「在，察也。」此𢦏字疑即「在璿璣玉衡」之在，漢人書在字或作𢦏，《州輔碑》「𢦏貴不濡」是也。在本從才聲，𢦏則變從𢦒聲，此作𢦏者，又變從土而從目，以合於在察之義也。殆漢魏閒俗書與？或𢦏本古字，因經典皆假在爲之，而本字獨存於此書與？睍者，《説文》云「目出皃也」，䁟者，《説文》云「目陷也」。以其從目，故皆得有視義。

潛　營：上也。

樾謹按：潛無上義，疑僭之誤。《隱五年·穀梁傳》：「始僭樂矣。」范注曰：「下犯上謂之僭。」下犯上故爲上矣。《漢書·五行志》：「庶位踰節，兹謂僭。」踰亦上也。營者，《詩·樛木》篇：「南有樛木，葛藟縈之。」據首章「南有樛木，葛藟纍之」毛傳曰：「木下曲曰樛。」箋云：「喻后妃能以意下逮衆妾，使得其次序，則衆妾上附事之。」然則樛木喻后妃下逮，葛藟喻衆妾上附。首章纍之言纍綴而上也，卒章縈之言縈繞而上也。營與縈古字通。《莊二十五年·公羊傳》：「朱絲營社。」《釋文》曰「營，本亦作縈」是也。疑「葛藟縈之」，三家詩有作營而訓上者，故《廣雅》用其説。與《方言》「祖，上也」，又曰「祖，轉也」，祖訓轉，而亦訓上，則營之訓上，與毛傳訓縈爲旋，義固得通矣。

褔　移：褠也。

樾謹按：《説文·裘部》：「䙝，裘裏也。」褔疑即䙝之異文，變從裘而從衣耳。移與沾兩字相連，移當作迻，沾當作姑。《廣韻》：「姑迻，輕薄貌。」此朱氏駿聲説。

挰　虞：擇也。

樾謹按：挰即程字。《禮記·儒行》篇：「不程勇者。」鄭注曰：「程猶量也。」《吕氏春秋·慎行》篇：「後世以爲法程。」高注曰：「程，度也。」程有度量之義，故得訓擇。《文選·西京賦》：「程角觝之妙戲。」薛注曰：「程，謂課其技能也。」課其技能，即有擇意矣。因其訓擇，而變從手，後出字也。虞亦度也。《爾雅·釋言》：「虞，度也。」故亦訓擇矣。

句：下也。

樾謹按：《説文・句部》：「句，曲也。」句曲故有自卑下之意。《荀子・宥坐篇》：「其流也埤下裾拘。」句與拘通。

潼：益也。

樾謹按：《説文・糸部》〔一〕：「緟，增益也。」潼與緟通。

摷：動也。

樾謹按：摷，猶躁也。《禮記・月令》篇：「處必掩身毋躁。」鄭注曰：「躁，猶動也。」《淮南子・主術》篇：「人主静漠而不躁。」高注曰：「躁，動也。」躁之訓動，經典屢見。此作摷者，巢聲與喿聲相近，如藻或作藻，即其例也。《説文・刀部》引《書》「天用剿絶其命」，今《甘誓》篇作「勦」。然則躁之爲摷，猶藻之爲藻、剿之爲勦。至從手從足，以動而言，義皆得通耳。

罰：折也。

樾謹按：罰當作伐。《管子・霸形》篇：「於是伐鍾磬之縣。」尹注曰：「伐，謂斫斷也。」是

〔一〕糸，原作「系」，據蔡啓盛《校勘記》改。

其義也。卷四曰：「罰，伐也。」則罰與伐義亦得通。

嗞　哙：笑也。

樾謹按：嗞爲嗟嗞，哙爲烏呼。而得訓笑者，《説文·欠部》：「歎，吟也。」段氏玉裁據《文選·盧諶覽古詩》注補其下曰：「謂情有所悦，吟歎而歌詠。」且爲之説其義曰：「古歎與嘆別。歎與喜樂爲類，嘆與怒哀爲類。如《樂記》云：『一唱而三歎，有遺音者矣。』又云：『長言之不足，故嗟歎之；嗟歎之不足，故不知手之舞之、足之蹈之。』《論語》『喟然歎曰』，皆是此歎字。《檀弓》曰：『戚斯嘆。』《詩》云『而無永嘆』『愾我寤嘆』，皆是嘆字。」以段説推之，嗞也、哙也，蓋皆歎，而非嘆也。《尚書·堯典》篇：「僉曰：『於！鯀哉！』」《管子·小稱》篇：「嗟茲乎，聖人之言，長乎哉！」並是情有所悦，吟歎而歌詠之詞。歎、嘆不分，由來已久。古書所用，亦未必不混於所施。《詩·雲漢》篇「王曰於乎」與「僉曰於」異矣。《説苑·貴德》篇「嗟茲乎我窮必矣」與「嗟茲乎聖人之言」又異矣。而《廣雅》嗞與哙並訓笑，則尚與古義有合，是宜表而出之。哙即於字，因訓笑，故從口耳。

嫱：妬也。

樾謹按：嫱與下嫭字，意蓋相近。上文嫱與嫮並訓好，此文嫱與嫭竝訓妬。嫭即嫮字，美好與嫉妬，事本相因。《漢書・楊雄傳》「知衆嫭之嫉妬兮」，是其義也。

觲：出也。

樾謹按：觲字從角、從弱，會意，蓋謂新出之角也。《釋器》云：「𦠆，肉也。」王氏云：「𦠆之言弱也。《廣韻》：𦠆，脃腝也。」然則肉弱謂之𦠆，角弱謂之觲，其義正同。《説文》無觲字而有觲字，從角，從弱省聲，説解云：「調弓也。」然角之新出者必柔，而調弓亦欲使之柔，兩義本是一貫耳。

急：盡也。

樾謹按：《釋名・釋言語》曰：「急，及也，操切之使相逮及也。」故急有窮極之義。《賈子・憂民》篇曰：「無六年之蓄謂之急。」

擐　懆　饞：貪也。

樾謹按：《禮記・王制》篇《釋文》：「擐衣，舊音患，今讀宜音宣，依字作擐。《字林》云：『擐，擐臂也，先全反。』」然擐字不見於《説文》，不知何字，今俗作揎，亦《説文》所無。《説文・二部》：「亘，求回也。上下所求物也。」疑擐即亘之假音。卷四云：「尋，循也。」亦即上下求物之意。懆與下慘字同，慘、懆一聲之轉。《毛詩・白華》篇《釋文》：「懆懆，亦作慘慘。」是其證矣。王氏云：「《説文》：『嫪，婪也。』嫪與慘通。」而不知慘、懆亦通，偶不照耳。餽者，《吕氏春秋·重己》篇：「胃充則中大鞔。」高注曰：「鞔，讀曰懣。不勝食氣爲懣病也。」餽即鞔字，不勝食氣，蓋是貪食之病，故訓爲貪矣。

敇：進也。

樾謹按：《尚書·皋陶謨》篇「敇天之命」，《史記·夏本紀》作「陟天之命」。是敇與陟通，故與陞並訓進也。

慮：廣也。

樾謹按：卷一云：「攄，張也。」卷四云：「攄，舒也。」張、舒並有廣義，慮與攄通。《詩·六月》篇：「以奏膚公。」毛傳：「膚，大也。」膚、慮聲亦相近。

悖　喤：怒也。

樾謹按：《楚辭·悼亂》篇：「惶悖兮失氣。」喤與惶通，怒甚亦傷氣，故悖與喤得訓怒也。《説文·疒部》：「痵，氣不定也。」痵與悖氣亦相通，故今俗語猶以怒爲動氣矣。《説文·火部》：「煌，煌煇也。」《金部》：「鍠，鐘聲也。」光盛謂之煌，聲盛謂之鍠，怒盛謂之喤，其義一也。

亢　圹：居也。

樾謹按：《詩・天作》篇：「天作高山，太王荒之。」毛傳：「荒，大也。」然太王大之，義實未安，疑三家詩有作太王亢之，而訓亢爲居者，故《廣雅》載之也。圹字字書所無，疑即厈字之誤。《説文・厂部》：「厂，山石之厓巖，人可居。」「厈，籀文從干。」是厈之訓居，與《説文》本義合。厈誤作圧，又誤作圹耳。王氏以爲广土二字之合誤，殆非。

養：飾也。

樾謹按：養與上傢字音近義通。《説文・人部》：「像，象也。讀若養字之養。」像讀若養，故養亦得通作傢。

㦿：健也。

樾謹按：字書無㦿字。《周易》：「咸亨利貞，取女吉。」疑㦿即咸卦之咸，以其取女吉，故變從女，漢時俗書也。《雜卦傳》曰：「咸，速也。」故有健義。且上經始乾、坤，下經始咸、恒，《莊子・盜跖》篇：「而恒民畜我也〔一〕。」《釋文》曰：「恒民，一本作順民。」是咸有健義，恒有順

〔一〕　我，原作「民」，今《莊子》各本作「我」，并據上下文義改。

義，正與乾、坤同，殆古《易》説與？

瀸：癰也。

樾謹按：瀸，即今俗書瘕字。瀸從戳聲，戳與即一聲之轉。《漢司隸校尉楊孟文頌》：「未秋戳霜。」言未秋即霜也。《釋名·釋天》曰：「札，戳也。」《釋書契》曰：「札，櫛也。」《釋名》一書皆以聲訓，札訓戳，亦訓櫛，故瀸本從戳者，得變而從即矣。

澇：洒也。

樾謹按：澇與汏連文，澇汏，即洮汏也。《一切經音義》卷七引《通俗文》云：「淅米謂之洮汏。」王氏以説汏字，而不知並説澇字，乃其小疏矣。澇從勞聲，洮從兆聲，本同部字，故聲近而義通。《淮南子·要略》篇：「所以洮汏滌蕩至意。」此云澇汏，即洮汏也。下云滌潒，即滌蕩也。澇之爲洮，猶潒之爲蕩矣。王氏云：「潒與蕩通。」

肆：減也。

樾謹按：肆無減義，肆當音他歷反。《周官·小子》：「羞羊肆、羊殽、肉豆。」鄭注曰：「肆讀爲鬄。」《釋文》曰「羊肆，依註音鬄，他歷反」是也。依《説文》本當作剔，鬀髮也，字通作鬄，亦或作剔。《漢書·司馬遷傳》「鬄毛髮」、《文選》作「剔毛髮」。《詩·皇矣》篇「攘之剔之」、《泮水》篇「狄彼東南」，《釋文》云：「狄，《韓詩》作鬄，除也。」《莊子·馬蹄》篇「燒之剔之」、《淮南子·要略》篇「剔河而道九岐」，竝與減義相近。

隋：歸也。

樾謹按：隋與墮通。《昭四年·左傳》：「寡君將墮幣焉。」服注：「墮，輸也。」《周官·司兵》：「及其受兵輸，亦如之。」鄭注曰：「兵輸，謂師還，有司還兵也。」是輸有還義。墮訓輸，故亦訓歸矣。《淮南·氾論》篇高注曰：「墮，入也。」入與歸義亦相近。

蹳：跳也。

樾謹按：蹳與惙通。《詩·草蟲》篇首章「憂心忡忡」、次章「憂心惙惙」，忡忡、惙惙，文異義同。《方言》曰：「惙，中也。」中即忡之壞字。毛傳曰：「忡忡，猶衝衝也。」然則忡忡、惙惙，并心動之貌，此作蹳者，文隨義變，心動謂之惙，以心言故從心，足動謂之蹳，以足言故從足。

𡝩：醜也。

樾謹按：𡝩與儓連文，蓋二字同義。《昭七年·左傳》：「是無陪臺也。」𡝩儓即陪臺，變陪作𡝩，變臺作儓，文字之異耳。王氏引《方言》「儓、䑋，農夫之醜稱也」以説儓字，是止知儓字下屬䑋字爲義，而不知儓字亦上屬𡝩字爲義也。又按：陪臺本疊韵字，而儓䑋亦疊韵字。據《説文》「趞讀若匐」，是音聲之字得有匐音，而葍從服聲，服亦得有匐音。扶服爲匍匐、萊服爲蘿蔔，並其例也。以是言之，《方言》之僾葍，實即《左傳》之陪臺；然則《廣雅》之焙僾，實即《方言》之僾葍，從可知矣。

訽：欺也。

樾謹按：《說文・言部》：「訇，騃言聲。從言，勻省聲。又讀若玄。訇，籀文不省。」此訽字當即訇字，惟許君所謂「騃言聲」，未知何義。據上文詿、譺二篆相連，「詿，欺也」「譺，騃也」，是騃義必與欺義相近。《廣雅》訽下即繼以詿字，觀張書之訽、詿並訓欺，可知許書之訓騃，即是欺矣。又按《說文》「讀若玄」，疑此字與眩同。《禮記・中庸》篇「尊賢則不惑」「敬大臣則不眩」，正義曰：「眩亦惑也。」此訽亦是相眩惑之意。惑人以形，則從目作眩；惑人以聲，則從言作訽也。

侹：俠也。

樾謹按：此條云：「俜、侹、遊、挑，俠也。」王氏逐字釋之，而不釋侹字。愚則謂王氏所釋，皆未得也。此條俜侹疊韵字，遊挑亦疊韵字。據段氏說，兆在第二部，游在第三部，兩部相近。俜侹疊韵，猶杜詩所用娉婷字也；遊挑疊韵，猶太歲在丙曰「柔兆」，《史記・曆書》作「游兆」，又作「游桃」也。古書中疊韵之字，當合兩字爲一義，不當以一字爲一義。《説文》云：「三輔謂輕財者爲甹。」單言之曰甹，重言之曰甹侹矣。太史公立《遊俠傳》，俠上配以游字，單言之曰游，重言之曰遊挑矣。此蓋古之遺語，幸存於張書者，王氏未見及此也。

俺：忘也。

樾謹按：此與下忽字同義。俺，猶奄也。奄忽本雙聲字，《文選·長笛賦》「奄忽滅没」是也。奄字從心作俺，猶忽字亦或從心作惚，並後出字也。此條忽慌連文，王氏引《淮南子·人閒》篇「忽怳」爲證，謂怳與慌通。而於俺字闕而不論，不知以奄忽説之。蓋因俺與忽文不相連，故偶不照耳。

剔：罵也。

樾謹按：剔無罵義。《方言》曰：「脈蜴，欺謾之語也。」此剔字疑即脈蜴之蜴。

調：賣也。

樾謹按：《詩·谷風》篇：「賈用不售。」箋云：「如賣物之不售。」售與調古音相近，或三家詩有作調者與？

羲、戲：施也。

樾謹按：《尚書序·釋文》「羲，亦作戲」，引張揖《字詁》曰：「羲，古字；戲，今字。」此條羲、戲並訓施，必是説伏羲之義。據《書序》正義引《律麻志》曰：「結作網罟以取犧牲，故曰伏羲。」又引「顧氏讀包爲庖，取其犧牲以供庖厨」，所説皆淺陋。《白虎通·號》篇曰：「伏而化之，故謂之伏羲。」《風俗通·皇霸》篇曰：「伏者，别也、變也；戲者，獻也、法也。伏羲始别八卦，以變化天下，天下法則咸伏貢獻，故曰伏羲也。」二説較有理。張書羲、戲並訓施，殆古説伏羲有此義與？

攻：伏也。

樾謹按：攻無伏義，乃攷字之誤。《玉篇·攴部》：「攷，丁禮切，隱也。」即此字也。攷訓隱，故得訓伏。隸書工字或作□，氏字或作互，二形相似。《淮南子·説林》篇「使氏厭竅」、《文子·上德》篇作「使工捻竅」，此工、氏二字相混之證。攷旁本作氏，誤作工，因爲攻矣。

魯：道也。

樾謹按：魯讀爲旅。《説文·㫃部》旅篆下重文㞃，曰：「古文旅，古文以爲魯衛之魯。」是魯字古與旅通。《爾雅·釋宫》：「旅，道也。」《禮記·郊特牲》：「臺門而旅樹。」鄭注亦曰：

「旅，道也。」張書訓魯爲道，蓋即旅之叚字。王氏謂當在下文「鈍也」一條，未見及此也。

效：具也。

樾謹按：效，曹憲音教。據《説文》效爲教重文也。然教字實無具義，疑效乃殽之誤。《説文》：「殽，相雜錯也。」雜錯故有具義。卷一云：「殽，雜也。」各本殽誤作敎，然則此文殽又誤作效，亦不足異矣。

蹐：止也。

樾謹按：《禹貢》荆州「沱潛既道」，《釋文》引馬注曰：「沱，湖也，其中泉出而不流者謂之潛。」蹐字疑與潛通，水不流謂之潛，以水言故從水；人不行謂之蹐，以人言故從足。

拊　藪：求也。

樾謹按：拊當作府，卷一曰：「府，取也。」府訓取，故亦訓求矣。《爾雅》有八藪、有九府，此府、藪二字，疑本《爾雅》舊訓。《周禮・春官》疏曰：「凡物所聚曰府。」《國語・周語》曰：「藪，物之歸也。」府、藪皆聚物之處，人之有求者必取之此，故府訓取，亦訓求，推之於藪，亦然矣。

陶：除也。

樾謹按：陶當作淘，古字作洮。《後漢書·陳元傳》「洮汰學者之累惑」，是其義也。張書陶與寫並訓除，今人言陶寫猶作陶，言淘汰則作淘，蓋叚陶爲洮，而又變陶爲淘，由來久矣。

凬：衆也。

樾謹按：凬乃凡之叚字。凬本從凡聲，故得通作凡。《莊子·天地》篇「願先生之言其凬也」，凬即凡字，猶云「言其大凡」也。《儀禮·公食大夫禮》：「凡宰夫之具。」鄭注曰：「凡非一也。」非一，故爲衆。本書卷三云：「凡，皆也。」即其義矣。

栥：諧也。

樾謹按：栥，疑當作孶。《説文·丮部》：「丮，褱也。」或作孶。《手部》又有孶字，曰：「擁也。」是孶有擁抱之義。張書犟與耦同訓諧義，取之此也。《爾雅·釋地》：「西方有比肩獸焉，與邛邛岠虚比，其名謂之蟨。」比肩之獸名曰邛邛，亦其義矣。

贅：定也。

樾謹按：《詩·桑柔》篇：「具贅卒荒。」傳曰：「贅，屬也。」《襄十六年》：「君若贅旒然。」注曰：「贅，繫屬之辭。」凡物有所繫屬則定，故贅爲定也。又贅與綴通，故贅旒亦作綴旒。《説文·糸部》云〔一〕：「綴，合著也。」合著亦有定義。

奠：調也。

樾謹按：《儀禮·士冠禮》「贊者奠纚笄櫛于筵南端」、《士昏禮》「坐奠觶」，鄭注並曰：「奠，停也。」《禮記·内則》篇：「奠之而后取之。」注曰：「奠，停地也。」《釋名·釋喪制》曰：「喪祭曰奠。奠，停也，言停久也。」奠與停本一聲之轉，故古訓奠爲停。然則奠、調也，猶曰停、調也。停與調亦一聲之轉。宋時有調停之言，蓋古語然矣。

都：藏也。

樾謹按：本書卷三曰：「都，聚也。」都訓聚，故有藏義，字通作豬。《禮記·檀弓》篇：「洿其宫而豬焉。」注曰：「南方謂都爲豬。」《禹貢》：「大野既豬。」傳曰：「水所停曰豬。」水所停亦藏義也。《襄三十年·左傳》：「取我衣冠而褚之。」注曰：「褚，畜也。」《釋名·釋飲食》曰：「桃諸，藏桃也。諸，儲也，藏以爲儲，待給冬月用之也。」《説文·人部》：「儲，偫也。」然則都也、諸也、豬也、褚也，並儲字之叚音。

〔一〕 糸，原作「系」，據蔡啓盛《校勘記》改。

韇：强也。

樾謹按：上文磺字，王氏説以《毛詩》「武夫洸洸。」愚謂《谷風》篇：「有洸有潰。」毛傳曰：「洸洸，武也；潰潰，怒也。」此條磺字，即有洸之洸；韇字，即有潰之潰。洸與潢、潰與韇，古同聲而通用。

心：容也。

樾謹按：心不訓容，心乃思之壞字。《尚書·洪範》篇「思曰睿」、伏生《五行傳》作「容」，蓋《今文尚書》作「思曰容」也。此云「思，容也」，即本今文家説。

恩：隱也。

樾謹按：此條廋、蔽、濳、匿、遁，皆隱藏之隱。恩則爲惻隱之隱。《周書·謚法解》曰：「隱，哀之方也。」《禮記·檀弓》篇曰：「拜稽顙，哀戚之至隱也。」《孟子·梁惠王》篇：「王若隱其無罪而就死地。」趙注曰：「隱，痛也。」並其義也。《詩》曰：「恩斯勤斯，鬻子之閔斯。」以恩勤故閔，是恩得訓隱矣。

標：書也。

樾謹按：《説文·巾部》：「幖，幟也。」《一切經音義》引《通俗文》曰：「徽號曰幖。」字通作剽。《周禮·肆師職》注：「剽、表，皆謂徽識也。」亦通作標。《文選·江賦》：「標之以翠翳。」注曰：「標，猶表識也。」古人所謂徽識，蓋書其官族於旌旗，以爲識別，故標得訓書也。

隂：陷也。

樾謹按：隂，疑即阽之異文。《説文·自部》：「阽，壁危也。」《漢書·文帝紀》：「或阽於死亡。」孟康注：「音屋檐之檐。」蓋占聲、詹聲本相近，阽有檐音，故或變作隂矣。

堪：低也。

樾謹按：《説文·土部》「堪，地突也」，即繼以堀篆曰「突也」，引《詩》曰「蜉蝣堀閲」。然則堪、堀二字同義。《説文》又有堀篆曰：「兔堀也。」徐鍇《繫傳》引《文子》「兔走歸堀閲」證之。愚謂堀閲，即堀穴。穴、閲古通用。《漢書·鄒陽傳》曰：「士有伏處堀穴巖藪之中耳〔一〕。」即此堀閲之義也。毛鄭説《詩》均未得旨。詩人之意，謂昭公任用小人入其朝者，如入蜉蝣之堀穴也，説詳《群經平議》。堪訓地突，堀亦訓突，然則地突猶言地堀耳。地本卑下，堀則更甚，故曰堪，低也。自堪字本義不明，而疏證張書者，亦莫得其説矣。

〔一〕伏處，今《漢書》各本作「伏死」。兩者皆通。

著書餘料　俞樓雜纂弟三十四

余從前讀書，每有所得，輒書片紙夾書中，以備著書時采取。杜詩云「山色供詩料」，余謂賦詩必有料，著書亦必有料，此吾之書料也。年來著書二百餘卷，舊時書料存者無多，今衰病頹唐，不能再著書矣，留此尚奚待歟？因撮取録爲一卷，附刻《俞樓雜纂》中，即題曰《著書餘料》。

《鬻子》

《鬻子》一書，爲子書之祖，然文多錯誤，其篇第尤不可解。余讀其書，校出誤字數處，輒志之於此。

「昔之帝王所以爲明者，以其吏也；昔之君子其所以爲功者，以其民也。力生於神，而功最於吏，福歸於君。」余謂「力生於神」句文義不倫。唐逄行珪注云：「王者有國，必先靈祐，皇天上帝、社稷山川、神迹玄符，無不來會。」失之鑿矣。此神字乃人字之誤，人即民也。《孝經》：「天之經也，地之義也，民之行也。」《釋文》曰：「民，本作人。」蓋人、民古通稱耳。上文言帝王所以爲明者以吏，君子所以爲功者以民，君子即吏是也。蓋言帝王恃吏，吏恃民。然則天下之事全賴民力以成，故曰「力生於人，而功最於吏，福歸於君」也。人與神聲同，因而致誤。解者不能是正，而曲爲之説，遂使平易之文，頓成迂誕矣。

「民者，賢不肖之杖也，賢不肖皆具焉。」此杖字無義，乃材字之誤。蓋賢不肖皆空名，必附乎人，而後某人賢、某人不肖，乃實有所謂。是民者，賢不肖之材質也。漢人書材字或作杕，因誤爲杖耳。

「杖能側焉，忠信飾焉。」此杖字亦材字之誤，側字未詳。《賈子新書・大政》篇作「技能輸焉」，恐亦未是。

「士民與之，明上舉之；士民若之，明上去之。」此若字是苦字之誤，其意言民之所與，上則舉之；民之所苦，上則去之。文甚明白易曉，且與、舉、苦、去皆一韵，此四句乃有韵之文，苦誤爲若，不特失其義，且失其韵矣。《賈子・大政》篇：「故士民譽之，則明上察之，見歸而舉之；故士民苦之，則明上察之，見非而去之。」其文與此相同，正作「士民苦之」。逢行珪不能據以訂正，而依誤字爲説，陋矣。

《鄧析子》

《鄧析子》二卷，江陰劉氏影宋本刊於吴中。余得其書，偶校出誤字數處。若其錯誤，顯然人所共見，或疑似難明，不可校正者，則姑不及焉。

「不以知慮，則合於無然矣。」余謂然乃朕字之誤，朕誤爲肰，因誤爲然矣。無朕與上文無形、無兆一律。

「上循名以督實，下奉教而不違。」余謂違當作違，字形相近而誤也。

「責疲者以舉千鈞，宂者以及走乎〔一〕？」余謂宂乃兀字之誤。《莊子・德充符》篇：「魯有兀者。」《釋文》引李云「刖足曰兀」是也。乎乃守字之誤，守讀爲獸，古人或叚狩爲獸。漢《張遷碑》「帝遊上林，問禽狩所有」、《石門頌》「惡虫蔽狩」，狩皆即獸字，是其證也。此云走守，蓋又省狩爲守耳。「責疲者以舉千鈞，兀者以及走獸」，文義甚明。因兀誤爲宂，叚守爲獸，而又誤

〔一〕宂者以及走乎，今四庫本《鄧析子》等作「責兀者以及走兔」，可參。

作乎字，遂不可讀。下文又曰：「豈在振目搤腕、乎摽鞭朴[一]，而後爲治歟？」乎字亦手字之誤。手摽鞭朴，四字爲句，摽字無義，或是操字形近而誤歟？

「故遠而親者忘相應也，近而疏者忘不合也。」余謂兩忘字皆志字之誤。

「若扶之攜[二]，謝之與讓，故之與右，諾之與已，相去千里也。」余謂此文有脱誤。《文子·上德》篇作「扶之與提，謝之與讓，得之與失，諾之與已，相去千里」，當據以訂正。惟提與攜義本相近，不必改也。

「一聲而非，駡勿追；一言而忽，駡不及[三]。」余謂駡字無義，乃四馬二字之誤。一聲而非，四馬勿追；一言而忽，四馬不及。即所謂駟不及舌也。

「爲之斗斛而量之，則并斗斛而均之；爲之權衡以平之，則并與權衡而竊之；爲之符璽以信之，則并與符璽而功之；爲之仁義以教之，則并仁義以竊之。」余謂均之、功之皆無義，均與

[一] 乎摽，今四庫本《鄧析子》等作「手據」，可參。
[二] 「之」下，今四庫本《鄧析子》等有「與」字，可參。
[三] 兩「駡」字，今四庫本《鄧析子》等正作「駟馬」。忽，馬叙倫《鄧析子校録》據嘉靖本作「急」。謹按：此處「非」、「追」古音同在微部，「急」、「及」古音同在緝部，當爲韵語，而「忽」古音在物部，故作「急」是。

功[一]，並竊字之誤。俗書竊字或作窃，故或誤爲均，或誤爲功也。《莊子·胠篋》篇文與此同，而皆作竊之，可據以訂正。

「此重利也，盜跖所不可桀者，乃聖人之罪也。」余謂此有錯誤。《莊子·胠篋》篇作「此重利，盜跖而使不可禁者，是乃聖人之過也」。據此則重利下衍也字，跖當作跖，桀當作禁，所當作而。

《孫子》

《計》篇

「一曰道，二曰天，三曰地。」按：先言道而後言天地，此即《老子》書所謂「道大、天大、地大」「人法地、地法天、天法道」者也。然則兵家亦原於道德，非但刑名而已。

「故可與之死，可與之生，而民不畏危。」按：畏乃衍字。曹公注曰：「危者，危疑也。」不釋畏字，其所據本無畏字也。民不危，即民不疑，曹注得之。孟氏注曰：「一作人不疑。」文異而

[一] 均、功，今四庫本《鄧析子》皆作「竊」，可參。

之義，安加畏字於危字之上，失之矣。

「天者，陰陽、寒暑、時制也。」按：時制當讀爲時節，節與制一聲之轉。《國語·魯語》：「夫祀國之大節也。」韋注曰：「節，制也。」是其義亦相通。《素問·六節藏象論》曰：「天以六六爲節，地以九九制會。」天言節，地言制，其義一也。《國語·楚語》曰：「處暑之既至。」韋注曰：「七月節也。」蓋自周公辨二十四氣之應，作《時訓》篇，二十四節之名，古已有之。《管子》書亦有清明、大暑、小暑之名，故《孫子》書言時制，即時節也。孫校本云：「《通典》制上有節字。」蓋一本作節，一本作制，而寫者兩存之耳。

「法者，曲制、官道、主用也。」按：諸家皆訓曲爲部曲，非是。曲疑典字之誤。《國語·周語》「瞽獻典」，明道本作「瞽獻曲」，是曲與典形近易混之證。《宣十二年·左傳》曰：「蔿敖爲宰，擇楚國之令典。軍行，右轅，左追蓐，前茅慮無，中權，後勁。百官象物而動，軍政不戒而備，能用典矣。」即此典字之義也。又按：諸家以此六字分爲六義，亦非是。此六字爲三義：典制，一也；官道，二也；主用，三也。典制者，典章之定制；官道者，官府之常道；主用者，主將之運用。上兩者所謂法也，主用則用法者也。

《作戰》篇

「其用戰也勝，久則鈍兵挫鋭，攻城則力屈。」按：此文有錯誤，諸家皆未能訂正。久字當在也字之上，戰字當在也字之下，今正其文曰：「其用久也，戰勝則鈍兵挫鋭，攻城則力屈。」戰勝讀爲戰陳。《禮記·聘義》篇[一]：「天下有事，則用之於戰勝。」鄭注曰：「勝或作陳。」是其例也。勝與陳聲近而誤，陳即今陣字。此言用兵太久，以之戰陣，則鈍兵挫鋭，以之攻城，則力屈也。因兩字誤易其次，遂使文不成義矣。

「國之貧於師者遠輸，遠輸則百姓貧。」按：下云：「近於師者貴賣，貴賣則百姓財竭。」兩文相對，則此當云「國之遠於師者」，今作貧於師者，非特不對，且亦無義。蓋此文之意謂師行距本國遠，則民以轉運而荒其南畝；師行距本國近，則民貪於貴賣而又空其積儲也。

《勢》篇

「以利動之，以卒待之。」按：諸家皆訓卒爲兵卒之卒，則其義甚淺，豈必孫子而後能言乎？卒字疑詐字之誤。《軍爭》篇：「故兵以詐立，以利動。」亦以利與詐對言，是其證也。此言

[一] 聘義，原作「射義」，引文出自《聘義》，據改。

敵之未至，則以利誘之，使之從我；及其既至，又必出奇，乃能制勝也。《僖三十三年·公羊傳》：「詐戰不日。」何休注曰：「詐，卒也，齊人語也。」是齊語詐、卒聲相近，孫子本齊人，其言詐如卒，故誤爲卒耳。

《九變》篇

「忿速可侮也。」按：忿速乃古語，亦作忿數。《大戴禮·子張問入官》篇：「且夫忿數者獄之所由生也。」速與數聲近義通，杜牧解忿爲剛怒，速爲褊急，分爲二義，未達古語也。

《參同契》

「上察河圖文，下序地形流，中稽於人心，參和考三才。」按：以此觀之，則知河圖即是天文，又以此推之，則知洛書即是地理，必古來《易》說相傳如此。然則後世所傳五十五數之河圖，四十五數之洛書，雖云出自道家，而魏伯陽時固未有此物也。

「水以土爲鬼，土鎮水不起。」按：後世術家言五行以克我者爲官鬼，此云水以土爲鬼，則其説古矣。

「《參同契》者，敷陳梗概，不能純一，泛濫而説，纖微未備，闕略髣髴。今更撰録，補塞遺脱，潤色幽深，鉤援相逮。」

據此數語，則《參同契》一篇，蓋有後人附益之辭矣。

《乙巳占》

《乙巳占》十卷，湖州陸氏十萬卷樓依明人鈔本刻。余得其書讀之，有占「八角風」一説，分「辱殺反吉抵誕忿争」八事。風從辱上來，有耻辱之事；從殺上來，有相殺人來過；從反上來，有反逆不順之事。抵則抵觸非理，誕則欺誕不誠，忿則非議忿争，争則争財物。大要皆主不吉。惟從吉上來者，主有恩澤詔書，百姓有喜事，行道逢之，即見賢人君子酒食之遺。其法雖不可盡信，要亦風角之遺術也。此八事皆按日依八卦方位取之，本屬易曉，惟首行所列「辱殺反吉抵誕忿争」八字，誤於抵下衍一誕字，蓋即下誕字之誤而衍者。又其文本是旁行爲表，而既衍一字，則與八卦之數不合，寫者遂不依舊格，儳互不齊，覽者不易了悟，因訂正之如左：

辱殺反吉抵誕忿争。

申子辰之日：艮震巽離坤兑乾坎。

己酉丑之日：巽離坤兑乾坎艮震。

亥卯未之日：乾坎艮震巽離坤兑。

寅午戌之日：坤兑乾坎艮震巽離。

依此法求之，則申子辰之日，南風吉，己酉丑之日，西風吉；亥卯未之日，東風吉；寅午戌之日，北風吉。大要仍是三合之説。己酉丑合成金局，故西風吉；亥卯未合成木局，故東風吉，各從其方也。申子辰合成水局，而南風吉；寅午戌合成火局，而北風吉，水火既濟也。

《陳思王集》

《東征賦》：「師旅馮皇穹之靈佑兮，亮元勳之必舉。」愚按：師旅上有闕文，當作「□□□□□□兮，□□□□師旅」，旅字是韵，與下諸句相協也。

《離思賦》：「在肇秋之嘉月，將曜秋而西旗，余抱疾以賓從，扶衡軫而不怡。」按：序云：「建安十六年，大軍西討馬超，太子留監國，植時從焉。」考《三國志·武帝紀》，建安十六年秋七月，公西征。是役魏武親征，思王從行，豈得云「以賓從」乎？賓疑實字之誤。

《令禽惡鳥論》：「得蟢者莫不訓而放之，爲利人也；得蚤者莫不糜之齒牙，爲害人也。鳥獸昆蟲猶以名聲見異，况夫吉士之與凶人乎？」按：蟢名近喜，斯固美名，若蚤之名，未見其惡，何云以名聲見異乎？蓋古音蚤與騷同，太史公云：「離騷者，猶離憂也。」是騷有憂義。《玉篇》云：「騷，愁也。」當時之音，蚤與騷同，以其有憂愁之義，故見而惡之也。自《離騷》盛行，學者與《風》《雅》並尊，遂以騷爲美名，稱人曰騷人、曰騷客，而憂愁之古義遂失。至蚤蝨之蚤，今音亦與騷絶遠，於是思王此論不可解矣。明萬歷程氏刻本改作「得惡者莫不糜之齒牙」，惡爲何物，義不可通，若從惡字，當讀作蠠，然蠠乃虺屬，豈可糜之齒牙哉？

《魏德論》：「俟民非復漢萌，尺土非復漢有。」按：俟字無義，疑旅字之誤。言一旅之民，非復漢萌，一尺之土，非復漢有也。

《行女哀辭》：「或華髮以終年，或懷妊而逢災。」按：妊當作衽。此二句言年命不齊，或老壽而終，或在懷抱之中而夭也。行女生於季秋，終於首夏，未離懷抱，故云然耳。作妊者字之誤。

貫休《禪月集》

《懷武夷紅石子》第一首云：「窗外猩猩語，爐中奼奼嬌。」按：奼字〔一〕，《説文》云：「少女

〔一〕 奼，原作「姹」，據蔡啓盛《校勘記》改。

也。」《玉篇》云：「美女也。」《參同契》中凡兩見，其云：「老翁復丁壯，老嫗成姹女。」則止是少女、美女之説。又云：「河上姹女，靈而且神，得火則飛，不見埃塵。」則以喻丹汞矣。此以姹姹對猩猩，姹姹連文，未詳所出。

《寄九峰和尚》第二首云：「老玃寒披衲，孤雲静入廚。」按：玃字字書不載，未詳何字。舊本《山海經·西山經》：「皋塗之山有獸焉，其狀如鹿，而白尾、馬足、人手，而四角，名曰玃如。」郭注云：「音猳玃之玃。」猳玃之語，亦未詳所出。畢氏靈巖山館本改正文爲玃如，改注文爲猳玃，當從之。《太平廣記·畜獸部》引《搜神記》云：「蜀中西南高山之上，有物與猴相類，長七尺，能作人形，善走，逐人，名曰猳國，一名馬化，或曰玃。」是玃能作人形，此云「老玃寒披衲」，疑本作老玃，傳寫誤耳。《正字通》有玃字，音伊卿切，蓋即因誤本《山海經》而收之。果如其説，則玃字平聲，在此詩又不協矣。貫休《山居詩》云：「野人愛向菴前笑，赤玃頻來袖畔眠。」以彼證此，知當作玃。

《匡謬正俗》

「《甫田》篇：『勞心忉忉。』《爾雅》音切切，憂也。後之賦者叙憂慘之情，多爲忉怛。王仲宣《登樓賦》：『心悽愴以感發，意忉怛而潛惻。』諸如此類，皆當音切，字與忉字相類。切字從刀，七聲，傳寫誤亂，或變爲忉。今之學者諷誦辭賦，皆爲忉怛，不復言切，失之遠矣。」

樾按：顏氏此條，殊不可解。《甫田》篇云：「無田甫田，惟莠驕驕，無思遠人，勞心忉忉。」忉與驕爲韵，則其音自讀如刀，若作「勞心切切」，失其韵矣。《釋文》出忉忉二字，音都勞反，未聞其音切切也。《玉篇·心部》：「忉，都勞切，憂心貌。」《廣韵·六豪》：「忉，都牢切，憂心貌。」師儒相承，未有異讀。顏氏乃創爲此說，未知所本。書名匡謬，而有此謬，何邪？

「《喪服傳記》云：『既虞，飯疏食水飲。既練，食菜果，飯素食。』鄭康成注云：『素，猶故也，謂復平生時食也。』案：素食，謂但食菜果糗餌之屬，無酒肉也。《班書·霍光傳》載光奏昌邑王過失云：『典喪服斬衰，無悲哀之心，廢禮誼，居道上不素食。』《王莽傳》云：『每有水旱，莽輒素食，太后遣使詔莽曰：聞公菜食，憂民深矣。今秋幸熟，公勤於職，幸以時食肉。』據此益知素食是無肉之食，非平生食也。」

樾按：顏氏引《漢書》以證素食爲食無肉，似乎塙證，乃以傳文求之，則殊不然。上云「食菜果」，則其不肉食已明，何必更言素食乎？素食自當仍從鄭義。此食字乃飯食之食，蓋未虞以前，朝一溢米，夕一溢米，爲粥而已，不飯也。既虞之後，乃用麤疏米爲飯，傳所謂「既虞，飯疏食」也。及乎既練之後，乃不復疏食，仍食平時所食之飯，故曰「飯素食」也。蓋上所謂「食菜果」者，謂菜蔬也，所以下飯者也。此所謂「飯素食」者，謂飯也。若從顔説，則「飯素食」三字，與上「食菜果」義複，於不肉食之義，固已一再言之，而所飯爲何等米，轉不可得而知，於文爲不備矣。是故素食之義有三：此「飯素食」，素，猶故也；《詩》「不素食兮」，素，猶空也；《漢書》兩言素食，謂不肉食也。安得執一而論乎？

《螢雪叢説》

宋俞元德成所著《螢雪叢説》，卷帙無多，其篇首《致字説》《忍字説》，兩則並見吕本中《紫微雜説》。而《致字説》又連綴《檀弓》「齊穀王姬之喪」及「父母之喪，哭無時，使必知其反也」兩解，此亦《紫微雜説》之文，即在《致字》一條下者也，豈元德襲用其説邪？抑此書出後人抄撮而成，非元德之舊也？余讀其書，取其二則。其《解書訣》一則云：「辭之内不可減，減之則爲鑿，鑿則失本意；辭之外不可增，增之則爲贅，贅則壞本意。此王虚中先生解書法也。」愚按：斯説也，極得讀古書之法。吾人詁經，當奉此爲準程。然鑿之弊，增減皆有之。凡不得其本意，而以意爲之説，皆鑿也，不得專屬之於減。若曰減之則爲漏，斯得矣。又《用夏變夷》一則云：「據胡牀，畜番犬，舞拓拔，動蠻樂，皆士大夫之所不當爲而爲之，無乃循習日久而恬不知怪乎？有能奮拔於流俗之中，而毅然以中國禮義爲己任，亦風化之所由倡也。」愚按：斯説也，與時論若冰炭，然實士大夫所宜知也。國朝陳鱣有《風俗論》曰：「自古言風俗者，曰國奢則示之以儉，今日風俗之獘，愈華愈靡，而欲從而變易之，非徒去其奢而已，尤必先去其邪。夫居處之雕鏤，服御之文繡，器用之華美，古之所謂奢也，今則視爲平庸無奇，而以外洋之物是尚。如房屋、舟輿，無不用頗黎；衣服、帷帳，無不用多羅、畢支、羽毛之屬，皆洋産也。而什物器用無不貴乎洋者，曰洋銅，曰洋磁，曰洋漆，曰洋藤，曰洋錦，曰洋布，曰洋青，曰洋紅，曰洋貂，曰洋獺，曰洋紙，曰洋畫，曰洋扇，遽數之，不能終其物。内地出其布帛、菽粟至不可少之物與之交易，以至積儲空虚，民窮財盡，可勝歎哉！」嗚呼！陳簡莊在嘉道間，其言已如此，余因螢雪之説，而有感乎簡莊之言，故附及之。

又《聲律對偶假借用字》一則，引「天子居丹扆，廷臣獻六箴」二句，謂之借數，蓋宋人書雙單之單作丹。葉水心《别集》第十六卷後總載吹臺鄉一户田四百丹八畝，又載膺符鄉四户共買穀四百丹九扛，又建牙鄉二十三户共買穀二千四百九十三扛半、計七萬四千八百丹五貫，諸所用丹字，皆即單字。故以「丹扆」「六箴」爲借數，以其借用數目字也，今人則罕知之矣。

《涉史隨筆》

宋葛洪，字容甫，著《涉史隨筆》，舉魏「崔亮創停年格」而論之曰：「後世必欲善選舉之法，獨唐沈既濟之説或尚可行。其言謂：鑒不獨明，不可專於吏部。欲使五品以下群司長官，各令宰臣進叙，吏部、兵部得以參議焉。六品以下、或僚佐之屬，則許州府辟用，其牧守、將帥或選用非公，則吏部、兵部得以察舉焉。如此則賢、愚、能、否可別，而天下之士子亦將争自磨厲，以副上之選擇矣。」愚按：沈既濟之説，苟爲美言而不可用，葛端簡取之，何歟？如其説，則五品以下歸之宰臣，六品以下歸之州府，直是廢吏、兵兩部而已。夫天下之大，官職之衆，吏部已不能一一别白，謂宰臣能周知其賢愚能否乎？任宰臣與任吏部，又何異焉？宰臣之位既尊，百僚仰承風旨，觀明代首輔氣燄，雖同在閣中，尚不敢贊一辭，而欲責吏、兵兩部以參議之責，恐亦徒爲虚名矣。至州府辟舉，固兩漢舊法，而後世不能用者，人情愈不古也。必行此法，非任用私人，則瞻徇請託，而吏治更壞矣。謂吏、兵兩部得而察舉之歟？誠得而察舉之，則是吏、兵兩部能周知天下賢愚能否也，何不仍以銓選之權歸之歟？愚謂今日雖周公復生，亦不能廢停年之格。付吏部以一定之法，而嚴立所部長官以考課之程，亦庶乎其可矣。

又舉「隋文帝褒擢守令事」而論之曰：「文帝愛民之意可謂勤矣，而非所謂本務也。天下之廣，郡邑之衆，牧民之責，萃於守令。帝不知謹擇之於未授任之初，而顧欲以耳目之所及，獎勸之於已親民之後，其遺者抑又多矣。又況人之常情，雖不能不竦動於一時之暫，而他日之變遷，類不可保。此謹擇牧宰之説，本朝忠獻韓公、文正范公所以力言於我仁廟也。」愚按：謹擇牧宰之説，固正論也。然天下之大，牧宰之衆，其能人人而擇之歟？漢世二千石有治理效，輒以璽書勉勵，增秩賜金，是以黄霸爲潁川太守，以治行長者，下詔稱揚；劉方爲襄城令，詔稱爲「安静之吏、悃愊無華」。然則就耳目所及，獎勸一二，以勉勵其餘，亦古人已驗之事也。必欲擇之於未任之初，知人則哲，堯舜其病諸矣。雖然齊宣王賞即墨大夫必烹阿大夫，人主誠知民爲邦本，而民之安危，全在牧宰，則於牧宰中治行卓著者，宜以璽書褒勉，俾人情有所欣慕。而於貪墨之夫，闒茸無能之輩，亦宜就耳目所及，嚴治其一二，輕則流放，重則誅夷，此蘇明允所謂以賞爲千金，以刑爲猛虎，使其前有所趨，後有所避也。如是，則吏治自日有起色矣。彼隋文之術，蓋猶偏而未全也，謂非本務，則不可也。

《東原集》

宋龔鼎臣輔之《東原集》有一則云：「嘉祐中，予在國子監，與院長錢象先進學官校定李軌注《楊子法言》。後數年，因於唐人類書中見『如玉加瑩』一義，惜其未改正也。『或問屈原智乎？曰如玉加瑩，爰見丹青。』軌注云：『夫智者達天命，如玉加瑩，磨而不磷。』往日不知其誤，遂改軌注以就文義爾。」按：如玉加瑩，語意不古，唐人類書恐未足據。《漢高陽令楊著碑》曰：「其德伊何，如玉如瑩。」陳思王《文帝誄》云：「才秀藻朗，如玉如瑩。」並可爲古本作「如玉如瑩」之證。

又一則云：「賦亦文章，雖號巧麗，苟適其理，則與傳注何異？如李巽《土鼓賦》：『土之静，乃陰之實；土之動動，乃陽之精。』陰以質而濁，陽以文而清，將以質勝文，而其理永固。遂以土爲鼓，而其義有成，斯迨無愧於理矣。」按：既云土之静，又云土之動，義不可曉。疑下土字乃鼓字之誤，其意謂土静鼓動。静者爲質，動者爲文，欲以質勝文，故以土爲鼓也。若作土之動，則全失其義。

論《孔子集語》猶有所遺

陽湖孫淵如先生所輯《孔子集語》，較薛氏舊本爲詳。如《繹史》所引《留青日札》之「公冶長、公冶長，南山有箇虎馱羊」，及《衝波傳》之「九曲明珠穿不過，還來問我採桑娘」，皆備録無遺。稍傷泛濫，蓋以示博，不嫌鄙俚也。然《太平御覽》蛇類引《小説》云[一]：「顔回、子路共坐於夫子之門，有鬼魅求見孔子。子路失魄，口噤不得言。顔淵乃納履、杖劍，捲握其腰，於是形化爲蛇。孔子歎曰：『勇者不懼，智不惑，智者必勇，勇者不必有智。』」此事乃不采録，何歟？然則孫氏所輯，亦尚有所遺。

論《墨子》三篇如一篇

《墨子》之書，《尚賢》《尚同》《兼愛》《非攻》《節用》《節葬》《天志》《明鬼》《非樂》《非命》，皆有上中下三篇。今《節用》闕下篇，《節葬》《明鬼》皆闕上中兩篇，《非樂》闕中下兩篇，就其存者

〔一〕《太平御覽》，疑爲「《太平廣記》」之誤。

而論，如《尚賢》《尚同》等三篇皆如一篇，有似乎詩人之一意疊爲數章者。往時讀之，殊不得其故。後讀《韓非子·顯學》篇云：「自墨子之死也，有相里氏之墨，有相夫氏之墨，有鄧陵氏之墨，故孔墨之後，儒分爲八，墨離爲三。」然後知今之《墨子》書乃合三家爲一，此三家傳述文字不同，故每篇各分上中下三篇，以别異之也。

東坡引《戰國策》

《東坡集》有《書四適贈張鶚》云：「吾聞《戰國策》中有一方，吾嘗服之有效，故以奉傳其藥四味而已：一曰無事以當貴，二曰早寢以當富，三曰安步以當車，四曰晚食以當肉。」今按：《戰國策》作「無罪以當貴」，又無「早寢以當富」句，不知坡所見異今本邪？抑以意增益之也。

楚人謂冢曰琴

《水經·泚水》篇注：「楚人謂冢曰琴。」初不知何所取義。《續漢·郡國志》「鮦陽侯國」注引《皇覽》曰：「縣有葛坡鄉，城東北有楚武王冢，民謂之楚王岑。」乃知琴者岑之叚字，琴、岑並從今聲，古音同也。

《續漢・郡國志》河南尹梁故國

《續漢・郡國志》：「河南有梁故國，伯翳後。」按：《左傳・桓九年》杜注曰：「梁國在馮翊夏陽縣。」正義曰：「《地理志》云：『馮翊夏陽縣，故少梁也，是梁在夏陽也。』」據此則梁國在馮翊，不在河南。《漢書・地理志》河南郡梁縣注引應劭曰：「《左傳》曰：『秦取梁。梁，伯翳之後，與秦同祖。』」又引臣瓚曰：「秦取梁，後改曰夏陽，今馮翊夏陽是也。此梁，周之小邑，見於春秋。」師古曰：「瓚説是也。」然則河南之梁，非春秋梁國，《續漢志》云云，殆未免承應劭之誤矣。

《新唐書》跌跌光顔

《新唐書・蕃將傳》贊云：「渾瑊、跌跌、光顔輩，烈垂無窮，惟其諒有餘焉。瑊、光顔自有傳。」光顔上係以跌跌二字，當是其氏族。按《新》《舊書》李光顔皆附其兄光進傳，《新書》云：「其先河曲諸部，姓阿跌氏。」《舊書》云：「本河曲部落稽阿跌之族也。」並無跌字，豈此跌字乃稽阿二字之合音乎？

刁氏爲帝僤之後

北魏《刁遵墓志》云：「祄祄緜胄，帝僤之允。」自來考金石者皆不知僤爲何字。以帝者之名，而于百世後并其字亦不識。姓氏之書，皆以刁氏爲出齊大夫豎貂，不言帝僤之後。余門下士馮夢香一梅，好學深思之士也，余嘗舉此問之，馮復書曰：「此說附會，不足據，姑臆度之。僤疑僮之誤文。《山海經》云：『顓頊生老童。』老童稱帝童，猶丹朱稱帝丹朱，商均稱帝商均也。童之爲僮，猶契作偰，垂作倕也。《夏本紀》：『禹之父曰鯀，鯀之父曰帝顓頊。』則老童或即鯀歟？《山海經》郭璞注引《開筮》曰：『鯀死，三歲不腐，剖之以吴刀，化爲黄龍。』《初學記》引《歸藏》云：『大副之吴刀，是用出禹。』殆因禹之生有吴刀之瑞，故後世遂以刀爲姓歟？《說文》無刁字，刀、刁一字也。」余按：《楚世家》：「高陽生稱，稱生卷章，卷章生重黎。」徐廣曰：「《世本》云：『老童生重黎。』」譙周曰：「老童即卷章。」索隱曰：「卷章名老童。」然則老童乃芈姓之祖，若云老童即鯀，則春秋時楚與杞、鄫爲同姓之國矣，此說恐亦難通。老童之後有陸終，陸終生子六人，坼剖而産。刀之得姓，或從坼剖起義歟？

耿介

《離騷》云：「彼堯舜之耿介兮，既遵道而得路。」王逸注云：「耿，光也；介，大也。」堯舜所以有光大聖明之稱者，以循用天地之道，舉賢任能，使得萬事之正也。然則耿介二字本作光大解。又《九辯》云：「獨耿介而不隨兮，願慕先聖之遺教。」王氏無注，義亦當同。俗作有節操解，非古義也。屈子以耿介稱，堯舜若止是有節操而已，不亦小乎？顧亭林《日知録》云：「堯舜所以行出乎人者，以其耿介。同乎流俗，合乎汙世，則不可以入堯舜之道矣。」此言也有爲言之，於古義未得。

忼慨〔一〕

〔一〕此條下未有説，疑有闕文，待考。

佚文　俞樓雜纂弟三十五

咸豐之初，休寧孫蓮叔爲我刻古文四卷，曰《好學爲福齋文鈔》。俄而徽亂，原版焚燬，所印本亦無存者。偶於女婿王康侯處見之，如對故人。其中有如干篇爲《賓萌集》所無，蓋久失其稿矣。湖樓多暇，録爲一卷，喜其久佚而復存也，命之曰《佚文》。

百里奚論

孟子曰百里奚智者也，其智足以知虞公之不足諫也。嗚呼！虞公之不可諫，宫之奇亦知之矣。知而猶諫，奇之忠也；諫不從而去以免於禍，奇之智也。且夫赤子匍匐將入井，則塗之人號嘑而救之矣。百里奚於父母之國，其曾不如塗之人乎？故其始當諫而不諫，其忠不若宫之奇也；其後當去而不去，以至虜於晉而媵於秦，其智不若宫之奇也。秦穆之霸，以用孟明，豈以百里奚哉！且使穆公果以百里奚霸，而穆之功未及乎齊桓，則奚之功不大乎管仲。孟子不爲管仲，而何取乎奚也？孔子於管仲大其功而小其器，孟子於奚則亟稱其賢焉。故論舜、禹、伊尹、孔子而終之以奚，是何異於漢之學者儕仲尼於墨翟、匹伊尹於管仲哉？蓋奚爲戰國所重，商君相秦，視堯、舜、禹、湯、文、武無足法者，而曰「吾孰與五羖大夫賢」，此可見當時之重奚也，孟子其未免乎戰國之見也。

寺人披論

嗚呼，刀鋸之餘，固無忠良。寺人披者，其小人反覆之尤者歟？當惠公之世，則求殺重耳以爲功。及文公入國，則又因吕、郤之事以自解。且夫吕、郤將焚公宮而弑晉侯，此何如事，其謀必密，通國之人未有知者，而獨洩於披，何哉？披亦惠公之舊臣，吕、郤之所不疑也。吾安知披始不亦與於吕、郤之謀哉？後知事之不集，而即以此自結於新君，其自爲謀狡矣。文公之出也，里鳧須竊其糧，文公餒不能行。及反國，國人未附，里鳧須見曰：「臣之爲賊，天下莫不聞，罪至十族，未足塞責。然君誠赦之，使驂乘而游於國中，百姓知君之不念舊惡也，人自安矣。」公從之。是兩人者皆能因禍以爲福者也。嗚呼！郤芮不足道，以吕甥之智，而不能自全，自來贄御之流，其智固出士大夫上哉。

閔子騫論

閔子騫功名不著於後世，疑若德有餘才不足，而不知其所養者深，則所争者大。冉有、子貢之徒，皆不及焉。夫以孔子之聖，而爲季氏之吏，豈閔子而以仕季氏爲耻哉？其辭費宰也，必季氏逐昭公之時也，故曰「如有復我者，吾必在汶上」。汶上自魯至齊之道，是時昭公在齊，示將從故君於齊也。長府之事，不見於《春秋》。夫財貨之府，非觀游之地，如其未壞，必不改作。壞而改作，則無可議。吾讀《左氏傳》而知長府者，昭公所居，以攻季氏者也。昔趙簡子使尹鐸爲晉陽，而使墮荀寅、士吉射所築之壘，曰：「吾見壘培，是見寅與吉射也。」然則長府之役，其亦季氏之意，如趙簡子毁晉陽之壘乎？閔子曰：「仍舊貫，如之何？何必改作。」子曰：「夫人不言，言必有中。」蓋長府不毁，季氏不安。魯一國之衆過之而皆太息流涕，痛吾君之不復，非季氏子孫安，理也。故吾以爲汶上之言，長府之議，皆於季氏專國之日，而示不忘故君之意。當是時，外無諸侯之討，内無守節死義之臣，季氏所憚者，閔子之徒也。《論語》稱子路行行，冉有、子貢侃侃，閔子誾誾，信乎其誾誾歟？

東野畢善御論

魯定公問於顔子曰：「子亦聞東野畢之善御乎？」對曰：「東野畢之御也，歷險致遠，馬力盡矣，而猶求馬不已。臣聞鳥窮則啄，獸窮則攫，人窮則詐，馬窮則佚，自古及今，未有窮其下而能無危者也。」至哉！顔子之論御乎！日中則昃，月盈則食，天地之力，而猶有所不能繼也，況於人乎？夏商之治天下，其禮樂不如後世之美，其制度不如後世之詳。夫非二代之聖人，其材智皆出周公下也，乃爲天下留其有餘，而使後世之可以加也。至乎周人，兼二代之所有，而增二代之所無，禮樂制度，於是大備，雖孔子之聖，不知所以加之矣。而其末也，舉先王之法盡廢之而後已。嗚呼！周人之治天下，其猶東野畢之御馬歟？治不極，亂不生；治之極，亂之端也。竭澤而漁，明年無魚；焚山而田，他日無獸。木之將枯也必茂，火之將熄也必明，知其意者，其可以治天下乎？古之聖人，變穴居野處爲宫室，易茹毛飲血以烹飪，固有不得已也。苟天下之人，穴居野處而猶足爲安，茹毛飲血而猶足爲養，則亦聽之矣。夫自生民以至於伏羲、神農，不知幾千萬年也，而制度未立，禮樂未興，生則不識不知，死則不封不樹。自伏羲、神農至堯舜未遠也，自堯舜至周文武未遠也，而養生送死之具已窮而無可復加，此其所以大亂歟？

秦漢以降，蓋又有甚矣。而人於無可復加之中，猶力求其備，吾安知所終極哉！嗚呼！此東野畢御馬之道也。

滕文公論

嗚呼！滕文公豈能用孟子哉？其用孟子也，無聊之思而已矣。滕與齊梁異。齊梁之國大，而其勢强，欲其一旦舉國而委之匹夫，如湯之於伊尹、文王之於太公望，豈可得哉？滕則不然，東逼齊、南逼楚，勢且不支，蘇秦、張儀之徒所不至，而孟子獨來。文公自度吾國固待亡之國也，是故授孟子以國而不疑。今夫滕文公者，好善而未聞道者也。其始知馳馬試劍而已，其後知父兄百官之不我足，而欲得天下賢者以自强，是以過宋而見孟子。然而非知其賢也，高其名也。夫果高其名也，則亦與馳馬試劍同爲戰國公子之常態而已矣。彼許行者，自楚之滕，尚有數十人與之俱，其在楚可知也。文公過宋，既見孟子，其至楚也，必見許行。孟子言堯舜，而許行言神農，則且以爲賢於孟子矣。孟子曰：「世子疑吾言乎？夫道一而已矣。」此有爲而言之，非虛言也。嗚呼！吾安知許行之來，非文公召之歟？不然，楚、滕相去千里，許行捆屨織席，足以自給，彼何慕乎區區七十里之滕，而來爲之氓哉？孟氏之徒，不能知其事之本末，故於文公來見，書其將之楚，又書其自楚反。而他日許行之來，亦自楚而之滕。此欲使後之學者，有以得其故也。或乃以滕之無成爲孟子病，吾故備論之，以見文公非能用孟子。使文公而爲齊、梁大國之君，則亦齊宣、梁惠也。

李適之論

李林甫謂李適之曰：「華山有金壙，採之可以益國，上未之知也。」適之因言於玄宗，玄宗以問林甫，林甫曰：「臣久知之，但華山陛下本命，王氣所鍾，鑿之非宜。」帝以林甫爲愛己，而疏適之。夫林甫之譖適之，即申侯之譖轅濤塗也。然而非適之之愚，則亦不能成林甫之智。今夫牧人之牛羊，而不知其肥瘠，尚得謂之牧人歟？方開元、天寶之際，州縣殷富，倉廩積粟帛以萬計，天下所不足者非財也。適之即不知林甫之詐，獨不思當日之天下，則何待於採壙乎？夫採壙非盛世事也。傳曰：伊尹請於湯，發莊山之金鑄幣以救旱。其事有無不可知，即有之，亦不得已耳。今以無事之時，而爲不得已之事。雖使林甫自建此議，爲宰相者尚宜力爭；雖使明皇自爲此謀，爲宰相者猶當力諫。大臣乘朝車、議國事，而皆如適之之無識，天下豈不殆哉？且吾聞大臣事君以道，未聞事君以利也。然而適之豈不知此？惟急於迎合其君，故陷林甫之術中而不悟也。然則君子亦何憂爲小人之所陷也哉！

春秋論一

《春秋》何以作也？憂君臣也。夫君臣之義，至春秋之世而幾於絶矣。孔子生春秋之季，憂君臣之義之遂廢也，而作《春秋》。是以朝聘之失禮，軍旅之不武，《春秋》皆有恕辭。而一犯君臣之義，則雖賁育之勇，儀秦之智，而《春秋》不復以爲人。故凡弑君之賊，不再見於經。所以不再見經者，示不復同之於人也。今夫人莫不愛其身，顧其妻子。而有人焉，事其君則死其君之難，白刃交乎前，其志不變，此天下之至難，而《春秋》之所貴也。故有書曰：弑其君及其大夫者，孔父、仇牧、荀息是也。然而宋太宰督之死，則豈與仇牧異哉？《春秋》不書，何也？且仇牧之死，宋人既以告於諸侯，亦必及督。聖人作《春秋》示萬世，雖使宋人不告，魯史不書，亦必追録之以爲天下勸，而豈遺之哉？彼督，弑君之賊也。督弑殤，而萬弑閔，督亦一萬也。以萬殺萬，又何書焉？人之罪，固有可贖，若弑君之罪，雖功存一時，澤及萬世，不以贖其毫末也。而豈以一死之故，復同於人而著之經哉？《春秋》成而亂臣賊子懼，固也。夫以身死其君，而不足贖其弑君之罪，則夫亂臣賊子又何望於世也哉？晉之荀息、宋之孔父，皆不可謂無罪。而既以身死，《春秋》亦無責焉。然則謂《春秋》責賢者備，非也。《春秋》於亂臣賊子嚴，而於賢者寬也。

春秋論二

嗚呼！《春秋》於君臣之義，何其秩然不紊，使人忘其爲亂世之君臣，而以爲唐虞三代治世之君臣也。今夫王者無敵於天下，天子之師有征無戰。至於春秋之世，不惟有戰，且有敗矣。而《春秋》則以自敗爲文曰：「王師敗績于某。」噫！王夷師熸，傳笑四方，聖人猶以爲天下莫敢校也。王者之於天下，如天地日月，莫不敬畏。春秋之世，王室亂而天王出奔，此何如事也。而《春秋》不以爲奔，曰：「天王出居于某。」噫！君臣犇竄，越在草莽，聖人猶以爲天王來游來歌也。故其於諸侯亦然。凡諸侯犇亡，不保其社稷者，皆見逐於其臣也，《春秋》據事而書，宜曰：「某人逐其君某。」今也不然，書其出而不書其所以出，使後之人徒求之經，而不見其傳。則莫知其釁起於何人，變成於何事。且夫衛孫寧之亂，諸侯之策皆曰：「衛孫林父、寧殖出其君。」魯之舊史，何獨不然？孔子修《春秋》而改之，何歟？蓋諸侯於一國之中，皆其臣也；臣之於君，則豈得而出之？故以自出爲辭，猶之乎「王師敗績」「天王出居」之義也。嗚呼！聖人於君臣之義，愛而全之固如此哉！鄭伯髡頑、楚子麇、齊侯陽生皆以弒死，而以卒訃，《春秋》遂從而書之曰「卒」。蓋弒君之事，聖人所不忍書，有可以不書，則姑隱焉，以全君臣之義。然則董狐何以得爲良史？曰：「彼史臣之體也。」

春秋論三

夫君臣之間，不可以有挾也。臧武仲以防求後，則孔子罪之，爲人臣者而敢以要其君，以簒、以弒，何所不可？春秋之世，王室之亂三，皆賴諸侯之力而後定。夫王者號令不行於天下，而諸侯猶知同卹王室，此非《春秋》所宜有取哉？然而子頹之亂，不見於經；叔帶之亂，書天王之出，而不書其所以入；惟王子朝之亂，一書晉師圍郊而已。且夫《春秋》之法，不告不書。蓋尋常盟會侵伐之事，其不告者固多矣。若夫勤王大義也，晉文公之納王，方假以號召天下，有不遣一介以告於諸侯者乎？然則魯之舊史未有不書。孔子脩《春秋》而削之，何也？曰：人臣而自謂有功於其君者，亂之源也。當時諸侯方挾一時之功，要天子而簒其權，故《春秋》削其功而不書，所以奪其所挾也。鄭厲公既受虎牢之地而又求器，晉文公既得南陽之田而又請隧，其意豈有饜哉？《春秋》則曰此事之常，不足書也。嗚呼！此聖人所以防患於未萌，絶姦於未形也。吾觀魏晉以下，人臣一有非常之功，即不能安於人臣之位。然則聖人於君臣之際，蓋慮之也深，而戒之也嚴。

廣刑賞忠厚之至論

夫所謂刑賞忠厚之至者，何也？古者刑不以斧鉞，賞不以爵禄，其所以爲刑賞者，榮辱而已矣。今夫人情莫不欲生，而其求榮也甚於生；人情莫不惡死，而其畏辱也甚於死，故榮辱者聖人之大權也。雖然，人情則何所謂榮耶？亦其上之人以爲榮斯榮之耳；人情則何所謂辱耶？亦其上之人以爲辱斯辱之耳。吾觀古者歲時聚民讀法，其或不敬，使在後世，袒而撻之耳，而古者不然，使閭胥觵之；聚一鄉之士而試之以射，使在後世，勝有賞、敗有罰已耳，而古者不勝，則飲之以酒。夫酒，豈所以爲罰哉！天子耕藉，勞公卿大夫以酒；諸侯無事，燕其臣以酒。夫酒，豈所以爲罰哉！然而閭胥之觵，無異乎滌狼之鞭；飲之於豐，無異乎撻之於市。此則用之者之異，而人情亦因之異也。故方其以爲養也，人孰不以得酒爲榮？而至其以爲罰也，又孰不以得酒爲辱。然則天下無所爲榮辱。榮辱者，上之人實爲之。夫有榮辱，而聖人之權，固已行乎其中矣。有一善，則爲詩歌以勸之，又爲表其宅里以樹之風聲；有一不善，則殊其井疆以愧之，又使鄉之人不與之齒，且加以玄冠縞武之服。夫如此者，於其人非有損益也，然而天下之人，則且以爲上之人賞我而罰我。吾故曰：聖人所以爲賞罰，榮辱而已矣。嗚呼！此不亦忠厚之至哉？至於後世，必爵禄而後爲賞，必刀鋸而後爲罰，何其薄也！孔子作《春秋》，名字氏族之間而賞罰存焉，是亦忠厚之至也。

君子論一

非所居而居者多憂，非所得而得者多悔。夫士當窮窘危迫之際，不能不歸命於人。然而一日受其恩，終身爲之役。是故君子之道，可以死其難者可以受其恩。非吾君也、非吾父也，有急不赴也、有難不死也，奈何受其恩也哉？受其恩不死其難，天下將以吾爲非人；而受其恩死其難，則塗之人皆可以爲君父。今夫以勢合者，勢敗則去；以利聚者，利盡則散。而一日之恩，則賢者終身之感也。士有不爲威惕、不爲利疚者矣。若夫受人恩而輒忘之，豈理也哉？嗚呼！世之奸人所以犇走天下之士，世之君子所以聚於小人之門，其皆以此歟。是故古之君子，若季次、原憲之徒，終其身於窮巷之中，不受人一介之與，誠憂夫今日受之而異日無以處之也。雖然，以孔子之聖也，猶曰「自季孫賜我粟而交益親，自敬叔乘我車而道加行」。後之君子，其道不及孔子固已遠矣，而能無求於人哉？且夫小人有求，濟其欲也；君子有求，濟其道也。是故不病乎有求，而病乎求之也過急。求之過急，則將不擇乎其人。昔叔向得罪於晉，欒王鮒求免之而弗應，以爲必祁大夫。夫以鮒之嬖而一言，豈不勝於祁大夫哉？叔向特不欲因鮒之言而免耳。祁奚免叔向而弗見，叔向亦不告免而朝。苟以施之欒王鮒，鮒必不能堪。此叔向所以隱忍幽囚，而必待祁大夫者也。嗚呼！死生之際，得人一言則生，不得人一言則死，當此之時，苟有人能爲一言，則褰裳就之，何恤其他？然而古之君子猶必有所擇，況乎其未至於死生之際也。

君子論二

天下之大，可以聲動也；天下之衆，可以氣使也。古之君子欲有爲於天下，必先以非常之行，震動天下之耳目，使天下之人愕眙相顧，莫測其意，以爲必將有異於人。故異日雖有異於人之事，宜爲天下之所怪，而天下固安之。夫天下既安之矣，然後可以有爲，不然者事未行而先奪之矣。今夫崇山峻嶺、洪河巨川，其中猛獸怪物不可名狀。甚者出雲降雨、若有神焉，而人不以爲怪者，以素有所不可測也。若夫尋丈之高，數仞之深，樵牧之所及，舟楫之所通，而或有一物之異，則人且涸其流以求其迹，焚其山以窮其變。何者？人素易之也。君子以一身居天下之中，苟爲人所素易，則毫釐之損益而亦將與之争。苟素有所不可測，則天下之大，惟其所爲而莫敢不服。是故古之君子，必先以非常之行震動天下之耳目者，欲使其身如深山大澤之不可測也。且夫非常之事、非常之言，發自常人，天下動色。而自君子發之，則無有異辭者，其尊君子而信君子有素也。君子之於天下也，如神明、如雷霆，發大難而天下不驚，受大名而天下不疑。未試以事而天下知其才，無所成有所敗而天下不以爲罪。嗚呼！君子不先有非常之行，何以震動天下，而天下亦何以尊而信之如此哉？後之君子欲爲非常之功，而先無非常之行，則天下將以尋常人遇我，而束我以規矩繩墨之中，夫規矩繩墨之中，則未足以有爲矣。

君子論三

以衆勝天下者，終爲天下勝，君子所以無敵於天下者，非以衆也。今夫理不足以勝人，然後以衆。君子之直、小人之曲，君子之公、小人之私，則豈不足以勝之，而何事於衆？故曰：君子所以無敵於天下者，非以衆也。《易》云：「三人行，則損一人；一人行，則得其友。」夫三人之行未爲衆也，然已不能無生得失，而後世所謂君子者，其黨常至於千百爲輩，則將安往而不敗？故曰：以衆勝天下者，其終未有不爲天下所勝者也。孤立於朝者，人主所不疑；孤行於世者，天下所不忌。蓋人所相疑相忌者衆，而人所相安相忘者孤。夫人既相安於我、相忘於我，則天下之事無不可爲。士或事垂成而輒敗，謀未行而先泄，此無他，疑之、忌之者衆也。聚數人而譁於一室，則一室之人駭矣；聚數十人而譁於一鄉，則一鄉之人駭矣。然則聚數百人而譁於天下，天下不大駭乎？夫君子則何樂乎盡天下之人而疑我、而忌我、而駭我也。古之君子不藉一人之助，而氣蓋乎天下，布衣麻鞋、敝車羸馬叩王公之門則四座爲空，立天子之陛而左右以目，彼惟自行自止於天下，故其心無所撓也。後之君子懼一人不足以勝天下而厚集其援，援者益衆而益不足恃。一人敗則懼，一人畔則疑。既望天下之與我，又望天下與我之固，是君子自相取也。既咎天下之不與，又咎天下與我之不固，是君子自相攻也。嗟夫！自相攻取之不暇，而又何暇及於他乎？

佚詩　俞樓雜纂弟三十六

康侯處又藏有《好學爲福齋詩鈔》六卷，亦故人孫蓮叔爲我刻於新安者也。後編《春在堂詩》，多從芟薙，然其詩皆作於庚戌以前，蕭條客館之中，酒冷茶殘，一箋手劈，至今讀之，光景如在目前。詩雖不工，亦何忍竟棄也。因援《佚文》之例，録存如干首，題曰《佚詩》。

辭家至江右口占

朔風催上遠行舟，屈指鄉山半月留。多借奇書壯行色，預量寒意理征裘。故人會見扶摇上，吾輩原期汗漫遊。自笑年年蹤跡換，此身真箇似雲浮。

鸕鳥船

我行錢塘江，遂登鸕鳥船。船盡蘆與箬，黄篾重重編。其下如砥平，其上如圭圓。前頭看後頭，可容四五筵。中若鳥道窄，旁如蝸舍連。東西席相嚮，上下牀俱聯。卧爲重纍人，立仍地行仙。船尾一枝櫓，摇者三長年。輕愛五兩借，重憐百丈牽。緊余擁被坐，頗覺事事便。牛腰束書厚，龜殼支牀堅。兩頓供粗糲，一覺恣酣眠。榜人欲視遠，洞啓後與前。風力雖苦猛，眼福頗幸全。敢誇江山助，或結烟波緣。江邊漁父印，如我真可鐫。壬甫兄嘗欲以「酒徒大半取封侯，獨去作江邊漁父」鐫一私印。二語乃陸放翁詞也〔一〕。興至復援筆，歌成聊扣舷。絶勝茅屋底，一椽纔及肩。

謝皋羽西臺歌

燕京晝晦風雨雷，黄土潭中神物回。文山道人大事畢，先生痛哭登西臺。臺邊黯黯愁雲繞，楚歌一聲出雲表。埋骨還須問緑荷，招魂已見來朱鳥。朱鳥朱鳥來何方，爾勿悲鳴思故

〔一〕陸放翁，原作「辛稼軒」，檢二語乃出自陸游（號放翁）《鵲橋仙》（華燈縱博），據改。

鄉。此閒山高水又長，絶勝飄泊零丁洋。

晚泊蘭溪

濛濛暝色泊城隈，斜卧風前百尺桅。繞郭人家燈半上，滿江寒意雨初來。惟將藥裹殷勤檢，是日張僕及同舟徐君均中寒。不管花枝爛漫開。今日屠門欣得肉，夜深自向芋鑪煨。

常玉道中

撲面寒吹萬壑風，束裝遊子太匆匆。一條路入亂山裹，幾箇人行曉色中。
層巒疊巘儘縱横，只有中閒一徑平。看取滿山都是雪，今朝真向玉山行。
行人如蟻走山邊，滑滑泥深亦可憐。却羡擔夫争道急，一肩慣鬬萬蹄先。山中以騾負重，其行甚遲。
白竹兜兒駐道旁，悤悤一飯飽黄粱。屏風關外重回首，自此青山非故鄉。是日飯於草坪，過草坪即屏風關，入江右境矣。

薄暮大雪抵玉山

紇干凍雀最堪憐，欲卸輕裝更惘然。萬壑淫雲攢袖裏，一天乾雨撲城邊。客中又有將分袂，同行徐君名瀅，紹興人，自江干與之俱發，至此而別。篋內猶餘未了篇。多謝盪平聲。風一樽酒，免教寒粟起雙肩。

除夕

從前二十三除夕，守歲年年總在家。忽向客中聽臘鼓，劇思歸去乏飛車。屠蘇杯冷故園酒，鼓吹聲高官舍笳。此景極知無足戀，殘星一任曉橫斜。

穀日遊水南寺並序

城之南爲冰溪，戴叔倫詩所謂「冰爲溪水玉爲山」也。寺又在溪之南，乃唐閻立本捨宅所建，寺後有如覆釜者，即其墓也。

危橋架木走橫斜，落日山中起暮霞。三尺公琴丞相墓，一聲清磬梵王家。隄沿冰水客尋路，井汲雲根僧煑茶。寺後一井曰雲根。祇惜端明遺講院，松關晝掩未容撾。寺左爲宋汪應辰讀書處，今于其地建書院，門掩不得入〔一〕。

苕溪生歌并序

予去年十一月十九日至懷玉，又十日而汪調生道鼎。至，共處月餘，因爲此歌以贈之，即送其還浙。調生生於吾湖，故號苕生，亦稱苕溪生。

苕溪生，人中豪。長鞾靴，短袖袍。面不皺，頭不顯。善飲酒，一大匏。喜讀書，千牛腰。薄武安，輕票姚。叩軍門，陳芻蕘。書生莽，將軍驕。不我用，無嘵嘵。壬寅江南用兵，苕溪生進五策，有尼之者，不果用。玉之山，青如描。冰之溪，白於淘。君鸞鳳，我鷦鷯。本異枝，俄同條。月之夕，霜之朝。排書榹，橫經橈。鬬競病，辨嗷碻。廿一史，本與標。三千年，頭與尻〔二〕。細分

〔一〕 入，原作「久」，據蔡啓盛《校勘記》改。
〔二〕 尻，原作「尻」，形近而誤。此處爲韵腳，徑改。

拚，互搜牢。鬼可駡，佛可燒。春風起，呼輕舠。下嚴瀨，乘胥濤。君行矣，翔且翺。僕悕矣，廓以寥。單絃奏，獨繭繰。孤羆坐，隻鶴嘷。惜君去，爲君謠。雲冥冥，風蕭蕭。

寄茗溪生

飄泊誰憐客裏身，頗欣佳伴得汪倫。一燈覓句過除夕，九等論才到古人。明月有時還更至，好花何地不成春。故鄉占盡湖山勝，懷抱知君定一新。

予侍大人於毘陵最久，與主人汪蓮府儉諸君最相得也。追念舊遊，了了如昨，而已五年于兹矣。因成四律，以誌陳迹

爲愛蘭陵酒一卮，曾經五載此棲遲。牙旗秋卷周郎宅，社鼓春喧季子祠。花接金閶遊冶地，草連銕甕太平時。雪泥蹤跡分明在，會有梁間舊燕知。

借得香山一隻艑，城東消夏更遊春。紅梅閣上迎仙客，黄菊籬邊訪野人。危塔尚看千尺聳，故宫曾迓六飛巡。艤舟亭爲南巡駐蹕之所。即今俛仰風塵裏，悔不花農共卜鄰。

終歲唐灣簫鼓忙，豈惟競渡盛端陽。低排彩幄跳師子，跳獅子，燈戲也。高駕雲車坐育娘。雲車以五色裝成，坐二女郎丁上，一夫荷之而行。莫笑種花思慶朔，更聞奪埧唱瑶光。鄙人自是沾泥絮，祇怪東風爲底狂。

主人倜儻有誰如，千里移家賦卜居。洗釜呼童烹蹋菜，蹋菜，葉皆鋪地而生，似人以足蹋之者。登盤勸客食鮰魚。出江中，極肥美。秋光已覺詩中滿，有詠菊詩四集之刻。酒客常防坐上虛。今日相思雲海隔，蓮府諸君已回新安。探懷空賸去年書。

古烈女詩

桑下相逢本偶然，黄金翻似試嬋娟。妾身願學田光死，一使人疑不值錢。秋胡婦。

英雄失路妾無家，天遣相逢此水涯。一飯是情一死節，免人錯認路旁花。溧陽女。

五月五日夜飲，漏三下罷歸，漫書所見

酒罷笙歌歇，人歸燈火微。蚍蜉緣案走，蝙蝠繞檐飛。黠鼠驚逃穴，飢蚊喜撲衣。明朝看

此句，夢語等依稀。

七月四日還浙應省試

爲有浮名未許删，秋風遊子唱刀鐶。敢將倦翮追黄鵠，且把歸心問白鷳。作客生涯如酒薄，回家行李比詩孱。多情賸有江山在，依舊青青送我還。

自淳安以上，路愈狹而灘愈高，視曩往江右風景有異，偶成三絶句

自向淳安郭外過，卧聽邪許耳邊多。一灘究竟高多少，我欲于中放木鵞。

亂山突兀插晴空，灘路盤旋一綫通。今日水中真有骨，試拈字義問荆公。

人間行路本來難，旅思還隨眼界寬。看取歸時船下水，輕風吹過木樨灘。

天寒宵永，惟睡相宜，漫成一律，時大雪前一日

憑君檢點客中樂，只是瞢騰睡裏多。但覺衾裯朝尚煖，不知風雪夜如何。寒燈有穗真吾

伴，凍筆無花倦爾呵。爲問當關催叔夜，豈如法喜守東坡。

寒窗無事，將駢散二體文手録一過，漫書其後

凍筆呵來總未融，字欹墨淡不求工。窗檽妬我先教黑，燈火憐人肯放紅。今日我書生紙上，他年誰付死灰中。幾回檢點還堪笑，不值青錢三百銅。

屯溪觀劇戲寄蓮府諸君

江邊三日卧風桅，日日歌場背水開。一朵紅霞依舊好，兩番黄海不虛來。祇憐客裏萍身暫，難博人前柳眼回。戲作小詩君一笑，不須更寄嶺頭梅。

攤街肉此二題皆臨平歲終風俗，先君有詩載《印雪軒詩集》。

攤街肉，家家買肉酬神福。市上數青銅，厨中膾紅玉。平時鼓刀人，至此手俱束。臨平過送竈日，屠户皆閉，賣肉者盡郇民矣。村中多少牧豬奴，歲終競學支離屠。當街隙地無勞租，竹扉葦扇

街頭鋪，花豬一具雪作膚。去年肉苦多，今年肉苦少，一臠肉，束以藁。啖肉先生嘖價昂，市兒尚詫青蚨小。團團落日雞子黄，夕市已散歸踉蹌。勿愁肉貴明年荒，且喜宿逋差足豪門償。俗以肉多而賤主來年豐，否則反是。

乾蕩魚蕩，上聲。臨平呼魚池曰蕩。

乾蕩魚，村氓生計耕且漁。門前瀲灩水一渠，水中鬖鬖千鱗舒。朔風吹蕩蕩欲竭，箇箇銀刀跳活潑。戽斗翻如銜尾鴉，漁叉迅若穿雲鶻。曉市乍動漁人來，青魚白魚沿街堆。臨平歲終酬神，例用青鯶、白鯶兩種魚。呼僮買到猶穿鰓，夜深燈火神筵開。餕餘更付糟糠氏，此味頗宜麴秀才。今朝魚賤買者衆，明日蕩中重打凍。勿云竭澤愁無魚，來春多買魚秧種。

凍梅

新紅舊翠盡空條，祇賸梅花守寂寥。冷伴相逢應一笑，凍魂未返待三招。月明惟有樹臨水，風緊更無人過橋。爲問春光在何處，林梢隱約酒帘飄。

老幹橫空自鬱盤，幾忘風雪夜漫漫。一廬燈火人同瘦，滿地霜華影亦寒。范叔誰知天下士，鄭虔雅稱廣文官。楊家縱有冰山在，不值梅妃冷眼看。

將之新安次韵答周雲笈承謙

故人爲我意躊躇，知我歸期逼歲除。客久賴兄諳父病，家貧仗婦課兒書。夢懸石鼓山頭月，信盼桐廬江上魚。一事羡君倏得到，不煩白首倚門閭。

次馬讌香丙奎述懷詩韵自遣

一枝秃筆本無花，倚此謀生計更差。若論功夫銅有滓，敢云聲價玉無瑕。客心久已同禪鴿，鄉夢還來擾睡蛇。觸熱人間殊自笑，故園豈並乏茶瓜。

願買烏巾山下田，便移家去住林泉。稍申慈母晨昏養，更結空王香火緣。邱隴常依先世舊，科名留待後人賢。不知此志何時遂，尚少錢神論一篇。

檢舊書得枯蓮一瓣感賦

六郎風貌詫當年，憔悴而今劇可憐。竟把枯禪來學佛，非同遺蜕去成仙。舊盟未必鷗能記，末路偏於蠹有緣。回首池中同植在，紅衣正試曉風前。

分詠新安古蹟六首

大風莽莽竟亡秦，天遣神仙作漢臣。雙箸算成天下局，一椎驚起隴頭人。赤松未遂尋師約，黄海堪容辟穀身。或者祖龍方大索，曾來此地掃荆榛。隱張山在績溪，相傳留侯嘗隱此。

户封十萬亦堪豪，不負當年汗馬勞。楚漢之閒分土易，韓彭而外置身高。地如甌越諸王小，忠或番君一例褒。眼看功臣菹醢盡，孤城尚據萬山牢。梅鋗故城在祁門。

三康名重緑林知，來此蕭條寄一枝。江上死拚膏賊刃，山中生已建神祠。丰裁倍峻登朝後，姓氏潛更避地時。我是餘不亭下客，擬來墩畔拜雲旗。孔貞侯愉讀書墩在歙縣。

有此田園便可回，何須更遣督郵催。山中懷葛風猶在，世上唐虞局又來。一洞桃花天地小，五株楊柳義熙栽。閒雲到處皆堪住，莫訝先生此翦萊。淵明舊里在歙縣。

白也風流一世傾，閒來此地訪宣平。月從采石磯邊送，雲在黄山頂上迎。妃子憐才還有意，神仙避客太無情。一樓卻勝長安市，免被中官喚姓名。太白酒樓在府治。

越州舊宅罕經過，又遣閒雲此結窩。何地不堪明月對，吾鄉畢竟鱖魚多。扁舟泛雨攜蓑笠，古屋經春鎖薜蘿。見我來時應一笑，此人太不喜煙波。張志和宅在祁門。

鮑四山瑞駿孝廉爲余言黄山之遊，奇甚，亦險甚。余素乏濟勝具，變慕爲畏，作小詩紀之，貽故鄉諸君問黄山者

山路盤旋一髮纚，那堪凹凸盡危途。遊山本是名流事，畫出書癡匍匐圖。路險處非匍匐不能過。

一局殘棋千古看，巍然頭上進賢冠。洪荒竟倩何人鑿，預識周秦以後官。丞相觀棋石。

瓔珞莊嚴妙相留，臨崖一望意先愁。二分垂足無人敢，都向山中作卧遊。絶壑下有石觀音像，必卧於崖上探頭出視方得見之，若欲立觀，則俯臨萬仞，無此膽也。

人間浪説筆如椽，看取靈根上插天。可惜文人無此手，筆花開放白雲邊。石筆生花。

山中幾處欸僧扉，有僧寺三，可憩。最好憑欄看落暉。何處閒雲不收拾，飛來飛去濕人衣。

蓮花峰頂漫相招，安得淩空百尺趫。自問觀空空未得，不來輕度斷凡橋。山中橋名。

寒夜書懷

霜華壓屋夜淩兢，寒意和愁一夕增。筆底性靈襟上淚，客中伴侶案頭燈。狂歌自署無心子，枯坐人疑有髮僧。慙愧故人呼畏友，近來添得百無能。故人謂馬謙香。

遷居

又挈琴書到此停，五遷蹤跡竟如萍。阿兄未共東頭屋，稚子堪横北面經。潘令閒居虚有賦，劉郎陋室豈無銘。烏巾山下先人宅，空賸嵐光入坐青。余家自德清遷臨平，於今五遷矣。

病中偶成

東風久意挂帆行，無奈經旬守藥鐺。病樹一株徒臃腫，落花三徑又清明。欲拋長鋏終無計，小住鄉山亦有情。檢點方書還自笑，養生我待問莊生。

閒門一任網蠨蛸，獨向空齋守寂寥。瓶内插花紅躑躅，鐺中煑藥黑逍遥。留人石鼓湖邊月，招我錢塘江上潮。何日布帆安穩掛，煙波極目路迢迢。時將客新安。

孤鸞曲 爲烈婦王氏作。婦績溪人，程君紹炳之配也。

石照山前石鏡明，孤鸞對鏡夜悲鳴。悲鳴終夜無人識，如訴冰心一片清。一片冰心雙淚血，不堪舊事從頭説。回憶絲蘿新締盟，書生門户都清絶。王家青到女兒箱，程門白映嬌兒雪。一雙嘉耦玉無瑕，灼灼夭桃豔似霞。詠絮笑隨夫問字，牽蘿苦累婦持家。紙閣寒多同對月，蓬門春少共尋花。大壻才華原絶世，祇憐四壁支無計。薪水艱難郎意傷，米鹽淩雜儂心細。麥飯葱湯夜欵賓，節羹㕛粥朝營祭。鶱管能開子晉顔，牛衣不灑仲卿涕。瓊枝玉樹正葱蘢，天上俄來吹霎風。工粲貧常游汗漫，秦嘉歸已病惺忪。未將食籍完葅虀，先把餘生付藥籠。腰帶減來緣食少，心肝嘔出爲詩工。低眉佛遠呼難應，高手醫來技已窮。生尚神清憐叔寶，死方才盡惜文通。此際愁雲吹復集，此時恨海填還溢。翦紙難招化鶴魂，懸壺豈止啼鵑泣。便擬三更了此生，泉臺或者追猶及。縹緲神先紫府遊，伶仃魂已青亭立。無端數事觸心頭，敢謂孀閨一死休。尚少清聲堪繼鳳，尚無吉地可眠牛。楹書擇付孤三尺，杯酒親澆土一抔。一笑吾生無憾矣，而今始得從夫死。去拜尊章白髮前，去陪夫壻黄泉底。地下團欒地上孤，千秋伉儷從今始。畢命朱絲三尺繩，盟心古井一泓水。從來苦節總宜酬，不見尼山録柏舟。黄鵠已憐生獨活，青鸞況乃死同游。慷慨從容皆一念，英雄兒女等千秋。始知海底珊瑚折，遠勝天邊榆樹留。我作長歌告彤史，清風先到雲藍紙。絶妙慚無黄絹辭，採風會有繡衣使。

送晏白華茂才綵省親山右

槭槭空林霜滿天，送君西去意茫然。男兒馬首三千里，老女蛾眉二十年。婦解吟詩夫豈俗，兒能問絹父尤憐。河陽一縣花千樹，添得芝蘭在膝前。

表裏山河亦壯哉，羨君吟到白登臺。韓侯故國詩情在，鼓子荒城霸業衰。汾酒雅宜名士共，秦雲都化美人來。自憐久署村夫子，安得相從眼界開。

天涯蕭瑟感離群，纔幸相逢袂便分。燕市春風須待我，期于庚戌年京師相訪。雁門秋色正迎君。千盤峻岅何妨試，一曲陽關不可聞。别後登樓望西北，故人定有氣淩雲。

月下偶作

滿地霜華夜色寒，客中愁緒起無端。長貧未了虀千甕，久病難消藥一丸。辛苦謀生資免穎，蹉跎失計負漁竿。不因明月多情甚，對此蒼茫怕倚欄。

天上清輝奈冷何，細將全影認山河。烏孫故國傳烽遠，赤子中原待哺多。時新疆有小警，并聞河南大無。百萬金錢愁姹女，三千鐵甲戍蓬婆〔一〕。書生豈有匡時策，祇向空齋獨嘯歌。

黄佩魚金鼎茂才以其姬人蔣清鳳小照乞題

黄郎家近黄山下，弱冠才名噪終賈。羊祐生原有夙根，馬卿貧亦能閒雅。爲有坤靈扇底緣，手攜玉杵訪嬋娟。證從蓬島三生石，閱徧華嚴十種仙。一朝喜聽靈妃瑟，西驗南眉總非匹。再拜天邊始影星，感君鍾出傾城質。黄童自昔號無雙，蔣妹于今推第一。折柳未容沙吒

〔一〕 戍，原作「戌」，據蔡啓盛《校勘記》改。

利，散花竟近維摩詰。金母能容使有緣，瓦姑未卜先知吉。青鸞引到六萌車，天上神仙下紫虛。夜月同參珠母島，春風先到玉人居。畫眉筆爲鈔書秃，封臂紗因刺繡除。大婦宛同乾阿嬭，諸郎都拜女相如。蛾眉宛轉承恩始，鳥爪玲瓏記曲餘。郎坐清陰調鳳鳳，妾拈佩玉喚魚魚。魚魚鳳鳳相憐惜，不解蕭郎常作客。一去羊城年復年，夢中何處尋郎迹。寄遠難憑白燕釵，懷人怕展綠熊席。昨夜春風到草堂，送人夫壻轉家鄉。尉陀臺上雲猶白，陸賈囊中金更黄。愛把異聞徵桂管，戲將新寵索珠娘。珠娘顏色渾如玉，娟娟丰韵天然足。紅蝦杯小臉常春，金齒屐高趺不束〔一〕。蜜唧親含勸客嘗，蘭橈閒繫隨郎宿。長共鴛鴦住水濱，東舷西舫皆金屋。檳榔登頰曉猶頳，茉莉滿頭宵更馥。蝙蝠能分嬌面紅，鸜哥也學脩眉綠。問君喜看日南花，豈是囊無珠十斛。始信家中有鳳凰，鶯鶯燕燕皆凡俗。走也生花筆已枯，無端索句走奚奴。要求昔昔新翻曲，道有真真舊繪圖。君把抽觴煩子貢，我思脱帽看羅敷。未容仙子淩波見，已得香名信口呼。一曲鳳兮君弗惱，須知我本楚狂夫。

〔一〕 趺，原作「跌」，據蔡啓盛《校勘記》改。

《硯因》《硯證》圖爲汪蓉洲琛賦有序

蓉洲夢一老人持贈一硯，署曰「海天浴日」。越兩月，得硯於賈人，與所夢略似，面有壽字，環以蝙蝠五，視其背銘，乃乾隆丙午歲高君香亭夢老人贈硯，覺而依形製成者也。蓉洲因兩夢之脗合，謂有數存乎其間，乃繪《硯因》《硯證》兩圖而徵詩焉。

謂夢爲幻耶，夢硯乃得硯。謂夢爲真耶，所夢非所見。即此二義不分明，安得夢裏老人重覿面？得毋此老所贈者，別有精瑩石一片？萬一他日五都市，奇光燭天硯自獻。海日蒼涼海水飛，與夢竟不爽一綫。轉恐君於此，去取兩非便。守故既使真者笑，取新又令舊者怨。吾言未竟君大噱，所見毋乃近童丱。無論神物有變化，非可刻舟去求劍。而且所得果良材，何必妄生分別念。種蘭可使芷代芳，召尹不妨邢自薦。獨不聞古今一夢耶？萬事過眼如霜霰。六十年中兩入夢，不過蕉鹿偶然驗〔一〕。楚弓無得亦無失，魯鼎誰真復誰贗？聞君此論有深省，蠶績蟹筐事百變。是真是幻姑置之，爲君援筆書此卷。

〔一〕 蕉，原作「焦」，據蔡啓盛《校勘記》改。

蓮叔招看牡丹即席有作

香風濃繞牡丹臺，欲看名花趁半開。人道阿嬌金屋住，我疑長吉玉樓回。名高未免人争識，品重難教蜨浪催。坐對韶華還一笑，不知誰是謫仙才。

又二絶句

管領春風豈等閑，珊珊仙骨下人閒。芳心當日分明甚，不媚金輪媚玉環。

姹紫嫣紅各自春，一枝偏鬭玉精神。沉香亭畔君王笑，來箇朝天素面人。

蓮叔有紅葉讀書樓，客至輒止宿焉。然賓朋徹夜，更鼓逼人，每不能睡，戲作小詩以告主人

曲似盤中小似舟，客來强半此句留。羽觴絡繹晨方散，鼉鼓分明曉未收。我輩固宜束高閣，仙人方配住層樓。他時陳榻如重下，甘讓元龍在上頭。

環翠園圖爲汪瞻園茂才題有序

環翠園者，乃瞻園族祖昌朝大夫所築也。前明萬曆間，歲大無，大夫以工代賑，坎其地爲湖，豐其土爲山，而園以成，因署所居堂曰環翠，而園亦以名焉。園中之景見於明殿撰朱君之蕃之詩者凡百有一十，盛矣哉！今園已廢，而湖亦淤爲田，惟嘉福庵巋然獨存。余客其地，嘗往游焉。瞻園因出是圖乞詩，爲題四律。

平楚鬱蒼茫，當年環翠堂。夕陽餘宰樹，大地失湖光。春雨招提寺，秋風碌碡場。昔人游詠處，强半付耕桑。

見説園初啓，名流競欵扉。橋能隨地曲，泉欲向天飛。上客珠爲履，高僧苧作衣。于今三百載，喬木尚成圍。

幸留斯卷在，陳迹未全無。正叔名園記，王維别墅圖。自宜勤護惜，且勿感荒蕪。朱老題詩在，淋漓墨未枯。

我來三載住，香火有前因。爲拜木居士，曾尋禾主人。雲煙雖换舊，風景又從新。看取桃潭水，長流萬古春。

《梅村集》有《和元人齋中雜詠》八律，戲效其體，即用原韵

枯桐將半死，俗眼有誰開。因熱非吾意，求知亦可哀。火攻誠下策，炊種竟奇材。猶勝胡笳拍，迢迢塞外來。焦桐

秦灰燒不盡，作者各留名。人欲長恩祭，天教脈望生。蠅癡鑽許透，蝸曲篆能成。領取書三味，休同蠻觸争。蠹簡

丹青好顔色，也爲歲寒凋。已惜曹衣黦，誰憐吴帶飄。癡兒將餅易，弱女當花描。零落將軍後，秋風老緯蕭。殘畫

腰間三尺劍，世上幾千年。牛斗曾衝後，龍淵未鑄前。故人頻挂樹，壯士不論錢。欲共蒙莊説，先删盗蹠篇。舊劒

青餘一方鐵，白盡腐儒頭。殘瀋何年積，微名幾輩收。圓難如玉帶，曲竟等珊鉤。不必銅臺瓦，香姜已足愁。破硯

短檠休便棄，知我一生心。世上光難借，兒時味轉深。已消花黯黯，曾伴漏沉沉。老學庵燈火，風霜未許侵。廢檠

明鏡還如月，秋宵不吐輝。舊游徐穉在，往事樂昌非。恰稱塵容對，難憑素手揮。玉臺人久別，定卜幾時歸。塵鏡

斷碣初離土，摩挲認未真。文章專媚鬼，書法或通神。紙上銀鉤古，人間宰樹新。何如無一字，頑石不知秦。斷碑

清奇古怪四首

此先君子《印雪軒集》中題也。瞻園茂才擬以消夏，因邀予同作。

攬轡登車意慨然，俟河安得歲盈千。名流厄運關唐祚，玄理空談誤晉賢。臺古人將巴婦拜，堂新我欲蓋公延。乾坤何幸逢昭代，海宇無塵二百年。清

豈果輪困擅異材，平生頗負氣如雷。黃鬚自愛生兒好，青眼聊因相士開。定遠平平非將略，阿奴碌碌總凡才。南華文法淮陰戰，都是空前絶後來。奇

此生原只與今居，敢慕尊盧及赫胥。杜老詠懷雖有寄，桓榮得力恐徒虚。蘭臺捧出葫蘆本，竹簡摹來科斗書。陽五姓名人尚識，鬚眉莫問近何如。古

鑿井何曾果得羵，竟煩邑犬吠狺狺。人驚八火宋無忌，我笑談詩敬去文。莫訝槖駝非習

見，未妨魑魅與同群。山濤胸次從來少，一任孤鳴總不聞。怪

聞説

聞説淮南北，狂瀾徧數州。土狁難制浪，石燕況逢秋。水勢欺平地，江聲怒上游。尚憑一抔土，辛苦鎮黄流。

已怪天長漏，無端海亦飛。風翻黄雀急，浪挾緑魚肥。滚滚鮫龍入，荒荒雞犬稀。江南財賦地，何以慰宵衣。

題晏雪研女士訴真《冬青書室集》

女士和州人，幼隨父官滇南，晚又隨其弟宦江右，愆期不嫁，工畫能詩文。予與其姪白華茂才友，而於蓮叔處得見其稿，并聞蓮叔將以付梓，因賦此章。

新紅宿翠都零落，惟有冬青一樹緑。冬青樹底阿誰家，貼蘚黏苔幾間屋。屋中舊住女相如，明月清風伴獨居。蠅鼻燈前親檢韵，牛皮篋内手抄書。少小從親行萬里，蠻花犵鳥皆堪

喜。蜀相祠邊銅鼓荒，滇王城畔蘆笙起。纔返鄉山又豫章，馬當風利蒲帆駛。身世飄飄南浦雲，胸懷湛湛西江水。東塗西抹儘流傳，手撫冬青亦自憐。天上妲媧原不偶，山中毛女獨成仙。貧除詩卷無長物，病藉丹青養暮年。賴有弟堪同白首，不圖婢亦久黄泉。女士婢曰藏珠。君家阿買吾曾識，話到義姑猶熟悉。班姬才調重蘭臺，魯女幽貞高漆室。一樹冬青百首詩，豈徒黄絹擅新詞。紅閨一片心頭血，寄語興公好護持。末二句乃先人題談氏二女史集語也，所云興公謂孫秋士先生，今借指蓮叔。

蓮叔見示秋日雜詠，亦成二律

爲愛秋風一味凉，偶隨清磬至禪房。踏來紅葉僧鞋冷，供到黄花佛座香。百八寒鐘催暝色，兩三老衲話斜陽。憑誰爲補伽藍記，見説南朝寺盡荒。秋寺

蠅鼻挑殘小似星，秋宵漏永尚熒熒。著書辛苦頭將白，説鬼荒唐談忽青。破屋風霜容易逼，寒閨刀尺幾曾停。短檠寂寞真吾伴，不向燈光佛乞靈。秋燈

送蓮府之毘陵

天涯蕭瑟感登樓，又送飄飄下瀨舟。君道菊花曾有約，我憐桃葉未同游。纔將春水迎歸棹，早見秋霜上客裘。爲語龍門須早返，清娱猶未慣離愁。

貧士四詠，次先人《印雪軒詩集》原韵

豈有青蔥織翠裾？一寒至此太蕭疏。異時或與蚨同反，此日難言鳳不如。半夜牛衣妻歎息，數行鯽墨客軒渠。冰霜傲骨憑誰共？只有梅花尚繞廬。典衣

腹中飢火苦難消，貿貿然來暮復朝。連日塵封鐺折脚，幾家飯熟米長腰。胡奴厚意休孤負，漂母高風久寂寥。耻向人間受嘑蹴，家貧自緯舊時蕭。乞米

囊中錦與筆頭花，博得妻孥笑語譁。意不求工獅搏兔，文宜諧俗鳳隨鴉。無分醬酒皆堪覆，任换鵞羊總足誇。西抹東塗何日了？自憐此事竟無涯。賣文

獨行踽踽又涼涼，逼上謻臺竟莫償。甘被親朋呼債帥，轉留老弱守窮鄉。望門何處投張

儉，焚券於今少孟嘗。一笑不如來飲酒，醉中日月足相徉。避債

登金雞峰作歌

一峰翹然立，乃得金雞名。金雞不飛亦不鳴，昂首似與青天爭。天風蓬蓬吹我上，其上梵宇何崢嶸。憑欄俯視空一切，眼底頓覺群山平。千蹊萬徑細如髮，一環堵乃新安城。我來新安已五載，碌碌徒負山神盟。偶然至此一登眺，黄山白岳爭來迎。青鞋布韈亦易耳，所苦世故纏其身。吁嗟乎！勞勞塵夢幾時醒，要聽金雞鳴一聲。

閱蓮叔詩有觸旅懷，書四十字

衰親與病婦，相對話天涯。道我客行久，如何鄉信賒。此情頻入夢，無夕不思家。羨殺孫莘老，兒扶母看花。

山人又以畫一册見贈，遂書其後

一花與一葉，何莫非化工。化工不可見，可見皆人功。刻玉與葉似，翦綵與花同。葉亦非不緑，花亦非不紅。其天既已失，但可欺兒童。吾欲求其天，庶幾惟畫中。作畫必求似，所學徒雕蟲。作畫不求似，所好非真龍。不求似而似，乃與其天逢。是故吾老鐵，山人自號老鐵。其畫與詩通。一花一葉耳，生趣常無窮。借問何能然？真氣盈其胸。

述懷

一燈形影鎮相親，與我周旋止此身。早竊聲名憂不壽，少耽著述恐長貧。吟詩太苦心神病，作字難工腕鬼瞋。飲水是寒還是暖，人知不及自知真。

汪蓮府和余新安舟次韵，由毘陵寄示，因再疊答之

得君一紙報平安，何日歸舟果上灘。但得團欒共兒女，不妨脱略到衣冠。年華逝水無多

戀，世事浮雲莫細看。只有閉門高卧好，從容睡到日三竿。

艱難辛苦止求安，世路由來險似灘。名士于今同畫餅，錢奴幾輩又彈冠。男兒別有千秋事，俗子休同一例看。戲作狂言君莫笑，鮎魚要上最高竿。

雨夜作歌

吾不識雨嗔喜，又安知雷雌雄？但恐水潦太盛傷田功，又恐長淮水竟與黄河通。河臣昨者抗疏入，黄金百萬須司農。千金萬金鑄此一抔土，然後可以約束鼉鮫龍。大江蜿蜒走入海，其勢本非河流同。上流太急下流壅，一怒遂欲淮揚衝。雨師幸勿助其虐，當念民力東南窮。巾山逋客可憐蟲，偶然來此千山中。日食不盡米五合，卻願天下皆年豐。年豐穀賤一飽易，老翁擊壤吾其從。

蓮叔三十初度以四律爲壽

不作常談侑壽觥，且從初度話生平。名山壇坫新增席，香國敦槃舊主盟。我輩文章宜放蕩，天生才子總聰明。華年三十詩千古，皓首經師愧盛名。

霞谿深處足清娱，一幅團欒家慶圖。長吉堂前呼阿嬭，老坡膝下抱於菟。才高自許小名士，官貴人稱中大夫。更喜八閩良友在，畫眉筆底幾曾枯。

越水吴山路幾千，勝游屢上木蘭船。英雄本色仍兒女，風雅真傳即聖賢。雜劇場中雙捉婿，麗情集内小遊仙。焚香欲進長生祝，綺語都堪供佛前。

自慚面目等吴傖，偏得君家倒屣迎。不是孫賓能愛客，誰容趙壹唤仁兄？生遲一歲龍蛇判，君以庚辰生，余以辛巳生，故云。交定千秋鹿豕驚。祝史諛詞吾不慣，新詩要鬬管絃清。

蓮叔以三十自壽詩見示，又依韵和之

魚袋腰間久佩銀，年華三十正青春。我思風月許玄度，人道神仙梅子真。亦擁豪華偏不俗，但拈筆墨總無塵。從來郊島皆寒瘦，如此詩人有幾人？

四載新安汗漫遊，閒雲自爲好風留。盟從白水心俱淡，交到梅花福已脩。大器每期成馬援，清談常得共羊求。一枝禿筆三升墨，題偏君家紅葉樓〔一〕。

莫將世事置胸中，我輩原非田舍翁。但覺雞蟲無得失，安知蠻觸有雌雄？一舟煙雨霞溪水，萬壑松濤台麓風。賓戲客嘲都不曉，近來耳比鶡冠聾。

卅年陳迹屢推遷，且喜琴樽舊結緣。入坐尚餘端午酒，稱觴剛啓第三筵。嬌兒書課增前日，老母精神勝昔年。天與才華兼與福，劉綱夫婦豈非仙。

大台山人將余所致書札裝成二册，聞之滋愧

寄書不獨報平安，無限清狂在筆端。一月須糊一斗麵，緑珠盆内幾曾乾。自三月至此云已得四十餘函，而草草筆墨在所汰棄者，猶不在此數也。收拾都歸一卷裝，只慚筆墨太頹唐。書成總似匆匆寫，不識荆公有底忙。

〔一〕 偏，原作「偏」，據蔡啓盛《校勘記》改。

銘篇　俞樓雜纂弟三十七

銘者，名也，因其器名而書以爲戒也。是以作器能銘，古人貴之。古之爲銘者必有意義存乎其辭，若徒以賦物爲工，則非銘也。余裒集舊時所爲銘存《雜纂》中，題曰《銘篇》。其辭雖陋，各有微意存焉爾。

春在堂銘

余因曩時「花落春仍在」之句，以「春在」名所居堂，有《春在堂記》存《賓萌集》，復系以銘。

歸乎休乎？軔吾輪乎？息乎游乎？娱吾文乎？人以爲秋而我曰春乎！

達齋銘

曲園中小齋也。園無多屋，斯齋南鄉，則園中之屋斯爲尊矣。是宜銘。

君子之道，能收能發。其藏之也不可得而擫，其出之也不可得而遏。是故吾園則曲，而吾齋則達。

艮宧銘

東北之卦曰艮，東北之隅曰宧。吾於曲園東北築室，以艮宧名，而爲之銘。

維東北隅有地數筵，有柳濯濯，有竹娟娟。築室于兹，艮宧名焉。宧之言頤，艮則止矣。頤神保年，吉祥止止。

三不如人齋銘

東坡自言有不如人者三：飲酒、著棋、唱曲也。余少時曾以名其齋，今録其銘。

嗟我之能百無一也，何獨此三者而名吾室也？曰：三者之不能，吾無恤焉，若其餘者俛焉日有孳孳。人一能之，己則十；人十能之，己則百也。

書架銘

書庋於架，肉縣於格。書味厚，肉味薄。

書案銘

伏案二十餘年，著書二百餘卷。蓋月得一卷書，而吾意則已倦。是以南郭子綦隱几而坐，而顔成子偃見乎其所未見。隱几則同，而今昔有變。

書鐙銘

爾光之熒熒兮，爾影之亭亭兮，爾數十年而長青青兮，而坐爾前者髮則星星兮。

書刀銘

試之紙則霍霍，試之它物如捣如擽。噫！斯爲俞子之削。

羊豪筆銘

史載筆，士封羊。羊乎羊乎，文字之祥乎？

兔豪筆銘

毚毚者兔，則已朽也。皮之不存，毛何有也？何入吾之手，猶風馳而雨驟也。

銅筆韜銘

俗稱筆套，非古字也。陸機《草木蟲魚疏》曰：「萇楚，今羊桃是也。近下根，刀切其皮，著熱灰中脫之，可韜筆管。」則作韜字爲宜矣。

金水相生，元精在中，以養其鋒，故横掃千人而爲天下雄。

銅墨盒銘

昔我獻賦明光之宫，惟爾實從。及我退老西湖之上，亦爾與同。今我衰且慵矣，伯陽父之書成而金壺之汁亦空，爾其歸就墨胎之封。

甎硯銘

出於泥塗而親翰墨，緊摶埴之力，然則葬我宜陶家之側。

水注銘

一勺之水，化爲煙雲，而成天下之文。蟾腹之中，其有龍存乎？

名字私印銘

余文之陋，余字之醜，借爾以輝光其前後。百世而下，指爾而歎曰：曲園叟也。噫！何必黄黄焉大如斗。

飯盌銘

雖曰脱粟，必量吾腹。凡事類然，逾量非福。

茶盌銘

香秔飽，香茗熟，盛以甌，白如玉，水泉清，茶荈緑。先生能飲幾何？少於玉川子者六。

竹箸銘

不可無竹，亦不可無肉，吾以竹食肉。

帷帳銘

方暑之夕，白鳥營營。而枕席之上，窃然無聲〔一〕。猶戎馬在郊，恃此一城。噫！夏商之季亂矣，而亳周之域則平；定哀之閒昏矣，而顔曾之室則清。君子於此得養心之道焉，嚴其扃鐍而毋爲外物之所攖。

枕銘

冬枕枕布，昭其省也。夏枕枕蒲，取其清也。君子晝動而夜静，奚其警也。

〔一〕窃，不見於各類字書，當爲「寂」或「㝧」，即「寂」也。

皮倚子銘

桌椅字其初止作卓倚，後變而從木。兹則皮也，而非木也，於木奚取？故仍作倚。

木養和也，而易以皮。以卧以坐，無弗宜。吾未嘗聚徒而講學，毋曰臯比。

鏡銘

爾知吾面，不知吾心。與爾居久矣，爾之知我猶淺也，而何悠悠者知我之深也。

梳篦銘

非疏也，不足以通其類；非密也，不足以去其累。君子觀於梳疏而篦密，而知剛柔之交劑，寬猛之相濟，吾將執此以爲治天下之器。

衣箱銘

衣時爲大，裘冬而葛夏也，稱次之，玄上而纁下也。尨奇偏裘伊可憂〔一〕，諸于繡裾亦足羞。凡若此者，爾笥其無收也。

錢櫝銘

錢取其流，何事乎櫝？曰儲以有待，而非爾之蓄。

管鑰銘

苟非爾牡，雖納之而不受。君子法之以守身，不爲威惕，不爲利誘。

〔一〕偏，原作「徧」，據蔡啓盛《校勘記》改。

佩囊銘

大而人材於爾乎收之，小而詩句於爾乎投之，爾其公輸之器而兼名士之風流者乎？

唾壺銘

吾於世事有悲憫而無怨懟，吾於世人有嬉笑而無詬誶，故爾從吾數十年而至今未碎。

花插銘

以我就花，不如以花就我。爾爲我養花，弗妥斯妥。

手鑪銘

嚴寒五九，一陽生袖。天地冰霜，而春在吾手。

蠅拂銘

麾之而已，毋拔劍而怒也。君子之於小人，勝之不武也。

摺疊扇銘

用則舒而張之，不用則卷而藏之。古君子之道，微爾其孰能當之？

葵扇銘

炎威蟲蟲，金鐵銷鎔。何以解之？恃此一葉之風。噫！物有小而用則鉅，士有卑而論則崇。

方竹杖銘

以左以右惟所將，亦步亦趨罔弗臧。爾用則圓體則方，君子之德斯爲良。

眼鏡銘

天生吾目不利於遠，假物爲明非吾之願。吾不務外游而務内觀，故吾之用爾也罕。

千里鏡銘

理在目前，奚取於遠？苟有得乎千里之外，必有失乎几席之畔。是器也，彼人之所珍，非吾人之所玩。

自鳴鐘銘

挈壺氏廢，爾實代之。天假之鳴，俾司厥時。時乎時乎不再來，君子聞鐘聲則思。

時辰表銘

爾其狻歟、奡歟，乃司日之長短歟？待時而動，君子所憲。是用佩之，非曰爾玩。

鼻煙壺銘

鼻之於臭，取其芳香，兹何爲以辛酸爲良？壺公、壺公，爾爲我藏，吾將學仲尼蹙頞而嘗。

算盤銘

自籌策之變爲珠，而言算學者月異而歲殊。上測斗極，下窮海隅，終日琅琅，千錙萬銖。爾獨墨墨而與我俱，爾尚安我之愚。

玻璨窗銘

依古字宜作頗黎，然《玉篇》已有玻璨字，其字亦古矣。

日月之照臨，爾爲我受；風雨之交侵，爾爲我守。吾以招祥而塞咎。

户銘

入焉不愧於己，出焉不怍於人。吾出入於兹，所不由其道者，有如荼與鬱壘之神。

自置椑銘

《禮記·檀弓》篇：「君即位而爲椑，歲一漆之。」正義謂：「人君尊，即位得爲棺。」此禮也，固非士大夫以下所敢議矣。然《王制》篇云：「六十歲制。」正義曰：「老而預爲送終之具也。歲制謂棺也。此謂大夫以下耳。人君即位爲椑，不待六十。」然則六十爲棺，乃是古制。余今年五十有九，去六十止一歲矣。四月乙丑，内子姚夫人先我而逝，爲其作棺，因並作之，而系以銘。

膠膠擾擾，何時可止？一入此中而萬事已。變濁世爲太清，返末流於古始。歸乎，歸乎，吾將去彼而就此。

書冢銘

書冢者，德清俞樾藏其所著書之稾也。凡《群經平議》三十五卷、《諸子平議》三十五卷、《第一樓叢書》三十卷、《曲園雜纂》五十卷、《俞樓雜纂》五十卷、《賓萌集》五卷、《外集》四卷、《春在堂雜文》七卷、《詩》八卷、《詞》三卷、《隨筆》六卷、《尺牘》四卷、《楹聯》二卷、《四書文》一卷、《太上感應篇纘義》二卷、《袖中書》二卷、《遊藝録》六卷。書成，鏤版而行之，聚其稿而薶之，從而銘之。

古有劉蜕之文冢，今有俞樾之書冢。烏乎！後世詩禮之儒，無發斯冢。

玉堂舊課　俞樓雜纂弟三十八

故事，新入翰林者月必一課，課以詩賦。三年散館後，館中擇其佳者而刻之，曰「同館賦鈔」「同館詩鈔」。余於道光庚戌入翰林，亦嘗有此刻，然久不記憶矣。光緒己卯春，偶檢敝簏，得一册，即曩時館課刻本。凡賦二首、詩十首，上有校定數字，蓋其時館人送余讐校者也。嗟乎！自庚戌至己卯，三十年爲一世。玉堂舊夢久付飄風，何圖此本猶存篋衍，正如白頭老婦拾得舊日花鈿，俯仰今昔，感慨係之矣。適有《俞樓雜纂》之刻，因即録爲一種，雖爲山水所笑，不遑顧也。原本有《海運賦》，已刻入《賓萌外集》，故此卷賦止一首焉。

快雪時晴賦 以「快雪時晴，佳想安善」爲韵。

王逸少筆陣有圖，藝林無價，偶一幐之流傳，即千秋之佳話。會稽山畔，難尋鴻爪之痕；寶晉齋中，足壓虎頭之畫。當此空庭雪霽，好從剡水以相招；可知滿紙風生，定比蘭臺而更快。其時則火井欲冰，温泉不熱，絮未春而先飛，花漫天而亂綴。霏霏微微，蕭蕭屑屑。俄而晴旭升，凍雲裂，梅寒愈香，竹瘦未折。芒鞋絮帽，何處尋詩？竹屋紙窗，有人對雪。我之所思，山椒水湄。想伊人兮宛在，願尺素兮貽之。紙裁側理，墨試隃糜。滿幅雲煙，鐵畫銀鉤之字；一天風雪，羊裘鶴氅之時。但見其神光流動，意趣縱横，飄飄有致，落落無聲。招來天上玉鱗，益助龍跳之勢；颺去空中素羽，彌深鶱换之情。白竟能飛，想窗外尚存殘雪；黄如待搨，喜檐前早送新晴。非筆非墨，神與之偕。高同梅格，瘦奪松釵。有天機之活潑，無人力之安排。著紙而長留春意，拈毫而静掃陰霾。倘從竹扇題來，横斜俱妙；也比蘭亭寫就，肥瘦都佳。遂令妙手傳觀，名流欣賞。展卷風清，臨池月朗。九萬牋之持贈，未蝕風霜；十七帖之臨摹，長留天壤。《青李》《來禽》之外，此蹟尤真；茂林修竹之間，其人可想。迄今風流已遠，楮墨常完；練裙競寫，棐几争看。摘微瑕於天朗氣清，選家太刻；訪真本於《屏風》《初月》，書譜曾刊。豈徒入曇釀之村，經傳《道德》；考宣和之録，帖署《平安》。况乃邀宸鑒之流連，經幾餘之披展；愛濡染之淋漓，溯源流之遷轉。灑遍彤廷瑞雪，縑素皆香；映來金闕晴霞，墨光愈顯。在聖主陽和被物，慶普天需冬日之温；而小臣翰墨是供，愧珥筆乏秋豪之善。

敬勝怠得齋字

理欲防争勝，丹書進玉階。怠宜懲客氣，敬以束官骸。先甲深予儆，惟寅勗汝諧。慎之衾影獨，欽若典謨皆。遇事同賓祭，論功比決排。態嫌箕踞傲，語愛鼎銘佳。已絶風愆累，猶嚴日省懷。璇題符聖學，箴誡寓軒齋。

殿前作賦聲摩空得軒字

竟作摩空想，其聲在不言。賦方陳别殿，詩已詠高軒。彩筆初鳴鳳，清班正肅鵷。玉堂傳巨製，銀漢瀉真源。鵠立應同聽，翬飛與共騫。凡音宜有别，仙仗自無喧。樓觀增盤鬱，文章見本原。濫邀宸鑒及，供職愧詞垣。

信及翔泳得翔字

帝德先崇信，推誠及萬方。恩波游且泳，治寓集還翔。春煖鶯求友，秋深蟹獻芒。雁臣遵約束，龍户効輸將。鶼鰈情無異，鯤鵬事有常。鴞猶懷泮水，鱷已避重洋。霄漢依原樂，江湖意亦忘。物微知慕義，況近聖人光。

星使出詞曹得曹字

使者星初出，秋風各建旄。典隆逢聖代，恩重屬詞曹。翰墨西園萃，聲名北斗高。竹分新羽節，花認舊宫袍。天語頻銜鳳，仙班競跨鼇。青雲縈劍佩，紫氣護弓刀。多士鞭争著，維皇鑑獨操。微臣依日月，金殿幸揮毫。

田毛樂寬征得毛字

咸有豐年樂，田疇肯不毛。征徭皆治典，寬大即恩膏。沼沚馨堪薦，閭閻福共叨。吏蠲頭會法，民耐足胝勞。已幸開三面，何曾損一毫。耕宜勤負耒，割豈任操刀。穎簇龍鱗隰，歡騰鷺羽翿。拔茅邀帝簡，野處盡英髦。

鏡無蓄影得無字

聖德明如鏡，精瑩徹海隅。物來涵盡有，影過蓄原無。質易秋毫察，形難夏鼎摹。照臨同日月，容納異江湖。幻迹杯中釋，寒光匣内敷。一痕含止水，萬象躍洪爐。帝治輝金鑑，臣心比玉壺。願持清白意，未敢匿瑕瑜。

心正則筆正得心字

正則容俱正，公權意可尋。成書雖在手，執筆總由心。養貴蒙泉豫，功逾晉帖臨。冰壺常懍懍，鐵畫自森森。從處嚴如矩，懸來妙似鍼。端莊欽墨妙，兢業本丹忱。御翰欣同矚，宸修不待箴。無偏皇極建，獻納媿詞林。

夜雨翦春韭得春字

賞雨宜茅屋，詩人夜欵賓。香杭春薄暮，早韭翦初春。雅集頻投轄，名流半折巾。清聲喧竹柏，雋味壓菰蒓。好試并刀利，誰嫌庾饌貧。寒鐙圍處小，老圃劚來新。砌下濃青滑，盤中嫩緑匀。獻芹微意在，膏澤被楓宸。

佳氣常浮仗外峰得峰字

閶闔浮雲表，佳哉瑞氣鍾。廷前陳法物，仗外見遥峰。車乍金根駐，山曾玉檢封。芙蓉千疊湧，槐棘百僚從。螺影描能活，龍光挹更濃。蓬壺看隱隱，芝蓋護重重。禁禦初移蹕，邊塵已息烽。祥氛占大史，枀殿奏雍容。

取人以身得賢字

能以身爲本，何虞取舍偏。丹書脩己密，玉策得人賢。使臂非無具，因心別有權。湯盤先祓濯，禹鐸繼招延。皮相今休誤，膚公後定傳。分猷同脈脈，寸善亦拳拳。漢詔求才日，周詩訪落年。欣逢皇極建，多士集聯翩。

此庚戌會試題也，詩亦久失其稿，而彼時行卷猶有存者，因録附於後。是歲文廟初御極，故有訪落之句。

淡煙疏雨落花天得莊字

花落春仍在，天時尚豔陽。淡濃煙盡活，疏密雨俱香。鶴避何嫌緩，鳩呼未覺忙。峰鬟添隱約，水面總文章。玉氣浮時暖，珠痕滴處涼。白描煩畫手，紅瘦助吟腸。深護薔薇架，斜侵薜荔墻。此中涵帝澤，豈僅賦山莊。

此庚戌進士覆試題也，詩甚不工，然「花落春仍在」句爲吾師曾文正公所賞，其後余遂以「春在」名堂，因以名集，至今海内皆知有《春在堂全書》，則此詩其緣起也。因亦録附於後。

刻《玉堂舊課》竟，漫題二律

自出承明三十春，坐看歲月去逡巡。提休棚裏場將散，官錦行中樣尚新。少日文章真故物，舊時朋輩半陳人。遺簪一慟黄罏又，莫怪秋風淚滿巾。

蟹匡蠶績竟如斯，倚伏因由欲問誰。清課一編重入手，浮生萬事不先知。作從東觀飛騰日，刻在西湖老病時。只恐山靈應笑我，殘年猶夢鳳皇池。

廣楊園《近鑑》　俞樓雜纂弟三十九

《楊園先生集》有《近鑑》一卷，舉近世之事蹟以爲鑑戒，其意深矣。《書》不云乎：「無以水鑑，當以民鑑。」〔一〕因亦書近事數十條，以警愚頑。楊園之書，有惡而無善，專以示戒也。余則兼采善事數條，善惡兼收，勸懲並寓矣。因題曰《廣楊園〈近鑑〉》。

順德陳宗器商於南雄州，性好濟人之急。有某甲者家甚貧，父病年餘，盡鬻其所有以供醫藥，而病不瘳。甲語其妻曰：「父病殆矣，不忍坐視其死，奈何？」妻曰：「家中無物可鬻，惟鬻我耳。」甲曰：「父子夫婦並列五倫，豈可偏廢？」妻曰：「事有輕重，君宜權之。」甲曰：「以貧故使卿至此，我有何面自立於人世？」妻曰：「妾自有不辱之法。」問何法？曰：「死也。」某曰：「若然，父未必生，而先置卿於死矣。」妻曰：「君不忍妾死，乃忍父死乎？」後父病愈篤，不

〔一〕　該句今《尚書》各本作「無於水鑑，當於民鑑」。無礙文義。

得已如妻言，將送其妻於媒氏之家。其夜夫婦訣别，哭甚哀。陳宗器所廑適其鄰也，詰得其故，贈五十金，使無鬻婦。甲戌之歲五月三日，陳長男婦孿生二子，次男婦亦舉一子，一日而抱三孫，親朋畢賀。其婦翁胡叟謂曰：「子何修得此，殆有陰德乎？」陳曰：「陰德不敢言，惟有一事，生平所最快意者。」因舉此事以告云。

常州一鄉鎮曰横林，有徐福寶者以摇航船爲生，性好善。鄭姓一孀婦死，無以殮，其子在溧陽，往返必五六日，天又酷暑，不能待。徐出己錢殮之，錢不足，又貸之其鄰焉。庚辛之亂，徐一女止九歲，爲亂兵掠去。徐轉徙至滬上，仍操舟楫。一日，偶觸一巨舟，碎其玻璨窗，舟人責償。舟中一官人憐其老，爲之排解，乃薄責之曰：「汝亦老於舟矣，何不解事？」徐曰：「吾慣摇内河航船，江上風波，非所習也。」官人聞之，熟視徐曰：「汝非常州鄉人乎？」曰：「然。」問何姓名，曰：「徐福寶。」官人遽出，延之登舟，曰：「吾婦翁也，亦吾恩人也。吾即鄭氏子，吾婦即翁女也。」先是，徐女被掠，因幼，故未失身。轉展至鄭所，鄭時已以軍功得右秩矣。知爲徐女，感念殯母之恩，即以爲妻。妻屬訪父耗，兹奉差至滬，適以觸舟相遇也。爲善無不報，觀於徐事，信矣！

楊某，蘇人，丐者也。一日過翁家堰，見群丐牽一犬將屠之，犬見楊，摇尾哀嗥，若乞命者。

楊不忍其觳觫，出錢買之，牽以歸。路經楊家墳，犬不走，就墳前土堆竭力爬搔，泥土之中露出紙角。楊從而搶之，得洋錢兩封。楊自此遂作小經紀，不復吹吴市之簫矣。一念惻隱，遂受其報，誰謂善無益也。

蘇州婁門外馮姓農人，年四十餘而未有子。家畜一牛，老且病矣，將鬻之屠肆。夜夢其亡父告曰：「不殺老牛，可以得子。」詰旦至牛闌，則牛哀鳴，若乞命者。憶夢中語，仍留而飼之。自此妻遂有孕，及期，妻甫臨盆，而牛死，牛死而子生，因名其子曰牛。

余行甌越鄉閒一村落，忘其名，有土地廟内塑女像，問之村人，則有二説：一曰是廟本有兩像，一翁、一媪，久之翁像剥落，今所存者其媪也。一曰村有某氏婦孝於其姑，婦姑同卧一室。一夕婦聞姑牀後墻簌簌有聲，知其欲圮，急起負墻立，大呼姑醒，於是姑遑遽下牀，得免於難，而婦竟壓死。越旬日，土地神見夢於村中父老曰：「昨奉天符，吾以失於救護孝婦，故革職矣。代吾者即此婦也，此後可改塑女像。」及旦，諸父老以所夢皆同，如言改塑，至今猶存其舊云。余謂以事而言，前説近是，以理而言，後説亦可信，不得斥爲不經之談也。

某甲，性至孝，而家極貧。父母相繼死，貧無以斂。某晝夜哀號，淚盡而繼以血。忽盆中所植月季開五色花大如牡丹，每瓣有金點，燦爛可觀。一富家子見而喜之，易以洋錢三十，某甲遂得以治喪事。識者以爲孝感焉。

揚州諸生王姓者素剛正，聞非禮之言，則掩耳走，見淫書淫畫，雖他人之物，必奪而焚之。丙子秋，將赴省試，而苦無貲，貸於友，莫之應。惘然而返，忽見地攤上有書數本，取視，乃《金瓶梅》也。怒曰：「此物公然出售歟？」適袖尚有青蚨數百，遂買之歸，呼妻取火來。火至，將投之火，忽一紙飄墮，乃某銀號一千兩之券也。夫婦驚異，又檢視，得書一函。生閱之，笑曰：「此貪官贜吏之物，用之何害？」遂取其銀而赴試。談者不詳其名，不知是科中否也。

蘇有醫者，辛姓。夢至長洲縣城隍廟，比鄰劉氏婦在焉。婦久病，日閒辛爲診脈，無生理，訝其何以至此。未幾，城隍神升堂，吏役環侍，與人閒官府無異。役擁婦跪階下，神詰問良久，俄聞大聲曰：「此婦曾負姑五日，可予寬限。」命役扶婦出，辛亦從之出，遂寤。及天明，劉氏叩門求醫，問之，則其婦昨夜已死，忽一噴嚏，死而復蘇，神氣乍復，恐有變更，故求診治也。辛至其家，視之，病可弗藥矣。因問昨何夢歟？婦言如辛夢。辛問以負姑事，婦曰：「曩者粤賊之亂，夫在上海，家中止我與姑二人。姑老病不能興，城破，我負姑走，姑擊余肩曰：『事急矣，汝舍我走尚可活，負我走則二人俱死也。』我不忍舍，負之出城。走風雨中，飢寒交迫，歷五晝夜，顛踣者屢矣，而終不釋於肩，與姑俱免。」神言蓋指此爾。余載此事，因記余家舊有傭婦王姓者，右臂有疾不能舉，及亂後復見之，則臂能舉矣。問何以得愈？婦曰：「我亦不自知也。城破時負姑出城，勉强用力，初亦酸痛，久而不覺，遂運動如常。」兩事合觀，可以勸孝矣。

蘇人文某，販酒折閱，負人數百金。歲將闌，索逋者踵於門，旁徨無計，獨行野外，解帶縣樹，將以自經。樹枝斷折，身墜於地。足所蹈處，土甚浮淺。探之，得一穴，中有洋錢二百五十枚，大喜持歸。方粤賊之踞蘇也，文爲賊所脅從，偕至楓鎮一民舍，有女縣於梁，未絶也。群賊解之下，欲污之。文曰：「垂絶之女，何足流連，速舍之去。」其女乃免。然則此事殆所以報歟？

蘇州胥門外一郵聚曰錢莊，有朱姓翁，年五十始生一子，甚愛之。甫二歲，痘毒内陷，勢且不治。適其鄰有生女而欲溺之者，或以告翁，勸留養之。翁曰：「吾子未知生死，遑恤鄰之女乎？」既而曰：「吾願吾子之生，豈忍視鄰女之死？」命抱之入。女入，大啼，其子忽亦大啼。啓衾視之，則痘漿重灌，圓綻如珠。醫至，賀曰：「生矣！生矣！」此留養鄰女之報也。

吾鄉沈小梅太守庚子領鄉薦，後以其父尋梅刺史曾爲壽州牧，尚有故交數人，乃往干謁。小有所獲，將自壽州至和州，坐二把手小車以行。出壽州城數十里，日暮，乃投宿一郵店。時止挈一僕及小車夫二人。入一門則一門闔，又加鍵焉。疑而問之，曰：「店規如是也。」心知其非善地，而無如何，姑入之。破屋數閒，中一土炕，無卓倚之屬。俄有人問其僕曰：「爾曹奚自？」曰：「自壽州。」「至壽何爲？」曰：「訪某甲、某乙。」問：「何以識之？」曰：「吾老主人曾牧是州也。」問姓名，具告之，曰：「然則沈尋梅歟？」曰：「是也。」其人遽去。已而有一人率健者三四人昂然入，問小梅曰：「少年乃沈尋梅之子乎？」曰：「然。」其人詳問尋梅形狀，及牧壽州年月，乃歎曰：「若真沈尋梅子矣，得無饑乎？此處無飯喫，當爲若擀大餅。」言已，一健者趨出，未幾，以首戴一卓子入。視之浮垢盈寸，其人曰：「爾嫌其不潔歟？」曰：「否、否。」其人曰：「吾知若南方人固好潔，然此易耳。」於袑褌中出一短刀，白如霜雪，即就卓上刮垢磨光，須臾而盡。餅亦旋至，謂曰：「弟飽喫之，高枕而卧。夜中有所聞，毋懼。如有問者，可告曰張老三使我宿此也。明日遲我至，方可行，萬勿早發。」言已辭去。小梅惶惶罔知所謂，室外履聲來往不絶，噤不敢聲。夜半果有問者曰：「室中誰也？」告之曰：「張老三使我宿此。」閴是寂然，達旦更無所聞。小梅亦倦極，倚裝假寐，及覺，張老三已在側。謂曰：「客枕安乎？吾命二人者送汝至柘皋，過柘皋即無事矣。」小梅敬謝之，因問何以卵翼我？張曰：「吾兄弟五，其四人已死於法，吾亦以殺人繫獄，汝父憫吾兄弟皆死，屈法活我，此所以報也。」夫殺人者死，法固如是。張老三以殺人繫獄，殺之非枉也。尋梅刺史以一念仁慈，卒使後人獲報，然則居官者固宜以寬一分爲主，未可過於操切歟？

蘇州胥門外人周進豐入城賣絲，薄暮而返，橐中有洋錢三十枚。行至僻處，忽有大索飛出，絆其足而仆，遂有數盜出自草閒，將奪其所有。忽一人持白棓狂奔而至，與盜鬬，盜不能敵，籠東而走。其人扶周起，視之不識也。拜而謝之，且問姓名，其人曰：「橫涇舟中，受子大惠，所以報也。」倏忽不見。乃悟其非人，然橫涇舟中，實不知何事。惟記庚申歲曾獨棹小舟避寇亂，有少婦攜幼子求附舟，乃載之夜行，及天明，至橫涇，少婦别去，豈謂此歟？乃歎杜回結草，非左氏之誣。使當日橫涇舟中稍不自持，犯以非禮，則亦必有以報之矣。

金陵一僧持戒律頗嚴。一日，有貧子來見，其舊鄰也。泣而言曰：「老母不食三日矣。」僧憐之，贈以數金而去，去不復來，僧亦忘其事。居數歲，僧忽病，恍惚見神人責之曰：「汝爲僧，何乃殺生？行且入地獄。」僧覺而自念久斷葷血，奚有殺生之事。正疑訝閒，鄰子復來還金如所贈數，曰：「蒙吾師之惠，粗得温飽矣。」問所業，曰：「爲屠。」僧大驚，告以所夢，曰：「子誤我矣。」鄰子亦驚，即偕至佛前懺悔，誓不復屠，並願放生百萬，以贖前罪。是夜僧夢人以涼水灑之，病即愈。鄰子後亦爲僧。夫授人以刃，人即以其刃殺人，歸罪於授刃者，可也。予人以卮酒，人即以其酒酖人，不得爲予之酒者之罪也。僧以金贈鄰子，豈知其將爲屠哉？神之責僧，似乎太刻。若然，人無敢以金贈人者矣，是阻人爲善也。然僧不病不夢，鄰子必終爲屠，是神之刻責僧，正神之曲成鄰子也。意其人亦有夙根，神不欲其墮落，故轉展爲此，以警覺之歟？

某乙性陰險而有幹才，善事某甲，甲信任之，使司出内，無所苟。甲且死，以妻子託乙，乙涕泣自任。甲死，經營其後事不遺餘力，人皆稱乙之賢而歎甲之知人也。甲繼妻年尚少而貌甚陋，乙託諮白家事，出入閨闥，多方誘之，遂爲所染。由是益見信任。乙遂大肆其所欲爲，盡去其舊人，而以私人易之。居數載，甲之貲財大半歸乙，乙遂託故亡去。或勸甲妻宜訟之官，甲妻内媿，弗問也。乙遷居他縣爲富人，然無子，止一女，與中表某丙通，遂偕逃。丙故無賴，貪重金，鬻女於倡家，女有姿色，在風塵中頗有聲。一日，有少年來留信宿，極相得，私訂嫁娶。少年窘於財，不能數來，女恒以他客金私助之。乙自失女後鬱鬱不樂，無何發病死。乙妻思女甚，遣人四出訪求，知女所在，以金贖歸。將與論昏，女以所私訂者告乙妻，問姓氏鄉里，即某甲子也。憮然曰：「爾父當日實負彼，不圖今日爾以身報之。」遂致意甲妻，甲家既中落，子年長未娶，聞之亦良得，遂使其子就姻於乙家。彌月之後，挈其妻並以乙妻及乙之所有盡歸其家。噫！乙巧矣！烏知造物者之更巧也？

沭陽某甲，故家子也，少無賴，父禁之嚴，猶時踰垣從惡少年游。父卒，益無忌，放浪數年，遂無立錐地，傭於僧寺中。寺僧饒於貲，而性姦狡，故厚其值，薄責以事，某頗感之。一日，置酒密室，與某飲，半酣，謂曰：「聞子父在時，爲子聘某氏女，今胡不娶？」曰：「貧也。」「所需幾何？」曰：「百金可。然彼富家女，娶之歸，亦無以爲生。」僧曰：「今有一策於此，若與我共之，則當助子百金，異日衣食，悉取給於我。」某欣然從焉。合巹之夕，賓客既散，某出，僧入，女不知也，任其所爲。明日某歸宿，女覺有異，窮問，吐實，且求勿泄，女默然。及某再出而歸，則女縊矣。女家罔測其故，亦無以責之。某以貧不能葬，姑寄棺僧寺中。僧戀女美，夜啓棺淫其尸。適有偷自梁上見之，鳴於衆，事遂敗。僧坐死，某亦瘐死。

香山李元高、李元祥，兄弟也。兄有四子而貧，弟富無子，兄欲以一子爲弟後，弟不欲。甲戌四月，弟他出，其婦舉一男，嫂謬曰：「女也，不如棄之。」婦方昏眩，漫應曰：「諾。」嫂遂挈兒出，棄之山中。家有黄犬隨之往，銜艸覆之，歸而銜兄衣吠狺狺，兄方駭怪，忽雷電大作，若欲下擊，嫂懼，言其實。兄隨犬往抱兒歸，而嫂竟震死。人不如犬，宜其爲天所誅也。

寶山朱酉生，一日晝寢，忽夢二人持文書至，言蘇州府城隍於某日傳訊。朱覺而異之，計所期不遠，買舟率妻子至蘇，泊舟福民橋下。及期，入廟展拜，歸而危坐篷窗，日中猝然而仆，至暮乃蘇。告妻子曰：「吾前生私陸氏一婦，頗用其資，後負義不往，婦遂自縊。吾坐是，今生削禄籍，婦猶未足，故復訴於神，神判令減壽，恐吾壽命不長也。」後數年，朱果卒。

廣東高要縣一鄉官曾練民兵備土寇，殺人頗多。癸酉九月，膝生一瘡，初僅如錢，久而益大，有目有口，粗似人面。一日，忽出聲曰：「我曾迪也，未嘗作賊，因有表兄在賊營作厮養卒，我往視之，留我一飯，汝便以爲通賊枉殺我，今得請於神，決不汝恕也。」每出一語，痛徹於心。家人多方祈禱，不愈。召其父母至，乃不出言。父母去而聲又作，曰：「此必報之讎，父母不能代解也。」月餘竟死。觀此乃知佛書載袁晁事竟非虛語。

自上海西去一百四十里地，名楊店，泊有礮船。船中一勇至村民家强姦一婦，勇去，婦媿見其夫，縊而死。薄暮夫歸，見婦死，不知其故，因婦素賢，悼之，亦縊死。次日母歸，見子婦俱死，痛甚，又念老無所依，亦縊死。時天無片雲，忽風雷大作，提此勇至婦門外擊死，而三人皆蘇。同治甲戌五月朔事也。

咸豐乙卯歲，江蘇巡撫吉公駐軍九華山，一營卒與附近之農家女通，許以爲妻，已有身矣，及免身，父詰得其故，邀卒議婚。時卒已以軍功得六品翎頂，自念不日可得官，農家女非偶也，堅不承。父歸詈其女，女棄兒自經死。一夕，營卒夢有材官持軍符趣之去見一白鬚老翁，其後立一女子，手抱嬰兒，即所私農家女也。大駭。材官問曰：「是否？」老翁顧問女，女曰：「是。」卒悸而覺。明日賊至，出隊禦之，同伍皆無恙，此卒爲賊支解死。

上海浦東有蔡姓者喜食鱔魚，日買十數尾付子婦治之。婦不忍，每頓必取數尾縱之。一日，止五尾，婦逸其二。翁覺其少，覓魚頭三而已，詰婦，婦不能對，翁怒，投以羹盌，中要害，竟死。停尸未殮，忽有鱔數千尾不知所自來，旋繞婦尸數帀，良久乃去。僉謂鱔雖微物，亦知感恩，既知感恩，亦知報怨矣。客因言蘇州舊有一麪店以鱔魚麪得名，日殺無數，有傭工憐之，每日必縱十數尾，偶爲主人所覺，沃以釜中沸湯，徧體糜爛，無生理。其夕忽有鱔魚數千盤旋其身，覺涼沁肺腑，次日傷處全愈矣。主人感其事，爲易業焉。此兩事相類，但不知彼翁於婦死後，亦知悔懼否？

鄭某者湖北沔陽州人，以知縣籤發四川。既至，有同官薦一奴曰孫貴，年二十餘，眉目清婉，性亦儇黠，鄭頗喜之。居數歲，鄭赴部引見，迂道至家，家有一妻一妾，妾有姿色，孫貴見而豔之，遂起意謀殺鄭。鄭買棹由襄河而上，孫謀於舟人，泊舟荒僻處，其夜鄭於燈下觀書，孫持刀入，立其後，鄭回顧見之，問：「何爲？」曰：「將殺爾。」鄭曰：「汝欲殺我者，利吾貲耳。吾素愛汝，區區者豈所吝邪？汝欲之，則竟取之，焉用殺？」孫曰：「非直欲爾財，且欲得爾妾。」鄭曰：「此妾驕妬，我固厭之，他日歸家，竟以配爾，吾豈患無妾哉？汝今殆醉矣，速睡，毋溷我。」孫唯唯而退。舟人問何不殺之，曰：「渠皆許我矣。」舟人唾曰：「爾太憒憒！今日不殺渠，明日尚望活邪？」孫貴乃復入殺鄭，投之河而與舟人分其所齎。然孫意在得妾，越數月，仍至鄭家，詭稱其主出京後自陝入川，命我還家，挈其妾去，由荆河踰巫峽會於成都。其家因孫貴相從久，頗不疑，而鄭之弟獨疑何以無家書，又見孫貴右大擘指所著決乃雲南翡翠者，是其兄物，珍若拱璧者也，何以在此奴手。因呼孫貴嚴詰之，且曰：「吾已知吾兄未入京，汝言誑也。」孫貴知事敗，因吐實，即縛送官。此奴固非人類，然其主因其儇黠而喜之，亦未免養虎畜狼矣。

油煠人，傳者諱其姓名，四川巴縣武生也。恃其拳勇，武斷鄉曲，無惡不爲。一日，夢爲冥卒攝去，見冥王甚怒，歷數其罪，命罰作泥鰌，使嘗砧礩鼎鑊之苦，此人大懼。忽有二老人叩頭階下爲乞恩。王沈思曰：「此子雖萬惡，事母尚孝，且汝二老皆善人也，不可無後，然不可令其徒返。」乃命獄卒以鐵叉叉入油鑊中，頃刻肌膚糜爛，臟腑焦灼，苦不可言，一時許乃出之。王曰：「汝還陽閒，宜告人以此苦，使爲惡者知懼。若有一二人改過遷善，即汝功也，可以贖罪矣。」命二老引之出。二老蓋其祖、父也，導之至家，忽如夢醒，則死一晝夜矣。月餘乃能起，而自首以下，乾枯如油煠者，因自號爲油煠人。踰年生一子，乃使人舁行鄉邨，俾衆人聚觀，且自道其事，以警衆焉。

有某縣令，年少佻達，喜談閨闥，案牘中有牽涉婦女者，必鍛鍊周納，入之姦情，依律決杖。每杖婦女，必去裙袴，其説曰：「律載：『婦人犯罪應決杖者，姦罪去衣、餘罪單衣決罰。』夫杖加於臀，何衣之有？所謂單衣，即是單褌，然則去衣，實去褌也。而後人不察，又於『姦罪去衣』下注『留褌』二字，若然，則去衣與單衣胡别焉？」論者不能折。後令以貪墨誅，家財籍没，妻女流落青樓。余按：單衣、去衣，本前代舊制。《元史・刑法志》於此最詳，云「諸和姦者杖七十七」「婦人去衣受刑」，又云「諸倡女鬭傷良人辜限之外死者，杖七十七，單衣受刑」，又云「諸妻以殘酷毆死其妾者，杖一百七，去衣受刑」。是去衣受刑，非必姦罪。然余疑所謂杖者非杖臀也，杖脊也，故曰「去衣」不曰「去褌」。《金史・海陵本紀》：「以左丞相昂去衣杖其弟婦，而杖之〔一〕。」及考《昂傳》云：「昂怒族弟妻，去衣杖其脊。」是可知去衣而杖，非杖臀矣。考

〔一〕而，今《金史》各本作「命」，於文理更順。

《金史·刑志》：「大定二十五年二月，上以婦人在囚，輸作不便，而杖不分決，與殺無異，遂命免死輸作者，決杖二百而免輸作，以臀、背分決。」據此，知杖罪不盡加於臀。曰去衣、不曰去褌，專指杖脊而言。此令所執，未得律之本意也。

紹興趙某幕游潞河，其父與後母在家，爲聘定同里楊氏女，年二十一矣。貌既姣孋，粗解翰墨。而趙某有族兄弟二人，與楊氏故有隙。適入都，過潞河，與趙某相見，極詆其所聘婦，攣耳齞脣，無醜不備。且終日與傭耕者共作息於隴上，非貞女也。趙某惑之，乃别求婚於鄉人之宦京師者。有湖州人徐姓，一女年亦二十一，未許嫁，族兄弟爲平章，草草成禮，乃始詒書告其父。父大驚，初祕之，既而楊氏亦有所聞，使來詰問，乃謝罪，且告絶。楊氏無如何，復爲其女相攸，媒者接踵至，女始知之。泣曰：「女子從一而終，既纓矣，可復脱乎？」竟仰藥死。趙父慚且痛，乃用世俗冥婚之禮，以紅羅裹其木主，輿之而歸。厥後楊女之鬼數見形於趙氏家，人咸識之。趙父北游，鬼亦從焉，途中微有所見。及至其子所，一夕與數友納涼庭中，子忽見一女衣碧紗衫、紅紗裙，手執白團扇，驚問誰何？父詫曰：「三娘子也。」趙某於兄弟行居三，故父呼其婦爲三娘。趙某驚仆，女即不見。至同治季年，事隔五十餘年矣，其夫弟趙雨田狀其事，請旌，女猶見夢於姑而謝焉。姑即趙某之後母，每疾病，輒見此女爲扶持抑搔云。余謂此女爲鬼尚知致孝於姑，則其生平之賢可知，非徒以貞烈見也。傷於讒口，至死非命，李義山所以賦讒鼂歟？趙氏族兄弟二人皆早死，且無後，蓋其報矣。

某孝廉恂恂自好，有端人之目。會試後出都山東逆旅中，每有妓女抱琵琶而來，多或十數人。孝廉厭之，輒麾使去。一日，忽自念曰：「男女大欲，亦人情也。吾儕爲禮法所拘，不一娱情花柳，即夫婦居室，每思彼以名門之女作配於我，上奉蘋蘩，下尸中饋，不忍過於狎褻。若彼妓女，本倚此爲活，夫復何嫌？吾雖不敢以父母遺體與賤人茍合，然借彼色身，試我道力，想摩登婬席，不能毁傷阿難戒體也。」是日至荏平，天尚早，妓女踵至，孝廉視其中一人稍有姿首，乃麾衆出，而獨留此妓。妓轉軸撥絃，歌脣將啓，孝廉摇手曰：「勿、勿，吾南人，不知北曲，可無唱也。」妓曰：「然則枯坐奈何？」孝廉曰：「吾愛汝徧體凝脂，天幸炎歊，大可裸裎，汝但盡弛褻衣，供吾飽看，當酬汝如夜合之資。」妓赬顔微笑，始若不可，已而諾之。孝廉乃悉去其衣履裙袴，攜至窗間上坑上，恣意撫摩把玩，雜以嘲謔，良久乃釋之去。嗣後遇妓可意者，輒爲之，狎昵備至，而不與媾。誇語同行者曰：「目見可欲而心不亂，魯男子不我若也。」及至家，雙目忽失明，詫曰：「豈吾途中所爲，有以致此邪？彼妓耳，庸何傷？」中夜轉展思惟，忽奮然起曰：「吾過矣！吾過矣！《論語》所戒，首在非禮勿視。吾裸婦人而觀之，非禮孰甚焉。吾但當問所視之是禮非禮耳，豈當論彼之妓不妓哉？吾過矣！」痛自刻責，目亦尋愈。後孝廉仍成進士，官知縣，恒舉此以戒人云。

嘉興有某甲者出遊於外，學所謂辰州法者以歸，蓋即邪教中紙人豆馬之術也。適其親串中有與人訟而弗勝者，甲曰：「此易與耳。」乃翦紙爲人，夜入其所仇者之家。人長數丈，持巨斧斧其屋，屋雖無損，而舉家惶懼不安。如是月餘，微知某甲所爲。其鄰有老儒笑曰：「此易與耳。」乃翦紙爲虎，俟巨人至，突出，搏而食之。次日，老儒自至某甲家，謂之曰：「聞子有異術，請於日間角一勝，勿徒於夜間驚擾人家也。」甲知技出己上，弗敢校。老儒曰：「子技窮矣，請觀吾技。」乃翦紙作一人，倏見於前，長十餘丈，捉某甲之髮，提至空中，甲大駭乞命，老儒乃下之曰：「汝此後尚敢爾乎？」甲謝不敢。因使盡出其書，焚於庭。甲因問老儒之術所從來，老儒曰：「吾少時訪道名山，靡不周歷，海内異人，多從之游。有一人恒與吾弈，吾偶謝以倦，其人曰：『吾有戲術，可醒睡眼。』乃翦紙爲美女數輩，皆能歌舞；又翦紙爲天神與天魔，相對鬭戰；又翦紙爲虎豹犀象，犇走山谷間。吾樂之，因盡其術。其人曰：『此但戲術耳，若行此術騷擾人閒，則天雷誅之矣。』故吾能之，未嘗敢輒試之也，今偶一與爾戲耳。」某甲乃不敢復行其術。

皖南一宦家婦遇下甚苛，有一婢年甫十齡，每日褫衣撻之，婢浸長，撻如故。後婢年十六七，已裙矣，仍不得免。婢泣請曰：「重杖不辭，願免去袴。」婦益怒，擲其裙袴於庭中，杖畢，使裸行至庭著之，日以爲常。庭中多男子往來，不能避也。婢銜之次骨。及粵賊之亂，主婢均爲賊所掠，其得婢者旋投誠，積功至專閫，即以婢爲妻，尊之曰太太矣。太太嫌婢媪粗陋不任役使，屬其夫覓之，其夫一日俘一賊婦至，視之面目娟好，膚理白晰，足亦纖小，以爲必當其妻意也。免其死，使服役，命入内見太太，則即其舊主也。太太謂之曰：「汝識我乎？」婦泥首乞命。太太曰：「汝向不害我命，我今豈傷汝命！但所受不可不報耳。」立命左右盡褫其上下衣，撻二十，乃使長跪而問之曰：「痛乎？」曰：「痛。」「醜乎？」曰：「醜。」太太曰：「汝既知痛知醜，即以此爲常例。與汝一竹篦，汝謹守之。每日清晨跪庭中，俟吾妝竟，自去裙袴，奉竹篦入，跪而呈我，伏受二十竹篦。能如是，貸汝命，否則今日立斃汝矣。」婦畏死受教。太太每笞一下，必閒以罵詈，雖止二十下，必一時許乃畢，然撻之不甚重，意在辱之，不在殺之也。又爲婦特製短衣，僅覆及臍，武職之家，弁勇出入無限制，咸注目焉。此婢報其主亦殊太過，然可爲御下者戒。憶紀文達所載有一事頗相類。

某甲滁人，某乙六合人，兩不相識也。粵寇之亂，並陷於賊，乃始相識。乙先脱歸，甲則由賊中歸，正入大營中，事定始歸。過六合，與乙遇，乙招至家，置酒話舊甚歡。已而知甲腰纏頗富，思殺之而攘其所有。謀於妻，不可；謀於母，母可之。乃止之宿，醉以酒，殺而埋其尸於野。未幾，乙生一子，頗婠妠可喜。而乙自生子後，性情改常，酗酒無度，每晚醉歸，虐遇其母與妻，而於母尤甚，咸畏之如虎。一日，母抱孫立門前，有補鍋匠過，母坐孫於地，入取鍋使補之，鍋重難舉，乃戴之於首而出。有牛繫於碌碡上，見之而驚曳碌碡以行，兒爲所碾，折脅死焉。補鍋匠悤悤荷擔遽去。母大呼，其妻出視之，驚惶無措，曰：「孽矣！孽矣！夫歸見之，吾兩人俱不活。」乃仍抱兒入置之牀上，覆以衾，僞若無事者。及暮，乙大醉而歸，登牀酣睡，至夜半，婦哭而蹴其夫使覺，曰：「爾何惡卧如此，壓死吾兒矣。」夫醒視之，兒果壓死於側，於是母妻聚哭，乙亦自悔恨，無可歸咎也。越數日，乙於他處見補鍋匠，憶家中有鍋須修補，乃謂之曰：「汝肯至某處補鍋乎？」匠摇手曰：「勿言。彼處前日一事，至今心悸。」乙問故，具告之，乃知兒之死母爲之也。遽歸，謂母曰：「舅氏招母往，盍速行乎？」其家距舅家三里許，母欲遲之明日，乙不可，强與偕去。導至僻處，出刃連擊其母，斃之，委其尸而去。其母有所畜犬尾之行，見狀奔至舅家，銜其舅之衣，狺狺而吠，舅見之，識爲甥家之犬也，異而隨行，見其姊尸，大驚，至其家問焉，乃知爲其子所弒矣。集鄰里而告之曰：「是家不幸，出此逆倫大案，將爲公等累，能爲尋獲逆子，則諸事我任之，不以累公等也。」於是鄰里四出，分道追尋，得之於數十里外之荼肆，執之以歸。其舅詰問，得其因由，乃曰：「汝之罪且寸磔矣，吾以甥舅之情曲貸爾，可速買棺覓地，以葬爾母。」乙從之，草草棺斂，於隙地埋葬焉。穴既成，其舅謂鄰里：「爲我縛此梟獍，投穴中以藉棺。」衆咸曰：「諾。」縛乙埋之棺底。

溧陽一農家子，宋姓，不知其名，素不孝於母。秋稻既收，藏之他處，與妻往食之，而留母於家，饔飧不給。一日，宋呼妻：「取薙刀來，吾將修面。」妻取付之而入。忽聞外呼曰：「來看！來看！」趨出視之，則已剚刃於腹，而腸出矣。妻大驚爲納之，又呼曰：「不可！不可！」遂倒地而死。

金陵戴某聘某氏女爲妻，聞其有外遇，即議迎娶。女無父母兄弟，惟一已嫁之姊爲主。初以奩具未備請緩，而戴不可，姊不能奪，遂草草成禮。合巹之夕，已非完璧。又越數日，並覺其任身數月矣。乃窮詰之，女不得已吐實，戴即縊殺之，而以暴卒告其姊。姊知妹死不明，然亦微聞妹事，若興訟，必爲門户羞，乃隱忍不言。將及一年，戴忽患喉疾，延醫治之，曰：「是名魚鱗瘡，不可爲也。」由是日重一日，若有扼其吭者，涓滴不能下。宛轉牀蓐閒，數日而死。其死之日，即妻忌日也。夫戴既知女不貞，則退其婚可也，必娶之，而又殺之，其殘酷不仁甚矣。宜其有此報哉！

余從前居仁和之臨平鎮，鎮有顧姓者開鳥腊店，蓋世業也。其炮炙之法，别有祕傳，故馨香鮮美異於他處，用以佐酒，或配雙弓米而食之，誠雋味也。兵亂之後問之，則顧姓已絕，止一女嫁鄉閒，無他人矣。余歎曰：「是殆殺生之報乎？」今歲在吴下有從臨平來者以鳥腊餽，其味猶昔也，蓋有他姓得顧氏之遺法而爲之矣。嗟乎！不鑒顧氏之禍，襲其法而享其利，無乃未之思乎？販脂賣漿，皆可致富，何必爲此？姑書其事，冀見者知警耳。

某甲負人博進，貸於某乙而償焉。乙素豔甲婦美，屢以索逋爲名入其家，窺其婦。一日，乘甲不在，竟闌入婦室。婦適小遺，見之驚起，乙遽前持其袴，婦慙惶，趁其俯首注視，以溺桶覆其首，淋漓滿口鼻，乙釋手走出。甲歸，婦泣語之曰：「爾不成丈夫，使我受此辱，尚可活乎？」其夜竟縊而卒。甲痛且悔，哭三日於婦靈前，斷一指，誓不復賭。數年後，乙流蕩煙花，以惡疾死。乙婦不能守，贅一男子於家。此男子又闒冗，仰食於婦，年餘盡秏其家貲，婦乃倚門爲娼，人猶指目之曰：「某乙家也。」而甲自戒賭後，以居積起家，居然小康。一日，有遠方賈客主其家，例宜於妓家置酒待之，妓則惟客所欲。客請至某乙家，乃與偕往，乙婦固不識甲也。茶話移時，招客入房。甲聞香氣馥郁〔一〕，問曰：「是何香澤酷烈乃爾？」乙婦笑曰：「海外奇香

〔一〕甲，原作「乙」，據上下文義改。下文「甲忽念」「甲語其故」之二「甲」字同。

也。」乃舉袖就甲曰：「君試一探手捫搎，當令君五指皆香耳。」甲忽念：「乙入我室，我婦覆以溺器，今我入乙室，乙婦乃使我聞其香，報應可畏如此。」悚然汗下，不敢復作一褻語。客笑曰：「君何前之通脱，而後老成也。」甲語其故，皆憬然曰：「甚哉，淫惡之報也！」乙婦羞愧無地，哭失聲。越數日，竟削髮空門矣。

李甲、李乙，兄弟也。乙爲其伯父後，甲獨承父業，甚富而貪冒無饜，私冀弟死，則伯父之業亦歸於己。乃乘乙病，僞爲煎藥，以布裹盤蝥一枚置藥中，《説文》：「盤蝥，毒蟲也。」俗作斑貓，非。煎畢取出，人不覺也。乙中毒死，甲遂兼有其產。俄而甲亦病，家人爲煎藥，甲自出一布包投藥中，服藥後腹痛欲裂，家人疑駭，以所服皆平和之品，何以致此。因問甲適所投布包中何物也？甲恍然曰：「是矣，余將償弟命矣！此中一盤蝥也。」因自述前事，蓋恐弟一服不死，更備其一，將以復進，而不料留以自殺其軀也。言已而死。

江北人陳姓者，在上海摇渡船爲業。一日，至法華鎮，時已冬初矣，忽見草閒一蛇，黄黑色，長二尺許，蜿蜒而至足前。陳以其小也，易之，以所持短煙筒擊之，蛇遽起，齧其頸，大呼倒地。同行者聞而趨至，猶見蛇遊行田塍閒也。乃負之至上海求醫，醫皆束手。或曰：「丐有名偷雞阿囝者，蛇醫之良者也。」乃招之至，阿囝審視曰：「此王莽蛇所傷，不可爲已。雖然，惡蛇不斂善人，汝此行何所爲？宜言之毋隱，可稍減痛楚。」陳乃自言有寡孀頗有貲財而無子，是日聞其由法華來上海，故往逆之，冀斃之於僻處，而有其貲也，言已竟死。

楚北萬生，富而吝。其從弟死，弟婦陳守義不嫁，歷十餘年始卒。三黨聚謀，欲呈請旌表而難其費，商之於生。生自問義無可諉，乃囁嚅而言曰：「旌表大典，務宜核實，非可草草。不然，我固其近屬也，豈待公等倡議哉？」事遂寢。及萬生應鄉試，入闈，文已脱稿矣，忽見弟婦入，舉袖一揮，墨瀋滿卷，遂見擯而歸。以告其妻，妻曰：「娣在時，吾家亦小有周濟，縱不見德，豈其爲害如此？後闈中復見，君宜問其故。」已而生入闈，果又見婦。生如妻言問之，婦曰：「吾白璧無瑕，君乃以鶻突之言告之鄉黨，使人疑惑，一生苦節，付之東流，那不恨恨！」生大悔，願表章貞節，以贖前愆，婦遂不見。生出闈，即具呈爲婦請旌，是科生竟中式，因自譔《口孽誡》一篇，以警世焉。

宜昌許翁，少時赤貧，以操舟爲業。咸豐初，載客入川中。客死，乾没其金十萬兩。時方大亂，亦無問者。亂定，遂富甲其鄉。年七十八矣，有四子兩孫一孫女。其長子甲有膂力，入學爲武生，性戇直，失其父歡，而諸弟又媒蘖之。甲以父偏愛諸弟，又自恃拳勇，往往淩虐諸弟，諸弟益切齒，遂謀殺兄。一日，甲與妻女往祝妻父陳叟壽，將至，有六人突出田閒，視之，四人者其弟，兩人者其弟之子也。問：「何爲？」曰：「將殺汝。」遂以鐵尺亂擊斃之，妻救護，亦爲所傷，數日死。於是妻弟陳上舍控於官，諸許謀曰：「非老父庇護，吾屬無噍類矣。」乃以重賂賂官，而請其父許翁扶杖至公庭曰：「不肖子無狀，老朽杖斃之，與諸子無干。」陳上舍妄興大獄，宜勿聽。」官既得賄，遂用許翁言，釋諸子不問。甲有女年十六矣，是日隨父母俱往外家，目覩父母死狀，泣告父妾曰：「父仇不報，何以生爲？願阿姨助我。」妾亦泣曰：「兒若此，洵孝女也。然宜祕，勿使群叔聞之。」女從此不露聲色，惟事女紅，出入閨闥，言笑自若。諸叔始亦防其復仇，既而易視之，不復防也。偶以有事，皆他出，女遂與父妾潛行，赴荆州訴於荆宜施道，不得達，哭於道署轅門，三日不絶聲。道聞之，遂傳入詰問，女歷言前事，聲與淚俱，道憫之，乃命宜昌府提案親鞫。女至郡備言父死由三叔下手先擊，諸叔繼之，兩兄又繼之。父死登時，母死踰日，情狀鑿鑿，事皆目覩。許翁訶之曰：「此囈言也！爾父不孝，觸我怒，我一杖擊斃之，汝何誣諸叔爲？」女曰：「吾父素習武，且年甫四十，氣體强壯。祖父年邁力薄，一杖焉能斃之？今女孫伶仃弱質，立於祖父之前，祖父能一杖斃之乎？」許翁語塞，於是諸子皆服罪。有識者曰：許翁致富，本不可問。計此女生年，即客死年，或女即客轉生也。

揚州營兵王熊光，與鄰童數輩蹲草中捕蟋蟀，忽遊出一蛇，長七八尺，直前圍遶。始皷其兩脅，繼齩其臍。王手無寸鐵，惟大聲呼號而已。朋輩聞聲奔救，則王已暈絕，而手尚握蛇不釋。衆以刀斫蛇死，再救傷者，則胥脅已無完膚，臍中深入者數寸，幾透其背，萬無生理矣。視蛇身隱約分三段，似黏合者。王之同伍者恍然曰：「前年彼曾殺一蛇，分而爲三，豈此蛇復活而來報仇歟？」余幼時聞吾鄉有農人，以刈草之刀擊斷一蛇尾，蛇負痛竄去。越數歲，經其地，復見前蛇，其尾創猶未平。農人驚走，蛇追之不舍，遇救而免。然此農人狂奔數里，竟内傷而死。合兩事觀之，可爲無故殺龜打蛇者戒矣。

光緒丙子七月，揚州舊城中設盂蘭盆會。首坐之僧爲木庵和尚，戒律頗嚴。正在宣揚，侍者廣慧忽自壇上倒地，口中流血，至木庵前，叩頭無數，求菩薩伸冤。木庵叱曰：「是何鬼魅，擾我法壇？」廣慧作女子聲曰：「我祁氏女，陳氏婦。于歸後夫婦和諧，此僧乃我夫之表弟，因負鄰童博進，向我借錢，我應之屢矣。一日偶不應，彼遂懷恨，密告我夫，誣我與夫弟有姦。我家翁老姑瞽，夫弟未娶，其縫紉浣滌，固我任其事。夫遂信之，疏我防我。我冤抑無伸，遂自經死。我非伊所殺歟？」木庵許以誦經超度，鬼不可，曰：「人命至重，不能不償。」言已，廣慧竟死。

某顯宦寓於揚州，有五女，壻皆名下士。其弟五壻尚未娶，年少有才，貌亦都雅。然往年應歲試，曾以誤犯穆宗廟諱，列四等，心甚耻之。一日，會飲婦翁家。其第四壻，有口辯，喜詼諧，偶言及其同鄉某生歲試，考列四等，學使者將施夏楚。某生厥角於地，額血漉漉然，請甚哀，繼以泣。同學諸友皆爲代求，始免朴責。第五壻以爲有意譏刺之，面赤不作一語。罷飲歸舍，思之轉益慙憤，竟自經死。其所聘妻聞之，次日亦縊於房。然在言者，初不知其事，無心一言，遂殺二命。是以君子貴隱惡揚善也。

壺東漫録　俞樓雜纂弟四十

徐花農孝廉製一茶壺見贈，形模古雅，字畫精工，署曰「曲園先生品六一泉之壺」，余頗喜之，時置案頭。偶檢敝篋，得數紙，皆舊時隨所得而録存之者，不能成書，遂成廢紙，然亦鷄肋，未忍竟棄也。稍加詮次，録爲一卷，即題之曰《壺東漫録》。曰壺東者，壺置我右，則我居壺東，猶硯北之例也。元人陸友有《硯北雜志》二卷，余此一卷書，固不足以擬之，亦聊以存良朋之嘉惠而已矣。

自制字

《困學紀聞》謂吴孫休自制名字，以命其子，武𩅦、劉龑因之。《梁四公記》亦然。余謂孫休所制字殊無意義，不如𩅦取日月在空、龑取飛龍在天，雖奇詭而尚有所取也。唐林慎思著《伸蒙子》有峑嵃先生、洳湏先生、峌屺先生、弡旼先生、𪎊𥡴子、𧆞𧆞子，其字皆奇詭。然如峑嵃之義，謂出以干祿，未嘗忘山；弢斁之義，謂人皆負戈甲，吾以弘文爲戈甲，頗亦有味。因知之者希，故特表出之。如余者其亦弢斁先生歟？

滿

《曾文正公集》有《滿妹碑誌》曰：「滿妹，吾父之第四女子也。吾父生子男女凡九人，妹班在末，家中人稱之滿妹，取盈數也。」余讀吴江沈曰霖《粤西瑣記》有土字一條云：「㴰音近滿，謂最少也。」始悟此乃湖廣之方言，非必就盈數生義。

唐詩用「喫虚」字

唐人言喫虚，猶今人言喫虧也。孫棨《北里志》有《題劉泰娘舍詩》云：「尋常凡木最輕樗，今日尋樗桂不如。漢高新破咸陽後，英俊奔波遂喫虚。」蓋唐時俗語如此，詩人遂以入詩耳。

杜牧《隋苑》詩云：「却笑喫虛隋煬帝，破家亡國爲何人。」〔一〕王漁洋《唐人萬首絶句選》改作「却笑邱墟隋煬帝」，殊爲可笑。余案頭無洪氏原本，未能一校，想洪本必不作「邱墟」也。

角端

《元史・耶律楚材傳》：「帝至東印度，駐鐵門關，有一角獸，形如鹿而馬尾，其色緑，作人言。謂侍衛者曰：『汝主宜早還。』帝以問楚材，對曰：『此瑞獸也。其名角端，能言四方語，好生惡殺，此天降符以告陛下，願承天心以全民命。』帝即日班師。」愚按：此乃神獸，不知何名，即晉卿亦不識，因欲借以尼元主之行，故臆決爲角端耳。考《漢書・司馬相如傳》：「其獸則麒麟角䚗。」集解引郭璞曰：「角䚗，音端，似豬，角在鼻上，堪作弓。李陵嘗以此弓十張遺蘇武也。」索隱引張揖云：「角䚗似牛。」《文選・上林賦》注引郭璞則云：「角端似貊。」與《漢書》注所引不同，必有一誤。然諸家之説，並未言其能言四方語，則從古無角端人言之説。晉卿何所據而以此獸爲角端乎？張尚瑗《石里雜識》云：「國朝崇德二年，蒙古貢獸，名齊希特，能知人

〔一〕該詩亦有認爲李義山所作者。

語，蓋角端之屬，徧示群臣。」然則元時所見，或亦齊希特乎？

孔安國

仁和王丹麓《更定文章九命》「七曰壽考」有孔安國年二百歲之説。余按：此孔安國見葛洪《神仙傳》云：「孔安國魯人也，常行氣服鉛丹，年二百歲，色如童子，隱潛山，弟子隨之數百人。每斷穀入室，一年半復出，益少。其不入室，則飲食如常，與世人無異。」此孔安國別是一人，非傳《尚書》者。丹麓取以爲文章壽考之徵，殆誤以爲傳《尚書》之孔安國乎？

親年八十準歸養

令甲：父母年至八十準告終養。按：《宋書·何子平傳》：「母本側庶，籍注失實，年未及養，而籍年已滿，便棄職歸家。時鎮軍將軍顧凱之爲州上綱，謂曰：『尊上年實未八十，親故所知，州中差有微禄，當啓相留。』子平曰：『公家正取信黄籍，籍年既至，便應扶持私庭，何容以未滿茍冒榮利？』」以是觀之，則今制固與古合也。

碩人

吴映奎止狷著《顧亭林年譜》，稱先生祖母爲周碩人、李碩人，先生母爲王碩人，本生母爲何碩人，先生元配爲王碩人，未詳所謂。及讀王漁洋《香祖筆記》云：「《楓窗小牘》言宋婦人封號，自夫人以下凡八等，如侍郎以上封碩人，太中大夫以上封令人，通直郎以上封孺人，今皆無之。碩人、孺人，率爲婦人之通稱矣。」乃知彼時稱碩人猶今稱孺人也。考《宋史·職官志》載群臣母、妻封號：母自國太夫人至縣太君，妻自國夫人至縣君。又云：「凡遇大禮封贈二代者，母、妻郡夫人。」注云：「觀文殿學士、資政保和殿大學士，並淑人。」又云：「凡遇大禮封贈一代者，母、妻孺人。」是《宋史》所載有夫人、淑人、孺人，而碩人、令人不見於史。然宋人説部有《談藪》一卷，舊題龐元英撰。《四庫提要》云是僞託〔一〕。載曹詠侍郎妻碩人厲氏，餘姚大族女，始嫁四明曹秀才，與夫不相得，仳離而歸，乃適詠。則知宋時固有碩人之號，史文不備耳。《明史》載婦人封贈，自一品夫人至孺人，與今制同，無所謂碩人者。而民俗相承，尚沿此稱。觀《香祖

〔一〕提，原作「題」，據蔡啓盛《校勘記》改。

筆記》知國初猶有之也。

封繼室

令甲：凡應封妻者，如正室未封已歿，繼室當封者，前妻亦准給封，再繼者不准給封。按：此因明制之舊。《明史·職官志》曰「妻之封止於一嫡、一繼」是也。然《歸太僕集》有《請敕命事畧》曰：「先妻魏氏、繼妻王氏今蒙恩封贈，例當封妻前一人與最後一人，而恩詔乃許移封，今妻費氏亦願推讓，王氏則泉壤之下亦被希世之曠典矣。」其曾孫莊識其下曰：「後以例不准移封，仍封費孺人。」是明制所謂一嫡、一繼者，乃封其最前元配一人及其最後繼配一人，與今制異也。夫夫貴於朝，妻尊於室，固古今之通理。而古者宗子雖七十，必有主婦。男子娶妻，原無定限，封止一嫡、一繼，則一人止許二妻矣。使封其最後之晚妻，則中閒者未被寵光，不免抱恨於泉壤；使封其在前之繼室，則見存者轉無命服，何以表率其家人。設有建議於朝，凡封妻者無論一繼再繼，果其名門之女，正位中闈，皆得一律受封，不以一嫡、一繼爲限，或亦推廣皇仁之一事乎？

開印封印

今制於十二月十九或二十日封印，正月十九或二十日開印，京外官同之。乃明嘉靖時田汝成著《西湖遊覽志》有一條云：「除夕官府封印，不復僉押，至新正三日始開。」是明代封印，止此四日，與今制迥殊也。然王夫之《周易稗疏》説「至日閉關、商旅不行」曰：「今制臘月十五日起至正月十五日止，非軍國大事急須奏報者皆停止，猶其遺意也。」則似又不止此四日矣。豈停止奏報與封開印信各爲一事歟？

明代用西洋人教中國軍士

明包汝楫公剡著《南中紀聞》有一則云：「西洋國鳥銃能及六百步外，初放無聲，著人體方發響，所擊立斃。天啓初，宣彼國三十人至京，教軍士銃法，甲子春遣回。至杭州曾見之。其人色黑似墨，顛毛不及寸，皆團結如螺，兩旁髭鬚亦然，頗似今所圖達摩祖師像。」是明天啓時西洋之法駸駸入中國矣。用以治歷，用以治兵，教猱升木，徐光啓諸人爲之也。然都元敬所著

《譚纂》有云：「朝廷庫藏内一銅人壞其半，人莫能修。永樂間有西域人至，自云善此，太宗命修之，豪髮不差，泯然無迹。又南京渾天儀亦此人所修。」是明初已有之矣。《書》曰：「不貴異物賤用物，民乃足。」又曰：「不寶遠物，則遠人格。」因一𤇾而推論及此，《僞古文》所以不可廢也。

奏狀遺失

《東坡集》有《乞檢會應詔所論四事行下狀》云：「元祐五年九月二十七日，龍圖閣學士左朝奉郎知杭州蘇軾狀奏。右臣今年六月九日，輒具朝廷至仁，寬貸宿逋，已行之命，爲有司所格沮，使王澤不得下流者四事。」「臣具此奏論，經今一百八日，不蒙回降指揮，乞檢會前奏四事，早賜行下。謹録奏聞，伏候勑旨。尚書省取會到諸處，稱不曾承受到上件奏狀，仍連元狀，十二月十八日三省同奉聖旨，令蘇軾別具聞奏。仍仰户部指揮根究前奏，申尚書省。」是奏狀亦有失遺，宋政之弛，即此可見也。東坡於元祐六年正月九日重具元奏狀奏聞，至元祐七年五月十六日有《論積欠六事並乞檢會應詔所論四事一處行下狀》云：「迄今五百餘日，依前未蒙施行，伏乞檢會，一處行下。」則知此件始終沈閣矣。

昝僅齋斗室銘

昝宏祖字寅谷，自名其齋曰僅，學者稱僅齋先生。世爲懷寧人，阮大鋮之母，先生姑也。以姑命召先生，官以同知，不受，避地龍山之杏花村。自書斗室曰：「慎無憂，忍無辱，静常安，儉常足。」見梅文鼎《績學堂集》。此四語極有味，余喜誦之，故録於此。昝姓不多見，《廣韵·四十八感》有昝字，子感切，姓也，是古有此姓矣。《説文·曰部》朁篆下臣鉉等曰：「今俗有昝字，蓋朁之譌。」然則昝即朁字也。梅勿庵先生乃以爲系出漢相國酇侯，即酇之省，則字當作贊，不當作朁，未足據也。

蒲柳泉逸老園記

蒲柳泉《聊齋誌異》一書，至今膾炙人口，而其文則世所罕見。朱蘭坡先生《國朝古文彙鈔》載其《逸老園記》云：「東阿，余别業也。村雖故小，山繞之，河又繞之。暑可漁，寒可樵，四時皆可臨眺。田平不陂，頗宜稼。雖不阿，阿矣。面冲山而村，村去山步武耳。山勝以石，石勝以夥，夥之勝以位置、以參差。逕之半尚以土柔。益進益上，則石氏族而居，分彊占據，少閒田。高狀矗矗，下狀兀兀，肥狀悶悶，瘦狀稜稜，虎若而伏，人若而立，羊若而群，其最高有阿石，尤奇。石凡三，兩渠夾閒之，似混沌，初曾爲一物者，後裂之。渠，其裂紋也。顧兩渠壁良峭〔一〕，猱行僅可上。其上則夷，容數十人分曹飲，然無飲者，醒可上，醉難下也。顧兩渠若躍可過，亦無敢躍，平乃壯，險則怖也。坐其上，望村一簇，望河一線，望群山一抹，望田隴段復段如蔬畦。下石而東，可踴者一矢許，傾傾側側，石復枕石，堆疊糾㘇閒，泉㶇㶇出焉，亦阿名。水所逕成渠，渠迢迢至山根，石纍纍滿之。山水皆鴻濛時舊物，曾無人賞焉者。山讓牛眠，水讓牛飲。余童時過輒游釣，夢魂猶戀之，修數椽屋，卜菟裘焉。水宜沼而不沼，予沼之；沼之上宜柳而無柳，予柳之。興會所至，可以汲、可以蔭，即謂予家園亭，不禁樵牧也可。」按：此文用意造句均以纖巧勝，洵與《誌異》之書同一筆墨。文尚不止此，余稍節之，然亦足見一斑矣。

〔一〕壁，原作「璧」，據蔡啓盛《校勘記》改。

考唐蕭倣事

《舊唐書》蕭倣附《蕭俛傳》：倣於太和元年登進士第，大中朝歷諫議大夫、給事中，咸通初遷左散騎常侍，遷禮部侍郎轉户部，以檢校工部尚書出爲滑州刺史、充義成軍節度、鄭滑潁觀察處置等使。就加刑部尚書，入爲兵部尚書、判度支，轉吏部尚書。咸通末，復爲兵部尚書、判度支，尋以本官同平章事，累遷中書、門下二侍郎，兼户部、兵部尚書。遷左右僕射，改司空、弘文館大學士、蘭陵郡開國侯。倣氣勁論直，同列忌之。罷知政事，出爲廣州刺史、嶺南節度使。遇亂，不至京師而卒。子廩，咸通三年進士，乾符中，以父出鎮南海，免官侍行。以此考之，則倣以咸通來爲相，至僖宗乾符中罷相，出鎮嶺南而卒也。乃考之本紀懿宗十四年，以吏部侍郎蕭倣爲兵部侍郎、同平章事。僖宗乾符三年正月己卯朔，司空門下侍郎〔一〕、同平章事蕭倣以病求免，罷爲太子太傅。不言出爲廣州刺史，則固與本傳違矣。《新唐書》附《蕭瑀傳》云：「太和

〔一〕門下，原闕，今《舊唐書》各本「司空」下有「門下」二字，《舊唐書》中「司空門下侍郎」屢出，而未見有「司空侍郎」者，且唐制有以司空兼門下侍郎平章事者，據補。

中擢進士第。自集賢學士拜嶺南節度使。咸通初爲左散騎常侍。後官數遷，拜義成節度使。以兵部尚書再判度支，進中書侍郎、同中書門下平章事。再遷司空、蘭陵縣侯。時天下盜起，宦人持兵柄，倣以鯁正爲權近所忌，卒年八十。」是倣先由集賢學士鎮嶺南，及爲相後，無罷相出鎮之事。考之本紀，懿宗咸通十四年七月，懿宗疾大漸，立普王爲皇太子，辛巳即皇帝位于柩前。十月乙未，尚書左僕射蕭倣爲中書侍郎、同中書門下平章事。乾符二年五月，蕭倣薨。是蕭倣爲相雖在咸通十四年，然已是僖宗即位後事，非懿宗矣，本傳特未分别言之耳。至乾符二年，言薨不言免，則是薨於相位，並無以病求免之事。其無罷相出鎮之事，更不待言矣。兩書不同，《新書》爲得其實。《太平廣記》引《唐闕史》云：「唐丞相蘭陵公蕭倣，清譽儉德，時所推伏。嘗統戎于番禺，有酌泉投香之譽，由此人情歸美。僖宗誕聖於壬午，龍飛於癸巳，皇算十有二載矣。思命耆德，佐佑大化，乃自奉常卿起爲上相，時年八十有三。居台席數載，汲引才俊，導暢皇慈，儉德既彰，澆風少革。及薨於位，上甚追悼，而廢常朝者三日，册贈之禮有加焉。議者曰：高位重禄，苟有其分，陰靈必助其壽考。不然，安有過縣車之歲，而命相之主始生也？太公晚年七十而遇文王，今逾釣渭之年一紀。則知榮辱之分，豈偶然哉？」以《唐闕史》之文證之，則知倣之入相自由僖宗。當時豔其際遇，見之紀載，自必不妄。惟《新》《舊書》本、傳皆稱以兵部尚書同平章事，《舊書》本紀則稱侍郎，《新書》本紀則稱尚書左僕射，而《闕史》又稱起自奉常卿，恐或推本其初，與實曆官階不合也。《新書》言其爲相之年八十三，則當生於德宗貞元七年。《闕史》言其卒於乾符二年，年八十，則當生於貞元十四年，未知孰是。據《舊書》於太和元年登進士第，至乾符二年四十九年矣，倣之年齒必高，安有罷相後再出鎮嶺南之事乎？

考《宋度宗本紀》三張順

《宋史·度宗本紀》咸淳元年閏五月丁卯：「故成都馬步軍總管張順没于王事，詔特贈官五轉，其子與八官恩澤。」又八年五月：「大元兵久圍襄樊，援兵扼關險不克進，詔荆、襄將帥移駐新郢，遣部轄張順、張貴將死士三千人，自上流夜半輕舟轉戰，比明達襄城，收軍閲視，失張順。」又九年二月甲申詔：「鄂州左水軍統制張順没身戰陣，贈寧遠軍承宣使。官其二子承信郎〔二〕，立廟京湖，賜額曰忠顯。」是九年之中，張順姓名凡三見。愚謂九年之張順，即八年之張

〔二〕官其，原闕，據今《宋史》各本及上下文義補。

順。蓋八年者其死事之年，九年者則朝廷贈官立廟之年也。考《忠義傳》云：「襄陽受圍五年，宋闖知其西北一水曰清泥河，源於均、房，即其地造輕舟百艘，以三舟聯爲一舫。出重賞，募死士，得三千。求將，得順與張貴，俾爲都統。夜漏下三刻，起矴出江，以紅燈爲識。貴先登，順殿之。轉戰百二十里，黎明抵襄城下。城中聞救至，氣百倍。及收軍，獨失順。越數日，有浮尸溯流而上，被介胄，執弓矢，直抵浮梁，視之順也，身中四槍六箭，怒氣勃勃如生。諸軍驚以爲神，結冢斂葬，立廟祀之。」事與本紀八年所書合。紀止云「失張順」者，蓋據先時奏報，未言其死也，此蓋宋時國史原文。元修《宋史》，苟仍其舊，不備載本末，固其疏漏之處。然九年即云「歿身戰陣」，則張順之死已見矣。惟元年所云張順，未知何人，殆必有誤。愚疑此乃張桂也。《忠義・許彪孫傳》：「景定二年，劉整叛，引兵襲都統張桂營，桂及統制金文德戰死。」考《理宗紀》：「景定二年秋七月甲子，蜀帥俞興奏守瀘州劉整率所部兵北降。」則張桂之死，亦在是年秋矣。咸湻元年上距景定二年凡三年，蓋至是始贈官也。傳稱都統，而紀稱馬步軍總管，其官不同。考之《宋史・職官志》云：「其後，武臣爲路鈐者，亦無尺籍伍符，每歲諸州案閲，特存故事，閒有得旨葺治軍器或訓練禁兵，則仍帶入銜。」按：總管本稱總管鈐轄司，故在諸路者稱路鈐，其官雖尊，然不如諸軍都統制實有所統之軍。或張桂以成都總管而攝瀘州都統制，故傳則實舉其所任之官曰都統，至詔書褒贈則仍以總管稱之，所謂仍帶入銜者歟？

李栩事存疑

范光陽《雙雲堂集》有《李栩傳》曰〔一〕：「李栩，字蘧。蘧，户部尚書精白公子，潁川人也。以明經貢入太學。崇禎八年，李自成將窺潁，栩豫畫戰守計，與當事者相左，栩歎曰：『潁不可保矣！吾先人止二子，弟已死，吾再死，誰主先人祀？』一日，逸去，人不知也。已而賊屠潁，人皆謂李公子死矣。忽挾數騎從山東來，韎韋跗注，結束精嚴，人見之驚喜，諸避賊遠竄者皆歸，倚栩團結。栩散家財，募壯士三百，親教之，無不一當百。監司謝肇元至，始奇其材。是年九月，賊東奔至茨河鋪，栩率兵截殺之，賊夜遁去。又至焦陂集，栩設伏待之，擒賊首白虎神、闖塌天等。督臣朱大典署栩潁營都司。十年八月，賊左衿王等突至，栩提全軍縱擊，生擒跳澗虎、油葫蘆、草上飛等，捷聞，授參將。當是時，栩威名大震，賊相戒不敢犯潁。逃賊叛將附栩無虚日。然上官請事，須賄而後報聞，否則阻不行，故栩不得盡其所爲。十五年九月，栩已招

〔一〕雲，原作「雪」，檢范光陽文集名《雙雲堂集》，據改。

降賊首袁時中，會汴梁陷，時中思跳去，而狡賊李奎恨栩前殺其黨過多，勸時中叛栩。因邀入營議事，遂害之於王老人集。潁人聞之，無不流涕。栩雖功不成，然數年閒河洛陸沈，兩淮宴如，栩之力也。」愚按：傳稱栩爲户部尚書李精白子，然李精白實非户部尚書，《明史・七卿表》無其人也。李精白見《魏忠賢傳》云：「山東産麒麟，巡撫李精白圖象以聞。」又《崔呈秀傳》崇禎二年，帝爲詔書頒示天下，有巡撫尚書李精白列入又次等，論徒三年、輸贖爲民。是李精白以尚書巡撫山東，而傳謂之户部尚書，豈以崇禎時有户部尚書李待問因而致誤歟？李精白身爲閹黨，名列逆案，而其子乃能散家財，保鄉里，殺賊立功，捐軀報國，亦所謂克蓋前人之愆者矣。然考之《明史・流賊傳》，杞縣舉人李信，逆案尚書李精白子，投自成，改名曰巖，説自成勿殺人，收天下心。又造「迎闖王、不納糧」之謡。是李精白之子李信，即李巖，乃賊也。此所云李栩者何人歟？若謂是其兄弟行，則栩固云「先人止二子，弟前死」矣。均稱李精白之子，而梟鸞異類，殊不可解。竊疑范光陽乃康熙戊辰進士，距明季未遠，所傳聞必當有據。或者李精白爲逆案中人，海内之所切齒。一聞河南有以舉人從賊者，則皆曰此必李精白之子也。訛以傳訛，遂登史策。李精白之子實是李栩，而非李巖歟？李巖杞縣人，而李栩潁川人，地亦不合。

惜未考李精白爲何縣人，一決此疑也〔一〕。

明懿安后之死

《明史》熹宗懿安皇后張氏：「李自成陷都城后自縊，順治元年世祖章皇帝命合葬熹宗陵。」是其事迹甚明白，而野史流傳，則頗有異辭。豈以熹宗不君，而胥餘之憎及其賢后乎？然《流賊傳》又云：「李巖者，故勸自成以不殺收人心者也。及陷京師，保護懿安皇后，令自盡。」是懿安之不死於宫闈，史固有明文矣。國朝王源《居業堂集》曰：「潁上高澤生爲余言〔二〕，尉氏有王大本者，諸生，爲賊帥，封伯。京師陷，大本與他賊四人共得懿安皇后。四賊不遜，大本怒曰：『此一代國母，胡可干也。』手刃之，懿安死而未辱。」見集中《陳東一傳》後。並云：「澤生留心當年軼事，其言足信。」然則懿安死於王大本之刃，非死於縊矣。

〔一〕曲園稍後所著《右台仙館筆記》卷十六中已就李精白其人行狀作出詳細考釋，可參見。
〔二〕潁，原作「穎」，據蔡啓盛《校勘記》改。

楊疏史書

楊忠烈《劾魏忠賢二十四大罪疏》，乃丹徒曹廷傑字去非者所代作，見何絜《晴江閣集》。史忠正《復攝政睿親王書》乃樂平王綱字乾維者所代作，見彭士望《耻躬堂集》。此一疏一書，乃明季兩大文，而皆出捉刀之手，世罕知者，故表而出之。然《晴江集》謂曹去非以疏草示同縣陳允昌，陳曰：謀害皇親一案，引督師輔臣爲徵，此大錯。國家方倚高陽公爲安危，致奸璫日媒孽君側，其不壞我長城幸矣。今考《明史》，《二十四大罪疏》實無謀害皇親引督師輔臣爲徵事，此所云云，又可疑矣。

周忠武不死於亂箭

《明史·周遇吉傳》稱：「城陷，遇吉巷戰，馬蹶，徒步跳蕩，手格殺數十人，身被矢如蝟，竟爲賊執。大駡不屈，賊縣之高竿，叢射殺之，復臠其肉。」是周忠武死於亂箭。今《鐵冠圖》傳奇猶有《亂箭》一齣，非無本也。乃國朝李焕章作《周夫人傳》稱：「公追戰陷重圍中，奮力格鬬，俘斬愈多。日暮，寇已退，馬中流矢，忽蹶，公拔佩刀自殺。」則公又自殺而非死於亂箭矣。及讀王昆繩《居業堂集·王將軍傳》乃知當日被亂箭而死者，實爲王將軍。其傳云：「王將軍名好智，其先山東新城人，遷遼東海州衛。少從戚繼光游，戚甚重之。及遼左兵興，隸島師毛文龍麾下，累功至副將。爲人高顴長須，揮雙鐵鞭，重斤二十有四，號王鐵鞭。文龍死，將軍率壯士五百人入海島。久之，聞周將軍遇吉鎮寧武關，遂往依焉。崇禎十七年正月，賊圍太原，分兵向寧武。周將軍再戰再捷，殺賊萬餘。賊來益衆，將軍時年八十，每食尚能盡一豬首二鵞。謂周將軍曰：『事急矣，我與公共命殺賊，庶可退乎？』相與痛飲，披甲上馬。周將軍出南門，將軍由北門，揮鞭大呼，殺數十百人。顧賊衆，與周將軍勢分不能合。或傳周將軍被圍，則深入救之，不知所在，出則又入。賊大驚曰：『此老將鋭不可當。』乃選善射者千人，環射之，遂死。將軍一僕曰王印，匍匐亂尸中，尋將軍不見，見一馬死草澤間，泥没腹，箭集身如蝟，鐵鞭一倚鞍立，則將軍之馬與鞭也。即馬旁求之，得一臂，一束帶，臂有誌，識之，曰：『此將軍臂也。』遂以帶繫鞭負之，奉其臂以歸。」是死亂箭者王將軍也。或以同時死綏，遂以王將軍事移屬周忠武乎？又按《明史》：「周遇吉夫人劉氏，素勇健，率婦女數十人據山巔公廨，登屋而射，每一矢斃一賊，賊不敢逼，縱火焚之，闔家盡死。」及讀李焕章所爲《周夫人傳》則云：「夫人貫重鎧，持雙矛，三陷陣，入中堅，折其牙旗，斬最驍將，寇大崩壞，莫敢當。自成至，又合圍。夫人提其賊前隊將而舞，自成大驚遁去，夫人乘亂攻之，所擊殺近萬。忽聞傳云『忠烈公已就斃矣』，夫人大呼曰：『天乎！天乎！將軍死戰何爲邪？』亦自殺。」據此傳則夫人持矛陷陣，力戰捐軀，非止登屋而射矣。書此以補史傳之遺，惟周遇吉謚忠武，而此傳稱忠烈公，則所未詳也。

《綏寇紀略》存疑

太倉黄侃字孝直，有《鹿樵紀聞序》曰：「此書何爲而作乎？蓋憫明室之淪喪，歎神洲之陸沈，歷叙寇禍，起於戊辰，訖於甲申，俶擾内訌於十七年中，與思廟相終始者也。書凡十二卷，其一曰《鶉首火》、其二曰《澠池水》、其三曰《真寧恨》、其四曰《朱陽潰》、其五曰《黑水擒》、其六曰《穀房變》、其七曰《開縣敗》、其八曰《汴渠墊》、其九曰《通城擊》、其十曰《鹽亭誅》、其十一曰《九江哀》、其十二曰《虞淵沈》。按：每篇目下各叙其大略，今以文繁不録。嗟乎！自戊辰初元以來，大盜移國，朝社爲墟。朝野之閒，握管紀述者多矣。率近於稗官小説，虚誕不雅馴，未若此書之可徵信也。作者自稱舊史氏，每卷末有總論，有附記。其事核而詳，其文練而達，其於人材邪正之閒、軍國安危之際，未嘗不三致意也。其曰《鹿樵紀聞》者，定、哀之際多微詞，危之也，亦隱之也。予於作者，舊厠門墻之末，竊窺削稾，頗了大意。自夫已氏取付殺青，或割截篇章，或點竄字句，而作者之志荒矣。予憫夫贋鼎之盛行，而後世並真本而棄之也，於是乎書。」按：此序所謂贋鼎者，似指吴梅村之《綏寇紀略》。《鹿樵紀聞》其即《綏寇紀略》之藍本乎？然吴梅村作《玉京道人傳》，稱鹿樵生，則鹿樵之號，固梅村所以自寓也。記此，更核之。

世間俚俗相傳之事皆有所本

《困學紀聞》謂俗語皆有所本，羅舉數十條。余謂俗事亦有所本。《法苑珠林・愚戇部》引《百喻經》云：「昔者夫婦有三幡餅，夫婦各食一餅，餘一幡在。共作要言：若有語者，要不與餅。爲一餅故，各不敢語。須臾有賊入家偷盜，取其財物，一切所有，盡畢賊手。夫婦二人以先要，故眼看不語。賊見不語，即其夫前侵掠其婦，其夫眼見，亦復不語。婦語其夫云：『何癡人！爲一餅故，見賊不唤。』其夫拍手笑言：『咄！婢，我定得餅，不復與爾。』今世俗演戲劇有《王小二夫妻過年》，事即本此也。」《太平廣記・嘲誚部》引《啓顔録》云[一]：「唐京城中有婦人

[一] 廣記，原作「御覽」，檢引文出自《太平廣記》，據改。

姓田，年老，口無齒，與男娶同坊人張氏女。張因節日盛饌，招田母飲啖，及相送出，主人母云：『慙媿，無所啖嚼，遣親家母空口來，空口去。』田歸語夫，夫曰：『此是弄君無齒。』張家母面上有瘡瘢，眼下皮急極霑眠，若更有此語，可報云：只是眼下急。』居數日，張復召田，臨起復云：『慚愧，空口來，空口去。』田母乃熟視主人母眼，直云：『是眼皮霑眠。』合家大笑。」今世俗演劇有《城鄉兩親家母》，事即本此也。

邯鄲盧生事有所本

《太平廣記・巫部》引《幽明録》云〔一〕：「宋世焦湖廟有一柏枕，或云玉枕，枕有小坼。時單父縣人楊林爲賈客，至廟祈求。廟巫謂曰：『君欲好婚否？』林曰：『幸甚！』巫即遣林近枕邊。因入坼中，遂見朱樓瓊室，有趙太尉在其中，即嫁女與林。生六子，皆爲祕書郎。歷數十年，忽如夢覺，猶在枕旁。林愴然久之。」唐人邯鄲盧生事即本此敷衍。乃盧生事人人知之，楊林事知者鮮矣。

〔一〕 廣記，原作「御覽」，檢引文出自《太平廣記》，據改。

佛經幻妄

王漁洋山人《香祖筆記》言佛經幻妄，如善慧菩薩於摩耶夫人母胎中爲色界、欲界諸天及諸鬼神説種種法，雖稗官小説如《西游記》，亦不至誕妄至此。愚謂佛經誕妄，莫如《阿育王經》所載七歲沙彌食魔醯首羅事。經云：昔阿恕伽王深信三寶，諸婆羅門外道皆生嫉妬。有一善祝婆羅門自祝身，化作魔醯首羅，於虚空中飛到王門頭，遣人白王言：「虚空中有魔醯首羅，將四百九十九婆羅門從空下來，今在門外。」王問：「何所須？」言：「須飲食。」「當食何食？」言：「食剃頭秃人。」王即敕一臣到雞頭末寺語尊者耶奢，耶奢即起辭衆僧。第二上座言：「上座不應去，我身無所堪能，惟我應去。」第三者言：「上座不應去，正應我去。」如是展轉乃至十六萬八千僧中，其最下頭七歲沙彌。耶奢極大歡喜，言：「汝應去。」王聞沙彌來，即出門迎。沙彌言：「我年幼小，朝來未食，王先施我食，然後我當與彼食。」王即敕廚宰擎食來，一案食都盡。擎五百案食皆都未足。廚監白王：「飲食都盡。」王言：「庫中麨脯乾食一切都來。」儵忽都盡。言：「猶未足。撮下頭婆羅門來，我欲食之。」即時噉盡。如是悉食四百九十九婆羅門。魔醯首羅大驚，飛向虚空欲去。沙彌舉手，從虚空中撮頭復噉使盡。即時共王同到雞頭末寺，見沙彌朝所食之食，諸衆僧等皆共分食。五百婆羅門皆剃除須髮、被著法衣，在諸衆僧下行末坐。此段文字，可謂幻妄之至，録之以供談資。小説《西游記》正從此等文字來也。

小兒聽古話

東坡别集《志林》載王彭嘗云：「途巷中小兒子薄劣，其家厭苦，輒與錢令聚坐，聽説古話。至三國事，聞劉玄德敗，則顰蹙、有出涕者。聞曹操敗，即喜躍暢快。」按：此即今説平話之權輿，又可見羅貫中《三國演義》亦必有本。

王陰二閻君

《夷堅志》載忠州酆都縣五里外有酆都觀，其山曰盤龍山，即道家所稱北極地獄之所，舊傳王陰二閻君自此仙去。余按：《東坡集・書鮑静傳》曰：「『鮑静嘗見仙人陰君，受道訣，百餘歲卒。』陰真君名長生。予嘗遊忠州酆都觀，則陰君與王方平上昇處也。二真君皆畫像觀中，極古雅。」讀此乃知王、陰二君之名。然謂之閻君，何歟？在北宋時固謂之真君，殆由其後訛傳爲閻君矣。

趙公明

《封神傳演義》有趙公明，初以爲無稽之談耳。乃讀《太平廣記》二百九十四卷云：「散騎侍郎王祐疾困，聞有通賓者曰『某郡某里某人。』有頃，奄然來至曰：『今年國家有大事出，三將軍分佈徵發，吾等十餘人爲趙公明府參佐』云云。初，有妖書云：『上帝以三將軍趙公明、鍾士季〔一〕，各督數萬鬼下取人。』莫知所在。祐病差，見此書，與所道趙公明合焉。」注云：「出《搜神記》。」然則趙公明之名，亦流傳有自矣。

那吒

世俗所傳那吒太子事，余考之不得其說，頗以爲憾。一日，讀《太平廣記》九十二卷《異僧

〔一〕鍾士季，原作「鍾士李」，鍾會，字士季，且今《太平廣記》各本正作「鍾士季」，據改。

類》云：「宣律嘗夜後行道，臨階墜墮，忽覺有人捧承其足。宣顧視之，乃一少年也。宣遽問：『弟子何人？』少年曰：『某非常人，即毗沙門天王子那吒太子也。以護法之故，擁護和尚，時已久矣。』」始知那吒太子真有其人，非小説家妄説。記趙雲菘《甌北集》用那吒卸肉事，必本於釋典，惜未得其詳也。

關刀

世傳關公用刀，故有關刀之名。余以《三國志》本傳無一刀字，斥其不經，説詳《小浮梅閒話》。乃讀陶弘景《刀劒録》云：「關雲長爲先主所重，不惜身命。自採都山鐵爲二刀，銘曰萬人。及雲長敗，惜刀，投之水中。」則知關公固自有刀，然似是佩刀，且其刀有二，非如俗所傳關刀形製也。又云：「張飛初拜新亭侯，自命匠鍊赤朱山鐵爲一刀，銘曰新亭侯蜀大將也。後被范强殺，此刀入於吴。」則張益德亦有刀也。

又考明包汝楫《南中紀聞》云：「荆門州南十五里，地名掇刀石，有關帝廟神坐右偏。帝所用大刀插石竅上，摇之則動，提之不能起。廟僧云重一百八十斤。刀桿圍可七八寸，刀脊甚厚，長一丈四五尺許，色澤蒼紺，體式精緻雄壯。」則又似關帝實有此刀，至今猶在。

鐵瓶巷周康王廟

余在吴中，寓馬醫科巷，距鐵瓶巷不半里，而不知其名巷之由。及讀吴縣黄震生中堅所著《蓄齋集》，有《周康王廟記》，其畧曰：「吾邑鐵瓶巷之北，有周康王廟在焉，余嘗疑之。康王固周之賢君，然周都豐鎬，去吴地遠，時巡之駕所不至，而何爲廟祀於此？一日，偶詣故人，因爲余言：『距此地數武，有市樂橋，相傳爲昔時刑人之所。强死既多，遊魂爲厲，日落則往往聞鬼哭。甚者或白晝迷人，居人患之。有僧能治鬼，以大鐵瓶攝鬼於其中，緘封而縣之竿，其患乃絶。此巷之所以名也。不數年，僧既死，而瓶亦壞，鬼復出爲患。里父老乃相與言曰：「怨氣結，故鬼不散。聞周康王時刑措不用四十年，若立廟祀之，必能平其怨而絶其患。」已而果然，故廟祀至今不替。』」讀此文乃知鐵瓶巷所以得名。今其地多巨家，冕紳莘莘，鬼彪絶迹。康王之廟，父老猶能言之，而今亦久廢矣。

屠墟城陽景王祠

江浙閒多淫祀，然如伍子胥之所在有廟，則固潮神也。而余舊寓臨平鎮，其地有申包胥廟，始不解其立廟之由，繼而思之，即伍子胥也。《國語》稱伍子胥爲申胥，韋昭注曰：「申胥，楚大夫伍奢之子子胥也。吴與之申地，故曰申胥。」是伍子胥本有申胥之稱，因訛爲申包胥矣。吾湖有村聚曰善連，其地出筆，天下所用湖筆出於此也。有蒙將軍祠，祀秦將軍蒙恬。春秋報賽，香火頗盛。將軍生前爲秦將，而不得善終，死後乃以造筆之功，廟食於兹。誰謂長槍大戟，不及毛錐子哉？此亦吾浙廟祀之最古者也。乃讀厲樊榭《屠墟廟志》，則知又有城陽景王之祠，其文曰：「雍正乙卯寒食日，予泛艑歸自西溪，憩於古蕩。見有奏伶樂神者，問其廟，曰：屠墟也；問其神，曰：城陽景王劉章也。予悚然曰：『有是哉！王之功在漢，社稷人心尚不泯邪？』王初封朱虚，後封城陽。王薨，人思其功，立祠於其國，而郡國亦多爲立祠。獻帝時，濟南立祠至六百餘。曹操爲濟南相，乃毁壞祠屋，禁絶吏民不得祠祀。是王之祠盛於東京，衰於當塗。不謂錢塘一隅，空林古水側，尚有儼然尸祝之者。操自少時聞許子將亂世英雄之評，輒大笑自熹。則其睥睨漢鼎，蓋不待董卓弑逆之後，已于毁王祠屋見之。禁賈人導從迎神可也，毁祠絶祀不可也。故于屠墟廟志之。」余因考《西湖志》西溪路有屠墟廟，門額題「古靈昭廟」，引吴焯《靈昭廟宋殘碣考》云：「秦亭道中有古靈昭廟神，爲宋勅封屠墟靈昭侯。廊下有殘碣半段，首行存尚書省三字，其文密行細，書俱已漫漶，可讀者猶三數百字，乃宋理宗湻祐七年，里人請於朝，得申封立。廟所稱屠墟者，以神著靈時赤熾見火光中，上有屠墟二字。而靈昭者乃當時所封之號也。考《咸湻臨安志》失載此廟，而康熙年間新碑直書神爲蜀主劉璋，字季玉，不知何所據而然也？」按：城陽景王之祠，在晉以前極盛，吴越間容或有之。若劉璋，則必不容有祠，康熙間新碑殊謬，自當以樊榭之説爲定。是亦神祠之最古者也。又祀典有司蝗之神曰劉猛將軍，迄不知爲何人。或以爲宋將劉錡、或以爲宋儒劉宰，會典則以爲元指揮劉承忠，要亦未有確據。余嘗妄疑爲此即古時城陽景王之祠流傳在民間者。《史記》載其言曰：「臣，將種也。」此猛將之名所自起。又其耕田歌曰：「非其種者，鋤而去之。」則至今奉爲司蝗之神，俾之保護田疇，亦非無因矣。惟以城陽之祀久絶，故亦未敢質言。讀《樊榭集》而知杭俗猶有城陽之祀，因附著所見如此。

五龍堂

同治辛未歲，吴中大旱。撫部張子青同年禱於五龍堂而雨。或問五龍堂緣起，余按陳榕門相國《培遠堂集》有《重修五龍堂記》曰：「吴郡有五龍堂，在長洲縣東南，唐貞元中建，宋淳熙十年，郡守耿秉以久旱祈雨，越三日，有小龍如蜥蜴見於神位前，蜿蜒不去。秉與約三日内雨，當奏請廟額。翌日大雨，事聞，詔賜靈濟。紹興四年敕封五侯，曰東靈、曰西成、曰中應、曰南平、曰北寧，今堂中肖五像是也。自是以來，凡遇水旱，投片鐵於祠前方池，輒響應。疾疫者禱之，亦有驗，故至於今不廢。」然則五龍之堂，自唐宋已有，亦吴中一古廟矣。

五義女墓

吴江金之俊《遊洞庭西山記》曰：「東明山有宋宰相鄭廉夫諱清之墓，古松一株，狀如虬龍。又東爲曈里山，五義女墓在焉，即廉夫孫女，曰貞、曰素、曰淑、曰雅、曰新。德祐乙亥九月，金人濟江，自以美質恐爲人所亂，豫築一大壙，因事亟，丙子二月八日五女並生藏之。」愚按：鄭清之相理宗朝，碌碌無奇節，而其孫女五人，則可傳矣。其跡稍晦，世無知者，故特表出之，庶幾與元末之七姬並垂千古也。

申公巫臣冢

陸廣微《吴地記》曰：「平門北面有水通毗陵。子胥平齊，大軍從此門出，故號平門。東北三里有殷賢臣申公巫咸墳，亦號巫門。」愚按：《史記》正義謂「巫咸及子賢冢皆在蘇州常熟縣西南隅山上」，《越絶書》亦云：「虞山者，巫咸所出也。」是巫咸之墳不應在姑蘇城外，且巫咸何以謂之申公？疑此乃申公巫臣之墓，晉大夫，非殷賢臣也。惟考《左傳》巫臣奔晉，未聞又自晉奔吴。其子邢侯於魯昭公十四年與雍子争鄐田，始得罪。則巫臣與夏姬必偕老於晉也，不當有冢於吴。然《吴郡圖經續記》引《圖經》曰：「巫臣冢在將門外。」則吴中固有巫臣冢矣。蓋巫臣使其子狐庸仕吴爲行人，則狐庸必居吴。或巫臣死後，狐庸葬其衣冠，而或以爲在將門外，或以爲在平門外，則世遠莫能明也。後人以平門外之冢爲巫咸冢，則以同一巫字耳。余嘗戲謂巫臣有功於吴者也。吴入春秋，未通上國，而巫臣始通之。其後言子遂受業孔門，爲東南文學之祖。迄今吴會文風甲於天下，飲水思源，則巫臣宜有專祠，而夏姬亦宜配享矣。

吴中宜建莫格祠

吴下古祠如太伯廟、言子廟，今俱鼎新矣。虎邱舊有孫武祠，見《平津館集》，今未知存否？余謂吴中所不可無祠者，爲古賢者莫格。按《越絶書》云：「虎邱北莫格冢，古賢士避世冢，去縣二十里。」莫格之爲人，雖他無所見，然既稱古賢者，又云避世之士，則當時必有所據。今抔土無存，祠宇不立，何以表揚前徽、愧厲末俗乎？昔同年生應敏齋方伯陳臬於吴，訪求葛賢墓而祠之。葛賢者，明萬曆辛丑歲，以太監孫隆六門設税吏，閭閻騷動，葛賢以蕉扇招市人殺其參隨，吴人呼之爲葛將軍者也。余有葛賢墓詩存集中。夫葛賢固亦義俠之流，然赤丸斫吏，要是惡俗，其人不可非，其事不可訓也。若莫格爲古賢者，當事諸公能訪求其墓，建立其祠，使千載而下，景仰高風，不尤在梁伯鸞墓、張季鷹祠之上乎？

倪宫保

《武英殿叢書》有《悦心集》五卷，内有《唐六如居士醒世詞》。其一首云：「極品隨朝，誰是倪宮保？百萬纏腰，誰是桃三老？」余不知倪宮保、桃三老爲何人。考之《明史》，倪岳字舜咨，上元人，天順八年進士，弘治九年，南京吏部缺尚書，詔加太子太保往任之。卒，贈少保，謚文毅〔一〕。所謂倪宮保者，殆即斯人歟？六如居士特舉此人，以配百萬纏腰之桃三老，其一時之赫奕可知，乃至今莫有知者，與桃三老同歸泯滅矣。太史公曰：「富貴而名磨滅，何可勝道，惟倜儻非常之人稱焉。」豈不信矣！

馮煖爲吴人

《吴郡圖經續記》云：「長鋏巷，一名彈鋏巷，在吴縣東北二里，巷有馮煖宅。煖，客齊孟嘗君之門彈長鋏而歌者也。唐人云有墳在側，碑刻猶存。」愚按：《戰國策》稱齊人有馮煖者，則馮煖乃齊人，非吴人也。然《史記·孟嘗君傳》云：「初，馮驩聞孟嘗君好客，躡屩而見之。孟嘗君曰：『先生遠辱，何以教文也？』馮驩曰：『聞君好士，以貧身歸於君。』」不言馮驩爲何國人。然既云先生遠辱，則非齊人明矣。唐時吴郡尚有馮煖之墳，且云碑刻猶存，必有可據。是

〔一〕謚，原作「字」，據《明史·倪岳傳》改。

馮煖爲吴人無疑。長鋏三歌，其吴歌乎？王漁洋《香祖筆記》以此爲疑，殆止據《國策》，未考之《史記》耳。

齏菜孟嘗君

《静志居詩話》云〔一〕：「顧處士茂綸甄綜百家之詩，開雕分授，盛行於時。賓至輒留，江左有『齏菜孟嘗君』之目。」

林四娘

《紅樓夢》小説有詠林四娘事，此亦實有其人。王漁洋山人《池北偶談》云：「閩陳寶鑰字綠崖，觀察青州。一日，燕坐齋中，忽有小鬟年可十四五，姿首甚美，搴簾入曰：『林四娘見。』逡巡間，四娘已至前萬福，蠻髻朱衣，繡半臂，鳳觜鞾，腰佩雙劍。自言：『故衡王宫嬪也，生長

〔一〕志居，原作「居志」，據蔡啓盛《校勘記》改。

金陵,衡王以千金聘妾入後宫,寵絶倫輩,不幸早死,殯於宫中,不數年國破,遂北去。妾魂魄猶戀故墟,今宫殿荒蕪,聊欲假君亭館延客,願無疑焉。』自是日必一至。久之,設具讌陳,嘉肴旨酒,不異人世,亦不知何從至也。酒酣,叙述宫中舊事,悲不自勝,引節而歌,聲甚哀怨,舉坐沾衣罷酒。一日,告陳言當往終南山,自後遂絶。有詩一卷,其一云:『静鎖深宫憶往年,樓臺簫鼓徧烽煙。紅顔力弱難爲厲,黑海心悲只學禪。細讀蓮花千百偈,閒看貝葉兩三篇。梨園高唱興亡事,君試聽之亦惘然。』」是林四娘事甚奇,而云早死殯於宫中,則與小説家説不甚合,或傳聞異辭乎?考之《明史》,憲宗之子祐樿封衡王,就藩青州,其玄孫常澸萬歷二十四年襲封,不載所終。林四娘所云國破北去者,即斯人矣。

《達生編》

儀徵李艾塘著《揚州畫舫録》,遺聞軼事,所載頗夥。有一條云:「王氏收生堂,即媪婆也。年六十,諳婦人生産之理,刻《達生編》行世。」然則世所盛行之《達生編》,其即出此王婆之手乎?抑舊有其書,而此嫗爲刊布之也。

百哀篇　俞樓雜纂弟四十一

己卯四月，内子姚夫人一病不起，停辛積苦，觸緒紛來，幾於鬱結成疾。自念非詩不足以達之，而時距太夫人之喪未踰年，且内子骨肉未寒，亦未忍握管也。是歲八月，太夫人小祥禮成，内子之殁亦已百日，乃取胸中所欲言者爲七言絶句一百首。元微之云：「貧賤夫妻百事哀。」因以「百哀」名篇。

蛩蹷相依四十秋，今年六十正平頭。算來生日無多日，竟不人間兩月留。内人於二十歲歸余，今年六十矣，時距生辰不及兩月，竟不能待也。

臨感難裁不自知，已將苦語寫靈帷。回頭多少傷心事，和淚爲君更賦之。内人初就木，余即寫二十八字於其靈帷，曰：「四十年赤手持家，君死料難如往日；六旬人白頭永訣，我生諒亦不多時。」

外家姊妹幼隨肩，竹馬鳩車意共憐。豈少豪家求納采，不能奪我鏡臺緣。内人五六歲時，里中有富家子求聘焉，内人涕泣不食，遂罷議。後卒歸於余，余乃内人之姑子也。

多情更感夏黄公，成就良緣一語中。天壤王郎了無異，難言巨眼識英雄。方議婚時，妗氏黄孺人猶豫，其弟黄公語之曰：「今日失此佳壻，他日列炬求之不可得矣。」議遂定。

作婦貧家劇可憐，支持經歲又經年。當時家計殊堪笑，明月清風四萬錢。余初館杭州蔡氏，歲得束脩洋錢三十，又每月錢一千，合之可四萬錢也。

落寞仍依母氏居，却思締造好門閭。可憐卅六年辛苦，只博優遊四載餘。余少時無片瓦之庇，乃賃外家東西廂住之，即内人母家也。逼仄殊甚，内人語余曰：「吾終當與君創造一好家居耳。」今吴下㕎廬，小有花木泉石之勝，且上下數十口，居然成家。當日所言，似乎竟驗。然内人居之不及五年，亦無謂也。

幾閒破屋傍乾河，便覺寬閒足嘯歌。此是經營家具始，一生心血𣪊消磨。丙午歲，余在臨平賃居乾河沿陳氏屋，經營家具，實始於此。自是遷徙不常，家中什物屢置之，亦屢棄之，内人心血耗於此矣。

食指於今歲歲增，内增親串外賓朋。誰知初治饔飧日，日食惟消米半升。余家初析爨時，無婢媪。余又外出，止内人在家，日食米五合而已。嫂氏嘗謔之曰：「吾姒所謂半升米家主也。」

日日寒厨數米炊，偶呼小婢助操持。至今頭白門生在，及見當年作苦時。内人初無婢媪，親操井臼。太夫人有一婢曰蓉鏡，閒來助之。時余在家中授徒，今詁經精舍監院沈蘭舫廣文，即彼時從學者也。吾家舊事，猶及知之。

嘗盡珍羞意轉嫌，可思當日在窮檐。一盂白飯黄虀菜，略具清油略具鹽。内人初歸余時，每食止黄虀一柈，畧具油鹽，就飯甑蒸熟食之。後所至多餽肴核者，珍羞羅列，内人頗厭之。余調之曰：「卿忘喫冬菜時乎？」

羽化銀杯不可求，寢衣從此只綿紬。而今爲制無紞被，綺組繽紛得見不？内人始來歸時，有縐紗被，後失去，意頗惜之，復自解曰：「異日富貴，不難製也。」及家稍裕，竟不復製。余問之，曰：「親身之物，安用文綺爲？」其所用者，止綿紬耳。及其死也，兒輩爲置衾褥，始全用縐紗，然内人不及見矣。綿紬字，見師古《急就篇》注，又師古注《漢書》曰：「輕者爲紗，縐者爲縠。」縐紗字亦有本也。

萍蹤歲歲客新安，門户支持大是難。春仲辭家冬仲返，一年幾月得團圞？余自乙巳以後，歲客新安，率以二月去，十一月歸，凡五年也。

天涯遊子已欷歔，更讀閨中一紙書。堂上親衰兒輩小，可知憔悴辟纑廬。余舊有《得辟纑廬來書》詩云：「祇此數行字，教人幾度看。閨中自憔悴，紙上總平安。兒小分愁未，家貧稱意難。牛衣今夜淚，豈免爲君彈。」詩不存於集，附録於此，蓋得内人書而作也。

泥金帖子出京華，紙閣蘆簾笑語譁。不作尋常欣幸語，爲余援筆賦梅花。余庚戌歲成進士，入詞林，内人賦梅花詩云：「耐得人間雪與霜，百花頭上爾先香。清風自有神仙骨，冷豔偏宜到玉堂。」爲余賀也。

一帆便擬到長安，誰料重歌行路難。自此京華明月夜，又添幾度獨凴欄。余壬子留館後，内人即擬北上，而南河決口未塞，致稽數月行期。此詩即當日寄懷之作也。

悤悤奉母出都門，辛苦艱難不可論。遥想微山湖畔路，至今猶有未招魂。癸丑歲，余自京師乞假，送老母回南。時豐工復決，所在汪洋無際。舟過微山湖，大風幾覆。

依然寒素舊家風，仍向東湖作寓公。欲爲蓬門助春色，桃花兩樹瓦盆中。余自都門還，仍寓臨平印雪軒舊屋。內人欲慰余落寞，諸事修飾。時方新春，有餽碧桃兩盆者，余因有句云：「莫言寂寞無春色，兩樹桃花在瓦盆。」

烽煙千里接燕臺，南北夷庚半草萊。誰料輕車挈兒女，閒關真自賊中來。余甲寅冬入都銷假，已而太夫人赴閩中，內人仍挈兒女輩北來。時南則揚州、鎮江，北則高唐、連鎮均爲賊踞，迂迴取道，艱險備嘗。

碧油幢引向中州，此日車前擁八騶。不識心頭有何事，幨帷清淚兩行流。余乙卯歲視學中州，內人偕往。自京師啓行入豫境，則碧幢紅旆，照耀長途，書生得此亦云榮矣。而內人坐輿中，終日垂淚，問之不告，至今不知其何意也。

旬日郵筒兩度馳，傳來往往有新詞。卻憐校士多辛苦，苦勸棚中勿作詩。余按試各屬，每五日必得內子署中書，附以小詩一二首。然以余校士辛勤，戒勿作詩。余有詩答之，今存集中。凡學使所莅曰考棚，故俗有「棚中」之稱矣。

綺窗新換碧紗籠，小病新添不耐風。勝似檀奴堂上坐，摩挲倦眼看彎弓。余校試洛中，內人寄余詩有「綺窗新換碧紗籠，小病新添不耐風」之句，余和其詩云：「勝似檀奴堂上坐，摩挲倦眼看彎弓。」蓋時方校射也。今合爲一章，當時情事，歷歷可想。

紅氍毹上小排當，檀板清尊夜未央。曲罷酒闌還一歎，綵衣何日拜高堂？每試事畢，還署必置酒演劇，勞幕中諸友。前使者張子青前輩舊例也。亦或移入内署。而内人以太夫人在閩，未克迎奉，常以爲恨。有《大梁使署述懷》詩云「綵衣何日拜慈姑」？

閨中頗亦異恒情，眼底榮枯了不驚。翻喜狂奴去官早，朝冠卸後一身輕。余在中州罷官，内人處之夷然。有詩云：「朝冠卸後一身輕。」

故里無家且寄居，吴中獨學老人廬。眠雲精舍微波榭，泉石逍遥一載餘。余自河南罷歸，因故里無家，賃吴下石琢堂前輩獨學廬居之。此余寓吴之始也。眠雲精舍、微波榭，皆園中屋名。

無端吴下起烽煙，厄運真逢陽九年。倉卒出城還一笑，亂離偏坐太平船。庚申吴中亂，余出城時已無船可具。有舊識之太平船，遂坐之而行。内人笑謂余曰：「亂離偏坐太平船。」兹即用其語。

危時鼙鼓最驚心，太息東南竟陸沈。欲爲鄉閭求死士，不辭揮手散千金。庚申、辛酉閒，余辦德清團練，内人出千金付余，於越中募健兒二十人從行。然大局已危，終歸無濟。

烽火連天夜夜愁，已拚碧血葬哀邱。閨中偏覺從容甚，綵筆留題玉照樓。余在德清時，賊勢甚迫，内人處之如常。所寓徐氏屋有玉照樓，内人詩云：「轉蓬未識歸何處，小住清溪玉照樓。」

渡江且作越中游，略遠兵氛暫解愁。爲愛山陰山水好，不辭日坐鏡湖舟。浙西既不可居，遂渡江至越。愛其地山水之勝，與内人日坐小舟，偏游七星巖〔一〕、青田湖諸處，忘其爲避寇來也。

舜井姚墟遠莫攀，仙姑洞口水潺潺。白雲親舍平生夢，來拜松楸長者山。外舅姚平泉先生官上虞教諭，葬其地之長者山。内人因避寇至此，得親往一拜。

依依仲姊最關情，一别俄驚隔死生。昨夜西風入庭樹，不堪回首是臨平。内人同母姊妹四，而於仲姊尤睦。仲姊歸戴氏，早寡，恒居余家。内人至京師，亦嘗偕焉。其後以病留居母氏。辛酉之秋，卒於臨平。内人哭以詩，今失其稿，但記首二句云：「西風入庭樹，使我夢魂驚。」

小樓風雨近東溟，蕭瑟秋聲不可聽。猶喜都盧共兒女，朝朝儷白又妃青。辛酉秋，避兵上虞之楂浦。其地已瀕海，内人每日與兒女坐小樓中，無可遣日，取古人七言詩句，逐字顛倒，出之，使人屬對，合成一句，有成詩者，有不成詩者，以爲笑樂。

海濱草屋動秋風，豕苙牛闌共此中。勉强爲余生一笑，不將清淚灑途窮。紹興既陷，余家猶在楂浦，不得已遷至海上草舍中。牛闌豕苙，穢氣逼人，内人初入其中，失聲欲哭。顧余在側，乃笑曰：「此亦别有風景也。」

翁山風浪最堪愁，泛宅浮家此暫留。城外園林好風景，至今恨未與同游。時又航海至定海廳，

〔一〕 偏，原作「偏」，據蔡啓盛《校勘記》改。

小住月餘。城外有陳氏園，風景殊勝。內人往游，歸與余言，惜未同往也。

海舶飄零賦北征，未勞魑魅便逢迎。如何眼底分明見，人鬼居然共此行。壬戌之春，浮海北行，內人見舟中高處有鬼無數，或坐或卧，及至天津，始與余言之。豈鬼亦附海舶北行避寇乎？蓋內人秉氣弱，目中往往有見也。

避風海鳥已三年，丁字沽邊暫息肩。甫定驚魂又傷別，嬌癡小女最堪憐。余避兵北上，寓天津者三年。以同治甲子遣嫁弟二女，時年甫十六耳。自此婚嫁之事起矣。

男錢女布費經營，事事艱難不易成。豈止青絲化成雪，積痾從此已潛生。甲子遣嫁次女後，即爲大小兩兒授室。丙寅又遣嫁長女，自此昏嫁畢矣。內人是歲即得氣喘之病，迄不能瘳也。

歸來依舊住吳中，借得寬閒半畝宮。欲問上虞君舊事，坐閒幸有白頭翁。乙丑南歸，余主蘇州紫陽書院。時書院已毁，借民居爲之，乃吳氏舊宅，平泉舅氏曾館其家。有松田老人者，舅氏族弟也，亦吳氏賓客，年七十餘，無恙，數與內人言舅氏舊事。舅氏官上虞教諭，故稱上虞君云。

吳下蕭條與昔殊，鸝坊鶴市總荒蕪。不堪重過金獅巷，無復園林柳五株。舊所庽石氏獨學廬，有五柳園，亂後化爲邱墟。內人過之，必歎息也。

金鵞山下築新阡，已愧蹉跎二十年。馬鬣告成心始慰，一樽同酹墓門前。先大夫殁後，欑於德清西門外金鵞山。至同治丁卯，余始與內人偕往營葬，以完大事。是役亦內人贊助之力居多。

更嗟阿母泣孤墳，每聽啼烏不忍聞。三寸桐棺一抔土，佳城移傍上虞君。姈氏黄孺人，内人母也，歿於上虞。時方兵亂，渴葬義塚地，内人思之，每涕泣也。余因至上虞，遷其柩附葬先舅氏墓側，立石識之。

招來孤姪尚童年，短髮垂肩拜膝前。一事到今心抱歉，未看美玉種藍田。内人有姪曰祖詒，亂後母子流落鄉閒，内人招之至蘇，撫之成人。今歲欲爲授室而未果，然余必成其志也。

吾兄遠自七閩來，别久驚看兩鬢衰。本是外家兄妹列，不嫌情話共尊罍。吾兄福寧君，入都引見，道出吴中。余兄弟不見久矣。内人與吾兄亦外家兄妹也。相聚數日，情話甚歡，然彼此衰老矣。

家計粗成意轉傷，回思往事廿年長。舊時臧獲今何在，共歷艱難總不忘。家有舊僕曰孫福、曰翟榮，有傭媪陳氏，皆共歷艱難者，今皆物故矣。内人恒念之，亦稍贍其家云。

成我清貧賴汝賢，從無一勺飲貪泉。友朋餽歲尋常事，不受牙門造孽錢。有友人以白金五十兩餽者，内人聞其居官用刑頗酷，不欲受。余如其意，寄還之。

節衣縮食苦無餘，俗見偏能盡掃除。笑看青蚨已飛去，不留烏鯽數行書。親串中有負余錢數百千者，其事甚曲，内人知其必不能償，寄券還之。

無多心願總乖違，自笑家貧力太微。歲晚窮檐寒瑟縮，略施小惠木棉衣。内子頗喜施與而力不逮，每至歲寒，略施棉衣而已。或餽以粟，則以數十石爲限，不能多也。

五張六角本來乖，多事行年爲我排。自向叢辰問凶吉，累君逢午必持齋。有爲余推算行年者云：「逢午年輒不利。」回溯生平，亦似有合者。內人自此每遇午日，輒爲余持齋。

清福居然宿世修，秋風歲歲至杭州。簾櫳煙雨闌干月，同倚湖山第一樓。余主詁經精舍講席，自戊辰至庚午，皆與內人偕往，往必句留月餘。所居即西湖之第一樓，頗極風月之勝。

理公巖畔共留題，山洞幽深路易迷。五百年餘人到此，定應羡我兩夫妻。余與內人同游理公巖，題名巖穴曰：「同治七年九月，德清俞樾、仁和姚文玉夫婦同遊。」屬門下士陳桂舟刻之。

洞裏天光一綫勻，紺眉藕髮認來真。知君夙有靈根在，原是龍華會上人。飛來峰有山洞曰一綫天，仰窺之有佛像焉。游者或見或否，余一無所見，內人則所見甚真。

相攜同坐冷泉亭，娓娓清談頗可聽。悟徹去來同一處，早將身世付浮萍。冷泉亭舊有一聯云：「泉自幾時冷起，峰從何處飛來？」內人謂問語甚雋，請作荅語。余作一聯，不甚許可。因問內子云何，笑曰：「不如竟道：泉自冷時冷起，峰從飛處飛來。」

偶逢泉石便忘言，願借山林自避喧。每至杭州有遺恨，當年惜未住皋園。內人每謂余：「願築室山中，謝絕人事，與君兩人同修大道。」余謂此斷不能，必欲潛修，惟園居差宜耳。後至杭州，欲賃皋園居之，而卒不果，至今惜焉。

并坐篷窗興轉加〔一〕，清談滋味一甌茶。而今重過應流涕，平望橋頭賣醬家。余與內人蘇杭往返，并坐舟窗，評量風景，甚樂也。平望有賣醬家，署曰鏞浩醬園，莫測其命名之意，每過之，必指以相告。

兩度閩中問起居，山陬海澨費舟車。恐勞虛擲金錢卜，處處郵筒一紙書。余庚午及壬申兩赴閩中問太夫人起居，一由海道，一取道甌括，行頗不易，內人極以爲念。余途中頻寄書以慰其意，幾於無日無書也。

板輿迎到太夫人，喜極翻教淚滿巾。自顧病軀憔悴甚，不知能侍幾昏晨。癸酉歲，迎太夫人自閩至蘇，時內人已久病，常以不能終事爲憂也。

晨夕盤匜力不支，寢門扶病强追隨。老人尚憶當初事，同作端陽藕虎時。太夫人在家時，每至五月，輒作端陽景物，鬻之市肆。內人助之，作至午夜未休，翦緑裁紅，盛一小筐中，爛然滿目。太夫人暮年猶言及之也。

擬從吴下卜新居，費盡營求半載餘。不信蘇州千萬户，難安一箇著書廬。太夫人自閩至蘇，以寓屋湫隘，擬移居焉。余與內人日往營求，竟無當意者，遂決意搆造云。余所寓處，輒於大門榜合肥相國所書「德清俞太史著書之廬」九字，故稱著書廬。

馬醫巷口翦蒿萊，北户南檐次弟開。憶自鳩工至成室，弓鞋日日踏蒼苔。余買馬醫巷地築屋，

〔一〕 篷，原作「蓬」，據蔡啓盛《校勘記》改。

與余舊寓相離甚近，内人每日必親往相度一次。

更於隙地置林泉，慘淡經營又半年。卷石盆池皆手定，兩人便是佉盧仙。新屋既成，其自西迆北有隙地，乃築爲曲園，詳見《曲園記》。園中一泉一石，皆余與内人所手定也。佉盧仙人見佛經，乃開闢時布置天地日月者。佉字依梵音讀去阻切。

浮梅一艦小於龕，俯弄清流日再三。緑幕紅闌依舊好，更無人可共閒談。余於曲池中製小浮梅艦，内人甚喜之。其初成也，日必一至，與余促膝閒話。《曲園雜纂》中有《小浮梅閒話》一卷，皆與内人問答語也。

種得園中竹幾竿，盼他清蔭早檀欒。今年纔見春篁出，更共何人倚竹看？艮宧外竹，屢種不活，去歲出新竹數枝，細纔如指。内人喜曰：「明歲再出，必有大竹矣。」今歲果然，而内人已不及見。

柏樹初生不直錢，買來手自種窗前。緑雲青玉垂垂長，能否移栽到墓田？内人以二十青蚨買小側柏一株，手種余書齋窗外，數年來高可丈餘，青翠可喜。内人每至，必流連其下，謂余曰：「此樹他日可移栽吾兩人墓上也。」

牡丹數本雜蓬蒿，月月删除不憚勞。太息花時人不在，今年誰更灌豨膏。有牡丹數十本，内人時往芟薙其旁側之草。去歲親督園丁以豬大腸數具圍其根株，今歲花果大盛，開至百餘朵。惜余與内人至杭州，未之見也。

月明重款達齋門，嬌女相隨又女孫。草草杯盤成一醉，百年有幾此黄昏？每遇月明之夜，余與内人至園中，次女秀孫及孫女阿順從焉。兒婦輩爲小具杯盤，即於達齋或曲水亭小飲，可謂極人生之樂。然數年中亦無幾夕耳。

聚頭扇上曲園圖，水閣山亭總不殊。今日置君懷袖内，帶將風月到黄壚。內人有摺扇一握，門下士徐花農孝廉爲繪曲園圖，並書余《曲園記》於其上，内人甚喜之，故即以殉焉。

細碎詩篇亦可傳，含章小集我親編。如何拉雜摧燒盡，不許人間見斷箋。內人頗工吟詠，著有《含章集》。其初亦自珍惜，後忽取而焚之。余復就所記憶者録成一小本，大纔徑寸。内人頗賞其精工，後亦爲其焚毁。余今不復能記憶，遂無一首存留矣。次女秀孫尚能誦其兩七律，因附録於此，然亦有闕字闕句，不能全也。

避兵楂浦述懷

十年兩度走風塵，趙北燕南屢問津。□□吴門渾似夢，鶯花梁苑尚如新。那堪烽火重回首，何處仙源好避秦？海上秋聲蕭瑟甚，荒村小住又三旬。

詠水仙花

□□□□□□□，□□□□□□□。宛似洛妃來水面，肯隨鄭婢辱泥中。品高剛稱蘭閨伴，韻淡何須綵筆工。皓質長留終不落，笑他風雨葬殘紅。

閒將棋子試推移，黑白分明亦一奇。此後空留遺法在，更誰燈下運靈棋？褚稼軒《堅瓠集》有移棋相閒法，以黑白三子三移，而黑白相閒，自三子至十子皆然。内人復推廣之自十一子至二十子，今存其法於《春在堂隨筆》。

評量豪竹與哀絲，最愛琅玕笛一枝。殘喘垂垂將絶候，尚煩嬌女試吹之。內人頗留意絲竹，尤喜長笛。臨終前三日，猶命次女秀孫吹笛聽之，點首曰：「頗佳也。」

曉日曈曨透曲欞，手拈斑管不曾停。欲將夙業從頭懺，自寫金剛般若經。內人於書法不甚工，然喜作書。年來寫《金剛經》數通，自云懺悔夙業也。

厭聽午夜響丁冬，總爲怔忪睡未濃。此後空房太蕭索，不妨仍置自鳴鐘。內人嘗購自鳴鐘一具，因夜卧不安，故從不置之房中。今內人已矣，而此鐘乃其所自購，余不忍棄之，命仍置房中也。

縹瓶小小傍窗紗，插得梅花整又斜。一夕嚴寒瓶忽裂，累君終日費咨嗟。內人有小花瓶，極愛之。忽爲冰裂，數日不怡。余曉以破甑不顧之義，終不釋然。蓋內人久病，自知不能永年，故遇事皆覺成讖也。

貯墨金壺製最工，居然置我畫圖中。明窗净几終朝對，便抵齊紈繪放翁。花農贈余銅墨匣，上刻一老翁於松下獨立，內人見之，喜謂余曰：「此翁頗似君也。」因留自用之。

晚歲妝臺罷嘯歌，《魯論》一卷口吟哦。古人半部安天下，小用猶堪卻病魔〔一〕。內人自少喜誦《詩》，有以《詩》集贈者，必索觀焉。晚歲頗厭之，而好讀《論語》，手自點定其句讀，曰：「誦此可以卻病。」

〔一〕卻，原作「郤」，據蔡啓盛《校勘記》改。注同。

偏嘗世味總辛酸〔一〕，垂老方知佛地寬。畫就慈悲菩薩像，恨無静室置蒲團。內人晚年頗通佛理，嘗畫觀音大士像，擬闢一静室奉之，焚修其中。然竟不果。

終年蔬食意云何，薄福惟求少折磨。誰料冥中搜食籍，區區葅虀也無多。內人晚持長齋，余問其故，曰：「吾禄食盡矣，終歲蔬食，冀少延年命耳。」

阿買聰明素所憐，秋風喜賦《鹿鳴》篇。先君入夢分明甚，來借牟尼一串圓。兒子祖綬，字履卿，福寧君少子也。內人推福寧君遺意，甚愛憐之。以光緒丙子舉於鄉，出榜前一日，內人夢先君自外至，七品冠服，如生時。內人迎，問之，曰：「吾將謝恩，向汝姑借朝珠耳。」內人寤，喜曰：「履卿中矣。」因憶先君殁時，以七品冠服殮，無朝珠。今借珠於太夫人，七品而挂朝珠，或仍用檝翰林封典乎？是時先君已受二品封，豈仍以翰林爲重歟？

門墻諸子各飛騰，每聽才名總樂稱。垂死病中猶念及，俞樓都講是徐陵。內人於余門下諸子皆極眷眷，以俞樓之役徐花農孝廉之力居多，病中猶道及之。

自奉慈姑罷出遊，郤縣兩事在心頭。一思愛子關山隔，一憶西湖舊住樓。自太夫人至蘇，內人常居家侍奉，然恒念西湖不置，自言心頭有二事：一念兒子紹萊遠宦直隸，一念西湖弟一樓也。

湖樓卜築衆門生，自夏徂冬竟落成。添得西頭兩閒屋，多情更感老彭鏗。去年精舍諸君子爲

〔一〕偏，原作「偏」，據蔡啓盛《校勘記》改。

余築樓孤山之麓，適彭雪琴侍郎巡江至蘇，余親家翁也。以内人多病，力勸明歲至西湖養疴。及至杭州，見所築俞樓隘小，恐不足容，乃自出錢，補築數椽，疊石穿池，風景較勝。

春風同泛木蘭艭，山色湖光緑到窗。更爲嬌孫聘新婦，玉蟬金雀總成雙。今年至西湖同住俞樓，於三月二日爲孫兒陛雲聘彭雪琴侍郎孫女爲婦，内人出金玉雙如意爲聘禮焉。

六橋内外徧遊還，又自安排欲入山。孤負籃輿親料理，不曾真到九溪閒。内人擬於閏三月上巳之辰至理安一游，兼探九溪十八澗之勝，舊有籃輿二具，内人親督奴輩整理之。然其時實已病矣，不果往也。

爲怕尖風枕簟涼，窗欞高下手親量。至今竹杖分明在，上有彎環墨兩行。内人以余湖樓中卧室窗皆北向，慮秋冬時不免多風，乃濳量窗槅高低大小，以余所用方竹杖畫墨痕識之，擬秋閒爲余布置。病中偶爲余言之。今竹杖墨痕猶在，其將如何布置，則不可知矣。

小住西湖一月餘，精神翻覺勝家居。如何纔返吴門棹，便與湖樓迴不如。内人於二月二十五日到湖樓，至三月二十四日適滿一月，此一月中精神興會殊勝。二十四後眠食稍減，然起居如故也，乃閏三月十五日還蘇寓，次日即卧病，從此不起矣。論其十餘年積病之軀，誠不足怪。然以一月前湖樓光景而論，則真變出意外也。

宵來明月又當頭，小立中庭略舉眸。清興從今收拾起，不能再作曲園游。十五日夜閒，月色甚佳，内人猶至中庭小立。嗣後淹淹牀褥，並曲園不能再至矣。

聽盡殘更總不眠，擁衾重與坐燈前。自言吾病今休矣，珍重君家是暮年。内人素有氣喘之病，至是大發，猶以爲老病無妨也。然内人自知不起，每夜分不寐，擁衾而坐。余往視之，輒曰：「吾不起矣，君亦暮年，善自保重。」

夜深更與話家常，處置還如往日詳。四十年來心血在，可憐到死未能忘。内人病中與余言家事甚悉，余當一一遵之，不忍負也。

平生恨不習醫巫，束手真教一策無。終日皇皇竟何補，徒然白我數莖鬚。余年近周甲，而無一白鬚。及内人病，終日皇皇，遂有數莖白者。

雜進參苓總不靈，更無妙藥可延齡。癡心欲乞觀音力，日寫《高王》一卷經。時醫藥雜進，訖無所效。余癡心欲仗佛力護持，日寫《高王觀世音經》一卷，亦歸無濟。《高王經》緣起《出冥祥記》，見《太平廣記》一百十一，蓋流傳自北魏時也。

語言從此日模糊，病到垂危不可扶。數日前頭留片語，願將遺蜕葬西湖。病勢日益甚。面目浮腫，氣息促數，共知不可爲矣。至此亦不甚有言，惟臨終前三日顧余坐牀頭，有願葬西湖之語。

兒女都環病榻前，諸孫内外亦齊全。始知朕兆君先露，及早催回潞水船。時兩兒、兩兒婦，兩女、兩女壻及内外諸孫無不咸集。余歎曰：「送行人齊矣。」所尤異者，大兒時官北運河同知，内人無歲不病，未嘗召之回也。今年正月間，亦止尋常小病，而必欲其歸，乃開缺南回，得侍湯藥月餘，亦可異矣。

昏昏已歷幾昕宵，輔頰無端欲動摇。氣息益微聲轉寂，誤猜安卧到明朝。内人病中自言亦無他苦，但覺昏沈耳。已而輔頰兀兀有欲脱勢，即顧余曰：「今日與君别矣。」然自此又俄延數日。

病狀原知日日添，如無如有脈難參。可憐醫去君猶問，能否重過六月三。臨危之日，諸醫並進。一醫診畢而去，内人猶問余曰：「吾能過六月初三否？」是日乃内人生日也。

驚聽帷中驟一呼，執余兩手强支吾。須臾撒手悠然去，萬種傷心片語無。屬纊前稍覺安睡，兒女輩屏息待之，余亦於外房小坐。忽聞内人呼余，余趨往視之，執余兩手，狀甚倉皇，未幾撒手而逝矣。

一閉黄腸永不開，今朝真送到泉臺。回思兩月前頭事，正在孤山拜佛來。四月二十四日爲大殮之日，回思前三月二十四日，内人在西湖孤山寺拜佛，並乘舟至詁經精舍小坐，相距止兩月耳。

慟哭靈牀朝奠初，伊蒲素饌雜精粗。湖樓一事先成讖，饋到嘉肴半是蔬。既斂之後，遂陳朝奠，不用葷血，俗例然也。回憶在湖樓時，門下諸君時餽肴核，以内人持齋，蔬菜居半，此即爲之兆矣。

昔年一病已難痊，又得重延十二年。十二年中眉略展，算將辛苦補從前。内人於戊辰春大病，幾危，無何竟愈，屈指至今適十二年，殆世俗所謂延壽一紀者乎？此十二年中，大兒補官，二兒得子，吴中曲園告成，家境亦稍裕，所見皆吉祥善事。殆造物者以酬其早年之辛苦也。

偕老何能到白頭？平時癡願本難酬。與君花燭重諧日，尚欠光陰二十秋。相識中有白頭夫婦重行合巹之禮者，内人甚羡之，謂余曰：「吾兩人能如是乎？」

死後容顔勝似生，居然潤澤又豐盈。不知何事微含笑，或者真歸佛地行。臨危前數日，病容殊不可看。及小殮之後，面色腴潤，轉勝生前。且口角微有笑容，或者已歸善地乎。

從今誰與共提攜，自出中庭自入閨。此景是君先料定，如何度日只孤悽？內人年來自知壽命不長，每謂余曰：「我死後君一人孤孤悽悽，如何度日？」

平生原不望期頤，況是孤生竹一枝。莫向空帷哀永逝，相逢地下料非遲。趙甌北先生《悼亡》詩云：「得死夫前原是福，相逢地下料非遲。」內人極賞其真切。今內人先我而死，頗與上句合。然則地下相逢，自當不遠。內人病中謂余曰：「我死後君亦恐不永年。」此語或非無因也。

詠物廿一首　俞樓雜纂弟四十二

亂書

縹囊緗帙最精工，日久驚看亂似蓬。絆惹蛛絲難拂拭，消磨蠹墨易矇矓。白黏菡萏多年瓣，紅夾臙脂一縷絨。底事牙籤重料理，無人坐對小窗中。

舊畫

幾幅丹青戲品題，多年珍惜在蘭閨。嬌憨伏氏傳經女，秀逸文家寫韵妻。一自風欺兼雨涴，不堪緑暗又紅凄。異時重展冰綃看，絹海膠山化作泥。《傳經》《寫韵》兩圖，皆所藏畫也。

廢紙

新樣蠻牋出益州，而今黯淡總堪愁。疊成方勝形猶在，畫作圍棋局尚留。何忍零星充蠹腹，還堪約略辨蠅頭。莫嫌消盡桃花色，曾共題詩詠玉鉤。

禿筆

翹軒寶箒試新銂，珍重毚豪一束青。斑管略停因問字，柔翰浄洗爲鈔經。錦囊手製裁文綺，珊架親安傍畫櫺。今日不堪重檢點，鼠鬚雞距總飄零。

賸墨

曉窗辛苦擣烏丸，未許金壺汁暫乾。松麝至今猶賸在，光陰誰料竟磨完。更無殘賸分眉際，翻有新霜上鬢端。黑玉半規金一笏，豈宜重向豹囊看。

餘香

藹縣小炷吐芬芳，銅鴨安排曲檻旁。已喜濃薰到書卷，更留餘馥在衣裳。卍文重疊難延壽，心字迴環易斷腸。日日沈檀親手爇，杳無消息透靈牀。

昏鏡

抛却菱花不計旬，玉臺金鵲總埃塵。全非秋水匳中物，何況春風鏡裏人。緑鏽已看生隱隱，紅縣空自拭頻頻。昔賢最是多情甚，容易傷心爲李均。

塵榻

密密簾櫳小小房，頻年卧起費商量。粗成可體逍遥坐，未就安禪曲彔牀。鼠跡朝來仍跳盪，蛩聲夜半太淒涼。不教侍女頻頻掃，會見凝塵寸許長。

遺篋

制非撲滿又非囊，小物零星盡此藏。米欠煤逋貧士籍，鍼頭綫脚女兒箱。幾回檢點誠無用，十載都盧總在旁。玉鑰金匙珍重甚，爲憐遺意替收將。

故衣

藕絲衫子石榴裙，稱體裁量亦自欣。此日梅黦誰與澣，昔年艾納必親薰。不多長物無須施，欲寄泉臺未忍焚。空使蕭郎對遺挂，夜深清淚總紛紛。

敝扇

桃枝小扇卷還舒，出入懷中十載餘。一握銀花今尚好，數行瑶碧我親書。可憐塵篋長封處，不是妝臺乍卻初。留得聚頭佳讖在，九泉相見諒非虚。

殘棋

緑窗無復對楸枰，久斷涼宵腷膊聲。太息流光如局换，那教方罫不塵生。抛殘玉子温涼亂，收向雕匳黑白并。他日集真仙島上，手談重與定輸嬴。

短檠

短檠三尺竟安施，遮莫尖風到曉吹。墻角已成長棄物，窗前猶記共挑時。深沈黄壤光難借，寂寞青燈味可知。此後夜長人不寐，惟邀明月入簾帷。

長簟

玲瓏長簟織龍鬚，筍席桃笙得似無。每到涼宵常自捲，未當暑夕不輕鋪。茫茫泉路終年冷，寂寂空牀竟夕孤。收拾付將嬌女去，不教虚伴舊青奴。

裂笛

寥亮商聲最可思，宵深漏静聽横吹。殘梅落盡春光老，旅雁催歸夜色遲。銀字調高如昨日，金閨人去已多時。不須更問柯亭事，枯死琅玕竹一枝。

破瓶

不是官哥亦可誇，裂痕何意竟横斜。插來翻怪花無福，補去終憐玉有瑕。安得仙膠獻方朔，擬將神石鍊靈媧。如今應悟浮生幻，破甑區區未足嗟。

碎錦

休言鶯錦與蟬羅，庸帛恒絲也不多〔一〕。昔日翦裁殊未就，今朝併疊待如何？夜深誰試紅

〔一〕 絲，原作「絲」，據蔡啓盛《校勘記》改。

牙尺，老去愁聽白緒歌。見説五銖仙袂薄，無須新樣鳳皇窠。

斷釵

當日妝臺白燕釵，瓏璁新製亦殊佳。玉蟬金雀今無分，香霧清輝舊有懷。記得緑鬟曾手插，不堪黄土竟長埋。瓊枝敲斷何須惜，七寶同心事已乖。

棄杖

買得天台三尺藤，浪誇足力近來增。看花曲圃晨先到，踏月長隄晚尚能。一自秦臺騎鳳去，任他邛竹化龍騰。遥知安穩瑶京路，銀角桃枝總不憑。

散錢

莫問黄標與紫標，雙魚雙鳳總魂消。數從青瑣人何在，穿向紅絨事未遥。泉布先生仍不恙，冥游上寶竟須燒。老夫欲掛青�杖，怕見彎環墨兩條。事見《百哀篇》。

藏珠

驪珠見説出隋侯，如此沈淪可歎不？吐采每愁明月妬，韜光長伴夜臺幽。漢濱神女何由見，海底鮫人未許求。我是無心真罔象，他年赤水與同游。

五五　俞樓雜纂弟四十三

余流覽國朝諸家記載，有可喜可愕可感歎者，刺取其事，分爲五類，類各五事，得二十五事，因題曰《五五》。昔《昭明文選》録《七發》《七啓》《七命》諸篇，題篇曰七，余用其例也。

五義

曲園叟曰：「立人之道，曰仁與義。」然余以爲仁與義非有二道也。義者所以行其仁也，是以伯夷、叔齊扣馬而諫，太公謂之義士，而孔子以爲求仁而得仁。仁義豈有二哉？余觀匹夫匹婦之所爲，有士大夫所不及者，殆古之所謂義士者歟？孔子不云乎：「義以爲尚。」故著斯篇。

王全，河南南陽府某縣人，有子七歲，寇掠之去，仍棄之中路。有翁媼拾而養之，遂以爲子，義不得返。全無子，乃議買妾。唐縣有謝萬程者，事親孝，父死，貧無以斂，目其妻李氏而泣。李知之，請自鬻爲喪具。於是全乃出白金二十四兩買李以歸。李哭請於全曰：「妾生士家，知詩禮，翁死，不得已而鬻身。君誠能全妾之節，君德洪天，必昌厥嗣。妾願早夜供績紝，償君貲。」全許之。俄而全子以翁媪皆死，復歸於王。而全之兄曰大有者，小人也，以全私納亡人，訟於官。南陽郡丞張公三異鞫之，全曰：「此非亡人，吾子也。向掠於賊，今歸耳。」問少婦何人，曰：「此唐縣謝萬程之妻，鬻於我爲妾，而不我妾也。」張公召萬程問之，萬程具言所以鬻其妻者。張公歎曰：「古有傭身以葬其親者，世傳爲孝。爾若此，可謂孝矣。」乃笞大有，命全子仍歸全，謝妻仍歸謝。而旌於謝萬程之門，曰「節孝雙奇」。

曲園叟曰：謝之孝，李之節，是固奇矣。乃王全者，亦天下之義士也。不旌其門，何歟？《陳書·徐陵傳》：弟孝克當侯景之亂，京師大饑，賣妻臧氏與孔景行，妻不肯，卒賣之，以其貲養母。景行既歿，妻歸謂孝克曰：「往日之事，非爲相負。今既得脱，當歸供養。」遂復爲夫婦。徐孝克之賣妻養母，與謝萬程之賣妻殯父，其事正同。乃孝克之妻不克完節而歸，則以買者非王全也。故余反復此事，而歎王全高義，尤不可及。

陳確，字繹思，江寧人。其父官長沙之湘鄉，遂家焉。確爲人尚大節，不治生，工詩文，所居一茅廬，書數卷，竹數竿而已。有和本初者，本北人也，傳者失其郡邑。其父以守備官楚中，而本初遂爲善化縣學生，確與善。既而本初爲粤東一縣令延致幕中，時確方客游永新，本初謂令曰：「吾有友陳繹思在永新，久不相見矣，公許我迂道訪之，則從公往，不然，請辭。」令諾之。中途易小舟，逶迤入永新境。未至，墮水死。確在永新，意忽忽無聊，移寓蕭寺，日買酒爛醉。醉輒賦詩，摇筆如飛。或拔劍狂歌，呼平生諸故人姓名，人皆以爲狂，莫省其故也。俄而本初訃至，確疾走至其所，撫棺大哭，氣幾絶，家人救復甦。有間曰：「本初爲我死，吾何復求活？吾從吾友地下耳。」不食，數日亦死。

曲園叟曰：朋友爲五倫之一，世之悠悠者奚足言朋友哉！若陳與和可謂死友矣。雖羊、左何以尚兹！

王良梧，貴州平越府人，設逆旅以待四方之客者也。時有劉宏甲者，字天繩，山東單父人。父具瞻，官雲南澂江府經歷。宏甲與弟宏基，奉母趙氏家居。俄而滇亂，音問久絶。及寇平，道復通。宏甲請於母曰：「宏基可任子職，兒將往求父，願勿以兒爲念。」乃挈一僕以行。越二月，至平越，所主即王良梧逆旅也。而宏甲與僕俱病，數日，僕竟死。宏甲伏枕痛哭，不知所爲。良梧聞哭聲，哀之，詢其故，曰：「孝子也。若好將息，南行之事，吾當爲若謀之。」於是良梧爲營葬其僕。又數日，宏甲病稍差，乃問良梧曰：「君前許爲吾畫策，此閒寧有人可共緩急，與俱之澂江者乎？」良梧唯唯。有閒，又問，良梧乃曰：「君以孤弱，入不測新定之地，而欲求可與俱者，此非吾所能任也。所能任者，獨吾耳。」宏甲頓首謝，乃以酒酹地，約爲兄弟，遂共發平越。是時所在土寇蠭起，城堡咸戒嚴，往往至莫不得宿處，則露宿草莽閒，皆以良梧護持，得無恙。又遇盜於大哨坡，脅以刃，宏甲泣告以尋父事，盜乃悉取其所齎金，曰：「憐汝孝，還汝衣被，免汝以寒凍死。」而良梧所分齎金則以智匿，得全，卒資以達澂江。而澂江經歷已更數員，詢之舊胥，則曰：「若翁今在永昌矣。」宏甲念更當西行二千餘里，辭良梧，良梧曰：「爲德不卒，非夫也，行耳。」及至永昌，始知其父實在騰越之盻頭鎮。自永昌至騰越三百餘里，自騰越至盻頭又二百餘里，瀘水出其東，緬甸八百媳婦皆在其北，殆非人境也。良梧竟與宏甲俱至盻頭，達其父具瞻所在。具瞻方爲贅壻於張氏，乃以張氏俱歸。良梧復從行，至鎮遠而別。

曲園叟曰：余觀國初諸老文集所載孝子尋親事夥矣。夫父子，天性也，然跋涉萬里，出入虎狼盜賊閒，上峥山，踰深溪，蹠穿膝暴，以求其親之所在，世已以爲難矣。乃以逆旅之人，哀憐其孝，相從俱往，愈求愈遠，而卒不舍去，竟與俱歸。嗚呼！若王良梧者，可謂義士矣。

李生春，字振揚，商丘人，農家子也，力耕以自食。有從父者，善治生，銖累所積，有錢千緡。及疾革，趣召生春，生春至，乃無一言。如是者數次，終無一言而卒。卒，而生春奔赴，則司計者告曰：「槖中錢千緡，若從父所蓄也。遺命畀若，其與若兄平分之。曩所以屢召若而無言者，爲此也。」生春哭曰：「從父雖無子，固有女。此纍纍者，吾從父一生劬手足、節口腹，萬苦億辛而始有之者也，豈不欲有子而遺之？不幸終無所出，而至於大故，乃不以畀其女，而畀我兄弟，吾其忍受之哉？且曩者屢召我而無言，其有以命我矣夫。願以吾所應得者，歸吾從父之女。」及兄至，奉其半以進，而告之故。兄曰：「爾能是，其以吾爲非人邪？」悉以遺從父之女。

曲園叟曰：世之人重利而輕義久矣！李生春農家子，非素聞士大夫風義者也，而其行事若此，斯爲難矣。其兄感生春之一言，推其所有，浩然而去，蓋亦義士也。搢紳之家，親兄弟爭錢財或至爭訟而不已，亦獨何哉？

濮氏女者，浙江桐鄉人也。其父無子，家産萬金。而其母妬，父不敢畜媵妾，止生此女。以吴生壻之，盡以萬金畀女爲置利，田宅、奴婢、什物咸備。吴生故貧士，得此大喜，美衣食，飾車馬，從里中富豪兒遊甚樂也。而女獨自念母以女故斬濮氏祀，義不忍，從容白母：「阿母即百歲後安能享異姓一杯羹乎？且毋乃令濮氏世世宗祠不血食乎？」母怒罵曰：「婢子！吾用萬金養汝，汝乃爲是言！犬豕猶知人意，汝不如犬豕乎？」女于是不敢復言。一日，父過其家，女私語父曰：「母之心，父所知也。女爲父置一婢，父時至令侍巾櫛。天幸得生男，存濮氏祀，女死瞑目矣。」父喜過望，與女約如生男，則萬金與汝中分之，女笑不答。歲餘，果生男，女載之母家，會濮氏一二長老，以所生子見告以故，母大驚且怒，然已不可奈何。復自念：女逆我至此，安用此逆女爲？不若長養此兒，誓不予女一錢。於是收其田宅、奴婢、什物，趣反爾吴氏舊居，毋相見。吴生日窘窮，故所與遊富豪兒皆與絶，途遇或姍笑之，吴生憤恚，欲手刃女，女自度無所容，雉經死。

曲園叟曰：古有義姑姊，若此女者，豈非濮氏之義姑姊哉。其夫小人，其父又闒宂[一]。故其志成，而其身竟隕，是可悲矣。是濮氏所宜世世祀之者也。

[一] 宂，原作「冘」，形近而誤，據文義改。

五奇

曲園叟曰：《易傳》有之：「庸言之信，庸行之謹。」君子之道，何取乎奇哉？雖然，天下本無所謂奇也。奇生於庸，自庸庸者滿天下，而一二高行之士乃以奇見矣。古語云：「白璧不可爲，庸庸多後福。」余甚悲焉，故著斯篇。

髯艄公，武昌之舟人也，莫知其姓名，以髯美，故名焉。其時爲勝國之季，獨操一舟往來吴楚間。楚黄有陳大巖者，賃其舟至金陵。見其髯五綹，長尺許，甚美，目光煜霅如炬，怪之。及暮，當泊舟，有水牛數頭浴于江，適當泊處。髯以左右手各持一牛蹄擲岸上，如投鼪鼯，數擲而盡。其行止不擇地，每至荒洲孤嶼，繫牂柯焉。大巖患之，髯笑曰：「壯士行，何畏也！」大巖俄見舟尾帷幙内有女子，年可十七八，嫺雅似士族子，心益疑。一日曉起，遥望岸上有酒家幟，顧謂髯曰：「能爲我沽酒乎？」曰：「諾。」索百錢提壺而去。大巖起，招女郎問曰：「汝誰家子？何從髯居？髯何人也？試語我。」女泫然曰〔一〕：「妾杭人也，從父粤西歸。舟次湘潭，一家

〔一〕泫，原作「泫」，避清帝玄燁諱，徑改，以下不再出校。

十人皆戕於盜。盜欲掠妾去，髯忽從他舟入，揮刀殺群盜，盡殲之。妾叩頭請死，髯曰：『吾非盜，爲汝殺盜耳。汝今無所依，盍暫居吾舟，當訪汝親戚而歸之。其無歸也，當爲汝擇佳壻。吾義不污汝，勿怖也。』於是妾遂從髯居此舟，而髯自獨宿篷上，風雨雷霆無所避。所往來者四五人，相與登山入水，取虎蛟肉爲脯以佐酒。四五人切切私語，或笑或哭，不知所語云何。夜半，或登高觀天象，歸舟輒大哭。取酒痛飲，飲醉復大哭。妾不知爲何人也。」語至此，望見髯自酒家歸，女仍入帷幕中。髯持酒脯至，大巖迎拜曰：「公異人也，吾俗眼安識公哉？」遂與共飲。髯曰：「萍水相逢，請留一言爲驗。君雖有文，然非科名中人，且無子。」大巖曰：「科名有命，何敢妄求？但得一子使祖宗血食不斬，足矣。公異人也，能爲吾畫策乎？」髯沈吟久之，曰：「吾舟一處女有福相，請以妻君。此女當生丈夫子五，君不能任也，然猶可一子。今日良吉，吾爲君成之。」即呼女出，取酒合巹成禮，悉以前盜所劫金歸之。大巖既婚，思歸。髯仍自送至九江縣，辭曰：「天下將亂，君宜自愛。吾亦逝矣！」大巖夫婦牽袂留之，不可，絶袂竟去，不知所之。大巖所娶舟中女，果産五男。前四子俱夭，惟季子存。

曲園叟曰：髯何人哉？其古虬髯公之流亞歟？惜陳大巖碌碌無所見，不足以希李衛公也。當明之季，天下未嘗無英雄，其時不能用耳。然如髯者，意趣非常，殆猶不屑爲人用也。

侯老道，不知何許人，道光中寓京師之五道廟，狀如六十許。終日閉目坐炕上，不與人語，語亦不可辨。有范君者居廟中久，每於人定後聞其與廟中道人語，頗明哲，云：「勝國時曾隸周忠武麾下爲偏裨。忠武陣亡，曾收葬其尸。後遇異人授吐納之術，故至今未死也。」又云：「賊薄寧武時，忠武守甚固，閒一二日，輒匹馬入賊營蹂躪一次，所向披靡，無敢當其鋒者。自賊營回，必過一橋，橋下水已涸。賊伏健兒橋下，伺忠武馬過，突出斫〔一〕之，忠武若不知者，略撥以鎗之末，而賊已顛仆數十步外。死勇如此而城卒不守，天也。」又云：「吾在軍中善用鞭，至今猶存其一於山西某店中。後再過物色之，已用爲馬枊矣。」其他所言甚多，范不能盡記。後不知所終。

曲園叟曰：以余所聞，周忠武幕府有王將軍，名好智，年八十餘，用雙鐵鞭，重二十有四斤，號王鐵鞭。當寧武之將陷也，忠武出南門，王將軍出北門。賊勢盛，不復能合，忠武與將軍同日死。而侯老道亦用鞭，鞭尚存其一，則所用亦雙鞭也。豈侯老道即王將軍，當

〔一〕斫，原作「斫」，據文意改。

時實未死乎？然王將軍之死也，其僕王印求其尸不得，得一馬死草澤閒，矢集身如蝟毛，鐵鞭一在其傍，即將軍鞭也。因於左右求之，得一臂，臂有志，知是將軍臂，因奉臂以歸葬。其詳見於國朝王源所爲《王將軍傳》。是王將軍死狀明白，侯老道者又疑非矣。余獨怪自明亡至國朝道光中一百八十餘年，而侯老道猶在，是其得道不死者矣。興亡往事，當付之劒首之吷，然乃慷慨言之，不能自已，且尚戀戀於一鞭，得無精悍之色猶見於眉閒乎？是可異矣。

吕尚義，江西大庾人，世居南源山下。其地在大庾、崇義二縣之閒，土田肥美。然界連廣東，層巒峻嶺，爲盜淵藪。山有錫壙，群聚開采，嵩老錫竭，則四出剽劫，人莫敢居。惟尚義結廬其下數十年，賊莫能害。尚義與妻俱善鳥槍，十步可發三槍，發無不中。每賊至，夫婦二人雙槍並放，若連珠然，歲殺賊無算。廣東萬猴山有賊魁藍姓者，率其黨數百人，白日持槍礮過大庾嶺，昌言往南源殺尚義。時尚義妻已死，一女亦能用鳥槍。父女二人共殺賊五六十人，餘賊走匿山谷。南贛鎮聞之，命兩守備以兵來。尚義曰：「官兵來甚善，賊在山谷，弟隨我來，可盡禽也。」兩守備以林深箐密，頗憚之，不得已從尚義往。尚義鷹目，雖百步外賊伏草莽中皆見之，發槍即中。賊驚起，踰山走，官兵環顧，莫敢捕也。得其所遺器械以歸，於是大庾、崇義兩縣令皆奇尚義，争欲署爲捕頭。尚義悉謝之〔二〕，曰：「農民不願充役也，苟有事，不敢辭死。南源有吾女在，可無憂矣。此外如有山賊入兩縣竟，願從官兵捕之，賊聞吾至即走耳。」兩縣令大喜，厚賫而遣之。然山賊自是役大創，終尚義之身不敢復涉其竟。

曲園叟曰：吕尚義與一妻一女三人耳，無徒衆也，遂能殲除山寇，捍衛鄉里，終其身賊不敢犯。是以三鳥槍守兩縣也。火器誠利器哉！其事在康熙時，民閒已有善用火器如尚義者，誰謂槍礮必出外洋也？國家歲糜金錢無算，構求洋槍洋礮，誠得如尚義妻女數百輩，散佈濱海要害之地，亦足以禦外侮矣，奚事他求哉？

石哈生者，或言秦人，或言蜀人。無妻子，自鬻於西安某姓之家，供擔纏薪菜之役甚謹，寡言笑，無喜愠色。人問其名，曰：「無名也。」乃共呼之爲哈生。哈生者，俗言浮浪人也。哈生獨與富平人宋石芝善。宋石芝者喜讀書，不爲章句學，賣卜於市中。靖逆侯張勇方少賤，常就之卜，輒效。已而張侯起家行伍，積功至專閫。方是時，吴三桂反雲南，大兵討之，相距於石萬溪。其山三面皆斗絶，獨一面稍平，賊據以守，期年不能克。朝廷復命張侯往助之。張侯願與

〔二〕尚，原作「大」，據上下文義改。

石芝俱，不可。以千金壽其母，强之以去。而張侯所部皆西北人，滇路崎嶇，又值霖雨，多疲憊，杖而行，大軍皆八旗勁旅，見之笑曰：「是尚能殺賊乎？」呼之曰「張娘子軍」。張侯就石芝問計，石芝曰：「此山東南隅有閒道，人無知者，賊必不爲備。明日使副將統兵，會大軍戰，而君侯潛引鋭卒三百從閒道步行，沿嶺攀葛以上，則賊必驚潰矣。」如其言，果克萬石溪，於是張侯之威名大振。其後平定諸藩，多出石芝策。張侯謂石芝曰：「公天下才也！」石芝仰天歎曰：「嗟乎，君侯未見吾師耳！」問所師何人？曰：「石哈生。」及歸西安，大陳金幣邀哈生。至，敬拜之。哈生瞋目叱曰：「始吾以若爲非常人，今止是邪？」不顧而去。

曲園叟曰：天下弟一流人皆不見於世者也，張侯爲昭代名將，名垂竹帛，而莫知其功之出於宋石芝。宋石芝佐張侯成功名，而莫知其學之出於石哈生。石哈生則溷跡人奴，汶汶没世，嗚呼奇矣！

田世亨〔一〕，字子貞。其先世以武功爲睢〔二〕陽衛指揮，遂籍焉。世亨幼喪父，復不慈於其

〔一〕亨，原作「享」，據《光緒續修睢州志》《清稗類鈔・姓名・名亨而不亨》改，後又徑改。
〔二〕睢，原作「雎」。

母，凡冠婚諸事爲人道所當有者，輒齟齬不得當，年益壯而窮益甚。布政使丘公茂華，其父同年生也，以書屬世亨於州牧某公：「此吾年家子，幸善視之。」州牧召世亨，湯沐之，置酒食，備主人禮。飲未半，俄報丘公左官，草草罷去。已而有李公者按察中州，亦其父同年也。世亨上謁，慰問周至。問有子讀書否？對以有子且讀書。則曰：「學使者，吾密友也。吾當爲游揚，隸若子於庠。」已而學使者遷去，遂不果。世亨每出，雖晴，中道必雨，罷歸則又晴。每訪人於附近村聚，其人必於前一二時許他出。或持錢入市有所求，則所求之物適亡矣。如是者數十年，累試不爽。人皆笑曰：「君名亨，何鈍也？」世亨曰：「謂吾鈍，良然。」因自號曰鈍庵。

曲園叟曰：若斯人者，古亦有之。《太平廣記》引《異苑》云：有人姓劉，人若與之言，必遭禍難。惟一士謂無此理。劉聞之，欣然而往，自説被謗，君能見明。答云：「世人雷同，何足恤？」須臾火發，資畜服玩蕩盡。於是舉世號爲鵂鶹。脱遇諸塗，皆閉車走馬，掩耳奔避。又引《獨異志》云：淮南有居客盧嬰，氣質、文學俱爲郡中絶，但甚奇蹇。若在群聚中，主人必有横禍，或小兒墮井，或幼女入火。時元伯和爲郡守，始至，愛其材氣，特開中堂設宴，衆客咸集。伯和戲問左右：「小兒墮井乎？」曰：「否。」「小女入火乎？」曰：「否。」伯和謂坐客曰：「衆君不勝故也。」是日，軍吏圍宅擒伯和，棄市。此二人視鈍庵更甚矣。余録奇人，終以鈍庵。昔人不云乎：其才無之而不奇者，其數無之而不奇者也。才奇，故數奇。嗚呼，是可慨矣！

五愚

曲園叟曰：余讀《列子》書，至北山愚公、河曲智叟事，未嘗不歎曰：「愚固勝乎智哉！顔子如愚，非真愚也；寗武子有智有愚，非一於愚也。一於愚者，入水不溺，入火不熱，用志不紛，而疑於神。昔黄帝失其玄珠，使智索之不得也，而罔象得之。愚之功效大矣哉！」故著斯篇。

徐三瘓腳，農家子也，傳者不詳爲何縣人。童時有痘疔生足底，遂不良行，俗謂企踵行曰瘓，而其人於兄弟行居三，故呼之曰徐三瘓腳。瘓腳不識字，然自幼惡釋氏。有僧至門，必持椎逐之，遇於塗，則詈曰：「懶奴！懶奴！」其時國家初定鼎，民未親附。瘓腳聞四方有起義兵者，乃謂其父曰：「我家何不起義？」父曰：「癡兒子，我鄉農也，何義之起？」於是瘓腳大懟其父，曰：「懦夫！懦夫！」疾走村學究所，求書忠義二字，學究書與之。歸，即裂白布一幅，依學究所書點畫，大書二字於布，揭竿標之門前。父大驚，取布裂之，唾其面曰：「我一家爲爾死積五日，母往探之，僵矣。告其父曰：「癡子胡以死？」發其被，五日所餉之飯，粒粒皆在。矣。」瘋腳憒懣不能語，入其室引被自覆而卧，呼之起，不起，與之食，覆之被中。

曲園叟曰：如徐三瘋腳者，其事至可笑，然不謂之愚忠不可也。勝國之臣，以桀犬吠堯，聖朝寬大，咸予褒揚。而徐三瘋腳泯没無聞，非野史流傳，孰知草野之中，有此䟫踦之癡子哉？

奇奴者，不知其姓名。康熙二十三年，上幸塞外還京，有人衣短後衣、無冠，跪道旁呼萬歲。上止輦問之，對曰：「條奏時務十二事。」上問：「若何人也？」對曰：「刑部郎中某甲家奴。」當是時，朝廷清明，天子神聖，臣僚建白罔不嘉納。然人奴妄言得失，辱朝廷而羞當世之士，非盛世事也。執付所司。按律，衝突儀仗，妄行奏訴，發近邊充軍。乃杖而流之關外。奴仰天歎曰：「吾爲人奴，雖勞苦，不廢書，以今世之務合吾書之説，所宜言者固多。意臺省諸大官，此月不言，必他月也，他月無聞焉；意今年不言，必明年也，明年又無聞焉。吾不復能待，故冒昧言之，而以獲罪也。」未出關，杖瘡發，死於路。錢唐馮景爲作《奇奴傳》。

曲園叟曰：此奴直庸妄耳，何奇哉？當是時，三藩之亂已定，海内無事，朝政修明，天下熙熙，嚮治乎矣。度其所言，亦未必皆可采。奇奴乎哉！雖然，其愚不可及。

滎小兒，遂城人也。生而聾，且無慧，父母以其癡也，不命名，呼以小兒，人呼之亦曰小兒，至老不易焉。父早卒，貧無棲止，假市中邏卒半舍以居，日乞於市以養母。每出門，必向母叩頭，歸亦如之。食必跪進，以其旨者食母。母食之甘，則起舞；不，則泣。或所得少，母不肯盡食，留以食小兒，則小兒泣。母死，小兒痛哭三日夜不休。路人哀之，助之棺，葬之於邑西之二郎山。小兒出入，叩頭於母之舊坐處，如母在時。每食輒泣。清明前三四日，無貧富咸上先人冢，麥粥杏酪，相屬於道，松楸閒挂紙錢者相望也。小兒亦齎所乞食，走二郎山祭其母冢。哭而倦，即於樹蔭下卧。卧而鴉雀狐狸食其所齎，覺而喜曰：「吾母食之矣。」既而知其非也，伏地大哭，土爲之溼。鄉之耆耋以聞於縣令，縣令書孝子二字，榜之其門。小兒仍行乞，旦暮拜跪如故。年七十餘，無病而死，里人葬之其母之側。

曲園叟曰：孟子有言：「大人者，不失其赤子之心者也。」如斯人者，終其身一赤子也，謂之小兒固宜，雖然，世之大人，愧此小兒者多矣。

郭六者，江陰市人也。其鄰吴某以乙科爲青神縣令，將之官，而無以辦裝。吴之奴有詒六者曰：「若居積於市，日所得百錢耳，盍以所有奉我公，隨我公之官，且償爾十倍。」六然之，罄所積得百金以獻，而隨之入蜀。既至青神，六無所長，執爨而已。久之，吴亦若忘六之所以入蜀者，而役使之。吳之子、吳之兄弟之子，下至臧獲，咸役使之，六執役無一言。居久之，吳以侵冒軍儲逮入獄。於是吳之子、吳之兄弟之子，下至臧獲，各挾其貲，或不告、或詭告以故，皆去。襆被從吳入獄者一人，郭六也。吳仁懦而闇，諸子弟用事以敗，及諸子弟擁厚貲歸，而吳窘甚。六忍飢寒事之。時獄中同繫者五六人，常招吳飲食。六竊念，我公數飲食於諸官人，而諸官人至，無以報，非禮也。乃私以百錢市酒脯，伺諸官人至，敬進之。客既去，吳怒責六曰：「汝胡不我謀？此不腆者，其可以待客乎？汝不曉事，毋溷乃公爲。」六不敢復一言，詰旦竟去。去數日，以僧服至，拜吳階下。吳喜且泣曰：「汝胡僧也？余所負，賴僚友佽助，十有六七矣。諸子鬻産，行，且至，可千金。幸而集，當與汝偕返，汝胡僧也？」袖出白金一兩與之，曰：「汝暫居逆旅，當朝夕見我。」六頓首謝去，之旅舍，忽大病，昏昏如醉者十日。而吳以限滿不償論斬。斬之日，逆旅主人走告六，六若不聞也。椎其胸而告之，乃瞋目直視。疾趨至市，伏吳尸哭極哀。既斂，櫕其棺於城外隙地。舊時僚友有來弔者，六衰麻執杖、匍匐稽顙如孝子。然有儲玉闐者，其鄉人也，勸之曰：「爾有父母，所聘妻猶未娶，豈得以僧死異鄉乎？吾不久南歸，其從吾返。」六不應。既而之玉闐所曰：「六有黃連二斤，幸爲致吾父母，且告吾所聘妻，其速嫁，六不歸矣。」再拜號慟辭去。

曲園叟曰：愚哉，郭六之爲人乎！無故棄其親戚，捐百金之産，隨人於七千里外，而爲之役，且爲之子，卒以僧死異鄉，此何爲者歟？如六之愚，蓋無足取，然而其人則固以愚傳矣。六負愚，愚固不負六哉！

鄭成仙，歙人也，以織箕爲業，其箕善而價不二，人争售之。少時常以風雨中過坤沙之澗，澗有木橋且朽矣，成仙過而蹶焉，曰：「危哉橋乎！吾幸不顛仆澗中，然必有死是橋者。」於是仰天自矢：「吾當積箕爲石，以石更木。」聞者咸笑之。成仙自此得錢輒易銀，投一小瓿中，薶土銼下，其媪與子皆不知也。中閒屢爲黠者所竊，則又蓄之，如是者三，而年逾七十矣。一日，呼諸鄰叟至其室曰：「吾初願尚不止此。今吾足跰而背傴，行且就木，不及今爲之，橋與身俱逝矣。」發土銼下得瓿，倒而出之，燦若繁星，稱之，重二鎰，媪與子相顧瞪目而嘻，而曩時笑之者亦斂容驚愕曰：「叟果能若是邪？」於是買石鳩工，卜吉經始。稚者負鍤，壯者肩石，奔走從事，窮日不休，未帀月畢工。叟具牲醴，率鄰叟祀神，乃共歎曰：「叟之高義，士大夫所難也。不以名之，後無聞焉。其奚以勸夫富而好禮者？」乃名其橋曰簸箕橋。

曲園叟曰：陸次雲《湖壖雜記》載宋時有輿夫，肩輿得金，自給之外，以餘貲投井，積久建佛寺於湖上。與此事極相類，皆可謂有志竟成者也。然則愚公移山，洵非虚語矣。

五逸

曲園叟曰：自孔子論次逸民，而范《史》遂有《逸民傳》。余讀其傳，心嚮往之。然向長、逢萌諸人，其身雖隱，其名猶著焉。至如野王二老、漢陰老父之徒，則並其姓名而逸之矣。斯真所謂蟬蛻囂埃之中、自致寰區之外者乎？老子曰：「化而欲作，吾將鎮之以無名之朴。」故著斯篇。

潁州耕者，不知其姓名。有張元度者，游於潁。時方仲春，地多桃花林，紅霞錦浪，彌望皆是，甚樂之。林盡處，繡塍交錯，有耕而歌者，聽之皆杜詩也。異之，呼與語，問其名，曰：「村農無名也。」問：「所歌皆杜詩，何也？」曰：「吾不讀書，而略識字，客有遺一書於吾隴上者，吾取視之，或五字爲一言，或七字爲一言，吾愛而歌之，不知其爲詩，烏知所謂杜甫哉？」問：「既愛之，能效爲之乎？」曰：「偶一作之，然不似也。」元度攜有酒榼，招與共飲。耕者曰：「既欲飲酒，盍偕至吾家，去此數十武耳，勝坐草田中也。」乃共至其家，索觀所爲五字七字者，則在舊麻之背，燒細枝爲煤而畫爲字，非筆墨所書也。字多漫滅，可辨者尚數十篇，頗可誦。

曲園叟曰：天下之人皆知爲杜詩矣，然知其爲杜而學之，所得皆皮毛矣。此耕者不知有杜甫，且不知所謂詩，吾意其詩必真杜甫也，惜乎其詩之不傳也。

打卦者，不知何許人。有華氏兄弟者，家無錫之蕩口。偶行於途，見稠人中一術者席地坐，爲人占卦，其辭旨精奥，與他術者異。凡就之占者，異口而同辭曰：「靈，靈！」心異之，問姓名，曰：「打卦者。」數問，答如前。越數日，有盜投刺於華氏。時在國初，大亂初定，寇盜充斥，盜欲劫人家，先使人投名紙示威也。華氏凶懼，因憶打卦者，就問吉凶。打卦者曰：「君欲免禍乎？非吾親至不可。」問：「君與盜豈相識乎？」怒曰：「盜也，何謂相識！」不肯行。華氏兄弟跪而請，乃偕至其家。取甎甓爲數行，布列門外，誡華氏曰：「但闔户寢，勿怖也。」言已自入室卧。華氏終夜不能寐，聞門外人聲、馬足聲、刀戟磨戛聲，達旦不休。天明，打卦者起，曰：「盜來乎？」曰：「來矣，在門外。」打卦者曰：「吾當遣之去。」乃出門外坐，舉肱麾之，盜若寐，盡仆。顧曰：「繩來。」衆以繩至，命一一反接之，皆跪打卦者前。打卦者曰：「男子負膂力，不爲國家効命，顧作賊邪？吾殺汝，蟣蝨耳，姑貸汝死，再來，不宥也。」解縛，叱之去，打卦者亦歸。留之，不可；餽以金，不受。曰：「吾今無事，此姑留君所。」一日，至華氏曰：「吾明日有客至，能爲吾具食乎？誠具食飯，必米一石，酒肉稱是。」華氏敬諾。明日有二僧來，容貌甚偉，始見打卦者，皆拜伏，起而拱立，命之坐，不坐，與之言，跪而對。打卦者曰：「止止，今豈疇昔比邪？然吾在此，爾曹知之，爾曹蹤跡，吾亦知之，奚必數數來邪？吾貧不能具食，有賢地主爲我作主人，爾曹可飽食，食已即去，勿再坐。」因命華氏出所具者，兩僧食之盡，摩其腹曰：「得此一飽，足以至彼矣。」起而爲別，皆泣下，遂去。而打卦者留居蕩口凡十二年，竟死於蕩口。

曲園叟曰：打卦者之術不足異，世固有之，蓋精於奇門者也。然其人則何人歟？豈緑林之魁歟？抑勝國之遺蘖也。

草薦先生者，杭人也，不知其姓名，居鐵冶嶺，經歲不出户。一日，有客訪之，童子曰：「先生方卧薦上，未敢通。」日移晷，客徑入其室，則無人焉。已而牀上有聲窸窣然，先生搴帷而出，謂客曰：「天寒甚，客從何所來乎？」客見先生頭裹氈幘，加以布帽，帽又束以帨，頭上高二尺許。所衣衣厚如重鎧，欲出其手，猝不可出。望其牀薦，高於几，迫而數之，得二十八薦。客笑曰：「牀之高五尺耳，受薦二十有八，薦以寸計，則二尺八寸矣〔一〕。受卧者才二尺許，攀而上，如登山，傴而下，如墜谷，先生得毋勞乎？」先生曰：「噫！吾束髮與海内賢豪長者游，迄於今

〔一〕寸，原作「尺」，據上下文義改。《廣虞初新志》卷三十五《草薦先生傳》正作「二尺八寸」。

有竄死絶域者，有髡其頂而僧者，有墓木拱者，有糊口四方、金盡裘敝不得歸者，而吾偃卧薦上，每度一冬，輒益一薦，誠不自意至二十八薦也。此非吾之幸邪？客惡乎知之？客無言，吾又將卧。」於是人呼爲草薦先生云。

曲園叟曰：昔人有言：「不知一生當著幾兩屐。」如先生言，一生當幾具薦邪？嗚呼！生老病死數十寒暑耳，牀之受薦，固當有餘地，無爲先生憂也。

樵煙野客，吴人也。鎮洋盛大士游西湖冷泉亭，憩飛來峰下，聞呼猿洞中有吟詩聲，攀崖而入，有屋數椽，一童子倚門立。問吟詩者誰，不答；請見之，不許。固强之，乃導之入。屋小而深，一客憑几而吟，年六十許，鬚眉蒼然。揖盛就坐，問來意焉。盛曰：「聞吟聲，故來耳。」問其姓名，不告，亦不問客姓名。盛見壁上有山居圖，自題曰樵煙野客。而審其音，則吴人也。其詩與字皆遒勁而秀逸，盛異之。薄暝，辭去。翼日復往，則客已在冷泉亭，邀至其所居處，瀹茗煮酒，摘園蔬，烹池魚，與盛共飲。酒酣，縱談史傳，歷歷如示諸掌。兼及文章辭賦，升降源流。而近時人著述，皆若無當其意者。盛又固問其姓名，曰：「君何所見之俗也？人之相與，必以姓名邪？然僕固亦非避世之士。少年嘗弋獵浮譽，中歲以人事多故，鬱鬱不樂，故放浪山水，以詩酒自娱。此閒離家不過二三百里，然已七年不歸矣。既與世人絶，遂亦無見過者。今君之來，誠空谷之足音也，盍宿此作竟夕談乎？」於是洗爵更酌，自童子外無他人，門庭闃然。明日盛歸，客送之至冷泉亭，吟孟襄陽詩「待到重陽日，還來就菊花」，一笑而別。三日後，盛復往，則落葉滿庭，蓬門雙闔，叩之無人矣。或言昨有人負書篋至雲棲寺後，疑其是也。盛入雲棲，偏求之不可見。

曲園叟曰：斯人也，蓋真隱居之士矣。《詩》有之：「在彼空谷，其人如玉。」斯之謂與？吾歲至西湖，徘徊南北兩山閒，如斯人者，吾安得而見之？

跣足傭者，楚人也。少孤，無兄弟，不能自存，傭於人以活。善走，雖巉巖峭壁跣足，走荊棘中如坦途無所苦，人於是呼爲跣足傭者。傭者狀甚癯，蓬首垢面，膚如漆，衣敝衣，補綻纍纍然。冬無衾裯，夏無帷帳。寒則藉稻草於地而臥，暑夕或倚壁立而鼻鼾齁如雷，白鳥營營，若不聞也。不葷食，不飲酒，不畜妻子。其傭於人，日取十錢，多與之不受。暇則閉户而捆屨，三四日不食不饑。掘土納所餘錢。遇廢疾寒餓者，則發予之。嘗大暑踰毛竹山，暍甚，求飲不得，幾死。有刈蔗者憫之，斷節瀝汁以飲之，乃蘇。歸而盡發所藏錢，即其地築一亭，日煮茗荈，以飲行者。飲者咸曰：「此跣足傭者所爲也。」然卒無知其姓名者。

曲園叟曰：異哉，傭乎！不飲酒茹葷，不畜妻子，傭於人，不多取，類有道者之所爲。

至其建亭以飲喝者，則古聖賢推己及人之事矣。斯人殆隱於傭者乎？

五悲

曲園叟曰：聖人之悲，悲天命也。西方聖人以大悲稱，所悲者大也。若吾人所悲者，感文士之數奇、歎美人之命薄，特其小小者耳，然已悲之不勝悲矣。釋氏云缺陷世眄，豈不信夫！故著斯篇。

張星象，字介萬，古田人也。生有異稟，嘗作書數千言抵龔進士景瀚，景瀚奇其文，言於學使者朱文正公。歲科兩試，皆冠其曹。與寧化張騰蛟字孟詞者齊名，有「二張」之目。時布政使徐公號知人，嘗謂文正曰：「朱門之有介萬，如韓門之有劉叉也。」乾隆四十八年鄉試將放榜，文正置酒招諸門下士會飲，星象披葛衫、躡高屐，最後至，公目之而笑曰：「昌黎詩云『冥觀洞古今，象外逐幽好』，此謂吾孟詞也；又云『雜作乘閒騁，交驚舌牙齼』，非介萬其誰？」既而孟詞果中式，在坐者亦多售，而星象報罷。星象之文，詰屈生澀至不可句讀，非文正莫能識也。新學使者至，文正薦士十人，星象與焉。又恐其文不得當，數數言之，謂此生實神駿，公當相賞於牝牡驪黃之外。使者聞公言甚焉，及見，故抑之，面加誚讓，星象弗能堪。自念居深山中，讀

《史》《漢》，談荀楊，十數年不遇。一遇矣，又不能及時自奮。知我者方行，而齮齕之者踵至，懼遭黜辱，爲當代大賢羞。時方館於龔氏，一日，蚤起獨行，出西門，至虹山橋，徘徊橋上，竟自投水死，年止三十有一。龔使人求之不得，啓其室，於案上見其與父訣書，驚曰：「介萬死矣！」三日得其尸於白沙鋪，端坐沙中，面如生。

曲園叟曰：朱文正公一代名臣，星象得出其門下，斯亦榮矣。繼之者非其人，則卷而懷之可也。空山之中，讀《史》《漢》，談荀楊，亦豈不足以自樂，而何以死哉？悲夫！張生蓋狷介之士，未足與言道也。

嚴循閑妻羅氏，華容人也。循閑性通敏，好滑稽，以羅貌寢，弗善也。期年，生一女，遂不入其室。羅獨與女居室中，如未亡人。然事舅姑彌謹，中饋之事無闕。循閑多賓客，客至，循閑未嘗入而謀，然飲饌悉具，雖黽勉同心者，或未逮也。久之，循閑病，羅侍牀側，煮藥進糜，夙夜不稍懈，如是者二百餘日，而循閑病益篤。羅抱其女，哭而言於姑曰：「脱有不諱，願姑善視此女。」及循閑死，羅哭極哀，兩手掊地，十指冰裂，爪甲盡脱。姑令婢媪環守之，是夜人定，守者稍倦，縊死棺側，遂合葬焉。里人爲之誄曰：「穀則異室，死則同穴。」

曲園叟曰：豫讓國士衆人之論，固君子之所不取。漁洋山人之詩曰：「如聞柱厲叔，死報莒敖公。」若羅氏者，豈非巾幗中之柱厲叔哉？

吉龍大妻馮氏，武進人也，童養於吉氏，年十八成昏禮。姑病偏廢，馮事之謹，舅姑皆愛之。而龍大者好游蕩飲博，博負，屢欲以婦媚客償博進，婦不可。久之，龍大又狎一婦，引之至家，翁怒，欲逐之，馮曰：「姑病甚，兒終日不能離，得此女佐井臼，甚善，勿逐也。」乃自攜卧具置姑室中，夜則侍姑寢，晝操作如故。龍大時時毆辱之，婦無怨言。久之，所狎婦死，龍大益無賴。會翁病，龍大市毒藥授婦，使飲翁，婦碎其器，跪而勸阻之，龍大愈怒。越日，別市毒藥，强婦進之，不進，且重毆。婦歎曰：「我所以不死者，爲翁姑耳，今無冀矣。」入視姑寢，爲加被，移溺器近牀前。還至龍大所，舉藥盡飲之，謂龍大曰：「吾代翁矣，願以後勿萌此念。」俄頃毒發，遂死。

曲園叟曰：龍大非人也，而有婦若此，異哉！昔有妾不忍其主父主母之死，覆酒而受笞者，而羅氏乃以身死之，更可悲矣。

姚磬兒，姑蘇女子也。其父負博進，以磬兒質錢於秦淮歌者梁四，遂爲女伶，色藝傾一時。吴縣詹鱗飛以應試至白門，舍梁四家，見磬兒，豔之。磬兒亦日聞鱗飛哦詩聲，雖不解，心好之。同舍生吴江趙開仲爲之媒，且要之盟。磬兒曰：「兒一言許詹生，身即爲詹生有矣。死生以之，何盟爲？」及試事畢，鱗飛偕開仲歸，謀贖磬兒，以梁四方奇貨視之，未可與言也。訪知磬兒父居城西，爰以重金畀之，使至金陵贖其女。及至，梁四不可。磬兒乃攀水窗，呼詹生名者再，躍出投秦淮河中，以救者多不死。於是有某公者義之，召梁四而語之曰：「彼父來贖，何得不與？果不與者，吾當以官法治之。」磬兒始得從父行。然其免於溺也，已病。渡江又遭大風，舟幾覆，不食終日。夜沿緣叢葦間，有盜入舟，罄衣資以去，磬兒寒且餓，病益甚。父撫慰之，磬兒笑曰：「兒歸得見詹生，死不恨，此何足云！」既至，鱗飛往視，則磬兒病不能起矣。翼日，竟卒於父所。鱗飛以其柩歸葬之桐涇。

曲園叟曰：一言之許，死生以之，此古烈丈夫事，誰謂得之風塵中人哉？而造物者卒不玉成其事，徒以千金駿骨歸報知己，悲夫！

張有者，高唐農家女也。其父以歲祲乏食，鬻之朱氏。性柔順，主母劉極愛憐之。及長，欲與議婚，有色變，詢之，泣而言曰：「婢子幼時，許嫁某氏子矣，死不敢他適。」劉嘉其志，亟覓其壻，及得之，則已娶妻，且有子有女矣。以語有，有語如前。壻曰：「吾窶人，豈能畜二妻哉？」不顧而去。有守義彌固，劉曲譬之，其志竟不易。久之，鬱鬱以死。

曲園叟曰：夫也不良，不能守其故劍，而匪石之志，至死不移，其可悲也夫！其可敬也夫！《詩》有之：「女也不爽，士貳其行。」斯之謂矣。

枕上三字訣　俞樓雜纂弟四十四

養生家之説，余未有聞焉。然嘗服膺孟子之言，夫人之所以生者，氣也。孟子曰：「吾善養我浩然之氣。」此即養生之大旨矣。然所謂養氣者，豈必偃仰詘信若彭祖、煦嘘呼吸如喬松哉？孟子言之矣，曰：「夫志，氣之帥也。」故欲養其氣，先持其志。何謂志？子夏曰：「在心爲志。」然則養氣仍在養心而已。孟子曰：「養心莫善於寡欲。」余早謝榮利，於世味一無所好，似於養心之旨爲近，然年來從事鉛槧，亦不能無耗心神。臧穀亡羊，其歸一也。程子《視箴》曰：「心兮本虚，應物無迹。」又曰：「制之於外，以安其内。」夫在内者無形之物，雖欲致養，用力無由。而在外者則耳目鼻口及乎四體，皆有形之物，吾得而制之者也。制其外，斯可以養其内，此殆養生之捷徑乎？余嘗有三字訣，雖不足言養生，然當長宵不寐，行此三字，自入黑甜。是則延年卻病，固未易言，以爲安神，閨房之一助，庶乎可矣。因名之曰「枕上三字訣」。

一曰塑

塑者何？使吾身耳目口鼻、四體百骸，凝然不動，若泥塑然，斯謂之塑。其法，無論或坐或卧，先使通體安適，血氣和調，然後嚴自約束，雖一豪髮不許稍動。制外養中，無先於此。

二曰鎖

鎖者何？鎖其口也。凡人之氣，多從口出，氣從口出，斯敗矣。故必嚴杜其口，若以鎖鎖之者然，勿使有杪忽之氣從口而出，則其從鼻出者，不待禁絶，而自微乎其微矣。

三曰梳

梳者何？所以通髮之具也。一塑、二鎖，皆是制外之法，此則由外而内矣。凡人之氣，未得所養，猖狂妄行，或至阻滯而不通，既塑既鎖，乃理吾氣，務使順而弗逆，徐徐焉而下至於丹田，又徐徐焉而下至於湧泉穴。自上而下，若以梳梳髮者然，故曰梳也。

説塑

或問：子之塑字訣，其説甚怪，亦有徵乎？曰：子不聞紀渻之爲周宣王養鬭雞乎？望之似木雞矣，其德全矣；又不聞南郭子綦之隱几而坐也，其形可使如槁木乎？凡此皆吾塑字之説所本也。東坡先生《養生》言曰：「不拘晝夜，坐卧自便，惟在攝身，使如木偶。嘗自念言：今〔一〕我此身，若少動摇，如毛髮許，便墮地獄；如商君法，如孫武令，事在必行，有犯無恕！」嗚呼！塑字之訣盡於此矣。

説鎖

然則鎖有説乎？曰：老子言之矣。《道德經》曰：「塞其兑，閉其門，終身不勤。開其兑，濟其事，終身不救。」塞兑、開兑之説，河上公、王輔嗣均未得其旨，元儒吴草廬解之曰：「此守母之法也。《説文》兑從几、㕣聲。今按：㕣非聲，當爲從八、從口，八象口上氣出，故《易》卦名兑者，亦取口象。塞其兑，謂杜口不言，使氣不自口出。門者，氣所出入之門，謂鼻也。先塞兑，而後可閉門，由不言而漸調息，減息以至無息也。如此，則氣專於内，終身不因勞而至耗矣。」吴氏解塞兑，深得老氏之旨，余有取焉。惟欲口鼻一時閉塞，則初學之士固所不能。又所謂塞兑者，非止不言而已，乃不使氣從口出也。余鎖字之訣，嚴於口而姑寬於鼻，然口嚴則鼻

〔一〕今，原作「令」，據《東坡志林》卷一改。

亦嚴矣，蓋亦事之相因者也。

説梳

敢問梳？曰：此乃養氣之術至粗淺者，就吾所能者言之，不足爲道也。雖然，亦自有説。夫人之所以生死，未有不自坎離者也。坎離合則生，坎離分則死，自然之理也。心爲離火，腎爲坎水，夫人而知之矣。然足底有穴，是名湧泉，竊意腎水之原當在於此。莊子曰：「衆人之息以喉，真人之息以踵。」故愚謂養氣者必導之使下，由丹田而下至湧泉穴，然後可望水火之交也。凡梳髮必自上至下，而執梳者則一上一下相間焉，愚即法之，以行一呼一吸之氣。昔之論龍虎鉛汞者，有龍從火出、虎向水生之説。今用吾梳字訣：其下也火隨之而下，而虎向水生矣；其上也水隨之而上，而龍從火出矣。言固有粗而可以至精，淺而可以達深者也。嘗讀《參同契》第二十一章，名曰《關鍵三寶》，其辭曰：「耳目口三寶，閉塞勿發通。三者既關鍵，緩體處空房。委志歸虛無，無念以爲常。排卻衆陰邪，然後立正陽。修之不輟休，庶氣雲雨行。淫淫象春澤，液液象解冰。從頭流達足，究竟復上昇。」此數言也，吾塑、鎖、梳三字備矣。

塑字考

塑字不見於經傳。六合徐彝舟鼒著《讀書雜釋》云：「今世揑土肖鬼神象曰塐，亦作塑。此字始見於《廣韵》，元稹詩有『匡牀坐如塑』之句，宋以後詩人多用之。又《程子語録》：『謝顯道云：明道端坐如泥塑人。』此唐人俗字也。」愚按：《廣韵・十一暮》塑字注曰：「塑，像也，出周公《夢書》。」《夢書》託之周公，其書雖僞，亦必古矣。

鎖字考

鎖字亦不見於經傳。《説文・金部》無鎖字，然鋃篆説解曰：「鋃鐺，鎖也。」是許書固有鎖字矣。《漢書・王莽傳》：「以鐵鎖鋃當其頸。」則鎖字見於《漢書》。《玉篇・金部》：「鎖，思果切，鐵鎖也。」《廣韵・三十四果》：「鎖，鐵鎖也，蘇果切。」《篇》《韵》皆有，不爲俗字，故大徐以附入《説文》也。字亦作鏁，《篇》《韵》並云「俗字」。

梳字考

梳者，《説文·木部》云「理髮也」，不言是理髮之具。然其上有櫛篆説解云：「梳比之總名也。」則梳與比固同類之物。《史記·匈奴傳》索隱引《蒼頡篇》云：「靡者爲比，麄者爲梳。」《釋名·釋首飾》曰：「梳言其齒疏也。數言比，比於梳，其齒差數也。」《廣雅·釋器》曰：「梳、枇、筐，櫛也。」古書多以梳比並言，則梳爲理髮之具明矣。段氏補之曰：「所以理髮也。」然許書之例有云「所以」者，如「榜，所以輔弓弩」「韇，所以藏弓矢」是也；有直言「器」者，如「杷，收麥器」「櫌，磨田器」是也。安知此文不言「理髮器」，而必言「所以理髮」乎？段氏所補，於義則是，於文則近於專輒矣。字亦作疏。《急就篇》曰：「鏡籢疏比各異工。」蓋古字本作疏比，後變爲梳枇。據許書：「枇，枇杷木也。」梳已作梳，而比不作枇，然則梳字較古矣。

塑字贊

神明内馳，閑之匪易。官骸外物，吾得而制。制吾手足，耳目口鼻，勿動勿移，如死如睡。

如彼孫武，爲吾立誓：曰爾之身，小小易置，則有大刑，隨之而至。以此制外，儻亦其次。

鎖字贊

氣從口出，其氣必粗。不扃不鐍，喪其玄珠。吾嚴杜之，若防逃逋。欸者誰子，來窺吾窬。窬不可穿，垣不可逾，欲出不得，歸循其途。金人緘口，意在兹乎？守氣爲主，慎言其奴。

梳字贊

養生家言，龍虎鉛汞。厥理難知，吾實懵懵。聞古真人，其息在踵。吾惟順之，勿遏勿壅。解其羈結，抑其騰踴。謂一豪纚，謂一羽重。優而游之，悉就理董。陽燄下熸，靈液上湧。

廢醫論　俞樓雜纂弟四十五

本義篇弟一

古者醫卜並重，《周禮・天官》有醫師上士二人，下士四人。其所屬，有食醫、疾醫，皆中士；瘍醫、獸醫，皆下士。《春官》有大卜下大夫二人，卜師上士四人，卜人中士八人、下士十六人。所屬有龜人中士、華人下士。夫醫卜一藝耳，而周公特置官以掌之，是聖人重醫卜也。至春秋之世，此二事猶爲當世所重。左氏載二百四十年中，自莊公二十二年懿氏卜妻敬仲，至哀公十八年楚人卜師，凡卜之事多矣。後世有裒集其事爲一書者，《汲冢師春》是也。而醫則有醫和、醫緩之倫，及戰國而扁鵲出焉。《列子》書有矯氏、俞氏、盧氏之醫，太史公作《史記》，扁鵲倉公有傳，龜策有傳，醫卜猶並重也。東漢以後，卜日益衰，蓋《春秋》有「筮短龜長」之説。自孔子贊《周易》，學者宗之，至漢而列於經，人情乃重筮而輕卜。至唐李華遐叔遂有廢龜之論，此論出而卜竟廢。唐宋以來，醫猶盛行，卜則否矣。夫周官有太卜無太醫，是古之重卜甚於醫也。卜可廢，醫不可廢乎？直以其流傳有自，而歷朝之習於其藝，見於方術傳者亦不乏人，故沿習至今耳。曲園先生本遐叔廢龜之論，而爲廢醫之論，故述本意，冠於斯篇。

原醫篇弟二

上古元氣洪蒙，萌芽始滋，乃有神聖人出，迭爲君長。其氣爲風，其聲爲雷，其喜爲晴，其怒爲陰，雖人焉而與天通矣。其所施設，類非後人所能效法。孔子删《書》，斷自唐虞，非徒久遠難稽，亦以靈奇之迹，非率由之準也。世傳神農始嘗百藥，得上藥一百二十種以養命，中藥一百二十種以養性，下藥一百二十種以治病。而其後黄帝因之，乃與歧伯、鬼臾區之徒著爲醫書，今《内經》是也。然考之《漢·藝文志》農家有《神農》二十篇、陰陽家有《神農兵法》一篇、五行家有《神農大幽五行》二十七卷、雜占家有《神農教田相土耕種》十四卷、經方家有《神農黄帝食禁》七卷、神僊家有《神農雜子技道》二十三卷，而無《本草》之名。《平帝紀》元始五年：「徵天下通知逸經古記、天文、曆算、鍾律、小學、《史篇》、方術、《本草》者，召詣京師。」《樓護傳》亦云：「誦醫經、《本草》、方術十萬言〔一〕。」則漢世固有《本草》矣，而不云出於神農。按陸賈《新語·道基》篇曰：「神農以爲行蟲走獸難以養民，乃求可食之物，嘗百草之實，察酸苦之味，教人食五穀。」然則所謂嘗百草者，非嘗藥也。上古之時，五穀雜於百草，民人未知分別，神農氏於百草之中品嘗其味，而得此五者，以爲服之宜人，可以長食，爰命之曰穀，而教民耕種，此神農之所以名也。陸賈在漢初，及見先秦未焚之書，所言當得其實。後人因陸賈有神農嘗百草之説而著《本草》者，遂以屬之神農，此非實矣。《漢志》經方家止有《神農食禁》之書，蓋嘗百草時既得其可食者，並得其不可食者。其可食者，使民食之，五穀是也；其不可食者，禁民食之。漢時所傳《食禁》必有所本，而今無傳矣。《本草》之書，不出於神農。《周官·疾醫》疏引《中經簿》云：「《子儀本草經》一卷。」則知作《本草》者子儀也。又引劉向云：「扁鵲治趙太子暴疾尸蹷之病，使子明炊湯，子儀脈神，子術案摩。」然則子儀者扁鵲之徒，亦六國時人也。劉歆《七略》不收《本草》，蓋其時《本草》一書，猶不甚重也。若夫黄帝之書，則《漢志》所載，固甚多矣。有在道家者，有在陰陽家者，有在小説家者，有在兵家者，有在天文家者，有在歷譜家者，有在

〔一〕十萬言，今《漢書》各本「十」上有一「數」字。兩者皆通。

五行家者，有在雜占家者，有在醫經家者，有在經方家者，有在房中家者，有在神僊家者。蓋黄帝神靈，無不通曉，後世百家諸子，咸樂依附以自尊大。是故鉛槧之儒，薄今愛古，山林之士，厭常喜奇，雖五行雜占諸家，均有取焉。至於執大道而破小言，崇正學而絶異端，則《靈樞》《素問》之書，亦不過與《容成陰道》《風后孤虚》，長柳占夢之方、隨曲射匿之法，同類而視之矣。懼世人不察，以爲醫道之傳由古仙聖，未可議廢，故略具本末，著於篇。

醫巫篇弟三

世之人争言醫矣，然而未知醫也。夫古之醫，古之巫也。《素問・移精變氣論》：「黄帝問曰：『余聞古之治病，惟其移精變氣，可祝由而已。今世治病，毒藥治其内，鍼石治其外，或愈或不愈，何也？』歧伯對曰：『往古人居禽獸之閒，動作以避寒，陰居以避暑，内無眷慕之累，外無伸官之形，此恬憺之世，邪不能深入也。故可移精祝由而已。』」以是言之，上古之醫不用藥石，止以祝由治人之疾，是故古無醫也，巫而已矣。及乎湯液醪醴之用廣，而巫與醫始分。然在古書，巫醫猶爲通稱。《世本》稱「巫彭作醫」。《山海經・海内西經》曰：「開明東有巫彭、巫抵、巫陽、巫履、巫凡、巫相。」郭璞注曰：「皆神醫也。」《大荒西經》曰：「大荒之中，有靈山，巫咸、巫即、巫盼、巫彭、巫姑、巫真、巫禮、巫抵、巫謝、巫羅，十巫從此升降，百藥咸在。」郭璞曰：「群巫上下此山，采藥往來也。」屈原《天問》曰：「化爲黄熊，巫何活焉？」王逸注曰：「言鯀化爲黄熊，入於羽淵，豈醫巫所能復生活也？」稱醫爲巫，古之遺語也。夫醫字亦作毉，古之遺文也。夫周公制《周禮》，巫醫已分矣。是故醫師在天官，而司巫在春官。然男巫之職，主招弭以除疾病，則亦古意之未泯者也。春秋之世，若醫和、醫緩之倫，尚能推論治道，究極精微。而巫則若晉之梗陽之巫、楚之范巫，皆無深意。《列子》書稱鄭有神巫季咸，而其術淺陋不足道。蓋巫之道衰矣。及漢世巫蠱之獄起，而巫且爲世詬病。自是以來，巫廢而醫孤行。惟楚之南，尚有以巫爲醫者，亦不能出其鄉。而凡江湖之士挾其術以謀食，率爲士大夫所不齒。考之《王制》：「執左道以亂政，殺。」鄭康成即以巫蠱當之。嗚呼！就其初而言，則巫與醫皆聖人爲之者也。極其末流之弊，則巫可廢而醫亦可廢。世之人賤巫而貴醫，不知古之醫巫一也，今之醫巫亦一也。吾未見醫之勝於巫也。

脈虛篇第四

夫醫之可廢，何也？曰：醫無所以治病也。醫之治病，其要在脈。考之《周官·疾醫之職》曰：「參之以九藏之動。」此即所謂脈也，乃九藏之動，迄無正解。鄭康成謂：「正藏五，又有胃、旁胱、大腸、小腸。」是以肺、心、肝、脾、腎之外，取六府之四而爲九也。吾不知何以舍膽與三焦而不數也。韋昭之説《鄭語》「九紀」也，以正藏及胃、旁胱、腸、膽爲九，蓋合大小腸而一之，故膽得列於九者之中，而三焦則仍不數也。夫人有五藏六府，豈可以意爲去取乎？然則醫師所謂參之以九藏之動者，漢以後固不得其説矣，尚可與言脈乎？以《素問・三部九候論》考之，則知古人胗脈實有九處，分上、中、下三部。上部天，兩額之動脈；上部地，兩頰之動脈；上部人，耳前之動脈。天以候頭角之氣，地以候口齒之氣，人以候耳目之氣，此上部之三候也。中部天，手太陰也；中部地，手陽明也；中部人，手少陰也。天以候肺，地以候胸中之氣，人以候心，此中部之三候也。下部天，足厥陰也；下部地，足少陰也；下部人，足大陰也。天以候肝，地以候腎，人以候脾胃之氣，此下部之三候也。依此言之，則所謂參以九藏之動者，庶可得其梗概。然其文亦不能無誤。夫下三部既爲足厥陰、足少陰、足太陰，則中三部自當爲手太陰、手厥陰、手少陰，何以中部地爲手陽明乎？至於三部之所在，亦莫能質言。王冰解下部天則有男女之分，解下部人又有候脾、候胃之别，下之三部化爲五部，恐非古法也。古法之變壞，蓋始於扁鵲。太史公曰：「至今天下言脈者由扁鵲也。」其上文言扁鵲飲長桑君藥：「視見垣一方人，以此視病，盡見五藏癥結，特以診脈爲名耳。」蓋扁鵲治病，初不以脈，故厭古法之煩重，而專取之於手，此在古法，則中三部也。扁鵲以中部包上下兩部，今醫家寸、關、尺三部所由始也。扁鵲本以此爲名，而後人乃奉爲定法，不亦傎歟？鄭康成頗知此意，故其注《疾醫》[一]「以五氣、五聲、五色眡其死生」則云：「審用此者莫若扁鵲倉公」；而於「兩之以九竅之變，參之以九藏之動」則曰：「能專是者其惟秦和乎？」是鄭君之意，固謂扁鵲不知脈也。而言脈者率由扁鵲，則扁鵲之功在一時，罪在萬世矣。嗚呼！世之醫者莫不曰吾知所以治病也，問其所以治病者，曰脈也。然而今之三部，豈古之所謂三部乎？今之九候，豈古之所謂九候乎？吾不知其所以治病者何也。昔王充作《論衡》，有《龍虛》《雷虛》諸篇，曲園先生本此而作《脈虛》之篇。《脈虛》之篇成，而廢醫之論決。

[一] 疾醫，原作「醫師」，檢引文出自《周禮·天官·疾醫》，據改。

藥虚篇弟五

《周官・疾醫職》〔一〕：「以五味、五穀、五藥養其病。」鄭康成説五藥曰：「草、木、蟲、石、穀。」賈公彦曰：「草謂麻黄、勺藥之類，木謂厚朴、杜仲之類，蟲謂吴公、贏鼈之類，石謂磁石、白石之類，穀謂五穀之中麻豆之等有入藥分者。」略舉見例，説經之體然也。醫家所宗，則有《本草》一書。《隋・經籍志》謂之《神農本草》，實則六國時人子儀所作，説具《原醫篇》矣。今就其書言之，有上藥、中藥、下藥之分，養命、養性、治病之説。張華《博物志》解説其義曰：「上藥養命，謂五石練形，六芝延年；中藥養性，謂合歡蠲忿，萱草忘憂；下藥治病，謂大黄除實，當歸止痛。」夫既分三品，則上品必高於中，中品必高於下。今以中品言之，蠲忿忘憂，徒虚語耳。未聞衝冠之髪，對合歡而下垂；向隅之夫，見萱草而啓齒也。又以上品言之，芝草難得，得之亦未必真，此姑弗論。至於五石練形之説，唐宋士大夫往往受其累。韓退之深戒於水銀，柳子厚危言於鍾乳。近世以來，頗知覺悟，士大夫絶口弗言矣。夫上藥如此，中藥如彼，而獨

〔一〕疾醫，原作「醫師」，檢引文出自《周禮・天官・疾醫》，據改。

執區區下藥，欲以奪造化之權，操生死之柄，不亦惑乎？又況《本草》一經，屢經增益。陶隱居云：「《神農本草》所出郡縣，乃後漢時制，疑仲景、元化等所記。又有《桐君采藥録》，說其花葉形色，《藥對》四卷，論其佐使相須。魏晉以來，吴普、李當之等更復損益。或三品混糅，冷熱舛錯，草石不分，蟲獸無辨。且所主治，互有得失，醫家不能備見。」又云：「上古神農作爲《本草》，其後雷公、桐君廣其主治，繁其類族，或物異而名同，或物同而名異，冷熱乖違，甘苦背越，採取殊法，出處異所。若此之流，殆難按據。」夫陶隱居之時，《本草》一書已無定本，自是以後，代有增修，各執所見。草木無言，桐、雷不作，吾安知所謂熱者果熱乎？寒者果寒乎？至於人薓古出上黨，今則遼東，延胡索古出西南夷，今則浙西，地之異也。以木犀爲桂，以建蘭爲蘭，混梅以柟，呼芝以茝，此名之異也。古惟獨活，今則有羌活，古惟芍藥，今則有牡丹皮，此古今分合之異也。古方有預知子，今無其名。燕窩、海參，今皆入藥，古無其物，此古今有無之異也。執古藥以治今病，宜其中病者尠矣。又況蛇牀亂蘼蕪，薺尼亂人薓，自古歎之。今則牟利之夫，善於詐豫。以香欒爲枳實，以花草子爲沙苑蒺藜，䴡虎蒡禾，其何以辨？夫醫之所以知病者，脈也，脈則久失其傳；醫之所以治病者，藥也，藥則又不可恃。脈虚、藥虚，斯醫亦虚矣。曲園先生所以憤然而議廢醫也。

證古篇弟六

昔周公作《周禮》，有醫師之官，然周公不知醫也。使周公知醫，則武王有疾，自宜内治以湯液，外治以鍼石，何必植璧秉圭，請以身代也？孔子有疾，季康子饋藥，曰：「丘未達，不敢嘗。」是孔子不知醫也。使孔子知醫，則藥之宜否自當知之，何必以未達爲謝也？又使孔子知醫，則鯉也死，回也死，其人皆壯盛之年，非八十、九十氣血並衰者，何遂不能救也？孔子有疾，子路請禱，此足明孔子之不重醫矣。孔子若重醫，則其疾病之時，門弟子必以求醫爲急，子路不求醫而請禱，是孔氏之門不言醫也。孔子言醫，見於《論語》者曰：「人而無恒，不可以作巫醫。」然古者巫醫通稱，孔子此言，論巫非論醫也，故曰「不占而已矣」。又《禮記·緇衣》篇述孔子此言云「不可爲卜筮」。以彼證此，則此文論巫不論醫明矣。孟子亦言巫匠，不言醫匠，蓋自古相傳巫爲重而醫爲輕也。《春秋·昭十九年》「許世子止弑其君買」，穀梁子以爲「不嘗藥」，《禮》家因從而爲之説曰：「君有疾，飲藥，臣先嘗之；親有疾，飲藥，子先嘗之。」夫人君每食必使宰夫嘗之，懼遇毒也。若藥之殺人，則以藥與病之相反，而非必其有毒也，雖嘗之，亦何足以知之哉？許世子之書「弑」，蓋罪其進藥，非罪其不嘗藥也。《公羊傳》曰：「止進藥而藥殺也。」

止進藥而藥殺，則曷爲加弑焉爾？譏子道之不盡也。其譏子道之不盡奈何？曰：樂正子春之視疾也，復加一飯，則脱然愈；復損一飯，則脱然愈；復加一衣，則脱然愈；復損一衣，則脱然愈。」然則人子之事親，在乎加損衣食之閒，曲盡其心，而不在乎進藥。進藥而不得其當，不幸而親以之死，君子謂之弑。嗚呼！方今之世，其不爲許世子者蓋寡矣。《左氏傳》曰：「許悼公瘧，飲太子止之藥卒。」書曰：『弑其君。』君子曰：『盡心力以事君，舍藥物可也。』」左氏之説，蓋與公羊氏同。其曰「舍藥物」，則即吾廢醫之説也。今之世爲醫者日益多，而醫之技則日以苟。且其藥之而愈者，乃其不藥而亦愈者也；其不藥不愈者，則藥之亦不愈。豈獨不愈而已，輕病以重、重病以死。然而有病者無不求醫。子孫之於父母，父母之於子孫，苟有病不爲求醫，則人且議其不慈不孝。不知慈孝之實，在於適其寒暑，時其飲食，以致謹於未病之先〔一〕。不幸有疾，則益加謹焉，如是而已。不宜妄進藥物，欲益而反損也。《春秋》書許止以弑君，嗚呼，其垂戒嚴矣！

〔一〕 未，原作「末」，據上下文義改。

去疾篇第七

曲園先生既爲廢醫之論矣，又以人之有疾，不可無説以治之也。乃推疾之所由來，以知疾之所以去，於是有去疾之篇。其説曰：易有太極，是生兩儀。兩儀者，陰陽也。天道不能有陽而無陰，故人心不能有善而無惡。其善者何？乃吾心中仁義禮智信也；其惡者何？乃吾心中嗜慾也。孟子曰「人性善」，就吾心之善者言之也；荀子曰「人性惡」，就吾心之惡者言之也。其實兼而有之，不能無也。雖上聖不能無惡心，雖下愚不能無善心。上聖不能無惡心，猶唐虞之朝，未嘗無共、驩也；下愚不能無善心〔一〕，猶桀紂之廷未嘗無龍、比也。善治國者，退小人而進君子，故天下不亂；善養生者，消惡心而長善心，故吾身不病。夫所謂病者，豈風雨之不時，寒暑之不節歟？風雨之不時，寒暑之不節，病之自外至者也。猶夫四夷之猾夏，盜賊之作亂，乘吾閒而作也。不得吾閒，彼固不作，雖有作焉，不爲害也。夫人之病，由心生也。心者，氣之帥也；氣者，人之所以生者也。善養生者，長善心而消惡心，猶朝廷之上進君子而退小人也。

〔一〕善，原作「惡」，據上下文義改。

君子爲政，天下順之，善心爲主，四體從之。其氣和調而鬯達，流行於營衛之閒，而足以禦風雨寒暑之變，故其爲人也不病，雖有病也不死。不善養生者，消善心而長惡心，猶朝廷之上進小人而退君子也。小人爲政，天下逆之，惡心爲主，四體違之。其氣繆盭而底滯，非但不足禦風雨寒暑之變，甚者挾吾心而妄行，爲狂易之疾，故其爲人也恒病，病輕者以之重，病重者以之死。及其將死，則血氣消耗，筋骨解散，奄奄於牀笫之閒，並向所謂惡心者，亦寖微寖弱，十不存一矣。此猶小人既敗壞其國家，而其身亦從之也。故古語曰：「人之將死，其言也善。」夫將死而言善，何也？其惡心不復存也。然則人之所以病者可知矣。君子知醫之不足恃，藥石之無益，惟有長其善心，消其惡心，使太和之氣洋溢於其中，而薰蒸乎四肢，顏色悦懌，須髮鬒黑，骨節堅强，壽命久長。大命既至，吾歸吾真，修短隨化，命之曰大順。

九宫衍數　俞樓雜纂弟四十六

先舅氏姚平泉先生嘗示樾《衍疇》一卷，大旨謂「洪範九疇」本乎《洛書》，自一至九，《洛書》數也，因而重之。自一一至九九，又因而推衍之，爲九九八十一圖。五居中宫，土也。木、火、金、水四者，土皆能生之，皆能克之。又欲易二七爲金數，四九爲火數，以合方位，且謂樾曰：「吾此書粗具大略，老不能成矣，子其爲我成之。」然自先舅氏之没，至今二十年，樾雖嘗研求其理，卒亦不能成書也。因念少時爲先舅氏所愛，有天才之歎，以季女妻之，即姚夫人也。今夫人亦先我而長逝矣，追惟疇曩，彌增凄悼。因存其圖於《俞樓雜纂》中，聊以副先舅氏之遺意焉。惟世所傳戴九履一之圖，乃太一行九宫之法，非《洛書》也，於《洪範》更無涉，故易其名曰「九宫衍數」云。

九宮數

四	九	二
三	五	七
八	一	六

因而重之之圖

四四	九九	二二
三三	五五	七七
八八	一一	六六

衍爲八十一圖

五四	一九	三二
四三	六五	八七
九八	二一	七六

六四	二九	四二
五三	七五	九七
一八	三一	八六

七四	三九	五二
六三	八五	一七
二八	四一	九六

八四	四九	六二
七三	九五	二七
二八	五一	一六

九四	五九	七二
八三	一五	三七
四八	六一	二六

一四	六九	八二
九三	二五	四七
五八	七一	三六

二四	七九	九二
一三	三五	五七
六八	八一	四六

三四	八九	一二
二三	四五	六七
七八	九一	五六

五居中宮之圖九

四四	九九	二二
三三	五五	七七
八八	一一	六六

六五	二一	四三
五四	七六	九八
一九	三二	八七

七五	三一	五三
六四	八六	一八
二九	四二	九七

八五	四一	六三
七四	九六	二八
三九	五二	一七

九五	五一	七三
八四	一六	三八
四九	六二	二七

一五	六一	八三
九四	二六	四八
五九	七二	三七

二五	七一	九三
一四	三六	五八
六九	八二	四七

三五[一]	八一	一三
二四	四六	六八
七九	九二	五七

四五	九一	二三
三四	五六	七八
八九	一二	六七

六居中宮之圖九

五五	一一	三三
四四	六六	八八
九九	二二	七七

〔一〕 三，原作「五」，據其衍數之法改。

七六	三二	五四
六五	八七	一九
二一	四三	九八

八六	四二	六四
七五	九七	二九
三一	五三	一八

九六	五二	七四
八五	一七	三九
四一	六三	二八

一六	六二	八四
九五	二七	四九
五一	七三	三八

二六	七二	九四
一五	三七	五九
六一	八三	四八

三六	八二	一四
二五	四七	六九
七一	九三	五八

四六	九二	二四
三五	五七	七九
八一	一三	六八

五六	一二	三四
四五	六七	八九
九一	二三	七八

六六	二二	四四
五五	七七	九九
一一	三三	八八

七居中宮之圖九

八七	四三	六五
七六	九八	二一
三二	五四	一九

九七	五三	七五
八六	一八	三一
四二	六四	二九

一七	六三	八五
九六	二八	四一
五二	七四	三九

二七	七三	九五
一六	三八	五一
六二	八四	四九

三七	八三	一五
二六	四八	六一
七二	九四	五九

四七	九三	二五
三六	五八	七一
八二	一四	六九

五七	一三	三五
四六	六八	八一
九二	二四	七九

六七	二三	四五
五六	七八	九一
一二	三四	八九

八居中宮之圖九

七七	三三	五五
六六	八八	一一
二二	四四	九九

九八	五四	七六
八七	一九	三二
四三	六五	二一

一八	六四	八六
九七	二九	四二
五三	七五	三一

二八	七四	九六
一七	三九	五二
六三	八五	四一

三八	八四	一六
二七	四九	六二
七三	九五	五一

四八	九四	二六
三七	五九	七二
八三	一五	六一

五八	一四	三六
四七	六九	八二
九三	二五	七一

六八	二四	四六
五七	七九	九二
一三	三五	八一

七八	三四	五六
六七	八九	一二
二三	四五	九一

八八	四四	六六
七七	九九	二二
三三	五一	一一

九居中宮之圖九

四九	九五	二七
三八	五一	七三
八四	一六	六二

二九	八五	一七
二八	四一	六三
七四	九六	五二

二九	七五	九七
一八	三一	五三
六四	八六	四二

一九	六五	八七
九八	二一	四三
五四	七六	三二

五九	一五	三七
四八	六一	八三
九四	二六	七二

六九	二五	四七
五八	七一	九三
一四	三六	八二

七九	三五	五七
六八	八一	一三
二四	四六	九二

八九	四五	六七
七八	九一	二三
三四	五六	一二

一居中宮之圖九

九九	五五	七七
八八	一一	三三
四四	六六	二二

二一	七六	九八
一九	三二	五四
六五	八七	四三

三一	八六	一八
二九	四二	六四
七五	九七	五三

四一	九六	二八
三九	五二	七四
八五	一七	六三

五一	一六	三八
四九	六二	八四
九五	二七	七三

六一	二六	四八
五九	七二	九四
一五	三七	八三

七一	三六	五八
六九	八二	一四
二五	四七	九三

八一	四六	六八
七九	九二	二四
三五	五七	一三

九一	五六	七八
八九	一二	三四
四五	六七	二三

一一	六六	八八
九九	二二	四四
五五	七七	三三

九圖之宮中居二

三二	八七	一九
二一	四三	六五
七六	九八	五四

四二	九七	二九
三一	五三	七五
八六	一八	六四

五二	一七	三九
四一	六三	八五
九六	二八	七四

六二	二七	四九
五一	七三	九五
一六	三八	八四

七二	三七	五九
六一	八三	一五
二六	四八	九四

八二	四七	六九
七一	九三	二五
三六	五八	一四

九二	五七	七九
八一	一三	三五
四六	六八	二四

一二	六七	八九
九一	二三	四五
五六	七八	三四

三居中宫之圖九

二二	七七	九九
一一	三三	五五
六六	八八	四四

四三	九八	二一
三二	五四	七六
八七	一九	六五

五三	一八	三一
四二	六四	八六
九七	二九	七五

六三	二八	四一
五二	七四	九六
一七	三九	八五

七三〔一〕	三八	五一
六二	八四	一六
二七	四九	九五

八三	四八	六一
七二	九四	二六
三七	五九	一五

九三	五八	七一
八二	一四	三六
四七	六九	二五

一三	六八	八一
九二	二四	四六
五七	七九	三五

二三	七八	九一
一二	三四	五六
六七	八九	四五

〔一〕七，原作「五」，據其衍數之法改。

四居中宫之圖九

三三	八八	一一
二二	四四	六六
七七	九九	五五

《金剛經》訂義　俞樓雜纂弟四十七

其一

第二分云：「善男子、善女人發阿耨多羅三藐三菩提心，應云何住？云何降伏其心？」按：心，即阿耨多羅三藐三菩提心。住者，住此心也。降伏者，降伏此心也。俗解謂真心當住，使之不退轉；妄心當降伏，使之不擾亂。分別爲二，殊失語氣，且非如來立教之旨也。下文佛言：「應如是住，如是降伏其心。」然詳通篇所言，言住者多，言降伏者少。蓋所謂不住色布施，不住聲香味觸法布施，皆以不住爲住，以不住爲住。則即住即降伏矣。其義莫明於第十七分所言，此一分本是申說前義，語較簡而意轉明也。其文曰：「爾時，須菩提白佛言：『世尊，善男子、善女人發阿耨多羅三藐三菩提心，云何應住？云何降伏其心？』佛告須菩提：『善男子、善女人發阿耨多羅三藐三菩提心者，當生如是心：我應滅度一切衆生。滅度一切衆生已，而無有一衆生實滅度者。』」按：「我應滅度一切衆生」，即所謂應如是住也。「滅度一切衆生已，而無有一衆生實滅度」者，即所謂應如是降伏其心也。得此數語，覆讀第三分，則文義了然矣。故第四分末云「菩薩無住相布施」[一]，又云「菩薩但應如所教住」。上文住爲一義，降伏爲一義，而此文不及降伏，蓋言「但應如所教住」，則即住即降伏矣。俗解不知，謂此住字作止字解，不住之住作染著解，殊失其旨。今以儒理言之。子貢問曰：「有一言而可以終身行之者乎？」子曰：「其恕乎！己所不欲，勿施於人。」即所謂應如是住也。子貢曰：「我不欲人之加諸我也，我亦欲無加諸人。」子曰：「賜也，非爾所及也。」即所謂應如是降伏其心也。子曰：「衣敝緼袍，與衣狐貉者立，而不恥者，其由也與！『不忮不求，何用不臧？』」即所謂應如是住也。「子路終身誦之。子曰：『是道也，何足以臧？』」即所謂應如是降伏其心也。蓋儒者之言，曰實若虛，而此經亦言無實無虛。若無所住，則涉於虛矣。而有所住，則又滯於實矣。故應如是住，又應如是降伏其心。儒理、佛理，一以貫之。

[一] 末，原作「未」，據文義改。

其二

第八分云：「若人滿三千大千世界七寶以用布施，是人所得福德寧爲多不？」須菩提言：「甚多，何以故？是福德，即非福德性，是故如來說福德多。」按：性字疑衍文也。「是福德即非福德」，乃無實無虚之義。第十九分云：「若有人滿三千大千世界七寶以用布施，是人以是因緣，得福多不？」「如是，世尊！此人以是因緣得福甚多。」「須菩提！若福德有實，當作實有，傳寫倒也。如來不說得福德多，以福德無故，如來說得福德多。」兩文語意相近，可以發明。此云「是福德」，即彼所云「福德實有」也；此云「非福德」，即彼所云「福德無」也；此云「是福德即非福德，是故如來說福德多」，彼云「若福德實有，如來不說得福德多，以福德無故，如來說得福德多」。語有繁簡，意則一也。今衍性字，則福德與福德性區而爲二矣。福德在外，福德性在内，既有内外之分，自有是非之判，凡夫皆能言之，豈得爲如來無上甚深之妙旨哉？俗解云：「此等福德，是身外享用，與我真性，全不相關。」即非福德出於性中者。以是爲解，失之淺矣。今以全經體例求之。第五分云：「如來所說身相，即非身相。」豈有兩身相邪？第八分云：「所謂佛法者，即非佛法。」豈有兩佛法邪？十三分云：「佛說般若波羅蜜，即非般若波羅蜜。」豈有兩般若波羅蜜邪？推之十四分云：「是實相者，即非實相，是故如來説名實相。」十七分云：「所言一切法者，即非一切法，是故名一切法。」第十八分云：「如來説諸心者，皆爲非心，是名爲心。」第二十分云：「如來説具足色身，即非具足色身，是名具足色身。」二十三分云：「所言善法者，如來説非善法，是名善法。」第三十分云：「如來説一合相，即非一合相，是名一合相。」三十一分云：「所言法相者，如來説即非法相，是名法相。」全經中如此者甚多，並與此文「是福德，即非福德，是故如來説福德多」文義一律，足證性字之衍矣。而尤有可切證者。第三十分云：「若是微塵衆實有者，佛則不説是微塵衆。所以者何？佛説微塵衆，即非微塵衆，是名微塵衆。」以是言之，微塵衆非實有，故非微塵。然則福德亦非實有，故非福德。愚以第十九分所云「若福德實有，如來不説得福德多」證此文所云「是福德，即非福德，是故如來説福德多」，以經解經，塙有明證矣。蓋此經大旨在於無實無虚，惟其無實無虚，是以即非即是，所謂應如是住，應如是降伏其心也。俗解謂住者，住其真心，降伏者，降伏其妄心，故於此文福德下增性字，見福德是妄，福德性是真。理雖可通，而於全經語意殊不一律，徒生葛藤，無當經義。

其三

第十四分云：「如來是真語者，實語者，如語者，不誑語者，不異語者。」按：真語、實語、不誑語、不異語，皆易解説，獨所謂如語者，不易解説。俗解云：「默契真如之語。」苟爲推美，未合經義。愚謂如語即真語、實語，亦即不誑語、不異語也。如者，如其真、如其實也。如其真、如其實，則不誑矣。真無二真，實無二實，則不異矣。今淺言之：一則曰一，二則曰二，不增不減，所謂如也；一則真一，二則真二，是謂之真；一實有一，二實有二，是謂之實。是故如語即真語、實語也。增一爲二，減二爲一，是謂之誑。可增爲二，即可減爲一，可減爲一，即可增爲二，是謂之異。是故如語即不誑語、不異語也。然則真語、實語、不誑語、不異語，實不外乎如語而已矣。推而言之，如來之名，即由於此。第十七分云：「如來者，即諸法如義。」所謂如義者，如其義而止，不增不減也，此如來之所以爲如也。然則何以言如來？第二十九分云：「若有人言如來若來若去、若坐若卧，是人不解我所説義。何以故？如來者，無所從來，亦無所去，故名如來。」以是言之，如來者，實無所有，故來去坐卧，皆不足見如來。欲見如來，當於無來無去見之。無來無去，則無有也。既無有矣，安有如來？所謂如來者，就來者言耳。譬如空室之中，縣一明鏡，其中無有也，而人之來者見爲人，物之來者見爲物，各如其來者而已矣，此所謂如來也。雖然，此非獨佛理如是，雖儒理亦然。故《易大傳》曰：「仁者見之謂之仁，知者見之謂之知。百姓日用而不知。」昔顔淵從夫子游，出而告人曰：「吾有得於夫子矣。」宰我、子貢、有若從夫子游，出而告人曰：「吾有得於夫子矣。」夫子之道一也，而顔淵得之以爲顔淵，宰我、子貢、有若得之以爲宰我、子貢、有若，而夫子不知也。然則孔子亦如來也。

其四

第二十六分云：「須菩提！於意云何？可以三十二相觀如來不？」須菩提言：「如是！如是！以三十二相觀如來。」按：第十三分云：「須菩提！於意云何？可以三十二相見如來不？」「不也，世尊！不可以三十二相得見如來。」是須菩提已知三十二相之不足以見如來矣，何以至此又言以三十二相觀如來邪？世有爲之説者曰：「其言不可以相見者，謂色即是空也；言可以相觀者，謂空即是色也。」愚按：此説美矣，而有未盡。須菩提之意，蓋以見與觀不同。見者，彼與我見也；觀者，以我觀彼也。如來爲希有世尊，宜示我最上第一希有之法，豈徒以三十二相示我哉？故不可以相見也。若以我觀如來，則所謂無所從來，亦無所去者，我何從知之？得其相而觀之，是亦足矣，故欲以三十二相觀如來也。子貢曰：「夫子之文章，可得而聞也；夫子之言性與天道，不可得而聞也。」是孔氏之徒，亦知夫子之道，非徒以文章見矣。即須菩提所謂不可以三十二相見如來也。而《鄉黨》一篇，備記孔子飲食、居處、衣服之制以示後世，則又須菩提所謂以三十二相觀如來矣。佛言：「以三十二相觀如來，轉輪聖王則是如來。」又說偈言：「若以色見我，以音聲求我，是人行邪道，不能見如來。」蓋如來所與人見者不在此，則人之觀如來者亦當不在此，而在須菩提之意，則固非前後兩歧也。

其五

第二十七分云：「須菩提！汝若作是念：『如來不以具足相故，得阿耨多羅三藐三菩提。』須菩提！莫作是念：『如來不以具足相故，得阿耨多羅三藐三菩提。』須菩提！汝若作是念，發阿耨多羅三藐三菩提心者，說諸法斷滅莫作是念！何以故？發阿耨多羅三藐三菩提心者，於法不說斷滅相。」按：自第三分云「有我相、人相、衆生相、壽者相，則非菩薩」，自此以下，皆說無相之義。至上第二十六分云「若以色見我，以音聲求我，是人行邪道，不能見如來」，則不啻大聲而疾呼矣。乃接此分又言「如來不以具足相故〔一〕，得阿耨多羅三藐三菩提」，又言「發阿耨多羅三藐三菩提心者，於法不説斷滅相」，則與第十四分所云「菩薩應離一切相，發阿耨多羅三藐三菩提心」者大相背謬矣。解者云：「佛恐人執無棄有，令後人入道無門，故又有此言，蓋相不可執，亦不可毀也。」其説固亦有見，然如第十四分云「信心清净，則生實相」，是實相者，即是非相，固已舉即色即空之旨明以示人。諸分中發明此義者，不一而足，何必又贅此數語邪？若謂自此以上，明相之不可有，自此以下，明相之不可無，然至三十一分仍云「發阿耨多羅三藐三菩提心者，於一切法，應如是知，如是見，如是信解，不生法相」，至三十二分又以「不取於相」四字總結全經，是此經首尾無非發明無相之義，獨此數言爲歧出矣。愚反復推求，而知此文之有衍字也。蓋「莫作是念，如來不以具足相故」，此兩句中衍「不」字。「何以故？發阿耨多羅三藐三菩提心者」，此兩句中衍「何以故」三字。經云：「須菩提！汝若作是念：如來不以具足相故，得阿耨多羅三藐三菩提。」此正言之也。又云：「須菩提！莫作是念：如來以具足相故，得阿耨多羅三藐三菩提。」此反言之也。云：「須菩提！汝若作是念：發阿耨多羅三藐三菩提

〔一〕不，原闕，據上下文義補。

者，説諸法斷滅。」此正言之也。又云：「莫作是念：發阿耨多羅三藐三菩提心者，於法不説斷滅相。」此反言之也。反復相明，無非發明無相之義，因誤衍四字，遂與經義乖違。學者所宜訂正，不可曲爲之説也。

一笑　俞樓雜纂弟四十八

《新唐書・藝文志》小説家類有邯鄲淳《笑林》三卷，何自然《笑林》三卷，又有《會昌解頤》四卷，今其書不傳，不知所載何事，大率供人噴飯者也。《太平廣記・嗤鄙部》所載，如癡壻弔喪、争鬬嚙鼻，皆出《笑林》，未知即此諸家之書否？夫古人著書，期於明道，若止以供一笑而已，又何足傳？乃讀釋氏之書，有所謂《百喻經》者，意存諷勸，而詞涉詼諧，如造樓、磨刀、賣香、賭餅之類，皆可采入《笑林》。然則《撫掌》《啓顔》之録，其即發矇振聵之資乎？余流覽古書，知古文章家自有此一體。因憶曩時少年，與朋輩讌聚談諧，閒作軒渠大噱，旁若無人，迄今思之，如在目前。而霄漢故人，半歸黄壤。余亦衰病，興會索然，不復能爲康駢之《劇談》矣。清夜不寐，追憶舊聞，得十餘事，録爲一卷，即題之曰《一笑》。莊子不云乎：「人上壽百歲，中壽八十，下壽六十。其中開口而笑者，一月之中，不過四五日而已。」余近者朝欷暮唶，愁環無端，求有此四五日而不可得。故於《雜纂》中存此一卷，排積慘而求暫歡，莞爾之餘，彌復喟然矣。

有客至，主人具蔬食，客不悅，主人謝曰：「家貧市遠，不能得肉耳。」客曰：「請殺我所乘之騾而食之。」主人曰：「君何以歸？」客指階前之雞曰：「我借君之雞，乘之而歸。」同年戚英甫太史說。

甲與乙不相識也。甲問乙姓，乙曰：「孫。」乙因問甲姓，甲曰：「不敢。」乙曰：「問君之姓，君何謙歟？」甲固稱「不敢」，乙固問之，甲曰：「祖。」乙始悟其以姓爲戲也。乃曰：「此亦何傷乎？不過君祖我孫，我孫君祖而已。」李薇生觀察說。

有人延師教其子，而館餐殊菲，頓頓冬瓜而已。師語主人曰：「君頗嗜冬瓜乎？」主人曰：「然。其味固美，且有明目之功。」一日，主人至館中，師凭樓窗眺望若不見者，主人自後呼之，乃謝曰：「適在此看都城演劇，遂失迎迓。」主人訝曰：「君何言歟？都城演劇，此豈得見？」師曰：「自喫君家冬瓜，目力頗勝。」同年商華伯太守說。

一人素好詼諧，有衆人嬲之使作主人，乃具柬相訂云：「詰旦音樽小敘。」衆意其必以音樂侑觴。及客至，就坐，則惟冬瓜兩大槃，清湯一盌而已。客異之，舉箸大啖，槃盌皆罄，續設又如初。既罷，客請曰：「今日良宴，樽則有之，音在何處？」主人笑曰：「諸君尚未喻乎？」指槃盌曰：「冬冬湯，冬冬湯。」同年邵汴生侍郎說。

俗以喜人面諛者曰「喜戴高帽」。有京朝官出仕於外者，往別其師，師曰：「外官不易爲，宜慎之。」其人曰：「某備有高帽一百，逢人輒送其一，當不至有所齟齬也。」師怒曰：「吾輩直道事人，何須如此？」其人曰：「天下不喜戴高帽如吾師者，能有幾人歟？」師頷其首曰：「汝言亦不爲無見。」其人出語人曰：「吾高帽一百今止存九十九矣。」潘季玉觀察說。

有延師教其子者，師至，主人曰：「家貧，多失禮於先生，奈何？」先生曰：「何言之謙？僕固無不可者。」主人曰：「蔬食可乎？」曰：「可。」主人曰：「家無臧獲，凡洒掃庭除，啓閉門户，勞先生爲之，可乎？」曰：「可。」主人曰：「或家人婦子欲買零星什物，屈先生一行，可乎？」曰：「可。」主人曰：「如此幸甚。」先生曰：「僕亦有一言，願主人勿訝焉。」主人問：「何言？」先生曰：「自媿幼時不學耳。」主人曰：「何言之謙？」先生曰：「不敢欺，僕實不識一字。」同年勒少仲中丞說。

南人至北，多苦於口音之齟齬。有孝廉乘車偶失其履，使其車夫取之，疾呼曰：「鞋子！鞋子！」其音鞋如孩，車夫怒曰：「吾年長矣，尚呼我孩子乎？」孝廉知其不達，乃易其音曰：「鞋！鞋！」音又如爺。車夫拱手曰：「不敢。」吴文南大令說。

有一老生，每聞人言，輒揺首曰：「淡而無味。」一日，與客言，問客曰：「有新聞乎？」客曰：「昨暮鹽船與糞船相觸，鹽船破，所齎之鹽盡傾入糞船中矣。」老生亦揺首曰：「淡而無味。」同年王文勤公説。

有官巡檢者，傲其妻曰：「我與巡撫匹也。」一日，巡撫過其境，妻施從而瞷之，則伏謁於道左。歸而怒其夫曰：「汝紿我也。」巡檢曰：「此我敬客耳。若我至彼，彼亦如此。」以下諸事均不記談者姓名。

一賈人子，性不慧，年長矣，猶讀《大學》，每日誦「右傳」之幾章，賈人所習聞也。有友問賈人曰：「令子如此長成矣，曾讀《左傳》否？」賈人曰：「《左傳》已竟，今讀右傳。」

有二人短於視，而皆諱言之，喜以目力自多。一日聞某家於神廟懸扁，乃先偵知其字。是日入廟，一人仰視曰：「美哉！赫聲濯靈，四大字也。」一人曰：「尚有小字，君未之見。乃某年日月某書也。」正共誇詡，旁有一人問曰：「兩君云何？告以所見。」其人笑曰：「扁尚未懸，何處有字？」

有富家子問於師曰：「一字如何寫？」師曰：「一畫。」「二字如何寫？」師曰：「二畫。」「三字如何寫？」師曰：「三畫。」乃大悟曰：「天下之字，可一以貫之矣。」適其父欲延一書記之友，子曰：「何必多費？我優爲之。」父甚喜。一日，使其書柬招一姓萬者，久之不得，父屢使人促之，子恚曰：「何字不可姓，乃必姓萬？吾畫之半日，尚未得其半也。」

甲性遲緩，乙性躁急，相遇於塗，各低頭而揖。甲揖畢而起，已失乙所在，回顧則乙在其後，呼甲曰：「君尚在此歟？吾適往十里亭送客而歸也。」

有漁婦素不蓄鏡，每日梳洗以水自鑒而已。其夫偶爲買一鏡，歸，婦取視之，驚告其姑曰：「吾夫又娶一新婦來矣。」姑取視之，歎曰：「娶婦猶可，奈何並與親家母俱來。」

有人生二子，長子以醫爲業，次子以卜爲業，其鄰則賊也。一夕，穴壁入其家，爲二子所獲。賊跪而求其父曰：「願使二郎駡我，勿使大郎打我。」父問故，曰：「我不畏二郎之口，而畏大郎之手。」

説俞　俞樓雜纂弟四十九

《説文·舟部》：「俞，空中木爲舟也。从亼，从舟，从巜。巜，水也。」

按：此俞字之本義也，而書傳中罕有用其義者。《淮南子·氾論》篇曰：「乃爲窬木，方版以爲舟航。」似叚窬爲俞。然俞者，空中木爲舟之名，而窬木者，猶《易》云「刳木」也，則固有虚實之分矣。己卯之春，徐花農孝廉爲余造一小舟於西湖，欲襲余吴下曲池中小浮梅檻之名，又擬從余之姓題爲俞舫，余因署以四字曰「小浮梅俞」，此則用其本義矣。

其見於經籍之最古者，《尚書·堯典》篇：「帝曰：俞。」枚傳曰：「俞，然也。」

按：「俞，然」，《爾雅·釋言》文也。俞者，然之聲，此有其聲而無其義。然聲音亦隨世變，夏商之書無曰俞者矣。《禮記·内則》篇曰：「男唯女俞。」則記人之時，俞爲女子之應聲，知男子應聲久不作俞也。司馬相如《封禪文》云：「於是天子俙然改容，曰：『俞乎，朕其試哉！』」此襲用古語耳，非漢時尚有此聲也。至《漢書·禮樂志》：「星留俞，塞隕光。」師古曰：「俞，答也。」似即「俞，然」之古義。然竊謂此俞字當讀如以周切之揄。《廣韻・十虞》羊朱切有揄字，與俞同音。《十八尤》以周切又有揄字，乃一聲之轉也。留、俞疊韻，不當如師古所說。又《易・訟》九四：「渝安貞。」《釋文》引鄭注曰：「渝，然也。」似亦謂叚渝爲俞者。然如鄭義，實近不辭。集解引虞翻曰：「渝，變也。」義長於鄭矣。

《靈樞經》曰：「脈之所注爲俞。」

按：此據《内經・素問・欬論》篇王冰注所引也。脈之所注，得有俞名，蓋取中空之義，雖非本義，而實本義之引申也。考《靈樞經・九鍼十二原》篇，其字作腧，其文曰：「五藏五腧，五五二十五腧。六府六腧，六六三十六腧。經脈十二，絡脈十五，凡二十七氣以上下，所出爲井，所溜爲滎，所注爲腧，所行爲經，所入爲合，二十七氣所行，皆在五腧也。」《説文》無腧字。以其爲脈之所注，故從肉作腧耳。肝之俞曰太衝，心之俞曰太陵，脾之俞曰太白，肺之俞曰太淵，腎之俞曰太谿，此五藏五俞也。膽之俞曰臨泣，胃之俞曰陷谷，大腸之俞曰三間，小腸之俞曰後谿，三焦之俞曰中渚，膀胱之俞曰束骨，此六府六俞也。並詳《素問・氣穴論》篇注。而《欬論》篇曰：「治藏者，治其俞；治府者，治其合。」《痺論》篇曰：「五藏有俞，六府有合。」是又以俞專屬五藏，而不屬六府。大率對文別而散文通也。《氣穴論》篇又有熱俞、水俞、胷俞、背俞、膺俞之名，醫經具存，故不備説。

其假借字則爲瘉。

《荀子・解蔽篇》：「故傷於溼而擊鼓鼓痺，則必有敝鼓喪豚之費矣，而未有俞疾之福也。」楊倞注曰：「俞讀爲愈。」按：《説文・疒部》：「瘉，病瘳也。」則俞者瘉之叚字，楊讀爲愈，非也。

又爲踰。

《史記・蒙恬傳》：「若知賢而俞不立。」索隱曰：「俞，即踰也。」又《荀子・仲尼篇》：「俞務而俞遠。」楊注曰：「俞讀爲愈。」愚按：《説文・足部》：「踰，越也。」小司馬讀俞爲踰，得之；楊讀俞爲愈，非也。《説文》無愈字，或以爲即愉之變體，未知然否？而自唐以來，經典相承，通用愈字。如《孟子》「今病小愈」、《小雅》「政事愈蹙」，字並作愈。故楊氏於「俞疾」之俞、「俞遠」之俞，並讀爲愈矣。《淮南子・原道》篇：「火逾然而消逾亟。」其字作逾。按：《説文・辵部》：「逾，越進也。」「越，踰也。」是逾、踰義通。

又爲愉。

《莊子・天道》篇：「無爲則俞俞，俞俞者憂患不能處。」按：即愉愉也。《儀禮・聘禮記》：「私覿愉愉焉。」《釋文》作「俞俞」，是其證。

其於地名爲先俞。

《史記·趙世家》：「反巠分、先俞於趙。」徐廣注引《爾雅》曰：「西俞，鴈門。」按：《爾雅·釋地》：「北陵、西隃，鴈門是也。」既爲北陵，安有西隃之名？古字止作先俞。先之爲西，聲之轉也；俞之爲隃，形之變也。《廣韵·十虞》羊朱切有崳字，云：「崳次山，在鴈門。」則字又變作崳。

爲俞山。

《水經·漆水》篇曰：「漆水出扶風杜陽縣俞山東北，入于渭。」按：《説文·水部》：「漆水出右扶風杜陵岐山，東入渭。」然則俞山豈即岐山歟？《山海經·西山經》曰：「羭次之山，漆水出焉，北流注于渭。」則其字又作羭。

爲俞水。

《史記·司馬相如傳》：「巴俞宋蔡。」集解引郭璞曰：「巴西閬中有俞水，獠人居其上，皆剛勇好舞，漢武募取以平三秦，後使樂府習之，因名巴俞舞也。」其字亦作渝。常璩《巴志》曰：「閬中有渝水，賨民多居水左右，天性勁勇。初爲漢前鋒陷陣，鋭氣喜舞，帝善之曰：『此武王伐紂之歌也。』乃令樂人習學之，今所謂巴渝舞也。」《説文・欠部》新附有歈字，引《切韵》云：「巴歈歌也。」字又作歈，蓋字本作俞，因其爲水名，而從水作渝，因其爲歌名，而從欠作歈，滋乳寖多矣。至《説文・水部》渝篆説解：「一曰渝水，在遼西臨俞，東出塞。」此與巴俞絶遠，非一水也。

爲俞縣。

《漢書・高惠高后文功臣表》有俞侯吕它，俞侯欒布。師古並曰：「音輸。」考《地理志》清河郡有鄃縣〔一〕。師古亦曰：「音輸。」俞即鄃也，以其爲邑名，故從邑耳。《説文・邑部》亦有鄃篆。然《説文・邑部》之字，古書往往無邑旁也。至如王莽改甾川國之劇縣爲俞縣，此不足録。又《漢志》益州郡有俞元縣，二字爲名，非專取俞義，亦姑弗及焉。

其於人名爲俞跗。

《史記・扁鵲倉公列傳》：「臣聞上古之時，醫有俞跗。」索隱、正義並音「臾附」。應劭云：「黄帝時將也。」《漢書・藝文志》經方家有《泰始黄帝扁鵲俞拊方》二十三卷，而《古今人表》無

〔一〕 郡，原作「縣」，據《漢書・地理志》改。

俞跗。《素問》一書載黄帝與歧伯問答之語居十之九，閒亦及雷公、鬼臾區，而俞跗無一語焉，何也？惟《靈樞經》《五變》《五味》《論勇》《論痛》諸篇，並稱黄帝問於少俞，豈即俞跗歟？竊嘗論之，俞跗殆即鬼臾區也。俞跗，索隱、正義並音「臾附」，則與臾區之臾固同音矣。附與區古韵同部，《玉篇》云《説文》附音蒲口切，而《左傳》豆區之區、僕區之區，並音烏侯反〔一〕，則附與區音亦相近也。《淮南子・本經》篇：「以相嘔咐。」嘔咐，疊韵語也。《説文・自部》：「附婁，小土山也。」《史記・滑稽傳》：「甌婁滿篝。」正義曰：「高地狹小之區。」附婁與甌婁一也。此皆付聲、區聲相近之證也。鬼臾區三字，本有聲而無義，緩言之曰鬼臾區，急言之曰俞跗。《古今人表》有鬼臾區，無俞跗，是可明其爲一人矣。後世以俞跗爲俞氏之鼻祖，吾斯之未敢信。

爲俞兒。

《莊子・駢拇》篇：「屬其性於五味，雖通如俞兒，非吾所謂臧也。」《釋文》云：「俞兒，音榆。司馬云：『古之善識味人也。』《淮南》云：『俞兒、狄牙，嘗淄、澠之水而別之。』一云：

〔一〕烏，原作「鳥」，據《左傳》改。

俞兒，黄帝時人；狄牙則易牙，齊桓公時識味人也。一云：俞兒，亦齊人。《淮南子》一本作申兒，疑申當作臾。」以上並《〈莊子〉釋文》語。俞兒亦作臾兒，則俞跗之即鬼臾區，又一證矣。

又《管子·小問》篇：「桓公北伐孤竹，未至卑耳之谿十里，闟然止，瞠然視，援弓將射，引而未敢發也。謂左右曰：『寡人見人長尺而人物具焉，冠，右祛衣，走馬前疾，事其不濟乎？』管仲對曰：「臣聞登山之神有俞兒者，長尺而人物具焉。霸王之君興，而登山神見。且走馬前疾，道也；祛衣，示前有水也，右祛衣，示從右方涉也。」此則又爲山神之名，與識味之俞兒别，姑附於此。

爲離俞。

《山海經·大荒南經》：「赤水之東，爰有離俞。」郭璞注曰：「即離朱。」按：《海外南經》：「狄山有離朱。」注曰：「木名也，見《莊子》。」乃偏考《莊子》之書，無木名離朱者。至離朱二字，則屢見。《駢拇》篇曰：「而離朱是已。」《胠篋》篇曰：「膠離朱之目，而天下始人含其明矣。」《駢拇》篇《釋文》曰：「離朱，司馬云：『黄帝時人，百步見秋豪之末。』一云見千里針鋒，《孟子》作離婁。」然則離朱即離婁，人名也，非木名也。及讀《天地》篇云：「黄帝遊乎赤水之北，登乎崑崙之丘而南望。還歸，遺其玄珠。使知索之而不得，使離朱索之而不得。」始知郭氏所謂「見《莊子》」者，即此文也。《山海經》之離朱，自是木名；《莊子》之離朱，自是人名。乃離朱之木，在赤水之東；而《莊子》所謂使離朱索之，亦在赤水。郭意《莊子》託木名爲人名，故云然也。俞、朱、婁一聲之轉，離婁可作離朱，則亦可作離俞。木名、人名，固不必拘矣。

爲䚢俞。

《列子・湯問》篇：「䚢俞、師曠方夜擿耳俛首而聽之，弗聞其聲。」張湛注曰：「䚢俞〔一〕，未聞也。」殷敬順釋文則云：「古之聰耳人也。」按上文云：「離朱、子羽方晝拭眥揚眉而望之，弗見其形。」注亦云：「子羽，未聞。」愚則疑子羽即師曠也，䚢俞即離朱也。師曠字子野，見《昭八年・左傳》。野與羽古韵同部，《詩・燕燕》篇、《七月》篇、《鴻雁》篇並以野與羽爲韵，是其證也。故子野亦作子羽矣。䚢俞猶離俞也。愚謂離俞即離朱，則䚢俞亦即離朱也。䚢與離聲之轉也。據《説文》：䞶，讀若池；傂，讀若移，並其例也。疑《列子》原文本作「䚢俞方晝拭眥揚眉而望之，弗見其形。子羽方夜擿耳俛首而聽之，弗聞其聲」，後之讀者知䚢俞即離朱、子羽即

〔一〕俞，原作「余」，據《列子》張湛注改。

師曠，乃旁註離朱、師曠字，而傳寫誤入正文，又誤移易其次耳。

在春秋時則衛有寧俞。

寧武子也。

鄭有堵俞彌。

見《僖二十四年·左傳》。

公子俞彌。

鄭文公娶于蘇而生者也，見《宣三年·左傳》。馮繼先《春秋名號歸一圖》則以堵俞彌、公子俞彌爲一人。

其爲姓也，在《列子》之書有俞氏之醫。

《列子·力命》篇：「其子弗曉，終謁三醫。一曰矯氏，二曰俞氏，三曰盧氏。」據此則戰國之時，已有俞氏矣，然莫詳所自出。《玉篇·舟部》云：「俞，弋朱切，空木爲舟也，又姓。」《廣韻·十虞》羊朱切俞字云：「然也，荅也。《説文》作俞，空中木爲舟也。又姓，又耻呪切。」按：《廣韻》一書於氏族頗詳，而於俞姓不詳所出。然則俞姓所出，自唐以前未有能言之者也。俗説乃以伯牙爲俞姓，此不知所本。按：《吕氏春秋·本味》篇：「伯牙鼓琴，鍾子期聽之。」高誘注曰：「伯姓、牙名，鍾氏、期名，悉楚人也。」是伯牙姓伯，安得以爲姓俞乎？二子皆楚人。蓋鍾子期者，鍾儀之後，伯牙者，伯州犂之後。未敢附會，以爲衰宗之光也。

别爲丑救切之俞氏。

按：《廣韻》於「又姓」之下乃云：「又耻呪切」，則知俞之爲姓是羊朱切，非耻呪切，唐以前舊讀然也。而《四十九宥》丑救切又有俞字，注云：「姓。漢有司徒掾俞連。」則俞連之俞讀丑救切，而不讀羊朱切。連之爲人不可考，未知其所以得姓之由來也，而後世遂别其字爲兪。郭忠恕《佩觿》云：「俞有丑救、弋駒二反，俗别爲兪。」是有俞氏、又有兪氏矣。殆其子孫所以自别於俞氏，字書無之，不可從也。

又别爲孫氏。

《三國·吴志·宗室傳》：「孫韶，字公禮，伯父河字伯海，本姓俞氏，亦吴人也。孫策愛之，賜姓爲孫，列之屬籍。」裴松之注引《吴書》曰〔一〕：「河，堅族子也，出後姑俞氏，後復姓爲孫。」按：如《吴志》則河本俞氏子，而賜姓孫；如《吴書》則河固孫氏子也。二説未詳孰是。先

〔一〕 裴松之，原作「裴休之」，徑改。

兄福寧君娶于孫，嘗謂余曰：「安知俞、孫非一姓乎？」余則引《吴書》説以解焉。

又别爲喻氏。

宋吴曾《能改齋漫録》有《喻氏姓》一條，曰：「《芸閣姓苑》云：喻氏出汝南，其先帝顓頊之苗裔，周文王之裔緒。《左傳》鄭公子渝彌爲周司徒，後别立族爲渝氏。歷秦漢至景帝，皇后諱志，字阿渝。中元二年，避諱改水爲口，因爲喻氏。」愚按：《宣三年·左傳》：「鄭文公又娶于蘇，生子瑕、子俞彌，俞彌早卒。」其字作俞，不作渝，且未嘗爲周司徒，《姓苑》之不足信一也。漢景帝六年皇后薄氏廢，七年立皇后王氏。中元二年避諱，則所避者王皇后也，史不詳其名字，然漢時遼西郡有臨渝縣，未聞更名，則漢時不諱渝也，《姓苑》之不可信二也。《能改齋漫録》又引《南昌姓苑》云：「南昌有喻氏，東晉有喻歸，譔《西河記》二〔一〕卷。」愚按：《隋書·經籍志》：「《西河記》二卷，記張重華事，晉侍御史喻歸譔。」然《晉書·張重華傳》：康獻皇后遣御史俞歸進重華爲涼州牧，重華謀爲涼王，不受詔，歸曰：「先王之制，異姓不得稱王。」重華遂止。是喻歸實俞歸也。愚疑喻氏乃俞氏之别，而俞氏爲鄭公子俞彌之後，容或可信。俞彌雖

〔一〕二，原作「三」，據《隋書》改。下同。

云早卒，然僖二十四年「鄭公子士、洩堵俞彌帥師伐滑」，杜注雖云「堵俞彌，鄭大夫」，而馮繼先《春秋名號歸一圖》謂即公子俞彌。既能帥師，則非殤可知。以先文公而卒，故云早耳。俞氏之出於俞彌，或不妄也。其後不知何故，又别爲喻氏。喻氏之後，不知其先由俞改喻，而以爲由渝改喻，遂改俞彌爲渝彌，與《左傳》不合矣。

俞樓雜纂弟五十

俞樓經始

光緒三年秋九月，曲園叟觴門下諸子於西湖詁經精舍之弟一樓。

西湖詁經精舍有湖樓三楹，志書所謂弟一樓也。余自戊辰之歲始主精舍講席，至是十年矣。每春秋佳日，必自吴下寓廬至西湖精舍，多或一二月，少或一二旬，歲以爲常。是歲，以八月下旬至，以九月上旬返，蓋旬留不逾旬日，然門下諸君日有至者，亦極一時之盛。余偶具酒食，招同諸子作竟日聚，其次日，余即返棹矣。

王子夢薇作《俞樓秋集圖》，寄曲園叟於吴下。

夢薇作是圖，并跋其後曰：「湖壖有精舍也，主之者爲吾師俞曲園先生。舍故有樓，以吾師故，群稱之曰俞樓。樓面湖，環之皆山。吾師歲凡兩莅，今歲之秋以八月至。沈蘭舫、孫漁笙、徐花農、鄔棋仙諸同門咸集於樓，吾師時出酒食飲食之。聚首浹辰，而吾師還吴下。漁笙曰：『是集也，當期之來歲，子嫺繪事，盍圖之？』鼎曰：『諾。』」

汪子子喬書「俞樓」二字，將縣之詁經精舍。王子夢薇以告，曲園叟一止以書，再止以詞。

夢薇來書云：「秋閒承賜食精舍，退而與漁笙、花農、楳僊諸子謀之，繪《俞樓秋集圖》二幅，一寄吳下曲園，一存西湖精舍。復與花農商量，擬爲西泠添設八景，如阮墩漁唱、彭庵禪燈、薛廬聽泉、俞樓延月等類。然花農亦許久未晤，故未議定也。聞子喬已篆書『俞樓』兩大字，將榜之精舍樓頭矣。」

曲園叟書曰：「曩者湖樓小集，乃承諸君子播之丹青，形之歌詠，可謂妝嫫費黛矣，慙媿、慙媿。雖然，繪圖題詩可也，若以俞樓二字榜之精舍，則大不可。僕偶承詁經之乏，爲弟一樓暫作主人，雁爪雪泥，偶然寄跡，爾來學業日就荒疏，行且謀引去。數年後樓猶是也，樓中人不知張王李趙矣，豈可妄據爲己有乎？此榜一縣，外閒必有議論，務望轉致子喬勿重吾咎。或者諸君妙繪、妙詠，翰墨流傳，異時更有好事如諸君者，補作小樓以存舊蹟，則子喬所書之榜，頗可焜耀楹楣。然其事未必有，即有之，亦當在五百年後矣。」

曲園叟又爲《啃徧》詞寄門下諸子曰：「講舍數楹，高據聖湖，緊傍孤山趾。登小樓，一望衆峰低。撲簾旌無邊蒼翠。柳乍稊，吾來縱尋春色，沙隄十里垂楊裏。俄菊徑添黄，桐陰減緑，秋光清麗如此！喜故人三兩共尊罍，直坐到南屏暮鐘催。便算秋來，雅集俞樓，遂成韵事。

噫！君試思之，此樓於我蘧廬耳。天地吾逆旅，樓中人更如寄。任李趙張王，殷翁柳老，推排遞向樓頭倚。吾坐擁皋比，於兹十載，行雲流水而已！仿庾樓姓氏此留題，又只恐徒貽後人嗤。啓争端、謝墩何異？平生空洞無物，萬事皆游戲。即如吴下荒園一曲，亦與郵亭等視。刻舟求劒豈非癡？到秋風，且來同醉。」

於是，徐子花農議建俞樓，以書來告。

其書曰：「前汪子喬同年，擬於弟一樓題榜，繫以吾師姓氏，琪以爲此非所宜也。宜別建俞樓，爲湖上添一勝蹟。已與夢薇議之，日内當往相度，或三潭印月，或六一泉。室不必多，而雜蒔花木，凡春秋異卉，每有搆得者，皆樹於此，不數年，蔚然可觀矣。」

又一書曰：「頃已卜定六一泉之西矣。土木之費，固不可太多，亦未可過陋。有人言寺東地狹，較易爲力，然逼近蔣祠，似乎不妥。吾師卓然傳人，豈必轉有所依傍乎？是以琪意仍在寺西也。近來之人議論多而成功少，若無一人倡率，必致無成。琪亦知此事非易，然不可再緩，今已擇日興工。先將園墻築就，然後造屋，其餘或亭或廊，俟吾師隨後酌添，但先以樓爲主耳。」

又一書曰：「樓圖已定，而陰雨至今未霽，總須晴後興工。前面不作門樓，後面之樓作湖船式，庶異尋常三開之俗格也。」

四年夏四月，始築俞樓。其年晉、豫大無，曲園叟移書徐子請停樓工，徐子不可。

曲園叟書曰：「前日一書，略言樓工宜停，未盡其説，今更詳之。夫露臺百金之産，漢文所惜也，況我輩蟣蝨乎？宜停者一；如果時局從容，則借此裝點湖山未始不可，今西北奇荒，議者至欲捐諸生膏火以賑之，而鄙人忝擁皋比，乃於艱難之日興此不急之工，是重吾不德也，宜停者二；所醵之資並未齊全，而先取之錢肆，此日雖有取攜之便，異時恐成賠累之端，宜停者三；且物忌太盛，鄙人何德何能，而可據此湖山勝地，薛廬成而慰農去矣，恐俞樓成而鄙人亦將不來也，宜停者四；鄙意墻垣業經築就，則已籠有其地，請俟數年之後，足下大得意之時，爾時鄙人海山兜率，或已別有歸宿，足下抒懷舊之情，修踐言之信，再謀卜築，重起樓臺，則諸君子風義與樓俱高，而鄙人之姓名亦與樓並永，較之此時勉强圖成，以諸君子見愛之盛情，而或適以爲速謗招尤之地，相去萬萬也。」

花農復書曰：「奉初八日手書，有四宜停之説，此事在諸生請停膏火之際，因時抒論，自徵卓識。今既院課照常，則樓工亦宜仍舊興辦，其不宜停者一；事出同門樂輸，非强人所難，錢肆挪移，不過因醵資未齊，借此以資挹注，不致貽累將來，今若停止，則未輸者可以不收，而已輸者轉無以償之，其不宜停者二；同門諸人一鼓作氣，乘興而發，若半途而輟，必至解體，而工役急於清結，一時轉有竭蹶之虞，其不宜停者三；且琪奔走四方，未能長此株守，琪或一旦去杭，踵而爲之者，其力或勝琪十倍，而布置一花一石，未必能如琪之曲體匠心，其不宜停者四；且自興工以來，周松軒大令首先出示防護，遠近諸人無不知之，篙工菱女爭望落成，得鼓舲呼渡於其下，設或罷工，則士女之興掃矣，不止同門之太息也，其不宜停者五。茲者，上梁之期已定，刻日可以畢工。計八月中，雪琴師亦可到杭，望衡對宇，輝映湖山，豈非一時盛事？吾師勿過於謙抑也。兜率之論雖出達人，然古之經師無過康成，今之林下無過隨園，二人均以大耋之年享林泉之福，吾師必當同之，何必爲莊叟寓言乎？」

是歲之秋，退省翁巡江東下，歸休乎西湖，乃拓俞樓而大之，且爲築池。

花農來書曰：「新築樓屋雖稱三間，實止二間。昨與雪師往觀，雪師擬於樓西駕飛檐一間於竹院之上，若過街樓者。然又以照廳過狹，擬增一椽，其費皆雪師所助，其工人亦由彼處雇來，不日可竣。樓後鑿池，純是山骨，前命工人估計，非洋泉一百不可。雪師發健兒浚之，親往督課，劈石穿沙，鷹鋤三折。三日之閒，深六尺餘。六一之泉與西湖之水匯注於內，清可見底。雪師巡行山徑，手自種花，又派將弁於階砌閒偏栽書帶草。琪爲誦東坡句云：『堂下已生書帶草，使君疑是鄭康成。』雪師喜曰：『誠哉是言也！』伏念此樓初建，衆論或頗難之，今幸觀厥成，又得雪師爲之點綴，以名臣爲名儒經畫，可謂兩美矣。」

又一書曰：「湖上新添之斗室，雪師又助洋泉二十，可敷用矣。此次度地，實有前緣。琪去春得一夢，夢乘舟至一處，石壁峭立，下有一廟曰福禄寺，右一門未啓，左一門曰碧霞。由碧霞門而入，中有古佛不裝金，佛之後有清泉出石壁下，由泉側而至未啓之門，見其中樓臺曲折，書城如堵，有一鶴守之，鶴項下有金牌，刻八字曰：『不遇其人，不開此門。』方欲問何處，忽焉而醒。今歲興工時，見六一泉古佛不裝金，與夢中恰合。及至泉所，則石壁宛然夢中所見也。因思門内之樓臺、書籍，其湖樓之先兆乎？故琪於斯役，益勇於從事。當初剏之時，恐工之不成，故久而不言，今幸竣矣，不能隱焉。方琪之初生也，先君夢一道士化爲鶴而生琪，故琪小字鶴根，今夢中所見之鶴，殆琪之前身乎？吾師之來，未必載書而至，所見千函萬軸，必吾師腹笥之儲也，惟碧霞二字不可解。今雪師來助其成，雪上有雨，類乎霞字，豈仙人之隱語乎？」

退省翁來書曰：「年華如水，遭際多艱，撫景興懷，徒增感慨。弟每當殘年晚歲，即意緒蕭條，忽忽不樂，性使之也。今歲更甚，到此無三日好。畏風如虎，向不近火，今圍鑪矣。一冬晴暖，孤負湖山，即林家消息亦未過問。昨始抖摟精神，渡到尊樓，周覽一過。弟所添屋，上下四間，新近落成，尊嫂偕來，儘彀住矣。月池亦已開闢，轉瞬燕子泥香，花朝又近，想早檢束琴書，擬來湖上。此番攜帶什物必多於往年，當命親兵在馬頭照應搬運過壩，免唤擔夫也。」

夢薇有《俞樓瓢池記》曰：「池以瓢名，象形也。古之名物，或以事、或以形，而形之類爲多。李谷曰盤，袁牖曰甕，皆是物也。己卯之春，同門諸子築俞樓。樓背孤山，山之麓有地窪下，乃就其窪而池之，厥形如瓢，即名之曰瓢池。夫判瓠而爲瓢，其爲物薄矣，故其字從㶣。吾師主講精舍，歲僅兩至，酌西泠之水而飲之，㶣然輕舉，其有類於瓢乎？然瓢本瓠也，其字從夸，夸者大也。瓠亦謂之匏，其字從包，包則有包含之義。吾師研經之下，旁及子史，所著書二百餘卷，漢人所謂『邊孝先、腹便便』，其吾師之謂乎？是非瓢而匏矣。然顔子『一瓢飲』千載慕之，吾師寓吴下十稔，不事生殖，惟以著述自娱，有簞瓢樂道之風，故兹池之名，仍宜以瓢也。池雖小而鑿之頗不易。池近山址，四周皆石，鋤者疲焉。時宫保彭公巡江南下，素與吾師善，發健兒鑿之，不日而成。古語云：『百人輿瓢，不如一人持之而走。』信夫！」

冬十二月俞樓成。

花農來書曰：「樓工月内可畢。嘉平五日，邀諸同門集於湖上，一大會也。其山上尚宜補一亭，或六角、或長、或方，衆論未定，以待來年。」

五年春二月，退省翁疊石爲小山於其庭。

庭中無一石，來游者或私議之。花農謀疊石爲小山，退省翁因物色於山之前後，得石十十五五，命健兒負之歸，遂成小山，落落有致。

夢薇有《俞樓疊石記》曰：「宫保彭公於樓後鑿池竣，樓之前坦然以平，夷然而曠。一枝、兩枝之花疏疏焉，三莖、五莖之草離離焉，咸若無所附麗者。公於是仰而瞻、俯而睨，曰：『是又不可以無石。』復命健兒循山麓採雲根，大者如輪，小者如甗，長者如柱，圓者如笭，磐磐焉，囷囷焉，委於樓之前。公審以目、擿以杖、命以指，一時仆者起、頑者靈、僵者秀，如蹲獅、如卧虎、如猊之躍、如螭之蟠。奇而峻者峰矣，繚而曲者岫矣，幽而明者洞矣。一食之頃而丘壑具，數弓之地而煙霞生。噫！何神妙不測，一至於斯也。蓋公嘗以宇宙爲園林，以河山爲泉石，以生民爲卉木矣。危者而使之安，亂者而使之治，枯者而使之潤，夫亦一指顧閒耳。今顧於區區者而神之歟！且夫公在今日，亦天壤閒一巨石也。其節堅得石之貞，其志廉得石之介，其性持重如石之鎮静，其量冲和如石之清靈。是石之勝，公皆具之，又何怪乎反手而成奇觀哉。烏乎！樓之旁劣石猶多矣，得我公提攜顧盼而攻治之，而礱錯之，將見碔砆瓦礫，咸起廢立頑，卓然自効於兹樓之下矣！一疊石云乎哉！」

徐子又爲具小舟於湖。曲園叟命之曰「小浮梅俞」。

花農來書曰：「琪近來私爲函丈造一小舟，前爲月洞門，旁雕冰梅，以存『浮梅檻』之意。内有小榻，後面爲玻璃窗，左右短欄，蔽以布幕，可坐五六人。擬製小額，即書小浮梅三字，抑竟書俞舫乎？請吾師定之。」

曲園叟跋《浮梅俞》曰：「花農爲吾造小舟成，擬襲用余吴下曲池中『小浮梅』之名，又擬名以俞舫，余因合而名之曰『小浮梅俞』。蓋俞之本義，《説文》云『舟也』，猶曰『小浮梅舟』云爾。嗟乎！人生斯世，養空而浮，當知我亦一俞也，勿曰俞必屬我也。」

三月，補築山上小亭。

童子米生及吾長女壻王康侯爲之也。花農曰：「是即李敏達公西爽亭故址。」仍命之曰西爽。

曲園叟自書三十八字，縣之俞樓之前楹。

其左楹曰：「合名臣名士爲我築樓，不待五百年後此樓成矣。」其右楹曰：「傍山南山北沿隄選勝，恰在六一泉側其勝何如。」

徐子爲《俞樓記》，書而縣之壁。

其文曰：「山水非自名也，得人而名。吾浙左江右湖，爲東南勝。渡江者必訪嚴灘，泛湖者必登孤山。夫嚴灘乃富春之片瀨，孤山特明聖之一阜，而人顧往復流連者，非徒以山水之勝，蓋以子陵、君復故也。吾師曲園先生自中州還，杜門卻掃，一意以著書自娛，其高潔不在兩賢下。而羽翼經訓，啓迪來學，則又似過之。然子陵有垂釣之臺，君復擅巢居之閣，而先生主講湖上，課院而外，未謀游息之區，非所以慰山林也。於是同門諸子度地於六一泉側，得地數弓，面湖枕岡，極幽秀之趣。其山即孤山也，與君復可把臂而語。登山南望，富春帆影落樽俎閒，而子陵釣磯出没雲霧，又如遥相揖讓者。以先生而居此，庶其宜乎！爰乃披榛翦棘，依山築垣，閒以修廊、短籬，四時花木，雜蒔其中，而以樓爲之主，軒窗洞開，可受三面之景。南爲小軒，以象湖、艇，北有曲欄登山，山石嶙峋，千態萬狀，若與門下諸生環而聽講者。然其上一平如砥，可資觴咏。昔李敏達建西爽亭，謂『孤山西麓有高阜如平臺』，當即在此，故仍爲小亭，亦以西爽名之。循石徑而下，有滿月門可通六一泉，泉側舊有亭館，歲久頹廢。余因葺斯樓，屢經其地，請於陽羨任筱沅方伯，并東坡庵諸勝俱爲新之。先生著書之暇，與二三子禊飲其間，歐蘇之風恍然如遇，是子陵、君復而外又一嘉鄰矣。還入此門，而南鑿一曲池，先生於吴下營曲園，名其池曰曲池，此象其意也。池南有便坐，即樓之北。其西又爲斗室，室南北向，自北扉出，則可遵徑以登山，出其南，則可循廊以達於湖，少折而東，則樓之前楹。楹有聯云：『四圍花木多於屋，萬卷文章著等身。』紀其實也。方是樓之未築也，先生每春秋一來，即課院之第一樓，置酒爲樂，同人習以爲常，遂呼之爲俞樓，并繪《俞樓秋集圖》，將榜二字於上。先生寓書止之，事載《春在堂詞集》。既而俞樓之名溢於湖上，漁歌樵唱至以薛廬、彭庵、蔣祠、俞樓爲新景之四，而增築斯樓之議遂定。先生雖貽書又阻，而同志已堅不可回。余遂經度其間，規模粗定，而游人之來觀者皆曰：『此俞樓也。』故即以俞樓顔之，而中丞梅筱巖師榜其門曰『小曲園』，從先生吴下寓園之名也。是歲之冬，吾師雪琴宫保巡江東下，駐節於西湖退省庵，日與余扁舟往來其間，病其卑隘，廓而大之。又因池當山足，石骨堅凝，鑿者告疲。乃發帳下健兒，荷鍤從事，分沙劈石，三日而就。山泉湖液，交匯於此，清澈可愛。余以山石俱在後圃，而前庭殊平衍，擬疊石爲小山，雪琴師笑而不答。是夕，即親至山上搜巖採石，命健卒儋荷以至。及次日，余往視，則師猶短衣草笠，指麾其間，而庭際五峰巉然森立。師笑謂余曰：『此峰天外飛來也。』余初議築樓，頗懼觀成之不易，今自經始至落成，甫及十月，又得雪琴師之助，以名臣爲名儒經畫，真西湖一名蹟矣。異日先生至此，與雪琴師望衡而居，小子與及門諸君追隨其間，誦《考槃》之什，賦《招隱》之詩，豈非子陵、君復再見於今日乎？千載而後，有人過此，知爲先生講學之居，則此樓以先生重，而山水亦以此樓重。得人而名之，意其在斯乎？是役也，首刱其議者，余與震澤王廷鼎，鎮海孫瑛，慈谿馮一梅，仁和沈燦、許祐身，錢塘汪行恭、張大昌。共贊其成者，如皋薛受采、沈逢恩，寶應王豫卿，呈貢張善繼，婺源程萬里，天台陳殿英，山陰張鳳岡，德清童寶善，海昌蔣學溥，富陽俞蔚文，仁和陳豪、馮崧生，錢塘王崇鼎、高鵬年、倪茹、孫禮煜。以書來會者，仁和潘鴻。始終其事者，仁和汪培元、沈金善。隨雪琴師槃戟至此親課將作以竟斯舉者，上元張之銓，善化章文彬，蘄水孟名發、余宗禄。備書之誌同契也。光緒己卯三月，門下士徐琪記。」

《俞樾全集》總目録